Peter Godman

Die geheimen Gutachten des Vatikan

Peter Godman

Die geheimen Gutachten des Vatikan

Weltliteratur auf dem Index

Unter Mitwirkung von Jens Brandt

marixverlag

Nach der Auflage Berlin und München, 2001
Ein Projekt der AVA International GmbH Autoren – und Verlagsagentur, Herrsching
www.ava-international.de
Covergestaltung: Thomas Jarzina, Köln
Bildnachweis: akg-images, Berlin
Gesamtherstellung: GGP Media GmbH, Pößneck
Printed in Germany

ISBN-10: 3-86539-070-6
ISBN-13: 978-3-86539-070-7
www.marixverlag.de

Für
Hildegard und Wolfgang Vitzthum,
Walter Haug und Burghart Wachinger

INHALT

VORWORT *11*

TEIL I DAS FEGEFEUER DES ZENSORS
Am Anfang: Der Denunziant *19*
Die Juden und der Talmud *32*
Der Zeitplan der Ewigkeit *41*
Galilei und seine Zensoren *43*
Sinn und Stil *50*
Repression oder Inkompetenz? *52*
Zensur und unfreiwillige Werbung *54*
Roman und Ketzerei *63*
Zensur und Autorität *67*
Das Opfer *71*

TEIL II DIE HÖLLE DER ZENSUR
1. War Erasmus ein Ketzer? *75*
2. Der zensierte Papst *94*
3. Todsünden der Liebeslyrik *108*
4. Machiavelli expurgiert *116*
5. Juden und Christen zensieren gemeinsam den Talmud *123*
6. Geistige Nahrung *147*
7. Montaigne und die Mönche *154*
8. Das Narrenschiff *159*
9. Galilei, Kopernikus und die Folgen *163*

10. Pascal: Ketzer im Keuschheitsgürtel *217*
11. Vico: Neue Wissenschaft und alte Zensur *221*
12. Pope: Literatur und Lüge *238*
13. »Die beste aller möglichen Welten«: Voltaire auf dem Index *251*
14. Montesquieu: »Nicht der Mann, sondern sein Buch, das niemand lesen wird« *258*
15. Rousseau: Ein Ketzer als Schulautor? *265*
16. Diderot: Fatalistischer Ketzer *280*
17. Gibbon: Die Ironie der Geschichte *284*
18. Hume: »Ein Geschichtswerk, das geeignet ist, den Verstand zu verderben« *292*
19. Darwin: Materialistischer Ketzer *304*
20. Kant: Idealistischer Ketzer *312*
21. »Ein Monument zum Glück der Menschheit«: Die Zensur französischer Romane *330*
22. Dumas: Ein Heuschreckenschwarm von Romanen *354*
23. Gregorovius unter Donnerblitzen *361*

ANHANG

Anmerkungen *401*
Glossar *490*
Bibliographie ausgewählter Werke *512*
Abkürzungsverzeichnis *521*
Handschriftenverzeichnis *522*
Register *526*
Verzeichnis der Abbildungen *539*

Frontispiz des Index der verbotenen Bücher Alexanders VII.
aus dem Jahr 1664.

»Das Heilige Offizium hat in Rom zu bleiben, in seinem großen, schmucklosen, drohend emporragenden und tristen Palast, den nicht einmal der Blitz zu rühren vermag, auch wenn das Heilige Offizium seinerseits Exkommunikationen wie Blitze aus ihm herausschleudert. Aber es wird so nicht bleiben, höchstens als Fiktion; die Realität ist eine andere. Die Welt hat sich verändert, und die Dinge müssen sich mit ihr verändern. Das Heilige Offizium muß es halten wie Neptun: Zieht ein Unwetter herauf, erhebt er sein Haupt ein wenig über die Wogen und läßt seinen Ruf erschallen, bevor er dann sogleich wieder in den Strudel des Wassers zurücktaucht. Häufige Verurteilungen sind selbst zu verurteilen, zunächst aus einer psychologischen Überlegung heraus – denn werden sie zu oft praktiziert, so schleicht sich die Gewohnheit ein –, dann aber auch und besonders in moralischer Hinsicht. Denn hier gilt das psychologische Gesetz, daß die Masse von der verbotenen Frucht angezogen wird. Wird also ein Buch als unmoralisch verdammt, hat es um so mehr Leser. Es gab sogar Herausgeber, die vorn auf ihre Bücher schrieben: ›Verboten vom Heiligen Offizium.‹ Das ist eine Tatsache. Man muß sich fragen, warum sie dem Heiligen Offizium nicht gleich einen Anteil ihres Gewinns haben zukommen lassen, da ihnen dieses doch einen großen Dienst erwiesen hat.«

Pietro Kardinal Ciriaci
Rede vor dem Zweiten Vatikanischen Konzil
am 5. Mai 1962

VORWORT

Aus dem Archiv der Römischen Inquisition – in der Vorstellung der Öffentlichkeit ein Symbol für Unterdrückung und Geheimhaltung – und aus den Aktenbeständen der Kongregation für den Index der verbotenen Bücher, die die katholische Kirche zwischen 1559 und 1966 als »häretisch«, »unmoralisch«, »irrig« oder »anstößig für fromme Ohren« (ganz zu schweigen von den Augen) verdammte, stammt die hier vorgelegte Sammlung von Zensuren, die bis vor kurzem nicht zugänglich waren. Heute, nach der Öffnung der Archive im Januar 1998,[1] ist es möglich, hinter die Kulissen zu blicken und zu verstehen, warum man Bücher verbot oder Autoren verurteilte. *Weltliteratur auf dem Index* dokumentiert das Vorgehen der römischen Behörden und lädt dazu ein, über das Wesen und den Zweck von Zensur nachzudenken.

Komplementär und ergänzend zu *Die geheime Inquisition* (2001) präsentiert dieses Buch Fälle, die sein Vorgänger nur summarisch behandeln konnte, in Gänze und führt darüber hinaus eine Anzahl weiterer an, die bei der anschließenden Forschungsarbeit entdeckt wurden. Man kann beide Werke zusammen lesen und wird feststellen, daß sie sich gegenseitig erhellen; doch auch einzeln für sich genommen sind sie ohne weiteres verständlich. *Weltliteratur auf dem Index* setzt kein Vorwissen über die römische Zensur voraus, da es so aufgebaut ist, daß sich dem Leser ohne weiteres ein Zugang zu den bisher geheimen Dokumenten eröffnet.

Dazu soll die Gliederung des Buches in zwei Teile beitragen. Teil I, »Das Fegefeuer des Zensors«, bietet eine Einführung in einige der zentralen Themen im Umgang Roms mit der Welt der Literatur, der Gelehrsamkeit und der Wissenschaft. Als Beispiele sind unveröffentlichte Quellen aus den Archiven und Auszüge aus den in Teil II vorgelegten Texten zitiert. Dieser zweite umfangreichere Teil mit dem Titel »Die Hölle der Zensur« enthält, in deutscher Übersetzung, dreiundzwanzig auf Latein oder Italienisch verfaßte Zensuren unterschiedlicher Länge aus dem Zeitraum vom 16. bis zum 19. Jahrhundert (zum 20. siehe unten).

Jede dieser Zensuren stellt einen eigenen »Fall« dar; jede ist mit einem Titel, einer kurzen Einführung und einem Anmerkungsapparat versehen, wodurch das Verständnis von Inhalt und Kontext erleichtert werden soll. (Überschneidungen von Fakten in Teil I und II sind beabsichtigt, da es Leser geben mag, die sich speziell für einzelne Fälle interessieren.) Das Augenmerk gilt nicht nur den zensierten Werken und ihren Autoren, sondern auch der Identität der Zensoren. So treten aus der Anonymität der Archive wenig bekannte oder herausragende Figuren der europäischen Geschichte ans Tageslicht, die für die Römische Inquisition und die Kongregation für den Index der verbotenen Bücher arbeiteten.

Die Quellenangaben zu den in Teil II übersetzten Archivalien finden sich am Anfang jeder Zensur; wenn bereits eine gedruckte Ausgabe vorliegt, wird sie in einer Anmerkung ebenfalls genannt. (Solche Veröffentlichungen wurden anhand der Originalmanuskripte überprüft.) Fachbegriffe sind mit einem Sternchen (*) gekennzeichnet und werden im Glossar erklärt. Unleserliche Textpassagen sind durch eine Raute (<>), Ergänzungen des Herausgebers durch eckige Klammern ([]) markiert. Ein Handschriftenverzeichnis, eine Bibliographie ausgewählter Werke und ein Generalregister bieten weitere Orientierung. Illustrationen aus den Originaldokumenten vermitteln ein lebhaftes Bild von der Arbeit der Zensoren.

»Zensur« wurde in gewissem Sinne auch auf den Inhalt dieses Buches ausgeübt. Nach den gegenwärtig für die römischen Archive geltenden Vorschriften sind die meisten Dokumente aus dem 20. Jahrhundert nicht zugänglich. Im Jahr 2000 wurde für mich eine Ausnahme gemacht, damit ich die Zensur von Graham Greenes *Die Kraft und die Herrlichkeit* studieren konnte, über die ich in *Die geheime Inquisition* (Kapitel IX) schrieb. In der Annahme, daß dieses Material somit im wesentlichen an der Öffentlichkeit war, machte ich mich nun daran, eine kommentierte Ausgabe und Übersetzung vorzubereiten mit dem Ziel, das Verfahren im Fall Greene in *Weltliteratur auf dem Index* detailliert darzustellen.

Doch kurz bevor ich das Manuskript an den Verleger schickte, informierte man mich in einer Audienz bei dem Kardinal-Präfekten der Kongregation für Glaubenslehre, wie der neue Name der Römischen Inquisition (auch Heiliges Offizium*) seit Ende des Zweiten Vatikanischen Konzils lautet, daß ich für die Dokumente zu Graham Greene keine Druckerlaubnis bekommen würde. In der kollektiven Führung der Kongregation, in der S. E. Joseph Kardinal Ratzinger *Primus inter pares* ist, war Widerspruch gegen die Sonderbehandlung für den »Freund des Präfekten«, als den man mich bezeichnete, laut geworden.

Ich antwortete, ich sei ein Freund der Wahrheit und nicht des Präfekten, woraufhin man mir höflich mitteilte, man müsse, hätte ich einmal dieses Privileg erhalten, solche Ausnahmen auch für andere machen. Dies werde jedoch einer Flut weiterer Anträge Tür und Tor öffnen, was nicht im Sinne der Kongregation sein könne.

Obwohl ich Schwierigkeiten habe, die Kohärenz einer Politik zu verstehen, die mir Zugang zu Dokumenten gewährt – aus denen die Namen der Denunzianten und Zensoren (inzwischen höchstwahrscheinlich alle verstorben) getilgt sind –, mir ihre Veröffentlichung jedoch nicht gestattet, kann ich die Argumentation nachvollziehen. Ihre Schlußfolgerung muß ich allerdings zurückweisen. Richtiger wäre es meiner Ansicht nach, zumindest die Dokumente aus der ersten Hälfte des 20. Jahrhunderts in den römischen Archiven allen qualifizierten Wissenschaftlern zugänglich zu machen – unabhängig von ihrer Religion, ihrer Rasse oder den Fäden, die sie angeblich ziehen könnten –, und zwar gestützt auf den Grundsatz, den Papst Leo XIII. mutig aufstellte und den jener gelehrte Kämpfer für die Forschungsfreiheit, Kardinal Ratzinger, unterstützt, daß nämlich »die katholische Kirche von der Wahrheit nichts zu befürchten hat«.

Weltliteratur auf dem Index begann im Laufe des Jahres 2000 Gestalt anzunehmen, während ich *Die geheime Inquisition* schrieb. Meine Forschungen wurden damals von der Fritz-Thyssen-Stiftung unterstützt, der ich hiermit aufrichtig danke. In Rom war mir Pater Raffaele Farina, der Präfekt der Biblioteca Apostolica Vaticana, eine große Hilfe, da er meiner Bitte um Fotos, die in den Mühlen der Bürokratie verlorengegangen waren, rasch nachkam. Herzlichen Dank schulde ich auch meinen unbürokratischen Freunden im Vatikan – Christine Grafinger, Adreina Rita und William Sheehan – und insbesondere Alejandro Cifres.

In Tübingen erhielt ich Unterstützung von meinen Schülern, Mitarbeitern und Opfern Frank Bezner, Uwe Neumayer, Amancay Real, Michael Rupp, Birgit Umbreit und vor allem Glenn Patten. Großzügig wie immer versorgte mich Herman Schwedt mit prosopographischen Daten. (Belege, die ich ihm verdanke, sind mit »Sammlung Schwedt« bezeichnet.) Für ihre Kooperation bei verschiedensten Fragen danke ich Andrea Kimmi, Monica Rimondi, Mike Stange und Kristin Voss. Viel verdanke ich der Effizienz von Christian Seeger und Margret Plath beim Propyläen Verlag. Ohne Jens Brandt, der im Frühjahr 2001 zahlreiche Redaktions- und Übersetzungsprobleme löste, hätte *Weltliteratur auf dem Index* nicht zu dem mit dem Verlag vereinbarten Termin abgeschlossen werden können. Deshalb wird sein Name in Anerkennung seines Beitrags auf der Titelseite genannt.

Während ich dieses Vorwort in der Stille des umbrischen Klosters abschließe, wo ein Großteil von Teil I des Buches entstand, wandern meine Gedanken voller Zuneigung zu vier Freunden, die mir in Deutschland ein Zuhause gegeben haben: Hildegard und Wolfgang Vitzthum, Walter Haug und Burghart Wachinger. Als kleiner Dank für ihre Großzügigkeit ist dieses Buch ihnen gewidmet.

P. G.
Lugnano in Teverina, Frühjahr 2001

Teil I

Das Fegefeuer des Zensors

AM ANFANG: DER DENUNZIANT

»Ich bin [ins Heilige Offizium*] gekommen, um mein Gewissen in Glaubensangelegenheiten zu erleichtern ... Ich hege einen Verdacht gegen den Erzbischof von Zypern ... Ich lernte ihn vor mehreren Jahren in Florenz kennen und hatte mehrere lebhafte Gespräche mit ihm. Aber ich habe Zweifel an seiner Rechtgläubigkeit, denn als er über [das Problem der Prädestination] sprach, wich er ab von den Ansichten des heiligen Thomas [von Aquin] und denen des heiligen Augustin ... Letztes Jahr, als ich in Rom weilte, kam ich recht oft mit dem Erzbischof zusammen ... Er zeigte mir ein Buch, das er über das religiöse Leben geschrieben hatte, und sagte, daß er mir vertraue und daß andere es (wie er glaube) aufgrund von Irrtümern kritisiert hätten, für die sich die Inquisition interessieren würde. Ich selbst habe etwa 16 Irrtümer in dem Buch bemerkt.«[1]

Soweit die finsteren Töne des Denunzianten Teofilo Martino, der seine Vorwürfe am 24. September 1576 in der Stille des Heiligen Offiziums vorbrachte. Zu diesem Zeitpunkt war die Römische Inquisition* seit vierunddreißig Jahren aktiv.[2] Gegründet im Jahr 1542, um die protestantischen Ketzereien* zu bekämpfen, die Italien wie ein »Krebsgeschwür« zu »infizieren« drohten, hatte das Heilige Offizium schon bald seine Aufmerksamkeit den Abweichlern innerhalb der katholischen Herde zugewandt. Jeder konnte in Verdacht geraten – selbst ein Erzbischof. Kardinäle und Prälaten wurden der Ketzerei bezichtigt und ins Gefängnis gesteckt. Die Ketzerei* war vielgestaltig, heimtückisch und allgegenwärtig wie ein Gespenst in der Nacht. Sie konnte überall und von jedem aufgedeckt werden – so auch von jenem Benediktinermönch* namens Teofilo Martino.[3] Hören wir weiter, was er dem Notar der Römischen Inquisition* zu berichten hatte:

»Zu Hause kopierte ich, was der Erzbischof geschrieben hatte. Dann suchte ich den Kardinal von Pisa auf [Scipione Rebiba, damals Chef des Heiligen Offiziums*] und erzählte ihm, was vorgefallen war. Wir verglichen das Autograph des Erzbischofs mit meiner Abschrift, und der Kardinal befahl mir, das Buch zurückzugeben, so wie ich es versprochen hatte. Einige Tage später suchte mich der Erzbischof auf. Ich händigte ihm sein Buch aus, und er übergab mir ein anderes, das in einer anderen Handschrift auf Latein geschrieben war und worin er seine Ansichten deutlich erklärte. Ich fertigte eine Kopie davon an und brachte sie zu dem Kardinal von Pisa.«[4]

Ganz dem Dienst an der Sache verschrieben, scheute dieser eifrige Denunziant nicht vor Vertrauensbruch und Freundesverrat zurück. Kaum hatte Filippo Mocenigo, der Erzbischof von Zypern, ihn nach seiner Meinung über ein Büchlein gefragt, das nie zur Veröffentlichung bestimmt war, da stellte Martino daraus auch schon eine Liste von Irrtümern zusammen, die für eine Zensur durch das Heilige Offizium ausreichten. Man beachte die Umsicht, mit der diese Operation durchgeführt wurde. Eine bloße Auflistung von Irrtümern genügte nicht, sie mußte auch dokumentiert werden. Nachdem Martino Mocenigos Büchlein kopiert hatte, brachte er Abschrift und Original zur Römischen Inquisition. Dort verglichen der Mönch und der Kardinal mit detektivischer Sorgfalt und philologischer Pedanterie beide Schriften, um sicherzugehen, daß die Aussagen übereinstimmten.

All dies geschah selbstredend hinter dem Rücken des Erzbischofs, der nichts davon ahnte, wie hier sein Vertrauen gebrochen wurde, und so seinen gefährlichen Weg unbeirrt fortsetzte.

Eine erste Version der kleinen Schrift hatte er für seine Schwester, eine Nonne, auf Italienisch geschrieben, in der Sprache des Volkes. Die zweite Version desselben Werkes verfaßte Mocenigo auf Latein, der Sprache der Kirche und der internationalen Gelehrtenwelt.[5] Diese Tatsache machte ihn noch verdächtiger, denn auf Latein konnten die Irrtümer des Erzbischofs die gebildete Öffentlichkeit erreichen, deren Kontrolle der Römischen Inquisition* am Herzen lag. Martino kopierte deshalb auch die lateinische Version und denunzierte sie ebenfalls.

Sieben Jahre lang geschah zunächst nichts, außer daß Mocenigos Karriere zum Stillstand kam, was diesen veranlaßte, in seiner Sorge den Papst aufzusuchen. Als Gregor XIII. (1572–1585) ihm mitteilte, daß »das Heilige Offizium* etwas gegen ihn in der Hand habe«, verlangte der Erzbischof selbst einen Prozeß. Im labyrinthischen Verlauf des anschließenden Verfahrens betonte er immer wieder seine Rechtgläubigkeit, seinen Gehorsam gegenüber der Kirche und seine Bereitschaft, sämtliche Irrtümer zu korrigieren, die sich in seinem Werk befinden mochten. Dies reichte aus, um den Autor zu retten, nicht aber um das Büchlein vor der Verurteilung zu bewahren. Filippo Mocenigos gutgemeinte Anleitung zu einem gottgefälligen Leben wurde am 6. Oktober 1583 verboten, weil sie »vieldeutige und obskure Behauptungen mit gefährlichen Konsequenzen« enthielt. Sie blieb in nur einem einzigen Exemplar erhalten, das sich nicht in den Händen der Schwester befand, sondern beim Heiligen Offizium, das die Kopie beschlagnahmt hatte.[6] Im dortigen Geheimarchiv, zu dem – bis vor kurzem – nicht einmal die Inquisitoren Zugang hatten, verstaubte das zensierte Büchlein ungelesen.

Zensur wurde von der Römischen Inquisition in Form eines Index der verbotenen Bücher* ausgeübt, der 1559 erstmals erschien. Dieses Monument der Unterdrückung war scharf formuliert und umfassend, aber schlecht konzipiert und von der Inkompetenz seiner Verfasser gezeichnet. Es teilte die Welt der Literatur und der Wissenschaft in zwei Klassen* ein: In der »Hölle« der ersten Klasse* schmachteten alle Autoren und Bücher, die verboten waren; im »Fegefeuer« der zweiten befanden sich diejenigen, die zunächst verboten waren, nach erfolgter »Korrektur« jedoch wieder gelesen werden durften. Was nun aber mit »Korrektur« gemeint war, wußte man im Rom des Jahres 1559 nicht genau zu beantworten, und auch auf eine politische Linie konnte man sich innerhalb der Kirche nicht einigen. Hardliner wie Papst Paul IV. (1555–1559) waren fest entschlossen, jede Spur von Abweichung auszurotten; andere – »liberalere« oder einfach realistischere Köpfe – wußten, daß der Katholizismus es sich nicht leisten konnte, Werke zu verbieten, die für Forschung und Lehre unerläßlich waren. Das Ergebnis war ein wackeliger Kompromiß, der in dem gemäßigteren Tridentinischen Index von 1564 formuliert wurde, welcher seinen Namen den Beratungen über das Problem der Zensur auf dem Konzil von Trient* (1545–1564) verdankte.[7]

Sein Vorgänger von 1559 wurde jedoch nie offiziell widerrufen, so daß nun zwei Indices nebeneinander bestanden, und dies in keineswegs friedlicher Koexistenz, da die Bestimmungen des einen oft denen des anderen widersprachen. Wer sollte nun entscheiden, welche Urteile gültig waren? Wer sollte die Regeln auslegen, die dem Tridentinischen Index vorangestellt waren und über die es im übrigen unterschiedliche Meinungen gab? In Rom blieb man unentschieden, bis 1571 schließlich eine neue Behörde gegründet wurde, die diese Probleme lösen sollte.

Die Kongregation* für den Index der verbotenen Bücher, wie sie genannt wurde, machte sich mit großem Eifer, aber schlecht organisiert und ohne ersichtliche Methode ans Werk. Es dauerte nur wenige Jahre, bis selbst ihre eigenen Mitglieder jede Begeisterung für ihre Aufgabe verloren hatten und folglich die Arbeit einstellten. Einzig der energische Papst Sixtus V. (1585–1590) hauchte dem dahinsiechenden Gremium vorübergehend wieder neues Leben ein, so daß es sich im Jahr 1587 daranmachte, den umstrittenen Fall des Erasmus von Rotterdam (siehe Teil II, 1) wiederaufzunehmen.

Den Hintergrund des ersten in Teil II vorgestellten Fallbeispiels römischer Zensur bildeten weder eine gezielte Unterdrückungsstrategie noch ein Plan zur Machterhaltung, sondern nur Verwirrung und Chaos. Der Nachweis für ebendieses Chaos vor und nach 1587 findet sich in einigen Exemplaren von Erasmus' Werken, in denen selbsternannte Zensoren anstößige Abschnitte durchgestrichen und den Namen des Autors getilgt haben (siehe die Abbildungen auf den Seiten 24 und 25).[8] *Damnatio memoriae* – der Versuch, das Andenken des Erasmus zu entehren oder auszulöschen – war die plumpe Taktik, mit der einige gehofft hatten, den Einfluß dieses mutmaßlichen Verbündeten der Protestanten auf die katholische Kultur auszumerzen.[9] Um 1587 waren die zuständigen Behörden jedoch zu der Einsicht gelangt, daß ein solches Unterfangen unmöglich war. Ihr Verständnis von Zensur hatte sich mittlerweile verändert.

Der lateinische Begriff *censura* hat mehrere Bedeutungen. Die Übersetzung »Beurteilung«, »Bewertung« oder »Einschätzung« beschreibt die Aktivitäten, die in Kapitel 1 dokumentiert werden, wohl am treffendsten. Unter Führung eines Kardinals – des römischen Aristokraten Marcantonio Colonna – trat eine Gruppe von theologischen, juristischen und literarischen Experten zusammen, um über den Fall des Erasmus zu beraten. Die Experten nannte man Konsultoren*. Ihre Gutachten wurden, in der Regel schriftlich, vor den einzelnen Sitzungen abgeliefert, die auf Latein abgehalten wurden. Der Fachbegriff für eine Sitzung von Konsultoren und/oder Kardinälen lautet Kongregation*. Der Ausdruck *congregatio* bezog sich sowohl auf die Institution (Kongregation für den Index der verbotenen Bücher; Kongregation der Römischen Inquisition) als auch auf ihre Sitzungen, in denen die Gutachten der Konsultoren miteinander verglichen und diskutiert wurden, bevor die Kardinäle ihre Entscheidungen trafen.

Was man über Erasmus beschloß, wurde in den *Diarii** oder Akten der Kongregation aufgezeichnet. Diese legte der Sekretär

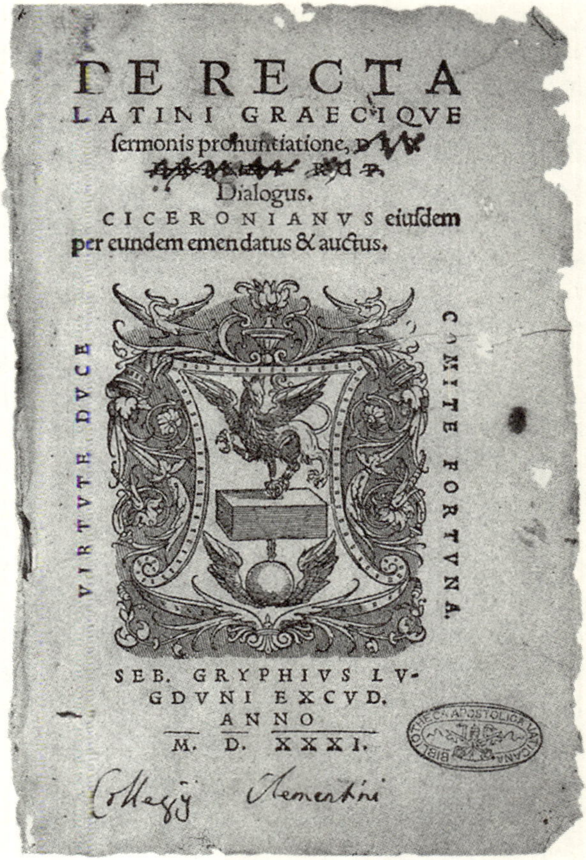
DE RECTA
LATINI GRAECIQVE
sermonis pronuntiatione,
Dialogus.
CICERONIANVS eiusdem
per eundem emendatus & auctus.
VIRTVTE DVCE
COMITE FORTVNA.
SEB. GRYPHIVS LV-
GDVNI EXCVD.
ANNO
M. D. XXXI.
Collegij Clementini
BIBLIOTHECA APOSTOLICA VATICANA

Erasmus, *De recta latini graecique sermonis pronuntiatione* und *Ciceronianus* (1531).

der Behörde an, der bis zu ihrer Abschaffung im Jahr 1917 stets ein Mitglied des Dominikanerordens* war. Den Fall des berühmten Humanisten hielt man nicht zuletzt deshalb für wichtig, weil bei ihm die Widersprüche zwischen dem Index von 1559 und dem von 1564 deutlich zutage traten.[10] Der Bann, den man über den Katholiken Erasmus verhängte, war zunächst

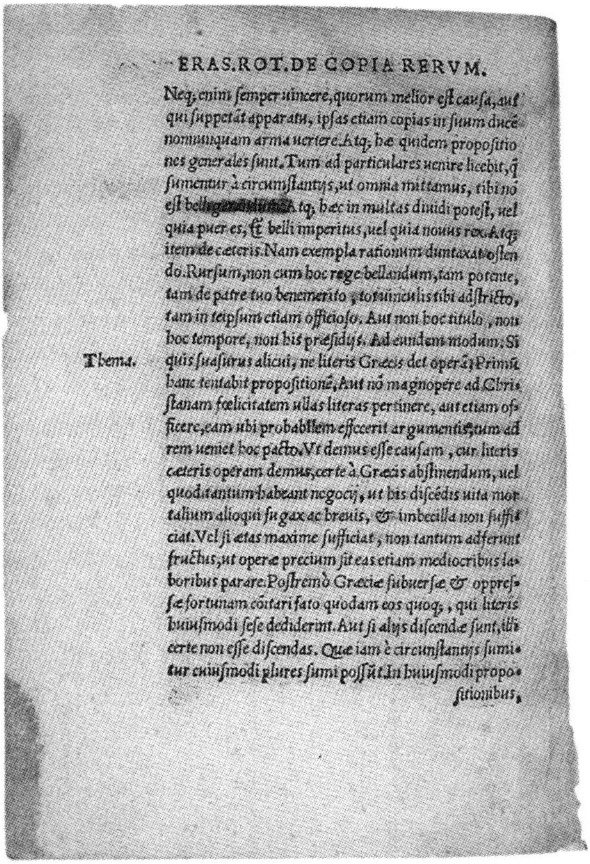

ERAS. ROT. DE COPIA RERVM.

Neq; enim semper uincere, quorum melior est causa, aut
qui suppetat apparatu, ipsas etiam copias in suum ducē
nonnunquam arma uertere. Atq; hæ quidem propositio
nes generales sunt. Tum ad particulares uenire licebit, q̄
sumentur à circumstantijs, ut omnia mittamus, tibi nō
est bell[redacted]Atq; hæc in multas diuidi potest, uel
quia puer es, & belli imperitus, uel quia nouus rex. Atq;
item de cæteris. Nam exempla rationum duntaxat osten
do. Rursum, non cum hoc rege bellandum, tam potente,
tam de patre tuo benemerito, tot uinculis tibi adstricto,
tam in teipsum etiam officioso. Aut non hoc titulo, non
hoc tempore, non his præsidijs. Ad eundem modum: Si
Thema. quis suasurus alicui, ne literis Græcis det operā; Primū
hanc tentabit propositionē, Aut nō magnopere ad Chri
stianam fœlicitatem ullas literas pertinere, aut etiam of
ficere, eam ubi probabilem effecerit argumentis, tum ad
rem ueniet hoc pacto. Vt demus esse causam, cur literis
cæteris operam demus, certe à Græcis abstinendum, uel
quod tantum habeant negocij, ut his discēdis uita mor
talium alioqui fugax ac breuis, & imbecilla non suffi
ciat. Vel si ætas maxime sufficiat, non tantum adferunt
fructus, ut operæ precium sit eas etiam mediocribus la
boribus parare. Postremò Græciæ subuersæ & oppres
sæ fortunam cōtari fato quodam eos quoq;, qui literis
huiusmodi sese dediderint. Aut si alijs discendæ sunt, illi
certe non esse discendas. Quæ iam è circumstantijs sumi
tur cuiusmodi plures sumi possūt. In huiusmodi propo
sitionibus,

Erasmus, *De copia rerum* (1529).

noch radikaler als derjenige über die protestantischen Erzketzer Luther oder Calvin gewesen und hatte dessen gesamte literarische Produktion verboten. Im Tridentinischen Index von 1564 wurde die Verurteilung des Gesamtwerks zwar unter dem Buchstaben E (für Erasmus) wiederholt, doch wurden unter D (für seinen Vornamen Desiderius) bestimmte Bücher nach erfolgter

Expurgation* zugelassen. Desiderius Erasmus bewegte sich also zwischen der »Hölle« und dem »Fegefeuer« des Index.

Eine Expurgation – die Entfernung oder Veränderung anstößiger Wörter, Ausdrücke und Abschnitte – in Erasmus' Werken hatten bereits die theologischen Fakultäten der Universitäten von Paris und Louvain vorgenommen,[11] die beide in der katholischen Welt großes Ansehen genossen. Rom war daher 1587 nicht nur mit der Widersprüchlichkeit seiner eigenen Politik konfrontiert, sondern auch mit einer vollendeten Tatsache. Denn daß eine Expurgation nun andernorts bereits vollzogen war, ließ den Schluß zu, daß der verdächtige Autor womöglich doch zu retten war. Ein pauschaler Bann über Erasmus war deshalb in der Hauptstadt der Christenheit kaum mehr aufrechtzuerhalten.

Das Unbehagen, das die Indexkongregation* bei dem Problem Erasmus befiel, wird durch die Meinungsverschiedenheiten ihrer Konsultoren* deutlich. Für Robert Bellarmin – den späteren Generalinquisitor* und Richter Galileis – stand fest, daß Erasmus kein Ketzer* war, denn in seinen Augen hatte der Humanist zwar Irrtümer begangen, aber nicht auf ihnen bestanden (siehe 1 A). Verstocktheit* *(pertinacia)* aber war in der klassischen Definition aus frühchristlicher Zeit, der sich auch der künftige Kirchenlehrer* und Heilige Bellarmin bediente, das zentrale Merkmal eines Ketzers, und von ihr konnte bei Erasmus nicht die Rede sein. Wie ein pflichtbewußter Sohn hatte er sich dem Urteil Roms unterworfen, und Papst Leo X. (1513–1521) hatte sogar seine Übersetzung des Neuen Testaments gebilligt. Die naheliegende Lösung war – nach den Beschlüssen des Konzils von Trient* – die Expurgation und nicht die Verbrennung der Bücher des Erasmus.

Eine andere Position nahm Antonio Agelli ein, der sich weniger mit dem Autor als mit der »Nützlichkeit« seiner Schriften beschäftigte (siehe 1 B). Wie Bellarmin hatte auch Agelli die in Louvain vorgenommene Expurgation nicht gesehen; trotzdem empfahl er, in Rom einen weiteren Versuch zu unternehmen, für

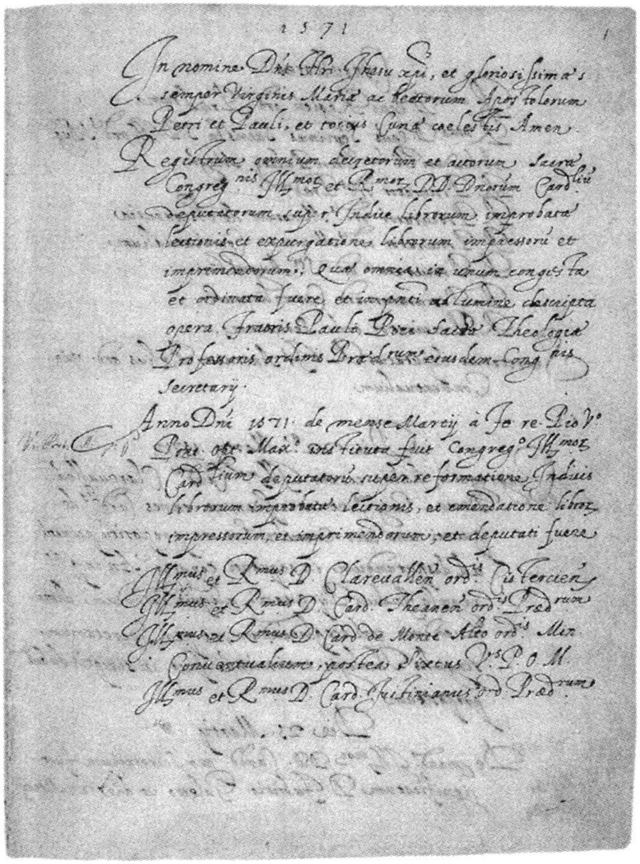

Erster Eintrag in den *Diarii* der 1571 gegründeten Index-kongregation mit den Namen der deputierten Kardinäle.

den Fall, daß sie nicht gründlich genug durchgeführt worden sei. Dies solle jedoch nicht öffentlich und auf Initiative der Kirche geschehen, sondern durch eine Gruppe »privater« Gelehrter, die – hinter den Kulissen – von der Kongregation* für den Index der verbotenen Bücher* angestellt werden sollte. »Privatheit« und Geheimhaltung waren zwei typische Kennzeichen der Art, wie Rom seine Zensuren erstellte. Die Kirche durfte sich

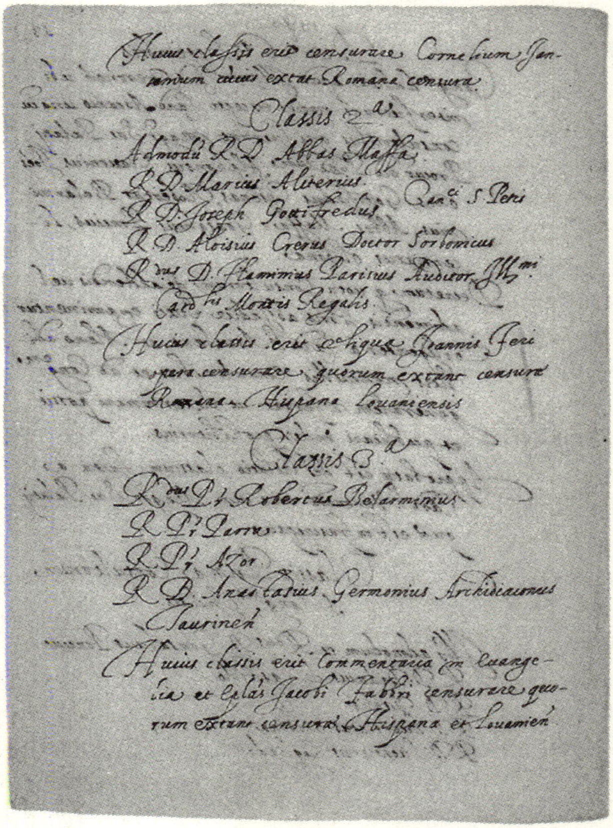

Huius classis erit censurare Cornelium Jansenium cuius extat Romana censura

Classis 2ª

Admodum R. D. Abbas Massa
R. D. Marius Alterius
R. D. Joseph Gottifredus   Can.ci S. Petri
R. D. Aloisius Cerens Doctor Sorbonicus
R.mus D. Flaminius Parisius Auditor Ill.mi Card.lis Montis Regalis

Huius classis erit aliqua Joannis Feri opera censurare quorum extant censurae Romana, Hispana, Lovaniensis

Classis 3ª

R.dus P. Robertus Bellarminus
R. P. Parras
R. P. Azor
R. D. Anastasius Germonius Archidiaconus Taurinen.

Huius classis erit Commentaria in Evangelia et Ep.las Jacobi Fabri censurare quorum extant censurae Hispana et Lovanien.

Aktennotiz über die Verteilung der Konsultoren auf verschiedene sogenannte Klassen aus dem Jahr 1592.

nicht dabei beobachten lassen, wie sie die Expurgation* ausgewählter Werke des Erasmus guthieß, denn dies gäbe zu der Vermutung Anlaß, daß auch andere ihre Zustimmung finden könnten.

Im Rom von 1587 war der Name des Humanisten noch immer von der Vergangenheit überschattet, und die Folgen des pauschalen Banns von 1559 sind in dem durchtriebenen Gutachten von Latino Latini (siehe 1 C) deutlich erkennbar. Latini, selbst ein gelehrter Humanist, gibt vor, sich nur an die Werke des Erasmus erinnern zu können, die er als Kind las, und verbirgt sein eigenes Urteil hinter dem von anderen, die in der kirchlichen Hierarchie höher stehen oder qualifiziertere Theologen sind als er. Ein ausweichendes Verhalten, das Erinnerungen an jenes Klima von Furcht weckte, in dem die Römische Inquisition gegründet worden war.

Weniger Furcht als Zögern im Gewand juristischer Pedanterie charakterisiert das Gutachten des Juristen Marcantonio Maffa (siehe 1 D). Seine Neigung zur Strenge, untermauert von einer Parade gewichtiger Gewährsmänner, unterstreicht Maffas Ziel, die Einheit der Kirche gegen die entzweiende »Heterodoxie« des Erasmus zu verteidigen. In ähnlicher Form pochte auch der Spanier Francisco Peña – Revisor eines mittelalterlichen Handbuchs für Inquisitoren und Zensor von Papst Pius II. (1458–1464) (siehe 2) – auf die Gesetze; nur ging er weitaus entschiedener vor. Peña interessierte sich ebenso stark wie Bellarmin für das Problem der Ketzerei*, befaßte sich jedoch mehr mit der Person des Humanisten als mit seinen Werken. Laut dem Zensor Pius' II. war eine Säuberung dieser Werke in jedem Fall notwendig, die Frage war nur, wie weitgehend diese zu sein hatte.

Die Zensur war zu einem Wettstreit geworden, bei dem die Gutachter ihre Muskeln spielen ließen. Hier bot sich die Möglichkeit, in Konkurrenz zur theologischen Fakultät in Louvain und der Inquisition in Spanien zu zeigen, daß auch Rom über Experten in der Kunst der »Korrektur« verfügte. Und eine Korrektur des Erasmus war die Richtung, in die sich die Debatte – trotz abweichender Stimmen wie derjenigen Maffas – bewegte, als die »liberale« Tendenz der Indexkongregation vom Papst gebrochen wurde. Wie sein Sakristan* Agostino Fivizzano, der sich damit brüstete, nie eines der Werke des Erasmus gelesen zu haben, in denen es um Religion geht (siehe 1 G), nahm sich auch Sixtus V. den strengen Paul IV. zum Vorbild. Die Folge war eine radikale Revision der Linie, die die Indexkongregation*

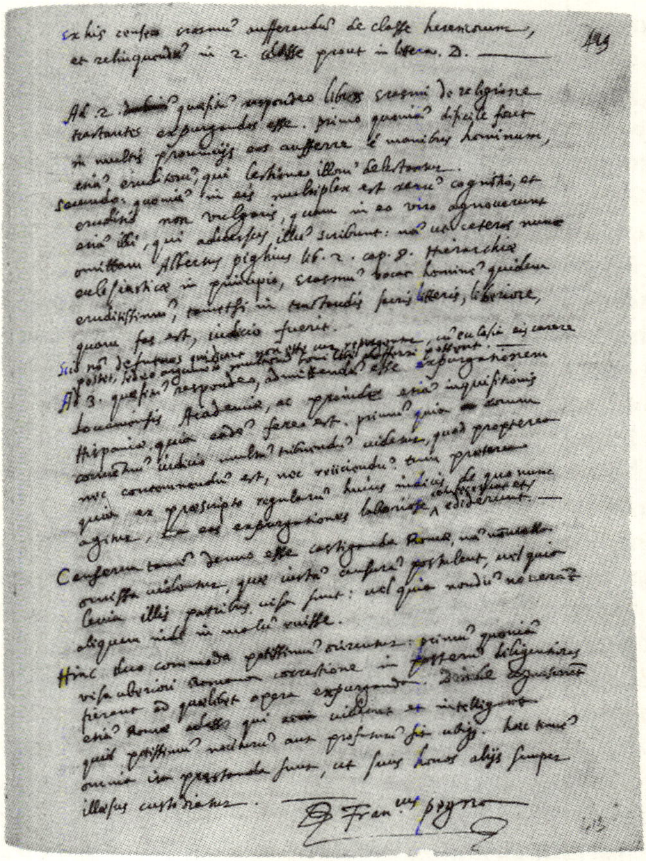

Letzte Seite der Erasmus-Zensur Francisco Peñas (Autograph) mit Unterschrift.

gegenüber Erasmus bisher vertreten hatte. Sixtus V. befahl, in dem Index der verbotenen Bücher, der unter seinem Namen erscheinen sollte, ein pauschales Verbot über den Humanisten zu verhängen, bevor schließlich den geplanten Index selbst der Bannstrahl traf.[12]

Zu diesem Zeitpunkt, am Anfang ihrer langen Geschichte,

wird eines der wichtigsten Verhaltensmuster der römischen Zensur erkennbar: Auf lange Debatten über ernsthafte Probleme folgten Zusammenstöße zwischen rivalisierenden Instanzen, Verwirrung, Stillstand und neue Anläufe. Und hier, im Fall des Erasmus wie in dem Galileis (siehe 9), kann man die Fehlerhaftigkeit des häufig bemühten, aber doch nur klischeehaften Vergleichs zwischen den Mächten im damaligen Rom und totalitären Regimen jüngeren Datums erkennen. Hannah Arendts Bemerkung: »Ein autoritär geleitetes Gemeinwesen wie die katholische Kirche ist nicht totalitär, und totale Herrschaft, wie wir sie von den Hitler- und Stalinregimen kennen, hat mit Autorität nicht das Geringste zu tun«,[13] wird im Fall der römischen Behörden ironischerweise durch deren häufige Uneinigkeit und chronische Ineffizienz bestätigt, die verhinderten, daß sich irgendeine einheitliche Strategie herausbilden konnte.

So kam es, daß am 19. November 1592 ein anderer spanischer Zensor – Gonzalez Ponce de Leon – wieder engagiert für die Linie eintreten konnte, die seine Kollegen fünf Jahre zuvor vertreten hatten, ehe sie vom Papst verworfen worden war (siehe 1 H). Was ergäbe es für einen Sinn, fragt Ponce de Leon in seinem Gutachten, wenn man Erasmus' Namen auf die Liste der Ketzer* setzte? Was hätte man davon, wenn man einen Mann verfolgte, der schon lange tot und begraben war? Und warum sollten die Zensoren ihr Urteil ein Vierteljahrhundert später über das Pius' IV. (1559–1565) stellen? Selbst die Spanische Inquisition – »deren Gewissenhaftigkeit jeder kennt« – nehme einen gemäßigteren Standpunkt ein (siehe 1 H 4.).

Nun war die Römische Inquisition von ihrer (1478 gegründeten) älteren Rivalin überholt worden und hinkte selbst noch den Zensoren in Paris und Louvain hinterher. Sie war nicht mehr in der Lage, im Fall des berühmtesten Humanisten des 16. Jahrhunderts eine kohärente Linie zu vertreten. Die Inkonsequenzen der Zensur spiegelten die Differenzen wieder, die auf allen Ebenen jener Hierarchie herrschten, die die universale Kirche regierte. Von der Theorie her zwar universal, doch in der Praxis provinziell, hatte sich Rom in Sachen Erasmus als dilettantisch erwiesen. Ähnlich unqualifiziert sollte es sich auch im Umgang mit den heiligen Büchern der Juden verhalten.

DIE JUDEN UND DER TALMUD

Die Juden – insbesondere die Juden Roms[14] – und ihre heiligen Schriften beschäftigten die zentralen Instanzen der katholischen Kirche jahrhundertelang. Immer wieder kamen sie, in einem alternierenden Muster von Härte und Toleranz, auf dieselben Probleme zurück. Die Ambivalenz gegenüber den vertrauten Fremden in ihrer Mitte, die zwar als Mörder Christi betrachtet wurden, aber dennoch unbedingt bekehrt werden sollten, spiegelt sich in der Vielfalt von Dokumenten bezüglich der Juden wider, die in den Archiven der Römischen Inquisition und der Kongregation* für den Index der verbotenen Bücher* verwahrt sind. Beide Behörden befaßten sich wiederholt mit dem Talmud.

Inquisitoren und Zensoren widmeten dem Talmud viel Aufmerksamkeit, weil auf den darin enthaltenen Schriften ein wesentlicher Teil der jüdischen Identität beruhte. Mit der Vernichtung des Talmuds, so dachte man in Teilen des Heiligen Offiziums*, werde den Juden ihre Daseinsgrundlage in einer christlichen Umwelt entzogen und zugleich eines der wichtigsten Hindernisse bei ihrer Bekehrung aus dem Weg geräumt. So wurde der Talmud als »blasphemisch«, »unmoralisch« und »töricht« verurteilt und am 9. September 1553 auf dem Campo de' Fiori in Rom verbrannt.[15] Dunkel erinnerte man sich daran, daß die Kirche dasselbe Werk schon 1242 und 1244 den Flammen übergeben hatte.[16] Doch die katholische Kirche war im 16. Jahrhundert hinsichtlich des Talmuds ebenso gespalten wie in den vorausgegangenen Jahrhunderten. Papst Julius III. (1550–1555) erlaubte 1554 die straffreie Verbreitung »nicht-blasphemischer hebräischer Bücher«. Drei Jahre später, 1557, wendete sich das Heilige Offizium* gegen diese Entscheidung und verbot den Juden den Besitz jeglicher hebräischer Schriften mit Ausnahme der Bibel. Papst Pius IV. war bereit, den Talmud zu tolerieren, vorausgesetzt sein Text würde expurgiert* und sein Titel entfernt. Entgegen dieser »sanften Linie« kehrte Pius V. wieder zur Härte seiner Vorgänger zurück; und derselbe Geist von Unnachgiebigkeit spricht auch aus der Bulle Gregors XIII. von 1581. Unter dem Titel *Die alte Ruchlosigkeit der Juden (Antiqua Iudaeorum improbitas)* heißt es da:

»Die uralte Ruchlosigkeit der Juden, mit der sie seit jeher Gottes Güte widerstehen, ist um so abscheulicher bei ihren Nachkommen ... Über die Erde verstreut und zu ewiger Sklaverei verdammt, erfahren sie nirgends größere Freundlichkeit als unter den Christen und insbesondere im Schoß der päpstlichen Gnade [Rom]..., und dennoch hecken sie immer noch jeden Tag schreckliche Verbrechen gegen die christliche Religion aus.

Aus diesem Grund haben wir in dem Wunsch, daß die Reinheit unserer Freundlichkeit nicht mehr besudelt und der Name des Herrn und der Christenheit von diesen gemeinen Sklaven nicht mehr straflos verspottet werde, beschlossen, den Inquisitoren in den folgenden Fällen freie Hand zu geben:

... 9.Wenn irgend jemand ketzerische Werke oder den Talmud und andere jüdische Bücher besitzt, behält oder verteilt oder sie transportiert oder beabsichtigt, dies zu tun.«[17]

Beiden Positionen – unnachgiebig oder »tolerant« – lag die Überzeugung zugrunde, daß der Talmud gottlos und sündig sei. Und sie wurde selbst von jenen geteilt, die meinten, man könne sich der rabbinischen Literatur bedienen, um die Juden zur Annahme des christlichen Glaubens zu ermuntern. 1578 schloß der polnische Jude Simon von Gambs mit dem Basler Verleger Ambrosius Froben einen Vertrag über den Druck einer nach den Regeln Roms expurgierten Version des Talmuds. Doch Marco Marino aus Brescia, der mit der Aufgabe betraute Zensor, verstümmelte die Texte derart, daß von Gambs nur durch ein Gerichtsverfahren gezwungen werden konnte, diesen Torso herauszubringen.

Den Talmud zu »säubern« war die gemäßigtere Methode, mit der einige Kirchenvertreter versuchten, die Bekehrung der Juden voranzutreiben – wenn auch vergeblich –; andere verfolgten dasselbe Ziel mit öffentlichen Verbrennungen. Dabei unterschieden sich diejenigen, die die heiligen Texte expurgieren*, von denjenigen, die sie vernichten wollten, zumeist nur in der Methode; in der Zielsetzung waren sie sich einig. In diesem Punkt wichen sie deutlich von den Ansichten des ausgezeichneten Hebraisten Robert Bellarmin ab, der bei seiner Untersuchung der jüdischen Bibelkommentare Ende der siebziger Jahre des 16. Jahrhunderts die Ignoranz und Borniertheit seiner Kollegen, der katholischen Zensoren, beklagte.[18]

1585 waren die katholischen Zensoren in eine Sackgasse geraten. Angesichts der inkonsequenten Handlungsweise seiner Vorgänger (siehe 5 I. A-C) versuchte Sixtus V. das Problem durch eine Expurgation* des Talmuds zu lösen. (Dabei leitete ihn weniger Sympathie für die »Mörder Christi« als vielmehr handfeste finanzielle Interessen, die beim Umgang der Römischen Inquisition mit der jüdischen Gemeinde in der Heiligen Stadt schon immer eine Rolle gespielt hatten.[19]) Und der Ausschuß innerhalb der Indexkongregation*, den der Papst einsetzte, nannte zwei »Neophyten«* beziehungsweise kürzlich bekehrte Juden seine Mitglieder (siehe 5 II. D).

Die Reaktionen der etwa 3500 Juden, die 1555 auf Befehl Papst Pauls IV. ins Ghetto gepfercht worden waren,[20] auf den Plan waren geteilt; sie schwankten zwischen zögernder Hoffnung und bösen Vorahnungen (siehe 5 II. F-G). Die Hoffnung, daß sie ihre heiligen Texte am Ende zurückbekommen würden, war von berechtigten Zweifeln an der Kompetenz der Zensoren getrübt. Und die »diagnostischen« Zensuren, die von der Indexkongregation* verfaßt wurden, bestätigten die Befürchtungen der Juden (siehe 5 II. H-I);

in der Absicht, »Blasphemien« zu tilgen, produzierten sie nur Mißverständnisse. Aufgrund von sprachlichen wie auch historischen Schwächen erkannten die katholischen Expurgatoren weder Genre noch Charakter des Talmuds.

Der Talmud ist eine Sammlung unterschiedlicher Argumente und Meinungen zum jüdischen Gesetz, kein Werk der theologischen Dogmatik. Nichts in den heiligen Texten der Juden, die Rom expurgieren wollte, beansprucht die Autorität geoffenbarter Wahrheit im christlichen Sinn. So gut wie jede Ansicht wird durch eine andere konterkariert. Grundlegend für das Verständnis des Talmuds ist ein Begriff davon, wie er mit der Vielfalt von Zitaten arbeitet, die er enthält. Fast jeder seiner Sätze beginnt mit dem Spruch eines Rabbis (»Rabbi Salomon sagt ...«). Und genau hier lag die Schwierigkeit: Für eine Pluralität von Autoritäten, die von ihren Lesern flexible Auslegungen verlangt, hatten die römischen Zensoren, die darauf aus waren, eine einzige Bedeutung zu finden, wenig Sinn und noch weniger Sympathie. Ihre Beschäftigung mit dem Talmud (wie in 5 II. H-I dargestellt) gleicht einem Dialog unter Taubstummen.

Taub für die Zwischentöne in den Texten, nahmen sie ihr Expurgationsprojekt in Angriff, als ob sie es mit einem Werk der christlichen Dogmatik zu tun hätten. Nicht gänzlich blind für ihre sprachlichen Defizite, beschlossen sie immerhin, den Talmud ins Italienische übersetzen zu lassen. Doch daß sie es für vorteilhaft hielten, die Bücher zu verstehen, die sie zensierten, wollte den Juden gar nicht einleuchten. Sie protestierten beim Papst gegen die zu erwartende Verzögerung – die man auf bis zu einem Jahrhundert schätzte (siehe 5 II. J). So kam es zu dem seltsamen Paradox, daß die Opfer der Zensur selbst an dem römischen Expurgationsversuch teilnahmen und ihn vorantrieben.

In jeder der »Klassen« oder Gruppen von Zensoren, die mit der Arbeit am Talmud betraut wurden, befand sich mindestens ein Jude (siehe 5 II. P und R), doch selbst sie vermochten nichts gegen die Kombination aus Unfähigkeit und Pedanterie der In-

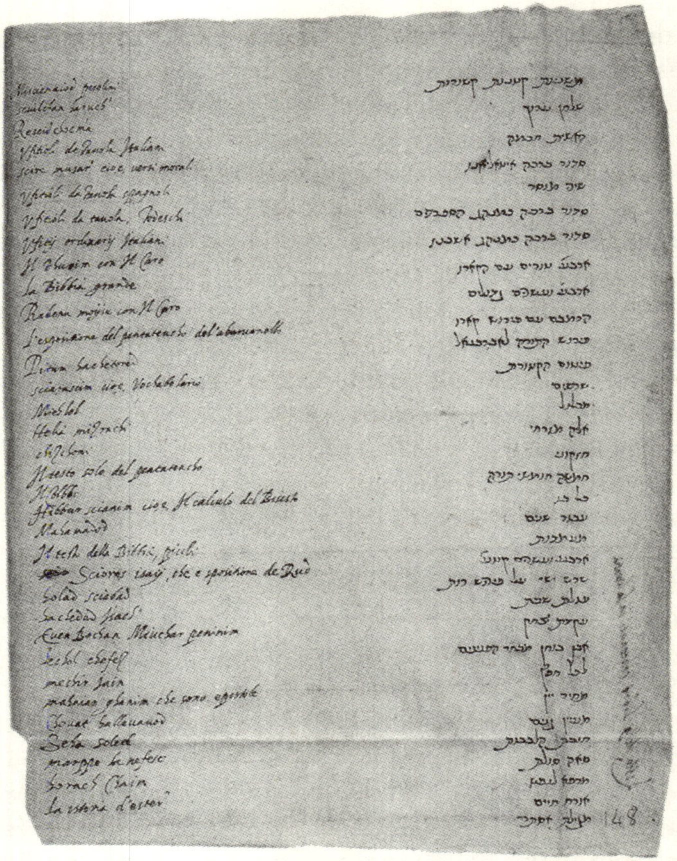

Liste einiger jüdischer Bücher in zweisprachiger (lateinisch-hebräischer) Ausfertigung aus den achtziger Jahren des 16. Jahrhunderts.

dexkongregation* (siehe 5 II. M und N) auszurichten. Das Unternehmen scheiterte. Die Leser des 1593 von Papst Klemens VIII. (1592–1605) erlassenen Verbots jüdischer Schriften (siehe 5 II. V) konnten, bevor die Akten zugänglich wurden, weder wissen noch erahnen, daß eines der Motive für die Strenge des Banns, mit dem der Talmud belegt wurde, ein Gefühl der Frustration war. Trotz der Hilfe der Juden erwies sich Rom als unfähig, deren heiligen Texte zu »säubern«.

Dokumente aus dem 16. Jahrhundert (wie jene in Kapitel 5) blieben jahrhundertelang in den Archiven erhalten, und als das Problem des Talmuds im 18. Jahrhundert erneut aktuell wurde, griffen die Römische Inquisition* und die Indexkongregation* auf sie zurück. Schon 1682 hatte Papst Innozenz XI. (1676–1689) die jüdischen Kreditbanken geschlossen. In der Römischen Kurie* herrschte beträchtliche Sorge über die Schulden der Juden beim Heiligen Stuhl*. Eine Kommission wurde einberufen und mit der Erarbeitung einer Reform beauftragt, die die finanziellen Lasten, die den Juden aufgebürdet worden waren, mildern sollte, denn die Kirche erhoffte sich eine Rückzahlung ihrer Darlehen, wenn sie die wirtschaftlichen Aktivitäten der Juden förderte.

Dem Heiligen Offizium*, das für das Ghetto verantwortlich war, waren solche Maßnahmen suspekt. Sein Unbehagen steigerte sich zu massiver Sorge, als die Juden 1744 die Erlaubnis erhielten, in das Königreich Neapel zurückzukehren, aus dem sie zwei Jahrhunderte zuvor ausgewiesen worden waren. Die Inquisition reagierte mit einem scharfen Edikt vom 26. August 1745, das (neben anderen repressiven Vorschriften) den Juden erneut die Pflicht auferlegte, am Sabbath Predigten zu besuchen, die auf ihre Bekehrung abzielten. 1747 wurde ihre Bewegungsfreiheit eingeschränkt, 1751 die räumliche Trennung von den Christen durchgesetzt. Im selben Jahr – in dem man auch Charles de Montesquieus *Vom Geist der Gesetze* (siehe 14) mit dem Bann belegte und der Antisemitismus in Polen wieder zum Leben erwachte – wurden sämtliche jüdischen Werke, die Irrtümer oder Angriffe auf die Bibel enthielten, verboten. 1753 beschlagnahmte man bei einer Durchsuchungsaktion im römischen Ghetto achtunddreißig Karrenladungen Bücher, darunter zahlreiche Exemplare des Talmuds.[21]

Auch angesichts der vordringenden Aufklärung und ihrer Folgen besorgt, griff Rom in dieser Atmosphäre auf eine Politik zurück, die es schon zu Zeiten der Gegenreformation* verfolgt hatte. So kam es, daß der Sekretär der Indexkongregation* Nicola Ridolfi (siehe 5 I.)in den vierziger Jahren des 18. Jahrhunderts in die alten Aktenbestände zum Talmud aus dem 16. Jahrhundert hineinschaute: Die Vertreter der römischen Zensur suchten erneut Orientierung in ihren Archiven. Der Geist, in dem sie dies taten, ist in einer Denkschrift über die »Revision hebräischer Bücher«, die für das Heilige Offizium* verfaßt wurde, deutlich zu spüren:

»Niemand verkennt die Ruchlosigkeit, mit der die Juden die weisen Gesetze der Römischen Bischöfe zu umgehen suchen, die sie von Gottlosigkeit abhalten und dafür sorgen sollen, daß sie – wenn sie sich in ihrer Verstocktheit* weigern, an die Erfüllung der Prophezeiungen durch die Ankunft des Messias zu glauben und sich zum Glauben bekehren zu lassen – das Gesetz des Moses nicht mit ihren Fabeln, ihrem Aberglauben und ihren falschen Lehren verfälschen ... Nirgends tritt ihr unversöhnlicher Haß auf die christliche Religion so deutlich zu Tage ... wie in ihren zahlreichen Publikationen. Aus diesem Grund haben die Päpste, um die Flut von Verwirrung und Verderbtheit einzudämmen, die durch Verführung der Unwissenden (die stets in der Mehrheit sind) die Menschheit zu überrollen drohte, nicht nur solche Bücher – und insbesondere den Talmud – verboten ... sondern auch versucht, sie aus dem Gedächtnis der Menschen zu tilgen, indem sie ihre Verbrennung anordneten.«[22]

Es folgt ein langer detaillierter Bericht über die römische Zensur des Talmuds vom 13. bis zum 16. Jahrhundert mit dem euphemistischen Schluß, daß der Mangel an einheitlichen Methoden zu unterschiedlichen Ergebnissen geführt habe. Nicht alle Bücher der Juden seien schlecht, heißt es in der Denkschrift. Grammatiken und Lexika könnten erlaubt werden. Um andere, schädlichere Werke wie den Talmud zu säubern, sei ein Ausschuß gebildet worden, der wie schon im 16. Jahrhundert aus Christen und Juden bestehe. Sechs Neophyten* und drei Dominikaner* erhielten die Aufgabe, einen Index jüdischer Bücher zusammenstellen. Der Sonderstatus des Talmuds in der hebräischen Literatur wurde anerkannt, desgleichen seine Bedeutung für das jüdische Recht. Selbst die Druckgeschichte des Textes wurde rekonstruiert, um die Finsternis zu vertreiben, »die den Geist dieses Volkes umwölkt, welches einst der Liebling des Himmels war, jedoch – wegen seiner Ruchlosigkeit, Aufsässigkeit und Falschheit – der Menschheit verhaßt geworden ist«.

Als der Versuch, die Juden zu bekehren, zusehends voranschritt,[23] legte Prospero Lambertini – damals Konsultor* im Heiligen Offizium* und kurz darauf Papst Benedikt XIV. (1740–1758) – eine Denkschrift über die Stellung der Juden vor, die sich zum christlichen Glauben bekannten.[24] Später, als Papst, äußerte er sich gegenüber dem Assessor* der Römischen Inquisition* schriftlich zu dem Problem, ob eine jüdische Großmutter ihren Enkel gegen den Willen seiner Eltern taufen lassen dürfe, und kam zu dem Schluß, daß sie das Recht dazu hatte. Solche Dokumente zeigen ein Muster auf, das auch bei späteren Versuchen, den Talmud zu zensieren, zu erkennen ist. Die Bekehrung zum Christentum war das Hauptmotiv der Judenpolitik der Römischen Inquisition. Als Pius IX. (1846–1878) einen internationalen Skandal auslöste, indem er die Entführung des jüdischen Kindes Edgardo Mortara aus der Obhut seiner Eltern genehmigte, weil das Kind heimlich von einer analphabetischen Dienerin getauft worden war, entsprach er damit lediglich der Haltung, die das Heilige Offizium seit Jahrhunderten einnahm und die seine Vorgänger durchgesetzt hatten.[25] Gefangen im geschlossenen Kreislauf ihrer ambivalenten Politik, schien die Führung der Kirche dazu verdammt, immer wieder auf den Talmud zurückzukommen, und zwar »bis zur Bekehrung der Juden«.

Die Politik des Papstes gegenüber der jüdischen Gemeinde in der Heiligen Stadt war rigide und paternalistisch zugleich, ein

Zwiespalt, der in einem Ritual seinen Ausdruck fand. Bei diesem Ritual, das vom Mittelalter bis zum 16. Jahrhundert jeweils nach der Konsekration des Papstes im Petersdom stattfand, ritt der Pontifex Maximus in einer triumphalen Prozession zur Lateranbasilika. Unterwegs traten ihm die Vertreter der jüdischen Gemeinde entgegen.[26] Sie fielen vor ihm auf die Knie und übergaben ihm ein kostbares Exemplar der Thora, ihres Gesetzes. Auf ihre hebräische Anrede antwortete der Papst in Latein, er gebe wohl zu, daß das Gesetz, welches Gott an Moses übergeben habe, heilig und verehrungswürdig sei. Die Auslegung der Juden jedoch sei falsch, da Christus der einzige und wahre Heiland sei.

Nach diesen Worten warf der Papst die Thora über seine Schulter, woraufhin der römische Mob für gewöhnlich in Gewalt gegen die Juden ausbrach. Aus Sicherheitsgründen verlegte man deshalb die rituelle Begegnung des Papstes mit den Juden auf das Gelände vor der Engelsburg, was die Möglichkeiten für antijüdische Ausschreitungen einschränkte. Doch dafür gab es andere Gelegenheiten wie den Karneval. Bei diesem Fest fand inmitten der johlenden Menge ein Wettlauf zwischen Juden statt, die bis auf rote und gelbe Lumpen (den Farben der Schande) nackt waren.[27] Und obschon man dem Mob Jahr für Jahr durch Edikte verbot, die »Mörder Christi« mit »Eiern, Orangen, Dreck, Mehl, Staub oder Asche« zu bewerfen, wurden sie doch stets mit Abfall überhäuft, ganz wie sie es nach Ansicht des römischen Gesindels verdienten. Als »gemeinen Sklaven«, die in einem prekären Gleichgewicht zwischen begrenzter Toleranz und wiederholten Ausschreitungen lebten, erlaubte man den Juden nie zu vergessen, daß seit 1245 die oberste Entscheidungsinstanz in allen Fragen des *jüdischen* Glaubens der katholische Stellvertreter Christi war.

Wenn sich die Glaubenshüter trotz jüdischer Hilfe als unfähig erwiesen, den Talmud zu expurgieren, wie kamen sie dann erst mit den Zeugnissen fremder europäischer Kulturen zurecht? Drei Methoden gelangten zum Einsatz: Entweder sie verurteilten Bücher, die sie nicht gelesen hatten, oder sie unternahmen nichts, oder aber sie warteten, bis ein in der Landessprache verfaßtes Werk in lateinischer Übersetzung erschien, der einzigen Sprache außer Italienisch, die sie verstanden und in der sie in der Regel auch ihre Zensuren schrieben und ihre Verhöre durchführten.

Während des ersten Jahrhunderts der römischen Zensur waren die Glaubenshüter im allgemeinen nicht fähig, englische, französische oder deutsche Texte zu lesen, und überließen die spanischen zumeist ihren Kollegen aus diesem Land. Auch wenn sie sich durchaus für den deutschen Sprachraum, die Heimat Luthers, interessierten, waren sie doch unsicher, wie sie mit ihm umgehen sollten. Einige von ihnen meinten, die Kontrolle der protestantischen Druckwerke ließe sich stark vereinfachen, wenn man schlichtweg alle Werke verböte, die in den Katalogen der Frankfurter Buchmesse aufgeführt wurden.[28] Andere steckten in einer Art Vogel-Strauß-Politik den Kopf in den Sand.

Ein Beispiel bietet der Fall Sebastian Brant (1458–1521). Sein 1494 erschienenes Buch *Das Narrenschiff* wurde durch die 1497 von Jakob Locher publizierte lateinische Übersetzung in Europa berühmt.[29] 1572 wurde Lochers Version in Basel von Sebastian Henricpetri herausgebracht, dessen Name auf einer Liste von Druckern stand, die Rom im Index von 1596 verurteilte.[30] Dies hatte zur Folge, daß *Das Narrenschiff* den Zensoren verdächtig erschien, was allerdings nicht bedeutete, daß sie sofort gehandelt hätten. Erst 1612 – Jahrzehnte nach dem Nachdruck in Basel und über ein Jahrhundert nach der Erstausgabe – wurde die lateinische Version von Brants Buch von Paolo Fabulotti, einem Mitglied der Indexkongregation*, begutachtet, der der deutschen Sprache jedoch nicht mächtig war (siehe 8).

Fabulotti war ein römischer Theologieprofessor, der über den Primat des Papstes geschrieben hatte.[31] Als Ambrosianer* hatte er das Glück, in San Clemente, der schönsten Kirche Roms, zu wohnen, aus der sein Orden allerdings bald vertrieben werden sollte. Die Ambrosianer – ursprünglich eine Gemeinschaft von Eremiten aus der Umgebung von Mailand, die Ende des 14. Jahrhunderts nach Rom kam – befanden sich zu Beginn des 17. Jahrhunderts in einer Krise. Symptomatisch für ihre Misere war der Fall eines ambrosianischen Prälaten, der nicht nur angeklagt wurde, weil er vom Glauben abgefallen war und einen Mord begangen hatte, sondern auch verurteilt, weil er Schinken und Salami gehortet hatte. Der Orden wurde schließlich am 2. Oktober 1643 von Papst Urban VIII. aufgelöst.[32]

Vielleicht weil er wußte, daß er selbst im Glashaus saß, verzichtete Brants Zensor vom Orden des heiligen Ambrosius darauf, Steine auf *Das Narrenschiff* zu werfen. Fabulotti räumte zwar ein, daß das Werk die Päpste verspottete, da sie zuließen, daß Narren in den Genuß vielfältiger Pfründe kämen; die Kritik des Buches am fragwürdigen Verhalten mancher Priester hielt er jedoch für maßvoll und berechtigt. Fabulotti fand wenig Anstoßerregendes in der lateinischen Version von *Das Narrenschiff*, und seine behutsamen Vorschläge für eine Expurgation* wären vielleicht sogar angenommen worden, hätte nicht die Indexkongregation am 10. Juli 1612 beschlossen, einen weiteren Zensor auf das Werk anzusetzen. Doch dieser lieferte kein Gutachten ab,[33] und so wurde der Fall Sebastian Brant ad acta gelegt und vergessen. Die Reichweite der Römischen Zensur war nicht nur durch die sprachlichen Unzulänglichkeiten ihrer Vertreter begrenzt. Eine weitere Einschränkung bestand darin, daß sich ihr kurzes Gedächtnis nicht mit ihren Zeitplänen vertrug, die auf der Ewigkeit beruhten.

Selbst mit Autoren, auf die sie unmittelbaren Zugriff hatten, wußte sie nicht immer richtig umzugehen, wie das Beispiel Michel de Montaignes zeigt. Der Autor traf am 30. November 1580 in Rom ein. Seine *Essais* wurden von der römischen Inquisition* beschlagnahmt und von zwei französischen Mönchen geprüft, da keiner ihrer italienischen Kollegen Französisch konnte. Doch die Resultate (siehe 7) waren so erbärmlich, daß selbst der Meister des Heiligen Palastes* – der Prälat, der für die Zensur in der Heiligen Stadt zuständig war – Montaignes Zorn teilte und mit Recht das geistige Unvermögen seiner Untergebenen beklagte.[34]

Ein Meister des Heiligen Palastes hatte wichtigere Angelegenheiten im Kopf, Angelegenheiten wie etwa die Mahlzeiten der Kardinäle, über die sich einer dieser Amtsträger mit derselben Intensität den Kopf zermarterte, wie er sie bei der Beurteilung der Werke Giordano Brunos an den Tag gelegt hatte.[35] Wer sich für die Probleme interessiert, die einen Zensor auf dem Höhepunkt der Gegenreformation* beschäftigten, sollte es sich nicht entgehen lassen, Kapitel 6 zu lesen, und den Argumentationsgang bei der Klärung der Frage genießen, ob die wählenden Kardinäle bei einem Konklave* zweimal täglich eine Mahlzeit mit einem Gang oder mit zwei Gängen zu sich nehmen durften. Während der Meister des Heiligen Palastes sich in diesen höheren Sphären der Reflexion bewegte, erhielten rangniedrigere Funktionsträger die unbedeutendere, aber nicht weniger unterhaltsame Aufgabe, einen Papst zu zensieren (siehe 2).[36]

GALILEI UND SEINE ZENSOREN

Gegen tote Päpste konnte heimlich »verhandelt« werden, doch bei lebenden Prominenten war öffentliches Aufsehen unvermeidbar. Der berühmteste Fall, den die Römische Inquisition verhandelte, war der von Galileo Galilei (siehe 9). Kein Verfahren erregte mehr Aufsehen, und zu keinem existieren bis heute mehr Mißverständnisse. Einer der Gründe, warum der Fall Galilei nicht in seiner ganzen Bedeutung begriffen wurde, hängt mit der Quellenlage zusammen. Die Dokumente stammen nicht, wie allgemein angenommen, nur aus dem 17. Jahrhundert. Die Archive halten auch umfangreiches, wichtiges und faszinierendes Material aus dem 18. und 19. Jahrhundert bereit, aus einer Zeit, als die römischen Behörden ihre Position überdachten. Innerhalb des Heiligen Offiziums* erhoben sich damals nämlich Stimmen, die den Bann aufheben wollten, der 1616 über den mit den Namen Galilei und Kopernikus verbundenen Heliozentrismus verhängt worden war. Diese Stimmen sind es wert, gehört zu werden. So werden in diesem Buch ausgewählte Dokumente aus allen vier Stadien einer langen und komplexen Debatte vorgelegt, die sich über dreihundert Jahre erstreckt.

Die Dokumentation des Falls Galilei in den römischen Archiven ist im wesentlichen komplett.[37] Obwohl aus fragwürdigen Gründen immer wieder das Gegenteil geargwöhnt wird, ist wenig verlorengegangen, und es wurde auch fast nichts aussortiert. Zweimal, in den Jahren 1616 und 1633, erschien der Naturwissenschaftler vor dem Heiligen Offizium, und beim zweiten Mal wurde sowohl von seiten seiner Befrager als auch von Galilei selbst häufig Bezug auf das erste Verhör genommen. Dies ist nicht der Rahmen, um Argumente zu wiederholen, die schon anderswo veröffentlicht worden sind,[38] wie zum Beispiel jene, daß 1616 kein Prozeß stattfand, sondern Galilei lediglich eine Ermahnung von Kardinal Bellarmin erhielt, der versuchte, die Kräfte der Römischen Inquisition und der Indexkongregation in der Waage zu halten. Und es ist auch nicht notwendig zu betonen, daß die Verurteilung Galileis im Jahr 1633 nicht nur für ihn, sondern auch für seinen früheren Gönner Papst Urban VIII. (1623–1644) einen herben Rückschlag darstellte oder daß das Heilige Offizium aus dem Zusammenstoß dieser zwei mächtigen Egos nicht unbeschadet hervorging. Betrachten wir lieber Ton und Tenor des Prozesses von 1633.

Ausgelöst hatte das komplizierte Verfahren achtzehn Jahre zuvor der Dominikaner* Tommaso Caccini. Er denunzierte Galilei am 20. März 1615 bei der Römischen Inquisition, weil er sich darüber ärgerte, daß seine wörtliche Interpretation der Bibel von Schülern Galileis in Frage gestellt worden war (siehe 9 A). Man muß nicht über die Motive von Caccinis Denunziation spekulieren, wenn man sich vor Augen führt, daß er öffentlich kritisiert wurde, als er in der Kirche Santa Maria Novella in Florenz predigte.

Die Unterdrückung öffentlicher Debatten über Glaubensfragen war zum Zeitpunkt von Caccinis Denunziation schon seit Generationen eines der wichtigsten Anliegen der katholischen Kirche gewesen. 1538 – wenige Jahre vor der Gründung der Römischen Inquisition – hatte eine Gruppe von Reformkardinälen (darunter auch Gianpietro Carafa, der spätere Paul IV.) empfohlen, solche Debatten zu unterbinden.[39] Die Angst, die *simplices* – die Ungebildeten im einfachen Volk – könnten irregeleitet werden, war einer der Gründe für das Verbot. Ein weiterer war die Gefahr, daß die Autorität der Kirche untergraben werde, wenn sich jeder herausnahm, wie ein protestantischer Ketzer* seine eigene Interpretation der Heiligen Schrift zu verkünden.

Die Ketzerei Galileo Galileis und seiner Anhänger bestand in der Hauptsache darin, daß sie die Autorität der Kirche herauszufordern schienen. Für das Heilige Offizium* und seine Zensoren ging es 1633 nicht nur darum, daß der Naturwissenschaftler in seinem *Dialog über die beiden hauptsächlichsten Weltsysteme* gegen die von der Kirche 1616 erlassene Verordnung verstoßen hatte, über den Heliozentrismus nur im Sinne einer Hypothese zu lehren oder zu schreiben (siehe 9 E). Weitaus schlimmer war, daß Galilei sein Buch auf Italienisch verfaßt hatte. Da seine subversiven Gedanken somit nicht mehr unter der schützenden Maske des Lateinischen auftraten, waren sie, wie man befürchtete, auch dem leichtgläubigen Pöbel zugänglich.

Daß ein Buch von der literarischen Raffinesse und wissenschaftlichen Strenge von *Dialog über die beiden hauptsächlichsten Weltsysteme* im 17. (wie im 21.) Jahrhundert geeignet gewesen wäre, den Glauben der *simplices* zu untergraben, kann man getrost als absurd betrachten. Weniger absurd ist jedoch die Tatsache, daß Galilei – angeblich mit Genehmigung des Meisters des Heiligen Palasts* – ein Werk veröffentlicht hatte, das für den Heliozentrismus eintrat und damit nicht nur das existierende Verbot der zuständigen Behörden mißachtete, sondern auch den Papst zu verspotten schien.

Die Anklage war in erster Linie politisch begründet; intellektuelle Belange spielten eher eine untergeordnete Rolle. Niemand wußte das besser als Galilei selbst. Deshalb ist die Vermutung irrelevant, daß er 1633 »hätte sagen können, auch bei der ihm unter Androhung von Strafe auferlegten Zurückhaltung in der Bewertung hypothetisch vorgetragener Argumente mache sich die Wahrheit eben von selbst derart geltend, daß der Eindruck ihrer Bevorzugung durch den Autor unvermeidlich sei«.[40] Daß Galilei fast vier Jahrhunderte nach dem Prozeß derart heroisch klingende Worte in den Mund gelegt werden, beruht auf einer Mißachtung der Tatsache, daß er sich vor seinen Richtern mit großem Unbehagen verteidigte. Denn *juristisch* gesehen hatten sie Recht.

Selbst also im Unrecht, weil er trotz des kirchlichen Verbots mit unbestreitbarer Brillanz in *Dialog über die beiden hauptsächlichsten Weltsysteme* für den Heliozentrismus argumentiert hatte, versuchte Galilei vor dem Heiligen Offizium* verzweifelt, das Blatt zu wenden. Zunächst berief er sich auf seine mangelhafte Erinnerung an Ereignisse, die siebzehn Jahre zurücklagen, dann betonte er, er habe sich korrekt verhalten und vor der Veröffentlichung seines Buches bei der zuständigen Instanz eine Genehmigung eingeholt (siehe 9 F), und schließlich räumte er ein, daß er seine Leser vielleicht dazu »verleitet« habe, den Heliozentrismus für wahr zu halten. Das Motiv für diesen »Fehler«, bekannte Galilei mit gespielter Demut, sei seine Eitelkeit gewesen (siehe 9 G). Er sei bereit zu widerrufen, und falls das Oberste Tribunal* irgendwelche Zweifel an seiner Aufrichtigkeit oder Integrität habe, könne er ein Dokument von 1616 vorlegen, in dem ihm Kardinal Bellarmin attestiert habe, er sei nicht gezwungen worden, seinen »Irrtümern« abzuschwören (siehe 9 I).

Diese unschlüssige Argumentation überzeugte niemanden. Es folgte die Verurteilung, nachdem man Galilei Folter angedroht hatte (siehe 9 J). Der Aufschrei der Empörung war ohrenbetäubend und ist es bis heute. Er hat eine Märtyrerlegende geschaffen. Zum »Märtyrer« gemacht sowohl durch den Autoritarismus Urbans VIII. als auch durch die Inkonsequenz in seiner eigenen Strategie, war Galileo Galilei bei seinem Prozeß vor dem Heiligen Offizium* im Jahr 1633 verständlicherweise weniger darum bemüht, seine Theorien zu verteidigen, als seine Haut zu retten. Er wurde für seine Provokation bestraft, und erst im folgenden Jahrhundert änderte sich die Lage, als die römischen Behörden von ihren eigenen Mitarbeitern gezwungen wurden, die Wahrheit der Ideen Galileis in Betracht zu ziehen.

Die unbestreitbare Wahrheit der von Galilei vertretenen Ideen und die immer fragwürdiger werdende Autorität der römischen Tribunale waren Probleme, die man Mitte des 18. Jahrhunderts nicht mehr ignorieren konnte. Damals, 1757 – gegen Ende des Pontifikats von Benedikt XIV. –, versuchte der jesuitische* Zensor Pietro Lazzari eine Aufhebung des 1616 erlassenen Verbots jener Bücher zu erreichen, »die die Bewegung der Erde und die Unbeweglichkeit der Sonne lehren« (siehe 9 K). Lazzari wußte, wie die römische Zensur funktionierte, denn die Indexkongregation*, für die er arbeitete, hatte eines seiner eigenen Werke verboten.[41]

Zu den vielen einleuchtenden Argumenten, mit denen Lazzari die Kongregation von der Sinnlosigkeit der Aufrechterhaltung eines Verbots zu überzeugen suchte, das niemand respektierte, gehörte die Feststellung, daß auch die römischen Tribunale nicht unfehlbar waren. Warum, fragte Lazzari, sollten sie zögern, ein Dekret aufzuheben, das einst seinen Zweck erfüllt habe, nun jedoch für überflüssig gehalten werde? Weshalb sollte Rom weiterhin die Anerkennung wissenschaftlicher Tatsachen verweigern und dadurch rückschrittlich und lächerlich erscheinen? Die Reaktion war eine aus Scham geborene Strategie. Die Kongregation* hob das Verbot des Heliozentrismus auf, doch die Namen Galilei und Kopernikus blieben auf dem Index der verbotenen Bücher*.

Und dann geschah lange Zeit nichts. Sechzig Jahre gingen ins Land, und die katholische Position in dieser umstrittenen Frage blieb unklar. Endlich brach Giuseppe Settele, ein römischer Kanoniker und Professor für Astronomie, das Eis, indem er offiziell um die Genehmigung des Papstes bat, ein auf dem »kopernikanischen System« beruhendes Buch veröffentlichen zu dürfen (siehe 9 L). Setteles elegantestes Argument besagte, daß der Bann von 1616 über Ideen verhängt worden sei, die man damals zu Recht als unvollkommen betrachtet habe. Inzwischen jedoch sei ihre Gültigkeit und Wahrheit durch Naturphilosophen vom Rang eines Isaac Newton bewiesen, deren Werke nie auf den Index gesetzt worden seien. Weniger elegant, nichtsdestotrotz höchst interessant war der interne Konflikt zwischen den Instanzen, den Setteles Denkschrift an den Papst auslöste.

Am »liberalsten« oder aufgeschlossensten zeigte sich die Römische Inquisition; am engstirnigsten reagierte der Meister des Heiligen Palastes*, Filippo Anfossi. Wie schon 1633 war der Inhaber dieses Amtes auch noch im Jahr 1820 für die römische Publikationserlaubnis zuständig, und ebendieses Imprimatur* verweigerte Anfossi Settele trotz der positiven Haltung des Obersten Tribunals* hartnäckig. Die Folge war Streit. In einem detaillierten Gutachten, das die Römische Inquisition von ihrem Assessor* – dem intelligenten und zur Polemik neigenden Maurizio Olivieri – anfertigen ließ, wurden dieselben heißen Eisen angefaßt wie 1633 und 1757 (siehe 9 M). Diesmal jedoch stand das Heilige Offizium* auf seiten des »Kopernikaners«. Das

Oberste Tribunal* erließ ein Edikt zugunsten von Settele und zuungunsten Anfossis, in welchem letzterer den Befehl erhielt, seine Blockadepolitik einzustellen, und man ihm darüber hinaus das Wort verbot (siehe 9 N). Unverdrossen appellierte der Meister des Heiligen Palastes* an den Papst (siehe 9 Q), und die Vehemenz, mit der Anfossi für die Aufrechterhaltung des Banns über den »Kopernikanismus« eintrat, wurde nur durch die Beschränktheit seines Plädoyers übertroffen. Eine Kombination, die Maurizio Oliveri zu einer Tour de force der Erwiderung provozierte. Wer angesichts des Argumentationsniveaus vieler Zensuren in diesem Buch in Depression zu verfallen droht, kann bei der Lektüre des unterhaltsamen Dokuments in Kapitel 9 (R) wieder neuen Mut fassen.

Der polemische Stil, in dem die römischen Zensoren zweifelhafte Autoren und verdächtigte Werke kritisierten, richtete sich nun gegen sie selbst. Olivieris schlagkräftige Widerlegung Anfossis ist das beste Beispiel in diesem Buch für die Zensur eines Zensors. Ohne die gebotene kuriale Höflichkeit zu verletzen, bezeichnet der Assessor* des Heiligen Offiziums* den Meister des Heiligen Palastes als einen sich überall einmischenden Betonkopf, einen arroganten Ketzer* und potentiellen Kriminellen. »Alles sei ohne Schmälerung der hohen Wertschätzung gesagt, die ich ihm entgegenbringe«, schloß Olivieri, womit er dem als unfähig Entlarvten auch noch das Salz der Heuchelei in die Wunden rieb. Kaum hatte ein Dekret der Römischen Inquisition* in kriegerischen Tönen das Waterloo des Meisters des Heiligen Palastes verkündet (siehe 9 S), als der Sekretär der Indexkongregation* dem seine eigenen beißenden Kommentare über die »Schlafmützigkeit des Papstes« hinzufügte (siehe 9 U). Aus diesem Bürgerkrieg zwischen den römischen Beamten, die für den Fall Galilei verantwortlich waren, war eine der pikantesten, wenn auch wenig bekannten Episoden dessen postumen Sieges hervorgegangen.

Der polemische Ton des Gutachtens von Maurizio Olivieri gibt uns einen deutlichen Hinweis auf die bei den Glaubenshütern besonders beliebten sprachlichen Gepflogenheiten. Schmähungen wurden von ihnen mit monotoner Regelmäßigkeit verwendet. So regelmäßig, wie sie die verschiedenen Autoren, die sie beurteilten, mit Beschimpfungen traktierten, so häufig wiederholten sie identische Anklagen und Kritikpunkte, daß man dem Heiligen Offizium* und der Indexkongregation* einen »überzeitlichen« Stil attestieren kann.

»Überzeitlich« in dem Sinne, daß die polemischen und invektiven Merkmale der römischen Zensur nicht auf eine bestimmte Periode beschränkt waren. Fast alle rhetorischen Kategorien der Verurteilung, die die Glaubenshüter im 18., 19. und 20. Jahrhundert verwendeten, wurden auch schon im 16. oder 17. Jahrhundert benutzt. Unabhängig von Zeit, Ort und Umständen und unter souveräner Mißachtung der zu begutachtenden Texte verurteilten sie die Werke von Autoren, die in der Regel größere Geister waren als sie selbst. Warum waren sie trotzdem davon überzeugt, im Recht zu sein? Aus dem einfachen, aber zwingenden Grund, daß gegen ihre Urteile keine Berufung eingelegt werden konnte.

Im allgemeinen war – trotz der ernsthaften Bemühungen Benedikts XIV.[42] – keine Berufung möglich, weil die Kläger auch die Richter waren. Sie operierten in einem geschlossenen System. Eingemauert in ihrer geheimen Welt, unzugänglich oder taub für Kritik, überzeugt, daß sie die Wahrheit verteidigten, und ohne über das kulturelle Wissen und die Qualifikationen für die Einsicht zu verfügen, daß es mehrere Wege zum gleichen Ziel geben kann, stimmten sie bis zum Überdruß immer dieselbe eintönige Melodie an. »Anstößig für fromme Ohren«, »übelklingend«, »ketzerisch«, »verrückt«, »Delirien«, »Unsinn« – solche

Schmähungen waren die Währung der römischen Zensur, die über Jahrhunderte hinweg immer wieder geprägt wurde. Diese abgedroschene, aber häufig benutzte, wenn auch unpräzise Währung blieb im Umlauf, weil sie einem Zweck diente. Indem die Glaubenshüter in den Gutachten, die sie für ihre Kollegen und Vorgesetzten schrieben, die zensierten Werke als »wahnsinnige Delirien« und ihre Autoren als »törichte Ketzer*« bezeichneten, bestätigten sie sich selbst durch die Herabsetzung anderer, daß sie allein rechtgläubig und vernünftig waren.

Wer sollte ihnen widersprechen? Kontrolle konnte in der Römischen Kurie* nur von oben ausgeübt werden. Über dem durchschnittlichen Zensor – einem Weltgeistlichen* oder Mönch – standen seine Vorgesetzten, die Kardinäle, von denen er sich Beförderung erhoffte. Und befördert wurden keine Rebellen, sondern verläßliche Funktionäre des Systems – eines Systems, das Konkurrenz erzeugte. Die Zensoren wußten, daß ein Verbot immer die sicherste Variante war, wenn es darum ging, um die Gunst der Kardinäle zu wetteifern. Indem man die Werke verdächtiger Autoren anklagte, bestätigte man ohne Risiko die eigene Orthodoxie.

Diese Orthodoxie wurde fast nie externen Prüfungen unterworfen und selten durch Argumente von Außenseitern in Frage gestellt. Die Glaubenshüter waren den von ihnen gebeutelten Autoren keine Rechenschaft schuldig; statt dessen saßen sie sicher hinter den Mauern ihrer Bastion. Und weil außerhalb dieser Festung des Glaubens niemand über Insiderwissen verfügte, hielt man die Hüter dort für willkürlich, unberechenbar oder schlichtweg bösartig. Mißtrauen erzeugte Furcht, und Furcht brachte Empörung hervor. So kam es, daß der hervorragende katholische Theologe und spätere Kardinal Yves Congar (1904–1995), als das Heilige Offizium* zwischen 1946 und 1956 sein Werk zensierte, die Mittel, mit denen er zum Schweigen gebracht wurde, als Gestapomethoden bezeichnete, was nicht gerechtfertigt, aber aus seiner Perspektive doch nachvollziehbar war.[43]

Im Gegensatz zur Gestapo, die aufgrund ihrer klaren Zielsetzung und straffen Organisation schnell handeln und brutal ihren Willen durchsetzen konnte, waren die Römische Inquisition und die Indexkongregation* trotz der Schärfe und Vehemenz ihrer Rhetorik kaum je einer Meinung. Die beiden Organisationen rivalisierten miteinander, und auch ihre Mitglieder waren jeweils gespalten. Ein Zensor mochte ein absolutes Verbot befürworten, während der andere für Toleranz plädierte. Es gab lähmende Konflikte und Meinungsverschiedenheiten, die häufig in eine Sackgasse führten.

Ein Beispiel war der Umgang des Heiligen Offiziums* mit einem der einflußreichsten Bücher, die im Italien des 18. Jahrhunderts geschrieben wurden: Giambattista Vicos *Scienza nuova (Die neue Wissenschaft).* Das 1725 erschienene Werk war Kardinal Lorenzo Corsini gewidmet, der fünf Jahre später als Klemens XII. (1730–1740) den päpstlichen Thron bestieg. Am 19. Oktober 1729 legte Giovanni Rossi, der Generalprokurator* des Theatinerordens*, der Römischen Inquisition eine Zensur von *Die neue Wissenschaft* vor.[44] Rossi, der kurz darauf den ersten von drei Bischofssitzen erhielt, wollte sich durch die Schärfe, mit der er Vico beleidigte, offensichtlich für eine Beförderung empfehlen (siehe 11 A).

Der Zensor behauptete, *Die neue Wissenschaft* sei wirr in der Argumentation, inkonsequent in der Form und affektiert im Stil, schlicht ein »Labyrinth« von einem Buch. Daß Vico Vergleiche zwischen der antiken Mythologie und der Bibel zog, war verdammenswert, da die Reinheit des katholischen Glaubens nicht durch heidnische Fabeln befleckt werden durfte. Auch daß er Denker wie Grotius, Selden oder Pufendorf erwähnte,[45] die auf dem Index standen, war nicht legitim – ungeachtet der Tatsache, daß sie in *Die neue Wisssenschaft* angegriffen wurden, weil sie die Rolle der göttlichen Vorsehung in der Menschheitsgeschichte ignorierten. Vico versäume es, die absolute Priorität der Offenbarung anzuerkennen, und unterschätze die Heilige Schrift. Wie sonst hätte er zu der Ansicht gelangen können, daß die Menschen aus Furcht vor Jupiters Donner aufgehört hatten, in der Öffentlichkeit Unzucht zu treiben, und nicht etwa wegen der Vertreibung von Adam und Eva aus dem Garten Eden (siehe 11 B)?

Daß Vico in seinem als Universalwörterbuch[46] konzipierten Werk versuchte, eine Beschreibung der menschlichen Sprache zu liefern, die deren poetischen und mythologischen Charakter betonte, kam dem Zensor nicht in den Sinn. Ebensowenig begriff Rossi, daß die Einwände, die er gegen das Buch erhob, von dessen Verfasser bereits entkräftet worden waren.[47] Bei Selden und anderen protestantischen Autoren hatte Vico dieselbe Gefahr einer Vermischung biblischer Wahrheiten und heidnischer Legenden entdeckt, die Rossi so beunruhigte. Jede Behauptung in einem weltlichen Text, die der Heiligen Schrift widersprach, war wertlos. Die Heilsgeschichte unterschied sich fundamental vom Profanen und war diesem bei weitem überlegen. Zwischen beiden bestand ein Dualismus, gesehen durch die Optik des Alten Testaments, für das, wie der Philosoph betont, sein Verständnis des Mythos nicht relevant ist. Grotius hatte sich mit seinen Schriften über das Naturgesetz blamiert; und Vico weigerte sich, Anmerkungen für eine Neuausgabe dieser Werke zu schreiben, weil »es sich für einen Mann katholischen Glaubens nicht gehörte«, mit einem »ketzerischen Autor« Umgang zu pflegen. Eine Haltung, die der Zensor vielleicht geteilt hätte, wenn er nur das Buch verstanden hätte, das er verbot.

Doch Rossis Entsetzen darüber, wie Vico die Rolle der poetischen und irrationalen Aspekte der primitiven Vorstellungswelt bei der Entstehung der menschlichen Sprachen hervorhob, war zu groß. Deshalb erkannte der Zensor nicht, daß der Philosoph zwar die meisten katholischen Denker seiner Zeit ignorierte oder ablehnte, seine eigentlichen Gegner jedoch protestantische und jüdische Gelehrte waren.

Die Gelehrsamkeit, die Rossi nicht begriff, war seinem Kollegen in der Römischen Inquisition* nicht fremd. Der Benediktiner* Fortunato Tamburini schrieb sein Gutachten, nachdem Kardinal Corsini, dem *Die neue Wissenschaft* gewidmet war, zum Nachfolger Petris gewählt worden war. Tamburini fühlte sich abgestoßen von Vicos unklarem Stil und beklagte die Schlampigkeit seiner Argumentation, begriff aber dennoch, daß das Werk in einem gewissen Kontext stand und einen Zweck verfolgte. So tat er sein Möglichstes, um Passagen zu rechtfertigen, die von einem orthodoxen Standpunkt aus vielleicht wie Irrtümer wirken konnten.

Rossis Schmähschrift bekam mit dem behutsameren und günstiger ausfallenden Urteil Tamburinis eine Gegenstimme. Die Behörden versuchten, sich aus dieser Sackgasse zu befreien, indem sie eine dritte Zensur in Auftrag gaben, doch diese wurde nie geliefert. »Keine Entscheidung wurde getroffen«, heißt es trocken in den Dokumenten. Vico aber kümmerte sich nicht um das Heilige Offizium* und überreichte Papst Klemens XII. ungerührt die zweite Ausgabe seines Buches, der sie »mit großem Vergnügen« entgegennahm. Damit waren gleichsam durch höhere Gewalt die Widersprüche aufgehoben.

ZENSUR UND UNFREIWILLIGE WERBUNG

Die höhere Gewalt des Papsttums, wie sie durch Personen wie Klemens XII., Benedikt XIV. und Paul VI. repräsentiert wurde,[48] stand Schriftstellern häufig wohlwollender gegenüber und las ihre Werke mit weniger kritischen Augen als die Zensoren des Heiligen Offiziums und der Indexkongregation*. Die Augen, die sich auf David Humes *Geschichte von Großbritannien* (1754–1762) richteten, waren dagegen kurzsichtig. Sein Werk wurde von den römischen Behörden erst fünfundsechzig Jahre nach der Veröffentlichung des englischen Originals untersucht, weil es so lange gedauert hatte, bis es in italienischer Übersetzung erschien. Sprachliche und kulturelle Barrieren behinderten die Arbeit der Indexkongregation* vom 16. bis zum 19. Jahrhundert. Doch die damals für die Römische Kurie* durchaus typische mangelhafte Beherrschung der englischen Sprache war nur einer der Gründe, warum Humes Zensor Prospero Piatti nicht in der Lage war, *Geschichte von Großbritannien* zu verstehen.

Unbeirrt von seiner Unkenntnis des Englischen, machte er sich an die Arbeit und eröffnete seine Zensur, indem er sich auf seine Allgemeinbildung berief (siehe 18). »Jedermann weiß«, erklärte er gleich im zweiten Satz, daß Hume »ein gottloser Mensch« war. Das konnte tatsächlich jeder wissen, denn Humes *Untersuchungen über den menschlichen Verstand* waren in französischer Übersetzung bereits verurteilt und 1761 auf den Index gesetzt worden.[49] Was aber konnte jemand wie Piatti, dessen nachweisbares philosophisches Wissen nicht über die scholastischen Dispute hinausreichte, die an der von Jesuiten* geführten Gregorianischen Universität in Rom geführt wurden, über einen philosophischen Historiker sagen?[50] Geschichtsschreibung, so seine Überzeugung, hatte parteiisch zu sein – eine Apologie für den Primat der Römischen Kirche. Jede Kritik an Heiligen oder Märtyrern wie etwa Thomas Becket mußte als »abträglich« verworfen oder unter Berufung auf die schmeichelhafteren Berichte katholischer Historiker »widerlegt« werden.

Skeptizismus* – die Haltung, die nicht nur Humes Ansicht über die Religion bestimmte, sondern auch seinen Umgang mit den Quellen beeinflußte – sagte Piatti kaum etwas. Quellenkritik war für ihn antithetisch zu der wehrhaften Frömmigkeit, die er für »Verstand« hielt. Das fehlende Verständnis der Prämissen, die *Geschichte von Großbritannien* zugrunde lagen, und der Verdacht, den der elegante Stil des Werks erregte, machten ein Verbot so einfach wie unvermeidbar. Und es war gerade diese unreflektierte Leichtigkeit der Verurteilungen, die zur Diskreditierung der Vertreter der römischen Zensur beitrug, deren feierliche Verdammungsurteile von einigen ihrer »Opfer« mit Spott, Verachtung oder Ironie aufgenommen wurden. Der deutsche protestantische Historiker Ferdinand Gregorovius (1821–1891) zum Beispiel schrieb in *Römische Tagebücher*[51]:

»Am 1. März [1874] wurde ich durch die Nachricht überrascht, daß die *Geschichte der Stadt Rom im Mittelalter* auf den Index gesetzt sei und daß der *Osservatore Romano,* das offizielle Blatt des Vatikan, das betreffende Dekret publiziert habe .... Nach alter Regel werden die Dekrete der Indexkongregation* an die Türen der drei großen Basiliken angeschlagen, St. Peter, St. Johann im Lateran und S. Maria Maggiore, außerdem an die Türen der Cancelleria und der Curia Innocenziana ... Ich ging nach dem St. Peter, wo ich das Dekret an der Marmorsäule des ersten Eingangs angeheftet sah. Der ehrwürdige Dom bekam plötzlich ein persönliches Verhältnis zu mir. *Noch nie zuvor durchwandelte ich ihn mit so erhobener Stimmung.* Ich bedachte alle meine Mühen, meine Leiden und Freuden, meine große Leidenschaft, was ich alles in mein Werk versenkt hatte, und ich pries die guten Genien, welche über ihm gewacht zu haben schienen, daß ich es ungestört vollendete, und in demselben Moment, da die Papstherrschaft in Rom zusammenbrach. Hätten die Priester meine *Geschichte* nach dem Erscheinen der ersten drei Bände mit dem Interdikt belegt, so existierte das Werk heute nicht, denn dann verschlossen sich mir alle Bibliotheken Roms. Seitdem mich die Jesuiten* in der *Civiltà Cattolica* denunziert hatten, war ich jahrelang in der Erwartung, daß dieser Blitzstrahl auf mich fallen werde, und so schrieb ich am Werk weiter, *inter fulmina*[52]*... Mein Werk ist vollendet und breitet sich in der Welt aus; der Papst macht ihm jetzt Reklame ... Alle gratulieren mir zu der verdienten Ehre.*«

Als Gregorovius diese Zeilen schrieb, konnte er nicht wissen, daß sein Zensor Giuseppe Maria Granniello tatsächlich ähnliche Erwägungen angestellt hatte (siehe 23 A).[53]

Granniello hatte so viel von *Die Geschichte der Stadt Rom im Mittelalter* gelesen, wie bis 1874 auf Kosten der römischen Stadtverwaltung ins Italienische übersetzt worden war. Obwohl seine Sprachkenntnisse nicht weniger begrenzt waren als die seiner Kollegen und Vorgänger bei der Indexkongregation*, war er politisch aufgeweckter als so mancher von ihnen. Er wußte, daß er es mit einem Autor zu tun hatte, den die italienischen Liberalen, die für die Wiedervereinigung ihres Landes und gegen die weltliche Macht des Papstes eintraten, als ihren Vorkämpfer betrachteten. Der Zensor war sich wohl bewußt, daß Gregorovius zum Ehrenbürger Roms ernannt worden war, obwohl (oder vielleicht sogar weil) sein Buch 1871 durch eine Rezension in der jesuitischen* Zeitschrift *Civiltà Cattolica* angegriffen worden war.[54] Und wie jedem anderen Leser von *Die Geschichte der Stadt Rom im Mittelalter* war Granniello nicht entgangen, daß der in der Rezension erhobene Vorwurf zutraf, daß der protestantische Autor in seiner Behandlung des Papsttums parteiisch war. Trotz der Begeisterung, die Gregorovius für Päpste und Herrscher des Mittelalters zeigte, ließ sich nicht bestreiten, daß er die Reformen Martin Luthers als den glorreichen Kulminationspunkt der mittelalterlichen Geschichte betrachtete.[55] Dennoch war Granniello – sichtlich erschüttert durch den unlängst unter Pius IX. eingetretenen Verlust des Kirchenstaates – mit Verurteilungen vorsichtiger als andere in der Indexkongregation.

Granniello fand, daß eine von einem Protestanten geschriebene Geschichte des Papsttums nur »Irrtümer und falsche Urteile« enthalten könne, und obschon der Zensor – der das deutsche Original nicht zu lesen vermochte – sich erlaubte, über Gregorovius' Stil zu spotten, versuchte Granniello, fair zu sein. Trotz der »Sarkasmen und Schmähreden ... gegen die Heilige Jungfrau und die Heiligen« räumte er ein, daß Gregorovius Respekt vor den Gesetzen »der Wahrhaftigkeit und des Ernstes« besaß, an die sich ein Historiker halten sollte. Zwar beunruhigte Granniello der »populäre« Ton von *Die Geschichte der Stadt*

Rom im Mittelalter, weil er »einfache« Leser in seinen Bann ziehen könne, doch die solide Forschungsarbeit, die dem Werk zugrunde lag, weckte durchaus seine Bewunderung. Und wenn auch die Vorzüge des Buches durch seine Mängel aufgewogen wurden, so waren die schlechten Seiten – wie der Zensor meinte – so gehalten, daß sie die Frommen abstießen und nur die Verdorbenen anzogen. Nach diesem ungewohnten Zugeständnis an die Frommen, selbständig denken zu können, stellte Granniello fest, daß ein Bann vielleicht nur den Verkauf des Buches fördern und den Heiligen Stuhl* diskreditieren würde. Fast wortgleich äußerte sich auch der frohlockende Autor, als sein Buch auf den Index gesetzt wurde.

Granniello wurde zwar von der Mehrheit der Falken in der Kongregation* überstimmt, stand aber mit seinen vorsichtigeren Tönen nicht ganz allein. Der deutsche Zensor Michael Haringer zeigte sich ebenfalls empfänglich für die Qualitäten von Gregorovius' Texten, als er dessen *Lucrezia Borgia* begutachtete (siehe 23 B). Im Umgang mit dem Gegenstand des Buches – der unehelichen Tochter des schändlichen Alexanders VI. – scheute Haringer nicht davor zurück, die »Lügen« der katholischen Apologeten zu verurteilen, die versucht hatten, das finstere Bild eines Papstes aufzuhellen, den selbst die Rechtgläubigen als Inbegriff des Lasters betrachteten. Und Haringer nahm Gregorovius so ernst, daß er ihn zumindest teilweise an seinen eigenen Ansprüchen maß. So analysierte und kritisierte er (häufig zu Recht) den Gebrauch, den der Historiker von den Quellen machte, zollte ihm aber auch Anerkennung, wo er sie verdient hatte. Nicht daß der Zensor die defensive Haltung aufgegeben hätte, die unter den Glaubenshütern Tradition war. Vielmehr bezeichnete er Gregorovius' Irrtümer als »Sünden« und behauptete , daß es der göttlichen Vorsehung zu verdanken sei, daß Alexander VI. trotz diverser Ungeheuerlichkeiten keine Verbrechen in »Glaubensangelegenheiten« begangen hatte.

Da Haringer – im Gegensatz zu einigen anderen Mitgliedern der Indexkongregation* – in der Lage war, ein Problem von zwei

Seiten zu betrachten, erkannte er Biographie und Geschichtsschreibung als Genres an, die sich von der Apologetik unterschieden. Vor ihm war kaum ein Zensor zu dem radikalen Schluß gekommen, daß es unvernünftig sei, von einem protestantischen Autor zu erwarten, was man von einem katholischen fordern konnte; und nur wenige hatten die Ansicht vertreten, daß *Lucrezia Borgia* für die »einfachen« Menschen bloß eine geringe Gefahr darstelle, da das Buch für eine gebildete Leserschaft konzipiert war. Haringer sprach sich gegen ein Verbot des Werkes aus und provozierte damit heftige Meinungsverschiedenheiten unter seinen Kollegen.[56]

Die kompromißloseren unter ihnen – wie etwa Giuseppe Pennacchi, der Gregorovius' Werk über Urban VIII. begutachtete (siehe 23 C) – setzten sich mit den Quellen des Historikers auseinander, indem sie ihnen wünschten, nie aufgetaucht zu sein: »Gregorovius beweist seine These jedoch – und das ist das Schlimme – mit einer Reihe von Dokumenten, von denen ich von ganzem Herzen gehofft hätte, sie wären verlorengegangen oder nie ans Licht gekommen!«

Es folgte ein Verbot in demselben feindseligen Ansinnen, mit dem Pennacchi auch Gregorovius' *Die Grabmäler der römischen Päpste, Athenais* und *In Apulien* auf den Index brachte (siehe 23 D-F). Die Kongregation* hatte in den drei Jahrhunderten ihres Bestehens eine eigene Dynamik der Verurteilung entwickelt, und selbst die Überlegungen eines Haringer oder die Skrupel eines Granniello konnten sie nicht von diesem Zwang zur Zensur befreien. Und ebensowenig hätte Gregorovius Möglichkeit gehabt zu erfahren, daß zumindest einige der Mitglieder der Behörde, die sein Werk verurteilt hatte, seine Verdienste als Historiker anerkannt hatten. Er wurde 1874 mit einem schlichten Verbot konfrontiert.

Hinter den Kulissen, in der geheimen Welt der römischen Zensur, waren einige Verbote weniger simpel, was die Intentionen dahinter betraf. Diejenigen Zensoren, die – meistens vergeblich – versuchten, der Dynamik der Verurteilung entgegenzuwirken, unterschieden zwischen den verbotenen Büchern und ihren irrenden Autoren. Im Fall des Erasmus hatte man angeführt, ein Schriftsteller könne Fehler machen, ohne deswegen gleich unverbesserlich zu sein, und auch 1751, zwei Jahrhunderte später, als Montesquieus *Vom Geist der Gesetze* auf den Index gesetzt werden sollte (siehe 14), hatte man so argumentiert. 1874 wurden Gregorovius' Fehler von denjenigen, die sie entschuldigen wollten, ohne selbst der Sympathie mit Ketzern* verdächtigt zu werden, nicht dem Historiker als Person, sondern seinem protestantischen Hintergrund angelastet.

Doch ob es sich um Protestanten oder Katholiken handelte, nur wenige proskribierte Schriftsteller nahmen solche Unterscheidungen ernst. Ihnen erschien die Praxis der römischen Zensur als unberechenbar. Und dies nicht ohne Grund. Wer hätte beispielsweise voraussagen können, daß mehrere der Argumente, die im 18. Jahrhundert dazu dienten, Rousseaus *Emile oder Über die Erziehung* (siehe 15 A) zu verbieten, im 19. Jahrhundert von Michael Haringer in abgeschwächter Form wiederholt werden würden, wenn auch diesmal in dem Bestreben, dasselbe Werk in expurgierter Form als französisches Schulbuch genehmigen zu lassen (siehe 15 C).

Die Expurgation* wurde von vielen Glaubenshütern als Allheilmittel für die Krankheit namens Abweichung betrachtet. Die Kompetenz der Zensoren wurde jedoch nicht nur von katholischen Denkern angezweifelt, sondern auch in ihren eigenen Reihen; und die Zweifel waren berechtigt. Man betrachte nur die Naivität und Vehemenz, mit denen einer von ihnen im 16. Jahrhundert versuchte, »Verschmutzungen« der heiligen durch die profane Sprache in der italienischen Liebeslyrik auszumerzen, während er über die Volkssprache schimpfte (siehe 3). Dieser Eiferer hatte zur Realität der Sprachentwicklung und der italienischen Literatur jeden Bezug verloren. Natürlich scheiterte sein Projekt, unterminiert von seinen eigenen Exzessen, genau wie ein gemäßigterer Versuch, an *Geschichte von*

Florenz von Niccolò Machiavelli herumzubasteln (siehe 4).[57] Und weder brachten diese beiden frühen Vorstöße allgemeine Kriterien für die Expurgation* hervor, noch wurden vom Heiligen Offizium* und der Indexkongregation* je solche formuliert. Im Gegensatz zu den spanischen Behörden gelang es denen in Rom nicht einmal, zumindest für die eigenen Mitglieder verläßliche Richtlinien darüber festzulegen, wie ein Werk zu »bereinigen« oder wann der Name eines Autors zu tilgen sei.[58]

Die Tilgung von Namen oder die Expurgation von Texten waren Formen der *damnatio memoriae* (»Verdammung des Gedächtnisses«), die unter Berufung auf die Bibel (Ecclesiastes 6,4) gerechtfertigt wurden.[59] Doch die auf den Seiten 24 und 25 illustrierten Akte des Vandalismus hatten den gegenteiligen Effekt. Ein gestrichener Name ist nicht getilgt, sondern weckt beim Leser das Interesse, herauszufinden, was sich hinter der Streichung verbirgt. Ein gestrichener Abschnitt lädt ihn geradezu ein, nachzuforschen, was entfernt wurde. Derart immun gegen Striche und unempfindlich gegen Kritzeleien erstrahlte der Ruhm von Desiderius Erasmus in frischem Glanz, der von den vergeblichen Versuchen der Zensoren herrührte, ihn auszulöschen. Sie verstanden nicht, daß es kaum möglich ist, etwas absichtlich zu vergessen.[60]

Wenn etwas unterdrückt werden soll, bleibt es nur um so deutlicher im Gedächtnis haften, wie Tacitus maliziös und trefflich bemerkt[61]. Um sich an ein Verbot zu halten, muß man sich dessen erinnern; so kann die Durchsetzung des Verbots, ein bestimmtes Buch zu lesen oder den Namen eines Autors in den Mund zu nehmen, als Mittel des Gedenkens wirken. Doch was sonst konnten die römischen Zensoren tun? Da die Auslöschung eines Werks im Zeitalter des Buchdrucks kaum durchsetzbar war, mußten sie sich jener lautstarken Rhetorik der moralischen Entrüstung bedienen, um Schweigen zu erzwingen. Aber dieses Schweigen war oft nichts als eine Fassade, hinter der die Gläubigen eifrig flüsterten. Das interessierte Flüstern schwoll bisweilen zu einem Fortissimo der Begeisterung über das Verbot eines

Buches an. Fazit: Das Verbot wirkte als Werbung. Nirgends ist das Paradox treffender formuliert als in den Worten Pietro Kardinal Ciriacis, Mitglied des (damaligen) Heiligen Offiziums*, die das Motto dieses Buches bilden.[62]

Wenn Rom ein Buch auf den Index setzte, wirkte sich dies häufig verkaufsfördernd aus. Das Verbotene gilt als pikant, und wenn Schriftsteller nicht nur Selbstzensur üben, sondern auch Botschaften verschlüsseln, um dem kritischen Blick der Obrigkeit zu entgehen, entwickelt die Öffentlichkeit raffinierte Techniken, um zwischen den Zeilen zu lesen.[63] Raffinesse war jedoch nicht die Stärke der römischen Zensoren. So war sich einer von ihnen nicht sicher, ob die Irrtümer, die er im Werk Alexander Popes verurteilte – eines Dichters, dessen Prosa, wie er widerwillig einräumte, nicht ganz wörtlich genommen werden konnte –, dem Autor oder dessen französischem Übersetzer zu verdanken waren. Also plädierte er erfolgreich für ein Verbot (unter anderem) mit der Begründung, daß *Versuch über den Menschen* »Christus oder die Lehren des christlichen Glaubens und des Evangeliums« nicht erwähne (siehe 12 A). Was der Autor *nicht* sagte, reichte aus, um ihn verdächtig zu machen. Und als Pope im Vorwort seine Absicht formulierte, »zwischen den Extremen scheinbar gegensätzlicher Theorien hindurchzusteuern ... und ein *gemäßigtes,* aber nicht *inkonsistentes* und ein *kurzes,* aber nicht *mangelhaftes* ethisches System zu errichten«[64], war dies auch für den (gemäßigteren und scharfsichtigeren) Hüter des Glaubens, der das Zweitgutachten verfaßte, inakzeptabel, denn: »Die theologische Wahrheit hat mit Fabeln keine Nachsicht« (siehe 12 B).

Es war die Hartnäckigkeit, mit der die römischen Zensoren des 19. und 20. Jahrhunderts jedes einzelne Werk – auch die originellsten, die keinerlei Ähnlichkeit mit den etablierten Genres der katholischen Theologie aufwiesen – von einem einzigen Standpunkt aus beurteilen wollten, die sie für Probleme der literarischen Form oder der Intention der Autoren genauso unempfindlich machte wie ihre Vorgänger, die sich im 16. Jahrhundert am Talmud vergriffen hatten (siehe 5). Die Buchstabengläubigen, stets in der Überzahl, vermochten zwischen den Ansichten eines Autors und den Meinungen, die dieser seine Charaktere vertreten läßt, nicht zu unterscheiden. Noch in den fünfziger Jahren des 20. Jahrhunderts – Jahrzehnte nach der Abschaffung der Indexkongregation* – hatten Mitglieder des Heiligen Offiziums* zwar (endlich) ein wenig Englisch gelernt, aber sie hatten immer noch keine Ahnung, was den Charakter eines Romans ausmachte.[65]

ROMAN UND KETZEREI

»Diese Flut von Romanen, eine noch schlimmere Geißel als der Heuschreckenschwarm, mit dem Gott die Überheblichkeit des Pharao bestraft«, beschrieb ein Zensor von Alexandre Dumas (siehe 22 B) das Genre, das seit Beginn der Romantik eines der Schlachtfelder war, auf dem in Rom heftige Kämpfe über die moderne Literatur ausgefochten wurden. Frühere Berichte über diese Konflikte konzentrierten sich fast ausschließlich auf die Gegner oder »Opfer« des Index. Die Quellen in den Archiven erlauben uns heute, auch die Version der anderen Seite zu hören.

Lauschen wir also der Stentorstimme des eifrigsten Befürworters, den der Index der verbotenen Bücher in seiner ganzen vierhundertjährigen Geschichte je hatte: Jacques-Marie-Joseph Baillès (1798–1873).[66] Als Bischof von Luçon – der Diözese, in der die Vendèe, das Kernland der alten katholischen Anhänger der Dynastie der Bourbonen, die Kaiser Louis Napoleon [1852–1870] die Anerkennung verweigerten, lag – schrieb Baillès 1852 einen Pastoralbrief an seinen Klerus, in dem er solche Ungeheuerlichkeiten wie »Gedankenfreiheit, schriftstellerische Freiheit

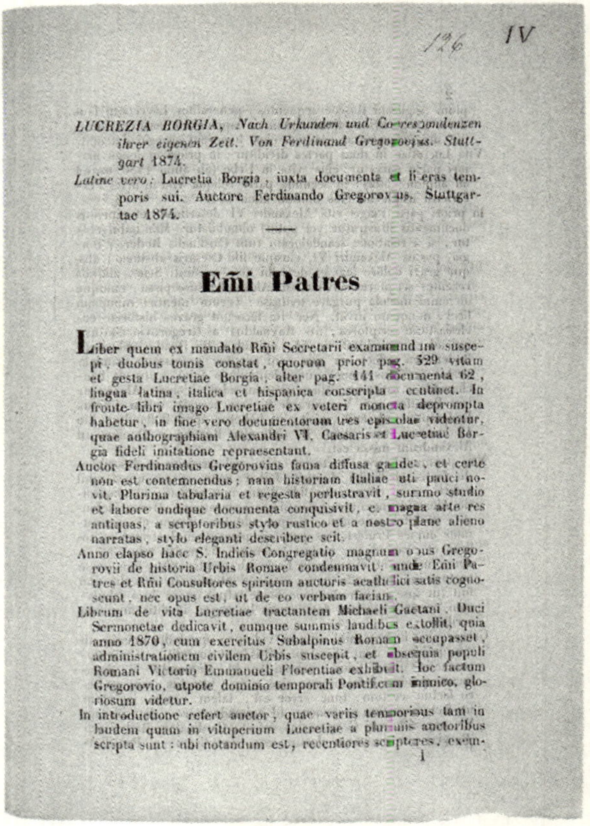

126 IV

LUCREZIA BORGIA, Nach Urkunden und Correspondenzen ihrer eigenen Zeit. Von Ferdinand Gregorovius. Stuttgart 1874.

Latine vero: Lucretia Borgia, iuxta documenta et litteras temporis sui. Auctore Ferdinando Gregorovius. Stuttgartae 1874.

—

Emi Patres

Liber quem ex mandato Rmi Secretarii examinandum suscepi, duobus tomis constat, quorum prior pag. 329 vitam et gesta Lucretiae Borgia, alter pag. 141 documenta 62, lingua latina, italica et hispanica conscripta continet. In fronte libri imago Lucretiae ex veteri moneta deprompta habetur, in fine vero documentorum tres epistolae videntur, quae authographiam Alexandri VI. Caesaris et Lucretiae Borgia fideli imitatione repraesentant.

Auctor Ferdinandus Gregorovius fama diffusa gaudet, et certe non est contemnendus; nam historiam Italiae uti pauci novit. Plurima tabularia et regesta perlustravit, summo studio et labore undique documenta conquisivit, et magna arte res antiquas, a scriptoribus stylo rustico et a nostro plane alieno narratas, stylo eleganti describere scit.

Anno elapso haec S. Indicis Congregatio magnum opus Gregorovii de historia Urbis Romae condemnavit; unde Emi Patres et Rmi Consultores spiritum auctoris acatholici satis cognoscunt, nec opus est, ut de eo verbum faciam.

Librum de vita Lucretiae tractantem Michaeli Gaetani, Duci Sermonetae dedicavit, cumque summis laudibus extollit, quia anno 1870, cum exercitus Subalpinus Romam occupasset, administrationem civilem Urbis suscepit, et obsequia populi Romani Victorio Emmanueli Florentiae exhibuit. Hoc factum Gregorovio, utpote dominio temporali Pontificum inimico, gloriosum videtur.

In introductione refert auctor, quae variis temporibus tam in laudem quam in vituperium Lucretiae a plurimis auctoribus scripta sunt: ubi notandum est, recentiores scriptores, exem-

1

Erste und letzte Seite der gedruckten Zensur des deutschen Konsultors Michael Haringer zu Ferdinand Gregorovius' *Lucrezia Borgia.*

und Publikationsfreiheit« verurteilte.[67] Diese beklagenswerten »Anzeichen der Dekadenz im gegenwärtigen Zeitalter« sollten durch einen strengeren Index der verbotenen Bücher bekämpft werden. Das von Rom in immer neuen Versionen herausgegebene Dokument ging Baillès nicht weit genug. In Luçon müsse man durch die jährliche Veröffentlichung eines Index auf der

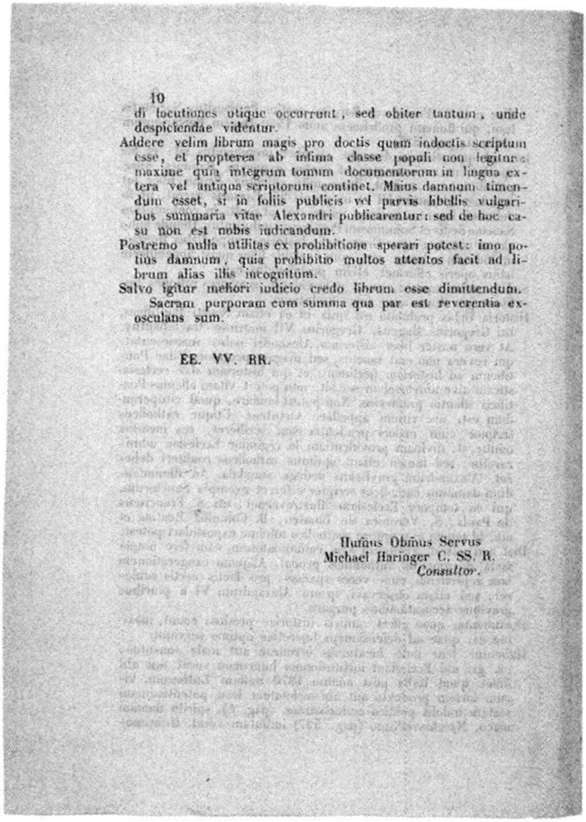

10

di locutiones utique occurrunt, sed obiter tantum, unde despiciendae videntur.

Addere velim librum magis pro doctis quam indoctis scriptum esse, et propterea ab infima classe populi non legitur: maxime quia integrum tomum documentorum in lingua extera vel antiqua scriptorum continet. Maius damnum timendum esset, si in foliis publicis vel parvis libellis vulgaribus summaria vitae Alexandri publicarentur: sed de hoc casu non est nobis iudicandum.

Postremo nulla utilitas ex prohibitione sperari potest: imo potius damnum, quia prohibitio multos attentos facit ad librum alias illis incognitum.

Salvo igitur meliori iudicio credo librum esse dimittendum.

Sacram purpuram cum summa qua par est reverentia exosculans sum.

EE. VV. RR.

Humus Obmus Servus
Michael Haringer C. SS. R.
Consultor.

Basis »Unserer Vollmacht und« – man beachte die Reihenfolge – »der des Pontifex Maximus« einen Schritt weitergehen.

Ebendieser Pontifex Maximus – Pius IX., der 1864 den berüchtigten »Syllabus der Irrtümer« herausbrachte, die unter anderem »Fortschritt«, »Gedankenfreiheit« und »moderne Zivilisation« umfaßten – wurde bereits 1852 von rechts überholt. Baillès hielt jedoch nicht alle Schriftsteller für verwerflich. Empfehlenswert waren beispielsweise Autoren, die sich seiner Zensur unterwarfen; noch lobenswerter waren jene, die es freiwillig taten; und das allergrößte Lob gebührte jenen aufmerksamen Geistern, die, erleuchtet durch den Index von Luçon, ihre eigenen Werke zensierten – ganz im Gegensatz zu so verkommenen Subjekten wie George Sand und Honoré de Balzac.[68]

Verunsichert durch solchen Eifer, stellte Rom sich blind. Doch Baillès' Weigerung, für den neuen Kaiser das *Te Deum* zu singen oder seinen Namen in die Staatsgebete aufzunehmen, öffnete Pius IX. die Augen, und er bestellte den Bischof nach Rom. Womöglich würde Baillès dort gemäßigtere Töne anschlagen und erkennen, wie sehr der Papst angesichts seiner prekären Lage im italienischen Risorgimento die Unterstützung der französischen Garnison benötigte, die Louis Napoleon in der Heiligen Stadt stationiert hatte. Doch selbstbewußt wie immer lehnte Baillès zunächst ab. Nach einigem Hin und Her ließ er sich jedoch durch eine Ernennung zum Konsultor* in der Indexkongregation* davon überzeugen, einer Autorität zu gehorchen, die schließlich sogar er als höher stehend anerkennen mußte.

Weniger ranghohe Personen, zum Beispiel Laien, setzten währenddessen ihre Angriffe auf den Index fort, und der nunmehr in Rom beschäftigte Baillès war nicht der Mann, dies untätig mit anzusehen. Am 11. März 1865 kritisierte der Direktor der Bank von Frankreich in einer Rede vor dem Senat die Kongregation* für den Index der verbotenen Bücher, der der frühere Bischof von Luçon diente. Ein Ereignis, das Baillès dazu veranlaßte, die Kongregation* und den Index in einer 612 Seiten umfassenden Verteidigungsschrift vor »dem Juden Spinoza, Hobbes, Bayle, Voltaire, Rousseau, Diderot« und einer Reihe anderer Ketzer in Schutz zu nehmen.[69]

Laut Baillès war es Unsinn zu behaupten, Rom verurteile Schriftsteller, ohne ihnen zuvor die Möglichkeit zu geben, sich zu rechtfertigen. Warum bestand denn überhaupt die Notwendigkeit, von einem Tribunal angehört zu werden, wenn dieses doch unparteiisch, unfehlbar und perfekt war? Welchen Grund gab es, daran zu zweifeln, daß »hier alles mit Ruhe, Milde und Freundlichkeit durchgeführt wird. Nichts wird hastig behandelt«[70]? Die Kongregation* für den Index der verbotenen Bücher, erklärte Baillès, sei wie der Petersdom – unerschütterlich und unveränderlich gegenüber den Extremen von Hitze und Kälte. Ausgestattet mit einem internationalen Team von Experten, sei sie einem Leuchtturm vergleichbar, der verhindere, daß Schiffe auf der stürmischen See der Abweichung kenterten.[71] Und der Index selbst – dieses »unvergleichliche Meisterwerk« – sei eine solche Fundgrube der Gelehrsamkeit, daß seine Leser keine einzige Zeile überspringen sollten:

»Jede Zeile ist ein Quell von Weisheit, Umsicht und Erfahrung, das Ergebnis ausdauernder Meditation und besonnener Überlegung. Der Index ist nichts anderes als ein wahres und solides Monument zum Glück der Menschheit.«[72]

Dieses wunderbare Werk – »das nützlichste und maßgeblichste«, das je publiziert worden sei[73] – bewies den römischen Geist »der Nachsicht gegenüber Autoren, denen es völlige Freiheit einräumt, sich zu erklären«.[74] Dies war laut Baillès die freundliche Haltung der Toleranz, mit der die römischen Zensoren arbeiteten. Man sollte sich diese Worte ins Gedächtnis rufen, wenn man Baillès' eigene Zensur so unbedeutender Figuren wie Victor Hugo, Gustave Flaubert, Stendhal, Jules Michelet und Honoré de Balzac liest, die er en bloc verdammte und deren Bücher er als »berüchtigte Machwerke – ein Fluch für den Staat!« bezeichnete (siehe 21).

ZENSUR UND AUTORITÄT

Pauschalurteile, die ohne erkennbaren Sinn und Verstand erlassen wurden, waren charakteristisch für die römische Zensur. »Autorität«, bemerkt Hannah Arendt, »[ist] unvereinbar mit Überzeugen, welches Gleichheit voraussetzt und mit Argumentieren arbeitet. Argumentieren setzt Autorität immer außer Kraft.«[75] Eine scharfsinnige Beobachtung, die allerdings im Hinblick auf die zentralen Instanzen der katholischen Kirche vielleicht nicht weit genug geht. Daß sie es versäumten, ihre Politik überzeugend zu rechtfertigen, führte nicht nur dazu, daß sich ihre Diktate bei den Gläubigen als kontraproduktiv erwiesen.[76] Die jahrhundertelang praktizierte Willkür des Heiligen Offiziums* und der Indexkongregation* im Umgang mit literarischen und wissenschaftlichen Werken wirft auch Zweifel auf, was den Titel dieses Buchs betrifft.

Weltliteratur – im weitesten Sinne von Goethes Begriff, der nicht nur die *belles lettres* mit einschließt[77] – war tatsächlich das, was die römischen Zensoren kontrollieren wollten. Doch zwischen Ideal und Wirklichkeit tat sich eine abgrundtiefe Kluft auf. Dies wird deutlich, wenn man etwa in Betracht zieht, welche »Ketzer« sie *nicht* überprüften – Isaac Newton, Charles Darwin, Karl Marx und andere – und daß sie, trotz Bellarmins frühzeitiger Warnung, der Aufruhr werde durch Madrigale verbreitet, Texte zur Musik (von anderen Kunstformen ganz zu schweigen) völlig außer acht ließen.[78] Dies zeigt sich auch, wenn man ihre geringe Reichweite betrachtet: wenig aus England, noch weniger aus Amerika, Deutsch nur in französischer Übersetzung. Bisweilen lasen sie zwar französische Literatur im Original, aber wie? Da sie mit der internationalen Gelehrtenwelt hauptsächlich auf Italienisch und Latein kommunizierten, waren die Zensoren über die zeitgenössischen Entwicklungen im Geistesleben kaum je auf dem laufenden und mußten sich auf Denunziationen verlassen. Nur selten in der Lage, selbst die Initiative zu ergreifen, können sie im engsten und vollsten Sinne des Begriffs als reaktionär bezeichnet werden.

Wenn sich diese »Gefangenen im Vatikan« (wie Pius IX. sich selbst nach dem Verlust des Kirchenstaats bezeichnete) keine Sorgen machten über den Widerspruch zwischen ihrer universalen Aufgabe und ihrer provinziellen Praxis, dann geschah dies, weil viele von ihnen unwissentlich Opfer des Systems waren, dem sie dienten. Gefangen in den engen Grenzen einer vom Index der verbotenen Bücher bestimmten Kultur und verunsichert durch das Schwanken zwischen Defensive und Angriffslust gegenüber der Moderne, das für Rom unter Pius IX. typisch war, forderte keiner von ihnen den überheblichen Baillès zur Zurückhaltung auf. Als Franzose gestand man ihm das Recht zu, die französische Literatur des 19. Jahrhunderts zu verdammen.

Immerhin war Baillès auf dem laufenden, was neuere Publikationen betraf, und das war mehr, als man von einer Vielzahl der römischen Zensoren sagen konnte. Die meisten von ihnen hatten kaum eine Vorstellung von der Ideenwelt außerhalb Europas und betrachteten sogar die innereuropäische Kultur nur mit Scheuklappen. Spanien lag traditionell nicht in ihrem Zuständigkeitsbereich, weil dort weitgehend unabhängig von Rom ein effizienteres Heiliges Offizium* gearbeitet hatte. Länder wie Griechenland, Schweden oder Schottland fielen vielleicht nicht unter die katholische Zuständigkeit, wie aber verhielt es sich beispielsweise mit Ungarn, Portugal und Irland, die ebenfalls ignoriert wurden? Waren diese Länder zu klein, um die Aufmerksamkeit der Zensurbehörden zu verdienen? Oder lagen sie außerhalb ihres Horizonts?

Der geographische Horizont der römischen Zensoren war genauso begrenzt wie ihr geistiger, und dies trug mit zum Niedergang des Index bei, der 1966/67 abgeschafft wurde.[79] Zensur, wie sie die Nachfolgerin des Heiligen Offiziums – die heutige Kongregation* für Glaubenslehre[80] – noch immer praktiziert, erachtet man nicht nur in Rom als notwendig, sondern überall dort, wo Machtzentren geistige Kontrolle über ihre Untergebenen oder Anhänger auszuüben versuchen. Beispiele für Deutschland sind unschwer zu finden: das Bücherverbot der Nazis – das sich nach unterschiedlichen Schätzungen auf zwischen knapp 10 000 und weit über 12 500 Werke erstreckte[81] – ebenso wie der Index, der von 1946 bis 1952 in der sowjetischen Besatzungszone in Kraft war und nicht weniger als 35 743 Werke auflistete.[82] Solche Zahlen sprechen für sich, und doch stellt sich die Frage, was genau unter Zensur verstanden werden muß. Dürfen wir das Phänomen einfach als Kampf zwischen »Unterdrückern« und »Unterdrückten« betrachten?

Das Wesen der Zensur zu verstehen ist aus mehreren Gründen schwierig. Einer davon ist die emotionale Reaktion, die das Thema häufig hervorruft; ein anderer die Heimlichkeit, mit der sie zumeist betrieben wird. Geheimhaltung ist für die Zensoren unverzichtbar, da sie ihre Autorität zu stärken scheint. Sie sind selten verpflichtet, über ihre Handlungen Rechenschaft abzulegen, und versuchen, ihre Entscheidungen durchzusetzen, ohne ihre Motive zu offenbaren – was sie ebenfalls verdächtig werden läßt. Daß sich Rom über Jahrhunderte hinweg hartnäckig weigerte, seine Zensurkriterien preiszugeben, lag daran, daß es keine hatte. Oder besser gesagt, es hatte viele: genauso viele Kriterien wie Zensoren. Und deren Aufgabe war es keineswegs, mit harter Hand eiserne Regeln durchzusetzen. Viele dieser Hüter der katholischen Rechtgläubigkeit können als lizenzierte Anarchisten betrachtet werden: Sie taten, was sie wollten.

Solche Willkür hatte zur Folge, daß hinter der Maske der unfehlbaren Autorität das Chaos lauerte. Dieses Chaos der widerstreitenden Gutachten führte zu einem latenten Bürgerkrieg zwischen den Päpsten, dem Heiligen Offizium*, der Indexkongregation* und den Meistern des Heiligen Palastes*, der immer wieder offen ausbrach. Die Geschichte der römischen Zensur verdankt einen Großteil ihrer Faszination dem Umstand, daß sie ein Spiegel dieser Konflikte ist. Und weil dieser Spiegel keine konsequente Unterdrückungspolitik reflektiert, sondern eher eine Serie hastiger Abbrüche und zögernder Anläufe, muß er nicht nur mit der einer Tragödie angemessenen Ernsthaftigkeit betrachtet werden, sondern auch mit dem Humor, den eine Komödie verdient.

DAS OPFER

Die Tragikomödie der römischen Zensur kann als Lehrstück über die Mehrdeutigkeit des Mißtrauens dienen. Mißtrauen ist ein fundamentales Charakteristikum des Zensors, der in seiner Subjektivität, Willkür oder Beliebigkeit mindestens so fragwürdig erscheint wie diejenigen, die er verdächtigt. Aber wenn sich der Lehnstuhl der Autorität schon für jene als zu bequem erwies, die in Rom den »irrenden« Autoren das Leben schwermachten, dürfen wir dann heute Baillès' Beispiel folgen und die Zensoren einfach en bloc verurteilen? Tappen wir nicht in die Falle der Dämonisierung, wenn wir die Zensoren als »Verfolger« abtun – anstatt sie als die ungeschickten Amateure, pfuschenden Nichtskönner und rasenden Chaoten zu erkennen, die viele von ihnen waren? Lassen wir uns zur Heroisierung verleiten, wenn wir das Klischee perpetuieren, daß die von den Verboten betroffenen Schriftsteller nur deren »Opfer« waren – und nicht zugleich Profiteure der Werbung, die der Index kostenlos für sie machte?

Vieldeutiger und komplexer als bisher angenommen, hat die simple Symmetrie der zu Märtyrern erhobenen Autoren und der skrupellosen Zensoren eine ganze Klasse von Opfern so in den Hintergrund drängt, daß sie fast nie die wohlverdiente Sympathie erfuhren. Es ist Ferdinand Gregorovius – menschlich, moralisch und intellektuell – hoch anzurechnen, daß er nach der Indizierung von *Die Geschichte der Stadt Rom im Mittelalter* nicht einfach nur laut triumphierte. Zwei Seiten nach dem Eintrag über das Verbot seines Buches notierte er nämlich folgendes in seinen prächtigen *Römischen Tagebüchern:*

»Bei den Augustinern* und in der Minerva* sind die Mönche als Bibliothekare geblieben. Ich habe noch keine dieser Bibliotheken besucht, wo ich lange Jahre heimisch gewesen bin und wo ich eine immer gleiche Freundlichkeit erfahren habe. Jetzt, da ich auf den Index gekommen bin, will ich die verwunderten

Gesichter jener guten Alten nicht sehen; dies eben ist das Peinvolle für mich, daß sich manche Personen unrichtige Vorstellungen von mir machen, die ich nicht beseitigen kann.«[83]

Sowohl die Augustiner* als auch die Dominikaner*, die mit ihrer Hilfsbereitschaft zur Entstehung von Gregorovius' Werk beigetragen hatten, waren in der Indexkongregation* vertreten – der erste Orden gelegentlich, der zweite regelmäßig. Doch das Verfahren wurde wie immer geheim geführt, und die Gründe für das Verbot wurden nicht bekanntgegeben. Die freundlichen Mönche kannten die Argumente nicht, die zugunsten des Historikers vorgebracht worden waren. Sie sahen nur, daß die Kirche, der sie dienten, das Ergebnis der Forschungsarbeit verboten hatte, bei der sie behilflich gewesen waren. In Gehorsam gegenüber ihren Vorgesetzten, über deren Meinungsunterschiede und Konflikte sie nicht informiert waren, betrachteten diese »guten Alten« Gregorovius mit »Verwunderung«. Für ihn, den verdächtigen Protestanten, war das »peinvoll«.

Eine Barriere war zwischen Personen aufgerichtet worden, die gemeinsam gearbeitet hatten. Diese Barriere konnte durch die Kraft der Vernunft nicht beseitigt werden, denn Vernunft spielte bei ihrer Aufrichtung nur eine geringe und bei ihrer Aufrechterhaltung überhaupt keine Rolle. Und auf dieser hohen und undurchdringlichen Barriere war der verstümmelte Leichnam des wichtigsten Opfers des Index ausgestellt. Dieses Opfer hieß Vertrauen.

Teil II

Die Hölle der Zensur

1. War Erasmus ein Ketzer?

Erasmus von Rotterdam (etwa 1469–1536), unehelicher Sohn eines Priesters, Mitglied des Augustinerordens* und einer der bedeutendsten Vertreter des neuzeitlichen Humanismus* um 1500, verbrachte sein Leben in Holland, Frankreich, England, Italien und der Schweiz und hinterließ ein umfangreiches Œuvre. Es umfaßt Essays und Satiren, pädagogische Schriften, Traktate zu Fragen der Theologie wie auch der internationalen und kirchlichen Politik seiner Zeit, Ausgaben der Texte von Kirchenvätern und Schriftstellern der klassischen Antike, die erste gedruckte Ausgabe des griechischen Neuen Testaments und ein umfangreiches Briefcorpus.[1]

Bereits zu Lebzeiten wurde die Frage, ob er im Streit um die Thesen des Wittenbergers Martin Luther (1483–1546), ebenfalls Augustinermönch*, zum Lager der Protestanten (»Lutheraner*«) zu rechnen sei, überall in Europa kontrovers diskutiert.[2] Trotz des Drucks von beiden Seiten weigerte sich Erasmus, pauschal Partei für oder gegen Luther in der immer polemischer werdenden Debatte zu ergreifen. Viele seiner Schriften, allen voran *Lob der Torheit* (veröffentlicht 1511 und seinem Freund, dem Engländer Thomas Morus, gewidmet), sorgten jedoch für Ärger unter den Wächtern der katholischen Orthodoxie, denn sie enthielten Angriffe auf die Ablässe, das Gebot des klerikalen Zölibats, das zeitgenössische Mönchtum, den Reichtum der Kirche und der weltlichen Macht und den Primat des Papstes. Erasmus' seinerseits wohlwollend und differenziert geführte Auseinandersetzung mit Luther 1524 über die Frage des freien Willens, in der der Humanist die Position des Katholizismus gegen den Reformator* verteidigte, vermochte den Vorwurf einer allzu großen Nähe zu den Protestanten nicht verstummen zu lassen.

So kam es, daß das Konzil von Trient* (1545–1563) einen Index verbotener Bücher* erstellte, in dem der Status des Erasmus im unklaren gelassen wurde (siehe Seite 21 ff.). Als Papst Sixtus V.[3] 1587 die Indexkongregation* mit der Vorbereitung eines neuen Index beauftragte, mußte also die Frage nach der Rechtgläubigkeit des holländischen Humanisten neu verhandelt werden.

Das Problem

ACDF, *Indice*, *Diarii* I, Fol. 19^r.[4]

25. April [1587]

Eine Kongregationssitzung* wurde abgehalten beim Hocherlauchten Kardinal Colonna[5] in Anwesenheit der übrigen Kardinäle. Beschlossen wurde folgendes: In der nächsten Kongregationssitzung soll darüber diskutiert werden, ob man Erasmus zu den Ketzern* zählen muß (auch den Konsultoren* ist diese Frage schriftlich durch den Sekretär* vorzulegen). Im Index Pius' IV.[6] befindet sich Erasmus nämlich unter dem Buchstaben D in der zweiten Klasse* und unter E in der ersten.[7] – Ebenfalls zu fragen ist dies: In welcher Klasse soll er bleiben? Dürfen diejenigen seiner Bücher, die von der Religion handeln, expurgiert* werden?[8] Kann man die Löwener Expurgation zulassen?[9]

Die Gutachten

A
Robert Bellarmin

1542–1621. Jesuit*. Robert Bellarmin war ein bedeutender katholischer Theologe der Gegenreformation*, ab 1587 Konsultor* der Indexkongregation* und ab 1599 Kardinal; 1599–1621 war er Präfekt* der Indexkongregation* und Mitglied des Heiligen Offiziums*. Von Bellarmin sind zahlreiche Gutachten erhalten.[10]

ACDF, Indice, Protocolli B, Fol. 405ʳ.[11]

1. Ob man Erasmus für einen Ketzer* halten muß.
Meine Antwort lautet: Erasmus irrt in zahlreichen Punkten schwer, wie in einem Buch von Alberto Pio[12] deutlich wird, in dem er die Irrtümer des Erasmus gesammelt hat.[13] Ein Ketzer* scheint er jedoch nicht zu sein, denn bis jemand als ein solcher bezeichnet werden kann, bedarf es zweierlei: eines Irrtums, der dem Glauben entgegengesetzt ist, und der Verstocktheit* – und zwar derart, daß er mit Bedacht und im Wissen seines Tuns das von der Kirche Festgesetzte bekämpft oder etwas lehrt, das sie verdammt hat.

Der erste Punkt, der vielfache Irrtum entgegen dem katholischen Glauben, läßt sich bei Erasmus immer wieder feststellen. Der zweite jedoch ist nicht zu erkennen. In zahlreichen seiner Schriften nämlich – insbesondere in *Anmerkungen zum Neuen Testament*[14] – bekennt er, daß er nichts vertreten wolle, das nicht mit dem Urteil der Kirche übereinstimme. Und in *Brief gegen die Pseudoevangelen*[15] erkennt er den römischen Papst als Richter auch über die Lutheraner* an.[16]

Des weiteren ist er von der Kirche nicht öffentlich verdammt worden. Im Gegenteil: Als Leo X.[17] Luther als Ketzer* ausgerufen hat,[18] soll er zur selben Zeit Erasmus' Übersetzung des Neuen Testaments gebilligt haben[19] – und das, obwohl schon damals viele Schriften des Erasmus vorlagen, die alles andere als frei von Irrtümern waren.

Erasmus hat sich schließlich weder je den Lutheranern* oder anderen Verführern angeschlossen noch sich von der Gemeinschaft der römischen Kirche offen abgegrenzt, wie aus jenem *Brief gegen die Pseudoevangelen* hervorgeht, den er sechs Jahre vor seinem Tod verfaßt hat: Niemals, so bekennt er dort, habe er deren Tempel betreten wollen.[20] Hinzu kommt, daß er vor Beginn des Konzils von Trient*[21] gestorben ist, bei dem viele seiner Irrtümer verdammt worden sind.

2. Ob man seine Bücher expurgieren* darf, soweit sie von der Religion handeln.
Meine Antwort lautet: Man darf sie expurgieren, da er kein Ketzer* war. Im Gegenteil: Keines seiner Werke ist so verderblich, daß es sich nicht lohnen würde, es zu verbessern – und nicht durch das Feuer.

3. Ob man die Löwener Expurgation zulassen darf.[22]
Meine Antwort lautet: Mir ist diese Expurgation nicht zu Gesicht gekommen.

4. Ob Erasmus in der ersten oder in der zweiten Klasse* geführt werden soll.[23]
Meine Antwort lautet: Er muß, so scheint es, nur in der zweiten Klasse* geführt werden. Einmal, weil er kein Ketzer war, und dann, weil ein Großteil seiner Werke im Index des Konzils von Trient* ohne Einschränkung zugelassen worden ist. Denn nur diejenigen gehören in die erste Klasse, von denen kein Werk ohne Erlaubnis der Oberen gelesen werden kann.

B
Antonio Agelli

Bekannt ist nur sein Todesdatum: 1608. Theatiner*. Ab 1587 war Antonio Agelli Konsultor* der Indexkongregation*. Er war Orientalist und Bibelgelehrter. Schwerpunkte seiner Arbeit waren unter anderem die Überarbeitung der Vulgata* und die Ausgabe der Septuaginta*. 1604 wurde Agelli Bischof von Acerno.

ACDF, Indice, Protocolli B, Fol. 414^{r}.[24]

1. Ob Erasmus unter die Ketzer* zu zählen ist.
Diese Frage erübrigt sich, wie mir scheint, aufgrund der zweiten Regel[25] und des Index. Denn jene Regel besagt: »Bücher von Ketzern*, die ausdrücklich von der Religion handeln, werden gänzlich verboten.«[26] Und im Index werden unter dem Buchstaben D eben die Werke des Erasmus, in denen er sich mit der Religion befaßt, *nicht* gänzlich verboten, sondern – in expurgierter* Form – zugelassen. Demnach glaubten die Autoren dieses Index nicht, daß er unter die Ketzer zu zählen sei. Von daher wird man ihn (damit der Index konsequent bleibt) nicht in die Autoren der ersten Klasse* einordnen dürfen.

2. Ob seine Werke expurgiert werden dürfen, soweit sie die Religion betreffen.
Wenn überhaupt irgend eines Autors Werke von Nutzen sind, dann mit Sicherheit die dieses Mannes, wenn sie expurgiert werden. Wenn nun diese Expurgation bereits mit hinlänglicher Akribie von der Fakultät zu Löwen besorgt worden ist, bleibt nichts mehr übrig, als daß ihre Lektüre von den Hocherlauchten Herren, die dieser Aufgabe vorstehen, erlaubt wird. Sollte aber noch größere Sorgfalt bei dieser Expurgation gewünscht sein, so wird man diese Aufgabe auf Befehl besagter Hocherlauchter Herren Männern von Bildung übertragen. Doch dabei muß der Eindruck entstehen, daß diese Arbeit auf persönliche Initiative und nicht auf allgemeinen Beschluß unternommen wurde.

C

Latino Latini

1513–1593. Säkularkleriker*. Ab 1587 war Latino Latini Konsultor* der Indexkongregation*; er war in verschiedenen Kommissionen (Vulgata*, Gratian, römische Martyrologie) tätig. Latini verfügte über eine umfassende literarische Bildung und war ein Gegner radikaler »Verbesserungen«.

ADCF, *Indice*, *Protocolli* B, Fol. 414^r.[27]

Die Frage lautet: Muß man Erasmus in die erste oder in die zweite Klasse* einordnen? Die Frage scheint ihre Antwort zu beinhalten; denn wenn zur ersten Klasse nur diejenigen gehören, deren Namen vermerkt sind, zur zweiten Klasse jedoch jene, von denen irgendwelche Schriften verdammt werden, so kann aus der Wiederholung des Namens unter dem Buchstaben E keinerlei Unklarheit entstehen, weil sie auf das verweist, was unter dem Buchstaben D notiert ist.

Kardinal Stanislaus Hosius[28] scheint nicht der Ansicht gewesen zu sein, daß man Erasmus zu den Ketzern* zählen müsse, da er sich im Kampf gegen Luther und andere oft und gern auf diesen bezieht. Und dann habe er auch (so bekannte er oft in meiner Gegenwart) von gebildeten Katholiken gehört, daß jener Mann seine letzten Tage im katholischen Glauben beschlossen habe. Ich, der ich nun kein Theologe bin und seine Schriften, von wenigen abgesehen, nicht kenne, habe mich bis heute immer der Ansicht der Gelehrten und der Kirche angeschlossen.

Aber sollen nun Erasmus' Schriften, wenn sie einmal expurgiert* sind, freigegeben werden? Aus der angenehmen Erinnerung heraus, noch als Kind ein paar davon verschlungen und danach daraus vorgelesen zu haben, sage ich ja. Und das ist keine bloßes Dulden; nein, ich halte es sogar für äußerst förderlich, zum einen, um den Anstoß, den viele an ihnen nehmen, zu beseitigen, besonders aber, um dem Beispiel jener pflichtgetreuen Menschen zu folgen, durch deren eifriges Streben die Expurgation* unternommen worden ist. Wer aber wird, wenn im Auftrage des Apostolischen Stuhls* eine Verbesserung erarbeitet wird, nicht sehen, welch große Bedeutung man dort dieser Angelegenheit beimißt?

D
Marcantonio Maffa

Bekannt ist nur sein Todesdatum: 1599. Säkularkleriker*. Jurist; ab 1587 war Marcantonio Maffa Konsultor* der Indexkongregation*, in der er mit den Jahren eine tragende Rolle übernahm. Er war enzyklopädisch gebildet, stark beeinflußt von Filippo Neri[29] und ein Vertrauter des späteren Kardinals Cäsar Baronius.[30]

ACDF, *Indice*, *Protocolli* B, Fol. 410^{r-v}.[31]

Der Index scheint selbst klar genug auszudrücken, in welche Klasse* man Erasmus einzuordnen hat. Denn unter dem Buchstaben E wird der Leser an den Buchstaben D verwiesen, unter welchem Erasmus in der zweiten Klasse geführt wird. Somit gibt es im Index keinerlei Widerspruch. Die doppelte Nennung hat jedoch ihre Berechtigung: Da unklar ist, ob Erasmus Katholik war, soll es durch eine solche Eintragung bei dieser Ungewißheit bleiben, mag dies auch von der ersten [hier zu verhandelnden] Unklarheit abhängen.

1. Muß man Erasmus zu den Ketzern* zählen?

Wenn man in dieser Frage denjenigen als Ketzer zu bezeichnen hat, der (wie Simancas,[32] anderen folgend, in seinem Buch *Die Unterweisung der Katholiken*, Kapitel 30, § 2[33] erklärt) falsche Dogmen, die gegen den Glauben beharrlich behauptet worden sind, vertritt oder an solchen, die in Zweifel gezogen worden sind, festhält und sie lehrt, dann ist Erasmus wohl nicht nur als Ketzer anzusehen, sondern als Urketzer* und als ein Lehrer von

Ketzern*, da er deutlich Ketzerisches geschrieben und gelehrt und mit seinen Büchern die ganze Jugend zu verderben versucht hat. Denn dies sind die Merkmale eines Urketzers (siehe Simancas, Kapitel 47, § 64 ff.). Er schrieb nämlich gegen den Zölibat, für die Ehescheidung, gegen das Zeremoniell und das Fasten; er hat die Form der Weihe in Zweifel gezogen, denkt abfällig über Sündenfall und Säuglingstaufe und tausend andere Dinge mehr. Deshalb berichtet der hochgelehrte Kardinal von Ermland,[34] er habe viel von dem Ausspruch: »Entweder gibt sich Erasmus wie Luther, oder Luther gibt sich wie Erasmus«[35] gehalten. Ja, dieser war sogar der Keim, aus dem alle Ketzer entsprungen sind, was auch Prateolus[36] sagt, wenn er in *Über Leben und Lehre der Ketzer*[37] die Evangelen behandelt. Einst des Zwinglianismus[38] und des Lutheranismus* verdächtigt, wollte er sich nicht rechtfertigen, wie er sagte, und zog auch seine Schriften nicht zurück. Dabei hatte ihn Thomas Morus,[39] ein Mann von tiefer Gottesfurcht, hierzu aufgefordert, was wiederum von Lorenz Sauer in seinem Buch *Kurze Darstellung der Geschehnisse* für das Jahr 1536[40] genau berichtet wird. Dies alles scheint zu genügen, um ihn für einem beharrlichen Ketzer zu halten ... Als einen solchen scheint ihn Alfonso de Castro[41] einzustufen (*Gegen die Ketzerei* XI, XII und XIII);[42] im Index Pauls IV.[43] wird er so aufgefaßt, und gleichermaßen bei der gedruckten Ausgabe der *Adagia*[44] und der *Apophtegmata*,[45] aus denen man seinen Namen entfernt hat.

Wenn dies nun aber wahr ist – und ich halte es für sehr wahr –, dann müßten fortan sämtliche Werke jenes Mannes, die von der Religion handeln, gemäß der Vorschrift der Zweiten Regel vernichtet werden, was wiederum der Ansicht der Pariser Universität entspräche.[46] Anderer Meinung waren aber wohl die Konzilsväter, die dazu berufen worden waren, einen mit apostolischer Vollmacht gebilligten Index zu erstellen. Gestatten sie doch eine Expurgation* auch derjenigen Werke des Erasmus, die von der Religion handeln. Ich wäre nicht so kühn, Schlüsse zu ziehen, die von deren Meinung abweichen, und so scheint mir das beibehalten werden zu müssen, was im Index unter dem Buchstaben D vermerkt ist.

2. Ob man seine Bücher expurgieren* darf, soweit sie die Religion betreffen.
Die Ansicht der oben Genannten hat Gewicht und ist immer hochzuhalten. Da sie [diese Werke] als expurgationsfähig eingestuft haben, sollte man sie wohl auch dafür halten. Gerade auch deswegen, weil man so an die Gepflogenheiten der Akademie zu Löwen und des Spanischen Index[47] anknüpft. Diejenigen Bücher jedoch, die ausdrücklich zur Gänze verboten sind, müssen (so würde ich denken) auch für alle Zeit verboten bleiben.

3. Ob man die Löwener Expurgation* zulassen darf.
Wenn diese Expurgation genau ist und ausreicht, dann scheint man sie zulassen zu können. Wenn aber nicht, so wird man die Autoren heranziehen müssen, die gegen Erasmus geschrieben haben, und von diesen nehmen, was fehlt. Das wären Alberto Pio di Carpi,[48] Johannes Deitenberg (*Über die Ehescheidung*),[49] Ambrosius Catharinus (*Über den Zölibat*)[50] und Alfonso de Castro (an den oben zitierten Stellen).[51] Die größte Sorgfalt allerdings zeigt sich in einer Zensur der Universität von Paris, die in gedruckter Form im Jahr 1549 in Venedig als ein Zeichen der Hoffnung erschienen ist.

E

Francisco Peña

Um 1542–1612. Säkularkleriker* und Jurist. Ab 1584 war Francisco Peña Konsultor* der Indexkongregation*, ab 1606 Konsultor des Heiligen Offiziums*. Er war zudem Mitglied der Römischen Rota, des obersten Gerichts der katholischen Kirche.

ACDF, Indice, Protocolli B, Fol. 412^r–413^r.[52]

Da Desiderius Erasmus von Rotterdam im Index Pius' IV. unter dem Buchstaben D in der zweiten Klasse* rangiert und unter E in der ersten, fragt sich, wo er bleiben soll. Das ergibt folgende Fragestellungen:

1. Ob man Erasmus zu den Ketzern* zählen muß.
2. Ob man seine Bücher expurgieren* darf, die von der Religion handeln.
3. Ob man die Löwener Expurgation zulassen darf.

Folgendes scheint dafür zu sprechen, Erasmus zu den Ketzern zu zählen: Zunächst einmal enthalten seine Bücher nicht nur falsche, anstößige, unbesonnene, irrgläubige und fromme Ohren beleidigende, sondern auch ketzerische Behauptungen, die von der Pariser Universität sorgfältig notiert worden sind. Zweitens scheint uns auch Alberto Pio[53], der gegen Erasmus geschrieben hat, dazu zu raten ebenso wie Albert Pigghe von Kampen[54] ... Dieser weist im vierten Buch seiner *Hierarchie*[55] (Kapitel 13, gegen Ende) darauf hin, daß Erasmus mit Luther und Oecolampad[56] – beide von der Römischen Kirche bereits mit einem Bann belegt – korrespondiert und sie beim Schreiben sogar noch angetrieben hat. Wie das nun aber ohne ein Zeichen von Ketzerei geschehen kann, ist nicht leicht zu sehen. Drittens scheint auch die Stelle im Index Pius' IV.[57] kein schlechter Beleg dafür zu sein, an der Erasmus unter dem Buchstaben E den Ketzern zugerechnet wird (und um diesen Index geht es hier ja).

Das alles kann jedoch nicht verhindern, daß wir ohne jeden Zweifel zu einem gegenteiligen Urteil kommen müssen. Im fol-

genden nämlich wird deutlich werden, daß Erasmus nicht zu den Ketzern* zu zählen ist. Zunächst einmal hat er seine Irrtümer oft eingesehen. Dann erkennt er den Primat der Römischen Kirche an, und das nicht nur einmal. Und zum Dritten hat Erasmus über die Wahrhaftigkeit des freien Willens geschrieben und dabei Luther, der diese frevelhaft geleugnet hatte, widerlegt und angegriffen.[58] Viertens gibt es keine Ketzerei oder irgendeinen Ketzer ohne Verstocktheit*. Diese scheint aber Erasmus völlig ferngelegen zu haben, was an vielen Stellen seiner Bücher deutlich wird, besonders aber in einem überaus religiösen und gottesfürchtigen Brief, den er, als alter Mann, an einen Freund (einen Mönch) geschrieben hat, der erwog, das fromme Leben im Kloster, dessen er sich bisher unterzogen hatte, aufzugeben.[59] Unter anderem sagt Erasmus dort: »Ich fürchte, daß sie Dir das Blendwerk anhängen, das so manche im Munde führen, die heute mit prächtig klingenden Worten die Freizügigkeit des Evangeliums feiern. Glaub mir, wenn Du damit nähere Bekanntschaft gemacht hättest, wärest Du Deines Lebens dort nicht so überdrüssig. Ich sehe einen Menschenschlag entstehen, vor dem mir graut. Niemanden sehe ich besser werden, vielmehr alle schlechter, so viele ich auch kenne, so daß ich auf das heftigste bedauere, in meinen Büchern die Freiheit des Geistes so sehr gepriesen zu haben. Und das, obgleich ich es in guter Absicht tat und nichts weniger geargwöhnt hätte, als daß ein solches Volk sich erhebt ...« Und weiter unten: »Was ist denn das für eine ›Freiheit‹, wenn es nicht mehr erlaubt ist, Gebete zu sprechen, Meßopfer darzubringen, zu fasten oder sich der fleischlichen Bedürfnisse zu enthalten? Denke nur: Was könnte schlimmer sein als dies, sogar in diesem Zeitalter!«[60] Und schließlich hat weder die Römische Kirche in irgendeinem Dekret* noch irgendein legitimes Konzil,* von dem ich wüßte, Erasmus als Ketzer* verdammt oder ihn auch nur dazu erklärt. Abschließend sei gesagt, daß der Index Pius' IV.[61] Erasmus unter dem Buchstaben E nicht schlechthin in eine Reihe mit den Ketzern gestellt hat, sondern dort auf das verweist, was unter D geschrieben steht. Es heißt nämlich: »Erasmus von Rotterdam: s. o. unter ›D‹«. Hieraus ziehe ich die Schlußfolgerung, daß Erasmus aus der Klasse* der Ketzer* zu entfernen und unter dem Buchstaben D in der zweiten Klasse zu belassen ist.

Meine Antwort auf die zweite Frage lautet so: Diejenigen Bücher des Erasmus, die von der Religion handeln, dürfen expurgiert* werden. Zunächst einmal, weil es in vielen Gegenden schwierig wäre, sie gerade den gebildeten Menschen aus den Händen zu reißen, denn die Lektüre der Texte bereitet ihnen Freude. Zweitens sind diese Bücher angefüllt mit einem Reichtum an Sachkenntnis und höchster Bildung, was diesem Manne auch diejenigen attestiert haben, die gegen ihn schreiben ... Mir ist bewußt, daß es nicht an denen fehlen wird, die sagen werden, daß es keinen Grund für eine Expurgation gebe, da doch die Kirche auf seine Schriften gut verzichten könne. Folgte man jedoch diesem Argument, so müßte man gute Bücher vieler Autoren beseitigen.

Meine Antwort auf die dritte Frage ist die, daß man die Expurgation der Akademie zu Löwen zulassen kann und somit auch die der Spanischen Inquisition*, da beide ja fast identisch sind ... Dennoch würde ich denken, daß sie in Rom noch einmal streng verbessert werden muß. So einiges scheint doch noch zu fehlen, das geradezu nach einer gerechten Zensur ruft – sei es, weil jene Väter[62] diese Dinge für zu unbedeutend erachtet haben, sei es, weil sie noch nicht wußten, daß jemand dadurch Schaden nehmen kann.

Hieraus ergeben sich vornehmlich zwei Vorteile: Zuerst derjenige, daß man angesichts einer umfassenderen römischen Korrektur in Zukunft anderswo größere Sorgfalt auf die Expurgation beliebiger Werke verwenden würde. Und man würde zur Kenntnis nehmen, daß es auch in Rom Männer gibt, die sehen und verstehen, was ... besonders schädlich oder nützlich ist. Dies alles ist jedoch so zu leisten, daß die Ehre eines jeden gegen Verletzungen verteidigt wird.

F

PIETRO GALESINI

Um 1520–1590. Säkularkleriker*. Ab etwa 1576 war Pietro Galesini Apostolischer Protonotar* in Mailand, ab 1587 Konsultor* der Indexkongregation*. Er war ein enger Vertrauter des Heiligen Carlo Borromeo[63] und wurde begünstigt von Papst Sixtus V.

ACDF, Indice, Protocolli B, Fol. 407^r–408^v.

Die Frage ist, ob Erasmus der ersten oder der zweiten Klasse* zuzurechnen ist. Das aber heißt nichts anderes, als zu fragen, ob Erasmus ein Ketzer* ist. Denn wenn er der ersten zugerechnet wird, so gilt er zweifelsfrei als Ketzer. Die Frage läßt sich nun aber durchaus in beide Richtungen diskutieren.

Zunächst einmal gibt es drei Aspekte, die Erasmus als Ketzer ausweisen: An erster Stelle seine Taten bzw. Werke, dann Zeugnisse gebildeter Männer und schließlich – dies ist der wichtigste Punkt – das Urteil der Päpste und der Universalen Römischen Inquisition*. Seine Werke (verteilt auf neun oder zehn Bände) sind so geartet, daß wohl nicht ein einziges schmales Büchlein darunter ist, in dem sich nicht die eine oder andere Ketzerei, eine ketzereiverdächtige Stellungnahme oder anstößige Ausdrücke finden ... Dieser Mensch hat sich schließlich mit einer unmäßigen Kühnheit, wie es Art der Ketzer ist, eine Art Vollmacht angemaßt, Urteile zu treffen, zu bewerten und zu verwerfen, und insbesondere die Bücher der Kirchenväter nach Lust und Laune zu verstümmeln. Wieviel hat er doch von den Heiligen Hilarius,[64] Ambrosius,[65] Hieronymus[66] und Chrysostomus[67] weggenommen! Vom Heiligen Augustinus jedenfalls gleich mehr als sechzig Bücher bzw. kleinere Arbeiten ...[68]

All diese gottlosen Schriften und Taten des Erasmus weisen ihn als Ketzer aus, und dies wird durch gewichtige Zeugen noch bekräftigt. Einer dieser Männer ist Alberto Pio di Carpi, der in dreiundzwanzig Büchern die Ketzereien und frevelhaften Irrlehren des Erasmus angeprangert hat ...[69] Weitere Zeugen seiner Ketzereien* sind die Regionen der Schweiz, die von seinen schändlichen Ansichten durchdrungen sind, und ebenso Deutschland und England.[70] Auch die Schüler dieses Mannes treten als Zeugen auf, die gleichsam wie aus dem Trojanischen Pferd zahlreich aus seinen Schulen entsprungen sind. Wie der Lehrer, so die Schüler! Schlechter Rabe, schlechtes Ei!

Und damit komme ich auch schon auf das Urteil der Päpste zu sprechen ... Niemand zweifelt daran, daß Paul IV.[71] Erasmus für einen Ketzer hielt, da er ihn in seinem Index in eine Reihe mit den Ketzern gestellt hat. Und auch Pius V.[72], auf dessen Anordnung die Inquisitoren* dem Urteil Pauls IV. über Erasmus gefolgt sind, war derselben Meinung ...

Soviel also gegen Erasmus. Es gibt jedoch auch andere Dinge, die, wie es scheint, für ihn sprechen, so daß seine Werke nicht verdammt, sondern verbessert werden müßten – mit Ausnahme derer, die von der Synode* zu Trient verdammt worden sind.[73] Zunächst einmal hat er einige seiner Werke Papst Leo X.[74] gewidmet, von dem ihm sogar ein Lob zuteil geworden ist ... Dann greift der Kardinal von Ermland, Hosius,[75] auf Zitate von ihm zurück, insbesondere in seinem Werk *Über die rechtmäßigen Richter*. Und auch der Bischof Jansen,[76] einer der schärfsten Widersacher des Ketzertums*, wendet dessen Lehre in *Kommentare zu den Übereinstimmungen der Evangelien* an.[77] Hinzu kommt noch, daß Prateolus, ein überaus akribischer Verzeichner von Ketzern, Erasmus in seiner genauen alphabetischen Liste nirgends aufführt. Manche Leute sagen ferner, Erasmus habe sich selbst viel nachgesehen und entsprechend freizügig geschrieben, doch sei er nach katholischer Sitte und in Gottesfurcht gestorben. So sind beim Konzil von Trient* viele für seine Sache eingetreten, weshalb nur wenige seiner Bücher dort in den Index aufgenommen und verboten worden sind. Alle übrigen jedoch sind den Universitäten von Paris und Löwen zur Verbesserung überantwortet worden – autorisiert von demselben Konzil*!

Löwen hat seine Verbesserung vorgelegt, und sogar die spanische Generalinquisition* ist ihr gefolgt. Mir scheint, sie sollte nun noch einmal von Männern untersucht werden, die der Apostolische Stuhl* dazu eingesetzt hat. Ist dies einmal mit Sorgfalt getan und anschließend in der Kongregation* vorgetragen worden, so wird man einige Arbeiten von Erasmus – aber nicht alle Werke, die die Löwener verbessert haben! – zulassen können, nachdem sie in Rom geprüft und als für die Öffentlichkeit einigermaßen nützlich befunden worden sind. All dies, so möchte ich betonen, habe ich in aufrechtem Glauben gesagt und im Einklang mit der katholischen Religion, für die ich bereit bin zu sterben.

G
Agostino Fivizzano

1526–1594. Augustiner*. Agostino Fivizzano war Beichtvater von Papst Klemens VIII., Sakristan* des Apostolischen Palastes* und ab 1584 Konsultor* der Indexkongregation*. Als Zensor befaßte er sich vornehmlich mit Geschichtsschreibung und Theologie.

ACDF, *Indice*, *Protocolli* B, Fol. 415^{r-v}.

Was die Tatsache anbelangt, daß Erasmus sowohl in der ersten als auch in der zweiten Klasse* des Index erscheint, so bin ich mir über folgendes im Klaren: Die Urheber dieses Index haben es so verstanden, daß Erasmus seinen Platz in der zweiten Klasse hat, und zwar unter dem Buchstaben D, vermutlich weil sein eigentlicher Name »Desiderius« lautet. Weil nun aber dieser Name weit weniger gebräuchlich ist als »Erasmus«, hat man ihn, da bin ich mir sicher, auch unter diesem Buchstaben [E] eingetragen, damit dort auf seinen eigentlichen Namen verwiesen wird und er von jemandem, der nach ihm sucht, leichter gefunden werden kann. Mich wundert allerdings, daß man ihn somit nicht als Ketzer* eingestuft hat ... Doch soll mich das nicht daran hindern, wie folgt auf den ersten Punkt [ob Erasmus ein Ketzer* ist] einzugehen (ich habe dazu einige Berichte von vertrauenswürdigen und gebildeten katholischen Autoren zu Rate gezogen, da ich mich nicht erinnern kann, jemals auch nur ein einziges Buch von Erasmus gelesen zu haben, in dem er die Religion behandelt). [Es folgt eine längere Aufzählung von Vergehen, die die erwähnten Autoren bei Erasmus moniert haben, mit der eindeutigen Schlußfolgerung:] Also muß Erasmus ohne jeden Zweifel zu den Ketzern gezählt werden.

Zur zweiten Unklarheit. Ob die Bücher des Erasmus, die von der Religion handeln, expurgiert* werden dürfen. Ich würde meinen, man sollte mit den Werken dieses ketzerischen Autors nicht besser verfahren, als sie sind, da sie doch der katholischen Kirche mehr Schaden zugefügt haben als die Schriften vieler anderer Autoren ...

Der Beschluß

ACDF, *Indice*, *Diarii* I, Fol. 20^{r-v}.

Letzter Tag im April [1587]

Eine Kongregationssitzung* wurde abgehalten bei Kardinal Colonna in Anwesenheit der übrigen Kardinäle mitsamt Konsultoren*. Zunächst wurden die Gutachten der Konsultoren angehört und anschließend von ihnen in Schriftform ausgehändigt. Dann beschloß man, daß Erasmus in der zweiten Klasse* zu belassen und aus der ersten zu entfernen sei und daß man seine Werke expurgieren* darf – abgesehen von denjenigen, die der Index Pius' IV. davon ausnimmt[78] und die der Spanische Index[79] jüngst wieder verboten hat. Die Löwener Expurgation soll von den Konsultoren aufs Neue besehen werden. Das also ist in dieser Angelegenheit das Urteil der Kongregation*. Die Meinung des Heiligen Vaters[80] zu Erasmus soll jedoch auch noch eingeholt werden.

Vielleicht wäre es sinnvoller gewesen, wenn die Kardinäle die Meinung des Heiligen Vaters zuerst eingeholt hätten. Denn Sixtus V. setzte sich ohne weiteres über den Beschluß der Indexkongregation* hinweg und bestand darauf, den unbequemen Humanisten in seinem neuen Index in der Liste der »Autoren, deren Bücher und Schriften gänzlich verboten sind«, zu führen. Nach dem Tod Sixtus' V. änderte sich jedoch die Situation, wie das folgende Gutachten zeigt.[81]

H
Gonzalez Ponce de Leon

Dominikaner.* Gonzalez de Ponce Leon gehörte schon im Alter von sechzehn Jahren zum Kreis der Vertrauten Pius' V. Unter Sixtus V. 1587 zum Konsultor* der Indexkongregation* berufen, für die er neben der Zensur zu Erasmus Gutachten zu Charles du Moulin, Onofrio Panvinio, Jacques Janson und anderen sowie den Katalogen der Frankfurter Buchmesse erstellte. Ponce war ein engagierter Verfechter der Bekämpfung der Häresie*; auch zu diesem Zweck übersetzte er die Texte griechischer Kirchenväter ins Lateinische und verfaßte darüber hinaus eine Reihe antihäretischer Polemiken.

ACDF, Indice, Protocolli K, Fol. 90^v–91^v.[82]

19. September 1592

Desiderius Erasmus von Rotterdam würde ich auf keinen Fall zu den Ketzern* zählen und auch nicht alle seine Werke verbieten. Eher stimmte ich mit dem Spanischen Index überein, der vorschreibt, sie zu expurgieren*. Beweggründe dafür gibt es viele, doch bräuchte es [zu ihrer Erläuterung] eine[r] ganze[n] Verteidigungsschrift, während ich hier nur, in aller Kürze, sechs[83] Punkte notieren werde:

1. Erasmus ist als Katholik gestorben, hat die Sakramente der Kirche empfangen und ist begraben in einer Kirche, was fromme Denkmäler bezeugen.

2. Vom größeren Teil der Kirche – das heißt von den Katholiken in Frankreich, Deutschland, Polen, der Schweiz, Belgien und anderen Ländern neben Italien und Spanien – wird Erasmus in großen Ehren gehalten. Sie rühmen ihn als einen hervorragenden und überaus gottesfürchtigen Mann, und das nicht erst heute, sondern auch zu seinen Lebzeiten, als dort noch Ketzerei* und Zwist, Streit und Neid wüteten. Aus den Zensuren, die die Universität zu Löwen oft über ihn angefertigt hat und immer noch anfertigt, wird dies am besten deutlich. Und ebendiese Universität war und ist doch dem katholischen Glauben und diesem Heiligen Römischen Stuhl* strengstens ergeben. In diesen Zensuren, so möchte ich sagen, wird Erasmus immer gelobt, gepriesen, gefeiert ...

3. In sämtlichen Anklagepunkten – also Arianismus*, Macedonianismus*, Frevel gegen die Sakramente, das Zeremoniell, die Römische Kirche, die monastischen Orden – rechtfertigt er sich selbst, erläutert sich selbst, widerruft sich selbst – wenn es vonnöten ist. So findet sich bei ihm keinerlei Verstocktheit*, auf die verwiesen werden könnte ...

4. Wem wird es denn von Nutzen sein, wenn Erasmus zum Ketzer erklärt und damit deren Zahl um ihn bereichert wird? Wenn jene dann triumphieren können, einen solchen Genossen zu haben, und wir einen Menschen auslöschen, der schon tot ist und, selbst wenn er ein Ketzer wäre, doch nichts mehr anrichten kann? Insbesondere, weil die Spanische Inquisition* nicht so scharf über Erasmus geurteilt hat – und deren Gewissenhaftigkeit kennt jeder. Pius IV. glaubte nun seinerzeit, also damals, als die Erinnerung an die Ketzer und an Erasmus noch frisch war und mit bester Urteilskraft und größter Gründlichkeit ein Index erstellt wurde, nicht, daß Erasmus gänzlich verdammungswürdig sei. Warum also sollte dies heute anders sein?

5. Um der Wahrheit ins Gesicht zu sehen: Jener hat vieles mit Sorgfalt, Gelehrsamkeit und frommem Glauben geschrieben. So müssen also die guten Schriften geschont und dürfen die wißbegierigen Menschen nicht um ihre Strapazen gebracht werden. Deshalb plädiere ich dafür, ihn zu expurgieren* und nicht zu verbieten.

2. Der zensierte Papst

Enea Silvio Piccolomini (1405–1464), Humanist und Geschichtsschreiber, Dichter und Konziliarist*, Lebemann und Vater mehrerer unehelicher Kinder, war ein Kritiker der päpstlichen Autorität, bevor er selbst zum Papst ernannt wurde. Unter dem Motto »Vergeßt Aeneas – und heißt Pius willkommen!« brach er 1458 mit seiner Vergangenheit und bestieg als Pius II. den Heiligen Stuhl*.

Seine Memoiren, die ein umfassendes Bild von seiner schillernden Vita vermitteln, sind in ihrer Art einzigartig, denn kein anderer Papst hat je seine Autobiographie geschrieben, und jene Piccolominis erzählt noch dazu ausführlich von dem überaus diesseitigen Leben des Verfassers. Zu seinen Lebzeiten wurde sie nicht veröffentlicht; erst in den Jahren 1563–1565 bemühte sich der Erzbischof von Siena und Neffe Pius' II., Francesco Bandini Piccolomini, um eine Publikation des überarbeiteten Manuskripts, wohl in der Absicht, seinen Vorfahren zu rehabilitieren, dessen Bücher (über das Konzil von Basel*) von Paul IV. 1559 zum Teil auf den Index gesetzt worden waren. Ziel einer solchen Revision des Textes mußte es sein, das Bild des Renaissancepapstes den Maßstäben der Kirche der Gegenreformation* im ausgehenden 16. Jahrhundert anzupassen, und so wurde eliminiert, was einem zeitgemäßen Papstideal nicht mehr entsprach. 1584 legte Bandini der Indexkongregation* eine zweite Neubearbeitung der Memoiren vor, die die Behörde an den Konsultor* Francisco Peña weiterreichte, der daraufhin das folgende Gutachten erstellte. Seine Zensur greift stark in den Text ein: Alles, was bei einem heutigen Leser Sympathie für den Autor der Memoiren erweckt hätte – sein Esprit, sein Humor und seine scharfe Beobachtungsgabe für menschliche Schwächen –, fällt seinem Rotstift zum Opfer.

Francisco Peña

Um 1542–1612. Säkularkleriker* und Jurist. Ab 1584 war Francisco Peña Konsultor* der Indexkongregation*, ab 1606 Konsultor* des Heiligen Offiziums*. Er war Mitglied der Römischen Rota, des obersten Gerichts der katholischen Kirche.[1]

ACDF, *Indice*, *Protocolli* C, Fol. 207^r–219^r.[2]

Anmerkungen zu den Memoiren des Papstes Pius II.[3]

... Damit mich niemand als böswilligen Interpreten dieses Werkes bezeichnen kann, lese man Pius' eigene Worte an jener Stelle, wo dieser großartige Autor sich nicht scheut einzugestehen, daß er von Dingen erzählt hat, die seines Amtes würdig und unwürdig zugleich sind. Dies hat schon Giovanni Antonio Campano[4] in einem Brief vermerkt, in dem er sein Urteil über die Memoiren fällt. Dort sagt er nämlich: »Die Gerüchte seiner Gegner, die Schmähreden und Vorwürfe seiner Kritiker häuft er so an, daß man glauben könnte, er sei zu seinem eigenen Ankläger geworden.«[5] Und schon kurz zuvor hatte er angemerkt: »Weder sich selbst noch seine Freunde verschont die Autorität des Verfassers, wenn er zu schreiben begonnen hat.« Soweit jener. Doch wenn ebendieser Bischof des weiteren behauptet, Pius hätte die Dinge, die gegen ihn geschrieben stehen, leicht vom Tisch wischen können, so kann ich seiner Zuversicht nicht folgen, wenn ein Autor [wie er] noch die allernichtigsten und unbedeutendsten Dinge seiner Geschichte beimengt! Nein, man kann nicht glauben, daß er willentlich nichts zu seiner Verteidigung vorbringen wollte. Und er verteidigt sich ja auch bisweilen, doch tut er dies dermaßen affektiert und selbstgefällig, daß selbst der geneigteste Leser ihm wohl kaum glauben wird.

Natürlich gibt es nichts bei ihm, das nicht vollkommen mit der katholischen Wahrheit übereinstimmte. Was könnte solch ein Papst denn auch anderes schreiben? Die einzige Ausnahme bildet das, was er nicht eindeutig, sondern zweifelnd über das Schicksal sagt, wie ich gleich zeigen werde.

Auf Seite 204 sagt Pius folgendes: »Zu unserer Zeit schien es einen zu geben, dem Fortuna hold war«, und auf Seite 273: »Und es zeigte sich, daß für diesen großen Krieg ein würdiger Anführer erwählt wurde, dessen Ansehen, Glauben und ›Fortune‹ erprobt werden sollten.« Dies sollte man entfernen oder verbessern, glaube ich. Zum einen, weil das hieße, dem Schicksal allzuviel Gewicht beizumessen, und zum anderen, weil Pius selbst sich in seinem Büchlein über zwei Liebende[6] nicht zutreffend oder zumindest nicht deutlich genug über das Schicksal äußert. Dort behauptet er nämlich folgendes:

»Wer würde leugnen, daß Fortuna alles auf der Welt lenkt, und wer wünschte sich nicht ihre gnädige Gunst? Denn eine von der Schicksalsgöttin gut arrangierte Gelegenheit ist besser, als wenn dich ein Brief der Venus dem Mars anempfiehlt. Nun gibt es Leute, die behaupten, dem Weisen könne Fortuna nichts anhaben. Das mag vielleicht für die unter den Weisen gelten, die Glück mit Tugend gleichsetzen und die behaupten, sie wären auch in Armut und Krankheit, ja selbst im ›Pferd des Phalaris‹[7] glücklich. Einen solchen habe ich freilich bisher noch nicht gefunden und glaube auch nicht, daß es ihn je gegeben hat. Jeder Mensch braucht in seinem Leben die Gunst der Glücksgöttin, die ganz nach Belieben den einen erhöht und den anderen fallen läßt.«[8] Ein anderer würde vielleicht glauben, daß es Pius hier an Pietät mangelt.[9] Und um wieviel besser sagt denn auch Platon über das Schicksal, »daß Gott alles und mit

Gott zusammen der Zufall und der rechte Augenblick die menschlichen Verhältnisse insgesamt lenken.«[10]

Und noch etwas zum Schicksal. Auf Seite 885 sagt er darüber dies: »Bei jenem handelt es sich um nichts anderes als um den wohlüberlegten und unabänderlichen Beschluß Gottes.« Und auf Seite 1095 heißt es bei ihm: »Unsere Anführer hatten die umliegenden Burgen teils mit Truppen, teils durch Übergabe in ihre Gewalt gebracht, und zwar mit einer erstaunlichen Unterstützung Fortunas, aber hauptsächlich doch durch die wunderbare Vorsehung Gottes und sein Erbarmen.« Soweit also jener. Der geneigte Leser aber wird darüber urteilen, ob diese Dinge in irgendeiner Weise zum oben Zitierten oder zu folgendem passen (Seite 842): »Schnell wird sich dieses Schicksal wenden.« Oder hierzu (Seite 854): »Niemals bleibt das Schicksal lange gnädig.« Niemand, der seiner Sinne mächtig ist, wird es wagen, so etwas über die göttliche Vorsehung zu sagen ...

Ein anderer Zensor[11] hat die folgende Stelle ins Visier genommen (Seite 20): »Sie, die vom Glück unter den Sterblichen am meisten gesegnet sind, würden, wenn sie nur darum wüßten, ihre Begierden zügeln.« Ich kann daran nichts Bedenkliches feststellen, wollte Pius doch bloß Vergil nachahmen, bei dem es heißt: »O allzu glückliche Bauern, kennten sie nur ihr Glück!«[12] Einer Verbesserung bedarf es deshalb nicht. An anderer Stelle (Seite 359) schreibt Pius: »O Wahrheit, die Du heller glänzt als die Gestirne des Morgens und des Abends.« Diese Worte wiederum sind aus Aristoteles' Ethik entnommen (Kapitel I).[13] Allerdings bezieht sie der Philosoph nicht auf die Wahrheit, sondern auf die Gerechtigkeit.

Mißfallen erregt Pius, weil er, wann immer er schildert, wie er irgendeiner Gefahr entronnen ist, dies stets zu einem Wunder verklärt. So zum Beispiel auf Seite 2, wo er sagt: »Schon um es auszusprechen ist es gar zu erstaunlich; hört man davon, so ist es kaum zu glauben ...« Gleiches gilt für folgende Stelle (Seite 119): »Dann aber [kam] plötzlich, wie auf göttliches Geheiß, die Kraft aller erdenklichen Winde [zu Hilfe] ...« Oder für jene

(Seite 7), wo er davon erzählt, wie er einmal sein Schiff zurückgelassen und sich zu Fuß aufgemacht habe, um England zu durchqueren. Als das Schiff nämlich [ohne ihn] den Hafen verließ, habe sich vor aller Augen ein Sturm erhoben, und das Schiff sei gesunken …

Wenn Pius (Seite 18) jene Geschichte von einem Untersekretär erzählt, der die weiblicheren Dinge wie etwa Literatur liebte, dann würde ich sie gern anhören, wenn sie nicht von ihm selbst handelte! Ich fürchte jedoch, daß es dem Ansehen eines Papstes, der über sich selbst schreibt, schadet, wenn eine furchtbar langwierige Erzählung dargeboten wird, die doch nur dazu dient, am Ende hinzufügen zu können, der Wind habe sich gelegt aus Furcht, einem Papst Ungemach zu bereiten (Seite 978). Von einer Rede, die er vor den Einwohnern der Stadt Venedig gehalten hat, spricht er auf folgende Art und Weise (Seite 234): »Nachdem man Schweigen befohlen hatte, sprach er ununterbrochen etwa drei Stunden lang, und das bei größter [Aufmerksamkeit] seiner Zuhörer …« Dann wieder führt er uns äußerst gefällig seine Hochherzigkeit vor (Seite 249): »Nachdem der Papst von schwerer Krankheit …« usw., bis es dann heißt: »Und wenn mich auch mitten in meiner Rede der Tod ereilen muß, so werde ich ihm doch zurufen: ›Den Geist wird der Schmerz nicht besiegen.‹«

Bei den Dingen, die als nächstes folgen, mißfällt, daß sich der Papst zu Geringfügigkeiten weit unter seiner Würde herabläßt. Wenn er zum Beispiel erzählt (Seite 259), ihm seien von Francesco Sforza[14] drei ganz besonders fette Ochsen gesandt worden, die dieser mit Rüben und warmem Wasser hatte füttern lassen, so ist das doch allzu unbedeutend, als daß es der Würde eines Papstes gut zu Gesicht stünde. Oder die Sache mit Matteo Siculo, auch Runta genannt, einem nicht unbekannten Mönch und Dichter.[15] Über ihn schreibt Pius (Seite 838): »Im Alter verlor er den Verstand und schlich sich – von einer Gier getrieben, Fleisch zu essen – oft aus dem Kloster fort, um dann gemeinsam mit Freunden, klammheimlich und mit Heißhunger, Taubenküken zu verschlingen.« Überließe man mir die Korrektur dieses Buches, so würde ich das nicht stehenlassen. Und auch jene Passage sollte man entfernen, wo er von einer durchlittenen Unterleibserkrankung berichtet ... Weiter behauptet er von einem Glockenturm ohne Glocken, dieser sei auch in diesem Zustand nicht unbedeutend gewesen (Seite 974). Wenn ich jedoch meine Ansicht dazu äußern darf, so möchte ich meinen, daß man von einem solchen Turm nicht anders sprechen kann als von einem Taubenschlag ohne Tauben.

Bei den nun folgenden Dingen beleidigt Pius Namen und Ruf vieler Personen auf das schärfste. So zum Beispiel bei der Beschreibung der königlichen Gesandtschaft aus Frankreich, wo er sagt: »Fünfzig Lastenträger gingen ihnen voraus.« Oder auch dies: »Die Spanier, prahlerisch, wie es nun einmal ihre Art ist, wechselten täglich ihre Gewänder« (Seite 244 f.). Mich, der ich Spanier bin, wundert es nun allerdings nicht sonderlich, daß Pius meinen Landsleuten eine gewisse Arroganz vorwirft; schont er doch auch weder sich noch seine Italiener! So sagt er nämlich (Seite 431), diese richteten sich ganz nach ihrem Sprichwort, man müsse den Barbaren das Gold gewitzt aus den Händen winden. Da macht es auch nichts, daß er dies von einer Figur namens Diether sagen läßt.[16]

Ebenso berichtet er viel von der Verschlagenheit besagten Diethers (Seite 180). Und über den Bischof von Benevento, Jakob[17], heißt es: »Er wurde abgesetzt, weil er am Apostolischen Sitz Verrat begangen, die heiligen Ämter und die kirchlichen Benefizien* für Geld verkauft und auch noch Falschgeld geprägt hat« (Blatt 573)... Von den christlichen Königen und Fürsten weiß er zu berichten, daß sie zum Konvent von Mantua[18] nicht aus freien Stücken angereist seien, welches man gegen die Türken anberaumt hatte (Seite 212 f.) ...

Viel Schlechtes schreibt Pius über [den Kardinal] von Arras[19]; so zum Beispiel, daß dieser sich nicht an Eide gebunden gefühlt, über einen überaus leichtsinnigen Charakter verfügt und die Amtswürde des Kardinalats verächtlich gemacht habe ... Dann behauptet Pius, der Kardinal von S. Pietro in Vincoli habe ebenso wie andere den Verstand verloren, weil sie nicht daran glauben wollten, daß Pius im Stande sei, Diether von Mainz abzusetzen ... Über all das, was Pius über die Wahl Francescos, Sohn des Fürsten von Mantua, schreibt (Seite 570), sollte man besser schweigen ... Und dazu gehört auch die allzulange Passage über die Wahl der Kardinäle (Seite 278), bei der auch Pius' Neffe[20] den Kardinalspurpur erhielt. Denn warum wird dieser ganze Streit zwischen Pius und den Kardinälen erzählt? Einzig und allein, um uns einzureden, daß er gar nicht anders gekonnt habe, als seinen Neffen trotz seiner jungen Jahre zum Kardinal zu erheben! Wer aber wird ihm darin Glauben schenken, mag er auch Papst sein?

Auf Seite 133 klagt Pius weiter über die Treulosigkeit der Kardinäle. Sie seien mit dem Konvent zu Mantua[21], das er einberufen hatte, nicht einverstanden gewesen, da dies, wie sie sagten, nur deshalb anberaumt worden war, weil Pius auf diese Weise König Friedrich[22] begegnen konnte. Ohne Schande über ihn zu bringen, wäre das sonst wohl nicht möglich gewesen, und auch so ist, wie Pius einräumt, von jenen manch Schlechtes über ihn geschrieben oder in zahlreichen Gerüchten verbreitet worden (Seite 169). Und überhaupt falle ja die Kardinalswürde nicht immer dem zu, der sie verdient, sondern werde von unwürdigen Personen geradezu an sich gerissen ...

Ein weiterer schwerer Disput mit den Kardinälen muß ebenfalls gestrichen werden (Seite 73 ff.), bei dem es um die Wahl Pius' zum Papst geht. Von den Geschehnissen im Konsistorium* weiß dieser Dinge zu berichten, die dem Leser die Schamesröte ins Gesicht treiben, und ich frage mich, wie es Pius gelungen sein mag, beim Schreiben nicht selbst rot zu werden. Ich will gar nicht davon sprechen, daß die Ereignisse bei diesen Konsistorien, die er »geheim« nennt, durch seine Geschichten jetzt, ein Jahrhundert später, ausgeplaudert und publik gemacht werden. Das eine oder andere hätte er wohl schweigend übergehen sollen, aber er redet nun einmal über niemanden so ausgiebig wie über sich selbst, wie man schnell bemerkt, wenn man genau hinhört ... Und zuletzt scheint auch Pius' Ausspruch über einen gewissen Augustinermönch* geschmacklos, der ebenfalls den Kardinalspurpur erhalten hatte: »Wer nach diesen Ehren trachtet, bekommt sie für gewöhnlich auch« (Seite 283).

Jedes Maß wird überschritten, wenn Pius die Freudenstürme anläßlich seiner eigenen Wahl schildert; denn diese Dinge – ich mag mich täuschen – scheinen nicht ohne eine gewisse Leichtfertigkeit geschrieben zu sein (Seite 84 bis 86): ... wie man ihm – so sein Bericht – die Sänfte getragen habe (beim Einzug nach Bologna hätten dies sogar die vornehmsten Bürger getan). Und dann heißt es von einem gewissen Borsius[23] – Pius hält in Ferrara Einzug: »Als dieser gewählt worden war, ließ er als Ausdruck seiner Freude Militärparaden abhalten« (Seite 111, 116 und anderswo). Das ist absolut unbedeutend, und es hat in einem Geschichtswerk nichts verloren, insbesondere nicht, wenn es ein Papst verfaßt hat. – »Alles war voller Fahnen, die Dächer, die Wände, und überall waren Purpurdecken ausgelegt« (Seite 165). Wenn Pius einmal angefangen hat, seine Heldentaten zu rühmen, dann brechen bei ihm alle Dämme, ich sagte es oben schon. Auch im folgenden (Seite 250) ist dies gut zu sehen: »Freudestrahlend drängten die Kardinäle zu ihm herein und dankten ihm für die Wahrung der Ehre des Heiligen Stuhls*...«; auch dies wird meiner Ansicht nach entfernt werden müssen, will man verhindern, daß der Eindruck entsteht, Pius habe sich vergessen und unter seiner Würde gehandelt.

Auf Seite 251 heißt es: »Eine Rede aus dem Stegreif genügte den französischen Gesandten.« Und auf Seite 62 vertraut er dem Papier folgendes an: Einmal habe er gemeinsam mit zwei anderen Personen eine Gesandtschaft zu Alphons, dem König von Sizilien,[24] angetreten; dort sei er selbst »freundlich und ehrerbietig« aufgenommen worden, während man seinen Begleitern mit harten Worten den Empfang verweigert habe. Und auf Seite 196 sagt Pius, von ihm allein sei vollbracht worden, was zu dritt nicht zu bewerkstelligen gewesen wäre. Wem aber wird es nicht lächerlich vorkommen, was Pius von zwei Männern aus Bologna bzw. Spoleto erzählt? Finstere Blicke nämlich habe er diesen zugeworfen, weil sie bei seinem Anblick nicht sofort vom Pferd abgestiegen seien. Ferner muß man sich über Pius' Schilderung jenes Streits Gedanken machen, der beim Konzil von Basel*[25] zwischen Eugen[26] und den Baslern über die Gewährung von Ablässen ausgebrochen war (Seite 10). Dazu nämlich merkt Pius an, man habe auf diesem Konzil*, um möglichst viel Geld zusammenzuscharren, für sämtliche Sünden Ablaß und Vergebung gewährt (und anderes mehr, das er von Diether von Mainz übernommen hat). Richtet es keinen Schaden an, von solchen Dingen zu sprechen? Oder nützt es nicht sogar gerade den Anhängern der lutherischen* Lehre, die behaupten, heutzutage komme man durch Geld in den Genuß der Wohltaten Christi?

Schlichtweg entfernen muß man Pius' Geständnis, er habe damals, als Eugen IV. und Felix V.[27] konkurrierten, auf seiten Felix' und der Basler gestanden ... Allerdings ist er auch darum bemüht, in einem besseren Licht zu erscheinen, und bemerkt schon auf Seite 2, er habe sich später reumütig zu Eugen bekannt ... Dies alles sollte besser nicht stehenbleiben, es sei denn, man wollte, daß irgendwann einmal jemand sagen oder auch nur auf den Gedanken kommen kann, der Verdacht des Schisma* sei auf einen Papst gefallen. Übrigens war Pius einmal Sekretär bei Felix V., wie man auf Seite 23 nachlesen kann, und vielleicht hat er sich deshalb auf dessen Seite geschlagen.

Was er aber [über Eugen] schreibt, ist überaus häßlich ... Den Florentinern sei er verhaßt gewesen (Seite 25), Gesandte hätten während eines Rombesuchs böse Worte über ihn fallenlassen (Seite 27), und er habe Kardinal Domenico Capranico,[28] einst von Martin V.[29] mit dem Purpur bedacht, wieder abgesetzt. Dann sei Eugen auch, wie uns Pius schließlich zu verstehen gibt, von unerhörter Grausamkeit gewesen: »Capranico war in größte Armut geraten, da Eugen es nicht einmal gestattete, daß seine Verwandten ihm irgend etwas zukommen ließen« (Seite 2). Ich meine, man sollte über all dies einen Mantel des Schweigens ausbreiten, damit es nicht so wirkt, als habe Pius Eugen, der als sein Vorgänger durchaus erfolgreich war, mit Vorwürfen überhäuft.

Von Kalixt III.[30] berichtet Pius, daß nicht etwa er von den Kardinälen hinters Licht geführt worden sei, sondern daß er selbst die Kardinäle getäuscht habe (Seite 58 f.). Und um vor uns seine Unschuld zu preisen, erzählt er von Kalixt und einigen Kardinälen die schmutzige Geschichte, wie sie einmal während des Konsistoriums*... eine Freundin des Königs Alphons[31] empfangen hätten, während ihm selbst dieses Treiben mißfiel (Seite 60 f.) ... Daß Kalixt ferner, wie Pius behauptet, einen Haß gegen diesen Alphons hegte, mag wohl zutreffen. Den Grund für diesen Haß jedoch, den Pius ihm unterstellt, halte ich für falsch, schreibt doch Platina[32] über Kalixt, er habe sich sein Leben lang durch größte Integrität ausgezeichnet. Nur deshalb, so Platina, sei es zwischen jenem und Alphons zu Differenzen gekommen, weil letzterer bisweilen zuließ, daß kirchliche Würden Männern verliehen wurden, die nicht über die nötige Eignung verfügten. So wird man also entfernen, was hier Kalixt fälschlich zugeschrieben und zum Vorwurf gemacht wird.

Und auf Seite 75 unterstellt er Kalixt auch noch ein finsteres Gemüt, wenn es heißt: »Ich habe so meine Erfahrungen mit Kalixt als Papst.« Anhand anderer Geschichtswerke wird man dies nun aber wirklich nicht belegen können, und es scheint somit, daß Pius Kalixt all diese Dinge in böser Absicht untergeschoben hat. Wenn wir also seine Würde und sein Ansehen retten wollen, werden wir noch viel mehr entfernen müssen, und zwar ganz besonders die Dinge, die er gegen sich selbst vorbringt. Zum Beispiel, wenn er davon schreibt, wie er von Kardinälen und anderen Kurialen bisweilen in Wort und Schrift geradezu zerfleischt worden sei. So ist die Rede davon, daß

König Ludwig von Frankreich[33] vieles gegen Pius und die Kardinäle geschrieben hat, das man später in einem geheimen Konsistorium* verlas, und daß derselbe König für ein jedes Wort von Pius nur Verachtung übrig hatte.

Anläßlich der Wahl Pius' zum Papst sind einige Regelungen erlassen worden, die, wie man beschlossen hatte, vom neuen Amtsträger eingehalten werden mußten ... (Seite 73). Eine davon war diejenige, daß, wer den Pontifikat übernehme, ohne das Einverständnis einer Mehrheit im Kollegium keine Kardinäle einsetzen dürfe. Einen solchen Eid leistete Pius sowohl vor seiner Ernennung im Konklave* als auch später (Seite 565). Über diese Angelegenheit sagt er nun aber folgendes: »Auch dazu, ob ein Papst an diesen Eid gebunden ist, könnte ich etwas sagen« (Seite 567). Ich weiß nicht, was Pius uns hier sagen will, wenn er diese Dinge erwähnt und es geradezu offenläßt, ob er einen Eid gebrochen hat oder nicht. Auf diesen Verdacht könnte aber jemand kommen, der diese Passagen nicht haargenau studiert. Deshalb meine ich, daß man sie nicht öffentlich verbreiten darf.

Auf Seite 568 muß der Kardinal von S. Pietro in Vincoli heftige Kritik über sich ergehen lassen, und eine Seite später erklärt Pius, daß sich die Kardinäle von ihm abgewandt hätten und nur unter Zwang zu einem Einverständnis bereit gewesen seien. Die Worte, die Pius dabei gebraucht, drücken in hohem Maß Zerstrittenheit und Spaltung aus und sind um einiges schärfer, als es der Würde eines Papstes entspricht. Gar nicht billigen kann ich das Handeln dieses Papstes, wenn er gestattet hat, von gänzlich verworfenen Menschen auf einer Sänfte durch die Lüfte getragen zu werden ..., und ich kann auch nicht umhin zu glauben, daß in folgenden Worten ein wenig Arroganz mitschwingt: »Über Nattern und Basilisken wirst Du wandeln« (Seite 343).[34]

Wiederum von Kalixt erzählt Pius (Seite 296 f.), dieser sei einmal vergeblich bedrängt worden, für einen Ablaß in einer schwerwiegenden Angelegenheit Geld anzunehmen. Hiermit scheint uns Pius in gewisser Hinsicht dessen Integrität zu bezeugen; jedoch schenkt er Kalixt an keiner anderen Stelle größere Beachtung als hier, wo er mitteilt, jemand habe sich erdreistet, von jenem etwas Unredliches zu verlangen. Natürlich bin ich mir sicher, daß dies nie gelungen wäre, aber die Unbescholtenheit eines Papstes wird doch allzusehr beschädigt, wenn öffentlich bekannt wird, daß in ihm auch nur die geringste Anlage dazu vorhanden ist, Unredliches an sich heranzulassen. Unserem Freund Pius jedoch macht es nicht das Geringste aus, Kalixtens Ruf zu ruinieren, obwohl er durch diesen zur Kardinalswürde gelangt ist. Ein Grund dafür mag sein, daß Pius' Ernennung, wie er schreibt, nicht nur vom Kaiser[35], sondern auch vom ungarischen König Ladislaus[36] und fast allen deutschen Fürsten gefordert wurde. Mit diesen Worten signalisiert er unverhohlen, daß er Kalixt aber auch gar nichts schuldet, da dieser ihn nicht aus edlen Motiven mit dem Purpur bedacht habe, sondern nur, um es den Forderungen zahlreicher Fürsten recht zu machen.

Wieder von sich sprechend, berichtet er folgendes: »Während der Fastenzeit wurde er von der Gicht befallen und litt an Füßen, Händen, Knien, Schultern und so ziemlich allen Gliedern. Dies war für seine Freunde äußerst bitter, doch seinen Feinden bereitete es größte Freude – insbesondere denen, die sich seine Nachfolge erhofften, wie es nun einmal die Eigenart dieser Menschen ist in ihrer Narrheit und bodenloser Einbildung« (Seite 393). Dies alles ist weder unterhaltend noch sonst etwas und offenbart uns bloß den verwirrten Verstand dessen, der es geschrieben hat. Soweit ich es einschätzen kann, weiß niemand leicht darüber zu urteilen, wie sehr andere ihn hassen, es sei denn, er verspürt in sich selbst etwas, durch das er sich die Mißgunst anderer verdient.

Auf Seite 51 spricht er über die Eroberung von Konstantinopel. Angesichts der Verwüstungen durch das türkische Heer sagt er: »Dies war für alle Christen eine betrübliche Nachricht, besonders aber für Papst Nikolaus V. und Kaiser Friedrich III., deren Pontifikat bzw. Herrschaftszeit durch diese Beleidigung des christlichen Glaubens mit unermeßlicher Schande befleckt wurden. Denn unglückliche Zeiten fallen immer auf ihre führenden Personen zurück.« Ich halte diese Aussage für absolut falsch, denn in der Heiligen Schrift steht geschrieben, daß Gott bisweilen wegen der Sünden des Volkes auch heuchlerische Könige regieren läßt (Hiob 34).[37]

Auf Seite 5 merkt Pius an, er habe, als er in der Nähe von Calesium weilte, ein Haus gesehen, von dem die Sage erzählt, daß die Menschen darin mit Schwänzen geboren würden. Und wieder auf Seite 63 sagt er von sich: »Und er besuchte Salerno, Amalfi und die ehrwürdigen Gräber der Apostel Andreas und Matthäus, in denen, wie es heißt, die heiligen Leichname erhabenes Manna ausschwitzen.« Und er behauptet, daß das, was über »heilige Leichname« geredet wird, wahr sei. Auf Seite 452 beschreibt er ein erstaunliches Gefecht zwischen Habichten und Raben, und eine Seite später einen nicht unähnlichen Kampf unter Ameisen, der für ihn einem Wunder gleichkommt. Auf Seite 638 heißt es wiederum: »Ungeheuer große Hunde lagerten des Nachts außerhalb der Mauern, über die die Sage geht, daß sie nahende Christen am Geruch erkennen und sie umschmeicheln, während sie Türken durch Gebell verraten und ihnen mit Bissen zusetzen.« Dies alles sollte so wohl nicht gesagt oder erwähnt werden ...

Auf Seite 291 weigert er sich einzugestehen, auch nur für den geringsten Augenblick seine Pflicht vernachlässigt zu haben, während er sich in den Bädern aufhielt: »Und obschon er auch an manchen Tagen gleich zweimal die Bäder besuchte, blieb doch nicht eine einzige Unterschrift oder irgendeine andere Amtspflicht unerledigt.« – Ähnliches behauptet er im Zusammenhang mit Spielen, die in Pienza veranstaltet wurden (Seite 743): »Der Papst schaute sich das nicht an, sondern beriet sich unterdessen mit den Kardinälen über öffentliche Angelegenheiten.«

Im Anschluß an dieses Gutachten liefert Francisco Peña eine lange Liste von Korrekturvorschlägen, in der er Schreibfehler verbessert (»was die mangelnde Sorgfalt des Schreibers verdorben hat«), mit seinem Wissen prahlt (»mit ›*cetea*‹ meint Pius eine Schiffsart, die wir heute ›*setia*‹ nennen«) oder dem Autor fehlerhaftes Latein vorwirft (»hier scheint Pius geschlafen zu haben«). Die Korrekturen sind zum Teil nicht ohne Komik: So moniert er, bei Pius seien Gebirge »zahlreich« *(numerosi)* und nicht »waldreich« *(nemorosi)*, »Bewunderer« *(veneratores)* und nicht »Jäger« *(venatores)* erlegten das Wild, und unterwegs werde »getötet« *(interfecere)* und nicht »marschiert« *(iter fecere)*.

3. Todsünden der Liebeslyrik

An der Schwelle zur Neuzeit brachte Italien Dichter in Gestalt Dantes, Petrarcas und Boccaccios hervor, deren Werke bis heute wesentlicher Bestandteil der Weltliteratur sind. Den Autoren ist gemeinsam, daß sie nicht nur in Latein, sondern auch in der Volkssprache dichteten und damit die italienische Literatur begründeten. Gerade die Bücher in italienischer Sprache – in denen die Liebe eine wesentliche Rolle spielt – waren es, die ihnen zu größter Beliebtheit verhalfen und ihren literarischen Ruhm herbeiführten. Während *Die Göttliche Komödie* Dante Alighieris (1265–1321) noch den Höhepunkt der spätmittelalterlichen Dichtung Italiens repräsentiert, stellen Francesco Petrarcas (1304–1374) Lyrik (*Der Canzoniere*) und das erzählerische Werk (*Das Dekameron*) Giovanni Boccaccios (1313–1375) die ersten Meisterwerke der frühneuzeitlichen Dichtung dar. Als leuchtendes Dreigestirn hatten sie Vorbildfunktion und maßgeblichen Einfluß auf die nachfolgenden Dichter der Renaissance wie Iacopo Sannazaro, Ludovico Ariosto oder Pietro Bembo, die neben Dante und Petrarca in den folgenden zwei Gutachten behandelt werden.

Der Zensurapparat der katholischen Kirche in Rom befaßte sich nur wenig mit der Renaissanceliteratur. Noch ganz den mittelalterlichen Denkstrukturen verhaftet, ignorierte man die lateinische Literatur dieser Epoche, deren »neue« Denkweise den Mitgliedern der Zensurbehörden fast vollständig fremd geblieben zu sein scheint. Allein die volkssprachlichen Dichtungen der Renaissance – die aufgrund ihrer weiten Verbreitung als Gefahr für Sitten und Glauben erachtet wurden – erfuhren eine Zensur, aber das nur sporadisch und mit zumeist kurzen Gutachten. Boccaccios Name tauchte bereits im Index Pauls IV. auf, und seine Texte wurden mehrfach expurgiert*;[1] mit den anderen erwähnten Autoren beschäftigen sich die folgenden zwei anonym überlieferten Gutachten. Es ist zu vermuten, daß es sich beim Verfasser des ersten Gutachtens um Angelo Rocca handelt, da es eine Anspielung auf dessen Buch *Beobachtungen über die Schönheit der lateinischen Sprache*[2] enthält.

Angelo Rocca

1545–1620. Augustiner*. Angelo Rocca war ab 1591 Konsultor* der Indexkongregation* und Mitglied des Personals und Historiker der Vatikanischen Bibliothek. Als Gelehrter und späterer Bischof von Tagaste war er nicht nur ein leidenschaftlicher Anwalt der lateinischen Kultur, sondern auch ein unerbittlicher Zensor der Vulgärsprache[3].

A

BAV, Vat. Lat. 6207, Fol. 59^{r}.

Bericht zu den Gedichten von Ariost,[4] Bembo[5] und Sannazaro[6]

Es ist ganz normal und quasi allen Dichtern zu eigen, daß sie ihre Geliebte übermäßig preisen; erklären sie sie nicht gleich zur Göttin, so kommt es ihnen vor, als hätten sie gar nichts gesagt. Aus diesem Grunde gebrauchen sie sehr oft Ausdrücke wie: »Ich verehre Euch«, »Ihr seid meine Göttin, mein Idol«, »Ihr allein könnt mich glücklich machen«. Und sie gehen dabei noch weiter und schreiben ihr das Wirken einer Göttin zu, wobei sie sich nicht damit begnügen, zu sagen, daß sich auf das Erscheinen der Geliebten hin die Winde legen, das Meer beruhigt, die Wolken davonziehen, die Erde aufblüht und der Himmel aufklart, sondern sie rufen laut aus, welch große Freude sie beim Gedanken an die Geliebte empfinden, eine Freude, die im Paradies nicht größer sein könne; und aus ihr drohe Leid, wie die Hölle keines bereithalte. *Bei all diesen Dingen handelt es sich um schreckliche Lästerungen, und selbst, wenn sie nur scherzhaft oder zum Zeitvertreib gesagt worden wären, bleibt es doch dabei, daß es allerschwerste Todsünden sind!*

Darüber hinaus legen die Dichter ein Verhalten an den Tag, das jedes vergebliche Tun dem Himmel, den Sternen, dem Fatum oder der Vorbestimmung ankreidet; wenn sie in die Irre gehen, sagen sie, sie hätten nicht anders gekonnt und es sei eher die Schuld des Himmels und der Vorbestimmung denn ihre eigene. Und aus diesem Grund nennen sie die Sterne oft neidisch und das Schicksal ungerecht und grausam. *All dieser Unsinn ist voller Irrtümer*! Dann sind sie – oder glauben es zumindest – so unentrinnbar in Liebesangelegenheiten gefangen, daß sie nichts anderes mehr tun können, als die Liebe zu preisen, und sie gehen so weit, jedem anderen Menschen Urteilskraft und Talent abzusprechen …, wenn er nicht denselben Weg nimmt, dem sie folgen und den sie so begrüßen. Die Irrtümer dieser drei Dichter, die über das oben Gesagte hinausgehen, seien nun im einzelnen notiert …

B

BAV, *Vat. Lat.* 6145, Fol. 142^{r}–149^{v}.

Petrarca[7]

In meinem dritten Buch zugunsten der lateinischen Sprache[8] ermahne ich beschwörend unter anderem dazu, daß man vulgärsprachliche Bücher aus dem Verkehr zieht – als eine anstekkende, todbringende Krankheit der Seelen. Hierzu gehören Abschnitte einiger Lieder von Petrarca mitsamt ihrer Auslegung; wahre Diener Christi mögen sich von derartigen verlogenen Autoren fernhalten, und diejenigen, die die Vollmacht dazu haben, mögen fortan deren Lektüre verbieten. Mich leitet hierbei der Eifer für Gott ...

Vor allem verwirren diese vulgärsprachlichen Autoren den Sprachgebrauch und entheiligen den Namen Gottes, denn sie sagen nicht »Gott«, sondern »die Götter« ... Es darf jedoch nicht geschehen, daß Gottes Name in der Volkssprache »Dio« oder »Iddio«[9] genannt wird oder daß man gar dem Jupiter zuschreibt, was Gottes ist ...[10] Denn man darf nicht der verkehrten Gewohnheit des Volkes folgen; weder eine solche Gewohnheit – die man als Mißbrauch bezeichnen muß – noch eine falsche Ansicht <führt uns zur Tugend>. Cyprian,[11] Augustinus[12] und andere hohe Gelehrte sagen, daß die Gewohnheit, wenn die Wahrheit einmal erwiesen ist, eben dieser zu weichen habe, denn Christus hat ja nicht gesagt: »Ich bin die Gewohnheit«, sondern: »Ich bin die Wahrheit.« Und man darf auch nicht behaupten, daß es keinen Unterschied mache, ob man nun *Volgare*[13] oder Latein spricht: Denn die Wörter bedeuten immer dasselbe. Brot, Wein und Öl bedeuten auf *Volgare* nichts anderes als auf Latein. Und wer es nun verschmäht oder sogar darüber errötet, in Volgare das [lateinische] Wort »*Deus*« zu gebrauchen, und statt dessen »*Dio*« oder »*Iddio*« sagt, der soll sehen, in welchem Irrtum er sich befindet ... – Doch kommen wir nun zu Petrarca zurück ...

»Wie Gott zu sehen ewiges Licht bedeutet ...«[14] In diesem Lied siedelt er nach Art Epikurs[15] sein Glück und Seelenheil in der Lust an, wobei er diese Art der Glückseligkeit mit derjenigen des Himmels vergleicht; so sagt er denn, daß so, wie für die Glückseligen das Glück darin liegt, Gottes angesichtig zu werden, sein Glück darin liegt, Laura[16] zu erblicken. »Nicht kann ich schweigen, voller Angst, es könnte ... Ich war auf Erden, und im Garten Eden.«[17] Auch in diesem Lied ist die Lust ihm Glückseligkeit; er sagt nämlich, daß er mit dem Herzen im Himmel sei, wenn er Laura betrachte ...

»Es war der Tag, an dem der Sonne schwanden ... Es hat mich Amor waffenlos gefunden ...«[18] In diesem Lied bekennt er, frei von Religion und Frömmigkeit zu sein; am selben Tag, an dem man Christus ans Kreuz geschlagen habe, sei er dieser schändlichen Liebe zu Laura verfallen; die Schuld liege bei der Begierde. »Der Kunst und Umsicht zeigte sonder Schranken ...«[19] Ein frevelhafter Vergleich! In diesem Lied vergleicht er nämlich Laura mit Christus und sagt, Laura sei, so wie auch Christus – seine Sonne – in niedrigem Rang geboren wurde, als seine zweite Sonne in einer einfachen Gegend geboren. So nennt er sie denn auch oft seine Sonne.

»Gestirne, Element und Himmel segnen ... Gier und Begehren müßten hier erröten.«[20] Auch ein heidnischer Vergleich, und zwar zwischen Laura und der seligen Jungfrau Maria! Er behauptet nämlich, Laura sei sehr schön gewesen, doch niemand habe ihr fleischliche Begierden entlocken können. Dies aber ist nur der seligen Jungfrau Maria gegeben. Er selbst aber ist dieser Liebe zu jener verfallen seit dem Tage, an dem Christus starb! ... »Das liebliche Erblassen, das die Blüte ...«[21] Welch Schande! Dieser heidnische, frevelhafte Vergleich stellt nämlich ... die Begierde, die Furcht und das Lachen der Liebenden ... neben die Freude des Paradieses ...

»Für jedes Wesen, wohnhaft auf der Erde ...«[22] In diesem Lied behauptet er (wie auch in allen anderen), daß seine Liebe zu Laura von der Begierde geleitet sei und daß der Mensch keinen freien Willen besitze. Laura jedoch, so sagt er, habe sich seiner Liebe verweigert; so sei denn sein Unglück diese Zurückweisung, und doch begehre er ihren Beischlaf. Nichtig, so er, sei sein Verlangen, und er verflucht den Tag seiner Geburt; das Schicksal habe ihn dazu gebracht, Laura in Liebe zu verfallen, und er könne vor dieser Liebe niemals Ruhe finden ...

»Die in verstreuten Reimen ihr das Beben (hört jener Seufzer)...«[23] Auch hier stellt er seine Liebe zu Laura ganz deutlich als von der Begierde geleitet dar. So sagt er nämlich, daß er ihren Beischlaf begehre ... Ihre Hand, ihr Gesicht verlangt er zu berühren; er spricht von der Nacktheit der Frau und erwähnt die Liebe Aktaions zu Diana[24]. Er habe, so sagt er, Laura nackt gesehen und verzehre sich nach ihrem Beischlaf ... Seine Liebe zu ihr sei von den Augen ausgegangen; sein Herr sei die Begierde; er klagt darüber, allzuoft soviel für diese Nichtigkeit verschwendet und Gott verloren zu haben ...

Dies und anderes schreibt dieser heidnische und verwerfliche Autor, dieser Anführer und Lehrer bei schmutzigen Begierden ... Deshalb, o ihr Vorsteher der Kirchen, denen die Obhut über die Schafe Christi anvertraut ist, seht nur, welche Lehre sich bei diesem und bei anderen derartigen Schriftstellern findet!

C

Dante[25]

Auch Dante schreibt viel kindisches Zeug, das sowohl den guten Sitten als auch der Religion entgegengesetzt ist ... Im 18. Gesang vergleicht er die Menge der verdammten Seelen mit derjenigen der Römer, die zur Zeit des Jubiläums[26] zum Petersdom ziehen ... Das heißt, er verspottet ganz offen die christliche Religion ... In sein *Fegefeuer* nimmt er zahlreiche Heiden auf, im ersten Gesang Cato[27], im 10. Trajan[28], im 14. Orest[29] und im 21. und 22. Statius[30]. Die Seelen der Christen läßt er die Geschichten und Fabeln der Heiden erzählen ... Im 21. und 23. Gesang kritisiert er die römische Kirche und nennt die Kardinäle Bestien; im 27. Gesang kritisiert er sogar die römischen Päpste und verurteilt sie unter anderem deshalb, weil sie den Schlüssel in ihrem Siegel tragen. 29. Gesang: »Davon weiß Sankt Anton sein Schwein zu mästen«[31]: Hier verspottet er die Heiligenverehrung der Christen ...

D

Ariost[32]

Ludovico Ariosto, ein überaus eitler und ruchloser Mensch, folgt in *Rasenden*[33] seinem Lehrer Petrarca und schreibt darin – im *seiner* Raserei – viele unsittliche und eitle Dinge, wobei er Heiliges mit Profanem vermischt! So hält er – unter anderem – gottesfürchtige Männer, die als Eremiten leben, für sittenlos und gierig; hierzu läßt er einen altersschwachen Eremiten ... auftreten, den man für einen zweiten Hilarion[34] oder Paulus habe halten können, der – mit Hilfe welcher Arznei auch immer – eine Frau zu sich lockt und diese dann entkleidet.[35] Darauf läßt der Autor weitere unsittliche und schmutzige Dinge so offen sich anschließen, daß man sie keinesfalls lesen oder auch nur an sie denken kann, ohne sich den Geist zu verderben.

Im 13. Gesang schreibt er nun wieder viel gegen die Mönche. So sagt er, Gott habe den Erzengel Michael auf die Erde hinabgesandt, um im Heer der Feinde Zwietracht zu säen; diese Zwietracht habe er nun aber nirgends sonst vorgefunden als in den Klöstern zwischen Mönchen und Frauen, Zwietracht statt Frieden, Ruhe, Gottesfürchtigkeit, Barmherzigkeit und Schweigen; an deren Stelle habe er nämlich nur Zorn, Genußsucht,

Überheblichkeit, Neid, Trägheit und Grausamkeit angetroffen. So nennt er die Klöster ein neues Inferno und macht sich über die Nichtigkeit der religiösen Orden lustig. Im 17. Gesang behauptet er, daß die Menschen in diesem Leben keine Erlösung erfahren, weil seiner Ansicht nach das Erbarmen Gottes ein Ende habe. Im 18. Gesang sagt er, die Zwietracht sei auf Geheiß des Erzengels Michael aus den Klöstern gewichen; an ihrer Statt habe sie Betrug zurückgelassen. Außerdem, so schreibt er, sei mit der Zwietracht auch die Überheblichkeit vergangen, doch seien dafür sämtliche Laster, aber nicht eine Tugend zurückgeblieben ... Im 31. Gesang und anderswo siedelt er die Glückseligkeit in der körperlichen Liebe an ... Man täte gut daran, so meine ich, sämtliche vulgärsprachliche Bücher dem Feuer zu überantworten!

4. Machiavelli expurgiert

Der Name Niccolò Machiavelli (1469–1527) gilt vielen nach wie vor als Inbegriff von politischem Pragmatismus und Opportunismus. Seine Schriften zur Theorie von Staat und Politik sind einem breiten Publikum bekannt. Aufgewachsen in Florenz zur Zeit Lorenzo de' Medicis, bekleidete Machiavelli in seiner Heimatstadt verschiedene Ämter: So war er von 1498, als die Medici von den französischen Truppen aus Florenz vertrieben wurden, bis 1512 Sekretär der zweiten Kanzlei der Stadt. Nach der Rückkehr der Medici im Jahr 1512 wurde er kurzzeitig als vermeintlicher Kollaborateur inhaftiert und gefoltert; wieder freigelassen, widmete er sich als Privatmann auf seinem Landgut unweit der Stadt seiner schriftstellerischen Tätigkeit. Seine bekanntesten Werke sind *Der Fürst* (gedruckt 1532) und *Discorsi – Gedanken über Politik und Staatsführung* (gedruckt 1531). Außerdem verfaßte er *Kriegskunst* (gedruckt 1522), *Geschichte von Florenz* (gedruckt 1531–1532) und – neben Komödien, Novellen, Gedichten und Briefen – auch einen historischen Roman.

Machiavellis Ansichten machten eine strenge Zensur durch die katholischen Kirche der Gegenreformation* wahrscheinlich, denn seinem Verständnis von Politik zufolge darf sich der Handelnde nicht nach moralischen Prinzipien richten, und auch religiöse Bedenken dürfen für ihn keine Rolle spielen. Maßgeblich für Machiavelli ist die *virtù* des einzelnen, das heißt seine politische Tatkraft. Glaube und Religion sind für ihn dabei allenfalls etwas, das sich der Politiker zunutze machen kann, um die innere Stabilität des Staates sicherzustellen. Machiavellis Geschichtsbild läßt keine Heilsgeschichte zu, da Geschichte seiner Ansicht nach – vereinfacht gesagt – einen Kreislauf von Aufstieg und Niedergang der Staaten abbildet. So ist es denn keine Überraschung, daß alle Schriften Machiavellis im Index der verbotenen Bücher* von 1559 enthalten sind. In der Folgezeit begann man jedoch über eine Lockerung dieses Verbots nachzudenken, und das Mittel dazu konnte nur eines sein: Expurgation*. Die Nachfahren Machiavellis hatten bereits eine solche Verbesserung des Werkes vorgenommen; in Rom befaßte man sich mit der Expurgation von *Geschichte von Florenz,* und an ihr läßt sich das »Problem Machiavelli« besonders deutlich ablesen: Machiavelli zählte nämlich nicht nur zu den Autoren der ersten Klasse* des Index, sondern war auch ein Protegé des Medici-Papstes Klemens VII., in dessen Auftrag er *Geschichte von Florenz* verfaßt hatte.

Paolo Constabili

1520–1582. Dominikaner*. Ab 1573 war Paolo Constabili Meister des Heiligen Palastes*. 1580 General seines Ordens. Er verdankte seine Karriere in der römischen Kirche Kardinal Michele Bonelli (1541–1598, Dominikaner), einem Gründungsmitglied der Indexkongregation*, als dessen Theologe er galt.

ACDF, Indice, Protocolli V, Fol. 470^r–473^v.[1]

Geschichte von Florenz[2]

Zensur und Korrektur, angefertigt zu den acht Büchern der Geschichte von Nicolo [sic] Machiavelli. Die zitierten Blätter stammen aus einem <...> in Florenz bei Bernardo Giunta[3] im Jahre 1522 [*sic*] gedruckten Buch.

1. Im Proömium: »Ebensowenig bedachten sie, daß Handlungen, die etwas Großes in sich haben, wie es bei öffentlichen Angelegenheiten der Fall ist, welcher Art sie auch sein, welchen Zweck sie auch haben mögen, mehr Ehre bringen denn Tadel.«[4] *Entfernen …*[5]

4. Erstes Buch, Blatt 16.: »Darum sind die Kriege, die seit jener Zeit von den Barbaren in Italien geführt wurden, meist durch die Päpste veranlaßt, und die Fremden, welche Italien überfluteten, meist durch die Päpste gerufen worden. Dies Verfahren währt noch gegenwärtig, und ließ und läßt Italien uneins und ohnmächtig.«[6] *Entfernen.* » … und wie, weil sie eins und das andere gemißbraucht, die Ehrfurcht verschwunden ist, während sie die Macht nur noch fremder Bewilligung verdanken.«[7] *Entfernen.*

5. Blatt 17: » … und sich so große Macht anmaßten, namentlich dann, als sie das Volk von der Wahl ausschlossen, daß selten ein anderer als einer aus ihrem Kreise gewählt wird.«[8] *Entfernen.*

6. Blatt 18: »An den Römern sich zu rächen, nahm [der Papst] ihnen …« *Korrigieren zu*: » … nahm er den Römern …«[9] – »Beider Sinnen und Trachten ging einzig dahin, dem andern Ansehen und Autorität zu nehmen.«[10] *Entfernen.*

7. Blatt 21: »Und ein großer König unterwarf sich einem Urteil, welchem heutzutage ein Privatmann sich zu fügen verschmähen würde.«[11] *Entfernen.* – »So wirkt der Schein mehr in der Ferne als in der Nähe.«[12] *Entfernen.*

8. Blatt 22: »So half das Wasser den Mohammedanern mehr, als der Bann den Christen: denn dieser zügelte seinen Ehrgeiz, jenes löschte ihn.«[13] …

10. Blatt 24: »So hörten die Päpste nicht auf, bald religiöser Interessen, bald ihres eigenen Ehrgeizes wegen, immer wieder Fremde ins Land zu rufen und neue Kriege zu veranlassen; kaum hatten sie einen Fürsten mächtig gemacht, so bereuten sie's und suchten ihn zu stürzen, und wollten nicht, daß die Länder, welche zu besitzen eigene Schwäche ihnen unmöglich

machte, von andern besessen würden. Die Fürsten ihrerseits fürchteten sie, weil sie immer siegten, kämpfend oder fliehend, wenn sie nicht durch irgendeine List unterdrückt wurden, wie Bonifaz VIII.[14] und einige andere, welche unter dem Scheine der Freundschaft von den Kaisern gefangengenommen wurden.«[15] *Entfernen.* – »Ein kühner und ehrgeiziger Mann.«[16] *Entfernen.* – »Er war der erste Papst, welcher persönlichen Ehrgeiz offen an den Tag legte, und unter dem Scheine, die Kirche groß machen zu wollen, die Seinen zu erhöhen und zu bereichern trachtete. Und wie vor dieser Zeit nie von Nepoten und Verwandten eines Papstes die Rede gewesen, so wird von nun an die Geschichte voll davon; und wie bis zu unsern Tagen die Päpste getrachtet, die Ihrigen als Fürsten zu hinterlassen, so bleibt ihnen nichts anderes mehr zu versuchen, als ihnen das Papsttum erblich zu übertragen. Freilich ist wahr, daß bis jetzt die von den Päpsten gestifteten Fürstentümer nur kurze Dauer gehabt haben, denn in den meisten Fällen kommen Päpste, ihres kurzen Lebens wegen, nicht mit dem Pflanzen zustande oder, wenn dies ihnen gelungen, lassen sie die Gewächse mit so geringen und schwachen Wurzeln, daß der erste Wind sie umwirft, sobald die sie stützende Kraft geschwunden ist.«[17] *Entfernen.*

11. Blatt 25: »Der Himmel, welcher wußte, daß die Zeit kommen mußte, wo Franzosen und Deutsche Italien verlassen und das Land in Händen seiner eigenen Bewohner bleiben würde, ließ in Rom zwei mächtige Familien wachsen, die Colonna und die Orsini, auf daß durch deren Macht und Nähe das Papsttum kraftlos bliebe und die Päpste, auch nachdem fremde Hindernisse aus dem Wege geräumt sein würden, ihre Macht weder befestigen noch genießen könnten. Papst Bonifaz, der dies gewahrte, bemühte sich also, die Colonnesen zu vernichten; er tat sie in den Bann und ließ das Kreuz gegen sie predigen. Tat er ihnen damit wehe, so schadete er doch der Kirche noch mehr. Denn die Waffen, welche im Dienste des Glaubens siegreich gewesen, begannen stumpf zu werden, als sie aus Ehrgeiz gegen Christen gewandt wurden. So entriß das zu große Verlangen der

Päpste, ihre Pläne durchzusetzen, allmählich die Waffen ihren Händen.«[18] *Entfernen und wie folgt wiedergeben:* »*Zu dieser Zeit erwuchsen in Rom zwei mächtige Familien, die Colonna und Orsini, an denen der Papst zu Recht zweifelte. So bemühte er sich also, die Colonnesen zu vernichten; er tat sie in den wohlverdienten Bann und ließ das Kreuz gegen sie predigen*« ...

15. Blatt 30: »[Dann überwarf er sich mit dem Könige], weil dieser einen seiner Neffen nicht zum Fürsten von Capua machen wollte.«[19] *Entfernen.* – »... [und ernannte,] um seine Partei zu verstärken, [neunundzwanzig Kardinäle].«[20] *Entfernen.*

16. Blatt 31: » ... [verordnete er] zu größerem Vorteil der Kirche [, daß jedesmal bei der Vakanz von Benefizien* der päpstlichen Kammer eine Annate gezahlt werden sollte].«[21] *Entfernen ...*

21. Drittes Buch, Blatt 72: »... und ›die Heiligen‹ genannt wurden, obgleich sie das päpstliche Interdikt wenig geachtet, die Kirchen ihrer Güter beraubt, den Klerus zum Messelesen genötigt hatten. Um so viel höher schlugen jene Bürger das Wohl des Vaterlandes an als ihr eigenes Seelenheil, und zeigten der Kirche, daß die Florentiner, wie sie als Freunde sie geschützt, als Gegner sie bedrängen konnten, denn ...«[22] *Entfernen.*

22. Blatt 77: ... »Das Gewissen muß uns nicht viel zu schaffen machen: denn wer, wie wir, vor Hunger und Kerker sich fürchtet, muß und kann um die Hölle wenig sich kümmern.«[23] *Entfernen.*

23. Blatt 78: ... »Wer aus Mangel an Klugheit oder wegen zu vieler Bedenken einen solchen Weg nicht einschlagen will, vergeht in Dienstbarkeit und Armut: denn die treuen Knechte bleiben immer Knechte, die ehrlichen Leute bleiben immer arm, und nur die untreuen und frechen streifen die Knechtschaft ab, nur die unehrlichen und raubsüchtigen die Lumpen. Gott und die Natur haben die Glücksgüter mitten unter die Leute hingestellt: mehr dem Raube ausgesetzt denn dem Fleiße, mehr schlimmen als guten Künsten. Daher kommt es, daß die Men-

schen einander aufzehren und dem Schwächern stets das traurigste Los beschieden ist.«[24] *Entfernen ...*

26. Fünftes Buch, Blatt 116: »So in stetem Wechsel [geht es abwärts zum Bösen, aufwärts zum Guten].«[25] *Verbessern zu: »So [geht es] oft ...«*

27. Blatt 118: »... obgleich der Graf, bei der Besetzung, zum Schaden Spott gefügt, indem er bei Bezeichnung des Ortes, von wo er seinen Beamten schrieb, der Sitte gemäß in lateinischer Sprache hinzufügte: ›Aus unserem Horst zu Fermo, Petrus und Paulus zum Trotz‹.«[26] *Entfernen.*

28. Blatt 128: »... wie ... die Unterwerfung unter den Papst unangenehm war ...«[27] *Hier hinzufügen: »Sie wollten, ja: sie mußten es, da es nur einen Glauben gibt und das Oberhaupt der Kirche der römische Papst ist, Vikar Christi und Nachfolger des Heiligen Petrus.«*

29. Sechstes Buch, Blatt 144: »All dies war Folge der Unordnung, womit Krieg geführt wurde. Denn da man den besiegten Feinden nur ihre Habe nahm und sie weder gefangenhielt noch tötete, so wurde von diesen ein neuer Angriff auf den Sieger nur so lange verschoben, bis es ihren Führern gelungen, sie mit neuen Pferden und Waffen zu versehen.«[28] *Entfernen ...*

31. Blatt 154: »Nicht hielt ihn zurück die Besorgnis oder Scheu, sein Wort zu brechen: denn große Männer nennen Schande das Verlieren, nicht aber den Gewinn durch Trug.«[29] *Entfernen.*

32. Blatt 157: »... der Schlechten Freund.«[30] *Korrigieren zu: »Stütze«.*

33. Blatt 163: »Die ausschweifende Lebensweise der Geistlichkeit ...«[31] *Entfernen.* – »Ihm flößten Hoffnung ein ... vor allem jene Verse Petrarcas[32] in der Kanzone *O schöner Geist, der diese Glieder lenkt*[33], wo es heißt: ›Im Kapitol such' einen Herrn, Kanzone, / Den ganz Italien ehrt' aus einem Munde, / Der mehr an andre denkt, als an sich selber.‹ Messer Stefano[34] wußte, daß oft ein göttlicher und prophetischer Geist die Dichter erfüllt: Er dachte, Petrarcas Vorhersagung müsse eintreffen,

und er sei der zur Ausführung des glorreichen Unternehmens Bestimmte, da es ihm schien, er überträfe alle andern Römer an Beredtsamkeit, Geist, Lebensart und Freunden.«[35] *Entfernen ...*

38. Blatt 187: »[Er war der erste Papst, der zu zeigen begann, wieviel ein Papst vermöge,] und wie eine Menge Dinge, die man vorher Irrtümer nannte, durch die päpstliche Autorität verdeckt werden konnten.«[36] *Entfernen ...*

41. Achtes Buch, Blatt 205: »Und da der Papst[37] sich als Wolf und nicht als Hirte gezeigt, so suchten sie, um nicht als Schuldige verschlungen zu werden, auf alle mögliche Weise ihre Anklage zu rechtfertigen, erfüllten ganz Italien mit der Kunde von dem gegen die Republik gerichteten Verrat, zeigten des Papstes böse und ungerechte Gesinnung und wie er das Pontifikat, zu welchem er auf schlimmem Wege gelangt, übel verwalte, indem er die, welche er zu den ersten geistlichen Würden erhoben, in Gemeinschaft von Verrätern und Mördern aussende, solche Missetaten in den Kirchen zu begehen, mitten im Gottesdienst, bei der Feier des heiligen Sakraments. Nachdem ihm nun nicht gelungen, die Bürger zu morden, die Verfassung umzustoßen, die Stadt auf seine Weise zu plündern: so belege er sie mit dem Interdikt, bedrohe und beeinträchtige sie durch päpstlichen Fluch. Wenn aber Gott gerecht, wenn Gewalttätigkeit ihm mißfällig, so müsse auch die seines Statthalters ihm mißfallen und er es erlauben, daß Verfolgte, welche bei jenem keinen Schutz finden, zu *seinem* Schutz ihre Zuflucht nehmen. Statt nun das Interdikt ruhig hinzunehmen und ihm sich zu fügen, nötigten die Florentiner die Priester den Gottesdienst zu versehen.«[38] *Entfernen.*

42. Blatt 213: »So halten Gewalt und Notwendigkeit, nicht Verschreibungen und Verpflichtungen, die Fürsten an, ihrem Wort nachzukommen.«[39] *Entfernen.*

5. Juden und Christen zensieren gemeinsam den Talmud

Der Talmud besteht aus der Mischna, einer Kodifizierung des jüdischen Gesetzes aus dem 2. Jahrhundert nach Christus, und der Gemara (»Ergänzung«), einem umfangreichen rabbinischen Kommentar zu den einzelnen Abschnitten der Mischna. Dieses Kommentarwerk liegt in zwei voneinander unabhängigen Fassungen vor, einer »babylonischen« und einer »palästinensischen«. Es ist eine Sammlung von Meinungsäußerungen, erzählenden Texten und Auseinandersetzungen bedeutender Rabbiner mit den Fragen der Schrift und des Gesetzes. In den folgenden Dokumenten verwenden die Zensoren den Terminus »Talmud« ausschließlich für die Gemara.[1]

Verbote des Talmuds seitens der katholischen Kirche gab es schon im Mittelalter; seit dem 13. Jahrhundert beobachtete das Heilige Offizium* die Juden, und zwischen 1242 und 1244 fanden große Talmud-Verbrennungen in Paris statt. Auch im Rom der Gegenreformation* wurde in dieser Frage eine harte Linie vertreten, von der Talmud-Verbrennung 1553 auf dem Campo de' Fiori unter Julius III. (1550–1555) bis zur eindeutig ablehnenden Haltung Pauls IV. (1555–1559), Pius' V. (1566–1572) und Gregors XIII. (1572–1585). Lediglich während des Konzils von Trient* zeigte man sich scheinbar nachgiebig und beschloß, daß die Juden den Talmud in expurgierter* Form wieder lesen durften. Erst unter Sixtus V. (1585–1590) jedoch wurde das Vorhaben Expurgation in Angriff genommen, nach dem Tod Sixtus' unter Klemens VIII. dann wieder fallengelassen. Statt dessen kehrte man zur alten Linie zurück.

I. Zensur und Verbot des Talmuds vor 1585[2]

Erste Hinweise auf Pläne, den Talmud unter der Aufsicht der katholischen Kirche überarbeiten zu lassen und in expurgierter* Form wieder herauszugeben, finden sich im Jahr 1518. In einer Bittschrift an Sixtus V. wird ein Breve* erwähnt, das Papst Leo X. den Juden überreicht haben sollte (mit Datum vom 13. 4. 1518) und das die Möglichkeit einer freien Benutzung des Talmuds in expurgierter Form andeutete.[3] Was in der ausgehenden Renaissance noch möglich schien, rückte in der zweiten Hälfte des 16. Jahrhunderts in weite Ferne. 1553 beschäftigte sich die Inquisition* mit dem Talmud; ein bisher unbekanntes Dokument aus dem 18. Jahrhundert, verfaßt von Luigi Nicola Ridolfi[4], berichtet davon.

A

ACDF, *Indice*, *Protocolli* 1731–34, Fol. 43^{r}ff.

Infolge des erlassenen Verbots wurde der Talmud auf den Römischen Index gesetzt, der von der Römischen Inquisition* noch vor dem Tridentinischen Index im Jahr 1559[5] veröffentlicht wurde, und zwar mit folgenden Worten: »Der Talmud der Juden und alle seine Glossen, Anmerkungen, Interpretationen und Auslegungen.« Dieses Verbot, das das Heilige Offizium* mit seinem Dekret* vom 12. August 1553 erlassen hatte, befahl, daß alle Bücher des Talmuds gesammelt und verbrannt werden sollten.[6]

Dies ist die Ausgangslage in Sachen Talmud vor der letzten Sitzung des Konzils von Trient* (1545–1563). Selbstredend nicht einverstanden mit dem neuerlichen strengen Verbot, wenden sich die Juden wiederum mit einer Bittschrift an den in Rom wohnenden portugiesischen Theologen Francesco Foreiro,[7] der dies schriftlich festhält:

B

ACDF, *Indice*, *Protocolli* I, Fol. 131^r.

Ich, Frater Franciscus Forerius, Sekretär der Deputation des Index der [verbotenen] Bücher beim Konzil von Trient,* versichere, daß von den hocherlauchten Gesandten eine gewisse Petition der Juden bei seiner Heiligkeit eingereicht worden ist, in der sie darum bitten, daß jemandem die Expurgation* des Talmuds übertragen wird, damit sie ihn – in expurgierter Form – wieder ihrer Lebensart entsprechend nutzen können.

Ich bestätige auch, einen Brief des Kardinals Borromeo[8] gesehen zu haben, welchen dieser zusammen mit der Petition an die hocherlauchten Gesandten zurückgeschickt hat. Dieser Brief enthielt folgende Worte:

»Ich schicke den hocherlauchten Herren beiliegend die Petition, die die Juden selbst eingereicht haben, um eine Restitution des Talmuds zu erreichen, und zwar mit einer eigenhändig verfaßten Anmerkung des ehrwürdigen Monsignore* Alessandr[in]o[9], nach der es dem Heiligen Vater[10] scheint, daß sie – die Juden – [das Problem] selbst lösen sollen.

Ihr ergebenster Diener,
Kardinal Borromeo«

Der Wortlaut jener Anmerkung, von der der hocherlauchte Herr spricht, ist folgender (ich habe dies am Ende besagter Petition gelesen und werde es zusammen mit weiterem Material, das auch den Index betrifft, in Rom abliefern):

»Die Schriften der Juden können – ausgenommen diejenigen Heiligen Schriften, die die Christen ehrfurchtsvoll behandeln – nach dem heiligen ökumenischen Konzil nicht von ihren Irrtümern gesäubert werden, welche sie stets aufweisen, selbst wenn sie expurgiert* sind (es sei denn, man nähme dazu Feuer). Denn sie zu expurgieren hieße, den verbleibenden Rest zu akzeptieren, was nichts anderes wäre, als ihre Perfidie von vornherein zu billigen. Sie sollen selbst sie zensieren, ... die sie so oft vom Heiligen Stuhl* in Rom verworfen und verdammt worden sind, und sie sollen sich vor Unrecht und Verleumdung gegenüber der christlichen Religion hüten ...«

Ich versichere, daß sich diese Dinge so verhalten, und bekräftige dies mit meinem Namen und Siegel.

Trient, den 2. Dezember 1563.

Fr. Franciscus Forerius

Im Tridentinischen Index der verbotenen Bücher von 1564 findet sich schließlich folgender Eintrag zum Talmud: »Der Talmud der Juden und alle seine Glossen, Anmerkungen, Deutungen und Auslegungen. Wenn diese Bücher jedoch ohne den Namen ›Talmud‹ und ohne Unrecht und Schmähungen gegen die christliche Religion erscheinen, werden sie toleriert.«[11] Im Archiv der Glaubenskongregation* gibt es für die Jahre zwischen dem Tridentinum und dem Pontifikat Sixtus' V. nur wenige Dokumente zu Zensur, Verbot und Verbrennung der Bücher der Juden in verschiedenen Städten Italiens, die jedoch von einem rigiden Umgang mit den hebräischen Schriften – noch bis ins Jahr 1585 hinein, in dem Felice Peretti als Papst Sixtus V. den Heiligen Stuhl* bestieg – künden.

C

ACDF, Indice, Protocolli Z, Fol. 554^r–561^v.

Auszüge aus den *Dekreten** des Heiligen Offiziums*

Freitag, den 21. Mai 1574

In derselben Generalsitzung* der Kongregation* – in Anwesenheit des Heiligen Vaters,[12] der Hocherlauchten und Ehrwürdigen Herren Kardinäle und Generalinquisitoren* und des Magisters Pater Fr. Eusebius vom Servitenorden* – wurde dessen Bittschrift verlesen, und die genannten Herren beschlossen, daß alle Bücher der Juden von Bologna verbrannt werden sollen, in denen sich Blasphemien finden, ganz gleich, ob sie gestrichen oder ausradiert sind, und ebenso alle Gebetbücher, die derartige Dinge enthalten.

Donnerstag, den 18. September 1574

In der Generalsitzung der Kongregation – in Anwesenheit des Heiligen Vaters, der Hocherlauchten und Ehrwürdigen Herren Kardinäle und des Inquisitors* von Ferrara – wurde dessen Brief verlesen. Nachdem man diesen angehört hatte, wies unser Heiliger Vater den Hocherlauchten und Ehrwürdigen Kardinal von Pisa[13] an, dem Hocherlauchten und Ehrwürdigen Herzog von Ferrara[14] – und auch dem Inquisitor – schriftlich mitzuteilen, daß sie Bücher von Ketzern*[15] weder expurgieren* noch ihnen die Druckerlaubnis erteilen, sondern sie verbrennen sollen. Nichts als die Bibel soll jenen bleiben.

Mittwoch, den 13. März 1585

In der Generalsitzung der Kongregation, abgehalten im Hause des Hocherlauchten Herren Kardinals Savelli[16] und in Anwesenheit der Hocherlauchten Kardinäle, wurde nur ein gewisses Buch namens Magazor[17] zur Diskussion gestellt (es mag sich dabei um Teile der Gottesdienste oder der Riten der Juden handeln). Es ist nicht in hebräischer, sondern in spanischer (oder portugiesischer Sprache) gedruckt, und zwar von Juden und judaizierenden* Marranen[18], die die hebräische Sprache öffentlich und ungestraft verbreiten zum Nutzen des Marranismus und zum Schaden der Seelen. Die Hocherlauchten und Ehrwürdigen Herren Kardinäle und Generalinquisitoren* beschlossen nun, um diesem großen Übel unserer Tage abzuhelfen, daß sämtliche Bücher des Magazor und auch andere Bücher der Juden, die die Gottesdienste und Riten behandeln, weder auf Spanisch noch auf Portugiesisch, Französisch oder Italienisch noch in irgendeiner anderen Sprache außer dem Hebräischen geschrieben oder gelesen oder überhaupt besessen werden können oder dürfen (ganz gleich, ob es sich um handgeschriebene oder gedruckte Exemplare handelt). Statt dessen seien sie mit Nachdruck zu verbieten und auf den Index der verbotenen Bücher* zu setzen, und zwar in die zweite Klasse*...

II. Das Expurgationsprojekt Sixtus' V.

Mit der Wahl Felice Perettis zum Papst im Jahre 1585 verbanden die Juden große Hoffnungen auf eine entgegenkommendere Haltung der katholischen Kirche in der Frage des Talmuds. Und in der Tat veranlaßte Sixtus V. gegen Mitte seines Pontifikats (1585–1590) eine neuerliche Auseinandersetzung mit dem Talmud und anderen Büchern der Juden, diesmal in der Absicht, das Unternehmen Expurgation* tatsächlich anzugehen. Die Juden wurden hinzugezogen, da die katholischen Zensoren nicht über die sprachliche Kompetenz zum Verständnis des Talmuds verfügten.

Von der eigentlichen Zensur des Talmuds sind zwei Dokumente überliefert: eine kurze anonyme Beschreibung des Werks (H) und eine ausführliche »diagnostische« Zensur, die von katholischen und jüdischen Mitarbeitern erstellt wurde (I).[19]

D

ACDF, Indice, Diarii I, Fol. 33ᵛ–34ᵛ.

11. Juli 1588

Kongregationssitzung* bei Kardinal Colonna[20] in Anwesenheit der Kardinäle della Rovere,[21] Allen[22] und Borromeo ... Für die Revision des Talmuds wurden auf spezielle Anordnung des Heiligen Vaters folgende Personen berufen:

Abbas Adriano Cipriani, Abbas von S. Prassede[23]; Alessandro Francesco, Dominikaner*[24]; Giovanbattista di Piombino, Augustiner*[25]; Guglielmo, Neophyt*, Augustiner; Giovanbattista, Römer, Jesuit*; Don Antonio Agelli, Regularkleriker*; Doktor Valverde, Spanier[26]; Pierre Morin, Franzose[27]; Giovanni Paolo Eustachio; Simon Petrus, Neophyt.

E

ACDF, Indice, Diarii I, Fol. 34ᵛ.

29. Juli 1588

Kongregationssitzung bei Kardinal della Rovere in Anwesenheit von Allen und Borromeo ... Präsentation von Bittschriften der Gemeinde der Juden zugunsten einer Expurgation* des Talmuds.

F

ACDF, Indice, Protocolli I, Fol. 100ʳ.

Heiliger Vater!

Seit vielen Tagen erbitten wir flehentlich von Eurer Heiligkeit im Namen unserer Gemeinde die Restitution unseres Talmuds in einer dem Index gemäßen verbesserten Form, wobei Sie gnädigst geruhten, den Hocherlauchten und Ehrwürdigen Herren

Kardinälen der Indexkongregation* unsere Denkschrift zu überreichen, die darüber oft in der Kongregation* verhandelt, uns auch persönlich angehört und uns den Gefallen erwiesen haben, den Talmud in expurgierter* Form freizugeben, indem sie die Männer beriefen, die an der Expurgation teilnehmen sollten. Ebenfalls wurde darüber ja ein *Breve** verabschiedet, das Ihnen persönlich übergeben wurde, wo es sich noch befindet, durchgesehen und verbessert in Eurem Auftrag.

Dies alles möchten wir betonen, da wir uns wünschen, daß man mit der Verbesserungsarbeit beginnt, mit der schon vor langer Zeit Männer beauftragt worden sind. Wir bitten Eure Heiligkeit demütigst darum, gnadenvoll zu geruhen, sich unserem *Breve* gewogen zu zeigen, daß wir Euch geschickt und das Ihr mit der höchsten Gnade Eurer äußersten Güte angenommen habt. Gott unser Herr möge Sie lange in glücklichstem Zustande bewahren.

G

ACDF, *Indice*, *Protocolli* I, Fol. 97[r].

Heiliger Vater!

Eure Heiligkeit geruhte, den Juden, Euren niedrigsten Dienern, Gnade zu erweisen und den Talmud zurückzugeben, und zwar – gemäß dem Dekret* vom Heiligen Konzil von Trient* – ohne Titel und gereinigt von den Blasphemien und Beleidigungen, die sich darin gegen die christliche Religion fanden. Weiterhin geruhte sie anzuordnen, daß die Hocherlauchte und Ehrwürdige Indexkongregation die Verbesserung in der Weise anberaumen soll, wie sie Eure Heiligkeit in einem *Breve** zu Druck und Benutzung des Talmuds festgelegt hat; ebendiese Kongregation hat befohlen, daß die Expurgatoren diese Expurgation ausführen sollen.

Nun läßt besagte Hocherlauchte und Ehrwürdige Kongregation, von wem auch immer dazu bewegt, verlauten, daß neben den Blasphemien noch viele andere Dinge zu entfernen sind. So aber schmilzt der Talmud zusammen wie ein Haufen Schnee in der Sonne, was in unseren Augen völlig unangebracht ist. Deshalb bitten wir Sie flehentlich in völliger Untergebenheit und auf Knien vor Euren heiligen Füßen, daß es genug sein soll, die Blasphemien und Beleidigungen gegen die christliche Religion zu entfernen, gemäß der Dekrete* des Heiligen Konzils von Trient*, Eurer Heiligkeit und Eurer Hocherlauchten und Ehrwürdigen Herren Kardinäle. Dies alles werden wir erlangen durch die große und einzigartige Gnade Eurer Heiligkeit, die Gott unser ehrenvoller Herr auf immer in höchstem Glück und einem langen Leben erhalten soll, wie es sein heiliger Wille ist.

Die Gemeinde der Juden,
Untertänigste Diener Eurer Heiligkeit

H

ACDF, *Indice*, *Protocolli* I, Fol. 149^{r}.

... Das gesamte Werk ist aufgeteilt in sechs Bände,[28] die sich mit der Auslegung des Rechts befassen und die die Form lehren, nach der die Vorschriften des Rechts zu befolgen sind. Dann gibt es noch eine gewisse ... Lehre, die sich *Mischna* nennt. Gesammelt und aufgeschrieben wurde alles seinerzeit aus den Ansichten zahlreicher Männer von einst und in eins geordnet von einem gewissen Rabbiner zur Zeit des Kaisers Antoninus.[29] Danach wurde dieses Werk vollendet, das man Talmud nennt. Es gibt eine Einleitung zu jenem ersten Band, sowohl mit Darstellungen als auch mit Erörterungen, die betreffs dieses Werks auftreten konnten. Dabei handelt es sich ebenfalls um eine Art Sammlung von Meinungen; sie wurde in Babylon in den Jahren nach der Vollendung der *Mischna* zusammengestellt.

Die Hauptbände, sechs an der Zahl, sind so unterteilt, daß

ein jeder von ihnen aus mehreren Abhandlungen besteht. Nur in vier von diesen Bänden wurde Talmud zusammengetragen und zusammengestellt, von dem allein hier die Rede ist.[30] Der erste Band heißt *»Saaten«*[31] und enthält zehn Abhandlungen; nur zu einer einzigen davon gibt es Talmud; diese heißt *»Segnungen«*. Der zweite Band heißt *»Feste«*[32] und enthält zwölf Abhandlungen; in elf davon findet sich Talmud. Der dritte Band heißt *»Frauen«*.[33] Das heißt: Es geht um Verlobungen, Ehescheidungen und ähnliches; er enthält sieben Abhandlungen, und zu allen ist Talmud zusammengetragen worden. Der vierte heißt *»Schädigungen«*[34] und enthält acht Abhandlungen; zu allen findet sich Talmud. Der fünfte Band ist derjenige, der *»Heiligkeiten«*[35] heißt, und enthält elf Abhandlungen; nur in acht davon findet sich Talmud. Der sechste wird *»Reinigungen«*[36] genannt. Er enthält zwölf Abhandlungen; nur zu einer davon (sie wird *»Menstruation«* genannt) gibt es Talmud. So gibt es also insgesamt 36 Abhandlungen, die Talmud enthalten, und 24, bei denen es sich ausschließlich um Mischna handelt und über die hier nicht verhandelt wird.

I

ACDF, *Indice*, *Protocolli* I, Fol. 150r–153v.

An den Hocherlauchten und Ehrwürdigen Kardinal della Rovere.

Für eine Expurgation* des Talmuds: Die Traktate *Über den Sabbath*[37] und *Über das Feiern des Sabbaths und der Feste.*[38] Anmerkungen von Adriano Cipriani, Magister Frater Alessandro[39], Giovanni Paulo Eustachio und Angelo Vittorio, gesammelt und zusammengestellt in Zusammenarbeit mit Magister Lazarus [von Viterbo], Jude.

Was aus dem Talmud im Traktat Über den Sabbath *zu entfernen ist*

Immer wieder erscheinen im Talmud die Begriffe »Heiden«, »Gestürzter«, »Götzendienst«, »Reich der Gottlosigkeit« und »Rom«, da sie [die Juden] fast immer nur solche Worte für die Christen zu verwenden pflegen. Deshalb muß man diese Begriffe entweder ganz entfernen oder aber deutlich kennzeichnen. Wenn sie nämlich das Wort »Heiden« für all diejenigen verwenden, die keine Juden sind, werden die Christen automatisch mit eingeschlossen. Sagen sie aber »Gestürzter«, so ist ein solcher gemeint, der vom Judentum entweder zur Wahrheit des christlichen Glaubens »abgefallen« ist oder sich irgendeiner anderen »Sekte« angeschlossen hat. Mit dem »Reich der Gottlosigkeit« bzw. »Rom« ist, so sagen die Juden heute, das alte römische Reich mit seiner Götzenverehrung gemeint, doch die Wahrheit ist, daß sie keinen Unterschied machen zwischen unserem heutigen Reich der Päpste und dem Reich der damaligen römischen Götzen. Somit wird es vonnöten sein, solche Begriffe auch hier deutlich zu kennzeichnen oder gleich gänzlich zu entfernen.

– Jede Stadt, deren Dächer höher emporragen als die der Synagoge, wird schließlich zerstört werden.[40]

– Besser ist es, einem Ischmaeliten unterworfen zu sein, als einem Edomiten,[41] so Rabbi Salamon. Die Edomiten sind die Heiden, die gottloser sind.

– Wir dürfen Gott nicht in der Sprache der Aramäer anbeten, da die dienenden Engel diese nicht beherrschen und deshalb nicht in der Lage sind, Gott derartige Gebete zu übermitteln[42] – mit Ausnahme von Gabriel, der jene Sprache beherrscht, wie im Traktat *Sotah* angedeutet wird: Dort kommt Gabriel zu Joseph und lehrt ihn siebzig Sprachen.[43]

– So wie der Stich eines Dorns im Fleisch des lebenden Menschen unangenehm ist, so ist der Wurm im Fleisch des gestorbenen Menschen ebenfalls lästig, wie es bei Hiob (Kap. 14, 22) heißt.[44] Tatsächlich leidet das Fleisch des Menschen Schmerzen über das Leben hinaus …

– Das Göttliche ruht nicht ... bei der Traurigkeit, sondern bei der Freude und Ausgelassenheit, wie es steht in II Könige 3, 15: Holt mir einen Saitenspieler![45] ...

– Das Göttliche hält sich nur in Menschen auf, die weise, reich, stark und von hochgewachsener Statur sind ...[46]

– ... Jesus wird der Sohn des Stada genannt;[47] [es wird gesagt,] er sei kein Nazarener, da er zur Zeit des Pappos ben Juda, eines Zeitgenossen des Rabbi Akiba, gelebt habe, wie es im letzten Kapitel vom Traktat *Berakoth* belegt wird.[48] Und Jesus lebte zur Zeit Josue, Sohn des Perachia: man siehe das letzte Kapitel vom Traktat *Sotah*, wo es heißt, daß Josua, Sohn des Perachia, Jesus mit beiden Händen weggestoßen habe;[49] Josua jedoch, Sohn des Perachia, war dem Rabbi Akiba lange Zeit vorausgegangen .... Dieser [das heißt Jesus] wird Sohn des Seteda und Sohn des Pantira genannt, und er wird sogar mit dem Namen des Geliebten der Mutter bezeichnet, obgleich er doch aus keiner Ehe hervorging.[50]

– Bücher von Ketzern* müssen verbrannt werden ... Bücher von Ketzern aber sind diejenigen derer, die in die Götzenverehrung abgefallen sind ... und andere »heilige« Bücher in assyrischen Buchstaben aber dennoch der heiligen Sprache.[51] Rabbi Tarphon sagt: Gelangten solche Bücher in meine Hände, so würde ich sie gewiß verbrennen, und mit ihnen sicher auch die Worte für Gott, die darin geschrieben stehen. Und wenn mich jemand verfolgte in der Absicht, mich zu töten, so rettete ich mich eher in ein Haus der Götzenverehrung als in eines, das von derart Gestürzten bewohnt wird. Denn letztere erkennen Gott und leugnen ihn doch; jene aber leugnen ihn, da sie ihn nicht erkennen. Rabbi Ischmael argumentiert *a fortiori* und sagt: Wenn der Name Gottes ausgelöscht wird, damit der Haß oder die Eifersucht zwischen Eheleuten beseitigt wird,[52] um wieviel wichtiger ist es dann, daß der Name Gottes aus den Büchern besagter Ketzer* entfernt wird, die den Haß zwischen Israel und dessen Vater im Himmel bringen, so wie ja auch David sagt: *Die Dich hassen, Herr, die werde auch ich hassen.* [Psalm 139,21] Und so wie man sie nicht vor der Zerstörung durch das Feuer bewahren muß, muß man sie auch nicht vor all jenen Dingen schützen, die solche Bücher zerstören können, wie etwa das Wasser.[53]

– Rabbi Joseph ben Chanin fragte Rabbi Abihu wegen der Bücher der Verdammnis ...[54] Bei diesen Büchern handelt es sich um solche, die ... die Geschorenen verfaßt haben, um gegen Israel zu argumentieren ...

– Der Sabbath muß gepflegt werden, und zwar mit Weinrausch, großen Fischen und viel Knoblauch ...[55]

– [Rabbi Salomon] stellt die Regel auf, daß man, damit männliche Nachkommen gezeugt werden, zweimal kurz nacheinander mit einer Frau schlafen müsse ...[56]

– Als jener Gottlose[57] jenen Gerechten[58] vergewaltigen wollte, geschah es, daß sein Geschlecht zu einer Länge von 300 Ellen [anschwoll] ...[59]

– Wer allein schläft, wird von Lilith gefangen.[60]

Ende der Abhandlung *Über den Sabbath*

Traktat Eruvin (Über Feste)

– Während jener ganzen Zeit, als sich Adam, der erste Mensch, in der Exkommunikation oder der Verbannung befand, gebar sein Geist Hexen und Dämonen, so sagt man auch: Und Adam lebte 130 Jahre und zeugte nach seiner Art und seinem Ebenbild.[61] Das heißt also, daß er bis dahin nicht nach seiner Art und seinem Ebenbild zeugte, also hatte sein Geist Hexen und Dämonen hervorgebracht.[62]

– Mein Sohn, mach, daß du die Worte der Weisen und Gelehrten höher schätzest und sie bei dir von größerer Bedeutung sind als die Worte des Gesetzes des Moses. Jeder nämlich, der die Worte der Weisen und Gelehrten mißachtet, ist zum Tode angeklagt, und jeder, der die Worte der Weisen verlacht, ist dazu verdammt, in kochenden Mist getaucht zu werden.[63] (*Randnotiz*: Im Traktat *Gittin* der Ordnung *Nezikin* behaupten sie dies über Jesus: daß er dazu verdammt ist, in kochenden Mist getaucht zu werden).[64]

– Die Söhne Aarons starben, weil sie vor den Augen des Moses die Funktion eines [Rechts-]Gelehrten ausübten.[65]

– Josua wurde bestraft, weil er Israel eine ganze Nacht lang davon abhielt, Kinder zu zeugen.[66]

– Die Brandopfer der Sünder in Israel müssen angenommen werden, damit sie zur Reue umkehren. Diejenigen der Abgefallenen jedoch niemals.[67]

– Wer männliche Nachkommen zeugen will, soll immer und immer wieder in ein und derselben Nacht mit Frauen schlafen, die dafür von Männern Tribut verlangen, und sie werden Söhne gebären, wie es sie nicht einmal zu Moses Zeiten gab.[68]

– Frauen bedeuten dreierlei: Ihnen wachsen die Haare so wie bei Hexen, sie pissen wie die Tiere, und sie sind die Sänfte des Mannes.[69] Sie pißt wie eine Mauleselin und wird zur Sänfte ihrer Liebhaber, wenn ihr Fleisch sich miteinander vermischt.[70]

Ende des Traktats *Über Feste*.

Im Spätwinter des Jahres 1590 faßte man den Beschluß, den Talmud ins Italienische zu übersetzen, um so den Kardinälen und Konsultoren*, die des Hebräischen nicht mächtig waren, die Möglichkeit zu geben, selbst die notwendigen Verbesserungen vorzunehmen und die Kontrolle über den Fortgang des Projekts zu erhalten. Von seiten der Juden erhob sich jedoch Protest gegen diese Pläne, wie das folgende Gutachten zeigt. Doch ihr Widerstand vermochte die Indexkongregation* nicht von ihrem Vorhaben abzubringen (siehe K).

J

ACDF, *Indice*, *Protocolli* I, Fol. 101^r.

Heiliger Vater!

Zuletzt geruhte Eure Heiligkeit, dem Volk der Juden Gnade zu erweisen und ihm den Talmud in expurgierter* Form und ohne Titel zuzulassen (gemäß dem Dekret* vom Heiligen Konzil von Trient*), und übertrug den Fall den Hocherlauchten und Ehrwürdigen Herren Kardinälen der Indexkongregation, deren Dekret wie folgt lautet: *In der Form eines Vivae-Vocis-Oraculums* beauftragte uns der Heilige Vater damit, uns unter anderem auch der Expurgation des Talmuds der Juden – sowohl des Babylonischen als auch des Hierosolimitanischen*[71] *– zu widmen und ebenso gottesfürchtige wie gelehrte Männer auszuwählen, damit sie sich dieser Arbeit annehmen und den Talmud so expurgieren, wie es der Tridentinische Index vorsieht.* Zu diesem Zweck wählten sie also die gottesfürchtigen und gelehrten Männer aus (Theologen und solche, die des Hebräischen mächtig sind). Diese haben mittlerweile begonnen und sind bereits ein gutes Stück vorangekommen. Nun scheint es allerdings, als hätten besagte Hocherlauchte und Ehrwürdige Herren Kardinäle ihre Ansichten geändert, da sie sagen, daß das, was Ihnen durch das genannte Dekret überantwortet sei, nämlich die Expurgation, unmöglich sei ohne Kenntnis der hebräischen Sprache, das heißt ohne eine Übersetzung, und daß sie deshalb eine solche benötigten. Wenn sie aber, wie sie sagen, von Eurer Heiligkeit keine neuerliche Anweisung erhalten, könnte es den Anschein haben, als wolle man die Expurgation* gar nicht anfertigen, denn diese Übersetzung ist nicht nur äußerst schwierig, sondern würde für ihre Vollendung ein ganzes Jahrhundert in Anspruch nehmen.

Das Volk der Juden wendet sich nun jedoch mit der flehentlichen Bitte demütig an Eure Heiligkeit, daß sie ihm die Gnade erweisen möge zu erklären, daß es nicht ihr Wille ist, daß die

Hocherlauchten Herren Kardinäle selbst die Expurgation besorgen, da dies wegen der Schwierigkeit besagter Übersetzung nahezu unmöglich ist, sondern daß sie gottesfürchtige Männer auswählen, die des Hebräischen kundig sind, welche dann im ständigen Gespräch mit den Hocherlauchten Herren Kardinälen über die wichtigen Punkte die Expurgation besorgen. Ganz also, wie es bereits angeordnet wurde und wie es das genannte Dekret* von Anfang an beabsichtigte, zumal ja auch schon die Männer ausgewählt wurden, die auf diese Weise mit der Expurgation begonnen haben. Wenn diese nun ohne jede Übersetzung fortfahren, wie sie begonnen haben, und das Unternehmen der Verbesserung wie zuvor zügig vorantreiben, dann wird die Expurgation in einer angemessenen Zeit vonstatten gehen. Das Volk der Juden aber wird sich der ihm in diesem Heiligen Pontifikat erwiesenen Gnade erfreuen ...

Das Volk der Juden

K

ACDF, *Indice*, *Diarii* I, Fol. 39[r-v].

22. Februar 1590

Kongregationssitzung* bei Kardinal Colonna in Anwesenheit aller mit Ausnahme von Borromeo. Auf Anordnung des Heiligen Vaters wurde die Frage einer Expurgation des Talmuds behandelt; dazu wurden die Voten der einzelnen Mitarbeiter verlesen ... Beschlossen wurde, daß erstens der Talmud ins Italienische übertragen wird (und zwar durch christliche und hebräische Übersetzer) und daß zweitens der so übersetzte Talmud von den Zensoren den Regeln gemäß expurgiert* wird. Drittens sollen fünf Klassen* gebildet werden, wobei jeweils ein Kardinal den Vorsitz einer Klasse übernimmt. Einmal pro Woche sollen die Klassen in dieser Angelegenheit tagen.

Für die Expurgation* des Talmuds wurden folgende Personen berufen: Abbas Adriano aus dem Orden von Vallombrosa zusammen mit Kardinal Borromeo, Frater Giovanbattista di Piombino mit Kardinal Ascanio [Colonna], Antonio Agelli mit Kardinal Allen, Giovanni Paolo Neophyt* mit Kardinal della Rovere, Bartolomeo Valverde mit [Kardinal] Marcantonio Colonna.[72]

L

ACDF, Indice, Diarii I, Fol. 40^r.

26. April 1590

Kongregationssitzung* bei Kardinal Colonna in Anwesenheit aller. Verlesen wurde eine Denkschrift der Juden zugunsten einer Expurgation des Talmuds, und man beschloß wie schon einmal zuvor, daß er übersetzt werden soll, um leichter expurgiert* werden zu können.

Nachdem die Frage der Übersetzung geklärt und eine kurze Diskussion des Für und Wider einer Expurgation geführt worden war, nahm man in den letzten Monaten des Pontifikats Sixtus' V. einen neuen Anlauf, den Talmud zu verbessern. Man stellte wiederum Zensorenklassen zusammen und definierte die Regeln für deren Vorgehensweise. Kardinal Marcantonio Colonna konnte sich an dieser Arbeit leider nicht beteiligen.

M

ACDF, Indice, Protocolli I, Fol. 106^r.

Kardinal Marcantonio Colonna an Kardinal Girolamo della Rovere Zagarolo[73], den 26. Juni 1590

Ich habe Ihr Schreiben zusammen mit der Denkschrift erhalten, die die Gemeinde der Juden beim Heiligen Vater eingereicht hat, und habe das darin enthaltene dazu erlassene Dekret* zur Kenntnis genommen. Ich kann keine andere Antwort geben, als daß seine Heiligkeit das letzte Wort hat und daß das, was sie befiehlt, ohne weiteres geschehen muß. Was meine Beteiligung betrifft, so müssen Sie wissen, daß ich nicht vor Oktober in Rom sein kann, da ich meine Kur vollenden will, denn nach wie vor quält mich diese Schwierigkeit beim Urinieren. Trotzdem können Sie, Hocherlauchter Herr Kardinal, mit jenen weiteren Hocherlauchten Herren ohne mich darangehen, den Befehl Seiner Heiligkeit auszuführen. Inzwischen danke ich Ihnen herzlich ...

N

ACDF, *Indice*, *Diarii* I, Fol. 40^{v}–41^{r}.

16. Juni 1590

Kongregationssitzung* bei Kardinal della Rovere in Anwesenheit von Allen und Borromeo ... Kardinal della Rovere präsentierte eine Denkschrift der Juden zugunsten einer Expurgation* des Talmuds; man beschloß, daß man sich in den Akten des Konzils von Trient* darüber informieren wird, welche Überlegungen es waren, die damals jene Väter dazu veranlaßt haben, den Talmud in expurgierter Form zuzulassen.

O

ACDF, Indice, Diarii I, Fol. 41^{r-v}.

2. Juli 1590

Kongregationssitzung* bei Kardinal della Rovere in Anwesenheit von Allen, Ascanio [Colonna] und Borromeo. Nach erneuter Lektüre der Denkschriften der Juden wurde beschlossen, daß der Talmud ernsthaft, mit Bedacht und Schritt für Schritt expurgiert* werden soll.

P

ACDF, Indice, Diarii I, Fol. 41^{v}–42^{r}.

10. Juli 1590

Kongregationssitzung bei Kardinal della Rovere in Anwesenheit der Kardinäle Allen und Ascanio [Colonna] ... Beschlossen wurde, daß der Talmud von allem bereinigt werden soll, das in offenem Widerspruch zur Heiligen Schrift steht, und daß alle Schmähungen und Blasphemien gegenüber den Christen und der Kirche ebenso entfernt werden sollen wie alles, das sich den christlichen Glaubenssätzen widersetzt, obszön ist oder sich mit den guten Sitten nicht vereinen läßt.

Außerdem wurden Juden hinzugezogen, denen mitgeteilt wurde, welche Beschlüsse hinsichtlich des Talmuds gefaßt worden sind. Schließlich wurden die Klassen* der durch den Meister des Heiligen Palastes*[74] berufenen Zensoren bestätigt; diese wiederum wurden vorgeladen, um ihnen die bei der Expurgation* des Talmuds zu beachtenden Regeln in verbriefter Form zu überantworten. Bei den Zensorenklassen handelt es sich um folgende:

1. Klasse: Abbas Adriano Cipriani,[75] Angelo Vittorio, Lazaro di Viterbo (ein Jude).

2. Klasse*: Giovanbattista di Piombino, Tommaso di Terracina[76], Simon Petrus, Isaac di Viterbo (ein Jude).
3. Klasse: Don Antonio[77] (ein Theatiner* aus Neapel), Doktor Bartolomeo Valverde, Paulo Neophyt*, Helias Carcossius (ein Jude).

Q

ACDF, *Indice*, *Protocolli* I, Fol. 134^r.

Regeln für die Expurgation* des Talmuds

1. Er ist von allem zu bereinigen, das in offenem Widerspruch zur Heiligen Schrift steht.
2. Alle Schmähungen und Blasphemien gegen die Christen und gegen die Kirche sind zu entfernen. Ebenso alles, das sich den Glaubenssätzen der Christen widersetzt.
3. Alles Obszöne und den guten Sitten Entgegengesetzte muß entfernt werden.

Marcantonio Colonna, Bischof von Präneste
Sekret. Frater Vincenzo Bonardo, Meister des Heiligen Palastes*

R

ACDF, *Indice*, *Protocolli* I, Fol. 135^r.

Einteilung der Klassen für die Expurgation des Talmuds

1. Klasse: Adriano Cipriani
Alessandro Francesco, Dominikaner*
Giovanni Paulo Eustachio
Angelo Vittorio
Lazaro di Viterbo (Jude)

2. Klasse: Giovanbattista di Piombino
Guglielmo, Neophyt*, Eremitaner*
Pierre Morin, Franzose
Mag. Isaac di Viterbo, Jude
3. Klasse: Don Antonio aus Neapel, Theatiner*
Doktor Valverde
Simon Petrus, Neophyt
Helias Carcossius, Jude

S

ACDF, Indice, Diarii I, Fol. 40^{r-v}.

23. Juli 1590

Kongregationssitzung* im Haus des Kardinals della Rovere in Anwesenheit der Kardinäle Allen und Borromeo ... Die Juden baten demütig um eine Lockerung der Regeln für die Expurgation* des Talmuds. Man kam dem jedoch in keiner Weise nach.

T

ACDF, Indice, Diarii I, Fol. 44^{v}.

20. August 1590

Kongregationssitzung bei Kardinal della Rovere in Anwesenheit der Kardinäle Ascanio [Colonna] und Borromeo ... Zunächst rief man die zur Expurgation des Talmuds Deputierten auf und ließ die Verbesserung eines einzigen Bandes verlesen. Dann wurde beschlossen, daß dieser einer anderen Klasse* (derjenigen, in der sich Pater Piombino befindet) zur Expurgation* übergeben wird. Es soll jedoch nichts gedruckt werden, solange nicht sämtliche Bände expurgiert* worden sind. Dem Sekretär* wurde aufgetragen, einen Vermerk sämtlicher bereits expurgierter* beziehungsweise noch zu expurgierender* Bücher zu erstellen …

In *Diarii** findet sich ein Eintrag, der wenige Tage vor dem Tod Sixtus' V. geschrieben wurde und der resigniert das Scheitern des Expurgationsprojekts*, wie es in den darauffolgenden Pontifikaten geschehen sollte, vorwegnimmt.

U

ACDF, *Indice*, *Diarii* I, Fol. 42^{v}–43^{r}.

24. August 1590

Kongregationssitzung* am üblichen Ort in Anwesenheit aller … Festgestellt wurde, daß die Expurgation des Talmuds durch die überaus exakte Vorgehensweise geradezu unmöglich wird.

III. Rückkehr zur alten Strenge

Unter Sixtus' Nachfolger Klemens VIII. kommt es zu keiner Wiederaufnahme der Arbeit an der Expurgation des Talmuds. Statt dessen werden die Schriften der Juden wieder mit dem Verbot belegt und die kursierenden Exemplare konfisziert. Ein Breve* aus dem Jahr 1593 mag dies beispielhaft illustrieren.

V

ACDF, Indice, Protocolli Z, Fol. 427r.

Papst Klemens VIII.[78]

Zur fortdauernden Erinnerung.

Mit der Veröffentlichung unseres Schreibens[79] gegen die gottlosen Schriften und Bücher der Juden mit Datum vom 28. Februar im zweiten Jahr unseres Pontifikats haben wir jenen – ob sie nun in Rom, im Kirchenstaat oder in irgendeiner anderen Gegend der christlichen Welt leben – für immer untersagt, solche Schriften und Bücher zu besitzen oder aufzubewahren; unter diesen waren in besagtem Schreiben ausdrücklich unter anderem einige Bände, Schriften, Manuskripte und Bücher genannt, die unsittliche Geschichten oder Ruchlosigkeit und Blasphemie gegen Gott, seine Heiligen, die kirchlichen Orden und die christliche Religion enthalten. Auch unter dem Vorwand, daß sie expurgiert* sind, dürfen sie nicht besessen oder aufbewahrt werden; auch nicht so lange, bis sie expurgiert* werden (ohne daß sie erneut in Druck gegangen sind), und ebenfalls nicht unter geändertem Titel oder mit einer von wem auch immer erteilten Lizenz, Erlaubnis oder Duldung. Ebendiesen Juden haben wir die Pflicht auferlegt, derartige Bücher, wenn sie welche besitzen, unverzüglich innerhalb von zehn Tagen in Rom im Büro der Universalen und Heiligen Römischen Inquisition* abzugeben und ihre Unterschrift dazu zu leisten; außerhalb der Stadt gilt eine Frist von zwei Monaten – gerechnet vom Tag der Veröffentlichung jenes Schreibens ...

Nun hat uns aber die Römische Gemeinde der Juden – im Namen des ganzen jüdischen Volkes, das in der gesamten christlichen Welt lebt – demütig darauf aufmerksam gemacht, daß ebendiese Juden solche Bücher, Bände und Schriften in so kurzer Zeit nicht gemäß unserem Auftrag überarbeiten und expurgieren* können, so daß diese in derart verbesserter Form wieder zu Gebrauche stünden; ebensowenig könnten sie die anderen in diesem kurzen Zeitraum aushändigen. Darüber hinaus haben sie uns die demütige Bitte angetragen, die diesbezügliche Frist gnädigst zu verlängern. Dieser Bitte nachkommend schieben wir den angegebenen Zeitraum weiter hinaus und verlängern ihn um den gesamten Monat Mai …

6. Geistige Nahrung

Bartolomeo de Miranda, Meister des Heiligen Palastes*, widmet sich im folgenden Gutachten einem ganz besonderen Thema: dem leiblichen Wohl der Kardinäle und ihrer Bediensteten während des Konklave*. Dies ist für ihn, wie seine Erörterung zeigt, keine organisatorische Frage, sondern eine theologische. Nicht ohne Pathos präsentiert Miranda seine Überlegungen den Kardinälen (»was ich mit Gottes Hilfe aus den Heiligen Schriften entnehmen kann«), und die Strenge, die er dabei an den Tag legt, ist um nichts geringer, als wenn es darum ginge, ein ketzerisches* Buch zu verdammen. Beeindruckend ist auch sein Gedankengang: Ausgehend von päpstlichen »Bestimmungen«, die innerhalb des Heiligen Kollegs höchst umstritten waren, analysiert Miranda gewissermaßen die gesetzliche Ausgangslage und stellt fest, daß sie »Lücken« aufweist. Kein Problem: Man schlage einfach bei den Heiligen des Papstes, Hilarius und Thomas von Aquin, nach, die ohnehin darauf verweisen, daß Gesetze nicht allein buchstäblich zu verstehen sind, sondern der Interpretation bedürfen. Und diese nimmt Miranda dann vor: Aus zahlreichen, vermeintlich einschlägigen Bibelstellen und einer Schrift Gregors I. leuchtet ihm die Wahrheit auf: Kardinälen steht auf dem Konklave* nur eine einzige maßvolle Mahlzeit zu, die sich noch dazu nicht von derjenigen der Bediensteten zu unterscheiden hat. Und wehe dem, der sich durchs Fenster weitere Verpflegung reichen läßt.

Bartolomeo de Miranda

Bekannt ist nur das Todesdatum: 1597. Wie fast alle Träger des Amtes des Meisters des Heiligen Palastes* gehörte Bartolomeo de Miranda dem Dominikanerorden* an. Als Konsultor* arbeitete er für die Indexkongregation* ab 1587 und war am Prozeß gegen Giordano Bruno 1596/97 beteiligt.[1]

Die Fragestellung

ACDF, Indice, Protocolli P, Fol. 144r–146v.

1. Angesichts der bestehenden Bestimmungen von Gregor X.,[2] Klemens VI.[3] und Pius IV.[4] ergibt sich die Frage, ob die Durchlauchtigsten Herren Kardinäle zum Mittag- und zum Abendessen mehr als ein einziges gemäß diesen Bestimmungen beschaffenes und bemessenes Gericht von einer einzigen Sorte haben dürfen – und zwar sowohl für die Herren Kardinäle selbst als auch für ihre Diener –, oder eher ein einziges Gericht für ebendiese Herren und ein anderes von einer anderen Art für die Diener.
2. Vorausgesetzt, daß die Herren Kardinäle zwei Gerichte von unterschiedlicher Art zum Mittag- wie zum Abendessen zu sich nehmen wollen, ergibt sich die Frage, ob es denn den beaufsichtigenden Prälaten* erlaubt sei, den aufwartenden Dienern ohne schlechtes Gewissen und ohne Verletzung des Amtseides zu gehorchen und zu gestatten, daß besagte zwei Gerichte für Mittag- und Abendessen durch die Fenster des Konklave* gereicht werden.

Die Antwort des Meisters des Heiligen Palastes*

Aufgrund der Vollmacht, die man mir zugestanden hat, oder vielmehr des Gehorsams, der mir auferlegt worden ist, möchte ich hier als der Geringste unter den Theologen aufrichtig und voller Demut darlegen, was ich mit Gottes Hilfe aus den Heiligen Schriften und aus der Lehre der Kirchenväter entnehmen kann, um meine Meinung zu erläutern ... Worum es also geht, ist folgendes: Darf ein Kardinal angesichts der Strenge dieser Bestimmungen für sich und seine Diener nur ein Gericht von einer einzigen Art beanspruchen, oder vielleicht doch zwei Gerichte von unterschiedlicher Beschaffenheit, das eine für sich, das andere für seine Diener?

Man muß, glaube ich, in dieser Angelegenheit beachten, daß es bei einem Konklave* zwei Arten von Bediensteten gibt. Einige nämlich sind nicht einem speziellen Kardinal zugeordnet, sondern dienen gewissermaßen dem gesamten Konklave, wie zum Beispiel der Sakristan*, der Arzt und andere dieser Art. Darf man für diese ein Gericht auftragen, das sich von demjenigen für die Kardinäle unterscheidet, und wenn ja: unter welcher Bezeichnung und in welcher Reihenfolge sollte es aufgetragen werden? Dies bleibt ungewiß, und vielleicht muß man damit rechnen, daß dieser Fall in den Bestimmungen ausgelassen worden ist. Bei den anderen Bediensteten handelt es sich um die, die von einem jeden Kardinal als persönliches Gefolge ausgewählt werden, und zwar je zwei, wie es die Bulle* festlegt.

Zu sprechen ist also von den Herren Kardinälen und den Dienern dieser zweiten Sorte. Betrachtet man den Wortlaut der Bestimmungen nur flüchtig, sozusagen an der Oberfläche, dann verbietet er nicht klar und deutlich, daß ein Kardinal für seine Diener ein Gericht beanspruchen kann, das sich von dem unterscheidet, das ihm gereicht wird. Wenn ich jedoch aufmerksam Folge und Zusammenhang der Bestimmung zusammen mit den Anmerkungen bedeutendster Rechtsgelehrter betrachte und Sinn und Absicht dieser Gesetze bedenke, dann gelange ich zu der Ansicht, daß es für die hochehrwürdigen Kardinäle und ihre Diener nicht mehr als ein Gericht von ein und derselben Art geben kann ... Denn Klemens' Bestimmung ... erlaubt den Kardinälen, während des Konklave zwei Bedienstete bei sich zu haben, und schreibt überdies unmittelbar darauf vor, daß sie an den einzelnen Tagen neben Brot, Wein und Wasser zum Mittag- und zum Abendessen nur ein einziges, einheitliches Gericht haben dürfen. Demnach ist der Sinn des Gesetzes, daß dieses eine Gericht sowohl für die Kardinäle als auch für die oben erwähnten Diener da ist, von denen er zuvor gesprochen hatte.

Man kann nicht sagen, daß Pius IV. an dieser Bestimmung etwas geändert hätte, denn hinsichtlich der Einheitlichkeit der Mahlzeit gibt es bei ihm keinerlei Neuerung. Im Gegenteil, er bestätigt Klemens' Anordnung und bestimmt nur noch den Tag, an dem diese Sparsamkeit der Speisen zu beginnen hat. Wenn die Worte des Gesetzes zweifelhaft sind, muß man Sinn und Absicht des Gesetzgebers dahingehend erforschen, daß das Gesetz richtig befolgt wird; dazu Hilarius[5] in *Über die Dreieinigkeit*, Buch 13[6]: »Das Verständnis des Gesetzes muß aus den Intentionen bezogen werden, weil nicht die Sache der Sprache, sondern die Sprache der Sache unterworfen sein muß«, und S. Thomas:[7] »Die Intention des Gesetzgebers betrifft zweierlei: Einmal das, wozu er [die Menschen] durch das Gesetz bringen will (das ist die Absicht), und dann das, worüber er ein Gesetz festzulegen beabsichtigt. Wenn nun aber das erste die Absicht ist, so leitet sie sich nicht aus der konkreten Vorschrift ab; das zweite aber ist nur diese Vorschrift.«[8] …

Da nun diese Dinge ausgebreitet vor uns liegen, erweist sich die Absicht des Gesetzgebers als vielfältig. Zunächst einmal liegt ihm daran, [den Beteiligten] eine Art Fasten aufzuerlegen, damit nicht die wahlberechtigten Kardinäle ihren Körper durch die Vielzahl von Gerichten belasten und zu dieser von allen bedeutendsten Wahl, bei der Gott bzw. Christus ein Stellvertreter und der katholischen Kirche ein Gemahl verkündet wird, mit etwas vernebeltem Sinne kommen; vgl. Gregor I. im ersten Buch der *Moralia*:[9] »Gelage sind verboten, denn der priesterliche Sinn hat zart und nicht fett zu sein, damit er keinen groben Geist ausbildet.« Wiederum war es die Absicht des Gesetzgebers, daß die hervorragendsten Glieder des mystischen Körpers[10] durch ein solches Fasten bzw. durch die Mäßigkeit beim Speisen dem einfachen Volk der Christen verdeutlichen, wie der Witwenstand der gottesfürchtigsten Mutter Kirche zu betrauern ist. Hierzu kann herangezogen werden, was Christus der Herr in Matthäus 9, 15 sagt: »Wie können die Hochzeitleute Leid tragen, solange der Bräutigam bei ihnen ist? Es wird aber die Zeit kommen, daß der Bräutigam von ihnen genommen ist; alsdann werden sie fasten.«

Ich weiß nicht sicher, wie sich ein Skandal unter Kleingläubigen verhindern läßt: Zu einer Zeit, in der die Herde des Herrn, verstreut umherirrend, gleichsam ihres Hirten beraubt, diesen ersehnend und fordernd mal Seufzer ausstößt, mal Tränen vergießt, mal das Futter zurückweist, sollen da jene, denen die Wahl des Hirten auferlegt ist, in Glanz und Reichtum leben und sich überhaupt nicht um das Elend der armen Herde kümmern? Gegen diese gibt es beim Propheten Amos, Kap. 6, 1–7, eine scharfe Drohung des Herrn: »Weh den Sorglosen zu Zion ... und den Vornehmen des Erstlings unter den Völkern, zu denen das Haus Israel kommt! ... [Und weh denen,] die ihr schlaft auf elfenbeingeschmückten Lagern und euch streckt auf euren Ruhebetten! Ihr eßt die Lämmer aus der Herde und die gemästeten Kälber ... und trinkt Wein aus Schalen und salbt euch mit dem besten Öl, aber bekümmert euch nicht um den Schaden Josephs. Darum sollen sie nun vorangehen unter denen, die gefangen weggeführt werden ...« Man muß also beachten, daß der Prophet hier nur zwei Gerichte aufzählt; und man achte auch sehr auf die Strafe, die denen aufzuerlegen ist, die sich in Ausschweifungen ergehen.

Eine weitere Absicht des Gesetzgebers ist diejenige, daß, wenn nun einer (was Gott verhüte) pflichtvergessen und ohne Rücksicht auf das öffentliche Wohl und in persönlichen Emotionen verstrickt, überdrüssig der Klausur, der Enge des Ortes und der Sparsamkeit beim Essen, die Wahl eines guten Hirten aufhält oder behindert, dieser nun wenigstens seinen Sinn ändert und sich schnellstens sowohl um das eigene Gewissen wie auch um das öffentliche Wohl bemüht. Andernfalls wird er für jeglichen Schaden die Schuld tragen, den geistlichen wie den weltlichen, der sich in der ganzen Kirche dadurch ergibt, daß durch sein Verschulden die Wahl eines guten Hirten aufgeschoben wird: Dies läßt sich leicht, einleuchtend und nachhaltig belegen. Wenn ein Verwalter, dem es von Amts wegen obliegt, Arbeiter für die Pflege des Weinbergs anzustellen, dies aus Nachlässigkeit oder irgendeinem anderen persönlichen Grund nicht tut und der Weinberg darunter leidet, so ist es absolut sicher, daß jener Verwalter für die daraus resultierenden Schäden haftbar gemacht wird. Ein Kardinal jedoch ist von Amts wegen und kraft eines Eides daran gehalten, den Höchsten Arbeiter für die Pflege des Weinbergs des Herrn Sabaoth[11] auszuwählen. Wenn er dies nun also schuldhaft verhindert oder aufschiebt, weswegen dann die Füchse, Wölfe und unzählige wilde Tiere den Weinberg verwüsten, wird ohne jeden Zweifel auch er für alle Schäden haftbar gemacht (vgl. S. Thomas).[12] Gegen diese zürnt Gott der Herr bei Hesekiel, Kapitel 34, 5–10:

»Und meine Schafe sind zerstreut, weil sie keinen Hirten haben, und sind allen wilden Tieren zum Fraß geworden und zerstreut ... Darum hört, ihr Hirten, des Herrn Wort! So wahr ich lebe, spricht Gott der Herr: Weil meine Schafe zum Raub geworden sind und meine Herde zum Fraß für alle wilden Tiere, weil sie keinen Hirten hatten und meine Hirten nach meiner Herde nicht fragten, sondern die Hirten sich selbst weideten, aber meine Schafe nicht weideten, darum, ihr Hirten, hört des Herrn Wort! So spricht Gott der Herr: Siehe, ich will an die Hirten und will meine Herde von ihren Händen fordern!«

Aus dem Gesagten läßt sich leicht ableiten, was über die beaufsichtigenden Prälaten* beim Konklave* zu sagen ist. Denn vorausgesetzt, daß ein Kardinal aufgrund der Strenge der Bestimmung nicht mehr als ein Gericht für sich und seine Bediensteten haben kann, wird ein Prälat, der von Amts wegen und durch einen Eid gehalten ist, dafür zu sorgen, daß die Bulle* beachtet wird, nicht mit gutem Gewissen zulassen können, daß zwei Gerichte von unterschiedlicher Art aufgetragen werden, eins für den Kardinal, das andere für seine Bediensteten. Vielmehr glaube ich, daß die beaufsichtigenden Prälaten, wenn sie sich bei der Beachtung der Bulle* hinsichtlich der Gerichte oder anderer Dinge als nachlässig erweisen und daraus eine schuldhafte und schädliche Verzögerung der Wahl resultiert, auch selbst an diesem Schaden schuld sind – ob sie nun aktiv dazu beitragen oder ihn nur nicht verhindern ... Man vergleiche dazu auch S. Thomas[13] und Paulus, *Röm.* 1: »Des Todes würdig sind nicht allein die, die es tun, sondern auch die, die an denen Gefallen haben, die es tun.«[14] Wenn sich nun aber einer über jene beklagt, mögen sie mit dem Fürsten der Apostel antworten: »Man muß Gott mehr gehorchen als den Menschen.«[15]

7. Montaigne und die Mönche

Michel Eyquem de Montaigne (1533–1592), Schriftsteller und Philosoph, gebührt das Verdienst, die Literatur um eine neue Form bereichert zu haben: die des Essays, von der Aldous Huxley einmal sagte, sie sei ein literarisches Mittel, um so ziemlich alles über jedes Thema zu sagen. Montaigne begann seine Karriere nach einer humanistischen Erziehung und dem Studium der Rechte zunächst als Steuer- und Parlamentsrat und übersetzte das Werk des spanischen Philosophen Ramón Sabunde, bevor er die ersten beiden Bände seiner berühmten *Essais* schrieb, die 1580 erschienen. 1588 fügte er einen dritten Band hinzu, und sieben Jahre später wurde postum von seiner Adoptivtochter eine dritte, noch einmal ergänzte Fassung der *Essais* herausgegeben. Auf der Basis der Schriften von Autoren aus der Antike analysiert Montaigne in *Essais* sich und seine Mitmenschen in all ihrer Vielfalt, Widersprüchlichkeit und Veränderbarkeit. Sein Ziel ist dabei die Selbstfindung. Die *Essais* begründen den neuzeitlichen Skeptizismus* und die Moralistik und hatten damit entscheidenden Einfluß auf die Entwicklung der Aufklärung. Die hier vorliegenden, anonym überlieferten Gutachten beziehen sich auf die Erstfassung von *Essais*. Verfaßt wurden sie 1580 im Auftrag des Meisters des Heiligen Palastes*, und zwar von zwei französischen Mönchen, da dessen italienische Mitarbeiter des Französischen nicht mächtig waren.

ACDF, Indice, Protocolli C, Fol. 346r-347r.[1]

Essais[2]

A

1. Bei vielen Dingen äußert sich dieser Autor überaus profan über das Brauchtum der Heiden; so sagt er zum Beispiel auf Seite 221 (im oberen Teil), daß man die jungen Leute daran gewöhnen soll, sich ihren Kumpanen in jeder Hinsicht anzupassen usw., und dies sogar bei auffälligem und schlechtem Verhalten, wie zum Beispiel darin, sich zu betrinken ...[3]

3. Im 2. Buch, Seite 17, scheint es, daß der Autor es gutheißt, sich selbst zu töten, und daß er sagt, daß Gott es uns anscheinend gestattet, dies zu tun, wenn wir von ihm in eine Lage versetzt werden, in der es schlechter wäre, weiterzuleben.[4]

4. Auf Seite 30 sagt der Autor, daß es genug sei, wenn Frauen, die begehrt werden, nur einfach »nein« sagen und daß sie nicht angerührt werden wollen. In diesem Sinne spricht er sich lobend über eine aus, die, als sie einmal in die Hände von Soldaten gefallen war, Gott dafür dankte, auf diese Weise ohne Sünde in den Genuß fleischlicher Handlungen gekommen zu sein ...[5]

6. Auf Seite 363 lobt er jemanden, der die Existenz des Steins der Weisen anhand von fünf Stellen der Heiligen Schrift beweist.[6]

7. Auf Seite 109 macht er sich darüber lustig, daß es in der Vorrede der Messe *Erhebet die Herzen* heißt ...[7]

9. Im ersten Buch sagt er auf Seite 484, daß man ständig das *Vater unser* aufsagen müßte, *was nun aber einen üblen Beigeschmack hat,*[8] und daß derjenige, der sich in Sünde befindet, schlecht daran tue zu beten.[9]

10. Im zweiten Buch auf Seite 99 lobt er einige überaus

schlimme Bücher von Rabelais[10], welchen der Index in der ersten Klasse* führt ...[11]

12. Im zwölften Kapitel verteidigt er Ramón Sabunde[12].

13. Auf Seite 459 lobt er die *Discorsi* Machiavellis.[13]

14. Auf Seite 470 lobt er Beza[14] und Buchanan[15] als gute Poeten.[16]

15. Auf Seite 32 stimmt er einem Ausspruch des guten Marot[17] zu und nennt ihn »gut«, obwohl er doch ein Ketzer* ist – solche Autoren sind nun aber entweder Ketzer oder zumindest wohl nicht »gut« ...[18]

17. Im zweiten Buch auf Seite 13 sagt er, es sei nicht schlecht, sich bisweilen zu betrinken, und ähnliches ...[19]

B

Vieles in dieser Zensur finde ich zutreffend, dennoch habe ich zum einen oder anderen etwas zu sagen, um die Dinge besser zu erklären.[20]

Zu 1. Obgleich der Autor auf Seite 221 nicht deutlich sagt, daß man die jungen Leute daran gewöhnen müsse, sich zu betrinken, erschließt es sich doch ziemlich eindeutig aus dem, was er auf den folgenden Seiten hinzufügt ...[21]

Zu 3. Nicht nur an dieser Stelle (Seite 21 und 22) scheint er diejenigen zu loben, die sich selbst töten, sondern auch ... zum Teil auf den Seiten 166 und 576.[22]

4. Vielleicht würde der Autor hier antworten, er meine dies ironisch und mache sich über die Pariser lustig, doch auch wenn es so wäre, bleibt diese Stelle doch sehr gefährlich, da es um eine so häßliche Sache geht und die Ironie dabei so versteckt bleibt ...

Zu 7. Auch wenn er nicht [offen] das *Erhebet die Herzen* verhöhnt, so scheint es wenigstens, daß er es doch tut, indem er sagt, daß dies für ihn überflüssige Worte sind.

9. Was er hier sagt, ist folgendes: Es sei notwendig, dem *Vater unser* ein solches Privileg zu verleihen, daß das gemeine Volk es immer im Munde führe – als ob die Kirche dies nicht schon längst täte.

10. Auch noch Boccaccio[23]!

12. Es ist wohl wahr, daß er Ramón Sabunde verteidigt; bei diesem Autor ist allerdings auch nur das Vorwort verboten worden.

15. Ich sagte schon, daß sich diese Stelle ironisch verstehen läßt; vielleicht aber werden nicht alle dies tun.

17. Immerhin fügt er, nachdem er zahlreiche Autoren angeführt hat, die sich für die Trunkenheit aussprechen, hinzu, daß sein eigener Geschmack, sein eigenes Naturell einem solchen Leben, das er hier darstellt, feindlich sind ... Dann macht er sich über die Auspeitschungen lustig, die man am Karfreitag zu vollführen pflegt[e], indem er sagt, daß manche dies für Geld tun. Nun sollte man so etwas aber nicht sagen, gerade in diesen Zeiten – selbst wenn es wahr wäre (Buch 1, Seite 73) ...[24]

122. Besonderen Beifall zollt er der Kraft der Imagination, die man den Wundern zuteil werden läßt. Der Titel dieses Kapitels lautet: *Eine starke Vorstellungsgabe bringt den Zufall hervor* ...[25]

423. Hier lobt er diejenigen, die lieber »Methusalem«, »Hesekiel« oder »Malachi« heißen wollen als Karl, Ludwig oder Franz.[26] Dies ist aber typisch für die Ketzer*.

333. Der Autor möchte den unglücklichen Tod des Urketzers* Arius[27] nicht der Rache Gottes zuschreiben; zumindest tritt er dafür ein, daß dies nicht notwendig so gewesen sein muß.[28] Und auf der ersten Seite sagt er, daß Papst Bonifaz VIII.[29] sein Amt antrat als Fuchs, sich darin benahm wie ein Löwe und starb wie ein Hund ...[30]

141. Sämtliche Kasteiungen – nur nicht den Tod – hält er für bloße Grausamkeit ...[31]

460. Hier lobt er Machiavelli – oder rechtfertigt ihn zumindest.[32]

479. Mit außerordentlichem Lob wird hier Julian Apostata[33] bedacht; der Autor bestreitet auf Seite 481, daß dieser, von einem Pfeil getroffen, ausgerufen habe: »Du hast gesiegt, Nazarener!« oder daß sich überhaupt irgend etwas Wundersames bei dessen Tod ereignet habe.[34]

Das letzte Kapitel wendet sich fast gänzlich gegen die Medizin (insbesondere auf Seite 639).[35] So sagt er, er würde, wenn er denn überhaupt eine Medizin annehmen müßte, mehr als jede andere jene Medizin akzeptieren, die die Kräuterweiblein, gewisse Zauberformeln murmelnd, verabreichen, da man bei diesen wenigstens keinen Schaden zu befürchten habe.[36]

8. Das Narrenschiff

Dem »ob der Einfallslosigkeit des Werkes rätselhaften Bucherfolg« (wie es in der älteren Forschung einmal hieß) von *Das Narrenschiff* verdankt sein Autor, der in Straßburg aufgewachsene Humanist Sebastian Brant (1457–1521), seine anhaltende Bekanntheit; der Titel selbst und die von Brant eingeführte Figur des »Heiligen Grobian« sind noch heute geradezu sprichwörtlich. Mit achtzehn Jahren zog Brant nach Basel, um sich dort dem Studium der Rechtswissenschaften zu widmen, das er mit dem Titel des »Doktors beider Rechte« abschloß. Bald wurde er Dekan der juristischen Fakultät und Professor der Rechte. Darüber hinaus lehrte er lateinische Poesie an der Artistenfakultät, bevor er um 1500 wieder nach Straßburg zog, wo er Stadtschreiber und später auch juristischer Berater am Hof Maximilians I. wurde.

Das 1494 in Basel erschienene Buch *Das Narrenschiff* gilt als sein literarisches Hauptwerk. In dieser Gesellschaftssatire werden in über 110 Kapiteln verschiedene Menschen mit moralischen Schwächen behaftet dargestellt und als Narren getadelt. Insbesondere in der – sehr freien – lateinischen Übersetzung aus der Feder eines Schülers von Brant, Jakob Locher, fand das Werk rasch europaweit Verbreitung. Zu Beginn des 17. Jahrhunderts wurde man auch in der Indexkongregation auf die lateinische Version von *Das Narrenschiff* aufmerksam und ließ ein Gutachten erstellen. Der Zensor konzentrierte sich dabei ausschließlich auf Passagen, in denen Kritik an der katholischen Kirche und deren Vertretern zu vermuten war.

A

ACDF, Indice, Protocolli 1781–84, Fol. 475^r–477^v.

Aus den *Diarii** der Indexkongregation*

11. Juli 1612, 11 Uhr

Kongregationssitzung* beim Durchlauchtigsten Kardinal von S. Cecilia[1] in Anwesenheit folgender Kardinäle (es fehlten Millini[2] und Capponi[3]):

Von S. Cecilia
Bellarmin[4]
Arrigoni[5]
Veralli[6]
Von Aracoeli[7]
Von Ascoli[8]

Anwesende Konsultoren*:
Der Bischof von Malfa
Der Meister des Heiligen Palastes*[9]
Der Prokurator* der Somasker*[10]
Stefano del Bufalo[11]
Der Theologe des Kardinals Veralli[12]

Paulo Fabulotti vom Orden der hl. Barnabas und Ambrosius*, Theologe des Kardinals Veralli, berichtete, daß die *Schule der Logik* des Bartholomäus Keckermann (gedruckt 1605 in Hannover)[13] mit überaus zahlreichen Häresien* angefüllt ist, und dies so offensichtlich, daß es keines Zweitgutachters bedarf, um zum Beschluß zu kommen, diesen Autor mitsamt seinem Buch als einen gefährlichen kalvinistischen* Ketzer* zu verdammen. Derselbe Zensor hat auch in einem Buch von Sebastian Brant einige wenige Punkte bemerkt, die zensurwürdig erscheinen. Titel: *Das Narrenschiff*, von Jakob Locher[14] ins Lateinische übertragen, Basel 1572.[15] Gemäß der Vorschrift des Index wird man dieses jedoch einem anderen Zensor überantworten.

B

Paulo Fabulotti

Die genauen Lebensdaten sind unbekannt. Paulo Fabulotti war Mitglied des Ambrosianerordens* (aufgelöst 1643), der in der damaligen Abtei und jetzigen Basilika von San Clemente residierte. Er war Theologe und Theoretiker der päpstlichen Gewalt, verfaßte 1613 *De potestate papae* (Von der Gewalt des Papstes) und war ab 1612 Konsultor* der Indexkongregation*.

ACDF, *Indice, Protocolli* S, Fol. 287^{r-v}; 290^{v}.

Das Narrenschiff[16] von Sebastian Brant, gedruckt in Basel bei Sebastian Henricpetri im Jahr 1574, Anfang März

Dieses Buch, Durchlauchtigste Herren, das der Autor in deutscher Sprache herausgegeben hat, wurde vom »Schwaben«[17] ins Lateinische übertragen. Beide Autoren sind, wie es scheint, katholisch, obschon das Buch in Basel und noch dazu bei einem verdammten Verleger gedruckt wurde. Beiden ist das Ziel gemeinsam, die menschlichen Laster gewissermaßen satirisch zu tadeln und zu zeigen, wie töricht doch die Sterblichen sind, die in moralischen Dingen so übel irren. Mir scheint, das Buch enthält einige wenige zensurwürdige Punkte. Doch es prangert die schlechten Sitten an, kritisiert die schädlichen Laster der Menschen und weist darauf hin, daß diese zu vermeiden sind.

Auf Seite 6 werden diejenigen gerügt, die über mehrere kirchliche Benefizien* verfügen. Hiermit scheint das Buch jedoch die Bischöfe anzugreifen, die einzelnen Menschen mehrere Benefizien* übertragen haben. Es heißt dort nämlich: »Sagt, ihr Bischöfe, was gebt ihr viele Pfründe an Narren, die ohne Vernunft sind? Etwa, weil es üblich ist, den Eseln und Lasttieren aufzuerlegen, dass sie die Säcke und Lasten aller tragen? Ja, sogar noch schlimmer: Mit keinem Amt zufrieden treiben sie Steuern ein und verleihen ihren Gewinn.«[18] Diese Worte lassen sich, so scheint mir, keinesfalls in einem guten Sinn verstehen, da doch der Autor diejeinigen zurechtweist, die gegen menschliches und göttliches Recht mehrere Benefizien* einem einzigen übertragen, womit er die Bischöfe angreift. Nun soll man jedoch immer davon ausgehen und sich daran halten, daß die Bischöfe niemals gegen menschliches und göttliches Recht einem einzigen mehrere Benefizien* übertragen; und tun sie es doch einmal, dann völlig zu Recht und aus gehörigem Grunde. Außerdem wird hier den Bischöfen unzutreffend unterstellt, sie übertrügen Narren und Wahnsinnigen mehrere Benefizien*.

Auf Seite 143 rügt er die unzüchtigen Menschen und sagt, sie schonten weder Gotteshäuser noch Kirchen: »Viele Leute feiern die Feste ihres neuen Patrons Grobian; eine große Schar verehrt ihn mit der Emsigkeit des Sklavenjochs. Man umtanzt in wüsten Riten seine Altäre; dieser Grobian schätzt nur die verderbenbringenden Menschen.«[19]

Auf Seite 161 wiederum tadelt er diejenigen, die sich in Kirchen und während der Gottesdienste unterhalten: »In den Gotteshäusern findet man jetzt viele Narren; auch in den Kirchenchören steht eine Menge von ihnen, die allerlei Unsinn und Getuschel verbreiten und ununterbrochen schwatzen.«[20] Hier sehe ich allerdings nichts, das zensiert werden müßte; denn kritisiert werden – aber nicht bitter oder verächtlich – die schlechten Priester, die Heiliges mit Profanem vermischen. Somit meine ich, daß es in diesem Buch nichts gibt, das einer Zensur bedarf, außer daß die Kongregation* entscheidet, obige drei Stellen zusammen mit dem Erscheinungsort und dem Namen des Druckers zu entfernen …

9. Galilei, Kopernikus und die Folgen

Der Begriff der »kopernikanischen Wende«, längst sprichwörtlich geworden, geht auf den polnischen Gelehrten Nikolaus Kopernikus (1473–1543, eigentlich: Nikolaus Koppernigk) zurück, der als Ergebnis seiner astronomischen Forschungen, die er neben der Rechtswissenschaft und der Medizin betrieb, ein heliozentrisches Weltbild entwickelt hatte, das er in seinem Buch *Über die Kreisbewegungen der Weltkörper* darstellte. Danach steht die Sonne im Zentrum, und die Erde und die Planeten bewegen sich in Kreisbahnen um sie herum. Widerstand gegen sein Buch regte sich zunächst nicht auf katholischer, sondern auf protestantischer Seite: Martin Luther und Philipp Melanchthon verurteilten es scharf, während Papst Paul III. (1534–1549) zuließ, daß es ihm gewidmet wurde.

Litt Kopernikus' Theorie im einzelnen noch unter den unzureichenden Möglichkeiten der Himmelsbeobachtung, so gelang es dem Naturwissenschaftler Galileo Galilei (1564–1642) infolge seiner Erfindung des Teleskops im Jahr 1609, die ihn mit einem Schlag berühmt machte, neue Argumente zugunsten des kopernikanischen Weltbildes zu finden. Galilei hatte sich bis zu diesem Zeitpunkt mehr in den Bereichen der Mechanik und Dynamik einen Namen gemacht und weniger als Astronom, doch er war auch schon zuvor ein Anhänger der Vorstellungen des Kopernikus gewesen. Nun begann er, gestützt auf seine Beobachtungen vom Mond sowie den Planeten Venus, Merkur und Jupiter, und vor allem von den Flecken auf der Sonne, anhand deren man ihre Rotation bestimmen konnte, das heliozentrische Weltbild öffentlich zu vertreten.

Bis heute hält sich die Mär, daß Galilei in diesem Punkt auf den Widerstand der katholischen Kirche stieß, die – so das weitverbreitete Klischee – in ihrem Haß auf die »modernen« Wissenschaften versuchte, neue Erkenntnisse zu unterdrücken und die Menschen im Stand der Unwissenheit zu halten. Doch wie auch aus den hier veröffentlichten Dokumenten hervorgeht, ist Fakt, daß es Galilei nie gelungen ist, konklusive Beweise für das heliozentrische Weltbild zu erbringen, und daß die katholische Kirche – ihrerseits keineswegs uninteressiert an den Fragen der Astronomie ihrer Zeit – eine Beschäftigung mit den Erkenntnissen des Kopernikus in rein hypothetischer Form durchaus akzeptierte; gleichwohl war sie darauf bedacht, den Geltungsanspruch des von ihr vertretenen ptolemäischen Weltbildes zu betonen und zu verteidigen, und zwar jener Weltsicht, wie sie auch das Verständnis der einschlägigen Bibelstellen nahelegt. Vor diesem Hintergrund wurden im Indexdekret* vom 5. März 1616 zwei Thesen des Kopernikus als falsch bezeichnet und verurteilt, und es war fortan untersagt, dessen Lehre als Tatsache zu vertreten. Doch genau das tat Galilei dem Urteil der Inquisition* zufolge in *Dialog über die beiden hauptsächlichsten Weltsysteme*, und so wurde das Buch 1633 mit dem Verbot belegt.

Die im folgenden in deutscher Übersetzung publizierten Originalquellen beschränken sich nicht auf diese erste Phase der Auseinandersetzung der katholischen Kirche mit Kopernikus und Galilei, sondern bilden auch die Versuche einer Revision des Urteils über das kopernikanische Weltbild, wie sie in den darauffolgenden zwei Jahrhunderten unternommen wurden, ab. So kam es zunächst im 18. Jahrhundert unter Papst Benedikt XIV. (1740–1758) zu einer Neuaufnahme des Verfahrens; im Zuge einer Überarbeitung des Index der verbotenen Bücher* wurde der Jesuit* Pietro Lazzari mit der Begutachtung des Falles betraut, und er sprach sich in seinem Gutachten nachdrücklich dafür aus, die Verurteilung der kopernikanischen Lehre aufzuheben. Doch innerhalb der Kurie* konnte man sich noch nicht dazu entschließen einzuräumen, daß man sich 1616 geirrt hatte, und so blieb das Werk des Kopernikus ebenso wie das Galileis, Keplers und anderer Autoren der Zeit verboten. Erst im 19. Jahrhundert – diesmal nach einem Vorstoß des Astronomen Giuseppe Settele – kam es nach einer kontroversen Debatte zu einer endgültigen Aufhebung des Verbots. Aber zurück. Im Frühjahr des Jahres 1615 erschien also der Dominikaner* Tommaso Caccini vor dem Heiligen Offizium* und gab seine Aussage zu Protokoll.

I. Die Denunziation

A

ASV, Misc. Arm. X, 204, Florentinus Vol. 1181, Fol. 18^r-23^v.[1]

Aussage des Tommaso Caccini

Rom, 20. März 1615
Im Palast des Heiligen Offiziums* zu Rom stellte sich im großen Vernehmungsraum persönlich und aus eigenem Antrieb Pater Tommaso Caccini[2] vor, Sohn des Giovanni Caccini, Florentiner, Priester aus dem Orden der Dominikaner* mit Profeß*, Magister und Bakkalaureat am Konvent von Santa Maria sopra Minerva[3] in Rom, etwa 39 Jahre alt. Dies geschah in Anwesenheit des ehrwürdigen Paters Michelangelo Seghezzi da Lodi[4], Dominikaner*, Magister der Heiligen Theologie und Generalkommissar* der Heiligen Römischen und Universalen Inquisition*, und meiner Person. Nachdem jener Giovanni Caccini unter Berührung der Evangelien ... geschworen hatte, die Wahrheit zu sagen, gab er folgendes zu Protokoll:

Ich sprach mit dem hochverehrten Herrn Kardinal von Aracoeli[5] über einige in Florenz vorgefallene Dinge. Gestern ließ er mich zu sich rufen und sagte mir, daß ich hierher zu Euer Hochwürden kommen müsse, um Ihnen alles zu erzählen ... Ich erkläre nun: Als ich am vierten Sonntag des Advents des vergangenen Jahres in der Kirche Santa Maria Novella in Florenz las, wo ich in diesem Jahr zur Lesung der Heiligen Schrift von meinen Vorgesetzten auserkoren wurde, setzte ich die von mir begonnene Geschichte des Josua fort; und genau am selben Sonntag mußte ich ebendiese Stelle des 10. Kapitels jenes Buches lesen, wo der heilige Schreiber von dem großen Wunder berichtet, wonach Gott auf die Gebete Josuas hin die Sonne zum Stehen brachte. Das heißt: Sonne, steh still zu Gibeon[6] und so weiter. Ich nahm daher diese Stelle – die von mir zuerst wortgetreu, dann im geistigen Sinn zum Heil der Seelen interpretiert wurde – zum Anlaß, mit jener Bescheidenheit, die dem von mir bekleideten Amt zusteht, eine gewisse Auffassung zu tadeln, die einst von Nikolaus Kopernikus und nun in diesen Zeiten – was in Florenz allseits bekannt ist – von dem Herrn Mathematiker Galileo Galilei, wie sie sagen, vertreten und gelehrt wird. Das heißt, daß die Sonne, die nach ihm das Zentrum der Welt ist, folglich unbeweglich in örtlich fortschreitender Bewegung sein müsse, das heißt von einem Ende zum anderen. Ich sagte, daß diese, wie eine ähnliche von sehr gewichtigen Schriftstellern vertretene Auffassung, vom katholischen Glauben als unstimmig angesehen wurde, weil sie vielen Stellen der Heiligen Schrift widersprach, die im wortgetreuen Sinn – von den Heiligen Vätern einstimmig anerkannt – das Gegenteil bedeuten: so die Stellen des 18. Psalms, in Jesus Sirach, Jesaja 38[7] und die schon angesprochene Stelle bei Josua ...

Diese meine wohltätige Mahnung, obwohl sie vielen gelehrten und frommen Edelmännern sehr gefiel, mißfiel gewissen Schülern des vorgenannten Galilei überaus, so daß einige von ihnen den Pater Prediger des Domes aufsuchen gingen, damit er auf diesem Gebiet gegen die von mir vertretene Glaubenslehre predige. Als ich soviel Aufhebens gehört hatte, stattete ich um der Wahrheit willen dem Hochwürdigsten Pater Inquisitor* von Florenz Bericht darüber ab, was ich gewissentlich über die genannte Stelle Josuas gesagt hatte, und teilte ihm mit, daß es gut wäre, einige unverschämte Geister, Schüler des obengenannten Galilei, zu zügeln ...

Nach diesen Ereignissen wurde mir vom Pater Magister Bruder Nicolò Lorini[8] eine Kopie eines Briefes gezeigt, geschrieben von dem vormals genannten Herrn Galileo Galilei an Pater Don Benedetto Castelli[9], Benediktinermönch* und Professor der Mathematik in Pisa, in dem, wie mir schien, keine gute Lehre in Belangen der Theologie enthalten war. Und weil die Kopie jenes Briefes an den Herrn Kardinal von S. Cecilia[10] geschickt wurde, habe ich nichts anderes hinzuzufügen. Ich halte nun vor diesem Heiligen Offizium* fest, was man sich überall erzählt, daß nämlich der vormals genannte Galilei diese zwei Sätze vertritt: Die Erde bewegt sich nach ihm im ganzen, auch in täglicher Bewegung. Die Sonne ist unbeweglich. Sätze, die, nach meinem Wissen und Gewissen, den von den Heiligen Vätern ausgelegten Heiligen Schriften und folglich auch dem Glauben widersprechen, der uns lehrt, daß wir das für wahr erachten müssen, was die Schrift enthält. Und für den Moment brauche ich nichts weiter hinzuzufügen ...

B

ASV, Misc. Arm. X, 204, Florentinus Vol. 1181, Fol. 42^{r}. [11]

Zu zensierende Thesen

Rom, 24. Februar 1616

Im Heiligen Offizium* zu Rom wurde am Mittwoch, den 24. Februar 1616, in Anwesenheit der unten aufgeführten Theologen, folgende Zensur erstellt.

1. Die Sonne ist das Zentrum der Welt und bewegt sich nicht von einem Ort zum anderen.

ZENSUR: Alle sagten, daß diese These töricht, philosophisch widersinnig und formal häretisch* sei, insofern sie in ausdrücklichem Widerspruch zu Sätzen der Heiligen Schrift steht, und zwar sowohl dem Wortlaut nach als auch nach der üblichen Erklärung und Auslegung der Kirchenväter und gelehrten Theologen.

2. Die Erde ist nicht das Zentrum der Welt und auch nicht unbeweglich. Sie bewegt sich vielmehr im Ganzen, und zwar täglich.

ZENSUR: Alle sagten, daß diese These von der Philosophie her gleichermaßen beurteilt werde, und in theologischer Hinsicht sei sie mindestens »irrig im Glauben«.

Peter Lombard[12], Erzbischof von Armagh

Giacinto Petronio[13], Meister des Heiligen Apostolischen Palastes*

Raphael Riphoz[14], Magister der Theologie und Generalvikar* des Dominikanerordens*

Frater Michelangelo Seghezzi, Magister der Heiligen Theologie und Kommissar* des Heiligen Offiziums*

Frater Girolamo da Casal Maggiore[15], Konsultor* des Heiligen Offiziums

Frater Thomas de Lemos[16]

Frater Gregorio Nuñez Coronel[17]

Benedetto Giustiniani[18], Jesuit*

Raffaele Rastelli[19], Regularkleriker*, Doktor der Theologie

Michele da Napoli[20] von der Kongregation der Kassinenser*

Giacomi Tinti[21], Sozius des ehrwürdigen Paters Kommissar des Heiligen Offiziums.

C

ASV, Misc. Arm. X, 204, Florentinus Vol. 1181, Fol. 43^{v}.[22]

Donnerstag, 25. Februar 1616

Der durchlauchtigste Kardinal Millini[23] teilte den verehrten Herren Assessor* und Kommissar* des Heiligen Offiziums* mit, daß nach Verlesung der Zensur der Theologen zu den Thesen des Mathematikers Galilei – daß nämlich die Sonne das Zentrum der Welt ohne jede Bewegung von einem Punkt zum anderen sei, während die Erde sich bewege, und dies täglich – der Heilige Vater dem durchlauchtigsten Kardinal Bellarmin[24] aufgetragen habe, besagten Galilei zu sich zu zitieren und ihn zu ermahnen, besagte Meinung aufzugeben; wenn er sich aber weigere zu gehorchen, soll ihm der Pater Kommissar* in Anwesenheit eines Notars* und vor Zeugen eine Vorschrift erteilen, daß er ganz und gar davon Abstand nehme, eine solche Lehre oder Meinung zu vertreten, zu verteidigen oder über sie zu debattieren; wenn er sich dem nicht füge, solle man ihn in den Kerker werfen.

D

ASV, Misc. Arm. X, 204, Florentinus Vol. 1181, Fol. 43^{v}-44^{r}.[25]

Ermahnung Galileis durch Kardinal Robert Bellarmin

Rom, 26. Februar 1616

Man befahl, besagten Galilei in den Palast des oben genannten Kardinals Bellarmin – seine ständige Residenz – zu rufen, wo ihn, vor dem durchlauchtigsten Kardinal stehend, ebendieser in Gegenwart des ehrwürdigen Paters Michelangelo Seghezzi da Lodi vom Orden der Dominikaner*, Generalkommissar* des Heiligen Offiziums*, hinsichtlich des Irrtums besagter Ansicht ermahnte; ihm wurde gesagt, daß er diese aufgeben solle. Anschließend – auch ich war gemeinsam mit anderen Zeugen und auch dem Kardinal selbst anwesend –, legte besagter Pater Kommissar* besagtem Galilei im Namen des Heiligen Vaters und der Kongregation des Heiligen Offiziums* auf und befahl ihm, daß er besagte Ansicht ganz und gar aufgeben solle: daß nämlich die Sonne das Zentrum der Welt sei und ohne Bewegung und daß die Erde sich bewegt; und daß er sie auch künftig in keiner Weise vertreten, lehren oder verteidigen solle, und zwar weder in Wort noch Schrift. Sollte er jedoch hiergegen verstoßen, werde das Heilige Offizium gegen ihn Maßnahmen ergreifen. Galilei fügte sich dieser Ermahnung und versprach zu gehorchen ...

E

ASV, Misc. Arm. X, 204, Florentinus Vol. 1181, Fol. 45r.[26]

Dekret*

der Heiligen Kongregation* der Kardinäle der Heiligen Römischen Kirche, die vom Heiligen Vater Papst Paul V.[27] und vom Heiligen Apostolischen Stuhl* speziell dazu berufen worden sind, den Index der verbotenen Bücher* und deren Erlaubnis, Verbot, Verbesserung und Druck überall in der ganzen christlichen Welt bekannt zu machen.

... Da die Heilige Kongregation* zur Kenntnis genommen hat, daß jene falsche, pythagoräische und der Heiligen Schrift gänzlich widersprechende Lehre von der Beweglichkeit der Erde und der Unbeweglichkeit der Sonne, die auch Nikolaus Kopernikus in *Über die Kreisbewegungen der Weltkörper*[28] und Diego de Zúñiga in *Über Hiob*[29] lehren, sich bereits verbreitet und von vielen Menschen wahrgenommen wird, wie man anhand eines gedruckten Briefs eines Karmeliterpaters* erkennt, der den Titel trägt: *Brief des Karmeliterpaters Magister Paolo Antonio Foscarini*[30] *über die Anschauung der Pythagoräer und des Koper-*

nikus zur Beweglichkeit der Erde und zur Unbeweglichkeit der Sonne, und über das neue pythagoräische Weltsystem, Neapel: Lazzaro Scoriggio, 1615[31], worin besagter Pater zu zeigen versucht, daß besagte Lehre von der Unbeweglichkeit der Sonne im Zentrum der Welt und der Beweglichkeit der Erde mit der Wahrheit übereinstimmt und nicht der Heiligen Schrift widerspricht; aus diesem Grund nun hat man entschieden, daß man – damit sich diese Ansicht nicht weiter zum Verderben der katholischen Wahrheit einschleicht – Nikolaus Kopernikus' *Über die Kreisbewegungen der Weltkörper* und Diego de Zúñigas *Über Hiob* bis zur Verbesserung suspendieren, das Buch des Karmeliterpaters* Paolo Antonio Foscarini jedoch ganz und gar verbieten und verdammen soll; alle weiteren Bücher aber, die in derselben Art dasselbe lehren, müssen verboten werden ...

Der Bischof von Albano, Kardinal von S. Cecilia[32]
Francesco Maddaleni Capiferro, Dominikaner*, Sekretär*[33]

II. Der Prozess von 1633

F

ASV, Misc. Arm. X, 204, Florentinus Vol. 1181, Fol. 78^r–84^r.[34]

Erstes Verhör

Rom, 12. April 1633

Am üblichen Ort, in der Wohnung des verehrten Paters Kommissar* im Palast des Heiligen Offiziums* in Rom, stellte sich auf unsere Aufforderung hin Galilei persönlich vor: Sohn des Vincenzo Galilei, Florentiner, siebzig Jahre alt ... Nachdem man Galilei den Eid abgenommen hatte, die Wahrheit zu sagen

– den er unter Berührung der Evangelien ... leistete –, stellten die verehrten Herren ihm folgende Fragen:

Frage: Wie kam er nach Rom, und seit wann hält er sich hier auf?[35]

Antwort: Ich kam in Rom am ersten Sonntag der Fastenzeit an, in einer Sänfte.

Frage: Ist er aus freien Stücken oder auf eine Aufforderung hin gekommen? Oder ist ihm von jemandem der Befehl erteilt worden, nach Rom zu kommen? Wenn ja: von wem?

Antwort: In Florenz befahl mir der Pater Inquisitor*, daß ich nach Rom kommen müsse, um vor das Heilige Offizium* zu treten. Dies sei das Gebot der Minister des Heiligen Offiziums.

Frage: Weiß er, warum man ihm befohlen hat, nach Rom zu kommen? Oder kann er es sich vorstellen?

Antwort: Der Grund, weshalb mir befohlen wurde, mich vor dem Heiligen Offizium in Rom zu präsentieren, ist, vermute ich, Rechenschaft über mein kürzlich gedrucktes Buch abzulegen. Wenige Tage bevor mir befohlen wurde, nach Rom zu kommen, habe ich mich durch die erlassene Verordnung an den Buchhändler und an mich entschieden, die genannten Bücher nicht mehr herauszugeben und dergleichen, weil dem Buchhändler vom Pater Inquisitor befohlen wurde, daß man das Original meines Buches nach Rom zum Heiligen Offizium schicken solle.

Frage: Er möge erklären, was denn das für ein Buch sei, das er für den Grund dafür hält, ihn nach Rom bestellt zu haben.

Antwort: Dies ist ein in Dialogform geschriebenes Buch, es handelt von der Beschaffenheit der Welt, das heißt von den zwei größten Systemen, von der Anordnung der Himmel und der Elemente.

Frage: Wäre er in der Lage, das Buch als das seinige zu erkennen, wenn man es ihm zeigte?

Antwort: Ich hoffe schon, wenn mir das Buch gezeigt wird, dann werde ich es wiedererkennen. *Man zeigt ihm also einen der im Jahr 1632 in Florenz gedruckten Bände mit dem Titel* Dialog über die beiden hauptsächlichsten Weltsysteme[36] . . ., *in dem es um die zwei Weltsysteme geht; nach eingehender Betrachtung sagt er schließlich*: Ich kenne dieses Buch sehr gut, es ist eines jener in Florenz gedruckten, ich erkenne es als meines und von mir geschrieben an.

Frage: Würde er ebenso den gesamten Inhalt des Buches oder einzelne Stellen daraus als von ihm geschrieben wiedererkennen?

Antwort: Ich kenne dieses mir gezeigte Buch, es ist eines jener in Florenz gedruckten. Und all das, was es enthält, erkenne ich als von mir geschrieben an.

Frage: Wann und wo hat er dieses Buch verfaßt? Wie lange hat dies gedauert?

Antwort: Was den Ort betrifft, so habe ich es in Florenz vor zehn oder zwölf Jahren geschrieben; und ich werde damit ungefähr sieben oder acht Jahre lang beschäftigt gewesen sein, aber nicht ununterbrochen.

Frage: War er sonst einmal in Rom, präzis gefragt: seit 1616? Wenn ja: bei welcher Gelegenheit?

Antwort: In Rom war ich im Jahre 1616 und danach im zweiten Jahr des Pontifikats unseres Herrn Urbans VIII.[37], und zuletzt war ich da vor drei Jahren, um mein Buch zur Drucklegung zu geben. Der Anlaß, dessentwegen ich im Jahre 1616 in Rom weilte, war, daß ich sichergehen wollte, als ich hörte, daß Zweifel erhoben wurden über die Auffassung des Nikolaus Kopernikus zur Beweglichkeit der Erde, der Stabilität der Sonne und zur Ordnung der himmlischen Sphären, daß ich nichts anderes vertreten würde als die heiligen und katholischen Meinungen; ich kam, um jenes zu hören, was zu diesem Thema vereinbart wurde.

Frage: Kam er aus freien Stücken oder auf einen Aufruf hin? In letzerem Falle möge er den Grund für diesen Aufruf nennen. Mit welchen Personen hat er über die genannten Themen gesprochen?

Antwort: 1616 kam ich aus eigenem Antrieb nach Rom, ohne gerufen worden zu sein, der Sache wegen, die ich erzählt habe. Und in Rom verhandelte ich über diese Angelegenheit mit einigen Herren Kardinälen, mit jenen, die dem Heiligen Offizium* in jener Zeit vorstanden, im einzelnen mit den Herren Kardinälen Bellarmin, von Aracoeli, von S. Eusebio[38], Bonzi[39] und d' Ascoli[40].

Frage: Er möge noch einmal genauer darstellen, was er mit den besagten Herren Kardinälen besprochen hat.

Antwort: Der Grund für die Unterredung mit den genannten Herren Kardinälen war, daß sie wünschten, über die Lehre des Kopernikus informiert zu werden, ist sein Buch doch für all jene sehr schwer zu verstehen, die sich nicht beruflich mit Mathematik oder Astronomie beschäftigen: Im besonderen wollten sie die Anordnung der Himmelsumlaufbahnen verstehen, wie sie die Hypothese des Kopernikus vorsieht und wie er die Sonne ins Zentrum der Umlaufbahnen der Planeten setzt. Um die Sonne herum stellt er als nächstes die Umlaufbahn des Merkur, um diesen herum jene der Venus, dann den Mond um die Erde herum und um die Erde Mars, Jupiter und Saturn, und um die Bewegung setzt er die Sonne unbeweglich ins Zentrum und die Erde drehbar in sich selbst und um die Sonne, das heißt in sich selbst im Tagesablauf und um die Sonne im Jahresablauf.

Frage: Wenn er sagt, er habe damals, als er nach Rom gekommen sei, Gewißheit über besagte Lösung erlangen wollen, so soll er nun auch sagen, was denn für eine Lösung in dieser Angelegenheit beschlossen worden sei.

Antwort: Bezüglich der Kontroverse, die sich um die obengenannte Auffassung zur Stabilität der Sonne und zur Bewegung der Erde drehte,[41] wurde von der Heiligen Kongregation für den Index* beschlossen, daß jene Auffassung für sich genommen im Widerspruch zu den Heiligen Schriften stehe und daß man sie nur *hypothetisch*[42] in der Weise dulden könne, wie sie Kopernikus auffasse.

Frage: Wurde ihm seinerzeit eine Entscheidung mitgeteilt, und wenn ja von wem?

Antwort: Mir wurde die besagte Entscheidung von der Kongregation für den Index* und von Herrn Kardinal Bellarmin mitgeteilt.

Frage: Er möge mitteilen, was ihm besagte Eminenz Kardinal Bellarmin über jene Entscheidung gesagt hat; wurde vom Kardinal noch etwas anderes zur Sache erwähnt? Wenn ja was?

Antwort: Herr Kardinal Bellarmin gab mir kund, daß man die besagte Auffassung des Kopernikus *hypothetisch* vertreten könne, so wie sie Kopernikus vertreten hatte: und Ihre Eminenz wußte, daß ich sie *hypothetisch* vertrat, das heißt in der Weise des Kopernikus, was aus einem Antwortschreiben desselben Herrn Kardinals auf einen Brief des Paters Magister Paolo Antonio Foscarini, Provinzial der Karmeliter*, hervorgeht, von dem ich eine Kopie habe und in dem diese Worte stehen: »Ich erkläre, daß mir scheint, daß Eure Herrschaft und der Herr Galilei umsichtig vorgehen, wenn sie sich bescheiden, *hypothetisch* zu sprechen und nicht in absoluter Weise.« Anders, das heißt eben in absoluter Weise, dürfe man [die Thesen] weder aufrechterhalten noch verteidigen. – Dieser Brief des besagten Herrn Kardinals ist auf den 12. April 1615 datiert.

Frage: Er möge also sagen, was entschieden wurde, damals im Februar 1616, und was man ihm mitgeteilt hat.

Antwort: Im Monat Februar des Jahres 1616 sagte mir der Herr Kardinal Bellarmin, daß die Auffassung des Kopernikus, für sich genommen, im Widerspruch zu den Heiligen Schriften stehe, daß man sie weder aufrechterhalten noch verteidigen dürfe, daß man sie aber *hypothetisch* anwenden und sich ihrer bedienen dürfe. In Übereinstimmung damit habe ich eine Bescheinigung desselben Herrn Kardinals Bellarmin, abgefaßt im Monat Mai, am 26. des Jahres 1616, in der er sagt, daß man die Ansicht des Kopernikus weder aufrechterhalten noch verteidigen könne, weil sie den Heiligen Schriften widerspreche. Von jener Bescheinigung lege ich die Kopie vor; es ist diese ... *Er holte ein Blatt Papier heraus, das in einheitlicher Schrift beschrieben war und zwölf Zeilen umfaßte; es begann mit »Wir,*

Robert Kardinal Bellarmin, nachdem wir …« und endete mit »26. Mai 1616; derselbe obengenannte Robert Kardinal Bellarmin«. Er fügte hinzu: Das Original dieser Bescheinigung habe ich in Rom bei mir, und sie ist vollständig aus der Hand des obengenannten Herrn Kardinals Bellarmin geschrieben.

Frage: War irgend jemand anwesend, als ihm diese Dinge mitgeteilt wurden? Wenn ja wer?

Antwort: Als der Herr Kardinal Bellarmin mir das sagte und jene bereits erwähnten Dinge mitteilte, die die Ansicht des Kopernikus betrafen, waren dort einige Dominikanerpatres* anwesend; ich kannte sie aber nicht, noch habe ich sie jemals wiedergesehen.

Frage: Wurde ihm damals, in Anwesenheit besagter Patres, von ebendiesen oder jemand anderem eine Vorschrift hinsichtlich der Sache gemacht? Wenn ja welche?

Antwort: Ich erinnere mich, daß die Angelegenheit folgendermaßen ablief: Eines morgens ließ der Herr Kardinal Bellarmin nach mir rufen, und er erzählte mir eine gewisse Besonderheit, die ich zuerst vor Seiner Heiligkeit und dann erst vor anderen erzählen will; die Schlußfolgerung war dann, daß er mir sagte, daß man die Auffassung des Kopernikus weder aufrechterhalten noch verteidigen könne, weil sie den Heiligen Schriften widerspreche. Ich erinnere mich nicht, ob jene Dominikanerpatres schon vorher anwesend waren oder ob sie erst danach hinzukamen; noch erinnere ich mich, ob sie anwesend waren, als der Herr Kardinal mir sagte, daß man die besagte Auffassung nicht vertreten könne: Und es kann sein, daß mir irgendeine Vorschrift erteilt wurde, damit ich die besagte Auffassung weder vertrete noch verteidige, aber ich erinnere mich nicht daran, denn dies ist eine Sache, die etliche Jahre zurückliegt.

Frage: Wird er sich an das, was man ihm damals mit der Vorschrift dringlich zu verstehen gab, erinnern, wenn man es ihm vorliest?

Antwort: Ich erinnere mich nicht, daß mir anderes gesagt worden wäre, noch kann ich wissen, ob ich mich an jenes je erinnern werde, was mir damals gesagt wurde, auch wenn man es mir vorlesen würde. Ich erzähle offen das, woran ich mich erinnere, denn ich behaupte nicht, daß ich nicht in irgendeiner Weise gegen jene Vorschrift verstoßen hätte, das heißt, daß ich die besagte Auffassung von der Bewegung der Erde und der Stabilität der Sonne nicht irgendwie vertreten oder verteidigt hätte.

Frage: Nachdem nun damals in besagter Vorschrift, die ihm vor Zeugen erteilt wurde, enthalten war, daß er die betreffende Ansicht weder in irgendeiner Weise aufrechterhalten noch verteidigen noch lehren dürfe, möge er nun wenigstens sagen, ob er sich daran erinnert, wie und von wem ihm dies mitgeteilt worden ist.

Antwort: Ich erinnere mich nicht, daß mir diese Vorschrift je anders als aus dem Munde des Herrn Kardinals Bellarmin erteilt worden wäre. Und ich erinnere mich, daß die Vorschrift besagte, daß ich weder aufrechterhalten noch verteidigen dürfe, und es kann sein, daß noch ein *noch lehren* hinzugefügt wurde. Auch erinnere ich mich nicht, ob jene Partikel *auf irgendeine Weise* ausgesprochen wurde, aber es kann sein. Ich habe darüber nicht mehr nachgedacht ..., hatte ich doch wenige Monate später jene von mir vorgelegte Bescheinigung des besagten Herrn Kardinals Bellarmin erhalten, die auf den 26. Mai datiert ist, in der mir verordnet wird, die besagte Auffassung weder zu vertreten noch zu verteidigen. Und an die beiden anderen Partikel der besagten Vorschrift, die mir jetzt mitgeteilt werden, das heißt das *nicht lehren* und das *auf irgendeine Weise,* erinnere ich mich nicht, ich glaube, weil sie in der besagten Bescheinigung, auf die ich verwiesen habe und die mir in Erinnerung geblieben ist, nicht ausgesprochen werden.

Frage: Hat er, nachdem ihm besagte Vorschrift erteilt worden war, irgendeine Erlaubnis erhalten, das von ihm wiedererkannte Buch zu schreiben, das er später hat drucken lassen?

Antwort: Nachdem die obenerwähnte, von mir anerkannte Vorschrift erlassen worden war, habe ich nicht um Erlaubnis für die Abfassung des obengenannten Buches gefragt, denn ich behaupte nicht, daß ich, indem ich dieses Buch schrieb, damit nicht gegen die gegen mich erlassene Vorschrift verstoßen habe, das heißt, die besagte Auffassung weder zu vertreten noch zu verteidigen noch zu lehren und sie vielmehr statt dessen zu widerlegen.

Frage: Hat er für das besagte Buch eine Druckerlaubnis erhalten? Wenn ja, auf Eigeninitiative oder mit Hilfe eines anderen?

Antwort: Um die Druckerlaubnis für das obengenannte Buch zu erhalten, begab ich mich vor drei Jahren – obwohl mir Angebote mit guten Verdienstmöglichkeiten aus Frankreich, Deutschland und Venedig unterbreitet wurden – nach Rom, wobei ich spontan jede andere Verpflichtung ablehnte, um es in die Hand des Hauptzensors zu geben, das heißt des Meisters des Heiligen Palastes*[43], der die absolute Autorität hatte, nach seinem Gutdünken hinzuzufügen, zu streichen und zu verändern. Nachdem er es seinem Kollegen Pater Visconti[44] überlassen hatte, der es sehr sorgfältig prüfte, sah es der besagte Meister des Heiligen Palastes nochmals durch, weil ich es ihm ausgehändigt hatte, und er genehmigte es, das heißt, er erteilte mir die Lizenz, indem er das Buch unterschrieb, mit der Verordnung jedoch, das Buch in Rom drucken zu lassen, wohin ich – wie wir vereinbarten – im nächsten, kommenden Herbst zurückkehren sollte. In Anbetracht des heraufziehenden Sommers wünschte ich, mich in die Heimat zurückziehen zu dürfen, um der Gefahr zu entgehen, krank zu werden – hielt ich mich doch schon Mai und Juni in Rom auf. Während ich in Florenz war, kam dann die Seuche, und der Handel wurde eingestellt.

Als ich nun sah, daß ich nicht nach Rom kommen konnte, bat ich denselben Pater Meister des Heiligen Palastes in Briefen, daß er sich einverstanden erklärte, daß das Buch in Florenz gedruckt werden würde. Er gab mir zu verstehen, daß er mein Original wieder sehen wolle und daß ich es ihm schicken solle. Obwohl ich jede mögliche Vorsicht walten ließ und sogar die ersten Sekretäre des Großherzogs und die Herren der Postboten damit beauftragte, darauf zu sehen, daß das besagte Original sicher abgeschickt werde, gab es keine Möglichkeit sicherzustellen, daß das Buch nach Rom gelangen würde. Hätte man es doch versucht, wäre es sicher verlorengegangen, naß geworden oder verbrannt. Deshalb konnte ich nichts tun. Ich ließ den Pater Meister [des Heiligen Palastes*] von dieser Schwierigkeit wissen ..., und so wurde mir von ihm befohlen, daß das Buch von einer Person seines Vertrauens peinlich genau durchgesehen werde müsse. Die Person, die seine Zustimmung fand, war der Pater Magister Giacinto Stefani, Dominikaner*, Lektor der Heiligen Schrift an der Universität von Florenz, Prediger der durchlauchtigsten Hoheiten und Konsultor* des Heiligen Offiziums*.[45] Das Buch übergab ich dem Pater Inquisitor* von Florenz, und von diesem wurde es obengenanntem Pater Giacinto Stefani ausgehändigt, der es wiederum dem Pater Inquisitor zurückgab. Dieser schickte es seinerseits dem Herrn Niccolò dell' Antella[46], Revisor der gedruckten Bücher bei der durchlauchtigsten Hoheit von Florenz. Und von diesem Herrn Niccolò wurde es dem Drucker, Landini genannt, ausgehändigt. Nachdem er mit dem Pater Inquisitor verhandelt hatte, druckte er es, indem er sehr genau jede Anweisung des Paters Meister des Heiligen Palastes beachtete.

Frage: Als er vom Meister des Heiligen Palastes die Druckerlaubnis für das besagte Buch erbat, hat er diesem dabei auch die Vorschrift gezeigt, die ihm einst auf Anordnung der Heiligen Kongregation* erteilt worden war?

Antwort: Ich sagte dem Pater Meister des Heiligen Palastes nichts von der obengenannten Vorschrift, als ich ihn um Erlaubnis zur Drucklegung des Buches bat, denn ich erachtete es nicht für notwendig, hatte ich doch keinerlei Skrupel, weil ich in dem besagten Buch die Meinung von der Beweglichkeit der Erde und der Stabilität der Sonne weder aufrechterhalten noch verteidigt hatte. In besagtem Buch zeige ich vielmehr das Gegenteil der besagten Auffassung des Kopernikus, und daß die Beweise dieses Kopernikus haltlos und unschlüssig sind.

An diesem Punkt wurde die Anhörung vertagt … Man wies Galilei eine Kammer im Schlafzimmertrakt der Beamten zu, in der Nähe der Gefängnisse im Palast des Heiligen Offiziums*; unter Strafandrohung wurde ihm auferlegt, sich nicht von dort zu entfernen. Auch ließ man ihn unterschreiben und Stillschweigen über seinen Eid geloben.

G

ASV, Misc. Arm. X, 204, Florentinus Vol. 1181, Fol. 84^r–86^r.[47]

Zweites Verhör

Rom, am Samstag, dem 30. April 1633

… Nachdem man Galileo Galilei, der um eine Anhörung gebeten hatte, den Eid abgenommen hatte, die Wahrheit zu sagen – den er unter Berührung der Evangelien … leistete –, stellten die verehrten Herren ihm folgende Fragen:

Frage: Er möge sagen, was ihm zu sagen notwendig erscheint.

Antwort: Als ich mehrere Tage lang ununterbrochen und beständig über die Befragungen des 16. des gegenwärtigen Monats nachdachte und im besonderen über jenes, ob mir vor 16 Jahren auf Anordnung des Heiligen Offiziums* das Verbot ausgesprochen wurde, die bis zur Stunde verdammte Auffassung von der Beweglichkeit der Erde und der Stabilität der Sonne zu vertreten, zu verteidigen oder *auf irgendeine Weise* zu lehren, fiel mir ein, meinen gedruckten Dialog wieder zu lesen, den ich seit drei Jahren nicht mehr gesehen hatte, um sorgfältig zu prüfen, ob gegen meine reinste Absicht, aus Unachtsamkeit aus meiner Feder, etwas hervorgegangen sein könnte, das den Leser oder die Oberen vermuten lassen könnte, daß nicht nur der Makel des Ungehorsams mich befallen habe, sondern auch andere Einzelheiten, derentwegen man mich des Widerspruchs zu den Anordnungen der Heiligen Kirche verdächtigen könnte.

Mit dem wohlwollenden Einvernehmen der Oberen erhielt ich die Erlaubnis, einen meiner Diener auszuschicken, um mir eines meiner Bücher zu verschaffen. Als ich es nun hatte, machte ich mich daran, es mit größter Sorgfalt zu lesen und peinlich genau zu untersuchen. Es erschien mir nach der langen Entwöhnung wie eine neue Schrift und das Werk eines anderen Autors. *Ich gestehe frei, daß es mir an mehreren Stellen in solcher Form geschrieben schien, daß der Leser, der sich meiner inhaltlichen Botschaft nicht bewußt war, Grund gehabt hätte, sich die Meinung zu bilden, daß die von der falschen Seite angeführten Argumente*, die ich zu widerlegen versuchte, auf solche Weise formuliert wurden, daß sie durch ihre Wirkung eher gestärkt als entkräftet wurden. Dies gilt für zwei Stellen; ich nahm ein Argument von den Sonnenflecken und ein anderes vom Fluß und Rückfluß des Meeres. Sie werden in den Ohren des Lesers – mit den Attributen »stark« und »kräftig« – tatsächlich gestärkt, und zwar mehr, als es sich schicken würde für jemanden, der sie für unsicher erachtet und sie widerlegen will, so wie ich sie im ganzen wirklich für unsicher und für zu widerlegen erachtete und erachte. Und als Entschuldigung für mich, einen Fehler begangen zu haben, der meiner Intention so fern liegt, gebe ich mich nicht ganz mit dem Verweis darauf zufrieden, daß die Argumente der Gegenseite, wenn man sie widerlegen will, in der knappsten Weise wiedergegeben werden sollten (vor allem, wenn man einen Dialog schreibt), so daß sie nicht zum Nachteil des Gegners gereichen. Ich gebe mich, wie gesagt, nicht mit einer solchen Entschuldigung zufrieden, ich setze mich vielmehr dem Vorwurf der natürlichen Selbstgefälligkeit aus, die ein jeder hinsichtlich seiner eigenen Haarspaltereien hat und die sich darin äußert, daß man sich als geistvoller erweisen will als die Durchschnittsmenschen, indem man einfallsreiche Scheinerörterungen über die Wahrscheinlichkeit – auch der falschen Urteile – anstellt.

Kurzum: Müßte ich jetzt dieselben Sätze schreiben, dann würde ich sie – obgleich ich, frei nach Cicero, über die Maßen ruhmsüchtig bin – zweifellos so entkräften, daß sie nicht augenscheinlich jene Wirksamkeit entfalten könnten, deren sie im wesentlichen und tatsächlich entbehren. Es war demnach – ich gestehe es – mein Fehler, eitler Ehrgeiz, pure Ignoranz und Unachtsamkeit. Dies ist es, was mir in diesem besonderen Fall zu erwähnen notwendig scheint, als es mir widerfuhr, mein Buch wieder zu lesen.

An diesem Punkt vertagte man für den Moment die Anhörung, nachdem man ihn hatte unterschreiben und Stillschweigen über seinen Eid geloben lassen. Kurz darauf kehrte er jedoch noch einmal zurück und sagte:

Zur größeren Bestätigung, daß ich die verurteilte Auffassung von der Beweglichkeit der Erde und der Stabilität der Sonne weder für wahr erachtet habe noch erachte, werde ich – wenn es mir erlaubt wird und mir Zeit zugestanden wird, wie ich es wünsche – einen klareren Beweis vorbringen, sollte dies geschehen, dann werde ich mich anschicken, es zu tun. Und die Gelegenheit ist sehr passend, in Anbetracht dessen, daß die Dialogpartner im schon veröffentlichten Buch darin übereinstimmen, sich nach gewisser Zeit nochmals zusammenzufinden, um über diverse Probleme der Naturphilosophie zu diskutieren, die nicht zu den in ihren Sitzungen behandelten gehören: Mit einer solchen Gelegenheit, wenn ich ein oder zwei Tage hinzufügen könnte, verspreche ich, die schon angeführten Argumente zugunsten der besagten falschen und verdammten Auffassung zurückzunehmen und sie auf die wirkungsvollste Weise, die mir von dem gesegneten Gott ermöglicht werden wird, zu widerlegen. Ich bitte daher dieses Heilige Tribunal, daß es mich in diesem guten Entschluß unterstützt, indem es mir die Erlaubnis erteilt, dies in die Tat umzusetzen.

Und wiederum leistete er seine Unterschrift.

H

ASV, Misc. Arm. X, 204, Florentinus Vol. 1181, Fol. 86^v–87^r.[48]

Drittes Verhör

Rom, am Dienstag, dem 10. Mai 1633

... Auf Vorladung stellte sich Galilei persönlich im Kongreßraum im Palast des Heiligen Offiziums* zu Rom vor, in Anwesenheit des verehrten Paters Vincenzo Maculani[49] vom Orden der Dominikaner* und Generalkommissar* des Heiligen Offiziums, und meiner Person. Der Kommissar ... setzte Galilei eine Frist von acht Tagen, um in diesem Zeitraum seine Verteidigungen aufzusetzen, wenn ihm daran gelegen sei.

Daraufhin sagte Galilei:

Ich habe jenes vernommen, was mir eure Herrschaft gesagt hat: Und ich antworte ihnen – das heißt, um die Aufrichtigkeit und die Reinheit meiner Absicht zu bekunden und ganz und gar nicht, um zu entschuldigen, daß ich an einigen Stellen zu weit gegangen bin, wie ich schon gesagt habe –, daß ich zu meiner Verteidigung diese Schrift vorlege, mit einer hinzugefügten Bescheinigung des vortrefflichsten Herrn Kardinal Bellarmin, aus der Hand desselben Herrn Kardinals verfaßt, von der ich schon eine von mir geschriebene Kopie vorgelegt habe. Für den Rest überlasse ich mich voll und ganz der üblichen Barmherzigkeit und Milde dieses Tribunals.

Nachdem er unterzeichnet hatte, wurde Galilei ins Haus des obengenannten Botschafters des Großherzogs von Florenz zurückgeschickt.

I

ASV, Misc. Arm. X. 204, Florentinus Vol. 1181, Fol. 88r.[50]

Kopie der Bescheinigung des Kardinals Robert Bellarmin

Rom, 26. Mai 1616

Nachdem wir, Robert Kardinal Bellarmin, gehört haben, daß der Herr Galileo Galilei verleumdet oder beschuldigt worden ist, in unsere Hand abgeschworen zu haben und deswegen mit heilsamen Strafen belegt worden zu sein, sagen wir, nach der Wahrheit gefragt, daß der obengenannte Herr Galilei weder in unsere Hand noch, soviel wir wissen, in diejenige anderer hier in Rom oder anderswo irgendeiner seiner Thesen oder Lehrsätze abgeschworen hat, noch daß er heilsame Strafen erhalten hat. Ihm wurde nur die Erklärung verkündet, die der Heilige Vater verfaßt hat und die von der Heiligen Kongregation* für den Index veröffentlicht wurde, in der ausgeführt wird, daß die dem Kopernikus zugeschriebene Lehre, nach der die Erde sich um die Sonne dreht und die Sonne im Zentrum der Welt steht, ohne sich von Osten nach Westen zu bewegen, der Heiligen Schrift widerspricht und daß man sie daher weder aufrechterhalten noch verteidigen könne. Im Vertrauen hierauf haben wir dieses Schreiben verfaßt und unterschrieben mit unserer eigenen Hand, am 26. Mai 1616.

J

ASV, Misc. Arm. X, 204, Florentinus Vol. 1181, Fol. 114v.[51]

Anordnung des Papstes[52], Galilei zu verhören und den *Dialog* zu verbieten

[Rom,] 16. Juni 1633

In der Angelegenheit obengenannten Galileo Galileis verfügte seine Heiligkeit, daß dieser über seine Absicht zu befragen sei, und zwar auch unter der Androhung von Folter. Wenn er hartnäckig bleibe, müsse er – nachdem er zuvor in der Vollversammlung der Kongregation des Heiligen Offiziums* ernsthaft abgeschworen hat – durch einen Schiedsspruch des Heiligen Offiziums zur Kerkerhaft verurteilt werden, da ihm auferlegt worden war, fortan weder in Wort noch Schrift in irgendeiner Art Erörterungen über die Beweglichkeit der Erde und die Unbeweglichkeit der Sonne bzw. umgekehrt anzustellen, denn andernfalls würde er der Bestrafung anheimfallen. Das von ihm verfaßte Buch mit dem Titel *Dialog des Galileo Galilei* werde man dann verbieten müssen. Damit dies auch jedem zur Kenntnis gelange, befahl seine Heiligkeit außerdem, daß Kopien des in dieser Sache noch zu fällenden Urteils an alle Apostolischen Nuntien* und an alle Inquisitoren* ketzerischer* Verworfenheit übersandt werden, insbesondere auch an den Inquisitor von Florenz, der dieses Urteil in der dortigen Vollversammlung öffentlich verlesen lassen soll, und zwar in Anwesenheit zahlreicher herbeigerufener Professoren der Mathematik.

III. Überlegungen zur Revision der Verurteilung

K
Pietro Lazzari

1710–1789 (auch: Lazari oder Laz(z)eri). Jesuit*. Pietro Lazzari lehrte in Florenz Philosophie. Unter Benedikt XIV., der ihn hochschätzte, wurde er 1753 zum Konsultor* der Indexkongregation* berufen, was nicht ohne Brisanz war, war doch sein Werk – aufgrund seiner heftigen Angriffe gegen die Dominikaner* – erst im Jahr 1750 auf den Index der verbotenen Bücher* gesetzt worden! Im folgenden Gutachten tritt er für die Aufhebung des Verbots der Bücher ein, die von dem zu Beginn des Gutachtens zitierten Passus aus dem Dekret vom 5. März 1616 betroffen sind. Die Ironie der Geschichte will es jedoch, daß man schließlich zwar gerade diesen Passus aus dem Index streichen, aber keineswegs das Verbot der betroffenen Bücher aufheben wird.

ACDF, Indice, Protocolli 1755–1757, Fol. 486^r–497^v.[53]

1757. Überlegungen zu dem Artikel: »Alle Bücher, die die Beweglichkeit der Erde und die Unbeweglichkeit der Sonne lehren« (Dekret* vom 5. März 1616[54])

Drei Überlegungen sind es, die ich zu dem Artikel anstellen will.

1. Daß er einst mit guten Gründen und in umsichtiger Weise aufgenommen wurde.
2. Daß es diese Gründe, ihn darin zu belassen, jetzt nicht mehr gibt.
3. Daß es hilfreich erscheint, ihn bei dieser Gelegenheit herauszunehmen.

Es gab demnach einst gute Gründe, denen zufolge man sagen könnte, daß er auf umsichtige Weise aufgenommen wurde.

Drei dieser Gründe oder Motive, ihn aufzunehmen, ziehe ich in Betracht. 1. Daß diese Auffassung von der Beweglichkeit der Erde eine neue Auffassung war, die vom größten Teil der Astronomen und Physiker – auch von den exzellenten – zurückgewiesen und mit strengen Zensuren belegt wurde. Auf der anderen Seite, Punkt 2, betrachtete man sie als der Heiligen Schrift, in ihrem eigentlichen und wörtlichen Sinn genommen, widersprechend; dies räumen sogar ihre Verteidiger ein. Ferner, 3., hat man keinen gewichtigen Grund oder Beweis vorgebracht, der dazu zwingen oder es nahelegen würde, die Schrift in dieser Weise zu verstehen und jene Auffassung zu vertreten. Man kann nicht bestreiten, daß diese Gründe im ganzen genommen ein gutes und starkes Motiv bedeuteten, jenen Artikel in den Index aufzunehmen. Und obwohl es nicht üblich war, in den Dekreten* die Begründungen anzufügen, hat man in dem einstmals erlassenen Dekret genug hinzugefügt, um zu verstehen, daß diese die Motive des Verbots waren. Man schrieb: »Da die Heilige Kongregation* zur Kenntnis genommen hat, daß jene falsche, pythagoräische und der Heiligen Schrift gänzlich widersprechende Lehre von der Beweglichkeit der Erde und der Unbeweglichkeit der Sonne ... sich bereits verbreitet und von vielen Menschen wahrgenommen wird ..., hat man entschieden, ... damit sich diese Ansicht nicht weiter zum Verderben der katholischen Wahrheit einschleicht ...«[55]

Ich werde nun kurz die besagten Motive erklären. 1. Obwohl die Auffassung des Kopernikus einiges Getöse verursachte und gerade von den Jugendlichen gern gehört wurde (auf jenen Umstand spielt das Dekret an – dies ereignete sich auch, als Kopernikus sie selbst in Rom unter großem Zulauf von Zuhörern erklärte ..., und man erinnert sich, daß bisweilen tausend und mehr kamen), erachtete man die Auffassung unter den Mathematikern trotzdem als neu, und sie wurde von den gewichtigsten Professoren und Kennern zurückgewiesen und angefochten ...

Ich komme nun zum zweiten Punkt bzw. zur zweiten Überlegung; keiner dieser Gründe, viel weniger noch ihre Gesamtheit, spricht dafür, diesen Artikel im Index zu belassen. Indem ich dies sage, sage ich wenig, denn einige dieser Gründe sprachen dafür, ihn nicht darin zu belassen.

1. Die Auffassung von der beweglichen Erde ist in den wichtigsten Akademien – auch in Italien – und bei den berühmtesten und sachverständigsten Physikern und Mathematikern allgemein anerkannt.

2. Diese erklären die Schrift in einem eigentlichen und sehr wortgetreuen Sinn.

3. Sie führen eine Art Beweis zu ihren Gunsten an.

Ich erkläre nun zuerst, daß die Auffassung von der beweglichen Erde heute in den wichtigsten Akademien und bei den berühmtesten Philosophen und Mathematikern allgemein anerkannt ist. Kurz nachdem unser Dekret* erlassen worden ist (oder etwa um diese Zeit), begann diese Auffassung Fuß zu fassen, hauptsächlich durch das Werk Keplers[56], wie wir es bei ihm selbst in der *Zusammenfassung der kopernikanischen Astronomie*[57] lesen können ...

Aber viel wahrer ist dies heute nach den Entdeckungen Newtons[58] oder denjenigen, die auf seinem System basieren. Es genügt, die *Akten und Erinnerungen* der Akademien, auch der katholischen, zu lesen, und ebenso die Werke der berühmtesten Philosophen und Mathematiker; oder wenigstens die Wörterbücher oder ähnliche Werke, die der glaubhaftesten Auffassungen Rechnung tragen. Der berühmte Mathematiker D'Alembert[59] schreibt im Artikel über das kopernikanische System, den er für die *Enzyklopädie*[60] verfaßt hat, die sonst auch *Vernünftiges Wörterbuch der Wissenschaften* heißt:

»Im allgemeinen folgt man diesem System heute in Frankreich und in England, und zwar vor allem, seitdem Descartes und Newton versucht haben, es durch physikalische Erklärungen zu stützen ... In Frankreich behauptet man das System des Kopernikus ohne Scheu usw. Es wäre überaus wünschenswert, daß ein Land wie Italien – so voller Geist und Wissen – seinen Irrtum schließlich erkennen wollte, der sich so nachteilig auf den wissenschaftlichen Fortschritt auswirkt, und daß es über diese Sache ebenso denken würde, wie wir Franzosen es damit halten. Ein solcher Richtungswechsel wäre des aufgeklärten Papstes würdig, der heute die Kirche lenkt, als ein Freund der Wissenschaften und selbst ein Gelehrter. An ihm ist es, in dieser Sache den Inquisitoren* ein Gesetz vorzuschreiben, wie er es in anderen, wichtigeren Angelegenheiten schon getan hat.«[61]

An zweiter Stelle leugnen die Verteidiger des kopernikanischen Systems hier aber auf der anderen Seite eine solche Notwendigkeit, und zwar nicht (wie sie es in der Vergangenheit taten), weil sie behaupteten, daß man die Stellen der Schrift im uneigentlichen Sinn und fern von der natürlichen Bedeutung der Worte auffassen müsse, sondern weil sie vielmehr glauben, daß sie, indem sie ein solches System verteidigen, den eigentlichen und natürlichen Sinn mehr als alles andere treffen.

Man muß zwei Arten von Menschen unterscheiden und – auf sie bezogen – zwei Arten zu sprechen. Die erste Art besteht aus den gewöhnlichen Leuten des Volkes und aus den gebildeten Menschen, die mit dem Volk oder unter sich sprechen und über die geläufigen Dinge und über all jenes diskutieren, um das sich das menschliche und bürgerliche Leben dreht. Die zweite Art Mensch besteht aus den Philosophen, die scharfsinnig nicht nur die Dinge, sondern auch die Worte überprüfen, mit denen jene ausgedrückt werden, und ihre Korrespondenz mit den Begriffen, die sich in der Seele dafür formen. Demnach haben sie eine eigene Sprache, eine Philosophensprache. Und so, wo die gewöhnlichen Leute, ohne weiter zu denken und eine Unterscheidung zu treffen »der gesunde Mensch, gesunde Farbe und gesunde Kost« sagen ..., verstehen die Philosophen hier verschiedene Arten zu sprechen, und sie unterscheiden und differenzieren scharfsinnig das eine von dem anderen ...

Ich muß nun kurz auf den dritten Punkt zu sprechen kommen: Daß es bei dieser Gelegenheit, da man den Index neu erstellt, zweckdienlich erscheint, einen solchen Artikel herauszunehmen, 1. weil es nichts Gutes bringt, ihn darin zu lassen, und viel Schlechtes [erzeugt], 2. weil es nichts wesentlich Schlechtes bringt, ihn herauszunehmen, und viel Gutes erzeugt. Nichts Gutes bringt es, ihn darin zu lassen. Welchen Vorteil kann dieser Artikel bringen? Es bewirkt, daß man ähnliche Bücher nicht liest, nicht verbreitet und nicht wieder druckt ... Wer will nicht über das Newton'sche System informiert werden, wer hält nicht das Buch irgendeines Newton-Anhängers in Händen? Ein anderes Vorgehen, das Beharren auf diesem ausgesprochenen Verbot, bringt ein großes Übel, nämlich die Verachtung, die absolute Geringschätzung und dazu den Spott und das Verhöhnen der im Index wiedergegebenen Dekrete*: Dies wird immer mehr zunehmen, wenn man sie (mit dem Neudruck ähnlicher Bücher in Italien) so offenkundig und ungestraft verletzt sieht.

Was werden wir tun? Werden wir sie erneuern? Werden wir darauf beharren, daß sie beachtet werden? Dies vom größten Teil Italiens zu verlangen – gerade von den angesehensten Universitäten – ist gänzlich unmöglich; dies wäre eine unvernünftige und unbegründete Hoffnung. Man sorgt dafür, daß man sich bei jedem Schritt irgendeinen Protest einhandelt und jenes Allheilmittel eines einzigen Wortes: *Hypothese*. Mir, der ich bisweilen ähnliche Bücher gesehen und gelesen habe, ist es immer als ein Heilmittel erschienen, schlechter als das Böse, das die Sache ins Lächerliche zieht. Jeder weiß, jeder sieht, jeder bemerkt, daß derjenige mit aller Kraft jene Sentenz unterstützt, daß er so denkt und daß er die anderen davon überzeugen will. Und man setzt ein und liest: *Hypothese*.

Es gibt da ein weiteres sehr zu beachtendes Übel: und zwar, daß die Protestanten – vollkommen überzeugt von der Falschheit des Systems von der unbeweglichen Erde und im Besitz von Gegenbeweisen – immer dieses Verbot im Mund und in ihren Schriften haben. Sie beanspruchen dadurch zeigen zu können, daß in Rom die größte Ignoranz der bekanntesten Dinge vorherrscht, oder eine blinde Starrköpfigkeit. Sie bringen es nun in den anderen Punkten vor, sei es in der Auslegung der Schriften, in der Erklärung der Dogmen oder in der Auslegung der Kirchenväter (was wahrlich ganz falsch ist, aber einen trügerischen Schein enthält). Wie sehr dies der Religion zum Schaden gereicht, weiß jeder, der eines dieser Bücher in der Hand gehalten hat. Ich wiederhole, dies ist eine üble Argumentationsweise, sie sind vollkommen im Unrecht. Sicher ist aber auch, daß sie es tun. Warum hindern wir sie nun nicht daran und nehmen ihnen so mächtige Waffen aus der Hand? Wir sehen, welches Übel aus dem zweiten Punkt entstehen könnte. Auf den ersten Blick scheint es, daß es dem Tribunal wenig zur Ehre gereicht, in einem so berühmten Gebiet zu widerrufen und den Gegnern nachzugeben, die darüber triumphieren werden. Aber dies ist ein Schatten ohne Körper und ohne Substanz.

Zunächst steht der Widerruf eines Urteils dafür, dem Beispiel, der Spur der gesamten Welt (oder der größte Teil von ihr) und der Gebildetsten zu folgen, wenn diese es so – wie zuvor so auch jetzt – getan haben. Man darf sich nicht, und man kann sich dabei niemals ein Fehlverhalten zuschreiben und *ein Tribunal* deswegen tadeln, *das schließlich nicht beansprucht, in seinen Urteilen unfehlbar zu sein.* Ich glaube vielmehr, daß ihm daraus Ehre erwachsen würde, wenn es zeigen könnte, bis dorthin nachzugeben, wo es möglich ist; und wenn es dies in anderen Fällen nicht tut, dann ist dies kein Zeichen von Hartnäckigkeit, sondern eines seiner Konstanz ...

Welchen Verlust man auch immer machen würde: An zweiter Stelle muß man betrachten, ob dieser größer wäre als jener, den wir erleiden würden, wenn wir den Artikel aus der neuen Edition [des Index] herausnehmen würden oder, wie wir es jetzt beständig tun, ihn darin zu belassen. Wenn er im Munde aller ist und man ihn druckt, so rührte dies gleichsam von Ignoranz, Eifer und von Hartnäckigkeit her, und man deklamierte den Abscheu und die Feindseligkeit gegenüber den schönsten Wissenschaften und Künsten, und auch die Tyrannei, die man über die höchste Intelligenz auszuüben beansprucht.

Bleibt der letzte Punkt, der Beweis, daß sich ein großer Vorteil aus der Herausnahme dieses Artikels ergeben würde. Dies geht aber aus dem bislang Gesagten hervor, so daß ich nur einige Punkte der obengenannten Erklärungen anführen werde.

1. Schaffen wir die offenkundige Verachtung, der wir nunmehr nichts mehr entgegensetzen können, und die allen ersichtliche, nicht verdammte Nichtbeachtung der Dekrete* der Kongregation* ab, die auf sehr guten Beweisen gründet, indem wir ähnliche Bücher drucken und lesen lassen.

2. Beschwichtigen wir die Ängste vieler, die über die besten physikalischen und astronomischen Entdeckungen informiert werden wollen und nicht wissen, an wen sie sich wenden sollen, obwohl sie das Thema von der Bewegung der Erde in allen derartigen Büchern vorfinden. Entweder unterbrechen und verlassen sie die Vorlesung oder sie bleiben voller Ratlosigkeit, Skrupel und Zweifel zurück.

3. Überlassen wir das Feld den besten Autoren und den als klassisch angesehenen Büchern, vor denen die alten Ordnungen und Dekrete immer hohe Achtung hatten.

4. Strafen wir den schlechten Ruf, den die Autoren dieser Dekrete und Verbote haben, Lügen, und zwar in dem Sinne, daß sie wenig Erfahrung in physikalischen und mathematischen Fächern hatten und daß sie voreilige Strenge in Sachen Verbot und Starrköpfigkeit in der einmal übernommenen Verpflichtung, auch gegen den evidenten Beweis, walten ließen.

5. Verschaffen wir dem neuen Index neuere und größere Autorität, oder vermeiden wir wenigstens größere Verachtung.

IV. Bürgerkrieg

L

ACDF, SU., St. St. E 5-a, Fol. 344^r-351^r.[62]

Dem Papst[63] vorgelegtes Bittgesuch des Giuseppe Settele[64]

[Rom, im März 1820]
Der Kanoniker* Giuseppe Settele, durch Euer Heiligkeit Gnaden Professor für Optik und Astronomie an der römischen Universität, bringt demütig kniend vor den Heiligsten Füßen eine ungeahnte Schwierigkeit vor, die den Druck seiner Vorlesungen zur Astronomie betrifft, und zwar in der Absicht, mit vollkommener Unterwerfung einen Apostolischen Spruch zu erbitten.

Diese Schwierigkeit betrifft die Tatsache, daß er – nach der allgemeinen Theorie der modernen Astronomen – lehrt, daß die Erde zwei Bewegungen habe, eine um die eigene Achse, von der die Erscheinungen der Tagesbewegung des gesamten Himmels herrühren, die andere in einer elliptischen Bahn, in deren einer Feuer die Sonne steht, der man die Jahresbewegung zuschreibt, die, wie es scheint, aus der Sonne gemacht wird, zusammen mit dem Wechsel der Jahreszeiten.

Der Bittsteller bittet darum, daß ihm gestattet werde, mit Bescheidenheit jene Beweise vorzubringen, die zu überzeugen scheinen, daß die Behauptung eines solchen Systems vom Heiligen Apostolischen Stuhl* nicht verboten wird, welches man nach seinem Wiederhersteller das Kopernikanische zu nennen pflegt ... Der Bittsteller gibt zu bedenken, daß nach dem *Dialog* Galileis keine anderen Bücher namentlich verurteilt worden zu sein scheinen, da man in ihnen das kopernikanische System verteidigte. Dennoch verbreitete sich dieses System noch mehr, auch unter den Katholiken, und man setzte den Druck der Bücher, in denen das System vertreten wird, in großer Zahl fort.

Sie fanden freie Verbreitung. Einige von ihnen wurden sehr berühmt, wie beispielsweise die *Anfangsgründe der Naturphilosophie*[65], auf Latein von dem Engländer Isaac Newton ab dem Jahre 1686 geschrieben. Da man in ihnen das kopernikanische System verteidigt – aber sehr verbessert und erweitert mit vielen neuen Erkenntnissen späterer Jahre, und besonders mit Theorien und Berechnungen angereichert –, verdienen sie die besondere Aufmerksamkeit des Heiligen Stuhls*. Man kann keineswegs annehmen, daß es so vielen gewissenhaften und aufgeklärten Päpsten verborgen geblieben wäre, und daß sie es auf sich beruhen lassen hätten, wenn sie gefürchtet hätten, daß im kopernikanischen System, welches man verbesserte, noch jene Absurditäten und Unwahrheiten enthalten gewesen wären, derentwegen es verurteilt, und nicht nur für falsch, sondern der Heiligen Schrift für widersprechend erklärt wurde. Es wurde als ein gefährlicher Fehler erachtet …

Die bis hierher angeführten Gründe erscheinen dem Redner derart, daß man ohne Gebrauch scharfsinniger Untersuchung urteilen muß, daß das kopernikanische System, welches man heute verteidigt, nicht die Unwahrheit und die Opposition zur Heiligen Schrift aufrechterhält, auf die sich die im Dekret* der Heiligen Kongregation für den Index* von 1616 ausgesprochene Verurteilung bezieht.

M

ACDF, SU., St. St. E 5-a, Fol. 168^{r}–172^{r}.[66]

Bericht des Maurizio Olivieri[67]

[Rom, im August 1828]

Der Kanoniker* Don Giuseppe Settele, Professor für Optik und Astronomie an der römischen Universität, hat am Mittwoch, dem 2. des laufenden Augusts, dem Monsignore* Assessor*[68] den von eigener Hand geschriebenen Bescheid Seiner Heiligkeit vorgelegt, mit dem der Kongregation des Heiligen Offiziums* eine Entscheidung überlassen wird, die sein Bittgesuch über die Lehre der modernen Astronomen betrifft, nämlich über die Beweglichkeit der Erde und die Unbewegtheit der Sonne, um die scheinbare Tagesbewegung im gesamten Himmel und die scheinbare Jahresbewegung der Sonne zu erklären. Dieser Professor hatte sich im letzten vergangenen Monat März schon einmal an Seine Heiligkeit gewandt, weil der Hochwürdigste Pater Meister des Heiligen Palastes* ihm die Erlaubnis entzogen hatte, seine *Grundlagen der Astronomie*[69] in jenem Teilabschnitt im Druck erscheinen zu lassen, in dem er eine solche Lehre als wahr vertritt.

In einem damals vorgelegten Bittgesuch, welches jetzt wieder vorgelegt wird, führte er verschiedene Gründe an mit dem Ziel, zu beweisen, daß ein solches System, welches man heutzutage vertritt, vom Heiligen Apostolischen Stuhl* nicht verboten ist. Er bemerkte, daß dem Calandrelli[70], Astronom des *Collegio Romano*, im Jahre 1806 gestattet wurde, ein Büchlein zu drucken und Seiner Heiligkeit zu widmen, in dem man explizit vorgab, die Jahresbewegung der Erde mit der Jahresparalipse der Fixsterne erklärbar zu machen ... Ferner wollte er noch unmittelbarer beweisen, daß das Verbot zusammen mit der Ächtung durch das Dekret* der Heiligen Kongregation für den Index* aus dem Jahre 1616 die Lehre der modernen Astronomen nicht mit einschließt. Dafür legte er die folgenden Argumente vor:

1. Es ist wahr, daß das Dekret von 1616 die Lehre von der Beweglichkeit der Erde und der Unbewegtheit der Sonne für falsch und der Heiligen Schrift widersprechend erachtet und alle Bücher verbietet, in denen die Lehre vertreten wird, aber ein Dekret des Jahres 1620 mildert es mit der Erlaubnis ab, daß man diese Lehre als eine Hypothese anwenden könne.

2. Obwohl man noch 1634 den *Dialog* Galileis dieser Lehre wegen im Index der verbotenen Bücher* findet, scheint es doch, daß man danach an keine Bücher mehr gerät, wenn auch einige,

wie diejenigen Newtons, sehr berühmt wurden, denen man dann folgte und denen man im allgemeinen folgt.

3. Seit 1661 ließ man in Rom die Auffassung des Paters Fabri[71] drucken, Jesuit* und Beichtvater in San Pietro, die das Verbot an die Bedingung knüpfte, daß man es so lange aufrechterhalten sollte, als man keinen Beweis für diese Lehre vorbrächte.

4. Kein Index nach demjenigen Alexanders VII.[72] aus dem Jahre 1664 hat mehr irgendeine Erinnerung an diese Ächtung und an dieses Verbot aufrechterhalten. Dies geht besonders aus dem Index des Jahres 1758 unter Benedikt XIV. hervor, der damals nach einem neuen Plan umgestaltet wurde, den man dann wieder aufgelegt hat und der heute gültig ist.

Zuletzt nannte Settele die späteren Entdeckungen, die neue Begründungen und Beweise der Lehre geliefert hatten. Vor allem aber hatten sie die Ideen verbessert und die Absurditäten und Fehler korrigiert, von denen sie anfangs begleitet wurde und derentwegen sie geächtet wurde.

Seine Heiligkeit ließ sich herab, diese Bittschrift dem Monsignore* Assessor* des Heiligen Offiziums* weiterzuleiten, mit der Anweisung, sich mit dem Hochwürdigsten Präfekten* des Index in Verbindung zu setzen, um jenes in Erfahrung zu bringen, was tatsächlich hinsichtlich des Index des Jahres 1758 geschah. Nachdem jener Hochwürdigste Präfekt die vorgesehenen Anordnungen an den Pater Sekretär* erteilt hatte, prüfte dieser mit seinem Schreiben des letzten vergangenen 28. März an den Monsignore Assessor, was in den *Diarii** unter dem 6. April 1757 geschrieben steht: »In einer Partikularsitzung* der Kongregation* in Anwesenheit ihrer Eminenz, des Präfekten, wurde in betreff des neuen Index folgendes beschlossen: ›... Nach Rücksprache mit dem Heiligen Vater soll das Dekret aufgehoben werden, das alle Bücher verbietet, die die Unbeweglichkeit der Sonne und die Beweglichkeit der Erde lehren.‹«

Jene so gefaßten Beschlüsse wurden dann in der Generalkongregation* des folgenden 10. Mai »allesamt einmütig gebilligt«

und am folgenden Tag »von seiner Heiligkeit für richtig befunden und bestätigt«. Aus diesen Nachprüfungen ging hervor, daß man im veröffentlichten Index des folgenden Jahres 1759 die in der Versammlung dort erstellten, obengenannten Dekrete* mit dem Titel »*Dekrete über Bücher, die verboten, aber nicht* explizit *im Index enthalten sind*« ausdrücklich weglassen wollte.

Während man diese Dinge behandelte, gab es deutsche und französische Zeitungen, die darüber berichteten, und der Hochwürdigste Pater Magister glaubte, sich seiner Handlungsweise in einer Anmerkung rechtfertigen zu müssen, die er ans Ende des Neudrucks eines seiner Werke gegen die *Palingenese* des Bonnet[73] setzte, einstmals im Jahre 1802 in Venedig publiziert. In dieser Note sagt er, daß die Beweglichkeit der Erde und die Unbewegtheit der Sonne, wenn sie nicht als Hypothese, sondern als Gewißheit gelehrt werden, gegen sich die klaren und offenkundigen Worte der Schrift, die einmütige Zustimmung der Kirchenväter, das Urteil in dem berühmten Fall des Galilei, die Einordnung in den Index der verbotenen Bücher*, der Bücher, die dies lehren, hätten und daß man auch jenes des Herrn Professors hätte einfügen müssen, wenn erlaubt worden wäre, es zu drucken ... Ahnungslos von dem Druck dieser seiner Gründe, der vom Hochwürdigsten Pater bewerkstelligt wurde, wandte sich Monsignore* Assessor* an ihn, um ihn zu einer Abmilderung für den Druck des Professors Settele zu bewegen; aber dies gelang ihm nicht ...

N

ACDF, SU., St. St. E 5-a, Fol. 45.[74]

Dekret* der Kongregation*

16. August 1820

Ihre Hochehrwürdigen Eminenzen befanden das Votum* der

Herren Konsultoren* für gut und fügten hinzu, daß dem Werk des Herrn Professor Settele die Druckerlaubnis von ihrer Eminenz, dem hochwürdigsten Kardinalsekretär* der Kongregation des Heiligen Offiziums*, erteilt werden möge, da der Meister des Heiligen Apostolischen Palastes* sich weigere, dies zu tun. Dies soll so geschehen, daß die vorliegende Lösung dem Heiligen Vater vom Herrn Assessor* in der üblichen Audienz präsentiert wird, um sie von diesem billigen zu lassen, und daß man ihm dann das Votum* der Heiligen Kongregation* vorlegt, demgemäß dem Meister des Heiligen Apostolischen Palastes im Namen des Heiligen Vaters Stillschweigen hinsichtlich der betreffenden Drucklegung auferlegt werden soll. Ebenso möge man ihm den Willen der Heiligen Kongregation mitteilen, daß jener beim Druck seiner eigenen Werke eine Erlaubnis von ihrer Hochwürden, dem Kardinalvikar*, einholen soll, statt diese im eigenen Namen auszustellen; außerdem soll er auch der Zustimmung seiner Ordensoberen bedürfen.

O

ACDF, SU., St. St. E 5-a, Fol. 187^{v}.[75]

Billigung durch den Papst

16. August 1820

Der Heilige Vater, Papst Pius VII. von göttlicher Vorsehung, hat in der üblichen Audienz, die er mir, dem unterzeichnenden Assessor*, gewährt, die von ihren Eminenzen Kardinälen Generalinquisitoren* einstimmig beschlossene Lösung gnädig gebilligt.

ACDF, SU., St. St. E 5-a, Fol. 174^{v}.[76]

Dekret* des Papstes

16. August 1820

Dem Heiligen Vater, Papst Pius VII. von göttlicher Vorsehung, wurden während der üblichen Audienz durch den Herrn Assessor* die Bitten des Josef Settele, Professor der Optik und der Astronomie an der römischen Universität, vorgetragen. Diese betrafen die Druckerlaubnis seiner *Grundlagen der Astronomie*, in denen er die allgemeine Meinung der zeitgenössischen Astronomen über die doppelte – nämlich die tägliche und die jährliche – Erdbewegung wiedergibt ... Ihre Heiligkeit beschloß, daß nichts dagegen spreche, die Ansicht des Kopernikus von der Erdbewegung zu vertreten, und zwar so, wie sie heute schon von katholischen Autoren vertreten zu werden pflegt. Darüber hinaus trug er dem Bittsteller auf, im Werk selbst keinerlei Hinweis darauf hinzuzufügen, daß die obengenannte Ansicht, wie sie hier vertreten werde, nicht mehr mit den Mängeln behaftet sei, mit denen man sie in früheren Zeiten verbunden hatte, bevor man später zu anderen Einsichten kam. Diese Beschlüsse ausführen zu lassen übertrug er dem Herrn Kardinal Sekretär* der Höchsten Heiligen Kongregation*[77] und dem Meister des Heiligen Apostolischen Palastes*, dem er Stillschweigen bezüglich dieser Drucklegung auferlegte; im übrigen solle man diesem bedeuten, daß er in Zukunft beim Druck seiner eigenen Werke eine Erlaubnis von ihrer Hochwürden, dem Kardinalvikar*, einholen solle, statt diese im eigenen Namen auszustellen; außerdem solle er auch der Zustimmung seiner Ordensoberen bedürfen.

Q

ACDF, SU., St. St. E 5-a, Fol. 217r-224v.[78]

Schreiben des Filippo Anfossi[79], von ihm selbst dem Papst vorgelegt

Gründe, derentwegen der Pater Meister des Heiligen Apostolischen Palastes* geglaubt hat und glaubt, daß dem Herrn Kanoniker* Settele nicht erlaubt werden sollte, die Beweglichkeit der Erde und die Stabilität der Sonne im Zentrum der Welt als These und nicht als einfache Hypothese nach dem Wortlaut des Dekrets* von 1620 zu lehren:

Grund I

Der Satz »indem sich die Erde um die Sonne herum bewegt«, mit dem sein Manuskript beginnt, welches dem Meister des Heiligen Palastes* vorgelegt wurde, wurde auf seine eigene Anzeige hin als sehr schwerwiegender Fehler erklärt und als gefährliche Lehre definiert und als ein formal häretischer* Satz oder *mindestens* irrig im Glauben ...

Grund II

Vom Papst gutgeheißene Zensur der beiden Sätze. Und damit niemand sagen kann ..., daß die Zensur der beiden obenerwähnten Sätze nur von Qualifikatoren*, die Theologen waren, vorgenommen wurde, sei hier jenes wiedergegeben, was der Hochwürdigste Pani[80], einst Kommissar* des Heiligen Offiziums* und dann Meister des Heiligen Palastes, darüber sagt: »Am 24. Februar 1616 wurden von elf hervorragenden Theologen die folgenden Sätze des Galilei beurteilt, und zwar übereinstimmend im Urteil: 1. ›Die Sonne ist das Zentrum der Welt usw.‹ 2. ›Die Erde ist nicht das Zentrum der Welt usw.‹ Der eine wie der andere wurde als töricht und widersinnig von der Philosophie her befunden; der erste *formal* häretisch*, der zweite mindestens irrig.

Nachdem diese Zensur dem Papst am 25. Februar 1616 mitgeteilt wurde, ließ der Kardinal Millini den Assessor* und Kommissar* wissen, daß der Papst dem Kardinal Bellarmin befohlen hatte, den Galilei herbeizurufen, der von sich aus nach Rom gekommen war, und ihn zu verwarnen, jene Sentenzen oder Thesen aufzugeben, und – falls er sich weigern sollte, daß der Kommissar vor einem Notar* und Zeugen ihm eine Mahnung erteilen solle – daß er sich unterstehe, sie zu lehren und zu verteidigen. Würde er nicht davon ablassen, dann sollte er eingekerkert werden. Alles wurde am folgenden Tag ausgeführt. Der Kardinal hat ihn verwarnt, ohne daß irgendein Widerstand entgegenkam, der Kommissar hat ihm die Vorschrift erteilt bei Strafe einer gegen ihn vorgenommenen Untersuchung im Heiligen Offizium*. Galilei ließ davon ab und versprach zu gehorchen, weshalb er nicht eingekerkert wurde.« Soweit der Hochwürdigste Pani, der zeigt, daß alles mit dem Einverständnis des Papstes gemacht wurde, der die Zensur der Theologen-Gutachter nicht nur gutgeheißen, sondern sie in gewisser Weise mit der strafrechtlichen Auferlegung des Kerkers sanktioniert hat.

Grund III

Zwei Dekrete* der Indexkongregation*...[81] Nachdem die Heilige Kongregation* nun also verstanden hatte, daß sich die Lehre von der Beweglichkeit der Erde und der Unbewegtheit der Sonne zum Schaden der katholischen Wahrheit verbreitete und, wie heutzutage, von vielen wahrgenommen wurde, urteilte sie, und ihr Urteil wurde vom Papst gutgeheißen, daß man jene Bücher verdammen solle, in denen eine solche These gelehrt wird: Und jetzt will man, daß die Heilige Kongregation und der Papst den Kanoniker* Settele ermächtigen, genau dieselbe These zu lehren – »*damit sich diese Ansicht weiter zum Verderben der katholischen Wahrheit einschleicht*«?

Grund IV
Im auf Anordnung Alexanders VII. herausgegebenen Index der verbotenen Bücher* findet sich folgendes Dekret*:

»Obgleich die Patres der Heiligen Indexkongregation* der Ansicht waren, daß man die Schriften des Nikolaus Kopernikus, dieses vornehmen Astronomen, *Über die Kreisbewegungen der Weltkörper* ganz und gar verbieten müsse, und zwar aus dem Grund, daß sie die Annahmen über Lage und Bewegung der Erdkugel, die der Heiligen Schrift und der wahrhaftigen katholischen Auslegung derselben widersprechen (was bei einem Christen unter keinen Umständen toleriert werden darf), nicht nur als Hypothese behandeln; im Gegenteil, ohne Zögern werden sie als wahr präsentiert.

Nichtsdestoweniger ist man, da in diesen Schriften dennoch auch viele für den Staat überaus nützliche Dinge enthalten sind, in einmütigem Konsens zu der Meinung gelangt, daß die Werke des Kopernikus, die bis heute gedruckt worden sind, zugelassen werden dürfen; dies geschah denn auch, wobei allerdings die Stellen verbessert werden mußten, an denen Lage und Bewegung der Erde behauptet und nicht hypothetisch behandelt werden.«

Wie es der Kanoniker* Settele tut. Der Meister des Heiligen Palastes* wollte mit der Genehmigung des Heiligen Vaters, daß man dieses Dekret der Heiligen Kongregation* bis auf den Punkt genau ausführen solle, und der Herr Kanoniker Settele, nachdem er ihm mit der Änderung einiger Worte zu verstehen geben wollte, daß er die Bewegung der Erde um die Sonne nicht als These, sondern als Hypothese lehre, will autorisiert werden, »Annahmen über Lage und Bewegung der Erdkugel, die der Heiligen Schrift und der wahrhaftigen katholischen Auslegung derselben widersprechen (was von einem Christen – und noch vielmehr bei einem Kanoniker – unter keinen Umständen toleriert werden darf)« zu lehren, und sie nicht als Hypothese zu lehren, womit es keine Schwierigkeit gab, sondern als These?

Grund V

Das Beispiel Tycho Brahes[82]. Dieser Astronom, unseren bei weitem überlegen, »entschloß sich aus Respekt vor einigen Sätzen der Schrift, die Erde als stillstehend und unbeweglich zu erachten, und seine astronomischen Kenntnisse zwangen ihn, die Planeten um die Sonne, und die Sonne und den Mond mit allen Planeten um die Erde kreisen zu lassen«,[83] und der Herr Kanoniker* wird jenen Respekt vor den Sätzen der Schrift nicht aufbringen, den ein Häretiker* gehabt hat, wenn er uns sagt »Indem sich die Erde um die Sonne herum bewegt«? Und der Meister des Heiligen Palastes*, vom fünften Lateranischen Generalkonzil[84] beauftragt, über all dies zu wachen, sollte ihm bewilligen, daß man es in Rom druckt?

Grund VI

Das Dekret* Benedikts XIV., in der Bittschrift des Herrn Kanonikers* dem Papst vorgelegt. In der Tat hat man, als man in den Mitteilungen des Index nachgeforscht hat, auf Anordnung Seiner Heiligkeit unter dem 10. Mai 1757 zwischen den Dekreten der Generalkongregation* dieses gefunden: »Nach Rücksprache mit dem Heiligen Vater soll das Dekret aufgehoben werden, das alle Bücher verbietet, die die Unbeweglichkeit der Sonne und die Beweglichkeit der Erde lehren ...«[85] Tags darauf, am 11. März, präsentierte der Sekretär* dem Heiligen Vater die genannten Schriftstücke, die von diesem für richtig befunden und bestätigt worden waren.«

Soweit Settele. Aber welcher Sache hat Benedikt XIV. zugestimmt, was hat er bestätigt? Daß »*das Dekret aufgehoben werden*« soll. Und daß man in den Index der verbotenen Bücher* ein solches Dekret nicht aufnimmt. Aber hat er deshalb geleugnet, und konnte er leugnen, daß die Lehre von der Beweglichkeit der Erde und der Unbewegtheit der Sonne der katholischen Wahrheit schaden würde, daß sie dem wahren Sinn der Schriften widersprechen würde und eines Christenmenschen unwürdig sei? Sicher nicht. Hat er vielleicht gewollt, daß man – trotz so schändlicher Zensuren, mit denen eine solche Lehre belegt und definiert wurde – dieser freien Lauf läßt? Noch viel weniger. Er hat vielmehr gewollt, daß man die Bücher von Kopernikus, Galilei, Zúñiga und Foscarini im Index der verbotenen Bücher* beläßt, und das für immer, denn sie lehren die Unbewegtheit der Sonne im Zentrum der Welt und die Beweglichkeit der Erde um sie herum. Wenn Benedikt XIV., aus guten, ihm bekannten Gründen zugestimmt hat, daß man das dargelegte Dekret* nicht in den Index der verbotenen Bücher aufnimmt, dann hat er es deswegen nicht für ungültig erklärt …

Grund VII
Die Unreformierbarkeit der päpstlichen Dekrete. Die päpstlichen Dekrete sind, wo es sich um das wahre Verständnis der Schriften handelt, von dem der Glauben abhängt, unreformierbar. Die beiden Dekrete von 1616 und 1620 betreffen das Verständnis der Schriften und des Glaubens, was aus ihren Sätzen hervorgeht: Demnach sind sie unreformierbar, und man kann kein anderes Urteil gegen sie erlassen.

Grund VIII
Die Würde des Heiligen Stuhls*. Der Heilige Stuhl ist jener …, der immer dasselbe sagt, und der seine Ansichten im wahren Verständnis der Schriften und der Väter nie ändert, und wenn er einmal erklärt und bestimmt hat, daß die Lehre – um die geht es – dem wahren Verständnis der Schriften entgegensteht und der katholischen Wahrheit Schaden zufügt, dann geschieht es nie, daß er das Gegenteil behauptet und definiert, wie man es jetzt von irgendeinem falsch-klugen Sophisten wollte.

Grund IX
Man kann dem Herrn Professor nicht erlauben, seine Auffassung als These zu lehren, ohne den Kongregationen* und den Päpsten jener Zeit sehr schlimmes Unrecht zuzufügen. Das gegenwärtige System der Welt, der Heilige Kodex der Schrift, der

Beistand des Heiligen Geistes – dem Heiligen Petrus und seinen Nachfolgern versprochen, damit sie sich im wahren Verständnis der Schriften nicht täuschen – sind jetzt dieselben, wie sie es im Jahre 1616 und 1620 waren, und sie werden es bis zum Ende der Zeiten bleiben. Und im Jahre 1616 und 1620 haben die Heiligen Kongregationen* und Päpste, wie man bislang gesehen hat, erklärt und bestimmt:

1. Daß die These von der Beweglichkeit der Erde und der Unbewegtheit der Sonne formal häretisch* ist oder wenigstens irrig im Glauben, weil sie den Heiligen Schriften widerspricht.

2. Daß es eine der katholischen Wahrheit schädliche Lehre ist.

3. Daß es ein sehr schwerwiegender Fehler ist, glauben zu lassen, daß sie wahrscheinlich sei, und viel schlimmer noch, daß gezeigt worden sei oder daß man jenes zeigen könnte, was als den Heiligen Schriften entgegenstehend erklärt und bestimmt wurde. Man muß demnach entweder sagen, daß die Kongregationen* und die Päpste jener Zeit sich in einer Angelegenheit von solcher Tragweite offensichtlich getäuscht haben oder daß die vormals genannten Urteile und Zensuren zur These des Kanonikers* Settele stimmen. Ich glaube nicht, daß einer die Verwegenheit besitzt, ersteres zu behaupten …

R

ACDF, SU., St. St. E 5-b, Pag. 281–292.[86]

Kommentare des Maurizio Olivieri zu den *Gründen* des Filippo Anfossi

[August 1820]

Der Hochwürdigste Pater Meister des Heiligen Apostolischen Palastes* hat seiner Heiligkeit eine Schrift überreicht, in der er neun Gründe darlegt, derentwegen er »geglaubt hat und glaubt, nicht erlauben zu dürfen, daß der Herr Kanoniker* Settele die Beweglichkeit der Erde und die Unbewegtheit der Sonne im Zentrum der Welt als These und nicht als einfache Hypothese nach dem Wortlaut des Dekrets* von 1620 lehren dürfe«.

Diese wenigen Worte des Titels zeigen fürwahr eine Ungeschicklichkeit, die man in Pater Anfossi kaum vermutet hätte, bekleidet er doch nicht nur ein so wichtiges hohes Amt, sondern ist zudem der Autor vieler gedruckter Bücher. Nichts ist unwahrer als dies, daß der Kanoniker* Settele die Stabilität der Sonne im Zentrum der Welt lehren will. Denn er lehrt mit sämtlichen modernen Astronomen, daß die Sonne nicht im Zentrum der Welt steht, vielmehr nicht einmal im Zentrum unseres Planetensystems; sondern [daß sie] nur in einem der zwei Feuer der entsprechenden Ellipsen steht, die jeder Planet um sie herum zieht. Er lehrt demnach nicht irgendeine Stabilität der Sonne, sondern – im Gegenteil – daß die Sonne sich um sich selbst herum mit einer ununterbrochenen, um sich windenden Rotation dreht, wie es die Bewegungen der Sonnenflecken beweisen, von denen die Astronomen noch heute den Zeitraum ableiten, in dem sich diese Rotation vollzieht. Er lehrt vielmehr die Wahrscheinlichkeit, daß die Sonne darüber hinaus eine Translationsbewegung[87] hat, mit der sie alle ihre Planeten und die Monde derjenigen, die solche haben, mitzieht, und daß sie jetzt ins Bild des Herkules vorrückt.

Beansprucht der Kanoniker Settele aber, irgendeine Beweglichkeit der Erde als These gegen das Dekret* von 1620 zu lehren? Nicht einmal diese lehrt er, weder als These noch als Hypothese. *Wenn der Hochwürdigste Pater den notwendigen Argwohn gegenüber sich selbst in einem Gebiet gehegt hätte, das er nicht gut kannte, dann hätte er dafür gesorgt, in den Büchern jener Zeiten zu lesen, welche die Beweglichkeit der Erde war, die verurteilt wurde, von Unwahrheit und Widerspruch zur Heiligen Schrift begleitet worden zu sein.* Er hätte mit dieser Lektüre herausgefunden, daß diese Beweglichkeit jene war, mit der man den Körpern das Zentrum nahm, dem sie zustreben, und den leichteren das Zentrum, von dem sie sich fortbewegen: jene [Beweglichkeit], mit der man die Erde von ihrer Luft, die sie umgibt, fortbrachte. So, daß aus diesem Raub der Erde von der Luft – gegen jenen – extreme Verwirrungen [darüber] entstehen müßten, was man erprobt und was man sieht: Er hätte auch verstanden, daß weder Kopernikus noch Galilei gewußt hatten, das System von dieser absurden Beweglichkeit der Erde, der sie folgten, zu befreien; und daß demnach die Behauptung einer solchen Beweglichkeit es verdiente, verboten zu werden. Aber sie erlaubten es sich, dies als astronomische Hypothese anzunehmen, weil die Tagesbewegungen der Rotation und die Jahresbewegungen der Translation dieser Erde den himmlischen Phänomenen entsprachen. Was heißen will – wenn man das in den Ideen anderer wahrnehmen will, was jene tatsächlich wahrnahmen –, daß man sich erlaubte, der Erde das zuzuschreiben, was man von der Bewegung der Rotation und jener der Translation sagte, vorausgesetzt man hielte jene andere sich in Verwirrung befindende Beweglichkeit für falsch und verdammt.

Nun, nachdem die Gravität der Luft entdeckt worden ist, hat man erkannt, daß sie eine einzige kompakte Masse mit dem Rest der irdischen Masse formt; dazu noch, daß die schweren und die leichten Körper, in bezug auf ihre Richtung zum Zentrum hin, von der Rotation und der Translation der Erde in der Masse der Himmelsräume keinen Defekt erleiden. Weshalb der Kanoniker* Settele in Wirklichkeit die Beweglichkeit der Erde weder als These noch als Hypothese verteidigt, also als jene von dem Dekret* des Jahres 1616 und 1620 oder in der Verurteilung des Galilei aufs Korn genommene.

Der Hochwürdigste Pater hat nicht bemerkt, daß die Bittschrift des Kanonikers Settele an Seine Heiligkeit darauf abzielte, dieses zu bestimmen, was die Verurteilungen von damals tatsächlich unberührt und respektiert läßt; er zeigt sie als den Lehren der modernen Astronomen nicht widersprechend.

Grund I

Er ist vollkommen durch die vorausgehenden einfachen Bemerkungen ausgeräumt. *Darüber hinaus zeigt der Pater Meister [des Heiligen Palastes*] hier nicht das Kriterium, welches in einem Theologen erscheinen muß,* nach dem man sagen kann, ob eine Lehre mit einer solchen oder einer anderen Qualifikation verurteilt wird oder nicht. Die Theologen und die Verfasser eines Urteils können Dinge sagen, die nur von ihnen allein und nicht vom wahren Dekret* der bestimmenden Macht stammen ...

Grund III, IV

Es scheint, daß der Pater Meister [des Heiligen Palastes] hier geneigt ist, sich bemitleiden zu lassen. Hier der Titel des dritten Grundes: »Zwei Dekrete der Indexkongregation*...«[88] *Wenn der Pater Meister [des Heiligen Palastes] die Geduld aufgebracht hätte (und er hätte sie in höchstem Maße aufbringen müssen, als er Seiner Heiligkeit schrieb)*, die beiden ... Dekrete zu vergleichen, dann hätte er im Index Alexanders VII. gesehen, daß das erste vom 5. März 1616 ... in einem seiner Hauptteile nur gestutzt veröffentlicht wurde, wobei es um die Annahme »aller anderen, die dasselbe ebenso lehren« geht er, wie man sagt, »alle verbietet bzw. verdammt oder suspendiert«. *Ein Pater Meister des Heiligen Palastes müßte sich demnach für ein solches Zitat schämen.*

In Grund III fragt der Hochwürdigste Pater folgendermaßen: »Jetzt will man, daß die Heilige Kongregation* und der Papst den Kanoniker* Settele ermächtigen, genau dieselbe Auffassung zu lehren, ›*damit sich diese Ansicht weiter zum Verderben der katholischen Wahrheit einschleicht*‹«? In Grund IV sagt er dann: »Der Herr Kanoniker ... will autorisiert werden, ›Annahmen, die der Heiligen Schrift und der wahrhaftigen katholischen Auslegung derselben widersprechen (was von einem Christen‹ – und noch vielmehr bei einem Kanoniker – ›unter keinen Umständen toleriert werden darf)‹ zu lehren, und sie nicht als Hypothese zu lehren, womit es keine Schwierigkeit gab, sondern als These?« Hier werden wir dem Hochwürdigsten Pater nun zwei Dinge entgegnen: Erstens, daß er fälschlich beteuert, daß man will, daß man den Kanoniker* Settele ermächtigt, »genau dieselbe Auffassung zu lehren«, wenn der Kanoniker behauptet und zeigt, daß sein Unterricht nicht zur selben Auffassung, sondern zu einer anderen gehört. Zweitens, daß der Pater Meister [des Heiligen Palastes*] in Grund IV sagt, vielmehr das Dekret* von 1620 ein ungeheuerliches Urteil aussprechen läßt, das heißt, daß »es keine Schwierigkeit gibt, als Hypothese Annahmen zu lehren, die der Heiligen Schrift und der wahrhaftigen katholischen Auslegung derselben widersprechen«. *Hier versteht man immer mehr, wie böse der Eifer ist, der ihn dazu führt, so zu sprechen.*

Grund V

Tycho Brahe war ein dänischer Astronom, der 1546 geboren wurde und 1601 verstarb. Woraus folgt, daß er jünger als Kopernikus ist, dessen berühmtes Werk 1543[89] gedruckt wurde. Er erfand ein System, das eine Mischung aus dem ptolemäischen und dem kopernikanischen war. Die Sage erzählt, daß die alten Ägypter die Umdrehung der beiden nächsten Planeten Merkur und Venus um die Sonne erkannt hätten: Tycho erweiterte dies auf alle Planeten, und mit Kopernikus ließ er sie um die Sonne kreisen. Mit Ptolemäus ließ er dann nicht nur den Mond um die Erde kreisen, wie es Kopernikus tat, sondern dieselbe Sonne, begleitet von den Planeten, fast wie ihre Satelliten; der Pater Meister [des Heiligen Palastes*] bildet aus dem Beispiel Tychos nun dieses Argument ...: »Der Herr Kanoniker* wird vor den Sätzen der Schrift nicht jenen Respekt haben, den ein Häretiker* hatte?« Und er fügt hinzu: »dieser den unsrigen bei weitem überlegene Astronom«.

Unsere Astronomen werden ihm aber antworten, daß die Protestanten es liebten, den Entdeckungen des Kopernikus, Keplers und Galileis zu folgen, allesamt vortreffliche katholische Männer, obwohl doch Tycho Protestant war: Die Offensichtlichkeit der Wahrheit hatte sie dafür gewonnen. Sie werden ihm hinzufügen, daß die Unkenntnis der astronomischen Dinge ihn Tycho ins Spiel bringen läßt. So groß die astronomischen Verdienste Tychos auch sein mögen, sein System ist ungeheuerlich, und es ist nicht nur durch viele wahrscheinliche Gründe, sondern durch sehr zwingende verschiedene Gründe – auf physikalische Weise bewiesen, von den Phänomenen abgeleitet – widerlegt worden ...

Grund VI

Der Pater Meister [des Heiligen Palastes*] behauptet in Grund VI, daß »Benedikt XIV., wenn er aus guten, ihm wohlbekannten Gründen zugestimmt hat, daß man das dargelegte Dekret* nicht in den Index der verbotenen Bücher* aufnimmt, es deswegen nicht für ungültig erklärt habe« ...

Der Hochwürdigste Pater, so scheint es, hat eine schöne Antwort gegeben. Tatsache aber ist, daß sie viel Schuld in sich birgt, von der man im Falle des Hochwürdigsten Pater Meisters [des Heiligen Palastes*] sagen kann, daß es sich um Amtsvergehen handelt. Er ist Assessor* der Heiligen Indexkongregation*. *Weshalb hat er die Akten nicht gelesen, um zu sehen, wie die Dinge abgelaufen sind?* Er hätte gesehen, daß dieser Beschluß nach sehr gelehrten Voten gefaßt wurde und daß man wirklich im Blickwinkel hatte, ein solches Verbot aufzuheben (nicht wegen mysteriöser, sondern in der Stellungnahme erklärter Gründe). Denn wenn der Hochwürdigste Pater überlastet mit Geschäften ist und von der Eile in Anspruch genommen wurde, Bücher zu drucken, keine Muße oder keine Lust hatte, jenes Archiv zu konsultieren, dann hätte er wenigstens einen Blick auf den gedruckten Index selbst werfen müssen, den er, wie man annehmen muß, ... ununterbrochen auf seinem Schreibtisch liegen hat. Er hätte daher im Index gesehen, daß im Jahre 1758 neben der Bulle* *Sollicita*[90] dort unter dem Namen *Dekret über Bücher, die verboten, aber nicht* explizit *im Index enthalten sind* eine Sammlung von prohibitiven Dekreten* gewisser Bücherklassen hinzugefügt wurde, unterteilt in vier Paragraphen, von denen im zweiten das Verbot – von dem wir sprechen – wieder eingetragen worden sein müßte, da der Titel lautet: *Verbotene Bücher bestimmten Inhalts*. Er hätte dort bemerkt, daß darin aber keine Andeutung gemacht wird und daß in der Einleitung diese exklusive Regel gegeben wird: »*damit man sehen kann, ob ein Buch zu den verbotenen gezählt werden kann, wenn hierüber Zweifel aufkommt, da es weder im Index genannt noch von seinen Regeln erfaßt wird*«. Es ist klar, daß diese Regel exklusiv gilt. Ein Buch, beispielsweise die *Naturphilosophie* Newtons, ist nicht in die allgemeinen prohibitiven Regeln des Index eingeschlossen, und man findet es auch nicht ausdrücklich im Index beschrieben. Auch trifft man das von ihm bezeichnete Gebiet in dieser hier hinzugefügten Sammlung nicht an. Man versteht demnach, daß es nicht den verbotenen zuzurechnen ist ...

Grund VII
Unreformierbarkeit der päpstlichen Dekrete*.

Dieser Titel gereicht dem Hochwürdigsten Pater Meister [des Heiligen Palastes*] zum Verderben: Das päpstliche Dekret des Jahres 1758 für den Index ist unreformierbar. *Der Hochwürdigste Pater Meister [des Heiligen Palastes] hat sich demnach eines schweren Vergehens schuldig gemacht, indem er es umgeht und sein Spiel damit trieb, wie er es getan hat.* Der Kanoniker* Settele beläßt den Dekreten der Jahre 1616 und 1620 im Gegensatz dazu ihre gesamte Wirksamkeit, und er zeigt nur, daß die Lehre der modernen Astronomen nicht jene von diesen Dekreten aufs Korn genommene ist, und in dieser Interpretation hat er nicht nur die Unterstützung des Dekrets für den Index des Jahres 1758, sondern – was mehr wiegt – er vermehrt unvermeidbar die Kraft aller Katholiken, auch der gallikanischen*, da man seit 1634 kein Ressentiment der Päpste mehr gesehen hat, kein Buch der kopernikanischen Lehre mehr verboten wurde, obwohl die Lehre allgemeingültig wurde und man Bücher veröffentlichte, die sehr berühmt wurden, wie gerade die Philosophie Newtons. Der Pater Meister [des Heiligen Palastes*] wird nun sagen, daß man auf friedliche Weise »den sehr schweren Fehler, die formale Häresie*, die schädliche Lehre« beschließen ließ und daß alle Päpste seit ungefähr zwei Jahrhunderten geschlafen haben, und daß der gelehrteste unter ihnen, Benedikt XIV., sich eine ausdrückliche Pflichtverletzung zuschulden hat kommen lassen. Aber, Pater Meister [des Heiligen Palastes], ja, dies ist häretisch*. *Auf der Seite des Irrtums seid demnach Ihr, und Ihr verweilt dort mit einer blinden Verstocktheit**. Aber ich hoffe, daß Euch diese schreckliche Zwangsvorstellung abhanden gekommen ist, jetzt, wo Ihr den Entschluß der Oberen beglaubigt habt.

Grund VIII
Die Würde des Heiligen Stuhls*.

Dieser Titel tötet geradezu die Verstocktheit des Paters Meister [des Heiligen Palastes].* Entspricht es der Würde des Heiligen Stuhls*, daß dieser sich nicht nur lächerlich macht, sondern die Gelehrten des Jahrhunderts zwingt, seine Dekrete* auf diese Weise auszulegen, daß sie gegen das universale Urteil der Experten gerichtet sind, in einer Sache, die nur von der menschlichen Vernunft und der Beobachtung abhängt? Entspricht es der Würde, daß man seine weisesten Dekrete aufgibt und verletzt, um einer ungeschickten Interpretation anderer Dekrete gegen den sehr klaren Verstand des Heiligen Stuhls* zu folgen?

Grund IX
Der Hochwürdigste Pater dreht immer denselben Stein um. Die von ihm vorgenommene Interpretation der alten Dekrete will im wesentlichen, daß man sie auch für dieselben Dekrete – gegen den ewigen Sinn des Heiligen Stuhls und des Indexdekrets unter Benedikt XIV. – anwendet. Diese versichern uns, daß das kopernikanische System, welches man heute verteidigt, jener

maßvollen Freiheit nicht widerspricht, die man der Interpretation der Heiligen Schriften – bei den Objekten, die rein von der Vernunft und der Erfahrung abhängen – zugestehen muß. Dies ist die von den gelehrtesten Vätern und Doktoren, wie dem Heiligen Augustinus und dem Heiligen Thomas, befolgte Regel.

Nichts ist leichter zu beweisen, als daß an keiner der in Betracht zu ziehenden Stellen der Heiligen Schrift gelehrt wird, daß die Erde nicht die Bewegungen hat, die das kopernikanische System einführt, oder daß die Sonne jene hätte, die sie ihr entzieht ...

Weshalb der Pater Meister des Heiligen Palastes sich fügen und aufhören soll, als sehr schlechter Astronom, als schlechter Exeget, Theologe mit wenig Verstand und als eine verbrecherische Amtsperson erscheinen zu wollen, der dem Heiligen Stuhl*, entgegen dem, was er zur Schau trägt, in Wirklichkeit sehr wenig Respekt entgegenbringt und jene Fehler hervorruft in bezug auf die Gehorsamkeit dem Heiligen Stuhl gegenüber, die er mit dieser seiner eigenartigen Verstocktheit* bekämpft, was, wenn es anfangs tugendhafte Standhaftigkeit sein konnte, nun sicher zu einem häßlichen Laster entartet ist. Alles sei ohne Schmälerung der hohen Wertschätzung und der aufrichtigen Bewunderung gesagt, die ich ihm entgegenbringe.*

S

ACDF, SU., St. St. E 5-a, Fol. 382r-383r.[91]

Dekret* der Kongregation*

11. September 1822

Ihre Eminenzen haben beschlossen, daß die Meister des Heiligen Apostolischen Palastes weder jetzt noch in Zukunft die Erlaubnis für Druck und Veröffentlichung von solchen Werken verweigern dürfen, die der allgemeinen Ansicht der modernen

Astronomen konform die Beweglichkeit der Erde und die Unbeweglichkeit der Sonne behandeln, solange nichts anderes dagegen spricht gemäß den Dekreten* der Heiligen Indexkongregation* von 1757 und dieser Höchsten Kongregation* von 1820.

Wenn sich jene jedoch widersetzen und den Gehorsam verweigern, sind sie nach Ermessen der Heiligen Kongregation zu bestrafen, wenn nötig auch durch vorausgehende Amtsenthebung ... Ebenso soll es den Meistern des Heiligen Apostolischen Palastes* jetzt und in Zukunft verboten sein, eigene Werke drucken zu lassen oder zu veröffentlichen, ohne die Erlaubnis ihres Ordensoberen einzuholen und eine Vollmacht vom Hochwürdigsten Vikar* der Stadt zu erlangen (wenn nötig ebenfalls bei vorausgehender Amtsenthebung ... Dies sei – nach Ermessen der Heiligen Kongregation – unter dieselben Strafen gestellt wie anderenorts festgelegt gegen Autoren, die unerlaubt Schriften drucken oder veröffentlichen ...).

Schließlich sollen die Werke des Nikolaus Kopernikus *(Über die Kreisbewegungen der Weltkörper)*, Paolo Antonio Foscarini *(Brief über die Anschauung der Pythagoräer und des Kopernikus zur Beweglichkeit der Erde und zur Unbeweglichkeit der Sonne)* und Diego de Zúñiga *(Über Hiob)* im neuen Index der verbotenen Bücher* weggelassen werden, wenn nichts anderes dagegen spricht, und zwar gemäß und in Erfüllung des Dekrets der Heiligen Indexkongregation von 1758. Vom vorliegenden Dekret aber soll dem Hochwürdigsten Vikar der Stadt, Ihrer Eminenz dem Präfekten* der Heiligen Indexkongregation* und dem Meister des Heiligen Palastes Mitteilung gemacht werden.

T

ACDF, SU., St. St. E 5-a, Fol. 380ʳ.

Billigung durch den Papst[92]

15. September 1822

Der Heilige Vater, Papst Pius VI. von göttlicher Vorsehung, hat in der üblichen Audienz, die er mir, dem unterzeichnenden Assessor* der Heiligen Kongregation*, gewährt, das obengenannte Dekret* gebilligt.

U

ACDF, Indice, Diarii XIX (ohne Seitenzählung), nach 1823.[93]

Angelico Alessandro Bardani[94] über das Ende des Falls Kopernikus-Galilei

Nachdem sich zwischen dem Hochwürdigsten Meister des Heiligen Palastes* und dem Autor eines gewissen Werkes ein großer Streit erhoben hatte, weil letzterer hier in recht bestimmter Art und Weise davon sprach, daß sich die Erde um die Sonne bewegt, wurde die Debatte auf Anordnung des Heiligen Vaters der Heiligen Kongregation des Heiligen Offiziums* übergeben. Daraufhin bat der Assessor* des Heiligen Offiziums darum, daß man ihm Mitteilung mache von dem, was in der Kongregation* bei der vom Heiligen Vater Benedikt XIV. in Auftrag gegebenen Revision des Index zu dieser Sache besprochen worden war ...

In der Tat führen jedoch keine oder nur ganz wenige Ausgaben des Index ein solches Verbot auf. Aus diesem Grund wurde denn auch von der Höchsten Heiligen Kongregation des Heiligen Offiziums besagtem Büchlein die Druckerlaubnis erteilt, die nicht ohne großen Skandal und unter übler Schmach für den Heiligen Stuhl* vom Pater Meister [des Heiligen Palastes*] immer hartnäckig verweigert worden war. Weil nun ebendieser halsstarrige Mensch, der an jedem noch so falschen Urteil beharrlich festhielt, wenn er es einmal gefällt hatte, ... nicht nachgab, beschloß die Höchste Heilige Kongregation des Heiligen Offiziums* erstens, daß man Büchern, die die Unbeweglichkeit der Sonne und die Beweglichkeit der Erde lehren, fortan nicht mehr die Druckerlaubnis verweigern dürfe, und zweitens, daß Bücher, die nur aus diesem Grund verboten worden waren, aus dem Index zu entfernen sind. Drittens wurde festgelegt, daß der Meister [des Heiligen Palastes*] kein Buch mehr ohne die Erlaubnis seines Ordensoberen veröffentlichen darf. *Diese Beschlüsse wurden vom Papst bestätigt, jedoch vergeblich, und zwar wegen der Schlafmützigkeit ebendieses Papstes.*

10. Pascal: Ketzer im Keuschheitsgürtel

Blaise Pascal (1623–1662), französischer Religionsphilosoph, Mathematiker und Physiker, gehört zu den wichtigsten Denkern des neuzeitlichen Frankreich. Geboren in Clermont-Ferrand, verfaßte Pascal schon in seiner Jugend Abhandlungen zu Problemen der Mathematik und der Physik; so arbeitete er über Kegelschnitte, entdeckte das Gesetz der kommunizierenden Röhren und entwickelte Grundlagen der Wahrscheinlichkeitsrechnung. Nach einem religiös-mystischen Erlebnis im Jahr 1654 zog sich Pascal in ein Kloster zurück und betrieb dort theologische Studien; gleichzeitig wandte er sich dem Jansenismus* zu und wurde zu einem scharfen Gegner des Jesuitenordens*. Was seinen philosophisch-rèligiösen Standpunkt betrifft, so pflichtete Pascal einerseits den Skeptikern* darin bei, daß sich fundamentale Prinzipien und Wahrheiten des menschlichen Daseins nicht durch die menschliche Vernunft beweisen lassen; er zog daraus jedoch andererseits den Schluß, daß die menschliche Erkenntnis letztendlich von Gott abhänge, so daß der Mensch ohne Gott nicht sein und sein Leben keinen Sinn haben könne.

Pascals Buch *Gedanken* wurden nach seinem Tod zusammengestellt und 1670 publiziert. Er selbst verstand sich in weiten Teilen seines literarischen Werks als Verteidiger des Christentums. Etwa hundert Jahre später, im Jahr 1778, gab der französische Mathematiker, Politiker und Philosoph Antoine Condorcet (1743–1794), der den Aufklärern nahestand und eine *Eloge* auf Pascal verfaßt hatte, eine neue Ausgabe von *Gedanken* heraus, die mit Anmerkungen Voltaires versehen war. Voltaire hatte sich zeit seines Lebens kritisch mit Pascal auseinandergesetzt, da dessen Rationalitätskritik seinen eigenen Überzeugungen widersprach, und mehrere Schriften zu dessen Buch *Gedanken* veröffentlicht.

In der folgenden Zensur werden ausschließlich Passagen aus der Vorrede Voltaires, dem Vorwort von Condorcet und dessen mitabgedruckter *Eloge* auf Pascal zitiert. Der Zensor machte dabei keinerlei Unterschied zwischen den beiden Autoren, und das eigentliche Werk, *Gedanken,* des als christlicher Glaubensverfechter geltenden Pascal, ist von seiner Kritik nicht betroffen. Auch die Anmerkungen Voltaires interessierten den Zensor nicht. Die in den Vorworten thematisierte Debatte um Atheismus*, Deismus* und katholischen Glauben hingegen stufte er als anstößig ein.

Jean Ponsart de Belval

Geboren 1740, das Todesdatum ist unbekannt. Der Belgier Jean Ponsart de Belval arbeitete kurzzeitig als Konsultor* für die Indexkongregation*.[1]

ACDF, Indice, Protocolli 1788–90, Fol. $114^{r\text{-}v}$; 121^{r}.

Einwände gegen ein Buch, das den Titel trägt: *Gedanken*, von Pascal, mit den Anmerkungen Voltaires[2]

Auf den Seiten II und III verleumdet er [der zweite Herausgeber, das heißt Voltaire] ohne jeden Respekt die Jesuiten*, den König von Frankreich, Ludwig XIV.[3], den Kardinal de Fleury[4] und schließlich auch noch den Heiligen Stuhl*. Dann hebt der Herausgeber des Buches an, Pascal in den höchsten Tönen zu loben, und dies um so mehr, als dieser seine Gedanken oder Überlegungen der Öffentlichkeit anvertraut hat.[5] Auf Seite X beschimpft er die Biographen[6] Pascals, da sie, wie ihm scheint, nur die Dinge von ihm berichten wollten, die eines solchen Menschen, wie Pascal einer gewesen sei, schlichtweg unwürdig seien. In einer Fußnote (a) gibt er dazu einige Beispiele: daß er sich mit dem *Cilizio*[7] gürtete, um den Stachel des Fleisches nicht mehr zu spüren und schließlich ganz in sich abzutöten; und daß er darum rang, die Sinnesfreuden zu hemmen und zu zügeln. Auf Seite XI nennt er diese Dinge schließlich »Kindereien«.

Auf Seite XII behauptet er, Pascal habe den höchsten Grad an Perfektion erreicht, indem er niemanden liebte und selbst von niemandem geliebt werden wollte. Auf Seite XIV erklärt er, daß in der vorliegenden neuen Ausgabe viele Gedanken Pascals unterdrückt werden, die zu dessen Ansehen wenig Gutes beitragen könnten; er meint damit Dinge wie die folgenden: »Das Alte Testament präfiguriert die zukünftige Herrlichkeit, das Neue Testament enthalte jedoch die Mittel, jene zu erlangen«; »Alles auf der Welt ist entweder Begierde des Fleisches, Begierde der Augen oder Hochmut des Lebens.«[8] – Dies und viel mehr in den *Gedanken* Pascals meint der Herausgeber der neuen Edition weglassen zu müssen; auf Seite XXII glaubt er jedoch, daß man den folgenden Gedanken Pascals – so glaubt er (mit Rücksicht auf seine eigenen Interessen) – nicht unterdrücken dürfe: Daß nämlich die Existenz Gottes allein mit der Vernunft nicht bewiesen werden und daß man aus ihr kein festes Fundament für die Moral ableiten könne usw. Auf den Seiten XXV und XXVI lobt er die Moralprinzipien der Deisten*. Der Grundsatz Pascals über den Glauben an die christliche Religion, den der neue Herausgeber auf Seite XXIX zitiert, ist widersinnig und falsch.[9] Aus einer Eloge auf Pascal, die der Herausgeber weitschweifig ausspinnt, geht indirekt hervor, daß man die Ketzer* nicht gottlos nennen kann.[10]

Die Lektüre dieses Buches mit dem Titel *Gedanken, von Pascal* wird also für einen weniger gebildeten Katholiken eine große Gefahr darstellen können, da es sehr viele irrige und falsche Grundsätze enthält, insbesondere hinsichtlich der Existenz

Gottes und der Wahrheit der christlich-katholischen Religion ... Außerdem werden darin zahlreiche Behauptungen aufgestellt, aus denen sich recht deutlich Deismus*, Atheismus* und Materialismus* ableiten lassen, wenn man sie ihrem Sinn gemäß interpretiert. Das Buch verbreitet weidlich jansenistische* Strenge und strotzt nur so vor Paralogismen[11]. Hinzu kommt, daß es auch noch mit den üblichen Sarkasmen der Ketzer* gegenüber den kirchlichen Orden angereichert ist. Und im übrigen zeichnen sich die vom zweiten Herausgeber hinzugefügten Anmerkungen zwar durch große Gelehrsamkeit aus, doch stammen sie doch von einem kalten und strengen Kalvinisten*, der die katholischen Dogmen bei Gelegenheit mit unwürdigen Worten abhandelt. Wenig für den Weisen und den Liebhaber der Wahrheit, Eurem immer ungetrübten Urteil ...

11. Vico: Neue Wissenschaft und alte Zensur

Giambattista Vico (1668–1744), italienischer Philosoph, wurde 1699 Professor für Rhetorik an der Universität seiner Heimatstadt Neapel. Seine wissenschaftlichen Arbeiten – kurze Essays und Universitätsreden zur Geistesgeschichte und vergleichenden Rechtswissenschaft, aber auch das Hauptwerk *Prinzipien einer neuen Wissenschaft über die gemeinsame Natur der Völker* – sind von der Auseinandersetzung mit der mathematisch-naturwissenschaftlich ausgerichteten Philosophie Descartes' (1596–1650) geprägt. Ausgehend von der vergleichenden Rechtsbetrachtung gelangt Vico zu der Überzeugung, daß die Geschichte der bevorzugte Gegenstand menschlichen Wissens sei, da diese im Unterschied zu der dem Menschen vorgegebenen Natur von ihm selbst gestaltet werde und daher auf die gleichen Prinzipien zurückgehe wie der menschliche Verstand. In den verschiedenen Fassungen seines Buches *Neue Wissenschaft* argumentiert Vico, daß die Welt erst poetisch erfunden werden mußte – nämlich in den Erzählungen und Mythen der frühen Kulturen –, bevor sie kritisch reflektiert werden konnte. Das Werk erschien 1725 in fünf Bänden und wurde Kardinal Lorenzo Corsini (1652–1740), ab 1730 Papst Klemens XII., gewidmet.

A

ACDF, SU., Censura librorum 1729–32, Fasc. 11.[1]

Prinzipien einer neuen Wissenschaft[2]

In der Kongregationssitzung* des Heiligen Offiziums*, die am Mittwoch, dem 19. des laufenden Monats Oktober [1729], im Konvent von S. Maria sopra Minerva[3] abgehalten werden soll, wird Pater Rossi, Generalprokurator* der Theatiner* und Qualifikator* ebendieses Heiligen Offiziums, seine Zensur zu einem bereits in Neapel gedruckten Buch vortragen, das den Titel trägt: *Prinzipien einer neuen Wissenschaft.*

B

Giovanni Rossi

Der Regularkleriker* Giovanni Rossi (1688–1750), Generalprokurator* der Theatiner*, arbeitete in den späten zwanziger Jahren des 18. Jahrhunderts als Qualifikator* für das Heilige Offizium*. Ein schriftlicher Nachlaß des Lehrers der Philosophie und des kanonischen Rechts ist nicht überliefert.

1. Eurem höchsten Auftrag, Eminenzen, pflichtgetreu nachkommend, habe ich ein Buch in Empfang genommen, um es genau zu durchleuchten. Es ist in italienischer Sprache verfaßt und 1725 in Neapel im Verlag Felice Mosca erschienen. Sein Autor ist Giambattista Vico. Titel des Buches: *Prinzipien einer neuen Wissenschaft* ... Das gesamte Werk besteht aus fünf Büchern, deren erstes sich mit dem Ziel der Erfindung einer neuen Wissenschaft und den Mitteln dazu befaßt. Im zweiten Kapitel geht es um die Prinzipien dieser Wissenschaft hinsichtlich der Ideen, im dritten um diejenigen hinsichtlich der Sprachen. Das vierte Kapitel handelt von den Überlegungen, die dieser Wissen-

schaft Beweise liefern. Im fünften und letzten Kapitel schließlich gibt es eine Zusammenfassung der Stoffe, deren sich diese Wissenschaft bedient.

2. Um hier nun offen zu sagen, was ich denke, äußere ich folgende Ansicht: Der Autor dieses kleinen Werks – völlig verblendet in der eitlen Vorstellung, eine neue Wissenschaft zu prägen und der Welt neue Geheimnisse zu eröffnen – scheint mir völlig von Sinnen gewesen zu sein, als er seine Ausführungen niederschrieb. Er selbst behauptet, diese Wissenschaft vom Naturrecht der Völker in einem von ihm als neu gepriesenen Licht vorzulegen – und das nach Hugo Grotius[4], Johannes Selden[5], Samuel Pufendorf[6], Johann Boeckler[7] und Van der Meulen[8], die Begründer und Verfeinerer dieses Systems, das wiederum die Kirche bei ihnen verdammt hat, da sie, wohin man auch schaut, nur so vor Unvernunft und Irrtum strotzen.[9] Wie er das nun aber ausführt, wie schlimm, wie unglückselig, ist unvorstellbar. Im ganzen Werk streift er als zielloser Landstreicher mal hier, mal dort herum, zwischen sinnlosen Untersuchungen und Beweisführungen, die niemals aufgehen, Folgerungen, die auf nichts beruhen und nie zu etwas führen, und versteckten und verdrehten Bildungstümeleien. Diese Dinge haben nun aber nicht einmal andeutungsweise mit dem zu tun, was man sich hier zu zeigen vorgenommen hat. Die Undeutlichkeit des Werks ist ein unentwirrbares Labyrinth, und hat man es einmal betreten, so ist es nicht einfach, den Ausgang zu finden; zudem posaunt der Autor auf fast jeder einzelnen Seite seine unerträglichen Prahlereien aus. Man könnte dies selbst an den Dingen zeigen, die er aus der Heiligen Schrift nacherzählt, um die es schlecht stünde, wenn sie ihr Licht aus einer solchen Dunkelheit schöpfen müßten. Hat man das Buch gelesen, so ist der Kopf wie von tausend kleinen Albernheiten umwölkt, die nichts zur Sache tun, so daß man bald schon nicht mehr weiß, was eigentlich das Ziel des Buches ist. So ist es sonnenklar, daß dieser Mensch von seiner eigenen Eitelkeit weit davongetragen worden ist, hinein in wage Vermutungen und gelehrte Träumereien.

Ich dachte mir, daß es wohl sinnvoll sein mag, hier einige davon zu kommentieren, nämlich diejenigen, die neben anderem auch der Heiligen Schrift und der katholischen Wahrheit feindlich gesinnt scheinen. Denn jener erweist sich als der Heiligen Schrift nicht völlig treu, der falsche und fast spöttische Behauptungen über deren Wahrheit einstreut. Das darin Erzählte gibt er hier und da falsch wieder, und wie im Traum maßt er sich an, dieses durch unerhörte Darlegungen zu stützen ...

5. ... Auf Seite 238 findet sich folgender Titel: *Ergänzung zur Geschichte von der Zeit vor der Sintflut.*[10] Und dabei wird dies doch von den Kirchenvätern zu den wichtigsten Vorrechten der Heiligen Schrift gezählt, daß sie älter ist als jedes andere Buch, woraus sich nämlich auch dem menschlichen Verstand zeigt, daß sie ursprünglich und nicht apokryph ist. Woher also, aus welchen Archiven, kann diese »*Ergänzung zur Geschichte von der Zeit vor der Sintflut*« stammen? Allein aus den Hirngespinsten unseres Autors, der hier den abstoßendsten Wahnideen der Gnostiker* verfallen zu sein scheint, welche zahllose Ergänzungen dieser Art erstellt haben ... In diesem Sinne wurden von der Kirche das *Protoevangelium des heiligen Jakobus* (ein verbotenes Buch über die Kindheit des Heilands),[11] *[Das Evangelium] von der Geburt der Jungfrau [Maria]*[12] und jede Menge weitere Machwerke derselben Art verboten, die Papst Gelasius auf dem Konzil zu Rom (nach dem Kanon der heiligen römischen Kirche) der Rache der Furien weihte ...[13] Doch worum handelt es sich denn nun bei dieser *Ergänzung zur Geschichte von der Zeit vor der Sintflut,* die unser Autor vorgelegt hat?

»Da nun Kain die Nachteile des vagabundierenden und gottlosen Lebens erkannte, erbaute er – zweihundert Jahre nach seinem bestialischen Verbrechen – eine Stadt, und dies aus Haß auf die Religion seines Vaters Adam ... Dort versammelte er die zuvor verstreut lebenden Giganten und erneuerte die Landwirtschaft, die er – von einem Blitzstrahl der wahren Religion geführt – vorgefunden hatte. Im Unterschied zu ihm jedoch hatte Adam – vom wahren Gott erleuchtet – sogleich eine artikulierte

Sprache begründet, während Kain das Wort Gottes zunächst stumm anwandte.«[14]

Dies also steht in der *Ergänzung zur Geschichte von der Zeit vor der Sintflut* dieses Autors. Aber soll man überhaupt »Ergänzung« dazu sagen, oder vielleicht besser »Labyrinth«? In der Tat, so viele Wörter es darin gibt, so viele Wahnideen und Widersprüche finden sich auch …

7. Allein, einen noch größeren Wahnsinn offenbart der Autor auf den Seiten 78 bis 80,[15] wenn er sagt, daß er bisher geglaubt habe, die Vielheit der Religionen rühre daher, daß eine gewisse Zeit nach der Sintflut die Donner zu grollen und die Blitze zu züngeln begonnen hätten.[16] Dies nämlich schrieben die Völker (so der Autor) einer höheren Macht zu, die sie »Blitzeschleuderin« oder »Jupiter« nannten; weil es nun aber nicht in allen Gegenden gleichzeitig donnerte, begann man überall, viele, ja zahllose Jupiter zu fürchten und später zu verehren. In Ägypten konnten wegen des dortigen Klimas, das sich der Autor als dem des Äquators verwandt vorstellt, die Blitze zuerst entstehen, weshalb der ägyptische Jupiter – oder Hammo[17] – die übrigen an Alter leicht übertraf.

Anhand dieser Vielzahl von Jupitern versucht der Autor nun, die Allgemeingültigkeit der Sintflut zu belegen. Die Menschen, so behauptet er, hätten sich in ihrem Schrecken in Grotten zurückgezogen und dort die Liebe unter Menschen erfahren, ohne jedoch zu wagen, sie fortan unter freiem Himmel zu praktizieren. Indem sie den Frauen, auch gegen deren Willen, gewaltsam in den Höhlen ihren Platz anwiesen, kompensierten sie bestens deren Schwäche und demonstrierten so zum ersten Mal den Mut und die Tapferkeit der Männer und ihre Macht über das weibliche Geschlecht. Aus ihren unterirdischen Zusammenkünften seien dann die ersten Kinder hervorgegangen, und aus diesen wieder neue Familien, aus vielen Familien Gemeinschaften, und daraus wiederum ganze Reiche. Soweit der Autor. Soviel Schrift, soviel denn auch an Lüge und Verworrenheit; auch hier kann man nur wiederholen, was der Autor selbst auf

Seite 158 über die perfekten Fabeln sagt: Daß sie nämlich in sich etwas Unmögliches, aber dennoch Glaubhaftes enthalten,[18] auch wenn er sich selbst hierin ebenso töricht äußert wie insbesondere Ovid, der entweder über sich selbst oder über seine *Metamorphosen* sagt: »Wesen, die auf unglaubliche Art ihre Gestalt ändern.«[19]

8. Vor allem zeigen nämlich kluge und gebildete Männer ..., daß es sich bei Jupiter Hammo um keinen anderen handelt als Ham, Sohn des Noah und Vater des Mizrajim ...[20] Zu behaupten, daß dieser den Ägyptern damals, als der Donner dort zu grollen begann, aus dem Sinn geraten sei, ist völlig unglaubwürdig. Gleiches gilt für die These, daß die Männer sich aus Angst in Grotten verbargen und daß die Frauen sich niemals in Höhlen versteckt hätten, wenn man sie nicht mit Gewalt dorthin verschleppt hätte. Wäre dies der Fall, so müßte man ja die Frauen mutiger als die Männer nennen, und es hätten hier nicht Tapferkeit und Macht der Männer aufscheinen können, sondern nur Dummheit, Feigheit und Gewalttätigkeit. Mit diesen Mitteln ist die Schwäche der Frauen jedoch nicht zu kompensieren ...

9. Darüber hinaus ist es nicht richtig zu sagen, daß die Scham vor öffentlichem Beischlaf ... damals entstand, als die Menschen begannen, Jupiter zu fürchten.[21] In Wahrheit (so bezeugt es die Heilige Schrift) setzte dieser ein, als die Menschen nach dem Sündenfall ihre Nacktheit bemerkten und sich vor den Blicken Gottes verbargen, als dieser durch das Paradies wandelte.[22]

10. Besonders fluchwürdig ist aber die Behauptung, daß vor jener Zeit, als die ersten Blitze geschleudert wurden, eine ebenso allgemeine wie unüberwindliche Unkenntnis vom wahren Gott herrschte.[23] Tatsächlich lebte Noah einige Zeitalter nach der Sintflut; länger noch lebten einige seiner Kinder, die bestens um Gott, die göttliche Religion und deren Gebote wußten. Für so lange Zeit sind sie erhalten worden, damit sie der Nachwelt dienen konnten. In Ägypten verbreitete sich ihre Überlieferung

besonders gut, denn dieses Land war nicht weit von Assyrien entfernt, dessen Ländereien Noah und seine Söhne zuerst bebauten, und auch nicht von Mesopotamien, wo die Menschen der Zeit nach der Sintflut zuerst begannen, sich zu Gruppen, ja sogar zu zahllosen Gruppen, zu vermehren. Und noch bevor diese sich in Regionen und Nationen aufzuteilen begannen, errichteten sie Turm und Stadt. Wie also sollen die ersten Familien, Gemeinschaften und Reiche ihren Anfang in den Höhlen und Grotten Ägyptens genommen haben? Nun hat zwar die Sünde viele Menschen verblendet und diese oft dazu gebracht, zur Natur der wilden Tiere hinabzusteigen; doch zu behaupten, so seien im allgemeinen die Menschen gewesen, bevor der Himmel seine ersten Pfeile hervorschüttelte, ist eine gottlose Lüge.

So ist auch die Behauptung falsch, daß die erste Gesellschaftsordnung des Menschengeschlechts von den gewalttätigen Übergriffen auf die Frauen herrührt, ob nun in Ägypten oder anderswo. Wahr ist jedoch, daß sich der Autor nie genügend erklärt: Handelt es sich nun um Fabeln oder um die Wahrheit? Auch wenn er uns in ausgeklügelter Weise einredet, daß in seiner neuen Wissenschaft die Wahrheit – jene Wahrheit, die uns auf übernatürliche Weise offenbart worden ist – mit Hilfe von Fabeln bewiesen wird.

11. Noch viele weitere Sophistereien trägt er vor, die der Heiligen Schrift direkt widersprechen. So heißt es auf Seite 149 und 150[24], daß zweihundert Jahre vor der babylonischen Sprachverwirrung die frevelhaften Nachfahren des Ham und des Japhet begannen, in den ungeheuren Wald der Erde einzudringen, als plötzlich, von den wilden Tieren erschreckt, Männer von Frauen und Kinder von ihren Eltern getrennt waren. Die Kinder aber, allein zurückgelassen, hätten begonnen, die weglosen Wälder zu durchwandern, ohne mehr eine einzige menschliche Stimme zu hören oder irgendeine Erziehung zu erfahren. So seien sie in alle Richtungen fortgelaufen, hätten die Freiheit wilder Tiere angenommen und seien dabei schließlich zu Giganten herangewachsen. Im Lauf der Zeit hätten sie so die Einzelspra-

chen begründet. Man bemerke, daß die Verzweigung und Verwirrung der Sprachen, die Aufteilung in Stämme, die Vielzahl der Sprachen und ihre Begründung bei diesem Autor lange vor jener Verwirrung eintritt, von der die Heilige Schrift erzählt.[25] Und man bemerke auch, daß er Fortdauer und Ursprung der Giganten nach der Sintflut ansiedelt, obwohl doch die Heilige Schrift bezeugt, daß diese vor jener gelebt haben und untergegangen sind.[26] – Aber nicht nur das Zeitalter der Giganten fälscht er; auch für ihre Körpergröße führt er lachhafte Gründe an: So stamme ihr hoher Wuchs nämlich daher, daß die Menschen ein freies Leben führten und sich nach Art der Tiere ernährten. Wenn dies jedoch zuträfe, dann hätten die Menschen in all den vielen früher unbekannten Regionen (von denen man jetzt nach und nach hört), in denen sie ständig im Wald lebten und zwischen Höhlen und Grotten und eben unter freiem Himmel ihr Dasein fristeten, alle (oder zumindest sehr viele) Giganten sein müssen. Die Erfahrung lehrt jedoch das Gegenteil, da sie uns ja meistens an Statur nicht übertreffen, ja sehr oft sogar kleiner sind.

12. Man kann nicht übergehen, was auf einem Teil der Seite 155[27] fabuliert wird. Zweifellos erklärt die Heilige Schrift, daß Adam und Eva sowohl untereinander als auch mit der Schlange als auch mit Gott gesprochen haben und daß Adam, kaum daß er erschaffen war, den einzelnen Tieren Namen gab. Unser Autor hingegen schwatzt daher, daß die Menschen sich einander – mangels Worten – zunächst mit Gesten verständlich gemacht haben; der erste Austausch unter ihnen sei also stumm verlaufen. Also waren entweder die ersten Eltern stumm, oder zumindest trat ihre Nachkommenschaft, unter der die stummen Sprachen in artikulierte übergingen, nicht aus Adams Samen, sondern gewissermaßen wie Mäuse aus der Erde hervor. Dies war der Irrtum der Heiden bei Diodorus Siculus,[28] und er zollt dem Hirngespinst von irgendwelchen Präadamiten[29] Beifall ...

13. Da die Lektüre dieses Werks nun also keinen Nutzen bringen und es auch kaum verstanden werden kann; da es durch

seine Sophistereien Schande über Wissenschaft und Wahrheit bringt (besonders über die der Heiligen Schrift); da es sogar, wenn es von der richtigen und den falschen Religionen spricht, dies ohne Unterscheidung tut: Aus diesen Gründen könnte es die jungen Leute zur Nachahmung derselben Freizügigkeit, zu Irrtümern, Torheiten und unbedachten Wagnissen verführen ...

C

Zensur des Paters Giovanni Rossi vom Orden der Regularkleriker*

Donnerstag, den 19. Oktober 1729
Nach Anhörung des Berichts und der Zensur des Paters Giovanni Rossi vom Orden der Regularkleriker, Qualifikator* des Heiligen Offiziums*, über ein in Neapel gedrucktes Buch mit dem Titel *Prinzipien einer neuen Wissenschaft* ... verfügten ihre Eminenzen, daß besagtes Buch einem anderen zur Überprüfung gegeben werde; unterdessen solle man an den Inquisitor* von Padua schreiben, daß er fürs erste den Neudruck dieses Buches nicht gestatten soll.

D

In der Kongregationssitzung* des Heiligen Offiziums, die am Mittwoch, dem 13. des laufenden Monats, abgehalten werden soll, wird Pater Don Fortunato Tamburini, Kassinenser* und Qualifikator* ebendieses Heiligen Offiziums, als zweiter Gutachter seine Zensur zu einem bereits in Neapel gedruckten Buch vortragen, das den Titel trägt: *Prinzipien einer neuen Wissenschaft* ... Eine erste Begutachtung des Buches war von Pater

Rossi, Theatiner und Qualifikator des Heiligen Offiziums, vorgenommen worden, der der Ansicht war, daß man das betreffende Buch verbieten müsse.

E
Fortunato Tamburini

Der Kassinensermönch* Fortunato Tamburini (1683–1761) wurde von Papst Benedikt XIII. (1724–1730) als Theologe für das römische Provinzialkonzil von 1725 berufen. Benedikt XIV. (1740–1758), der Tamburini sehr schätzte, erhob ihn im Jahr 1743 zum Kardinal, als er Mitglied sowohl des Heiligen Offiziums* als auch der Indexkongregation* wurde. Schon in den zwei Jahrzehnten zuvor hatte er unter anderem als Qualifikator* beziehungsweise Konsultor* für diese Behörden gearbeitet.

Autor des Buches, das ich auf Befehl Eurer Eminenzen nach Maßgabe meiner Kräfte sorgfältig geprüft habe, ist Giambattista Vico, der ihm folgenden Titel gegeben hat: *Prinzipien einer neuen Wissenschaft* ... (*gewidmet ihrer Eminenz, dem Fürsten Kardinal Lorenzo Corsini*).

Der Autor begnügt sich hier nicht mit den bisher zur Erklärung des Naturrechts der Völker errichteten Systemen, sondern bemüht sich sehr darum, eine neue Wissenschaft zu erfinden, die die Prinzipien dieses Rechts und die Fortschritte seiner Erforschung in sinnvoller Form zusammenfügt. Zusammengefaßt geht es dabei um die Frage, wie es dazu gekommen ist, daß die Völker der heidnischen Nationen von einer barbarischen, ländlichen und vereinzelten Lebensweise zu einem gemeinsamen Leben, zu einer sittlichen Norm und einem ehrenhaften Umgang übergegangen sind. Der Autor lehnt es dabei deutlich ab, den Lehren der Philosophen und Weisen der Heiden Lob zu zollen, und behauptet statt dessen, daß die Prinzipien des Völkerrechts in der Natur des menschlichen Verstandes und in der Verstandeskraft selbst zu finden sind. Die mitnichten einfache Erläuterung dieser Angelegenheit unternimmt er nun wie folgt.

Zweihundert Jahre vor der babylonischen Sprachverwirrung begannen gottlose Menschen, die nach der Sintflut von Ham und Japhet abstammten, in alle Richtungen verstreut auf der Erde umherzuziehen, um das Joch der wahren Religion abzuschütteln, durch das allein doch das Band der menschlichen Gesellschaft zusammengehalten werden kann. Nach den lebensnotwendigen Dingen suchend und vor den Nachstellungen wilder Tiere fliehend, wurden Männer von Frauen und Kinder von den Eltern getrennt und kamen schließlich vom Wege ab ... Die Kinder, die sich so verlassen fanden, erfuhren nunmehr keinerlei Versorgung oder Pflege, hörten kein menschliches Wort, genossen keine Erziehung, durch die sie menschliche Bildung angenommen hätten. Auf diese Weise lebend, wuchsen sie zu Giganten heran. Nach Art der Tiere führten sie ein Dasein ohne Sprache und frei von Kultur. Diese Anschauungen von Ham und Japhet überträgt Vico auf die Söhne Kains nach der Sintflut.

Deshalb nun befaßt sich dieser Autor, der die Prinzipien des gemeinschaftlichen Rechts der Völker finden will, mit der Betrachtung eines solchen in Einsamkeit lebenden Menschen, der sich eine gesunde und unversehrte Natur bewahrt. Die Bedürfnisse und Interessen dieser Menschen von ländlicher Natur stuft er als allgemeingültig ein; von diesen getrieben und verlockt, hätten sie sich schließlich von jener schrecklichen Lebensweise verabschiedet. Und in diesem Sinne fährt er fort. In diesem Zustande, den wir gerade beschrieben haben, als die Menschen nämlich frei von jedem bindenden Gesetz und ebenso frei von jeglichem geistigen Schrecken waren, konnten nicht einmal gerade zwei von ihnen sich zusammentun und auch zusammenbleiben, ohne daß die Furcht vor irgendeiner Macht, die sie als ihrer menschlichen Natur überlegen erkannten und die von beiden verehrt wurde, sie dazu gebracht hätte. Der Grund aber, weshalb besagte Menschen, unter denen keinerlei Austausch stattfand, sich eine Vorstellung von dieser Macht oder Göttlichkeit bzw. eine Idee von ihr machten, waren Donner und Blitz, die wohlgemerkt zum ersten Mal lange nach der Sintflut aus den Wolken herniederfuhren. Dieses ungewohnte Donnern und Blitzen erschreckte viele der Menschen, die sich darunter eine göttliche Macht vorstellten und sich für den Himmel einen Jupiter erfanden, der donnerte und Blitze schleuderte. Daraufhin suchten sie sich Schlupfwinkel, in die sie sich mit irgendeiner umherstreifenden Frau, die sie mit Gewalt verschleppten, zurückzogen. Und da sie fürchteten, daß der Himmel – nunmehr ja eine Gottheit – sie beobachtete, schämten sie sich fortan, sich im Freien bzw. in der Öffentlichkeit der Zeugung ihrer Nachfahren hinzugeben.

Dies also ist der Ursprung der falschen Religionen, durch die Männer und Frauen so zueinander kamen, daß sie züchtige Gemeinschaften eingingen und eindeutig zu ihnen gehörende Kinder hervorbrachten, wodurch es wiederum dazu kam, daß sich die Menschen, aus der Einsamkeit herausgeführt, zu Familien formierten und allmählich Sprachen ausbildeten, mit deren Hilfe sie die Regungen ihres Geistes einander mitteilen konnten. Jene ersten Familien bildeten die Keimzelle der Völker, die später, als sie sich im gemeinsamen Austausch vermischten, anerkannten, daß sie durch ein gemeinschaftliches Recht miteinander verbunden waren. Die gesamte Darstellung in diesem Buch, das wir in Händen halten, verfolgt das Ziel, dies zu erläutern.

Bevor ich nun fortfahre und begründe, warum ich all dies vorgebracht habe, muß, so glaube ich, angemerkt werden, daß Giambattista Vico nicht will, daß diese Dinge so verstanden werden, als seien sie auf das Volk Gottes bezogen. Denn gerade, was den Ursprung dieses Volkes betrifft, beansprucht Vico, daß es immer bei der wahren Religion geblieben ist, und er leugnet nicht, daß es auch in Ägypten die Schriften bzw. die Lehre und die Sprache aus der Zeit vor der Sintflut beibehalten hat und daß schließlich Gott der Urheber jener Gebote des Moses war, die dieser dem Volk Israel auferlegte.

Man muß nun Euren Eminenzen die Hypothese oder Anschauung des Autors darstellen, der alles untergeordnet ist, was zur Erklärung des Völkerrechts dient. Es stellt sich nämlich die Frage, ob jene sich mit der Heiligen Schrift vereinen läßt, und zwar wegen zweier Punkte, die dieser zu widersprechen scheinen:

1. Daß die Menschen schon lange vor der babylonischen Verwirrung begonnen haben, sich über den Erdkreis zu zerstreuen. Hieraus läßt sich leicht ableiten, daß zu der Zeit, als der Turm von Babel erbaut wurde, nicht alle Menschen im Lande Schinar von Moses abstammten; dies jedoch berichtet *Genesis* 11.

2. Daß die Menschen eigene Sprachen herausgebildet haben, nachdem sie entweder die ihrer Väter vergessen hatten oder von vornherein keinen Umgang damit kannten. Diese Behauptung weicht jedoch von der Heiligen Schrift ab, in der es an einer berühmten Stelle[30] heißt, daß es vor der Errichtung des Turms ein Land von einheitlichem Zungenschlag gegeben und daß Gott die Erbauer dieses Turm mit der Sprachverwirrung bestraft habe.

Was die erste Behauptung betrifft, so meine ich nicht, daß sie der Heiligen Schrift widerspricht. Denn es ist auch die Meinung des Kardinals Gaetano[31], der die Worte der *Genesis* (»Es hatte aber alle Welt einerlei Zunge und Sprache. Als sie nun nach Osten zogen, fanden sie eine Ebene im Lande Schinar und wohnten daselbst«[32]) wie folgt kommentiert: »Das ist nicht so zu verstehen, daß das gesamte Menschengeschlecht aus dem Osten aufgebrochen und ins Land Schinar gelangt ist. Denn dies entspricht weder dem Wortsinn noch der Vernunft. Der Wortsinn aber ist derjenige, daß die, die wanderten, von Osten her nach Schinar gekommen sind, während auf der ganzen Erde ein und dieselbe Sprache gesprochen wurde.«[33] Soweit also Gaetano. Zwar weist Pater Benito Pereyra[34] diese Meinung zurück (in seinem zwölften Buch zur *Genesis*), doch verdammt sie dieser nicht, sondern sagt statt dessen nur, daß bei weitem mehr für die gegenteilige Meinung spreche.[35] Ich halte mich an Pereyra, diesen so gelehrten Mann, und erspare Vicos Behauptung das Brandmal einer theologischen Zensur.

Ich komme nun zur zweiten hier zu besprechenden Lehrmeinung des Autors. Daß Gott die Sprache der Menschen, die in Babel jenen Turmbau unternommen hatten, verwirrt und sie danach über den ganzen Erdball verstreut hat, steht bei Moses, dem Vico nicht widerspricht, der auf den Seiten 149 und 78 ja ausdrücklich diese Verwirrung erwähnt; außerdem steht dort, daß Japhet die Völker Europas begründet hat und daß die Einwohner von Phönizien, Ägypten und Afrika auf Ham zurückgehen.[36] Über das, was danach mit all deren Nachfahren geschah, sagt die Heilige Schrift nichts. Wenn es dem Autor nun also beliebt, das, was ich gerade dargestellt habe, in seine Theorie einzuarbeiten, um so zu einer Erklärung der Dinge zu gelangen, die das Völkerrecht betreffen, dann muß man ihn dafür nicht des Verstoßes gegen die Treue zur Heiligen Schrift bezichtigen.

Hinzu kommt, daß diejenigen, die ein System erdenken, zwar irgendein Prinzip setzen, um die weiteren Wirkungen des Systems rein von der Logik her zu stützen, sich dabei jedoch nicht weiter um den *tatsächlichen* Wahrheitsgehalt dieses Prinzips bekümmern und einzig darauf achten, daß das, was sie zum Prinzip erhoben haben, der *objektiven* Wahrheit nicht entbehrt; oder aber – was dasselbe ist – sie schauen darauf, daß es so sein *kann*, wie sie es sich im Geist zurechtlegen, und zögern deshalb nicht, dies gemäß ihrer synthetischen Methode zur Erklärung aller Wirkungen zu verwenden. Wenn deshalb nun das, was Vico über den eingebüßten Umgang mit den Sprachen und über ihre Entstehung sagt, unbedingt so stehen kann (und vielleicht auch ebenso die Dinge zu den Nachkommen des Noah stehen können), dann darf der Autor diese Dinge quasi als ein solches Prinzip benutzen, um in zutreffender Weise und Form darzustellen, wie die Völker sich auf eine Sprache einigten, mit der sich ihr gemeinschaftliches Recht erklären läßt.

Dies nun sind die Gründe, weshalb ich nicht glaube, daß man

die obengenannten Lehrmeinungen zensieren muß. Doch es gibt etwas anderes – um nichts zu verschweigen –, von dem man glauben könnte, es tilgen zu müssen. Dem Autor ist nämlich die Bemerkung unterlaufen, daß Adam die Beherrschung der Sprache nicht schon mit der Schöpfung erhalten habe,[37] woraus zu folgen scheint, daß er ohne große Anstrengung keine artikulierten Laute hervorbringen konnte. Dies paßt aber schlecht zum Zustand seiner Unschuld. Doch nicht einmal dies bedarf einer Zensur, wie ich aufgrund zweier Stellen meine. Erstens nämlich, weil auch Gregor von Nyssa diese Ansicht im *Eunomios* vertritt,[38] zweitens, weil der Autor in diesem Buch schreibt, daß Adam, erleuchtet vom wahren Gott, sofort zu einer artikulierten Sprache gefunden habe.[39] Dieses »sofort« bedeutet aber, daß Adam – Eva gewissermaßen den Weg leuchtend – ohne Mühe seine Gedanken durch Worte zum Ausdruck brachte und den Tieren Namen gab, so daß seine natürliche Glückseligkeit von keiner Beschwernis getrübt wurde ...

Weil insbesondere drei Punkte, mit denen ich mich soeben auseinandergesetzt habe, in den Verdacht geraten konnten, irrig zu sein, war zu zeigen, daß diese keines Tadels bedürfen. Was weitere Dinge betrifft, die oben referiert worden sind, so werden sich überaus leicht Menschen finden, die darüber lachen oder alles – mitsamt dem ganzen System des Autors – im Reich der Fabel ansiedeln, und ich denke, daß niemand es zensieren wollte. Der übrige Inhalt des Buches, so scheint es mir, wird niemandem auch nur den geringsten Schaden zufügen, denn – um offen zu sagen, was ich über Vicos Buch denke – seine Lektüre bringt dem Leser wenig Nutzen und setzt ihn keinerlei Gefahr aus. Es zeichnet sich durch eine derartige Unklarheit und Verworrenheit nicht nur des Inhalts, sondern auch der Worte aus, daß, wenn denn überhaupt jemand ein paar Seiten davon überfliegen mag, man nicht nur einmal jenen Ausspruch des Plautus im *Poenulus* wird gebrauchen müssen: »Um Deine Rede zu begreifen, bedarf es eines Ödipus, der ja auch einst die Sphinx gedeutet hat.«[40] Auch mich selbst hat es ein Übermaß an Aufwand gekostet, diesen Autor zu verstehen, und ob mir dies tatsächlich gelungen ist, bezweifle ich nicht ohne Grund. Deshalb ist es, so denke ich, unter der Würde dieses höchsten Tribunals, über das Buch ein Urteil zu fällen. So könnte man vielleicht, wenn es Euren Eminenzen nicht anders beliebt, eine neue Edition des Buches ungehindert geschehen lassen.

F

Zensur des Paters Fortunato Tamburini vom Orden der Kassinenser* über ein Buch, das den Titel trägt: *Prinzipien einer neuen Wissenschaft*

Donnerstag, den 13. September 1730
Nach Anhörung des Berichts des Paters Fortunato Tamburini vom Orden der Kassinenser über ein Buch, das den Titel trägt: *Prinzipien einer neuen Wissenschaft* ... verfügten ihre Eminenzen, daß das Buch einem dritten Gutachter übergeben werden soll. Man beachte jedoch, daß ihre Eminenz Kardinal Albani[41] das Buch in der Kongregation* an sich genommen hat. Zurückgegeben wurde es von ihrer Eminenz am 17. September [1730] an den Hocherlauchten Monsignore* Assessor*, auf dessen Anordnung es wiederum Pater Sergio[42] [vom Orden der] Frommen Arbeiter* erhielt.

Zensur zu einem im Jahr 1725 in Neapel veröffentlichten Buch des Autors Giambattista [de] Vico, das den Titel trägt: *Prinzipien einer neuen Wissenschaft*

Beschlossen wurde nichts.[43]

12. Pope: Literatur und Lüge

Der Neoklassizist Alexander Pope (1688–1744) zählt zu den angesehensten englischen Dichtern der Aufklärung. Geboren in London als Sohn eines katholischen Tuchhändlers, wurde ihm wie vielen Katholiken dieser Zeit der Zugang zu den höheren staatlichen Schulen verweigert, so daß er vorwiegend zu Hause oder auf privaten katholischen Schulen Unterricht erhielt. Trotz der Repressionen, denen die Katholiken in England ausgesetzt waren, hielt Pope bis zu seinem Tod am Katholizismus fest. Schon im Alter von zwölf Jahren schrieb er, der im übrigen zeit seines Lebens unter schwacher Gesundheit und einer Behinderung litt, seine ersten Verse; eine Sammlung von Hirtengedichten im Stil Vergils wurden 1709 veröffentlicht. Sein Buch *Versuch über die Kritik* (1711) führte zu seinem literarischen Durchbruch. Sein satirisches Talent bewies Pope in *Der Lockenraub* (1712), einer Groteske über den Kampf der Geschlechter.

Bei dem 1733/34 anonym erschienenen *Versuch über den Menschen*, mit dem sich die hier präsentierten Zensuren hauptsächlich befassen, handelt es sich um ein Lehrgedicht in vier Briefen. Nach klassischem Vorbild wird eine Ethik in Versform dargestellt, die dem Optimismus des Philosophen und Locke-Schülers Anthony Shaftesbury und dem Deismus* des Politikers und Essayisten Henry Bolingbroke – dem das Werk auch gewidmet ist – nahesteht.

A

Paulo Taglialatela

Zu diesem Gutachter sind keine Informationen nachweisbar. Vermutlich ist der Name falsch überliefert.

ACDF, SU., Censura librorum 1748–1750, Fasc. 8.[1]

Ein Versuch über den Menschen[2]

Ein anonymer Verfasser dreier Briefe[3] macht diesem Höchsten und Heiligsten Tribunal – ja besser sogar: diesem Senat der ganzen katholischen Welt – Meldung von einem gewissen Buch des Herrn Pope; wieder und wieder appelliert er an die Ehre der Richter, daß sie das Buch doch prüfen und darüber entscheiden und richten. Das Buch aber trägt den Titel *Die Prinzipien der Moral, Oder Versuch über den Menschen*; der Autor, ein Engländer, hat es in seiner Sprache in Versen verfaßt. Ins Französische übertragen vom Abbé Du Resnel[4] wurde es in Paris bei Briasson mit Billigung und Privileg des Königs[5] 1745 veröffentlicht ... Wenn wir nun diesem überaus gottesfürchtigen Denunzianten und Ankläger Glauben schenken und uns seinen Zensuren anschließen wollen, werden wir mit größter Sicherheit zu dem Urteil kommen, daß dieses hochgelobte Buch des Herrn Pope mit dem schwärzesten *Theta*[6] und allen möglichen Flüchen bedacht werden muß. Denn in diesem Werk hat sich der englische Autor nichts anderes vorgenommen, als die offenbarte übernatürliche Religion völlig zu vernichten und an ihren Platz eine rein natürliche zu stellen. Auf Schritt und Tritt folgt er Spinoza[7] in dessen gottlosen Prinzipien und gibt sich offen als dessen Schüler zu erkennen. Er verbündet sich mit so verworfenen Menschen wie Bayle,[8] Montaigne[9] und all den übrigen frevelhaften Schriftstellern. Den Glauben an Christus auszurotten und auszulöschen, den sogenannten Deismus* jedoch zu stützen und auf der Welt zu verbreiten: Das ist es, was er sich zum Ziel gesetzt hat; das ist es, was er zielstrebig versucht. Dies und ähnliches hat der anonyme Schreiber gegen Pope und sein Buch in seinen Briefen zusammengetragen, die er dem Buch beigefügt hat; wenn wir nun sagten, daß der letzte dieser Briefe Unsterblichkeit verdient hätte, so würden wir ihn zu knapp und allzu bescheiden loben: Denn so wacker kämpft er mit von überallher herangezogenen Argumenten gegen diese gottlosen Verfechter einer rein natürlichen Religion und setzt sich für den offenbarten christlichen Glauben ein.

Doch gab es natürlich auch viele, die in Apologien und Briefen für diesen englischen Autor ins Feld gezogen sind, um ihn gegen die ihm entgegengebrachten Vorwürfe zu verteidigen. Einer von ihnen – um die übrigen zu übergehen – war De Ramsai,[10] ein Mann von weiß Gott gefeiertem und berühmtem Namen und ein ausgewiesener Verteidiger der katholischen Religion. Dieser hat das Buch verteidigt, hat dessen ganze Lehre in katholischem und orthodoxem Sinn erläutert und somit in Schutz genommen.

Dies also ist der Fall Pope, ist der Streit bedeutendster und gelehrtester Männer über sein Buch. Doch gibt es nicht ein einziges Urteil über Glaube und Religion des Autors selbst. Unser Anonymus hält ihn für völlig ungläubig und zählt ihn zu den Schülern Spinozas; andere meinen, er sei ein Anhänger der Ketzer*; und Abbé du Resnel wiederum versichert, er stamme aus katholischem Elternhaus und sei in England einer der bekennenden Katholiken, was man tatsächlich in einem weiteren Werk von Pope – *Versuch über die Kritik*[11] – aus wenigen undeutlichen Andeutungen schließen könnte.

Will man nun aber über Thesen und Äußerungen urteilen und sozusagen deren Geschmack oder Duft erkennen, so spielt es meistens eine bedeutende Rolle, ob man die Quellen kennt, aus denen sie entspringen. Wie wir nämlich beim Wasser ... je nach den Ursprüngen und Kanälen, die es durchläuft, Unterschiede in Geschmack und Duft wahrnehmen, so nehmen auch die Äußerungen selbst von den Adern und Bahnen, durch die sie fließen (nämlich von ihren Autoren) Geschmack und Duft an. Trotzdem werde ich nach Glauben und Religion des Herrn Pope – eine Sache, über die ich mir noch sehr im unklaren bin – nicht weiter fragen oder genauere Nachforschungen anstellen; nur sein Buch werde ich beurteilen und dabei seine Thesen auf die theologische Waage legen.

Stimme ich dem anonymen Verfasser jener Briefe auch nicht in allem zu, was er in diesem Werk monieren will, und möchte ich auch nicht meinen, daß sich in diesem einen Buch so viele Fehler finden, wie es dem allzusehr vor Angst schlotternden Denunzianten vorkam, so ist es doch meine Ansicht, daß es ohne irgendein Vergehen des Buches und ohne die Schuld des Autors nicht dazu hätte kommen können: Daß es nämlich in einem Buch, das schon auf der Titelseite prunkend und prahlend *Prinzipien der Moral* verspricht, einem Buch, in dem der meinetwegen katholische Autor beabsichtigt zu lehren, wie man ein gutes Leben führt und Gott den ihm geschuldeten gerechten Gehorsam leistet, daß es nun also in einem solchen Buch keine Abhandlung – nicht einmal einen einzigen Vers – über Christus, über die Lehren des christlichen Glaubens und des Evangeliums und über die sittliche Ausrichtung gemäß der göttlichen Gesetzesnorm gibt. Sämtliche Grundsätze eines moralischen Lebens – selbst die Pflichten vor Gott, die Frömmigkeit, die Verehrung und den guten Willen – siedelt er auf dem Niveau der rein menschlichen Vernunft an; jede übernatürliche und offenbarte Religion mißbilligt er nicht nur, nein, er übergeht sie einfach! Während er also in diesem Werk, das man für überaus geeignet halten könnte, in jenen Dingen Unterweisung zu geben, sorgsam und beflissen christlichen Glauben vortäuscht, scheint er diesen in Wirklichkeit bereits weit von sich geschleudert zu haben oder ihn zumindest zu verachten.

Und auch folgendes muß man ihm sehr schwer vorwerfen: Daß er – alles nur in menschlichem und natürlichem Licht bestimmend – zahlreiche Thesen bzw. Äußerungen ausgestreut hat, von denen man vielleicht denken könnte, daß man bei einem Dichter ein Auge zudrücken darf, und die Freizügigkeit seiner Dichtung entschuldigen möchte. Doch muß man sie dennoch zurückweisen, und ein Theologe hat sie als dem Zeugnis der Heiligen Schrift widersprechend zu tadeln. Zu diesen Thesen gehören unter anderem folgende:

... Die Liebe des Menschen zur Kreatur – auch der Unbeseelten – gehe auf die Natur selbst und das Verbundensein aller Dinge zurück und sei von diesen quasi vorgeschrieben[12] ... Der Mensch sei in jeder Hinsicht perfekt. Und wenn man irgendeine Schuld, ein Laster oder einen Fehler in ihm zu sehen vermeine, so sei dies alles auf das wahre Gute und auf den Vorzug der Einrichtung zu beziehen. Der Mensch sei derart, wie Gott ihn eingerichtet habe, und man dürfe nicht glauben, daß es ihm an irgendeiner Vollendung, die seiner geziemen oder zu ihm gehören könnte, fehle ...[13] Die Philautie, mit der der Mensch sich selbst liebe, und die Verwirrungen des Geistes, die wir Leidenschaften nennen, seien ein vorzügliches und sogar notwendiges Gut des Menschen; die Begierde aber, das heftige Verlangen, das die Heilige Schrift als Ursprung allen Übels zurückweist und verflucht, müsse mit höchstem Lob bedacht werden[14] ...

Mag es auch sein, daß diese und andere ähnliche Thesen, zu irgendeiner Bedeutung zurechtgebogen, einen Sinn ergeben, der nicht allzuweit von der Wahrheit entfernt ist, und zu irgendeinem guten Sinn verdreht und umgedeutet werden können, was die Verteidiger Popes ja auch zur Genüge getan haben. Dennoch ist überdeutlich nachgewiesen worden, daß sie von ihrer oberflächlichen Bedeutung her einen irrigen Sinn aufweisen, den Lehren der Heiligen Schrift widersprechen, übel klingen, die Ohren gläubiger Menschen verletzen, der Ketzerei* verdächtig sind, diese auch andeuten und schließlich leicht zu Irrtum und Ketzerei verleiten können.

Ich bekenne jedoch, daß eines ungelöst und zweifelhaft bleibt: Ob nämlich besagte Irrtümer die Irrtümer des englischen Autors sind oder allein diejenigen des französischen Übersetzers. So berichtet nämlich der Herausgeber der Briefe des schon mehrfach gelobten Anonymus – wer auch immer dieser Herausgeber ist –, daß Pope selbst sogleich eine Verteidigungsschrift publiziert habe, kaum daß die heftigen Einwände und Anmerkungen gegen sein Buch verfaßt worden waren, die versuchten, ihn dem Verdacht eines falschen Dogmas auszusetzen. Darin habe Pope die französische Version seines Werks streng getadelt und alle Schuld dem Übersetzer zugewiesen: Dieser habe den Sinn nicht erfaßt, die englischen Ausdrücke fälschlicherweise vertauscht und die fremden Wörter ebenso wie ihre Bedeutung völlig ungenau wiedergegeben, wie anhand bester Beweise gezeigt wurde.[15]

Trotz allem: Da besagtes Buch von Pope, zumindest in der französischen Edition, zahlreiche Thesen enthält, die von ihrer oberflächlichen Bedeutung her einen irrigen Sinn aufweisen, übel klingen, der Ketzerei* verdächtig sind und diese auch andeuten, den Lehren der Heiligen Schrift widersprechen und leicht zu Irrtum und Ketzerei* verleiten können; da also – noch einmal – das, was in diesem Buch an Erörterungen über die natürliche Religion enthalten ist, in systematischer Form zu Prinzipien der Morallehre bzw. zu einer Art Verordnung erhoben wird, meine ich, daß ein solches Buch unbedingt verboten werden muß, da es den Gläubigen schadet und besagte Thesen vertritt.

B
Antonin Brémond

1692–1755. Antonin Brémond stammte aus der Gegend von Toulouse und war Dominikanermönch.* Der Ordenshistoriker war von 1716–22 Missionar auf Martinique; 1748 wurde Brémond General des Dominikanerordens und Konsultor* sowohl des Heiligen Offiziums* als auch der Indexkongregation*. Außerdem war er als Theologe der Casanatensischen Bibliothek tätig.[16]

In Ausführung der Befehle Eurer Eminenzen habe ich ein Buch untersucht, das den Titel trägt: *Werke von Pope, in französischer Übersetzung.*[17] Dieses Buch enthält zwei Werke, deren erstes wiederum zwei Teile, das heißt zwei Gedichte, umfaßt und wie folgt betitelt ist: *Prinzipien der Morallehre und der feineren Literatur, dargestellt in zwei Gedichten.* Autor beider Gedichte ist ein Engländer namens Alexander Pope; der französische Übersetzer, selbst ein Dichter, ist der Abbé von Sept-Fontaines und heißt Du Resnel ... Das Gedicht, um das sich der größte Streit rankt, trägt den Titel *Versuch über den Menschen* ... Damit nun deutlich wird, ob es in diesem Buch etwas gibt, das einer theologischen Zensur bedarf, möchte ich anmerken, daß es sich hier nach Lage der Dinge um die Untersuchung poetischer Schriften handelt. Wenn nun aber jemand die Worte eines Dichters nach ihrer theologischen Wahrheit bemessen will, so gilt mit Horaz: »Schon immer hatten Maler und Dichter die gleiche Freiheit, zu wagen, was auch immer ihnen beliebt.«[18] Die theologische Wahrheit jedoch hat mit Fabeln keine Nachsicht und mag nichts verschonen, was fernab vom Wahren ist.

Ein Beispiel dafür ist gerade dieses Gedicht, um das es hier geht. Die von der Pariser Akademie für gehobene Literatur und Inschriften[19] beauftragten Zensoren[20] ... und viele andere haben in diesen Gedichten keinerlei Irrtum entdeckt; ein anonymer Schreiber hingegen hat darin einen überall verstreuten Spinozismus ausgemacht und sie daraufhin der Gottlosigkeit bezichtigt, und zwar in drei Briefen, die bereits dreimal gedruckt worden sind. Ihn mag dabei der Eindruck geleitet haben, daß sich in Frankreich Unheil und Verderben des Atheismus* von Tag zu Tag mehr ausbreiten (dies ist allerdings leider wahr), und ebenso die Furcht, daß dieses Gedicht – wie andere Schriften auch – publiziert worden sein könnte, um das Gift des Atheismus* immer weiter zu verbreiten.

Angesichts dieses Ringens unter den französischen Zensoren dachte ich mir, daß man einmal nach dem Grund für diese Diskrepanz forschen müsse, um so die Irrtümer in diesen Gedichten leichter aufzufinden und Euren Eminenzen von ihnen Bericht zu erstatten. Es gibt, so möchte ich meinen, zwei Gründe für ebendiese Diskrepanz; der erste ist folgender: Jene früheren Zensoren ... haben keine Bedenken gegenüber diesem Gedicht gehabt, da sie den Autor als Dichter betrachtet haben. Jener anonyme Schreiber hingegen hat als harter und strenger Zensor nach den Vorschriften der Theologie und mit höchstem Recht über die Dichter geurteilt – sowohl über den englischen Autor als auch über den französischen Übersetzer. Sobald der Autor davon erfuhr, verfaßte er einen Brief, in dem er sich hinsichtlich der vermeintlichen Irrtümer rechtfertigt.[21]...

Der zweite Grund für jene Diskrepanz unter den Zensuren ist derjenige, daß die Pariser Zensoren und auch andere ..., die dem Gedicht gewogen waren, die Thesen im Sinne des Autors beurteilt haben; diejenigen aber, die das Gedicht der Irrlehre bezichtigen, haben die Thesen jeweils für sich betrachtet. An dieser Stelle ist es nun hilfreich, sich vor Augen zu führen, daß eine These sehr oft einen doppelten Sinn aufweisen kann: nämlich den einen, den die Theologen den Sinn des Autors nennen (nicht einmal jenen inneren Sinn, der dem Autor vorschwebt und den nur er allein auf Herz und Nieren prüfen kann, sondern den äußeren Sinn, der sich aus dem Kontext des Buches ergibt), und dann den zweiten, den man die Bedeutung einer für sich allein betrachteten These nennt, das heißt ohne

Rücksicht auf das, was ihr vorausgeht oder nach ihr folgt. Ein Beispiel: Im ersten Gedicht liest man folgende These: »Die Natur ist der Körper der gesamten Welt: Gott ist aber die Seele der gesamten Welt.«[22] Untersucht man diese These nun genauer im Sinne des Autors – das heißt, so wie sie von ihm vorgetragen wird – und liest sie im Kontext des Gedichts, so bedeutet sie einzig und allein, was auch der heilige Paulus mit folgenden Worten sagt: »In Gott leben wir, in ihm bewegen wir uns, in ihm sind wir.«[23] In diesem Sinne wäre die These also katholisch. Betrachtet man sie jedoch für sich allein, ohne Rücksicht auf das, was der Dichter zuvor gesagt hat und im folgenden sagt, so wird durch sie behauptet, daß »Gott die Seele der gesamten Welt ist«. Dies jedoch ist falsch, gotteslästerlich und ketzerisch*. Falsch, weil sie einen eindeutigen Fehler enthält, wie Thomas zeigt: »Denn es ist nicht möglich, daß Gott auf irgendeine Art Teil von etwas sein kann.«[24] Er wäre aber ein Teil der Welt, wenn er dessen Seele wäre. Gotteslästerlich ist sie, weil sie Gott zu Unrecht seine höchste Einfachheit abspricht. Denn Gott wäre nicht das reinste Wesen, wenn er die Seele der Welt wäre. Ketzerisch* aber ist sie, da sie einen eindeutigen Widerspruch zu dem Glaubenssatz enthält, nach dem wir Gott als das vollkommenste Sein betrachten. Thomas fügt hinzu, daß die Heilige Lehre einen solchen Irrtum zurückweist, und zeigt, daß die Ketzerei, nach der Gott als Seele der Welt bezeichnet wird, ein Irrtum, ein übler Grundsatz und ein Dogma der Heiden ist, mit dem sie die Götzenverehrung zu schützen versuchen ...[25]

Nachdem ich nun die fünfzig Thesen dieser Dichtung, die der anonyme Franzose des Irrtums beschuldigt hat, allesamt mit Sorgfalt und aller gebotenen Aufmerksamkeit wieder und wieder gelesen habe, stelle ich fest, daß sich darin verschiedene Thesen finden, die – für sich allein betrachtet – irrig sind und verschiedener theologischer Zensuren bedürfen und dennoch, wenn man sie im Sinne des Autors und im Kontext des Werks beurteilt – einen harmlosen Sinn haben können ...

Des weiteren habe ich, was den Vorwurf des gottlosen Spinozismus betrifft, den man dem Gedicht vorwirft, genau abgewogen, ob der Dichter tatsächlich dieses frevelhafte System lehrt, und bin dabei – alles gerecht abwägend – zu der Überzeugung gelangt, daß das System des Spinoza sich von demjenigen des Dichters sehr unterscheidet ... [Es folgen drei Beispiele, mit denen der Zensor deutlich macht, worin Pope sich von Spinoza absetzt.] Diese drei Punkte, die Pope vertritt, reißen das gottlose System eines Spinoza bis auf die Grundfesten nieder ... Dennoch habe ich zwei Fehler gefunden, an denen dieser Dichter krankt. Der erste entsteht dadurch, daß er, der er ja die Schriften eines Spinoza, eines Lukrez[26] oder anderer gelesen hat, bisweilen ihre Redeweise annimmt, auch wenn er sich von ihren Albernheiten absetzt. So kommt es dazu, daß jemand, der nach strengstem Recht mit dem Poeten verfahren will, in diesem Gedicht verschiedene Thesen finden wird, die übel klingen ... Der zweite Fehler ist folgender: Der Autor unterläßt es, auch nur ein einziges Wort über das Gesetz des Evangeliums zu verlieren, während er das Gesetz der Natur und das geschriebene Gesetz erwähnt ...

Dies also ist der Bericht für Euer gerechtes Tribunal, Hochehrwürdige Eminenzen ... Von den zwei Gedichten, die – in einem Band vereint – im Jahre 1745 publiziert worden sind, ist jenes mit dem Titel *Prinzipien der feineren Literatur* bzw. *Versuch über die Kritik*[27] ganz harmlos und bedarf keiner theologischen Zensur, doch ist es unglücklicherweise zusammen mit jenem anderen publiziert worden, ... dem *Versuch über den Menschen*. Dieses nämlich präsentiert Thesen, bei denen eine theologische Zensur notwendig ist, wenn auch nicht im Sinne des Autors; denn dieser Sinn ist harmlos, wie aus dem Ziel deutlich wird, das sich der englische Autor und der französische Übersetzer gesetzt haben. Notwendig ist eine theologische Zensur jedoch, wenn diese Thesen für sich selbst und voneinander getrennt betrachtet werden, ohne Rücksicht auf die Intention des Autors und auf das, was den Thesen vorausgeht und was auf sie folgt. Zu entscheiden, ob man aufgrund dieser fünfzig bedenklichen Thesen das Gedicht verbieten muß, obliegt nicht mir, sondern Euren Eminenzen. Denn aufgrund der Umstände bedarf es hier eines klugen Urteils; jene höchste Umsicht ist gefragt, die die gesamte katholische Welt an Euch bewundert.

C[28]

Auf Anordnung Eurer Eminenzen wurde ein Gedicht, das unter den Werken des Herrn Pope veröffentlicht worden ist und den Titel trägt: *Die Prinzipien der Moral, Oder Versuch über den Menschen*, zwei Konsultoren* zur Untersuchung überantwortet. Der erste von ihnen, nämlich Paulo Taglialatela von der Kongregation der Frommen Arbeiter*, ist der Ansicht, daß dieses Gedicht zahlreiche Thesen enthält, die offenkundig übel klingen, der Ketzerei* verdächtig sind und geradezu nach dieser riechen, der Heiligen Schrift widersprechen und ohne weiteres zu Irrtum und Ketzerei* verführen. Aus diesem Grund kommt er zu dem Urteil, daß dieses Gedicht für gläubige Menschen schädlich sei und daher verboten werden müsse. Wenn ich mich nicht täusche, folgt dieser Zensor dem Kurs eines gewissen Anonymus, der eine Anzahl von Thesen, die er aus dem hier verhandelten Gedicht entnommen hat, mit einer scharfen Zensur bedacht hat, die er wiederum in drei Briefen, denen er das Gedicht beifügte, öffentlich angezeigt hat.

Der zweite Zensor jedoch, Magister Brémond vom Orden der Dominikaner*. . ., meint, daß die Thesen, deren dieser Autor bezichtigt wird, nicht zensurwürdig sind, da eine solche Absicht, wie sie der Autor verfolgt, harmlos ist. Wenn man jedoch das Ziel, das sich der Autor beim Schreiben selbst gesetzt hat, außer acht ließe und die Dinge an sich und getrennt voneinander betrachtete (auch ohne Rücksicht auf das, was der Autor vor und nach diesen Thesen gesagt hat oder sagt), so verdienten sie durchaus eine theologische Zensur. Die Entscheidung nun, ob man dieses Gedicht deswegen, weil es größte Besonnenheit verlangt, verbieten muß, überläßt Brémond Euren Eminenzen.

Ich selbst habe auf Euren Befehl das Gedicht und die Voten der Konsultoren* sorgfältig studiert und meine, daß man sich dem Urteil des Paters Brémond anschließen muß, was die Zensur der Thesen betrifft. Diese erfordern nämlich, wenn man sie im Sinne des Autors oder im Kontext betrachtet, keine Zensur. Ich habe ebenfalls bemerkt, daß der Autor des Gedichts zwar Engländer, aber doch Katholik ist und in dem Reich lebt, wo auch Atheisten oder Deisten* ohne Furcht leben, die nicht zögern, die göttliche Vorsehung zu leugnen. Deshalb steht der Autor dort quasi Pate für die These von der göttlichen Vorsehung, was ihm insofern gelingt, als er Argumente benutzt, die er nicht aus der Theologie ableitet, sondern aus dem, was ihm die Philosophie an die Hand gibt. Und weil Herr Pope den Philosophen nun so spielt, daß er zugleich auch die Rolle des Poeten annimmt, hat er es bei seinen Landsleuten zu hervorragendem Ruhm gebracht. Da nun ein guter Poet jedoch nicht ohne eine gewisse innere Glut und ohne einen gewissen Hauch von Wahnsinn existieren kann (wie Tullius in *Über den Redner* sagt[29]), ist es kein Wunder, wenn der Autor seine philosophischen Betrachtungen mit dichterischen Erfindungen durchsetzt hat ...

Somit muß man nicht alles auf die Goldwaage legen, was man in diesem Gedicht liest. Schließlich weiß man, wie weit sich Dichter forttragen lassen, so daß sie nicht selten gezwungen sind zu gestehen, daß ihnen Redensarten unterlaufen sind, die wohl einem Dichter, aber sicher keinem Christenmenschen anstehen. Wenn wir uns dies und die Absicht des Autors vor Augen halten, werden wir schnell zu der Ansicht gelangen, daß man die Thesen des Buches – die, aus dem Kontext gerissen, sicher nicht untadelig sind – stehen lassen kann. Daß man nun aber ein Buch verdammen und verbieten muß, weil seine Thesen im einzelnen gesehen einen des Irrtums verdächtigen oder schuldigen Sinn aufweisen, den wir im Kontext betrachtet doch als gut erkennen: Dies halte ich unter keinen Umständen für angemessen.

13. »Die beste aller möglichen Welten«: Voltaire auf dem Index

Der Name Voltaire alias François-Marie Arouet (1694–1778) steht für die europäische Aufklärung des 18. Jahrhunderts wie kaum ein anderer. Gemeinsam mit seinem Rivalen Jean-Jacques Rousseau (siehe 15) beeinflußte er maßgeblich die Französische Revolution. Als Gegner jeglichen Romantizismus und der optimistisch ausgerichteten Metaphysik, vertrat Voltaire einen Skeptizismus*, der nicht an die Lösung der großen metaphysischen Probleme glaubt. Ein langer Englandaufenthalt brachte ihm den Lockeschen Empirismus* nahe, und er ließ sich auch vom englischen Deismus* sowie den Ideen des noch jungen Liberalismus inspirieren. So wurde Voltaire, der in seiner Jugend von Jesuiten* erzogen worden war, ein scharfer Kritiker jeglicher institutioneller Religion, insbesondere der katholischen Kirche, und der Regierungen der europäischen Staaten.

Seine oft satirischen Attacken gegen diese Institutionen brachten ihm zahlreiche Gefängnisstrafen und Verbannungen ein, und so ließ Voltaire, vorsichtig geworden, *Candid* (1759),[1] eines seiner bekanntesten Werke, unter Pseudonym veröffentlichen. In der Tat wurde das Buch bereits zwei Monate nach seinem Erscheinen auf Betreiben der Stadt Genf (Voltaire lebte ab 1755 in der Schweiz) öffentlich verbrannt. Doch das konnte ebensowenig wie das spätere Verbot durch die katholische Kirche verhindern, daß das Werk viel Zuspruch erfuhr. *Candid* ist eine satirische Abrechnung mit dem Optimismus, wie ihn Gottfried Wilhelm Leibniz, Christian Wolff oder Alexander Pope vertraten. Das verheerende Erdbeben von 1755 in Lissabon, bei dem etwa 60000 Menschen umkamen, wird zum Anlaß für eine Geschichte genommen, in der in der Figur des Lehrers Pangloß (eine Karikatur auf Leibniz) die Vorstellung ironisiert wird, in dieser als der »besten aller möglichen Welten« sei alles aufs beste eingerichtet. Voltaire läßt seine Hauptfiguren in der überaus unterhaltsamen Erzählung allerlei Unheil und Leid durchleben, das Candid jeweils mit der optimistischen Doktrin seines alten Lehrers abgleicht. Die Ironie des Buches interessiert den Autor der folgenden Zensur ebensowenig wie der gedankliche Hintergrund, auf dem die Geschichte beruht.

Angelico Fabri

Zisterziensermönch aus der römischen Abtei Tre Fontane. Ab 1763 war Angelico Fabri Konsultor* der Indexkongregation*.[2]

ACDF, Indice, Protocolli 1759–62, Fol. 331^r–334^r.

Candid oder Die beste aller Welten

Eurem Auftrag nachkommend, fürstliche Eminenzen, habe ich ein gewisses, in französischer Sprache verfaßtes Büchlein gelesen. Später fand ich heraus, daß es auch auf Italienisch publiziert worden ist, doch habe ich es gemäß meinen Kräften sorgfältig untersucht. Sein Titel lautet: *Candid Oder der Optimismus*; ins Italienische übertragen von Dr. Ralph im Jahr 1759.[3]

Man schreibt dieses Werk gemeinhin Voltaire zu, und so ziemlich alles spricht dafür. Es handelt sich hier um ein waschechtes Lügenmärchen, gewoben mit dem Garn der Satire. Und des weiteren scheint die Absicht des Autors keine andere zu sein als die, sich mittels dieser Fabel über die wunderbare Ordnung dieses Universums und über die göttliche Vorsehung lustig zu machen und eine gewisse schicksalhafte Notwendigkeit in allen Dingen zu behaupten, indem er in witziger Art vom wechselhaften Los Candids und Kunigundes mit all seinen Leidenschaften erzählt und zugleich auch von den Lehren des Pangloß, in denen dieser seinen Optimismus zum Ausdruck bringt: d. h. die Kunst, die These zu verteidigen, daß in dieser sichtbaren Welt alles zum besten bestellt ist und die Dinge gar nicht anders sein können, als sie sind; alles Übel in der Welt, gleich ob von physischer oder moralischer Art, hat also seine Notwendigkeit und muß insofern ebenso notwendig das Beste sein, als es zu einem einzigen Zweck geschaffen worden ist.[4]

Nicht zu glauben jedoch ist all das, was sich der Autor wie zum Scherz ausdenkt gegen die guten Sitten, gegen die Fürsten und um die eine oder andere religiöse Einrichtung verächtlich zu machen. Es sei dabei vorausgeschickt, daß es sich bei Candid und Kunigunde mit ihrem Lehrmeister Pangloß um die Hauptfiguren dieses Buches handelt; im ersten Kapitel wird ihre Herkunft und Abstammung dargestellt. Auf die ersten drei Kapitel soll hier jedoch nicht eingegangen werden; dafür findet sich im vierten Kapitel ... folgende höhnische Passage über einen Franziskaner* und einen Jesuiten*: Pangloß sei, so wird hier behauptet, mit der französischen Krankheit[5] infiziert und antwortet nun auf die Frage, von wem er sich denn dermaßen habe beschenken lassen. Von einer Frau, sagt er, welche ein Verhältnis mit einem Franziskaner* gehabt habe, welcher wiederum zuvor mit einer betagten Gräfin liiert war; diese habe es bereits von einem Rittmeister empfangen, der mit einer Marquise Verkehr gehabt hatte, die ihrerseits wieder von einem ihrer Pagen einst diese Schande hingenommen hatte. Dieser Page nun hatte diese unheilvolle Erbschaft bei einem Jesuiten* gemacht, der es sich noch als Novize in gerader Linie von einem Gefährten des Christoph Kolumbus geholt hatte. Kein Wunder aber – so heißt es im darauffolgenden Kapitel: Denn eine solche Sache ist ja ganz notwendig und unvermeidlich in dieser Welt – der besten von allen.[6]

Im sechsten Kapitel wird davon erzählt, wie einmal in Portugal die Exekution eines Todesurteils befohlen wurde, nachdem die dortige Hauptstadt von fürchterlichen Erdbeben zerstört worden war. Es sei, so sagt der Autor, die Ansicht der dortigen Bevölkerung und insbesondere die der Universität von Coimbra gewesen, daß man, um dem völligen Untergang der Stadt zu entgehen, dem Volk das Spektakel eines auf langsamem Feuer verbrennenden Menschen – im Volksmund Autodafé[7] – bieten müsse; und so sei man denn auch tatsächlich verfahren, um weitere Gefahr vom Reiche abzuwenden. Der Autor ergötzt sich sehr daran, die verschiedenen Dinge zu erzählen, von denen er sich ausdenkt, daß sie bei dieser Hinrichtung geschehen sind, um somit das eine oder andere, besonders aber die Inquisition* des Reiches der Verachtung preiszugeben.

Noch weiter wächst die Gottlosigkeit dieses Autors an, noch mehr ufert seine Sündhaftigkeit aus, wenn er Kunigundes Geschichte verfaßt und vom Schicksal einer alten Vettel berichtet. Im achten Kapitel nämlich ... stellt er dar, wie Kunigunde, die, nachdem man ihre Eltern ermordet hatte, aus dem väterlichen Schloß vertrieben worden war, zunächst von den Bulgaren gefangengenommen und vergewaltigt und darauf einem portugiesischen Juden zu seinem Vergnügen übergeben wurde. Als sie eines Tages einer Messe beiwohnte, sei der Großinquisitor* ihrer gewahr geworden und habe so sehr Gefallen an ihr gefunden, daß er sie sich von jenem Juden erbat; dieser habe sich zunächst dem unschicklichen Ansinnen widersetzt, doch sei ihm daraufhin vom Großinquisitor* mit dem Tod – einem Autodafé – gedroht worden. Hierauf habe der verschreckte Israelit dem Hocherlauchten Herrn Kunigunde zur Hälfte abgetreten, wobei der Wochentag darüber bestimmte, wer gerade sein Recht über jene ausüben konnte. In fast demselben Stil folgt nun (bis Kapitel 10) die Geschichte davon, wie Candid in Gegenwart seiner zurückgewonnenen Auserwählten den Juden sowie den Großinquisitor* ermordet.

In den Kapiteln 11 und 12 wird nun also das Schicksal jener alten Vettel geschildert, die sich Kunigunde als Gefährtin angeschlossen hatte und die von sich selbst sagt, daß sie eine

Tochter Urbans VIII.[8] und der Prinzessin von Palestrina sei. Es dreht sich einem der Magen um bei dem, was ebendiese Alte über ihre Schönheit und die Anmut ihres Körpers erzählt, als sie noch nicht fünfzehn Jahre alt gewesen sei, und ebenso bei all dem übrigen, was ihr widerfahren sein soll, nachdem sie auf einem Schiff, das dem Altar des Petersdoms sehr ähnlich gewesen sei, gemeinsam mit ihrer Mutter gefangengenommen worden war aufgrund eines fehlgeschlagenen Verteidigungsversuchs der christlichen Soldaten, die zitternd vor Angst auf Knien die Füße der Piraten geküßt und diese um Absolution *in articulo mortis*[9] angefleht hätten. Sie sei, nachdem man ihre Mutter getötet hatte, nach verschiedenen Ereignissen irgendwohin verschleppt, von den Kräften verlassen und mutlos geworden. So sei sie denn nicht bei Bewußtsein gewesen, als sie wie im Traum wahrnahm, daß ein Entmannter ihr Gewalt antun wollte, bis er schließlich mitten in seinem Tun sein Unglück beklagte, mit Worten, die aus Schamgründen hier nicht wiedergegeben werden können.[10]

Anschließend kehrt der Autor wieder zu Candid zurück, der zunächst Kunigunde zurückgelassen hat und nun nach einer langen und ereignisreichen Reise zusammen mit seinem Diener Cacambo zum Kollegium d'Assuncione der Gesellschaft Jesu* in Paraguay gelangt. Hier aber, im 14. Kapitel ..., findet sich eine Beschreibung des Jesuitenheeres* mit seinen Führern, die in Mänteln, den Priesterrock zurückgeschlagen und mit dem Dreispitz bekleidet, Wache schieben und über die Soldaten gebieten, alle mit einem Degen in der Hand und bestens im Kriegführen unterrichtet. So fragt sich Candid, wie denn die hochgelobten Patres in Amerika gegen die Könige von Spanien und Portugal kämpfen, denn in Europa seien sie doch ihre geistlichen Führer und Beichtväter; in Europa trügen sie sie zu den Sternen, hier in Amerika hingegen metzelten sie sie nieder.

Um nun all das, was im 18. Kapitel über Candids Reise nach Eldorado erzählt wird, wo Candid nämlich Nachforschungen darüber anstellt, ob es dort Priester oder Mönche gibt, die predigen, disputieren, regieren und die Leute verbrennen lassen, die nicht ihrer Meinung sind: um also dies und anderes zu übergehen, das man in den darauffolgenden Kapiteln liest, komme ich nun zum 24. Kapitel. Auf der Suche nach Kunigunde, die er aus den Augen verloren hat, gelangt Candid an die Adriaküste und betritt die Stadt Venedig. Auf einem Spaziergang erblickt er einen jungen Mann, den er als Theatinermönch* erkennt und der, Bruder Garofano[11] mit Namen, auf dem Markusplatz zusammen mit einer ganz reizenden Herumtreiberin nach Art der Schauspieler flaniert. Beide singen und necken einander in der Öffentlichkeit, bis hin zu unschicklichen Berührungen. Zum Mittagessen eingeladen, erzählen sie von ihrem Los, wobei der Kleriker seine Ordensbrüder und seine heilige Aufgabe mit Hohn und Spott überzieht.

Nachdem er diese zwei verirrten Menschen zurückgelassen hat, kommt Candid schließlich (Kapitel 26) zu seinem Gasthof zurück und sieht dort an der gedeckten Tafel zahlreiche Männer sitzen ... Bei genauerem Hinsehen erkennt er in ihnen Männer von höchstem Adel und wendet sich daraufhin fragend an sie; der erste antwortet: »Ich bin Achmed III.[12] Man hat mich entthront; nach Venedig bin ich gekommen, um mir den Karneval anzuschauen.«[13] Der zweite aber sagte: »Ich heiße Iwan[14]. Ich bin Kaiser aller Reußen gewesen; schon in der Wiege wurde ich entthront. Mal lebe ich als freier Mensch, mal werde ich in Knechtschaft gehalten. Jetzt aber, für diese Tage, hat mir der Bruder die Freiheit geschenkt, und so bin ich nach Venedig gekommen, um mir den Karneval anzuschauen.« Der dritte sprach: »Ich bin König Karl-Eduard[15] von England; mein Vater[16] hat mir seine Rechte auf das Königreich abgetreten. Nun bin ich nach Rom aufgebrochen, da ich meinen Vater besuchen möchte; dabei kam ich nach Venedig, um mir den Karneval anzuschauen.« Etwa so antworten auch die übrigen; zwei polnische Könige, der korsische König Theodor und andere königliche Hoheiten[17]: So freut sich unser geschwätziger Schriftsteller über das Unglück, das diesen Fürsten widerfahren ist. Des Autors Absicht ist es, die Fürsten zu verspotten, die Mönche zu verhöhnen, die guten Sitten und den Anstand der Verachtung preiszugeben und die Franzosen, Engländer, Portugiesen und die übrigen Völker lächerlich zu machen, wie man deutlich sehen kann an dem, was ich referiert habe ... Ihr seht nun dieses ausgebreitet, fürstliche Eminenzen, und habet Euch schon eine Meinung gebildet.

Dieses Werk ist verderblich, und zwar in beiden Sprachen; besonders aber – gerade in diesen Zeiten – in der italienischen Version, da viele Menschen nach Wissen streben; nicht um zu erbauen oder erbaut zu werden (wie der heilige Bernhard sagt), »sondern um ihr Wissen zu verkaufen oder um selbst bekannt zu werden«[18]. Und jeder sieht, wie sehr dieses Buch dazu geeignet ist, durch seinen Ausdrucksreichtum und den Stil in Verbindung mit einer Abfolge witziger Ereignisse neugierige Menschen einzuwickeln, unvorsichtige gefangenzunehmen und die Herzen der Frauen für sich zu gewinnen. Hier zu zögern bedeutet Gefahr, denn wie ich aus Briefen von Freunden erfahre, hat diese schlecht zusammengeflickte Geschichte schon begonnen, durch die Hände aller Menschen zu gehen. Aus diesem Grund gibt es, wenn es Euch denn beliebt, fürstliche Eminenzen, nichts Besseres, als daß dieses Buch sehr bald der Bannfluch trifft.

14. Montesquieu: »Nicht der Mann, sondern sein Buch, das niemand lesen wird«

Charles-Louis de Secondat, Baron de la Brède et de Montesquieu, genannt Charles de Montesquieu (1689–1755) stellt in seinem Hauptwerk *Vom Geist der Gesetze*[1] die drei Staatsformen Demokratie, Monarchie und Despotie in ihrer jeweiligen Abhängigkeit von den natürlichen und gesellschaftlichen Bedingungen dar. Dabei entwickelt er die Lehre von der Gewaltenteilung, die das politische Denken der Neuzeit maßgeblich beeinflußt hat. Montesquieu trat für die konstitutionelle Monarchie ein und wird zu den geistigen Wegbereitern der Französischen Revolution gezählt.

Dem Verbot seines Buchs *Vom Geist der Gesetze* ging eine kontrovers geführte Debatte in der Indexkongregation* voraus. Mehrere Gutachten wurden erstellt, und Montesquieu wurde über die gegen ihn erhobenen Vorwürfen informiert. Die »liberalen« Kräfte versuchten, den Autor, der sich selbst in einer Verteidigungsschrift von 1750[2] als orthodoxen Katholiken bezeichnet hatte, vor einem Totalverbot zu bewahren, das im Jahr 1751 dennoch erfolgte. Die »Hardliner« hatten sich durchgesetzt. In der im folgenden wiedergegebenen Zensur vertritt der Zensor Giovanni Bottari die »sanfte« Linie, die – ganz im Sinne des als liberal geltenden Papstes Benedikt XIV. (1740–1758)[3] – vorsichtig abwägend darauf abzielt, eine Verdammung Montesquieus zu verhindern.

Giovanni Bottari

1689–1775. Giovanni Bottari verfügte über umfangreiche Kenntnisse der Kunst und Wissenschaften. In seiner Jugend gab er eine Edition der Werke Galileis heraus, später hielt er als Experte für italienische Literatur Vorlesungen unter anderm über Boccaccio. Bottari publizierte viel zu den Themen Kunst und Ästhetik. Ab 1741 arbeitete er als Konsultor* für die Indexkongregation*, ab 1751 für die römische Inquisition*. Er war Berater Papst Benedikts XIV. und galt als führender Kopf der Opposition gegen die Jesuiten.*

ACDF, *Indice*, *Protocolli* 1749–52, Fol. 324^{r}–329^{r}.

Vom Geist der Gesetze

Eine fürwahr schwierige Aufgabe ist mir anvertraut worden, Eure Eminenzen, indem man mir aufgetragen hat, ein Buch, das unter dem Titel *Vom Geist der Gesetze* und ohne Angabe des Autors veröffentlicht worden ist,[4] wohlabgewogen zu beurteilen. Denn wenn man dieses Buch überfliegt, scheint es an einigen wenigen Stellen auf den ersten Blick, als hielte sich der Autor nicht mit der gebotenen Ehrerbietung an die christliche Religion, zu der er sich doch bekennt. Aus alldem möchte ich ein paar Dinge auswählen, die der Autor als gewiß und wohldurchdacht präsentiert, ohne dafür Sorge zu tragen, sie durch Argumente zu stützen, weshalb sie, wie mir scheint, eine Bemerkung des Zensors verdienen.

In Buch 12, Kapitel 4 rechnet er es den kirchlichen Richtern als Fehler an, daß sie Strafen für Delikte verhängen, die gegen die Gottheit begangen worden sind, auch wenn diese verborgen bleiben, oder daß sie überhaupt Beweise zur Klage gegen diese sammeln. Dies, so sagt er, bringe die Dinge in Verwirrung; später kritisiert er irgendein Gerichtsurteil, in dem ein gottloser Jude bestraft wurde, weil er über die Mutter Gottes gelästert hatte (Buch 18, Kapitel 30). Außerdem fügt er hinzu, daß die richterliche Gewalt, über die die Bischöfe verfügen, sich von den barbarischen Zeitaltern herleitet, ohne daß man sich von diesen abgegrenzt habe. Meint der Autor etwa, daß der Apostel Paulus ein Barbar gewesen sei? Paulus sagt: »Richtet ihr nicht, die drinnen sind«, d. h. in der Kirche.[5] Und: »Oder wißt ihr nicht, daß die Heiligen die Welt richten werden?«[6] – »Wißt ihr nicht, daß wir Engel richten werden? Wieviel mehr [über] Alltägliches?«[7]

Oder hält er Augustin für einen Barbaren, der in seinem Buch *Über die Handarbeit der Mönche*[8] klagt, daß er allzusehr damit beschäftigt sei, Streitigkeiten zu schlichten, und noch hinzufügt: »Diese Unannehmlichkeiten hat uns der Apostel aufgeladen, und zwar nicht immer nach seinem, sondern nach dem Urteil dessen, der in ihm sprach.« Oder Theodosius[9], der allen erlaubt, sich bei Prozessen an kirchliche Richter zu wenden? Eine Begründung für diese widersinnige Ansicht, die unser Autor im 12. Buch vorbringt, liefert er in Buch 26, Kapitel 9; eine Begründung jedoch, die noch unpassender ist als die Ansicht selbst. Er sagt nämlich: »Was nach den Grundsätzen des bürgerlichen Rechts geregelt werden kann, läßt sich selten mit den Gesetzen der Religion lenken.«[10] Also glaubt dieser Gesetzesausleger (wenn es den Göttern beliebt), daß Religion und zivile Gesetze miteinander im Streit liegen. Aber – so frage ich – was werden denn das für Gesetze sein (und mit welcher Gerechtigkeit begabt), die der Religion entgegenstehen? Nun, um dies weiter auszuführen, jeden Zweifel zu beseitigen und uns deutlich zu verstehen zu geben, daß er die christliche Religion meint, fügt er hinzu (Buch 26, Kap. 9): »Wie ehrwürdig daher auch die Vorstellungen sind, die unmittelbar aus der Religion erwachsen, so dürfen sie doch nicht immer den bürgerlichen als Grundlage dienen, weil diese auf etwas anderes, nämlich das Allgemeinwohl der Gesellschaft, abgestellt sind.«[11]

Es läßt sich kaum etwas vorbringen, das in frommen Ohren größeren Mißklang erzeugt. Doch macht unser Autor nicht einmal hier halt, sondern geht noch einen Schritt weiter und fragt, was man denn wohl zu tun habe, wenn das bürgerliche Gesetz etwas erlaube, was die Religion verbiete. Ohne zu zögern liefert er selbst die Antwort, und zwar mit folgendem Beispiel (Buch 26, Kapitel 10): »Wenn eine Religion, die die Vielweiberei verbietet, in einem Land eingeführt wird, wo diese gestattet ist, so darf meiner Meinung nach das Gesetz – rein politisch betrachtet – nicht dulden, daß ein Mann, der mehrere Frauen hatte, diese Religion annimmt, ohne daß die Behörde oder der Ehemann wenigstens die Frauen entschädigt, indem sie oder er ihnen auf irgendeine Weise ihre bürgerliche Rechtsstellung wiedergibt.«[12] Aber was wird denn das für eine Politik sein, die dem Mann, der mehrere Frauen hatte, verbietet, die christliche Religion hochzuhalten, wenn er nicht vorher seine Pflichten gegenüber den Ehefrauen erfüllt und sich um deren Wohl gekümmert hat? An anderer Stelle vertritt der Autor weiter seine Meinung: »Man darf menschliche Gerichte nicht nach den Grundsätzen jenseitiger Gerichte regeln. Das Inquisitionsgericht, das von christlichen Mönchen nach dem Vorbild göttlicher Bußgerichte gebildet wurde, widerspricht jeder sittlichen Ordnung ...[13] Dieses Gericht ist unter jeder Regierung untragbar: unter der Monarchie kann es nur Angeber und Verräter züchten; in den Republiken kann es nur ehrlose Menschen erziehen; in einer Despotie wirkt es zerstörend wie sie selbst.«[14] Soweit unser Autor. Ihr selbst seht, Eure Eminenzen, worauf diese Dinge hinauslaufen, und es bedarf keiner weiteren Worte, Euch die Konsequenzen, die sich daraus ergeben, zu signalisieren.

Über die Mönche sagt er folgendes (Buch 14, Kapitel 7): »Die Mönchsorden bringen dieselben Übel über das Menschengeschlecht – nämlich Untätigkeit und Unfruchtbarkeit der Äcker – wie die Gesetze der Inder.«[15] Außerdem kritisiert er die Europäer, die diese allzu reich gemacht haben (Buch 18, Kapitel 30)[16], und sagt in einem anderen Buch, daß die Priester bei den Barbaren am meisten Macht gehabt hätten, was man auf die Priester der Götzen beziehen könnte, fügte er nicht hinzu, es sei kein Wunder, wenn unter dem ersten Königsgeschlecht in Frankreich die Bischöfe solch große Reichtümer angehäuft hatten und zu solch großer Macht gelangt waren, daß sie die Herrscher der Dinge waren. Dies alles hat einen üblen Klang, gerade in dieser Zeit, da in Frankreich so viele aufrührerische Schriften gegen die Immunität der kirchlichen Güter gedruckt und verbreitet werden. In einem weiteren Buch (23, Kapitel 29) führt er diese selben Gedanken fort:

»Als Heinrich VIII.[17] die Kirche in England reformieren wollte, schaffte er die Klöster ab, da die Mönche nicht nur Müßiggänger waren, sondern auch das übrige Volk in seiner Faulheit bestärkten, indem die Gastfreiheit der Klöster eine Unzahl von Leuten, Edelleute und Bürger, veranlaßte, ihr Leben lang müßig von Kloster zu Kloster zu ziehen. Er schaffte auch die Armenhäuser ab, wo das niedere Volk sein Unterkommen fand, wie die Edelleute in den Klöstern. Seit diesen Änderungen entwikkelte sich in England der Geist des Handels und der Industrie.«[18]

Dies sind die Worte unseres Autors; sie haben keinen üblen, sondern einen ganz besonders üblen Klang, da doch neben anderen auch Apostel Paulus zur Gastfreundschaft rät.[19] Selbst die Heiden tun dies; so sagt Cicero: »Die Gastfreundschaft ist auch von Theophrast zu Recht gelobt worden.«[20] Noch ausführlicher behandelt der Autor dieses Thema jedoch im 31. Buch, wo er sorglos und in großen Mengen die Samen des Aufruhrs verstreut.

In Buch 20, Kapitel 6 lobt er gleichermaßen die Engländer, weil sie die Religion besser nutzen würden als die übrigen Völker. Man kann nun aber wohl kaum etwas vorbringen, was vom katholischen Glauben mehr abweicht als dies.[21] Im 16. Buch, Kapitel 15, bezeichnet er das Scheidungsgesetz als tyrannisch, da es dem Mann die Möglichkeit gebe, die Frau zu verstoßen, nicht jedoch der Frau erlaube, ihren Mann zu verlassen; dies ist jedoch ein Unrecht gegen Gott, der dieses Gesetz im *Deuteronomium* festgelegt hat.[22] Im ersten Kapitel des 21. Buches verkündet er, daß die Religion der Inder niemals vernichtet werden könne, was nur Jesus Christus hinsichtlich der christlichen Religion versprochen hat. Buch 24, Kapitel 24 billigt er einen Ausspruch Montezumas (und hält ihn nicht im geringsten für widersinnig), der mit großer Starrköpfigkeit behauptet: »Die Religion der Spanier« – d. h. die christliche – »kann nicht zu Mexiko passen und ist auch nicht gut für dieses Land.«[23] Dabei wissen wir doch, daß diese in jedem Land, in allen Regionen der Welt ausgesät worden ist und sich tief verwurzelt hat oder es tun kann.

Buch 31, Kapitel 20. Nachdem unser Autor davon erzählt hat, wie Agobard[24] sich anläßlich der Teilung der Erbschaft unter den Söhnen drei Tage lang dem Fasten und dem Gebet gewidmet habe, um Gott um Rat zu fragen, fügt er noch folgende Worte hinzu: »Wie sollte aber ein abergläubischer Fürst sich wehren, wenn er überdies vom Aberglauben selbst angegriffen wurde?«[25] Und in Buch 26, Kapitel 2, sagt er: »Die Religion entfaltet ihre Kraft dadurch, daß jemand an sie glaubt.«[26] Diese Behauptung klingt äußerst übel, und leicht kann sie den Leser zum Irrtum verleiten, wenn er unkundig, unvorsichtig oder wenig von unserer Religion eingenommen ist. In seiner Apologie,[27] die er kürzlich veröffentlicht hat, bekennt er, daß er nicht die Rolle des Theologen, sondern die des Rechtsgelehrten übernehme. So weit, so gut. Doch er sollte daran denken, daß er ein *katholischer* Rechtsgelehrter ist. Er dreht in dieser Apologie all das, was man ihm vorwirft, zurecht zu gesundem Verständnis und zu einer ebensolchen Doktrin; die Konsequenzen, die einst ein Gegner aus seinen Worten ableitete, weist er streng als Verdrehung von sich, und bekräftigt ausführlich, daß jenes niemals seine Ansicht gewesen sei. Er offenbart eine geistige Haltung, die mit der heiligen katholischen Religion tatsächlich vollkommen übereinstimmt. Diese Dinge weisen ihn nun als einen rechtschaffenen katholischen Mann aus, und ich wollte es nicht wagen, dies zu bestreiten. Doch nicht über den Mann, sondern über sein Buch habt Ihr hier zu urteilen, Eure Eminenzen.

Eines nur möchte ich noch hinzufügen; daß nämlich der Autor über einen lernfähigen Verstand verfügt und sich überaus bereitwillig zeigt, das, worauf man ihn hingewiesen hat, zu korrigieren, zu verbessern, zu vernichten oder zu ergänzen; dies ist, meine ich, bei einem solchen Werk von nicht geringem Umfang gar nicht so leicht zu bewerkstelligen. Dennoch ist dieses so dunkel und so durcheinander, daß es – so glaube ich – niemanden geben wird, der es in Zukunft liest. Aus diesem Grund würde ich meinen, daß man es so lange verbieten soll, bis es verbessert wird.

15. Rousseau: Ein Ketzer als Schulautor?

Jean-Jacques Rousseau (1712–1778), dem aus der Schweiz stammenden französischen Schriftsteller und Philosophen der Aufklärung, mangelte es zeit seines Lebens nicht an Widersprüchlichkeit: So hinderte ihn beispielsweise sein Ruhm als Erziehungstheoretriker nicht daran, seine eigenen fünf unehelichen Kinder in die Obhut einer Bewahranstalt zu geben. Und vertrat er auch mit Nachdruck die These von der menschlichen Veranlagung zum Guten, so war er selbst ein äußerst streitsüchtiger und bisweilen paranoider Vertreter der Spezies Mensch, was sich unter anderem in seiner ewigen Rivalität zu Voltaire niederschlug.

Rousseaus politische Ideen von Volkssouveränität und Demokratie wirkten bis in die Französischen Revolution hinein; sein Briefroman *Julie oder Die neue Heloise* gilt als Vorläufer der Romantik. Zu seinen Lebzeiten stieß Rousseau mit einigen seiner Schriften allerdings auf den erbitterten Widerstand der Kirche und des Staates: Das politische Buch *Vom Gesellschaftsvertrag oder Die Grundlagen des politischen Rechts* und der pädagogische Roman *Emile oder Über die Erziehung* wurden verurteilt und in Paris und Genf öffentlich verbrannt. Rousseau mußte fliehen, um seiner Verhaftung zu entgehen, und verfaßte daraufhin zu seiner Verteidigung den *Brief an Christophe de Beaumont.*

Dem Grundgedanken seines Gesellschaftsvertrags zufolge ist der Mensch von Natur aus gut, wird aber durch die Gesellschaft verdorben. Eine Lösung dieses Mißstandes sah Rousseau in der größtmöglichen Annäherung an die naturgegebenen Verhältnisse. Politisch wandte er sich gegen jede Form von Despotismus und plädierte dafür, daß sich die Herrschaft am Willen der Allgemeinheit (*volonté générale*) ausrichten solle, und zwar basierend auf einem freiwilligen, allgemein bindenden Gesellschaftsvertrag. In *Emile oder Über die Erziehung* überträgt er seine Thesen auf die Pädagogik. Vor allem der vierte Teil dieses Romans (»Glaubensbekenntnis des savoyardischen Vikars«) erregte die Gemüter der Geistlichen, da Rousseau hier christliche Dogmen wie zum Beispiel die Erbsünde leugnet.

Rousseaus Buch *Vom Gesellschaftsvertrag* wurde von der Indexkongregation* zum ersten Mal in den sechziger Jahren des 18. Jahrhunderts begutachtet (siehe A); es wird wie alle seine Werke verboten. Gegen Ende des 19. Jahrhunderts beschäftigte sich die Indexkongregation* ein weiteres Mal mit dem Text, aufgrund einer Anfrage des Pariser Erzbischofs Guibert, der die Behörde auf das baldige Erscheinen einer Neuausgabe von *Vom Gesellschaftsvertrag* aufmerksam gemacht hatte und fragte, wie man diese zu bewerten hätte (siehe B). Der deutsche Konsultor* Michael Haringer wurde mit der Begutachtung beauftragt (siehe C).

A
Ambrosius von Mailand

Gestorben 1802. Ambrogio Maria da Milano war Angehöriger der Franziskaner-Observanten* und ab 1760 Konsultor* der Indexkongregation*. Er entstammte der Mailänder Familie Erba.[1]

ACDF, *Indice*, *Protocolli* 1763–67, Fol. 358^rff. = Nr. 77.

Man hat mir aufgetragen, zwei Werke zu begutachten; beim ersten handelt es sich um *Vom Gesellschaftsvertrag oder Die Grundlagen des politischen Rechts* von Jean-Jacques Rousseau, Bürger von Genf, Amsterdam 1762.[2] Das zweite Buch stammt von demselben Autor und enthält einen Brief, der an Christophe de Beaumont gerichtet ist und in dem er ein Edikt dieses überaus angesehenen und gottesfürchtigen Erzbischofs mit scharfer Zunge angreift. Dieses Edikt hatte jener gegen ein weiteres Werk des Autors erlassen, das sich *Emil oder Über die Erziehung* nennt. – Zunächst sei jedoch von den Dingen die Rede, die im ersten Buch – im *Gesellschaftsvertrag* – den Bannfluch verdient haben.

Über das erste Werk

Rousseau setzt voraus, daß der Mensch frei geboren ist; heute jedoch, so behauptet er, befindet er sich überall in Ketten, und zwar wegen der Gesetze der Fürsten und Könige, denen zu gehorchen er gezwungen ist.[3] Aus diesem Grund und um die angeborene Freiheit des Menschen zu retten, beseitigt er sämtliche Gesetze. Dies nun ist schismatisch* und aufrührerisch, fügt der monarchischen Gewalt Unrecht zu und widerspricht vollkommen der Autorität der Schriften.

Er verlangt, daß der Sohn nur so lange dem Vater unterworfen sein soll, wie er der väterlichen Zuwendung bedarf. Sobald dieses Bedürfnis endet, löst das natürliche Band sich auf, so daß die ureigene Freiheit des Menschen gesichert wird.[4] Durch diese verdrehte Handlungsweise im Gesellschaftsvertrag wird jedoch der Respekt der Söhne vor den Vätern zerstört, was den offenbarten heiligen Prinzipien der Natur und der Völker zuwiderläuft. Aus dem angenommenen Prinzip schließt er nun, daß ein jeder Mensch nach seinen eigenen Gesetzen zu lenken ist, damit es jedem freisteht, sich dem Gehorsam vor Fürsten und Gesetzen zu entziehen. Wie viele Unruhen würden so entstehen, wie viele Aufstände und Gemetzel? ...

Er versucht zu belegen, daß die Macht über Leben und Tod aus der Tyrannenherrschaft stammt und nicht aus dem Recht der Natur und der Völker, das besagt, daß die Guten geschützt und mit Belohnungen versehen, die Bösen jedoch bisweilen auch mit dem Tod bestraft werden müssen.[5] Dann ist es sein Ziel nachzuweisen, daß den Fürsten sämtliche Gewalt, Gesetze zu erlassen, direkt vom Volk übertragen wird, und zwar so, daß letzteres sie ihnen nach eigenem Ermessen wieder wegnehmen kann.[6] Dies ist, was die monarchischen Regime betrifft, schlichtweg falsch, da die Könige direkt von Gott eingesetzt werden und von ebendiesem die unmittelbare Gewalt empfangen, Gesetze zu erlassen, welche die Völker mit deren Einverständnis binden. Selbst wenn man voraussetzt, daß die Gewalt, Gesetze zu erlassen, den Königen unmittelbar vom Volk übertragen wird, so liegt es doch nicht weiter in seinem Ermessen, den Königen diese Gewalt nach Belieben wieder zu entreißen ...

In einer Fußnote[7] lobt er Calvin[8] und seinen überaus bekannten *Unterricht*[9] in den höchsten Tönen. Dabei sagt er, das Andenken dieses Mannes werde immer gepriesen werden. Auf derselben Seite behauptet Rousseau, es gebe keinen König, der Gesetze erlassen könne, welche das Volk mit dessen Einverständnis bänden, um sich darauf, wie es seine Art ist, selbst zu widersprechen, indem er sagt, die Völker könnten diese Vollmacht nie den Königen übertragen.[10] Somit zerstört er also die monarchische Macht bis auf die Grundfesten, für die es in den Schriften doch überall die trefflichsten Zeugnisse gibt.

Die Gesetze, so sagt er, werden den Menschen von gewissen Gesetzgebern auferlegt, die dann und wann die Götter auf die Bühne rufen, um das gewöhnliche Volk leichter von den Gesetzen zu überzeugen. Hierbei lobt er in einer Fußnote auch noch Machiavelli[11], diesen so schändlichen Menschen, weil dieser jenes bestätigt.[12] Aufstände und Erhebungen der Völker gegen Könige lobt Rousseau auf absonderliche Art und Weise, und er sagt sogar, daß der Friede jenes Mittel sei, mit dem man das Volk ins Unglück stürze, denn er setzt ja voraus, daß das gesamte Glück des Menschen auf der Ausübung seiner Freiheit beruht, wozu er von Natur aus geschaffen sei.[13] Laut Rousseau kann nach Maßgabe des Vertrages kein Mensch einem anderen irgendein Gesetz vorschreiben oder von anderen ein solches hinnehmen. Durch diese Formulierungen zerreißt er jedoch jenes herrliche Gesellschaftsband, das er – mit so vielen Irrtümern – zu festigen trachtet. Gleichzeitig scheint es, als wolle er, daß die Menschen auch ohne Anführer leben können, doch ich scheue mich, hier weiter davon zu sprechen. Er macht uns weis, daß die Republik Venedig immer noch fortbesteht, weil sie nach Gesetzen regiert wird, die für verdorbene Menschen gemacht sind. Hieraus schließt er, daß gute Gesetze zu den Gründen dafür gehören, daß Herrschaftssystemen ein Ende beschieden ist.[14]

Rousseau meint, daß durch die Ankunft Jesu, der ein Königreich des Geistes anstrebte, beklagenswerte Aufstände und Schismata* unter den Völkern entstanden sind. Weiterhin behauptet er voller Blasphemie, daß in diesem Königreich des Geistes ein sichtbares Oberhaupt errichtet worden sei, dessen vornehmliche Absicht darin bestehe, einen grausamen und tyrannischen Despotismus auszuüben. Außerdem, so sagt er auf der folgenden Seite, schade und widerspreche das Gesetz der Christen der Stärke und der Unversehrtheit des bürgerlichen Staates.[15]

Die »Priesterreligion« verdammt Rousseau als von vornherein schlecht.[16] Dann aber verkündet er, er folge einem »Christentum des Evangeliums«.[17] Kurz darauf behauptet er wiederum, daß ebendieses Evangelium mit dem Gesellschaftsband im Streit liege, weil jenes lehrt, man dürfe auf Erden keine Reichtümer aufhäufen.[18] Was läßt sich aber Schändlicheres oder Häßlicheres sagen, als daß das Evangelium Christi der Gesellschaft des Menschengeschlechts widerspricht? Nach Rousseau sollen keine heiligen Dogmen der Religion, sondern nur rein bürgerliche zugelassen werden, und zwar solche, die einzig und allein darauf abzielen, den Bürger zu erziehen. Deshalb solle es den König in keiner Weise interessieren, welche Ansichten seine Untergebenen zur Religion hätten; es sei mehr als genug, wenn sie sich als gute und treue Bürger erwiesen.[19] Man müsse sowohl eine bürgerliche als auch eine theologische Toleranz (wie er es nennt) zulassen.[20] Schließlich vollendet er sein frevelhaftes Werk, indem er behauptet, der Mensch könne in jeder beliebigen Sekte sein Heil finden.[21]

Dies sind die gottlosen und lästerlichen Dinge, die in diesem ersten Werk, dem *Gesellschaftsvertrag*, enthalten sind. Der Brief an den Durchlauchtigsten und Hochehrwürdigen Erzbischof von Paris enthält so einiges, in dem dieselbe Gottlosigkeit lodert; diese Dinge werde ich im folgenden zeigen.

Über das zweite Werk

Gleich auf Seite 16[22] leugnet er die Existenz der Erbsünde und bekräftigt gleichzeitig, daß eine derartige Lehre in den Schriften nicht enthalten sei; eine solche könne angesichts der Gerechtigkeit und Güte Gottes nicht erduldet werden. An derselben Stelle behauptet er, daß die Menschen kraft der Taufe und durch den unendlichen Preis des Blutes Christi in den Zustand der ursprünglichen, ureigenen Unschuld zurückversetzt worden seien, so daß in ihnen nichts an Verdorbenheit zurückgeblieben sei.[23] Nun mag es sein, daß durch die Gnade Christi, durch seinen Tod und die Waschung der Taufe die Erbsünde, sofern sie sich in einer konkreten Sünde zeigt, aufgehoben werden kann, doch bleiben ihre unglückseligen Überreste bestehen, wie es sowohl die Offenbarungen zeigen als auch die Erfahrung selbst.

In einer Fußnote stellt er die Behauptung auf, daß es die höchste Gotteslästerung sei zu sagen, daß Adam wegen der Erbsünde die Strafen der Hölle auf sich und seine Nachfahren gezogen habe, da dies im Widerspruch stehe zur Barmherzigkeit Gottes.[24] Kein Sohn kann nach Rousseau ein guter Bürger werden, wenn er in der »Priesterreligion« unterwiesen wird. Die Erfahrung habe nämlich gezeigt, daß unter den Königen Frankreichs nur ein einziger guter gewesen sei, und dieser habe die grundlegenden Lehren der Priester in seiner Kindheit nicht in sich aufgenommen.[25]

Die Möglichkeit einer Schöpfung zieht Rousseau in Zweifel. Deshalb sagt er, man könne annehmen, daß die Materie ewig und nicht Gegenstand der Schöpfung sei, und somit zwei verschiedene Ursprünge anerkennen, so daß sich die Herkunft des Bösen einleuchtender und leichter erklären lasse. Und er fährt fort, indem er sagt, nur die Zeitgenossen des Moses konnten wissen, was er selbst unter dem Begriff »*barà*« (d.h.: »er erschuf«) verstand; die wahre Bedeutung dieses Wortes geht jedoch aus dem ersten Kapitel der *Genesis* hervor, wo es heißt, daß die Materie in der Zeit erschaffen wurde.[26]

Rousseau behauptet, daß die vollständige Erfüllung des Gesetzes einzig und allein in der Bruderliebe liege, so daß es nicht notwendig sei, streng an das zu glauben, was im Evangelium als Glaubensinhalt präsentiert wird. Somit erkennt er die [Heilige] Schrift und die Vernunft nur für die Regeln des Glaubens an und schließt jedes überlieferte Wort Gottes aus.[27] Heftig greift er die Vertreter des Zölibats an und nennt sie Feinde des Menschengeschlechts und erbittertste Gegner der menschlichen Gesellschaft.[28] Dann sagt er, es sei die Ansicht des heiligen Thomas[29], daß die Glaubenssätze sich von Tag zu Tag vermehren[30]. Das ist jedoch eine schmutzige Lüge, von der die Ansicht des *Angelicus Doctor* völlig verschieden ist.[31]

Nach Rousseau geht es im Denken der Priester überhaupt nicht um Gott; ihnen liege einzig und allein am Herzen, ihre Macht immer fester und unumstößlicher werden zu lassen.[32] Das so überaus heilige Dogma der Transsubstantiation[33] verlacht er und zeigt gleichzeitig, daß es den Gesetzen der Natur widerspricht. Triumphierend gebraucht er dabei folgendes Argument (man sollte besser sagen: folgende gottlose und absolut lächerliche Sophisterei): Während Christus beim letzten Essen seinen Körper verspeiste, geschah es, daß das Ganze in einem Teil bewahrt wurde, was natürlich nichts anderes heißt, als daß der ganze Körper vom Mund erfaßt wurde, der ja ein Teil des Körpers ist. Doch ist es im Lichte der Natur betrachtet widersinnig, daß das Ganze in einem Teil enthalten ist. Somit kann also das, was Christus verspeiste, nicht sein Körper gewesen sein.[34]

Das also enthalten diese ruhmreichen Werke: Aufrührerisches und Schismatisches*, solches, das dem Naturrecht und den offenbarten Ursprüngen entgegengesetzt ist und das sich gegen Kirchenväter, Päpste, Könige und Staaten vergeht und schließlich Verfassung und Staat zerstört. Beide Werke sind verderblich für die Menschheit und müssen meiner Ansicht nach verboten werden, es sei denn, Eure Eminenzen denken anders darüber, denn Eurem Urteil überantworte ich das gerade Gesagte zur Verbesserung.

B

ACDF, Indice, Protocolli 1882–84, Nr. 61.[35]

Kardinal Guibert[36], Erzbischof von Paris, an den Präfekten* der Indexkongregation*[37]

Paris, 7. Oktober 1882

Eure Eminenz,

Die Brüder Poussielgue, Pariser Buchhändler, haben mir ein Probeexemplar dieses Buches zusammen mit diesem Brief ausgehändigt und mich gebeten, es Eurer Eminenz zu übersenden. Sie formulieren in ihrem Schreiben selbst die Gründe, die sie dazu veranlaßt haben, eine mit Anmerkungen versehene Edition des zweiten Buchs des *Émile* von Jean-Jacques Rousseau zu erstellen.

Der amtliche Beschluß vom 18. Juni 1881 stellt die katholischen Lehrer vor ein schwerwiegendes Problem, da er das zweite Buch des *Émile* zu den französischen Autoren zählt, zu denen die Anwärter auf die Lehrbefähigung für Grundschullehrer aufgerufen sind, Fragen zu beantworten. Mehrere der Personen, die diese Bewerber auf die Lehrbefähigung vorbereiten, haben sich an uns gewandt, um die erforderliche Leseerlaubnis* für das von der Kirche verbotene Buch zu erhalten. Ich glaubte, aufgrund der mir von der Heiligen Indexkongregation* zugestandenen Vollmacht, einigen Lehrern und Lehrerinnen, die mit solcherlei Prüfungsvorbereitungen betraut waren, Besitz und Lektüre des zweiten Buches des *Émile* von Rousseau erlauben zu müssen, nachdem ich sichergestellt hatte, daß sie über ausreichend Bildung verfügten, um die Wahrheit vom Irrtum zu unterscheiden, und daß sie sich in aufrichtigem Gehorsam gegenüber der kirchlichen Lehre übten. Aufgrund dieser Erlaubnis konnten besagte Lehrer und Lehrerinnen ihren Schülern eine Analyse des Buches präsentieren und sie somit in die Lage versetzen, wenigstens einen Teil der von den Prüfern gestellten Fragen zu beantworten, ohne daß man ihnen dazu das Buch ausgehändigt hätte.

Wir können jedoch nicht verhehlen, daß diese Methode der Vorbereitung in vielen Fällen recht schwer zu realisieren ist und daß eine große Anzahl von Kandidaten und Kandidatinnen der Gefahr ausgesetzt ist, sich ein Buch zu beschaffen, ohne selbst zu wissen, daß dieses von der Kirche verboten ist. Wäre es unter diesen Umständen nicht von Nutzen, eine kommentierte Ausgabe zu erstellen, in der die Irrtümer im Buch selbst durch die Anmerkungen widerlegt wären, um so die Bewerber und Bewerberinnen gegen die Irrtümer Rousseaus zu wappnen? Hat nun aber die kommentierte Ausgabe der Herren Poussielgue das gesetzte Ziel erreicht? Und kann man sie den Bewerbern und Bewerberinnen an die Hand geben? Dies ist die doppelte Fragestellung, auf die zu antworten allein die Heilige Kongregation* das Recht hat.

Es muß hinzugefügt werden, daß es sich bei den Herren Poussielgue um vortreffliche Katholiken handelt, denen es fernliegt, in irgendeiner Weise von den Lehren und Gesetzen der Kirche abzuweichen, und daß sie in dieser Hinsicht der vollen Wertschätzung des Heiligen Stuhls* würdig sind. So werden sie sich gemeinsam mit mir folgsam an die Weisung halten, die uns von der Heiligen Kongregation* erteilt wird.

Mit vorzüglicher Hochachtung, Eure Eminenz, verbleibe ich Ihr niedrigster und ergebenster Diener …

C
Michael Haringer

Michael Haringer (1817–1887) trat 1841 dem Orden der Redemptoristen* bei und hatte von 1855–1887 das Amt des Generalkonsultors* inne. 1859 erhielt Haringer erstmals ein Amt in der römischen Kurie: Er wurde zum Konsultor* der Ablaßkongregation* ernannt. 1873 folgte seine Berufung zum Konsultor der Indexkongregation*, für die er in den folgenden Jahren zahlreiche Gutachten verfaßte. Haringer nahm 1870 am ersten Vatikanischen Konzil* unter Pius IX. als Theologe teil. Er verfaßte mehrere Schriften zu moral- und pastoraltheologischen Themen und trat auch als Übersetzer in Erscheinung.[38]

ACDF, *Indice*, *Protocolli* 1882–84, Nr. 61.

Hochehrwürdige Eminenzen,

Ihre Eminenz Kardinal Guibert, Erzbischof von Paris, hat der Indexkongregation* ein Buch von J.-J. Rousseau zugesandt: nicht, damit sie ein Urteil darüber abgebe (denn Werke von Rousseau und insbesondere auch dieses *Über die Erziehung*[39] sind bereits verdammt worden), sondern um zu entscheiden, ob man eine neue Edition, die ein Katholik herausgegeben hat, wegen der hinzugefügten Anmerkungen besitzen und lesen darf. Die Regierung beabsichtigt nämlich, die Unterweisung in der christlichen Lehre aus den Schulen zu verbannen, und hat deshalb beschlossen, daß alle, die im öffentlichen Erziehungswesen arbeiten und dazu die Berechtigung erwerben wollen, nach dem Maßstab besagten Buches zu prüfen sind; und so lesen es nun viele, wobei sie das kirchliche Verbot nicht kennen oder es geringschätzen; einige bemühen sich sogar beim Erzbischof um eine Leseerlaubnis*.

Um größeres Übel abzuwenden, das aus der Lektüre dieses Buches hervorgehen kann, haben die Gebrüder Poussielgue – Verleger, die Kardinal Guibert als vortrefflich lobt – eine neue Ausgabe erstellt und gedruckt, die durch zahlreiche Anmerkungen ergänzt, jedoch noch nicht veröffentlicht wurde. Gemeinsam mit dem Kardinal Erzbischof warten sie nämlich das Urteil der Heiligen Kongregation* ab, ob denn diese neue mit Anmerkungen versehene Edition die Irrtümer Rousseaus so erfolgreich widerlegt, daß man bei ihrer Lektüre keinen Schaden mehr befürchten muß.

Sodann hat mir der Hochehrwürdige Sekretär* dieser heiligen Kongregation die neue Ausgabe zukommen lassen und mich damit beauftragt, die Tauglichkeit jener Anmerkungen zu untersuchen und zu prüfen, ob Besitz und Lektüre dieser neuen Ausgabe eine Gefahr bedeuten. Ich habe meinen Auftrag folgsam ausgeführt und das Buch Rousseaus mitsamt Anmerkungen genau gelesen. Ohne zu zögern kann ich nun sagen: Man kann diese neue Edition [ohne] Bedenken lesen. Im folgenden möchte ich meine Meinung, die ich dem weisen Urteil Eurer Eminenzen voller Demut unterordne, kurz begründen.

Der neuen Ausgabe wird eine »Bemerkung zu Leben und Werk des Jean-Jacques Rousseau« vorausgeschickt, aus der deutlich wird, daß dieser Mann die Achtung der Menschen keineswegs verdient. Geboren wurde Rousseau in Genf im Jahre 1712; sein Elternhaus war kalvinistisch*. Als junger Mann hat er in Turin der Ketzerei* abgeschworen und den katholischen Glauben angenommen. Später jedoch hat er die katholische Religion – und eigentlich jegliche Religion – wieder abgeleugnet. Von einer Dienerin, die er sich in Paris als Ehefrau oder Gefährtin erwählt hatte, hatte er vier Söhne, die er allesamt ins Waisenhaus steckte. Er, der ein Buch über die Erziehung schrieb, trat seine väterliche Pflicht mit Füßen und war nicht willens, seine eigenen Söhne zu erziehen. Seinen Wohltätern gegenüber erwies er sich als undankbar; die, die ihm zunächst Freunde waren, überschüttete er später mit Haß. In seinen letzten Lebensjahren befiehl ihn die Melancholie, und er sah überall nur noch Feinde und Verfolger. Im Jahr 1778 raffte ihn ein plötzlicher Tod dahin, und nicht wenige hegten den Verdacht, er habe sich selbst das Leben genommen.

Was Rousseaus Bücher – und besonders jenes *Über die Erziehung* in neuer Edition – betrifft, wird streng geurteilt. Saint-Marc Girardin[40] hat gesagt: »Das Buch ist von einer Niedrigkeit der Gefühle, die den Diener erkennen läßt, und von einer beispiellosen Armut an Ideen« (Girardin spielt hier auf die Tatsache an, daß Rousseau in seiner Jugend einmal drei Jahre lang der Diener einer reichen Frau war). Die Fakultät der Sorbonne[41] hat das Buch *Über die Erziehung* mit strengen Worten zensiert und nennt den Autor einen zynischen Philosophen, einen Verderber der Gesellschaft, einen, der von Ehrenhaftigkeit spricht, aber selbst zügellose Freizügigkeit übt. Der Nationalkongreß (das Parlament) hat das Buch *Emile* verdammt und verordnet, daß man den Autor in den Kerker werfe. In seiner Heimat (in Genf) wurde das Buch vom Scharfrichter den Flammen überantwortet, und Rousseau war gezwungen, zunächst auf preußisches Gebiet nach Neuchâtel und später nach England zu fliehen. Der Erzbischof von Paris, Christophe de Beaumont, hat das Buch in einem Hirtenbrief verdammt und dabei unter anderem folgendes verkündet:[42]

»Man hat gesehen, wie er (Rousseau) die Wissenschaften, die er selbst betrieben hat, beschimpft, wie er die Herrlichkeit des Evangeliums preist, dessen Dogmen er einreißt, und wie er die Schönheit der Tugenden ausmalt, die er zuvor in der Seele seiner Leser auslöscht. Er hat sich zum Lehrer des Menschengeschlechts aufgeschwungen, um es zu betrügen, zu einem öffentlichen Anführer, um alle Leute in die Irre zu führen, und zum Orakel des Zeitalters, um seinen Untergang zu vollenden. In einem Werk über die Ungleichheit der Bedingungen hatte er den

Menschen bis zum Rang von Tieren erniedrigt, und mit einem anderen, jüngeren Erzeugnis hatte er das Gift der Leidenschaft eingeflüstert, indem er sie dem Anschein nach verfolgte: In diesem Werk (*Emile*) bemächtigt er sich der ersten Augenblicke des Menschen, um ein Reich des Unglaubens zu errichten.«

Es folgt in der neuen Edition eine Analyse des Buches *Emile* (oder *Über die Erziehung*). Dieses Werk Rousseaus gliedert sich in fünf Bücher, deren erstes sich mit Kindern bis zum Alter von drei Jahren befaßt. Das zweite Buch ist denjenigen vom dritten bis zum zwölften Lebensjahr gewidmet, also dem Alter, in dem Kinder für gewöhnlich die grundlegende Unterweisung und Erziehung erhalten. Das dritte Buch handelt von den Lebensjahren zwölf bis fünfzehn, das vierte von fünfzehn bis zwanzig. Im fünften und letzten Buch geht es um junge Mädchen; ein solches nimmt Emile zur Frau. Da die französische Regierung nur das zweite Buch zur Norm erklärt hat, nach der die Lehrer und die Lehrinhalte geprüft werden sollen, beschäftigt sich die neue Edition nur mit den Irrtümern, die in diesem Buch enthalten sind.

Allem voran leugnet Rousseau die Erbsünde. »Alles ist gut, wie es aus den Händen des Schöpfers kommt.«[43] »Halten wir unerschütterlich daran fest, daß die ersten Regungen der Natur immer richtig sind. Es gibt keine Ur-Verderbtheit des Herzens. Es gibt darin kein einziges Laster, von dem man nicht sagen könnte, wie und woher es hineingekommen ist.«[44] Aemilius ist also keineswegs zum Bösen, sondern zum Guten veranlagt. Die erschaffene Natur ist nicht verderbt: Also müssen das Neugeborene und das Kleinkind von der Natur erzogen werden. Diese Regel ist die Seele des Buches, und zwar eine allzu verderbliche. Die Führung der Kinder durch die Natur (»Instinkt«) nennt er liebenswürdig, und man müsse sie begünstigen. Bis zum zwölften Lebensjahr muß die Erziehung laut Rousseau »negativ« sein; das bedeutet, daß sie das Kind nicht in der Tugend und in der Wahrheit unterrichten, sondern das Herz vor Laster und den Verstand vor Irrtümern bewahren muß.[45] Wenn das Kind vor dem zwölften oder dreizehnten Jahr nichts lernt und nicht die rechte Hand von der linken unterscheiden kann, dafür aber gesund und kräftig geworden ist, hat es große Fortschritte gemacht: »Ihr habt mit Nichtstun begonnen und endet mit einem Erziehungswunder.«[46]

Nach Rousseau müssen Jungen ihren Körper und ihre Organe, Sinne und Kräfte üben, doch die Kräfte der Seele sollen sich so lange wie möglich in Müßiggang ergehen.[47] Moralische Verpflichtungen soll man den Jungen nicht erklären, und über den Unterschied zwischen Gut und Böse, über Übernatürliches, über Gott und den Katechismus soll man nicht sprechen: »Sprechen Sie ihm von Pflicht und Gehorsam, und er wird nicht wissen, wovon Sie reden.«[48] Man soll den Jungen keine Vorschriften machen und auch keine Strafen auferlegen. Will ein Junge laufen, springen oder schreien, soll keiner ihn daran hindern.[49] Auf gar keinen Fall dürfen die Kinder durch geistige Mühen erschöpft werden, wie beispielsweise durch die Fähigkeit, Bücher oder Schriften zu lesen, oder durch die Beschäftigung mit Geschichte oder Geographie. Sie sollen vielmehr selbst die Notwendigkeit und den Nutzen verspüren, das Alphabet zu lernen; dann sind sie in jeder Hinsicht dabei zu fördern.[50]

Die Bücher Rousseaus sind übervoll mit Aussagen, die im Gegensatz zur allgemeinen Meinung stehen, die widersprüchlich, lächerlich, absolut unpraktikabel und schädlich für die Gesundheit von Seele und Körper sind. In diesen Zeiten, in denen die Sinne der Menschen von Leidenschaften verwirrt werden und man insbesondere in Frankreich Christus, dem Herrn, und der Heiligen Kirche grimmig den Krieg erklärt, empfiehlt sich das Buch Rousseaus als das wirksamste Instrument zur Zerstörung der heiligen Religion, da dieser jede Offenbarung oder Religion aus der Erziehung der Jugend verbannt.

Die neue Edition macht sowohl in der Einleitung als auch in den beigefügten Anmerkungen deutlich, um was für einen Autor es hier geht und wie seine Lehre beschaffen ist, und jeder, der sich eine christliche Gesinnung bewahrt hat, wird leicht einsehen, daß man dem Buch keinerlei Vertrauen schenken darf.

Einwände theologischer Art gibt es nicht so viele, da theologische Themen im eigentlichen Sinne kaum behandelt werden. Er leugnet, wie bereits gesagt, die Erbsünde und die göttliche Offenbarung und spricht sich dagegen aus, Kinder in geistlichen und übernatürlichen Dingen zu unterrichten. Bei anderen Fragestellungen widerspricht er so sehr dem gesunden Menschenverstand fast aller Menschen, daß der Leser mit wenigen Worten mahnend darauf hingewiesen werden kann, wie paradox und unsinnig seine Lehren sind. Mir scheint, ich habe schon mit diesen kurzen Einwänden ausreichend gezeigt, daß die neue Edition dem Buch jegliche Gefahr ausgetrieben hat und von guten Katholiken bedenkenlos gelesen werden kann.

Mich einem weiseren Urteil zutiefst unterwerfend verbleibe ich Euer Hochehrwürdigen Eminenzen niedrigster und ergebenster Diener …

16. Diderot: Fatalistischer Ketzer

Auch Denis Diderot (1713–1784), französischer Philosoph und Literat, gehört zu den französischen Schriftstellern der Aufklärung im Vorfeld der Revolution. In seinen Hauptwerken widmete sich der ehemalige Jesuitenschüler der Suche nach einer Vermittlung zwischen dem radikalen Erkenntnisanspruch der Vernunft gegenüber allen allein auf Tradition beruhenden Autoritäten und dem politischen Fortschrittsdenken. Die Infragestellung sowohl institutionalisierter Machtstrukturen als auch deterministischer Auffassungen des Fortschritts verbinden sich in *Jacques der Fatalist und sein Herr,* das erst 1796 veröffentlicht wurde. Hier wird weniger eine philosophische Form des Fatalismus ernsthaft vertreten als die wechselseitigen Abhängigkeiten zwischen Herr und Knecht vorgeführt: Jacques, der Knecht, obwohl politisch unfrei, erweist sich als wesentlich freier als sein Herr, da dieser sich seine Freiheit nur einbildet.

Der Zensor, dem diese Seite des Romans vollständig entgeht, konzentriert sich statt dessen auf den Begriff des Fatalismus. Damit wird eine Ansicht bezeichnet, die dem menschlichen Handeln keinerlei Einfluß auf den Verlauf der Zukunft einräumt, da ohnehin alles vom Schicksal bestimmt wird. Problematisch aus christlich-theologischer Sicht sind die damit verbundenen Implikationen; erstens, daß es danach im Weltgeschehen keinen Platz für einen aus freier Entscheidung handelnden Gott geben kann, und zweitens, daß der Einzelne für die Folgen seines Handelns oder für das Handeln selbst nicht zur Rechenschaft gezogen werden kann: Verantwortlich für sein Tun im ethisch relevanten Sinne ist allein »das Schicksal«. Eine Ethik, die auf dem Verantwortungsgedanken beruht, wird damit gegenstandslos.

Antonmaria Amoretti

1742–1804. Regularkleriker*. Antonmaria Amoretti war ein gebildeter Bibliothekar und Mitglied der Kongregation der Muttergottes*; ab 1801 war er Konsultor* der Indexkongregation*.[1]

ACDF, *Indice*, *Protocolli* 1800–08, Nr. 133.

Jacques der Fatalist und sein Herr[2]

In Erfüllung Ihrer verehrten Befehle, Eure Eminenzen, die mir vom Hochwürdigen Sekretär* der Heiligen Indexkongregation* übermittelt worden sind, habe ich ein Buch gelesen und geprüft, das in französischer Sprache verfaßt ist und den Titel trägt: *Jacques der Fatalist und sein Herr, von Diderot, erschienen in Paris bei Buisson* ... Dabei habe ich festgestellt, daß es sich hier um einen ebenso abgeschmackten und albernen wie gott- und ehrlosen Roman handelt, der sehr gut geeignet ist, unbedarfte und unvorsichtige Leser zu verderben, so daß er es verdient, von der Heiligen Kongregation verboten und auf den Index der verbotenen Bücher* gesetzt zu werden.

Der Titel selbst, den das Buch zur Schau trägt, verweist auf die Absicht des Autors; dieser hat sich nämlich der Verbreitung des Fatalismus verschrieben. Und in der Tat, an mehr als hundert Stellen legt sich der Autor ins Zeug, um zu zeigen, daß jeder Mensch dem Fatum oder Schicksal unterworfen ist, und zwar sowohl in allen seinen freien Handlungen als auch in allem, was ihm zustößt. Bei diesen Dingen bedient sich der Autor folgender Worte: »Aber das ist da droben geschrieben« – »Also war es da droben geschrieben« – »Das ist geschehen, weil es da droben geschrieben war« – »Es wird geschehen, wenn es da droben geschrieben sein wird« – »Es wird nicht geschehen, wenn es nicht da droben geschrieben ist« usw.[3] Und auf Seite 34 heißt es dann: »Alles, was uns hienieden an Gutem und Schlimmem widerfährt, steht da droben geschrieben. Kennen Sie irgendein Mittel, Herr, um jene Schrift auszulöschen? Kann ich etwa aufhören, ich zu sein? Und kann ich, wenn ich ich bin, anders handeln als ich? Kann ich ich und zugleich ein anderer sein? Und hat es, seit ich auf der Welt bin, auch nur einen einzigen Augenblick gegeben, da das nicht wahr gewesen wäre?«[4]

Dieselben Gedanken (»Es steht da droben geschrieben«) werden auch im zweiten Band ständig wiederholt. Auf Seite 100 sagt er: »Jacques kennt weder das Wort Laster noch das Wort Tugend; er behauptet, man sei zum Glück oder zum Unglück geboren. Wenn er die Wörter Belohnung oder Züchtigung aussprechen hörte, pflegte er die Achseln zu zucken.«[5]

Und auf Seite 274 des zweiten Bandes steht zu lesen:

»*DER HERR*. Worüber denkst Du nach?

JACQUES. Darüber, daß, während Sie zu mir sprachen und ich Ihnen antwortete, Sie zu mir sprachen, ohne es zu wollen, und ich Ihnen antwortete, ohne es zu wollen.

DER HERR. Und weiter?

JACQUES. Und weiter? Daß wir zwei wahre lebende und denkende Maschinen waren.«[6]

Auf Seite 320 schließt der Autor seinen Roman mit der üblichen Formulierung ab: »Wenn es da droben geschrieben steht, daß Dir Hörner aufgesetzt werden, Jacques, dann kannst Du machen, was Du willst, sie werden Dir aufgesetzt; wenn jedoch geschrieben steht, sie werden Dir nicht aufgesetzt, dann mögen sie anstellen, was sie wollen, sie werden es nicht.«[7]

Das ganze Werk ist voller Unanständigkeit, voller Liebesgeschichten und Machenschaften, die wiederum unanständig und widerlich sind ... Es nähme hier zuviel Raum in Anspruch, sie alle zu zitieren ... Auf Seite 189 jedoch versucht der Autor, diese obszönen Geschichten zu verteidigen: »Wer unter Euch würde es wagen, Voltaire zu schmähen, weil er *Die Jungfrau* geschrieben hat?«[8] Dann werden die Angehörigen der Kirche und die Heiligen Messen verspottet, und auch die kirchlichen Orden, in zwei Geschichten, die die allerschwärzesten Verleumdungen enthalten ... Ebenso werden die Hingabe, die Heiligen Dinge und die Religion veralbert ... So heißt es zum Beispiel Seite 192 f. über das Pfingstfest: »Er behauptete, der Heilige Geist habe sich in einer Kürbisflasche auf die Apostel herabgesenkt; er nannte Pfingsten das Fest der Kürbisflaschen.«[9] Dann wieder macht er sich über die Wunder und über das Weihwasser lustig. Und auf Seite 133 heißt es:

»*DER HERR*. Ganz nebenbei, Jacques, glaubst du an ein künftiges Leben?

JACQUES. Ich glaube weder daran, noch glaube ich nicht daran; ich mache mir darüber keine Gedanken. Ich genieße nach besten Kräften das, was uns hienieden als Vorschuß gewährt worden ist.

DER HERR. Ich meinerseits halte mich für eine Schmetterlingspuppe.«[10]

Anschließend fährt der Autor fort, das Leben nach dem Tod ins Lächerliche zu ziehen, und veralbert das Fegefeuer.

Der gesamte Roman, so sei zusammengefaßt, paßt zu der Vorstellung, die uns der Herausgeber des Buches in seiner Lobrede auf S. XX vom Autor Diderot vermittelt: Dort stellt er ihn nämlich vor als »*einen passionierten Vertreter des Materialismus* *«.

17. Gibbon: Die Ironie der Geschichte

Edward Gibbon (1737–1794), englischer Historiker und Gelehrter der Aufklärung, wurde vor allem durch sein monumentales Werk *Geschichte des Verfalls und des Untergangs des Römischen Reichs* berühmt, das als eines der größten Geschichtswerke in englischer Sprache bezeichnet werden kann. In seiner Jugend bekannte sich Gibbon kurzzeitig zum katholischen Glauben, wofür er der Schule verwiesen wurde. Nach einem längeren Aufenthalt in der Schweiz, den er zum Teil im Hause eines kalvinistischen* Pfarrers verbrachte, trat er wieder der anglikanischen Kirche bei. Eine Romreise im Jahr 1764 inspirierte ihn angeblich dazu, die Arbeit an *Geschichte des Verfalls und des Untergangs des Römischen Reichs*, deren erster Band im Jahr 1776 erschien, zu beginnen. Das 1788 abgeschlossene Werk umfaßt die Zeit vom zweiten Jahrhundert bis zum Fall Konstantinopels im Jahr 1453, und die Ironie, mit der Gibbon darin den Aufstieg des Christentums behandelt, verursachte großes öffentliches Aufsehen. Ähnlich wie Voltaire verstand sich Gibbon als Deist* und hielt wenig von der metaphysischen Seite der Religion, die sich für ihn als ein soziales Phänomen wie jedes andere darstellte.

Daß *Geschichte des Verfalls und des Untergangs des Römischen Reichs* 1783 auf den Index der verbotenen Bücher* gesetzt wurde, geht auf das vehemente Plädoyer eines einzigen Gutachters zurück, der – ungeachtet der Tatsache, daß er, des Englischen nicht mächtig, das Werk in der italienischen Version einer französischen Übersetzung las (und davon auch nur das dritte Buch) – eine Zensur erstellte, die in ihrer undifferenzierten Rigorosität die Zeit der Gegenreformation* wieder heraufbeschwor. Der Zensor – Ponsart de Belval – vermied es strikt, sich mit den Überlegungen des *Historikers* Gibbon auseinanderzusetzen, und schenkte ausschließlich den Punkten Aufmerksamkeit, die seines Erachtens eine »*theologische Zensur*« verdient hatten. Sein Unverständnis für das Denken Gibbons führte darüber hinaus dazu, daß ihm zahlreiche Passagen in *Geschichte des Verfalls und des Untergangs des Römischen Reichs,* die einem geschickteren Zensor als Affront gegen den christlichen Glauben und die katholische Kirche hätten erscheinen müssen, ganz einfach entgingen. Allein der sich in der oft sinnentstellenden Zensur äußernde Impetus von Strenge bewirkte, daß man das Buch verbot.

Jean Ponsart de Belval

Der Belgier Jean Ponsart de Belval wurde 1740 geboren; weitere Lebensdaten sind nicht überliefert. Bekannt ist lediglich, daß er Mitte der achtziger Jahre des 18. Jahrhunderts kurzzeitig als Konsultor* für die Indexkongregation* arbeitete.

ACDF, Indice, Protocolli 1781–1784, Fol. 475^{v}–477^{v}.

Zensur zum dritten Band des Werks, das den Titel trägt: *Geschichte des Verfalls und des Untergangs des Römischen Reichs,*[1] Autor: Gibbon, Engländer

Ich meine, daß dieses Buch mit zahlreichen Thesen angefüllt ist, die einer theologischen Zensur bedürfen. Der Autor scheint dabei darauf aus zu sein, die katholische Religion, so dies denn möglich ist, zum Einsturz und die kirchliche Hierarchie ins Wanken zu bringen, indem er jede geistliche Jurisdiktion aufhebt. Da nun aber das Gesetz des Moses bzw. das Alte Testament das Gesetz des Evangeliums präfiguriert, hebt das Buch damit an, dieses Vorbild zu bekämpfen. So nennt er es denn einen Haufen nichtiger Beobachtungen.[2]

Um nun aber sämtliche Thesen, mit denen er die katholische Religion angreift, irgendwie zu ordnen, sollen zunächst diejenigen dargestellt werden, die sich gegen die vertrauenswürdigen Zeichen oder Argumente wenden, die die Hingabe an unseren Glauben vernünftig machen; anschließend seien die weiteren Thesen aufgezeigt, mit denen Gibbon gegen die kirchliche Hierarchie, den Papst, die Bischöfe und die katholischen Fürsten anstürmt.

Die Argumente für den Glauben sind nun aber folgende:

1. Die Heiligkeit, Reinheit und Erhabenheit der Lehre des Evangeliums.
2. Die Wunder, die zu deren Bekräftigung vollbracht worden sind.
3. Ihre wundersame Verbreitung trotz des Drängens weltlicher Mächte und menschlicher Begierden.
4. Das Zeugnis der Märtyrer, die diese mit dem eigenen Blut besiegelt haben.
5. Die Erfüllung der Prophezeiungen.

Um mit der Reinheit bzw. Heiligkeit der Lehre des Evangeliums zu beginnen, möchte ich zeigen, mit welcher Gottlosigkeit sich der Autor bemüht, diese zu entehren. So sagt er vor allem, daß die weisen Kirchenväter die Trugschlüsse der Gnostiker* unklugerweise angenommen, den wörtlichen Sinn der Schriften verkannt und die Dogmen des Glaubens verändert haben;[3] dies ist jedoch falsch und ketzerisch*. Um sich an noch Größeres heranzuwagen, behauptet er offen, daß sich von der Zeit des göttlichen Märtyrers Justinus[4] und des Irenäus[5] bis hin zu Lactanz[6] sämtliche Kirchenväter hinsichtlich des Millenniums ununterbrochen geirrt hätten, so daß sich die Kirche notwendigerweise von dieser ganzen Zeit trennen mußte, in der alle Kirchenväter in die Irre gingen,[7] wie Canus im 9. Buch in der 7. Schlußfolgerung in *Über die Instanzen der Theologie* belegt.[8] In ebendieser Absicht, die Lehre der Kirchenväter (die ja auch die Lehre der Kirche ist) zu schwächen, äußert er ... den Verdacht, daß sie – hierin ahnungslos – die Wahrheit verdrehten ...[9] Und auf derselben Seite fügt der Autor hinzu, die Offenbarung – die auch jetzt noch Teil des Neuen Testaments ist – sei schließlich verworfen worden wie eine Erfindung von Ketzern*.[10]

Auch jenes wird nicht der Zensur entgehen, was er über die Erwartung des Weltgerichts sagt, die auf Matthäus 24 und den ersten Brief des Paulus an die Thessaloniker zurückgeht; ganz offen bekennt er sich zu der These, daß die gesamte Kirche sich in der Auslegung der Heiligen Schriften getäuscht habe.[11] Und noch schlimmer ist das, was er in der Fußnote 64 gegen die Glaubwürdigkeit der Apokalypse daherschwatzt, die von Innozenz[12] und Gelasius[13] und auf den Konzilien von Karthago[14], Florenz[15], Trient* (*Sess.* 3a.) und dem vierten Konzil* von Toledo[16] definiert worden ist.[17] Was noch? Ganz unverhohlen weist er darauf hin, daß sich die Urkirche* bei der Verdammung der Heiden geirrt habe.[18]

Genug somit von diesem Autor zum ersten Argument für den Glauben; auch die Wunder, die unter den Zeichen, die für den Glauben sprechen, an zweiter Stelle stehen, werden bei ihm oft mit Spott bedacht,[19] und er macht sich lustig über das der Urkirche* gewährte Geschenk ebendieser Wunder. Die Austreibung der Dämonen aus besessenen Körpern nennt er eine Farce, bei der die Zeremonie für die Täuschung sorgt.[20] Daraufhin bemerkt er, daß es für alle verständigen Menschen außer Zweifel stehe, daß die Kirche diese himmlische Macht, Wunder zu vollbringen, bereits verloren hat.[21] Und um sein Geschwätz über die Wunder wiederaufzunehmen, wendet er sich namentlich gegen dasjenige der Finsternis, die sich, wie das Evangelium erzählt, herabgesenkt hat, als Christus der Herr dahinschied.[22] Man lese nur den 11. und den 12. Brief des Kanonikus Bergier[23] gegen Jean-Jacques Rousseau[24] und seine *Apologie für die christliche Religion* (Band 3 ab S. 354)[25], und schon wird das Geplapper des Autors in Rauch aufgehen.

Was das dritte der Zeichen betrifft, die für den Glauben sprechen, so muß man anmerken, daß der Autor – unter dem fadenscheinigen Vorwand, die natürlichen Gründe dafür darzustellen, daß sich die christliche Religion zunehmend verbreitet hat[26] – ganz dazu neigt zu behaupten, daß sich bei dieser Verbreitung nichts Göttliches, nichts Übernatürliches zugetragen habe, sondern nur Menschliches – gerade wie es die Toleranz des Polytheismus und die Herrschaft des römischen Reichs mit sich brachten. Die Verbreitung des Christentums schreibt er allein der Ignoranz und den wechselseitigen Verflechtungen, in denen man sich begünstigte, dem Ehrgeiz der Bischöfe und anderen glaubensfeindlichen Dingen zu;[27] seiner Ansicht nach kann durch die Vollkommenheit der Lehre des Evangeliums nichts vollbracht werden, obwohl sie doch – trotz ihrer Sinnesfeindlichkeit – die Bewunderung der Heiden auf sich gezogen hat. Ja, er behauptet einmal sogar, daß diese Vollkommenheit von den Vätern zu einer unmöglichen Höhe getrieben,[28] ein andermal, daß sie in einem Zustand der Armut und der Unwissenheit aufgenommen worden sei.[29] Dann fährt er fort, die Lehre der Väter zu verspotten, indem er sie »die Aufzählung von Bizarrheiten« nennt.[30] Ebenso bestreitet er, daß die Geißelung des Fleisches und die Unterdrückung der Sinne der Lehre des Evangeliums zur Ehre gereichen.[31]

Ich komme zum vierten Argument für den Glauben, das die Märtyrer betrifft. Ich sage es frei heraus: Der Autor gibt sich nicht nur als wackerer Feind der Märtyrer, sondern ebenso als Apologet der tyrannischen Herrscher. So versucht er vor allem, die Anzahl der Märtyrer auf eine kleine Schar zu reduzieren, während er zugleich die große Menschenfreundlichkeit ihrer Peiniger preist.[32] Den heiligen Cyprian[33] klagt er des Ehrgeizes an und überführt ihn gewissermaßen als Angeklagten.[34] Tertullian[35] wird in einer Fußnote ... heftig kritisiert, weil er einen Soldaten lobt, der seinen Lorbeerkranz zu Boden wirft und sich freiwillig dem Verfolger stellt.[36] Papst Marcellus[37] entfernt er aus der Reihe der Märtyrer; seiner Ansicht nach hat man diesen, da er mangelnde Klugheit vortäuschte, zu Recht ins Exil getrieben, und zwar um des Friedens und der Ordnung willen.[38]

Der größte Skandal ist jedoch folgender: Der Autor zweifelt das Martyrium der Apostel in verschiedenen Kirchen außerhalb Palästinas an.[39] Schließlich, um weitere Dinge zu übergehen, beleidigt auch noch eine neue Form von Martyrium das Ohr frommer Menschen, die er mit den tatsächlichen Arten vermischt, um sich über diese lustig zu machen.[40]

Was die fünfte Begründung der Glaubwürdigkeit betrifft, so schätzt der Autor die Prophezeiungen des Alten Testaments und ihre Bestätigung im Neuen, wie die Kirchenväter ihn aufgezeigt haben, gering: »In den ungeschickten Händen Justins des Märtyrers und der nachfolgenden Apologisten verdunstet der erhabene Sinn der Orakel.«[41] Das Geschenk der Prophetie in der Urkirche* würdigt er auf das Niveau von Possenreißern oder Marktschreiern herab, wenn er sagt: »Jeder Christ ohne Unterscheidung des Alters ...«[42]

Seiner selbst nicht Herr, überzieht er immer wieder jede kirchliche Gerichtsbarkeit, die Konzilien, die Bischöfe und den Papst mit seinem bitteren Geifer. Als der Lügner und Verleumder, der er ist, schont er auch die katholischen Fürsten nicht. Über die Konzilien sagt er: »Jede Gesellschaft bildete in sich selbst eine Republik.«[43] Und über die Bischöfe: »Ihr exklusives Privileg, die Priesterwürde zu erteilen, stand in diametralem Widerspruch zur Freiheit der Wahlen.«[44] Schlichtweg jede Unterscheidung zwischen den Graden der kirchlichen Gerichtsbarkeit wie auch die kirchliche Hierarchie, die auf dem Glauben beruht, hebt er auf, indem er sagt: »In den frühen Zeiten des Christentums [waren] die Priester und die Bischöfe ...«[45] Und tatsächlich ergeht er sich auch gegen den obersten Hirten der Kirche in schwerwiegenden Verleumdungen, wie es nun einmal Sitte der Ketzer* ist. Über jenen heißt es nämlich: »Aber die Macht eines ... Monarchen wurde mit Entsetzen begrüßt, und der unternehmende Genius Roms ...«[46]

Und er fährt fort, sich unverschämt gegen die römische Kirche, die Partikularkirchen* und das Heilige Tribunal der Inquisition* zu ereifern; ich übergehe die Tatsache, daß der Autor versucht, den Aufenthalt des Heiligen Petrus in Rom zu leugnen oder in Zweifel zu ziehen, um somit den Primat des römischen Papstes, der sich vom Heiligen Petrus herleitet, in Abrede zu stellen. In einer Anmerkung zum 15. Kapitel sagt er: »Diese Reise nämlich ist von Spanheim heftig angezweifelt worden.«[47] Man lese hierzu die Erörterung von Natalis Alexander[48], der folgendes zeigt:

1. Daß der Heilige Petrus nach Rom gekommen ist.
2. Daß er dort auch gestorben ist.
3. Daß er das Bischofsamt in Rom bis zu seinem Tod ausgeübt hat.

Der Autor zeigt sich der römischen Kirche hier derart feindselig, daß es wundergenommen hätte, wenn er die katholischen Fürsten verschont hätte. So nennt er diese grausamer als die erbittertsten Verfolger der Kirche wie Nero,[49] Maximian[50] und Diokletian[51]: »Man muß also bekennen, daß das Verhalten der Kaiser, die der Urkirche* am wenigsten gewogen schienen ...«[52] Und an anderer Stelle sagt er: »Allein in den Niederlanden fielen mehr als hunderttausend Untertanen des Sohnes Karls V. unter der Hand des Scharfrichters.«[53] Dabei zitiert er Grotius[54] und Paolo Sarpi;[55] wahrhaft ein kultivierter Autor, der so vor Zorn gegen die katholischen Fürsten, die Verfolger der Ketzer*, entbrannt ist, daß er nicht ein einziges Wort über das Blutbad unter den Katholiken in England unter Heinrich VIII.[56] und Elisabeth[57] sagt.

So wie er sich bemüht, den Neid der Völker auf die katholischen Fürsten zu schüren, versucht er auch, die Fürsten gegenüber ihren katholischen Untertanen in Argwohn zu versetzen; er sagt nämlich: »In dieser Unkenntnis der menschlichen Angelegenheiten, in der sie« – die Christen – »sich befanden ...«[58] Wer sich jedoch auch nur ein wenig mit der Geschichte befaßt hat, erkennt sofort, daß sich die Christen und die katholischen Soldaten stets als diejenigen erwiesen haben, die von allen am treuesten ihrem Land verbunden und am gehorsamsten ihren Fürsten ergeben waren.

Aus alldem geht klar hervor, daß das hier besprochene Buch mit Behauptungen angefüllt ist, die falsch, skandalträchtig, aufrührerisch, irrig und für die Ohren frommer Menschen beleidigend sind. Es kämpft, wie in obigem Bericht gezeigt wurde, auf der Seite der Ketzer* gegen den katholischen Glauben und die römische Kirche und versucht diese sozusagen von ihren Grundfesten, das heißt von den Begründungen des Glaubens her, ins Wanken zu bringen und ihre Autorität zu beseitigen. Das Buch hat es somit mehr als verdient, daß man darüber den schwarzen Stein wirft ...[59]

18. Hume: »Ein Geschichtswerk, das geeignet ist, den Verstand zu verderben«

David Hume (1711–1776) verbrachte seine Kindheit und Jugend in Edinburgh. Der Sohn eines schottischen Landadligen wurde kalvinistisch* erzogen und studierte später zunächst Jurisprudenz, dann Philosophie. Sein erstes größeres Werk, *Traktat über die menschliche Natur* (1739–40), das heute zu den Meisterwerken der Philosophie der Aufklärung gezählt wird, fand zunächst wenig Aufmerksamkeit. Erst weitere Schriften machten Hume, nicht zuletzt wegen ihrer provokant antireligiösen Inhalte, einer breiteren Öffentlichkeit bekannt; so insbesondere *Untersuchung über den menschlichen Verstand* (1748) und *Untersuchung über die Prinzipien der Moral* (1751). Als der erste Band von *Geschichte von Großbritannien vom Einfall Julius Cäsars bis zur Revolution von 1688* im Jahr 1754 publiziert wurde (abgeschlossen 1762), war Hume bereits als Philosoph berühmt, doch auch sein historisches Werk fand große Beachtung. Noch zu seinen Lebzeiten entstanden sieben Auflagen, auf die mindestens 175 weitere Ausgaben und Nachdrucke folgten. Humes Geschichte Englands war bis Ende des 19. Jahrhunderts im angelsächsischen Raum weit verbreitet und fand auch außerhalb Englands breite Zustimmung. So rechneten Voltaire und Johann Gottfried Herder sie zu den besten Geschichtswerken aller Zeiten. Aufgrund eines neuen Interesses an der schottischen Aufklärung wurde Humes *Geschichte Englands* in den sechziger Jahren des 20. Jahrhunderts wiederentdeckt. Heute gilt Hume als einer der führenden politischen Theoretiker seiner Zeit.

Schon 1761 war die französische Übersetzung von *Eine Untersuchung über den menschlichen Verstand* auf den Index der verbotenen Bücher* gesetzt worden. 1827, also immerhin fünfundsechzig Jahre nach Erscheinen des letzten Bandes, wurde auch *Geschichte von Großbritannien* zensiert und schließlich verboten, mit der Begründung, daß sie sich an zahlreichen Stellen ausdrücklich gegen die Religion wende.

Prospero Piatti

Der römische Professor Prospero Piatti (gestorben 1838) wurde im Jahr 1820 Konsultor* der Indexkongregation*.

ACDF, Indice, Protocolli 1827, Nr. 237.

Geschichte von England[1], von David Hume. Übersetzung aus dem englischen Original von A. Clerichetti[2], Mailand: Niccolò Bettoni, 1825

Dieses Geschichtswerk ist in drei Bände aufgeteilt, die ich gelesen habe. Der dritte Band reicht bis ins Jahr 1509; vielleicht wird noch der eine oder andere Band erscheinen oder ist womöglich schon erschienen; das Original umfaßt jedenfalls zehn Bände.

Es kostet keine große Mühe, zu dem Schluß zu kommen, daß dieses Geschichtswerk – verfaßt von einem gottlosen Menschen, wie jedermann weiß – verboten werden muß, und zwar ebenso wegen der darin enthaltenen unbilligen Lehren wie auch wegen der so verführerischen Manier, in der es geschrieben ist. Was die Lehren angeht, so habe ich mir beim Lesen des Werks sehr viele Dinge notiert, doch scheint es mir nutzlos und allzu lästig, sie alle hier zu referieren, weshalb ich nur die wichtigeren ausgewählt habe. Zuerst gebe ich zu bedenken, daß allein schon das, was in diesem Geschichtswerk der Übersetzer über selbiges sagt, genügt, um zum übelsten Eindruck davon zu gelangen und zu dem Urteil zu kommen, daß es ein Verbot mehr als verdient hat.

»Vorbemerkungen des Übersetzers«
Auf Seite 2 sagt dieser, daß sich in besagtem Geschichtswerk *einige abfällige Aussagen hinsichtlich der Religion finden.*[3] Seite 3: »Nicht wenige Seiten, sondern einen ganzen Wälzer bräuchte es, wenn man auf alle oder wenigstens die Hälfte aller Stellen hinweisen wollte, *die den überlieferten Dogmen widersprechen.*« Daraus schließt er: »So werde ich also meine Überlegungen auf ein Minimum beschränken.«

Auf Seite 6 sagt er von Hume und seinem Geschichtswerk: »Er kennt keine Parteilichkeit und erzählt die Dinge so, wie sie sind, oder wie er glaubt, daß sie sind. *Doch bar aller religiösen Grundsätze zieht er aus seinen Erzählungen Schlüsse, die immer darauf hinauslaufen, irgendein System zunichte zu machen, das sich auf religiöse Moral stützt.*« Auf Seite 7 spricht er davon, wie Hume die Reformation* Luthers behandelt: »Dieser erzählt davon« – d.h. von den Ablässen –, »als sei es allbekannt, und indem er hinter die Kulissen schaut, erkennt er mit dem Blick des Forschers, von welchen Anfängen das Schisma* herrührt, und zeigt deutlich, *wie es in Europa Stück für Stück vorangeschritten ist. Wenn er dann jedoch beginnt, die Inhalte zu diskutieren, führt der Autor seine eigenen Grundsätze ins Feld, um zu versuchen, die Dogmen bis auf die Grundfesten niederzureißen.*«

Seite 8: »Bei seinen Schlußfolgerungen hält er sich ans eigene Dafürhalten. Während aber diejenigen Robertsons[4] von einem methodischen Fanatismus motiviert sind, *gehen die Folgerungen Humes auf falsche, oder besser: gar keine moralischen Grundsätze zurück.*« Auf Seite 5 zitiert der Übersetzer aus dem Geschichtswerk: »Die kirchlichen Mächte, *die in der Urkirche* sehr stark von der weltlichen Gewalt abhingen*, haben sich nach und nach davon emanzipiert.« Doch hat sich die kirchliche

Macht niemals in Abhängigkeit befunden, aufgrund ihres Begründetseins auf Gott ...

Schon das, was der Übersetzer von diesem Geschichtswerk berichtet, würde ausreichen, es zu verbieten. Hinzugefügt sei, daß es in dem, was der Übersetzer in seiner Vorbemerkung schreibt, noch ein weiteres Motiv gibt. Wenn er nämlich auf das zu sprechen kommt, was Hume vom hl. Thomas von Canterbury[5] sagt, heißt es auf Seite 3: »Unter so vielen vortrefflichen Männern, die Ehrgeiz und Gewinnsucht aus einem edlen Motiv, *irgendeinem Ideal*, zu opfern wußten, glänzte der hl. Thomas in einem ganz eigenen Ruhm.« Nach der Meinung unseres Übersetzers war also das Motiv, von dem die Handlungen dieses heiligen Märtyrers bestimmt waren, nicht wirklich edel, sondern nur in der Vorstellung des Heiligen, und dies widerspricht der Lehre des Evangeliums.

Auf Seite 4 gibt es eine falsche Aussage zu Unehren besagten Märtyrers: »Zwar zog sich Becket« – der hl. Thomas – »nicht zurück, doch stellte er den Sitz von Canterbury[6] dem Papst[7] zur Disposition, da er seine eigene Wahl als nicht kanonisch erkannte.« Abgesehen davon, daß diese Behauptung der Ehre des Heiligen abträglich ist, ist sie völlig falsch, wie Natalis Alexander[8] in einem Geschichtswerk aufzeigt, das er hierüber – gestützt auf authentische Dokumente – verfaßt hat. Und auch Baronius[9] kann man hier heranziehen.

»Das Leben des Ritters David Hume, von ihm selbst verfaßt«
Neben der bereits besprochenen Vorbemerkung findet sich auch die Vita Humes, und zwar unter dem zitierten Titel. Auch in dieser wäre so einiges zu vermerken, doch um der Kürze willen gehe ich weiter zum Inhalt des Geschichtswerks, das in überreichlichem Maß Dinge enthält, die ein Verbot absolut verdient erscheinen lassen.

Erster Band
Auf Seite 56 sagt er über die Ordensleute: »Neigend zur Heuch-

lerei und allen Fehlern, die anscheinend untrennbar mit dem Profeß* und der Art des Ordenslebens verbunden sind«. Einen *übertriebenen Eifer bis hin zum Exzeß* nennt er (Seite 61) denjenigen des hl. Gregors[10] gegen den Götzendienst, anläßlich der Konvertierung Englands zum Christentum. Auf den Seiten 64 und 65 werden die Heiligen Gregor und Augustinus[11] ins Lächerliche gezogen. Auf den Seiten 79 und 80 macht man sich über die Untersuchung lustig, die gegen Felix Bischof von Urgel in Katalonien[12] angestrengt wurde, und zwar über die Gottessohnschaft, die betreffend das Konzil von Frankfurt[13] Jesus Christus als Mensch definierte. So muß man also das Mißverständnis vermerken, daß Dogma hier als Irrtum verstanden worden ist.

Auf Seite 82 nennt er es *exzessive Verehrung*, daß Caedvalla[14], König von Wessex – einer der Könige der Heptarchie[15] –, der Kirche verschiedene Schenkungen zukommen ließ und eine Pilgerfahrt nach Rom unternahm, wo er getauft wurde und starb. Seite 88 (das ganze Kapitel, das mit dem Absatz »*Obwohl seit langer Zeit*« beginnt): Hier findet sich die allergottloseste, erbittertste Erörterung gegen den Heiligen Stuhl* in Rom, gegen die religiösen Orden und das Christentum, das fortan in diesem Geschichtswerk mit dem Wort *Aberglaube* bezeichnet wird. Seiten 100 und 101: Im Absatz, der mit »*In Zeiten einer solchen Ignoranz*« beginnt, findet sich eine beleidigende und verleumderische Erörterung gegen die Kirche und ihre Angehörigen …

Auf Seite 143 heißt es über den hl. Dunstan[16] u. a.: »… auch Dunstan wurde kanonisiert und ist nun einer dieser Heiligen, die dem Römischen Kalender Schande machen.«[17] Auf Seite 148 wird gesagt, daß König Edgar[18], der die Nonne Edith geraubt hatte, vom hl. Dunstan zurechtgewiesen wurde, der ihm – zur Versöhnung mit der Kirche – nicht etwa auferlegte, sich von seinem Liebchen zu trennen, sondern sieben Jahre lang auf die Krone zu verzichten.[19] Auf Seite 154 werden die Wunder ins Lächerliche gezogen. Seite 210 (der ganze Absatz): Ein düsteres Bild von Rom und von Alexander II.[20]; Sarkasmus gegen den Papst und Sankt Peter. Auf Seite 279 werden die Immunitäten der Kirche *Aberglaube* genannt.

Gegen die Realpräsenz bei der Eucharistie
Auf Seite 283 notiert der Autor: »Lanfranc[21] schrieb zur Verteidigung der Realpräsenz Gottes bei der Eucharistie gegen Berengar[22], und dieses dumme und ignorante Zeitalter spendete seinem Buch auch noch genug Applaus.« Auf Seite 284 nennt er die Rechte des Heiligen Stuhls* Aberglaube, um dann von den Vorschriften Wilhelms[23] zu sprechen, durch die die kirchliche Rechtsprechung behindert wurde; er sagt: »Derartige Vorschriften – eines souveränen Herrschers würdig – erhielten die Einheit von weltlicher und kirchlicher Gewalt.«

Von Seite 292 bis 297 einschließlich liest man ein fürchterliches Gewäsch gegen Gregor VII.[24] Auf Seite 317 spricht er von den Kreuzzügen und nennt sie *das dauerhafteste Monument des menschlichen Irrsinns*. Auf Seite 319 ist noch einmal von Gregor VII. die Rede: »... seine ungeheuren und gewaltsamen Usurpationen der weltlichen Macht der Fürsten«.

Auf Seite 320 spricht er schlecht vom Eifer der Kreuzzüge. Auf Seite 323 nennt er diesen Eifer *eine ansteckende Sucht*, und die Kreuzfahrer werden *fanatische Krieger* und *wie aus einem Roman* genannt. Auf Seite 326 wird die Demut des hl. Anselm[25], Erzbischof von Canterbury, *ein ostentatives Prunken* genannt. Seite 329: Sarkasmus gegenüber den Beschlüssen eines gewissen Konzils zu Bari[26], an dem der hl. Anselm teilnahm und das sich dagegen wandte, daß die weltlichen Fürsten von den geistlichen Würdenträgern Huldigung verlangten. Auf Seite 334 wird der Eifer der Kreuzzüge *Fanatismus* genannt. Auf den Seiten 335 bis 337 wird wiederum sehr schlecht von den Kreuzzügen gesprochen.

Auf Seite 344 wird das Befolgen der kirchlichen Gesetze durch die Untergebenen *Aberglaube* genannt. Auf den Seiten 345 und 351 nennt er die Religion des Volkes und die Verehrung des hl. Anselm ebenfalls *Aberglaube*. Nachdem er auf Seite 352 Papst Paschalis II.[27] die Worte »Die Priester werden nach der Heiligen Schrift Götter genannt, da sie die ›Vikare Gottes‹ sind« in den Mund gelegt hat, fügt er hinzu: »Ich habe den starken Verdacht, daß dieser Text aus der päpstlichen Schmiede stammt.«[28]

Auf den Seiten 355 bis 357 wird in reichlich unrühmlicher Art und Weise von der Politik Roms gesprochen. Auf Seite 358 heißt es von Papst Paschalis II.: »Dieser saß auf dem päpstlichen Thron und erhielt sich durch nichts als Ungereimtheit und Unsinn.«[29] Auf den Seiten 361 und 362 wird Kalixt II.[30] nachgesagt, daß er seine geistliche Macht nicht darauf verwandt hat, den legitimen Erben des Throns von England wieder einzusetzen[31], und zwar wegen der Geschenke, die er von Heinrich[32] erhalten hatte, der damals das Zepter über England schwang.

Auf Seite 368 spricht Hume vom Kardinal von Crema, dem päpstlichen Legaten* in England unter Kalixt II. Dieser hatte während einer Synode* in London gegen die Priesterehe gewettert, doch wurde er in der darauffolgenden Nacht im Bett einer Prostituierten aufgefunden, als man die Tür des Bordells aufgebrochen hatte. Der Kardinal sei daraufhin aus London abgereist, und man habe den kanonischen Bestimmungen gegen die Priesterehe keine weitere Beachtung geschenkt.[33] Auf Seite 394 werden die Appellationen[34] der Engländer an den Heiligen Stuhl* Usurpationen genannt.

Über den hl. Thomas von Canterbury

Von Seite 408 bis 448 (d. h. bis zum Ende von Kapitel VIII) wird ein furchtbares Bild des hl. Thomas von Canterbury gemalt, und auch des Papstes Alexander III.[35] Der hochgelobte Märtyrer wird hier als bigott, hochmütig, ehrgeizig und ruhmsüchtig dargestellt. Die Immunitäten der Kirche werden dem Aberglauben zugeschrieben und ihre Wunder lächerlich gemacht. Das Bild Alexanders III. ist um nichts besser; sein Ziel bei diesem

Streit[36] sei es gewesen, über die weltlichen Herrscher zu dominieren. Als Beleg seien einige Stellen wiedergegeben.

Auf Seite 442 liest man: »[Dieses war das tragische Ende des Thomas Becket,] eines Prälaten* von dem erhabensten, unerschrockensten und unbiegsamsten Geiste, welcher fähig war, vor der Welt und vermutlich auch vor sich selbst die Unternehmung des Stolzes und des Ehrgeizes unter dem Schleier von Heiligkeit und des Eifers für das Beste der Frömmigkeit und Religion zu verstecken ... Torheit herrschte in den Schulen wie auch in den Kirchen.«[37]

Auf Seite 444 ist von Heinrich, König von England,[38] die Rede; auf das Martyrium des hl. Thomas bezogen heißt es: »Er sah, daß er sich vergebens auf seine Unschuld und selbst auf seine gänzliche Unwissenheit in Ansehung der Tat berufen würde: er war schuldig genug, sobald die Kirche es für gut fand, ihn für schuldig zu halten: und seine Mithilfe zu den Martern des Becket mußte eine Religionsmeinung werden und schlechterdings eben den Glauben finden, den die festesten Glaubensartikel fanden.« Seite 444 und 445: »Obgleich der Name und die Gewalt des römischen Gerichtshofs in den entferntesten Ländern von Europa, welche in tiefster Unwissenheit lagen und nichts von den Charaktern und dem Betragen desselben wußten, so schrecklich waren ...«[39]

Seite 446: »Die Lobreden auf seine Tugenden waren unendlich, und die Wunderwerke, welche seine Reliquien taten, waren zahlreicher, [und sie] wurden mit mehr Unsinn und mit mehr Unverschämtheit behauptet, als alle Wunder, welche die Legende von irgendeinem Bekenner oder Märtyrer erzählt.«[40] Seite 447: »... daß der weiseste Gesetzgeber und das erhabenste Genie, welche jemals die Welt verbessert oder erleuchtet haben, nimmer einen solchen Tribut von Lob erwarten können, als dem Andenken eines vorgegebenen Heiligen verschwendet wird, dessen ganze Aufführung mutmaßlich im höchsten Grade verhaßt und verächtlich war und dessen Fleiß gänzlich auf Gegenstände ging, die dem menschlichen Geschlechte verderblich waren. Nur ein Eroberer, ein Mensch, den wir nicht weniger hassen sollten, kann sich Hoffnung machen, ebensoviel Ruhm und Ehre zu erhalten.«[41]

Zweiter Band
Auf Seite 7 sagt Hume, daß der »Aberglaube« den Zins des Geldes in ein schlechtes Licht rücke: »Der Aberglaube des Zeitalters war so beschaffen, daß er die Berechnung von Zinsen für verliehenes Geld Wucher nannte.«[42] Auf den Seiten 22 und 23 wird der Mut einiger Meuchelmörder gepriesen, den Tod zu ertragen. Mit dieser Geschichte scheint Hume die Absicht zu verfolgen, den Beweis des Christentums zunichte zu machen, der sich aus der Standhaftigkeit der Märtyrer ableitet, auch Folter zu ertragen. Auf Seite 25 spricht er von einer Waffenruhe, die die Kreuzfahrer für den Zeitraum von drei Jahren, drei Monaten und drei Tagen beschlossen hatten, und macht sich mit dieser Anspielung auf das Mysterium der Dreieinigkeit darüber lustig. Er sagt dies zwar nicht explizit, doch gibt er es deutlich zu verstehen.

Auf Seite 41 erzählt Hume vom Tod eines Mörders am Galgen, von seinen vorgetäuschten Wundern und von der ihm durch gewisse Gefolgsleute am Galgen erwiesenen Verehrung, ganz wie am Kreuz des Erlösers. Er sagt, daß dieser Aberglaube so wenig vom Klerus gefördert wurde, weil durch solchen Aufruhr sein Eigentum beschädigt wurde. Auf Seite 59 wird von Innozenz III.[43] gesagt, daß er ehrgeizig und ein Usurpator der Rechte der souveränen Herrscher gewesen sei, der bei der Wahl des Erzbischofs von Canterbury seine Hände im Spiel haben wollte. Auf Seite 60 wird die Verehrung des hl. Thomas von Canterbury durch die Engländer *Aberglaube* genannt.

Auf Seite 66 sagt Hume, daß der Ausspruch eines Interdikts das wichtigste Instrument der politischen Rache gewesen sei, dessen sich der römische Gerichtshof gegenüber den souveränen Herrschern bedient habe, und zwar auch schon für die leichtesten Kränkungen. Auf Seite 67 wird schlecht vom Zölibat der Männer der Kirche gesprochen; es heißt dort, daß man den Gebrauch von Konkubinen – die den jungen Klerikern seiner Ansicht nach von den Bischöfen erlaubt würden (allerdings mit der Beschränkung auf eine einzige) – ansehen könne »als einen Appell der Tyrannei der zivilen und kirchlichen Einrichtungen an die Gesetze, die tugendhafter und von der Natur nicht hintergehbar sind«.[44]

Einen niederträchtigen Vertrag nennt Hume auf Seite 74 denjenigen, mit dem sich John[45], König von England, der bereits von Innozenz III. exkommuniziert worden war, ebendiesem unterwarf, um von ihm Absolution zu erhalten. Auf Seite 101 geht es noch einmal um König John, der »das Reich einem schändlichen Sklaventum gegenüber Rom unterworfen hat«.[46] Auf den Seiten 146 und 147 klagt Hume den römischen Gerichtshof des Ehrgeizes und des Diebstahls an: Dessen einziges Ziel, so sagt er, sei der Verdienst. Auf Seite 167 sagt er, daß der Papst seine Dispensvollmacht* mißbrauche, indem er die kanonischen Bestimmungen des Generalkonzils* verletze und die Privilegien der Partikularkirchen*[47] und die Rechte des Patronatsrechts* usurpiere.

Seite 169 bis 171: Eine für den Heiligen Stuhl* sehr unehrenhafte Stelle bezüglich der vermeintlichen Erpressung Englands um Geld. Seite 172 bis 175: Das Unterfangen der Eroberung Neapels, von dem hier behauptet wird, daß man es König Heinrich vorgeschlagen habe, und zwar in einer für den Heiligen Stuhl überaus schmachvollen Art und Weise. Auf Seite 190 wird vom hl. Ludwig[48], König von Frankreich, schlecht gesprochen, wobei es über ihn heißt: »Er vereinte in sich die Kleinlichkeit und den niederträchtigen Aberglauben eines Mönchs mit dem Mut und der Großherzigkeit des edelsten Heroen.«[49] Auf Seite 193 fährt er fort, schlecht über den hl. Ludwig zu reden, diesmal über seinen Eifer hinsichtlich der Kreuzzüge.

Auf den Seiten 228 und 229 kritisiert Hume die Politik des Papstes, die Beschlüsse Gregors IX.[50] und die religiösen Orden, insbesondere die Dominikaner* und die Franziskaner*. Auf

Seite 292 nennt er Rom einen Hof von Söldnern. Seite 305: Eine Stelle gegen Bonifaz VIII. Auf Seite 320 sagt Hume, daß der Papst den Klerus schröpft, indem er ihm willkürliche Steuern auferlege. Auf Seite 360 bezieht er Partei für die Templer[51] und wendet sich gegen Philipp den Schönen[52], von dem sie verfolgt wurden, und gegen Klemens V.[53], der sie verboten hat.

Dritter Band
Auf Seite 24 bezeichnet er es als Aberglaube, daß Eduard III.[54], König von England, während des Osterfests von der Verwüstung des Landes absah. Seite 31: »Wenn ein solcher Urteilsspruch« – die Exkommunikation – »auch sehr viel Sinn machen und ihre Verehrung mehr als jedes beliebige Moralprinzip anstacheln würde ...«

Wicleffs[55] Reformversuch
Auf Seite 109 wird dieses Unternehmen, angegangen von besagtem Urketzer*, positiv bewertet. Auf den Seiten 101 und 111 wird dasselbe Thema weiterverfolgt. Dann schimpft er gegen den römischen Gerichtshof wegen dessen vermeintlicher Herrschsucht. Auf Seite 174 wettert er gegen die Hinrichtung von Johannes Hus[56] und Hieronimus von Prag[57] und spricht sich wieder für Toleranz aus. Auf Seite 187 geht es um die Auflösung einer Ehe; Hume sagt: »Der römische Gerichtshof pflegte in solchen Angelegenheiten immer ein offenes Ohr zu haben, *wenn sie nur auf Macht und Geld hinausliefen.*«

Seite 450 bis 452: Ein übles Bild vom Heiligen Stuhl* und von Alexander III., was die Eroberung Irlands angeht. Auf Seite 467 nennt er den hl. Thomas einen *turbulenten Prälaten**. Auf Seite 469 spricht Hume von Heinrich und vom hl. Thomas, zu dessen Grabmal sich Heinrich begibt, um sein Verbrechen zu sühnen; Hume fügt hinzu: »Nicht genug, daß er sich einem Menschen heuchlerisch ergeben gezeigt hatte, dessen Gewalttätigkeit und Undankbarkeit ihm sein Reich so lange Zeit in Aufruhr versetzt hatten.« Auf Seite 478 wird die Verehrung des

Königs von Frankreich gegenüber dem hl. Thomas ins Lächerliche gezogen …

Viel von dem, was ich angemerkt habe, wiederholt sich hundertmal und öfter. Viele andere Dinge, die man ebenfalls hätte notieren können, habe ich übergangen, und so zeigt das, was vermerkt worden ist, daß dieses Geschichtswerk ein Verbot mehr als verdient hat. Neben dem Inhalt muß auch der verführerische Stil erwähnt werden, in dem es verfaßt wurde: ein Geschichtswerk, das geeignet ist, auch solchen Menschen, die über die besten und gefestigtsten Grundsätze verfügen, den Verstand zu verderben.

19. Darwin: Materialistischer Ketzer

Erasmus Darwin (1731–1802), Arzt, Naturwissenschaftler und Dichter, stammte aus der Nähe von Newark in der englischen Grafschaft Nottinghamshire. Er war der Großvater von Charles Robert Darwin (1809–1882), dem berühmten Begründer der modernen Evolutionstheorie, dessen Hauptwerk *Die Entstehung der Arten durch natürliche Zuchtwahl* 1859 erschien.[1] Erasmus Darwin lebte von 1756 bis 1781 als praktischer Arzt in Lichfield und ab 1781 in Derby. Er war Präsident der Lunar Society of Birmingham, eines der bedeutendsten Gelehrtenzirkel des 18. Jahrhunderts. Seine Beschäftigung mit der Botanik fand in einem berühmten Gedicht über das Linnésche Pflanzensystem ihren Niederschlag, das mit anderen naturwissenschaftlichen Lehrgedichten in Reimpaaren unter dem Titel *Die Liebschaften der Pflanzen* in *Der botanische Garten* 1791 erschien.[2] In diesem Buch tauchten bereits viele der Gedanken zu Vererbung, Anpassung oder geschlechtlicher Zuchtwahl auf, die Charles Darwin später ausführlich behandelte und weiterentwickelte. Erasmus Darwins wissenschaftlich bedeutendste Publikation ist *Zoonomie oder Gesetze des organischen Lebens,* in welchem er die These von der Veränderbarkeit der Arten vertritt und eine Theorie der Evolution der Organismen entwickelt, die der von Jean-Baptiste Lamarck ähnelt. Mit diesem Buch befaßt sich die folgende Zensur.

Albertino Bellenghi

1757–1839. Der aus Forli stammende Kamaldulenser* Albertino Bellenghi kam bereits früh nach Rom, um seine Studien an der päpstlichen Universität zu Ende zu bringen. Nach Jahren als Lektor für Philosophie und Theologie sowie als Pfarrer an verschiedenen Orten Italiens wurde er 1814 Generalvikar* seines Ordens und hielt sich hauptsächlich in Rom auf. 1816 berief man Bellenghi zum Konsultor* der Indexkongregation*, für die er die philosophischen Werke begutachtete, die bei der Kongregation* denunziert wurden. Sein schriftstellerischer Nachlaß umfaßt nicht nur theologische Schriften, sondern auch solche zu Geologie, Fossilienkunde und Forstwirtschaft.[3]

ACDF, Indice, Protocolli 1808–19, Fol. 401^{r}-405^{r}.

Zoonomie oder Gesetze des organischen Lebens[4] von Erasmus Darwin, Mediziner an der Royal Society zu London[5], Autor von *Der Botanische Garten*[6]. Übersetzung aus dem Englischen mit Zusätzen, 6 Bände, Mailand, bei Pirotta und Maspero, 1803–1805[7]

Darwin errichtet in diesem seinen Werk jenes neue, vollkommen materialistische System, das den Gebildeten bereits bekannt ist und als solches 1806 von Doktor Paolo Ruffini[8] in seinem kleinen Buch *Von der Immaterialität der Seele*[9] (gedruckt in Modena und Papst Pius VII.[10] gewidmet) verworfen wurde. Es werden nur geringfügige Nachforschungen vonnöten sein, um festzustellen, daß dieses Buch ein Verbot verdient hat. So wird es also ausreichen, nur wenige der eklatantesten Punkte zu notieren, die dazu angetan sind, die Spiritualität der Seele zunichte zu machen, und einige andere, die die moralischen Grundsätze der katholischen Religion und des Glaubens umstürzen.

Band I[11]
Darwin nennt die denkende Substanz im Menschen den »Lebensgeist« oder die »sensorielle Kraft«; diese aber hat ihren Platz im »Sensorium«; aus diesem Grund sind für ihn »Geist« und »Seele« dasselbe wie der »Sinn«.[12] Der Sinn ist körperlich; also ist für Darwin auch die Seele körperlich, und so sagt er, daß es sich bei der Kontraktion der Fibern um »sensorielle Bewegungen« handle (ebenda). Eine gewisse Menge Reiz bringe die Reizung hervor, die nichts anderes sei als eine Äußerung des Lebensgeistes, der die Fibern dazu bringe, sich zusammenzuziehen.[13] Demnach sind also Geist, Seele und Sensorium zusammen ein und dieselbe einzige Substanz; die Kontraktion der Fibern und der Reiz der Regung sind jedoch körperliche Aktionen und solche des Sinnes, so daß für Darwin die Seele körperlich ist.

Die »Perzeption«[14] ist eine Operation allein der Seele: Der »Schmerz« und das »Vergnügen« erscheinen nur in der Seele; das »Verlangen« und der »Abscheu« hängen einzig und allein von der Seele ab.[15] Darwin lehrt, daß sich »der Schmerz und die Freude von einer einzigen Quantität der Kontraktion der tierischen Sehnen ableiten«[16] und daß diese die »Empfindung« darstellen; eine Quantität von Empfindung wiederum bringe das Verlangen und die Abneigung hervor und begründe das Wollen.[17] Somit sind also Grund und Anfang der Freude, des Schmerzes, des Verlangens, der Abneigung und des Wollens materiell und körperlich. Aus diesem Grund ist nach Darwin auch die Seele materiell und körperlich.

Mit größerer Deutlichkeit erklärt er sich auf Seite 160, wenn er sagt, daß der »Lebensgeist« (also die Seele, die ja – wie schon gesagt – dasselbe ist) nichts anderes ist als Materie, wenn auch – das hier sind seine Worte – »von einer Materie, die erlesener ist als jede andere«.[18] Die Unsterblichkeit dieser Substanz jedoch zu erforschen überläßt er denen, »die sich mit der Offenbarung befassen« ... Mit den Bezeichnungen »Lebensgeist« und »sensorielle Kraft« zielt er nur auf das animalische Leben ab, das dem Menschen eignet (ebenda) ...: das heißt auf ein vollkommen materielles, kreatürliches Leben.[19]

Daß dies tatsächlich so ist, erweist sich auf Seite 162[20], wo es heißt, daß die Lebewesen »einigen Grad von Willenskraft« besitzen; die Regungen der Pflanzen seien »an dasselbe Prinzip gebunden ... wie die der Tiere«[21], hätten »Ideen von Dingen außer ihnen«,[22] »Sinnesorgane«[23] und die Sinne selbst wie Geschmacks-, Geruchs-, Tastsinn usw. Darwin imitiert hier teilweise das System von Robinet[24] ...

Band II

Mehr als alles andere muß in diesem zweiten Band der 19. Abschnitt »*Von den Ekstasen*«[25] hervorgehoben werden, in welchem Darwin sich mit großer Kunstfertigkeit darum bemüht, die übernatürlichen Ekstasen in Abrede zu stellen, die Gott seinen Heiligen gewährt. Auf Seite 64 definiert er diese Ekstasen als »eine Anstrengung des Geistes ..., um schmerzhafte Empfindungen zu erleichtern«.[26] So sagt er denn auch, daß es sich bei der Ekstase um ein Leiden der Seele handelt, »sehr nahe dem Krampf oder der Verrücktheit«.[27] Und er spricht dabei nicht von der rein natürlichen Ekstase oder einem natürlichen Von-Sinnen-Sein, sondern von den Ekstasen überhaupt und somit auch von denen, die die Heiligen erfahren haben und die von der Kirche bestätigt worden sind. Vor allem sagt er, daß bei dieser Ekstase »der Wille nicht aufgehoben ist« und »daß die sensorischen Regungen weitergehen und zusammenhängend bleiben«.[28] Bei der natürlichen Ekstase oder dem natürlichen Von-Sinnen-Sein hingegen komme kein Wollen mehr vor, und die Sinne seien wirr ... Auf natürliche Art und Weise erklärt er alle ihre Erscheinungsformen und schließt folglich jedes Wunder und jede göttliche Einflußnahme aus. Schließlich nimmt er dies auch zum Anlaß, die Charakterstärke der Märtyrer zu veralbern. Man lese nur seine Worte: »Man sagt es von jenen, die man für ihre religiösen Meinungen den Qualen der Folter aussetzte; diese Fälle erscheinen jedoch eher als partieller Wahnsinn denn als Ekstase.«[29]

Noch deutlicher erklärt er sich auf Seite 45 desselben fünften Bandes: »Die Heiterkeit, mit der viele die grausamen Marterungen ertragen haben, muß der Ekstase zugeschrieben werden.«[30] So argumentiert er auch in einem Artikel, den er selbst »religiöse Hoffnung« betitelt hat, der jedoch in der Übersetzung »abergläubische Hoffnung« heißt.[31] Genug soweit, um die Gottlosigkeit dieses 19. Abschnitts zu erkennen.

Band III

Eine weiteres Merkmal des Materialismus* läßt sich auf Seite 20 dieses Bandes feststellen; hier trägt sich Darwin nämlich mit der Absicht, die Unsterblichkeit der Seele aufzuheben. Er sagt dazu, daß »die sensorielle Kraft oder der Lebensgeist sich darin aufbrauchen, dem Herzen eine beständige und kräftige Bewegung zu verschaffen.«[32] Somit sind also »die sensorielle Kraft oder der Lebensgeist« Ursache der Bewegung des Herzens. Solange aber die Bewegung des Herzens andauert, so lange währt auch das Leben des Menschen; fehlt jene Bewegung, fehlt auch das Leben; fehlt die Ursache, so weicht die Wirkung. Wenn aber schließlich die Bewegung des Herzens fehlt und das Leben aufhört, so ist die sensorielle Kraft laut Darwin keineswegs erschöpft; der Lebensgeist und die Seele bleiben gemeinsam im Körper.

Um zu zeigen, daß die Verrücktheit eine Folge des Schmerzes ist, fügt er auf Seite 122 hinzu, daß es im Menschen »willkommene Delirien« gibt, darunter den »religiösen Fanatismus«.[33] Erklärt wird dieser »religiöse Fanatismus« auf den Seiten 84 und 85 des fünften Bandes, wo er ihn folgendermaßen definiert: »Er ist – in Maßen – eine empfindsame Liebe, die sich mit Mortifikationen vereint, und er hat viele Ungeheuerlichkeiten ausgelöst. In Europa hingegen hält man das Fasten, das heißt die Selbstverleugnung, und die Geißelungen für Handlungen, die einem erbarmungsvollen Gott gefallen.«[34] Solche Handlungen jedoch seien nichts anderes als ein »religiöser Fanatismus«, ein »willkommenes Delirium«[35] ...

Auf Seite 138 stimmt er der Auffassung David Humes[36] zu, der sich die Welt so vorstellt, daß sie selbst »eher gezeugt als geschaffen ist«; das heißt, »sie sei schrittweise aus kleinsten Anfängen entstanden, habe sich nach und nach durch die Tätigkeit der ihr selbst innewohnenden Prinzipien vergrößert und sei also eher so gewachsen als durch eine Entwicklung, die das allmächtige *Es werde!* plötzlich hervorgebracht hätte.«[37] Nachdem er dieses System nun dargestellt hat, kommt Darwin zur Begründung desselben, und zwar mit folgenden Worten: »Welch eine erhabene Idee des großen Architekten! Der Ursache aller Ursachen! Des Vaters aller Väter!«[38]

Indem Darwin dieses System verkündet und anerkennen will, verfällt er einem doppelten Irrtum; zuallererst mit den Worten »eine eher entwickelte als geschöpfte Welt«, weil er auf diese Weise dahin gelangt, gemeinsam mit Spinoza[39] die These zu stützen, daß die Welt Teil der Göttlichkeit selbst sei ... Des weiteren schließt er, wie jeder sieht, die Erzählung des Moses von einer Schöpfung in sechs Tagen aus, wenn er die These anerkennt, daß die Welt »schrittweise aus kleinsten Anfängen entstanden ist und sich nach und nach durch die Tätigkeit der ihr selbst innewohnenden Prinzipien vergrößert hat.« ...

Band V

In diesem Band präsentiert Darwin verschiedene Grundsätze, die der gesunden christlichen Moral und den Glaubenssätzen widersprechen. So erklärt er die Furcht, die die Christen vor der Hölle haben, zu einem physischen Schwächemoment; einer Schwäche, die – so heißt es – »von vielen Scharlatanen propagiert worden ist«; eine Schwäche, die »die unschuldigsten und harmlosesten Personen befällt, die sich dann der schwersten eingebildeten Vergehen bezichtigen; und sie weisen dabei eine derart große Feigheit des Intellekts auf, daß sie nie dahin kommen, ihren Verstand in solchen Dingen anzuwenden, die ihnen ihre Priester zu glauben auferlegen, obgleich sie doch dem menschlichen Streben widersprechen und des Großen Schöpfers dieses Universums unwürdig sind«.[40] Somit folgert Darwin, daß es sich bei der Furcht vor der Hölle um eine Feigheit des Verstandes handelt. Und dann leugnet er auch noch die Existenz der Hölle, da sie sich der Vernunft widersetze und des Schöpfers des Universums unwürdig sei.

Ein weiterer der gesunden christlichen Moral entgegengesetzter Irrtum wird auf den Seiten 108 und 109 eingestreut, wo Darwin bei einer Erörterung über das Leiden, das hier als »eingebildete Krankheit« oder als »vermeintlich zu häufiger Samenerguß« bezeichnet wird, diejenigen bedauert, die die Folgen dieser Krankheit fürchten.[41] Und er sagt außerdem: »Dem sind nur diejenigen unterworfen, die sich von der Lektüre übler Bücher haben erschrecken lassen, welche so tun, als wollten sie dieser Krankheit vorbeugen oder sie heilen.«[42]

Indem er eine weitere von ihm ersonnene Schwäche schildert, die er »Leichtgläubigkeit« nennt, verfällt er zahlreichen Irrtümern gegen die Religion: So klagt er erstens, daß die Philosophen als »ungläubig« bezeichnet werden, was sie seiner Ansicht nach nicht sind, »es sei denn ungläubig in bezug auf Chimären der Phantasie, auf Erscheinungen und auf die von den Heiligen vollbrachten Wunder« usw.[43] Zweitens beklagt er sich darüber, daß die Erziehung einen dazu verpflichtet, an die Mysterien und die von der Religion offenbarten Dinge zu glauben, ohne die man weder Wahrheit noch Existenz erforschen könne: »Hinsichtlich religiöser Gegenstände wird dem menschlichen Geist von Kindheit an eine gewisse Feigheit des Intellekts eingeimpft, die ihn davor zurückschrecken läßt, jene zu erforschen.«[44] Und drittens beklagt er, daß die Christen, die sich vom Glauben an die Kirche entfernt hatten, bestraft worden sind: »Die Leichtgläubigkeit wird nun in den Rang einer Tugend erhoben und als völlig unverzichtbar angesehen. Und es gilt schon als Schuld, sich einmal Nachforschungen zu erlauben oder in diesen Dingen überhaupt vom Verstand Gebrauch zu machen; bisweilen wird dies strenger bestraft als jedes moralische Vergehen.«[45] Jeder begreift, daß Darwin die

Wunder, die Mysterien der Religion und jegliche göttliche Offenbarung leugnet ...

Da man nun also erkennt, daß sich in diesem Werk von Erasmus Darwin ein völlig materialistisches System offenbart und daß sich darüber hinaus darin verstreute Meinungen und Thesen gegen die gesunde christliche Moral und die Glaubenssätze finden, bin ich der Ansicht, daß es ein Verbot verdient hat, wenn sich denn die Heilige Kongregation*, in deren Auftrag ich es gelesen und untersucht habe, dazu entschließen wird. Es leistet aber auch gar nichts hinsichtlich des Zwecks, zu dem es verfaßt wurde, nämlich zugunsten der Medizin; im Gegenteil: Es handelt sich hier viel eher um eine nutzlose Chimäre, unbrauchbar und verderblich ...

20. Kant: Idealistischer Ketzer

»Jeder weiß, wer Kant ist.« Mit diesen Worten beginnt der Zensor Albertino Bellenghi sein Gutachten. Und tatsächlich hat wohl kaum ein Philosoph das Denken der Neuzeit so entscheidend geprägt wie Immanuel Kant, dessen Kritizismus die Vollendung des Zeitalters der Aufklärung darstellt, jener Strömung, die für die geistige Entwicklung des 18. und 19. Jahrhunderts von unschätzbarer Bedeutung war.

1724 in Königsberg als Sohn eines Sattlermeisters geboren, war Kant in seinen frühen Jahren als Gelehrter zunächst ein Anhänger der Leibniz-Wolffschen rationalistischen Schulphilosophie, von der er sich dann, auch angeregt durch die Lektüre des skeptischen* Philosophen David Hume (siehe 18), distanzierte, um sich dem Unternehmen einer umfassenden Kritik des traditionellen metaphysischen Denkens zu widmen. 1781 veröffentlichte er die erste Auflage von *Kritik der reinen Vernunft* (zweite Auflage 1787), der 1788 *Kritik der praktischen Vernunft* und 1790 *Kritik der Urteilskraft,* das das System der kritischen Philosophie abrundete, folgten. Darüber hinaus erschienen zahlreiche das kritische Werk ergänzende und darauf aufbauende Schriften zur Natur-, Rechts-, Moral- und Religionsphilosophie sowie zur Anthropologie und politischen Philosophie. Kant starb 1804.

Das folgende Gutachten von Albertino Bellenghi zu *Kritik der reinen Vernunft* zeigt kein erkennbares Bemühen, seinem Gegenstand Gerechtigkeit widerfahren zu lassen, sondern zeugt vielmehr von einer mit offensichtlichem Unverständnis gepaarten polemischen, ja zur mutwilligen Verfälschung bereiten Voreingenommenheit.

Alberto Bellenghi

1757–1839. Der aus Forli stammende Kamaldulenser* Albertino Bellenghi kam bereits früh nach Rom, um seine Studien an der päpstlichen Universität zu Ende zu bringen. Nach Jahren als Lektor für Philosophie und Theologie sowie als Pfarrer an verschiedenen Orten Italiens wurde er 1814 Generalvikar* seines Ordens und hielt sich hauptsächlich in Rom auf. 1816 berief man Bellenghi zum Konsultor* der Indexkongregation*, für die er die philosophischen Werke begutachtete, die bei der Kongregation* denunziert wurden. Sein schriftstellerischer Nachlaß umfaßt nicht nur theologische Schriften, sondern auch solche zu Geologie, Fossilienkunde und Forstwirtschaft.

ACDF, *Indice*, *Protocolli* 1827, Nr. 128.

Kritik der reinen Vernunft[1]

Jeder weiß, wer Kant ist, jeder kennt die Dunkelheit seiner Philosophie, sowohl der Ansichten als auch der Ideen, der Methode und der Gerüchte wegen. Es genügt zu sagen, daß Friedrich der Große, König von Preußen, sich trotz seiner eigenen Denkweise und seiner Neigung zu philosophischen Neuerungen gezwungen sah, Kant das Schreiben zu verbieten und von ihm eine Art Widerruf des bereits Geschriebenen zu verlangen.[2] Stellt man Kants Philosophie neben die von Berkeley[3], so stimmen beide vollkommen überein in ihrem Idealismus*. Berkeley begnügte sich jedoch damit, die Existenz der Körper in Zweifel zu ziehen; Kant hingegen erklärt, daß sogar unsere eigene Existenz eine Illusion wäre, wenn wir kein Erkenntsnisvermögen hätten; und daß wir uns insofern unserer Existenz gewiß seien, als wir auch über das Vermögen verfügten, zu wollen und zu handeln. Nach Kant ist die ganze Natur eine Erscheinung, ein Phänomen, eine Illusion.[4] Die Existenz Gottes ist für die spekulative Vernunft ein reines Ideal: Jeder rationale Versuch, sie nachzuweisen, bleibt vergeblich und unnütz.[5] Und gerade er erlaubt es der praktischen Vernunft, aus ihrem kategorischen Imperativ einen moralischen Beweis zu ziehen. Es besteht kein Zweifel, Kant hat Berkeley im Idealismus* noch übertroffen. Diese Ausgabe von *Kritik der reinen Vernunft* von Kant ist mit Anmerkungen von Villers[6] und Degerando[7] versehen, welche sicher um nichts besser sind als das Werk selbst. Wir werden dies beobachten, wenn wir nun Schritt für Schritt durch den Text gehen.

Band I

Dieser Band enthält ein Proömium, Kants Vita, zwei Vorreden, eine Übersicht und eine Einleitung zum Werk. In der Vita heißt es auf Seite 76 in einer Anmerkung, daß Kant den Glauben folgendermaßen definiert: »Eine Sache als wahr anzunehmen aus Gründen, die subjektiv zwar ausreichen, objektiv jedoch nicht genügen«. Hier kann es keinen Zweifel daran geben, daß vom orthodoxen Glauben die Rede ist, da der Autor dieser Anmerkungen wie folgt fortfährt: »Folglich hinge also die Notwendigkeit des Glaubens hinsichtlich der moralischen Wahrheit sowohl vom Zweck als auch von den Bedingungen ab, die an jenen geknüpft sind«, und hier liegt der Grund dafür, daß nach seiner Ansicht der Glaube an Gott keinerlei Verankerung in spekulativen und theoretischen Argumenten und somit keinen Wert hat außer in der Praxis, die auf der Notwendigkeit zu handeln beruht. Demnach wird es nicht mehr wahr sein, daß sich die Existenz Gottes mit spekulativen Argumenten erfolgreich nachweisen läßt, und ebensowenig, daß Gott die höchste Wahrheit ist, die höchste Intelligenz und in höchstem Maße gut; daß er sich weder irren noch getäuscht werden kann und daß man folglich alles für sicher halten muß, was er offenbart hat.

Wenn nun der Glaube an Gott keinen anderen Wert hat als nur einen praktischen, dann gleicht er demjenigen des unwissenden Türken an Mohammed oder dem des Kelten an Odin.

Gleichermaßen hat man auf Seite 99, in einer Anmerkung zur ersten Einleitung, die Kühnheit zu behaupten, daß die Heiligkeit der Religion und die Majestät der Gesetzgebung Gefahr laufen, »gerechten Verdacht wider sich zu erregen,« – wenn sie nicht mit der Vernunft übereinstimmen – »und auf unverstellte Achtung nicht Anspruch geltend machen können, die eine freie und öffentliche Prüfung aushielte«.[8] Ein Katholik weiß nun aber nur zu gut, daß die Dogmen der Religion ohne vorhergehende Prüfung zu glauben sind; und die Gesetze der Religion können niemals einer öffentlichen Prüfung, durch wen auch immer, unterzogen werden – zumindest wenn man nicht behaupten will, es sei jedem erlaubt, sie nach seinem eigenen Gutdünken auszulegen, was ein abscheuliches Wirrwarr von Meinungen und Sitten zur Folge hätte ...

In der Folge stellt er den Grundsatz auf (Seite 100), daß die Vernunft keinerlei Kraft hat »und niemals mit sich selbst übereinstimmt, wenn sie nicht vom Gebrauch der Erfahrung unterstützt wird«[9]: Ein falscher Grundsatz, denn die Vernunft findet unabhängig von der Erfahrung ihre ganze Kraft darin, sich für die Existenz Gottes zu entscheiden, für seine Attribute und für die Unsterblichkeit der Seele; von diesen Dingen aber kann es niemals eine Erfahrung geben. Kant läßt jedoch nicht zu, daß sich irgendeine Frage ohne den Gebrauch der Erfahrung lösen läßt.[10] Seiner Ansicht nach gibt es daher keine größere Ruhmredigkeit als diejenige »eines jeden Verfassers ..., der es unternimmt, nichts weniger als die einfache Natur der Seele[11] und die Notwendigkeit eines ersten Weltanfanges zu beweisen«.[12]

Ich weiß beim besten Willen nicht, wie es eine Erfahrung geben kann, die einen dazu führt, zu glauben, daß die Natur der Seele einfach ist, das heißt geistig, und daß die Welt einen Anfang gehabt hat. Erfahrung hat man nicht anders als durch die Sinne, doch das Nachdenken über diese Dinge hängt überhaupt nicht von den Sinnen ab, da es auch dem reinen Geist ohne Körper und ohne Sinne bestens gelingt, diese Wahrheiten zu erfassen. Insofern aber die Behauptung, einen Beweis für die Einfachheit der Seele und für den Anfang der Welt zu liefern, bloße Prahlerei ist, wird man sagen müssen, daß die Seele nicht einfach ist, sondern zusammengesetzt, also Materie, und daß die Welt ohne einen Anfang ist, also ewig.

Jawohl; Kant erwidert jedoch auf Seite 204, daß jede unsere Erkenntnis sich von den Sinnen ableitet und mit der Erfahrung beginnt. Ich würde an erster Stelle fragen, warum die reinen Geister – die Engel und die Dämonen – Erkenntnisse erworben haben können ohne irgendeine vorausgehende Erfahrung, das heißt mit dem einfachen Gebrauch der Vernunft, und warum wir dazu nicht in gleicher Weise fähig sind. Ferner würde ich fragen, ob wir nach dem Tod, also wenn die Seele vom Körper getrennt ist, zu anderen Erkenntnissen gelangen können als denen, die wir zu Lebzeiten erworben haben, und ob es uns möglich ist, von diesen Gebrauch zu machen. Doch weiß man, daß die vom Körper getrennte Seele, ohne noch von der Erfahrung Gebrauch machen zu können, solche Erkenntnisse gewinnen kann, zu denen sie im Leben nie gelangt ist, als sie noch zum Gebrauch der Sinne und der Erfahrung fähig war. Vielleicht hat Kant selbst die Kühnheit seiner Behauptung erkannt, jedenfalls versucht er sie folgendermaßen zu modifizieren: »Wenn aber gleich alle unsere Erkenntniß mit der Erfahrung anhebt, so entspringt sie darum doch nicht eben alle aus der Erfahrung. Denn es könnte wohl sein, daß selbst unsere Erfahrungserkenntniß ein Zusammengesetztes aus dem sei, was wir durch Eindrücke empfangen, und dem, was unser eigenes Erkenntnißvermögen (durch sinnliche Eindrücke bloß veranlaßt) aus sich selbst hergiebt ...«[13]

Doch es ist immer dasselbe: Nach dieser Lehre von Kant wird das Erkenntnisvermögen stets von den Eindrücken der Sinne abhängen und niemals vom absoluten Vermögen zu denken und die Vernunft zu gebrauchen, welches dem Geist, unabhängig von den Sinnen, innewohnt. Der reine Geist jedoch, getrennt vom Körper, hat keine Sinne und ist nicht zu sinnlichen Eindrücken fähig.

Band II
Mehr als alles andere verbreitet sich Kant in diesem Band über die Erkenntnisse von Raum und Zeit. Schauen wir uns also an, welchen Gebrauch er davon macht.

Kants Lehre vom Raum[14]

Kant sagt, daß die Vorstellungen vom Raum uns innewohnen, und zwar unabhängig von inneren und äußeren Objekten. Er fügt hinzu, daß die Sinnlichkeit die eigenen Empfindungen oder vielmehr Wahrnehmungen und Anschauungen aus uns heraus trägt, indem sie sie in die Form des Raumes kleidet, und daß sie dadurch die Vorstellungen von den ausgedehnten Objekten und von allen Körpern entstehen läßt. Er vermag jedoch nicht zu sagen, auf welche Weise es diese Vorstellungen vom Raum und die für ihn vorausgesetzten Dimensionen geben mag, bevor wir irgendeine Idee von Ausdehnung erworben haben, noch wird er jemals beweisen können, daß diese Vorstellungen in uns schon vor aller Empfindung existieren. Welche Vorstellung und welche Idee vom Raum kann ein Kind in den ersten Tagen haben, auch nachdem es im Mutterschoß stets von Berührungsempfindungen umgeben war und – zusammen mit diesen – nach der Geburt viele Geschmacks-, Farb-, Ton- oder Geruchsempfindungen gehabt hat? Es wird all dies als eine einfache Modifikation seines Daseins ansehen und es nicht auf irgendein äußeres Objekt beziehen; auch vermitteln ihm jene noch keine Erkenntnis oder Idee eines äußeren Objekts. Wie kann also dieses Kind eine Idee vom Raum haben? Wenn es nun eine intrinsische Notwendigkeit wäre, daß unsere Empfindungen in die Form des Raums gekleidet werden und daß sie dadurch aus uns herausgetragen werden, um die Vorstellungen von den Objekten zu bilden, müßte dann nicht das Kind seine Empfindungen unvermittelt aus sich heraustragen, ganz so wie wir, und unvermittelt dieselben Vorstellungen haben, die auch wir haben, und ihnen die analogen Merkmale verleihen?

Kant bemerkt nicht, daß sein System ihn dazu führt, die Existenz der äußeren Objekte zu leugnen, und daß er somit dem Skeptizismus* verfällt.[15] Für ihn sind die äußeren Objekte nichts als Illusion, und Illusion ist auch die Existenz der Sinne; und das Einwirken der Objekte auf die Sinne ist für ihn vollkommen ideal und illusorisch. Und damit verfällt er dem Idealismus*.[16] Das also ist Kants Lehre hinsichtlich der Empfindungen, des Raums und der Vorstellungen von den äußeren Objekten.

Kants Lehre von der Zeit

Nicht weniger dunkel und ideal ist Kants Lehre von der Zeit. Seiner Meinung nach ist die subjektive Form die unerläßliche Basis aller Objekte, die sich uns durch unseren inneren Sinn zu erkennen geben. Eine seltsame Lehre und wahrhaft unerhört! Nach Kant verbleiben die inneren Empfindungen in uns, ohne nach außen getragen zu werden; nach Kant ist in uns keine innere Wahrnehmung, kein Bewußtsein möglich, wenn man diese nicht in die Form der Zeit kleidet; nach Kant können wir, wenn wir von der Zeit abstrahieren, uns selbst nicht mehr wahrnehmen; nichts geschieht mehr in uns, nichts können wir mehr fühlen. Man schaue sich an, welche Konsequenz Kant selbst aus alldem zieht: »Alle Dinge, die in Raum und Zeit erscheinen, sind uns unverständlich und an sich gleich Null.«[17] Also gibt es auf der Welt nichts außer einer individuellen Wahrnehmung; dies kann er auch gar nicht leugnen, da er nicht leugnet, daß das Bewußtsein, das wir von uns selbst haben, unabhängig von der Form der Zeit ist. Doch reicht dies nicht aus, um sich dem üblen Verdacht zu entziehen, Anhänger des Skeptizismus* zu sein.

Band III
In diesem Band behandelt Kant das menschliche Verstehen, die Begriffe und die Kategorien, und all dies verbindet er mit seinem System von Raum und Zeit, um zu zeigen, daß alle Objekte außerhalb von uns in den verschiedenen Augenblicken der Zeit entstehen und sich in ihnen eins aus dem anderen bilden. Deshalb beruft er den Verstand dazu, jene zu klassifizieren, zu ordnen, zu verbinden und zu bestimmen und auf diese Weise die sinnliche Welt und die Natur zusammenzusetzen. Um bei diesem Unternehmen Erfolg zu haben, bedient er sich der zwölf Kategorien, die da sind: Einheit, Vielheit und Allheit, Affirmation[18], Negation und Limitation, Substanz und Akzidenz, Ursache und Wirkung, Möglichkeit und Unmöglichkeit, Handeln und Erschaffung[19], Dasein und Nichtsein, Notwendigkeit und Zufälligkeit; ebenso bedient er sich seiner vier Reflexionsbegriffe, nämlich Identität und Verschiedenheit, Einstimmung und Widerstreit, Inneres und Äußeres, Form und Materie. Diese sind reine, fundamentale und ursprüngliche Begriffe, die das Wesen unseres Denkens ausmachen und die Vielfalt der Objekte im Raum und in der Zeit vereinen; ohne diese wäre kein Denken, wäre keine Erkenntnis möglich.[20]

Wollte ich mir dieses System von Kant zu eigen machen, so folgte daraus, daß, wenn ich mich entschließe zu urteilen, daß es eine einzige Sonne, aber viele Sterne gibt, dies nicht geschieht, weil ich eine Sonne und viele Sterne sehe, sondern weil es dem Verstand gefällt, unter den vielen von der Sinnlichkeit im Raum angeordneten Objekten seine Kategorie der Einheit lieber auf die Sonne als auf die Sterne anzuwenden und die Kategorie der Vielheit lieber auf die Sterne als auf die Sonne. Ebenso gälte dann: Wenn ich urteilen will, das Glas sei durchsichtig, nicht aber das Eisen, so ist dies nicht deshalb der Fall, weil das Glas lichtdurchlässig ist und das Eisen nicht, sondern weil der Verstand die Kategorie der Affirmation auf das Glas und das der Negation auf das Eisen anwendet. Und ebenso läßt sich bei allen anderen Dingen argumentieren.[21]

Welche Konsequenzen zieht aber nun Kant aus seiner so seltsamen Lehre? Schon im zweiten Band hatte er auf Seite 233 vorweggenommen, daß der Verstand aus sich selbst heraus nichts erkennen und auch nicht über unsere eigene Existenz urteilen kann: »Jenseits der Sphäre der Sinne und des Herrschaftsbereichs der Erfahrung gibt es nichts, was durch den reinen Verstand erkannt werden könnte, welche Wahrheit sich gleichermaßen auf unsere eigene Natur erstreckt, da das reine Bewußtsein unserer selbst uns nicht unserer eigenen Existenz versichert.«[22]

Hier in Band III bestätigt er diesen Grundsatz dann, indem er uns lehrt, daß man tatsächlich an allem zweifeln muß und an nichts glauben darf, auch nicht an die allergewissesten Dinge der dogmatischen Lehre: »Denn es gibt so mancherlei unbegründete Anmaßungen der Erweiterung unserer Erkenntnis durch reine Vernunft: daß es zum allgemeinen Grundsatz angenommen werden muß, deshalb durchaus mißtrauisch zu sein, und ohne Dokumente, die eine gründliche Deduktion verschaffen können, selbst auf den klärendsten dogmatischen Beweis nichts dergleichen zu glauben und anzunehmen.«[23] Und dies ist also, worauf die ganze transzendentale Lehre Kants vom Verstand, den Begriffen und den Kategorien hinausläuft: auf Ungläubigkeit, Skeptizismus*, Idealismus* und Pyrrhonismus*!

Band IV

Doch hier ist Kants Diskussion der Begriffe und Kategorien noch nicht abgeschlossen: Auch in diesem vierten Band setzt er sie fort. Seine Extravaganzen sind so zahlreich, daß es mir allzu lästig wäre, sie alle zu widerlegen. Und sie sind ja schon im ganzen verworfen und verlacht worden, weshalb es sinnlos wäre, länger bei ihnen zu verweilen. Lieber möchte ich dazu übergehen, sein System der reinen Vernunft zu untersuchen, da er dasselbe schon auf Seite 26 zu behandeln beginnt.

Die reine Vernunft ist nach Kant nichts anderes als eine Aktivität unseres Geistes, der das Absolute auf unsere Begriffe anwendet, diese modifiziert und so neue Begriffe aus ihnen bildet.

Durch seine Anwendung der Kategorien auf die sinnlichen Objekte hat uns der Verstand Begriffe der Anschauung gegeben, wohingegen uns die reine Vernunft nun Begriffe von Begriffen liefert; und es sind diese bis zum Absoluten erweiterten Begriffe, die Kant dann Ideen nennt. Ihm zufolge äußern sich im transzendentalen Gebrauch der Vernunft drei Ideen:

Diejenige der absoluten Einheit des einfachen Seins: die psychologische Idee.

Diejenige der absoluten Allheit des Universums: die kosmologische Idee.

Diejenige von Ursache und absoluter Realität – Gott für die einen, einfacher Mechanismus für die anderen: die theologische Idee.[24]

In diesem vierten Band behandelt er die erste Idee, und in den folgenden die beiden anderen. Ich werde seinen Spuren folgen und hier seine Theorie der ersten Idee untersuchen; später dann die der anderen. Ich überlege mir daher: 1., daß Kant das Wort »Idee« auf Dinge anwendet, die keinerlei Bild darstellen, während »Idee« doch wohl »Bild« bedeutet. 2., daß er dummes Zeug redet, indem er behauptet, das Absolute begreifen zu können, das heißt das Unbegrenzte, das Unendliche, und es nach Belieben auf Begriffe anwenden zu können, um daraus Begriffe von Begriffen zu bilden. Gewiß ist, daß es keinen Menschen gibt, der nicht glaubt, daß das Absolute unergründlich und für den menschlichen Verstand unzugänglich ist, so daß auch Kant selbst schließlich gezwungen ist einzugestehen, daß der unendliche Raum zu groß für unsere Sinnlichkeit ist und daß die unendliche Zeit sich unserem Verstehen entzieht.[25] Zwar fügt Kant gleichsam aus Reue über das von ihm Gesagte hinzu, daß die Vernunft keine Grenzen zuläßt, zum Absoluten strebt und sich ihm jenseits aller Grenzen anschließt; sieht er denn aber nicht, daß er dem Menschen die Unendlichkeit Gottes zuschreibt, der allein keine Grenzen zuläßt und das einzig Absolute darstellt, und daß er mit dieser Lehre auf dem besten Weg ist, sich in den Spinozismus zu stürzen?[26]

Kant nennt die absolute Einheit (das einfache Sein) einen »Paralogismus«.[27] Als einen solchen nämlich sieht er es an, wenn man sie als ein *realiter* an sich existierendes Ding betrachtet, wenn man aus ihr eine einfache materielle oder eine einfache geistige Einheit macht und wenn man ihr Personalität, Sterblichkeit oder Unsterblichkeit zuschreiben will. Dann zieht er sein eigenes *realiter* an sich existierendes Erkennend-Sein in Betracht, das er für eine einfache systematische und absolute Einheit hält, um sich gleich darauf noch weiter vorzuwagen. Denn anstelle eines einzigen eigenen, einfachen und geistigen Wesens nimmt er – mit Robinet[28] und anderen ungläubigen Philosophen – zwei Wesen in sich selbst an, das heißt eine Seele und ein Ich: »Man verwechselte die Seele mit dem denkenden Ich ... Das denkende Ich ist nichts anderes als ein transzendentales Subjekt des Gedankens ohne eine reale Anschauung, die ihm korrespondierte, und der Grund des Ichs, das denkt, das absolute Subjekt der Seele, bleibt unbekannt.«[29]

Wenn die Seele nicht dasselbe ist wie das denkende Ich, wenn also das denkende Ich und die Seele zwei unterschiedliche Dinge sind, dann ist die Seele nicht mehr unsterblich. Und in der Tat tut sich Kant mit Mondelson[30] [*sic!*] zusammen, was den Zweifel an der Einfachheit[31], nicht aber an der Unsterblichkeit der Seele betrifft, von der er glaubt, sie könne nach und nach vergehen und sich verflüchtigen, so wie Alkohol, wenn er mit Sauerstoff in Berührung kommt: »Dieser scharfsinnige Philosoph [Mendelssohn[32]] merkte bald in dem gewöhnlichen Argumente, dadurch bewiesen werden soll, daß die Seele (wenn man einräumt, sie sei ein einfaches Wesen) nicht durch Zertheilung zu sein aufhören könne, einen Mangel der Zulänglichkeit zu der Absicht, ihr die nothwendige Fortdauer zu sichern, indem man noch ein Aufhören ihres Daseins durch Verschwinden annehmen könnte.«[33]

Das also ist die Klemme, in die Kant sich selbst gebracht hat. Wenn er eine wahre Idee von der absoluten Einheit hätte, dann hätte er erkennen müssen, ob sein Erkennend-Sein eine einfache materielle Einheit ist oder nicht oder doch eine einfache geistige Einheit, wie es ja tatsächlich ist. Wenn er es jedoch als eine einfache materielle Einheit ansieht, dann unterläuft ihm ein begrifflicher Widerspruch, da Materie ja wesentlich ein Zusammengesetztsein bedeutet und nicht etwa ein einfaches Sein. Aber gerade weil er es für eine einfache materielle Einheit halten will, kommt er dann zu dem Schluß, daß die Forderung, man müsse die Unsterblichkeit der Seele verteidigen, eine Tollkühnheit ist: »Also bleibt die Beharrlichkeit der Seele – als bloß Gegenstandes des inneren Sinnes – unbewiesen und selbst unerweislich.«[34]

Band V

In diesem Band beschäftigt sich Kant mit kosmologischen Ideen, mit der absoluten Totalität oder mit dem Universum; schon eingangs erwähnt er die Notwendigkeit des Widerspruchs, der hier zwischen der Sinnlichkeit und dem Verstand auftreten muß, dem das Unendliche zu groß ist, während der Vernunft die Grenzen zu eng sind. Er kommt zu der Schlußfolgerung, daß es sich trotz der Notwendigkeit des Widerspruchs, der sich im Erkennend-Sein zwischen der kosmologischen Idee und dem rationalen Begriff vom Universum ergibt, lohnt, den vier Antinomien Aufmerksamkeit zu schenken, bei denen man in der These bejaht und in der Antithese verneint. Bei diesen Antinomien handelt es sich um folgende:

Daß das Universum ewig hinsichtlich der Zeit und unermeßlich hinsichtlich des Raumes ist.

Daß alle Substanzen des Universums aus einfachen Teilen zusammengesetzt sind.

Daß nicht alles im Universum notwendig ist und es statt dessen freie Wesen gibt.

Daß im Universum ein absolut notwendiges Wesen existiert, das die erste Ursache aller Dinge ist.[35]

Schließlich fügt er noch hinzu, daß die spekulative Vernunft unter diesen Thesen und Antithesen keinerlei Mittel hat, um zu einer Entscheidung zu gelangen.[36]

Wenn es so ist, daß es, wie er sagt, zu diesen Antinomien kommen muß, wenn man 1. beweisen kann, daß die Welt einen Anfang in der Zeit hat und räumlich begrenzt ist, und wenn man in gleicher Weise die Antithese beweisen kann, daß die Welt keinen Anfang in der Zeit und keine Grenzen im Raum hat; und wenn die Vernunft sich nicht zwischen den entgegengesetzten Widersprüchen [*sic!*] entscheiden kann, so folgt daraus, daß die Welt nicht existiert und auch sonst nichts.[37] Wenn man [2.] beweisen kann, daß jede zusammengesetzte Substanz aus einfachen Teilen besteht und im allgemeinen nichts existiert, was nicht einfach wäre und nicht zusammengesetzt aus einfachen Teilen; und wenn man in gleicher Weise beweisen kann, daß kein zusammengesetztes Ding in der Welt aus einfachen Teilen besteht und im allgemeinen nichts Einfaches in der Welt existiert; und wenn die Vernunft sich weder für die Wahrheit der These noch für diejenige der Antithese entscheiden kann, so folgt daraus, daß in der Welt nichts existiert. 3. Wenn man beweisen kann, daß die Zufälligkeit der Natur nicht die einzige ist und daß man neben ihr diejenige annehmen muß, die von der Freiheit herrührt; und wenn man [4.] in gleicher Weise die Antithese beweisen kann, daß es keine Freiheit gibt und daß alles nach dem Gesetz der Natur geschieht, und wenn die Vernunft sich nicht für die Wahrheit entweder der These oder der Antithese entscheiden kann, so folgt daraus, daß alles vom Zufall abhängt. 5. Wenn man beweisen kann, daß zur Welt – entweder als Teil oder als Ursache derselben – irgend etwas gehört, das in einem absolut notwendigen Wesen besteht, und wenn man in gleicher Weise die Antithese beweisen kann, daß es weder innen noch außen ein absolut notwendiges Wesen oder irgendeinen Ursprung der Welt gibt; und wenn die Vernunft unfähig ist, sich entweder für die eine oder die andere Seite zu entscheiden, so folgt daraus, daß die Welt sich aus sich selbst heraus erschaffen hat und zufällig entstanden ist.

Niemals können sich diese angeblichen Widersprüche in einem Erkennenden vereinigen, weil der Verstand, die Vernunft und die Sinnlichkeit mit ihm ein und dasselbe Ding bilden, weshalb der Erkennende sich niemals mit sich selbst in Widerspruch befinden kann. Kant selbst hat oft gesagt, daß sich die Ideen vom Unendlichen und vom Absoluten in der Vernunft des erkennenden Wesens befinden. Somit kann die Vernunft niemals untauglich sein zu entscheiden, ob das Universum unendlich ist oder nicht; ob die zusammengesetzte Substanz aus einfachen Teilen besteht oder nicht; ob alles aus einer Laune der Natur geschieht oder nicht; ob es eine notwendige Ursache für alles Existierende geben muß oder nicht. Hier sieht man es also: Kant hat mit seiner Behauptung, die Vernunft verfüge über kein Mittel, um sich zwischen diesen und anderen widerstreitenden Meinungen zu entscheiden, nichts anderes getan, als einen breiten Weg zum Skeptizismus* zu bahnen.[38]

Band VI

Der überwiegende Teil dieses Bandes beschäftigt sich damit, die Theologische Idee zu diskutieren, und über diese verbreitet sich Kant auch noch in den folgenden Bänden. Er stellt dabei den Grundsatz auf, daß Gott für die spekulative Vernunft ein rein ideales Objekt ist.

»Das Ideal der Vernunft ... nennen wir Urwesen (*ens originarium*), sofern es keines über sich hat, das höchste Wesen (*ens summum*), ... das Wesen aller Wesen (*ens entium*), sofern alles, als bedingt, unter ihm steht. Alles dieses aber bedeutet nicht das objektive Verhältnis eines wirklichen Gegenstandes ... sondern der Idee zu Begriffen, und läßt uns wegen der Existenz eines Wesens von so ausnehmendem Vorzuge in völliger Unwissenheit.«[39]

Auf Seite 261 nimmt er diesen Grundsatz wieder auf; dort heißt es: »Also bleibt das höchste Wesen ein einfaches Ideal.«[40] Die Konsequenzen, die Kant aus dem bereits festgelegten Grundsatz zieht, sind folgende. Zunächst, daß die reale Existenz Gottes mit der spekulativen Vernunft nicht bewiesen werden kann. »Aus der Kritik aller Beweisargumente für die Existenz Gottes ergibt sich, daß die Vernunft allgemein nicht imstande ist, irgendeinen Beweis für Sätze der Ontologie, der Psychologie, der Kosmologie und der natürlichen Theologie zu liefern.«[41] Das heißt: nicht von Gott, seinen Attributen, der Spiritualität, der Freiheit und der Unsterblichkeit der Seele. Auch seien alle bisher gelieferten Beweise für die Existenz Gottes nichtig und unhaltbar. Man schaue sich den Katalog seiner Abschnitte an:

4. Abschnitt. Von der Unmöglichkeit eines ontologischen Beweises vom Dasein Gottes.

5. Abschnitt. Von der Unmöglichkeit eines kosmologischen Beweises vom Dasein Gottes. – Entdeckung und Erklärung des dialektischen Scheins in allen transzendentalen Beweisen vom Dasein eines notwendigen Wesens.

6. Abschnitt. Von der Unmöglichkeit des physikotheologischen Beweises.

Wenn es jedoch keinen Beweis für die Existenz Gottes gibt und auch nicht geben kann, dann wird es nicht mehr wahr sein, daß Gott existiert, und die Atheisten* werden freie Bahn haben für ihre Wahngebilde und Verdrehungen.[42]

Band VII

Bisher hat es also in der gesamten Philosophie noch keinen Beweis gegeben, der ausgereicht hätte, die Existenz eines vollkommensten und absolut notwendigen Wesens darzutun. So setzt Kant sein System in diesem Band fort. Sofern es je dieses vollkommenste und notwendige Wesen gäbe, wird es nichts anderes sein können als die Welt. So auf Seite 96:

»Die dritte Idee der reinen Vernunft, welche eine bloß relative Supposition eines Wesens enthält, als der einigen und allgenugsamen Ursache aller kosmologischen Reihen, ist der Vernunftbegriff von Gott. Den Gegenstand dieser Idee haben wir nicht den mindesten Grund schlechthin anzunehmen...; denn was kann uns wohl dazu vermögen [oder auch nur berechtigen], ein Wesen von der höchsten Vollkommenheit und als seiner Natur nach schlechthin nothwendig [aus dessen bloßem Begriffe an sich selbst] zu glauben oder zu behaupten, wäre es nicht die Welt [in Beziehung auf welche diese Supposition allein nothwendig sein kann].«[43]

Damit nicht zufrieden, fügt Kant der Unmöglichkeit, mit der Vernunft die Existenz Gottes beweisen zu können, auch noch die Unmöglichkeit hinzu, ein zukünftiges Leben zu beweisen: »Ich bin zwar nicht der Meinung, [welche vortreffliche und nachdenkende Männer (z. B. Sulzer) so oft geäußert haben,] da sie die Schwäche der bisherigen Beweise fühlten: daß man hoffen könne, man werde dereinst noch evidente Demonstrationen der zwei Cardinalsätze unserer reinen Vernunft: es ist ein Gott, es ist ein künftiges Leben, erfinden.«[44]

Demzufolge läßt sich nicht mehr daran zweifeln, daß Kant mit seinen Wahngebilden und Verrücktheiten davon überzeugt bleibt, man könne in keiner Weise mit der natürlichen Vernunft die Existenz Gottes und die Unsterblichkeit der Seele beweisen. Zwar ist es wahr, daß er darauf verspricht, in der *Kritik der praktischen Vernunft* zum Ersatz einen sichereren und überzeugenderen Beweis dieser beiden Wahrheiten anzutreten.[45] Doch weiß ich nicht, ob ein solcher Beweis, der noch zu führen wäre, geeignet sein kann, einen Menschen zu überzeugen, dem er die Beweise der spekulativen Vernunft entrissen hat. Und ich vermag dies um so weniger zu sagen, als diese seine *Kritik der praktischen Vernunft* in den Bänden nicht enthalten ist, die mir zur Untersuchung überreicht worden sind.

Band VIII

In diesem achten und letzten Band finden sich Irrtümer aus einem anderen Bereich, und um nicht lästig zu fallen, werde ich davon nur den einen oder anderen anmerken.

Erstens ist nach Kant das letzte Ziel des Menschen – das ist die vollkommene Glückseligkeit – durchaus nicht sicher, sondern nur möglich:

»Denn alles Hoffen geht auf Glückseligkeit, und ist in Absicht auf das Praktische und das Sittengesetz eben dasselbe, was das Wissen und das Naturgesetz in Ansehung der theoretischen Erkenntnis der Dinge ist. Jenes läuft zuletzt auf den Schluß hinaus, daß etwas sei (was den letzten möglichen Zweck bestimmt), weil etwas geschehen soll; somit ist der letzte Zweck des Menschen – die vollkommene Glückseligkeit[46] – nur möglich, aber nicht sicher.«[47]

Zweitens siedelt er die Glückseligkeit des Menschen in der Befriedigung seiner eigenen Neigungen an; und dies ist der Grundsatz der Epikureer*: »Glückseligkeit ist die Befriedigung aller unserer Neigungen (so wohl extensive ... als intensive ... und auch protensive).«[48] Also liegt die Glückseligkeit darin, unseren Leidenschaften nach Art der Tiere Genugtuung zu verschaffen; und jeder weiß, daß unsere Neigungen in der verderbten Natur zum Schlechten streben: »Dichten und Trachten des menschlichen Herzens ist böse von Jugend auf« (Genesis 8).[49]

Drittens sind die Religionsbegriffe grob, von alten Gebräuchen eingeführt und nur vom ungehobelten Volk bewahrt: »Was auch die alten Gebräuche, die noch von dem rohen Zustande der Völker übrig waren, für grobe Religionsbegriffe eingeführt haben mochten, so hinderte dieses doch nicht den aufgeklärteren Teil, sich freien Nachforschungen über diesen Gegenstand zu widmen.«[50] Diese Aussagen sind dreist und verleiten zu Irrtum und Unglauben. Sie vergleichen uns mit dem ungehobelten Volk und mit den chinesischen Bonzen, ganz als ob sich die religiösen Begriffe von der Leichtgläubigkeit der Völker ableiteten und auf der Ignoranz des ungebildeten und niedrigen Pöbels begründet wären.

Viertens sind die Fundamente des doktrinären Glaubens instabil, und er selbst ist wankelmütig: »Aber der bloß doctrinale Glaube hat etwas Wankendes in sich; man wird oft durch Schwierigkeiten, die sich in der Speculation vorfinden, aus demselben gesetzt, [ob man zwar unausbleiblich dazu immer wiederum zurück kehrt].«[51]

Nach alldem ist es nicht mehr verwunderlich, wenn Kants

Philosophie selbst von den Protestanten zahlreiche Widersprüche erdulden mußte und wenn eine ganze Schar von Schriftstellern sich erhoben hat, um diese Philosophie zu widerlegen, zu bekämpfen und in Verruf zu bringen; wenn sie vom größeren Teil der souveränen Herrscher und von fast allen Regierungen verboten worden und von jedem schlecht aufgenommen worden ist; wenn die berühmtesten ihrer Anhänger des Atheismus* angeklagt und viele von ihnen durch die Universitäten ihrer Lehrstühle enthoben worden sind.[52] Weil diese Philosophie jedoch heutzutage wieder in Mode kommt – insbesondere in Belgien und in Deutschland, wo sie viel Übles bewirkt und man mit viel Eifer versucht, sie auch in Italien einzuführen, scheint es mir nötig, sie zu verbieten, und zwar in der Absicht, das drohende Übel schon in seinen Anfängen zu bannen, das heißt sämtliche Exemplare, wo immer es möglich ist, aus dem Verkehr zu ziehen, wenn es denn Eurer Ehrwürdigsten Eminenz so beliebt, deren unwiderlegbarem Urteil ich mich gern unterwerfe ...

21. »Ein Monument zum Glück der Menschheit«: Die Zensur französischer Romane

In der Zensur von Jacques-Marie-Joseph Baillès wird ein einzigartiges Spektrum der französischen Literatur des 19. Jahrhunderts präsentiert. Der katholische Glaubenshüter beschäftigt sich in diesem Bericht nicht nur mit Romanciers, Dramatikern und Literaturkritikern ebenso wie mit Historikern und Orientalisten, sondern er beurteilt auch die unterschiedlichsten literarischen Strömungen des 19. Jahrhunderts. So nennt er die Werke von Autoren wie Victor Hugo oder Jules Michelet, die im Umfeld der Romantik entstanden, und jene von Stendhal und Gustave Flaubert, die auf meisterhafte Weise zur Entstehung und Verbreitung des literarischen Realismus beitrugen. Die Romane des 19. Jahrhunderts spiegeln gleichzeitig sowohl politische Bewegungen wie Liberalismus oder Monarchismus als auch neue wissenschaftliche Theorien wider wie zum Beispiel die Physiognomik Johann Lavaters und Franz Joseph Galls in den Romanen Honoré de Balzacs. Dabei ist der unterschiedliche künstlerische Wert der besprochenen Autoren offensichtlich: Zwar erfreuten sich die Werke aller dieser Romanciers zu ihrer Zeit großer Beliebtheit und erreichten hohe Auflagen, aber heute sind einige der Schriftsteller längst in Vergessenheit geraten wie zum Beispiel Frédéric Soulié oder Ernest Feydeau, während die Romane von Autoren wie Hugo, Balzac, Stendhal und Flaubert nach wie vor zu den Klassikern der Weltliteratur zählen.

Jacques-Marie-Joseph Baillès

1798–1873. Jacques-Marie-Joseph Baillès wurde in Toulouse geboren, wo er dann auch Theologie studierte und später das Amt des Generalvikars* bekleidete. 1846 erfolgte die Weihe zum Bischof von Luçon. In diesem Amt widmete sich Baillès ausgiebig der Bücherzensur und gab zeitweilig sogar einen eigenen Index der verbotenen Bücher* heraus. 1856 kam es auf Betreiben der französischen Regierung zur Demission Baillès' durch Papst Pius IX. In der Folge rief man Baillès nach Rom und ernannte ihn zum Konsultor* der Indexkongregation* (1856), für die er als einer ihrer schärfsten Zensoren nicht nur seiner Zeit, sondern der gesamten Geschichte dieser Behörde zahlreiche Zensuren verfaßte. Er starb in Rom.

ACDF, *Indice*, *Protocolli* 1862–1864, 20-VI-64, Nr. II.

Über zahlreiche Liebesgeschichten zahlreicher Autoren

Hochehrwürdige Eminenzen,

mit Worten werde ich sparsam sein, wenn ich Dinge behandeln werde so schlimm, daß sie für sich selbst sprechen. Eröffnen wird diese Parade berüchtigter Machwerke – ein Fluch für den Staat! – ein Werk, das den Titel *Die Elenden*[1] trägt, von Victor Hugo[2] stammt und aus zehn Bänden besteht. Jeder Band umfaßt etwa 350 Seiten, so daß man auf gut 3000 davon kommt, die angefüllt sind mit Blasphemie und Gottlosigkeit. Es wird ausreichen, das Folgende vorzuführen: Über Gott: »O du, o Ideal! Du allein bist!«[3]

»Ermutigt versetzte der Senator: ›Seien wir nett zueinander.‹

›Meinetwegen sogar sehr‹, meinte der Bischof.[4]

›Ich sage Ihnen‹, fuhr der Senator fort, ›der Marquis d'Argens, Pyrrho, Hobbes und Naigeon sind keine Schufte. In meiner Bibliothek stehen alle meine Philosophen mit Goldschnitt.‹

›Wie sie selber, Herr Graf‹, unterbrach ihn der Bischof.

Der Senator ließ sich nicht beirren: ›Ich hasse Diderot.[5] Er ist ein Schwärmer, ein Phrasendrescher und ein Revolutionär, im

Grunde gottgläubig und bigotter als Voltaire.[6] Voltaire hat sich über Needham lustig gemacht, und er hatte unrecht, denn Needhams Aale beweisen, daß Gott überflüssig ist. Ein Tropfen Essig auf einen Löffel Teig ersetzt das *Fiat lux*[7]. Nehmen Sie Tropfen und Löffel größer an, und Sie haben die Welt. Der Mensch ist der Aal. Wozu dann noch Gott Vater? Herr Bischof, die Hypothese mit Jehova langweilt mich. Sie bringt nur magere Leute hervor, die Grillen fangen. Nieder mit dem großen Alles, es ärgert mich! Es lebe Null, die läßt mich in Ruhe! Unter uns gesagt, und um mich mal richtig auszuquatschen und um meinem Seelenhirten zu beichten, wie es sich gehört, gestehe ich Ihnen, ich folge meinem gesunden Menschenverstand. Ich bin nicht verrückt auf Ihren Jesus, der bei jeder Gelegenheit Verzicht und Opfer predigt. Ein Geizkragen rät Bettlern Verzicht! Warum? Opfer! Wozu? Ich habe noch nicht erlebt, daß sich ein Wolf für das Glück eines anderen Wolfes aufopfert. Bleiben wir doch bei der Natur. Wir stehen auf dem Gipfel, haben wir also auch die überlegene Philosophie? Wozu ist man oben, wenn man nicht über die Nasenspitze der anderen hinaussieht? Leben wir fröhlich. Das Leben ist alles. Daß der Mensch noch eine Zukunft hat, woanders, da oben, da unten, irgendwo, davon glaube ich kein Sterbenswörtchen. Ach, mir werden Opfer und Verzicht empfohlen, ich soll auf alles achten, was ich tue, ich soll mir den Kopf über Gut und Böse zerbrechen, über Gerechte und Ungerechte, über *fas* und *nefas*[8]. Warum? Weil ich Rechenschaft über meine Taten abzulegen habe. Wann? Nach meinem Tod? Was für ein Hirngespinst! Wer mich nach meinem Tode erwischen will, muß früher aufstehen. Lassen Sie doch eine Hand aus Schatten eine Handvoll Asche aufheben. Sagen wir die Wahrheit, wir die wir Eingeweihte sind und der Isis den Rock gelüpft haben: Es gibt weder Gut noch Böse, es gibt nur vegetierendes Leben. Suchen wir das Wirkliche. Ergründen wir es ganz. Gehen wir den Dingen auf den Grund, zum Teufel noch mal! Die Wahrheit muß man wittern, unter der Erde aufstöbern und packen. Dann gewährt sie einem erlesene Freuden. Dann wird unsereins stark und lacht. Ich habe festen Boden unter den Füßen. Die Unsterblichkeit des Menschen, Herr Bischof, ist eine sehr unsichere Hoffnung. Oh, das wäre ein Narr, der sich auf dieses Versprechen verließe. Der arme gefoppte Adam! Unsereins ist Seele, wird Engel, und es wachsen einem blaue Flügel aus den Schultern. Helfen Sie mal meinem Gedächtnis nach. Sagt nicht Tertullian, die Seeligen wanderten von einem Stern zum anderen? Meinetwegen. Dann sind wir die Heuschrecken der Sterne. Und erblicken Gott. Ach, was! Alle diese Paradiese sind lauter läppisches Zeug. Gott ist ein ungeheures Geschwafel. Ich würde das keineswegs im ›*Moniteur*‹ sagen, beileibe nicht! Aber ich flüstere es unter Freunden. *Inter pocula*[9]. Die Erde dem Paradies opfern heißt die Beute um des Schattens willen fahrenlassen. Sich vom Unendlichen an der Nase herumführen lassen! So dumm bin ich nun doch nicht. Ich bin nichts. Ich heiße Herr Graf Nichts, Senator. War ich vor meiner Geburt? Nein. Werde ich nach meinem Tod sein? Nein. Was bin ich? Ein bißchen Staub, den ein Organismus angehäuft hat. Was habe ich auf dieser Erde zu tun? Ich habe die Wahl. Leiden oder genießen. Wohin führt mich das Leiden? Ins Nichts! Aber ich habe gelitten. Wohin führt mich der Genuß? Ins Nichts. Aber ich habe genossen. Meine Wahl ist getroffen. Man muß fressen oder wird gefressen. Ich fresse. Es ist besser, der Zahn zu sein als das Gras dazwischen. Solcherart ist meine Weisheit. Danach mag die Sache gehen, wie sie kann, der Totengräber wartet auf die einen, das Pantheon auf die anderen, alles plumpst ins große Loch. Schluß. *Finis*[10]. Völlige Auflösung. Das ist der Ort des Verschwindens. Der Tod ist tot, glauben Sie mir. Daß mir dort jemand etwas zu sagen hat, bringt mich zum Lachen, wenn ich bloß daran denke. Ammenmärchen. Den Schwarzen Mann für die Kinder, Jehova für die Großen. Nein, unsere Zukunft ist Nacht. Jenseits des Grabes wartet nur noch ein und dasselbe Nichts. Ob die Sardanapal oder Vincentius a Paulo waren, das läuft auf das gleiche Nichts hinaus. Das ist die Wahrheit. Vor allem leben Sie! Bedienen Sie sich Ihres Ichs, solange Sie es haben. Wahrlich, ich sage Ihnen, Herr Bischof, ich habe meine Philosophie, und ich habe meine Philosophen. Mit Possen lasse ich mir nicht um den Bart gehen. Trotzdem muß es schon etwas für die geben, die unten sind, für die Habenichtse, die armen Schlucker, die Elenden. Sie bekommen die Heiligenlegenden zu schlucken, die Hirngespinste, die Seele, die Unsterblichkeit, das Paradies und die Sterne. Das kauen sie. Das streichen sie sich auf ihr trockenes Brot. Wer nichts besitzt, hat den lieben Gott. Das ist das mindeste. Ich stelle mich dem nicht entgegen, aber für mich behalte ich Herrn Naigeon. Der liebe Gott ist gut für das Volk.‹

Der Bischof klatschte in die Hände. ›Das nenne ich reden!‹ rief er. ›Dieser Materialismus* ist doch vortrefflich, wirklich ausgezeichnet! Nicht jeder kennt sich darin aus. Und wer Bescheid weiß, wird nicht mehr zum Narren gehalten. Man läßt sich nicht einfach verbannen wie Cato oder steinigen wie Stephanus oder bei lebendigem Leibe verbrennen wie Jeanne d'Arc.‹«[11]

Nach diesen Ungeheuerlichkeiten wäre es – zumal wir des Autors eigene Worte streng eingehalten haben – ein sinnloses Unterfangen, jetzt noch hinzuzufügen, was diesem Bischof an völlig falschen Aussagen verleumderisch zugeschrieben wird: über sittliche Grundsätze, über die Todesstrafe, die zu verhängen dem Menschen nicht zustehe, über das Beten, über die Tugend der Klugheit oder über die Rückgabe von Diebesgut, wenn der Besitzer feststeht. Bösartig und verlogen greift er anderswo die Bischöfe, die Priester und andere Kirchenmänner an, und die Greueltaten während der Unruhen in Frankreich 1793 rechtfertigt er.[12] Es ist wohl nicht nötig, noch mehr zu sagen …

Wenden wir uns einem anderen schändlichen Werk zu: *Die Hexe*[13], verbrochen von JULES MICHELET[14]. O je! Es wird keinen Deut mehr Aufwand kosten, über dieses schmalbrüstige Büchlein zu urteilen, das ja auch schon verboten ist. Da hat also dieser hitzige und ungestüme Mensch – Gelagen nicht abgeneigt, mit Verunglimpfungen schnell bei der Hand, ein großer Feind von Religion und Priestertum – vom Vorwort des Werkes an mit unbeirrbarer Dreistigkeit seinem alles vergiftenden Geschwätz freien Lauf gelassen. Vollkommen versessen auf seine Lügengeschichte hat er, wie er uns weismacht, dreißig Jahre lang einschlägige Prozeßakten gelesen, wieder gelesen und emsig gegeneinander abgewogen und so mit Nachdruck eine Theorie zusammengeschmiedet, die zu referieren mir Grauen bereitet.[15]

Die Frau ist also von Natur aus eine Zauberin und die Urheberin der Religionen und sogar – der Götter! Sie sieht den wechselhaften Verlauf der Zukunft nicht nur voraus, sondern erschafft ihn; sie ist der Ursprung der Künste und der heutigen Industrie; sie erzeugt sogar den Teufel, und zwar als ein Phantasiewesen. Der Autor beklagt deswegen den Untergang von Heidentum und Volksaberglauben, weil diese das geistreiche und wahrhaft bewundernswerte Werk der Zauberin seien, der man wiederum angesichts solcher Wohltaten Dank schulde. Statt diesen zu erhalten, wird sie jedoch als eine nicht zu unterschätzende, sondern geradezu fürchterliche Rivalin von Priestern und Mönchen neidisch verfolgt. Grauenvoller Nachstellung und Bestrafung ist sie ausgesetzt, einem schauerlichen Tod auf zahllosen entsetzlichen Scheiterhaufen überantwortet oder lebendig in abscheulichen Kerkern begraben, die schlimmer sind als der Tod selbst. Dafür hat die eselhafte geistige Unbeweglichkeit der Mönche ebenso gesorgt wie die um nichts geringere Dummheit der Laienrichter. Denn wenn [zum Beispiel] die Mönche in ihrem verderbenbringenden Irrglauben die Erbsünde zu Grunde gelegt und somit ebenso viele Schuldige wie Beschuldigte gefunden haben, so gehen deren Vergehen vielleicht auf sie selbst, vielleicht aber auch auf den gemeinsamen Vater des Menschengeschlechts zurück. Jemand hat gesagt: »Wehe Euch, die ihr lacht!«, doch war dies unbesonnen: Denn so überließ man dem Teufel das Monopol des Lachens ...[16] Aber halten wir ein; Ihr sollt aus einem alles erfahren:

»Auf dem langen Weg, den meine Geschichte gemacht hat, in den dreißig Jahren, die ich ihr gewidmet habe, ist mir diese grauenvolle Literatur des Hexenwesens oft durch die Hände gegangen; ich habe zuerst in den Manualen der Inquisition*, in den Dummheiten der Dominikaner* (Staupbesen[17], Hammer, Ameisenhaufen, Auspeitschungen, Laternen usw. sind die Titel ihrer Bücher) geschöpft; nachher habe ich die Parlaments- und Laienrichter gelesen, welche diesen Mönchen nachfolgen, sie verachten, aber nicht minder unwissend sind; ich sage von ihnen woanders ein Wort, hier nur eine einzige Bemerkung, daß von 1300 bis 1600 und drüber hinaus die Rechtsprechung die gleiche war; ausgenommen einen kleinen Zwischenakt des Parlaments von Paris, fand stets und überall dieselbe Wildheit der Dummheit statt. Das Talent selbst influiert hierbei nicht, denn der geistreiche de Lancre, während der Regierung Heinrichs IV. Rat zu Bordeaux, ein hinsichtlich der Politik sehr aufgeklärter Mann, sank, sobald es sich um Hexenprozesse handelte, zu dem Niveau eines Nider, eines Sprenger, unwissenden Mönchen des 15. Jahrhunderts, zurück.

Man wird von Erstaunen ergriffen, wenn man diese so verschiedenen Zeitperioden überblickt, Männer so verschiedener Bildungsstufen vor sich sieht, die nicht einen Schritt vorwärts gehen können; dann begreift man aber auch sehr leicht, daß die einen sowohl wie die andern von dem Gift ihres eignen Prinzipes gelähmt – ja, wir wollen sogar mehr noch sagen, verblendet, unrettbar berauscht und verwildert wurden. Dieses Prinzip ist das Dogma einer grundsätzlichen Ungerechtigkeit: ›Alle sind verloren für einen einzigen; sie sind nicht allein bestraft, sondern würdig es zu sein, verdorben von Anfang an und verführt, gestorben für Gott schon vor ihrer Geburt. Das Kind, welches noch an der Mutterbrust liegt, ist ein Verdammter.‹

Wer sagt das aber? Alle, selbst Bossuet. Ein einflußreicher Gelehrter aus Rom, Spina, Meister des Heiligen Palastes*, stellt diese Ansicht ganz klar in folgendem auf: ›Warum läßt Gott den Tod der Unschuldigen zu? Er handelt recht; denn wenn sie nicht wegen der Sünden sterben, die sie selbst begangen haben, so sterben sie immer als Schuldige wegen der Erbsünde.‹ (*Über die Hexen*, Kapitel 9).[18]

Von dieser Abscheulichkeit stammen zwei Dinge ab, sowohl in bezug auf das Recht als auf die Logik. Der Richter ist seiner Sache stets sicher; derjenige, den man ihm zuführt, ist gewiß schuldig, und wenn er sich verteidigt, noch mehr. Das Gericht braucht nicht etwa sehr zu schwitzen, sich sehr den Kopf zu zerbrechen, um das Wahre vom Falschen zu unterscheiden; im ganzen geht man von einer abgemachten Sache aus. Der Logiker wie der Scholastiker hat nur die Seele zu analysieren und sich über die Nuancen Rechnung abzulegen, die sie durchmacht, über ihre Zusammensetzung, über ihre innern Gegensätze und ihre Kämpfe. Er hat nicht nötig, wie wir, sich zu erklären, wie diese Seele von Stufe zu Stufe lasterhaft werden konnte. Dieses Umhertappen im Finstern, diese Feinheiten, wenn er sie aufklären könnte, oh, wie würde er lachen, wie den Kopf aufwerfen und wie dann seine hoffärtigen Ohren, mit denen sein leeres Haupt geziert ist, mit Anmut sich bewegen würden.«[19]

Dieses unheilstiftende Werk, im Monat November unters Volk gebracht, wurde in überarbeitetem Druck am ersten Dezember noch einmal herausgegeben.[20] Diese Ausgabe wird ergänzt durch ein kurzes, mahnendes Geleitwort des Autors. Dreist genug, alles zu versuchen, und ohne jegliches Schamgefühl zögert er nicht, so zu beginnen: »Unter den Büchern, die ich veröffentlicht habe, scheint mir dies das unangreifbarste zu sein. Mit leichtfertigem und voreingenommenem Gerede hat es nichts zu tun; es ist hauptsächlich aus Gerichtsakten hervorgegangen ... Die Handbücher der Inquisitoren* haben auch ihren Teil dazu beigetragen. Man tut gut daran, ihnen bei all den Dingen Glauben zu schenken, in denen sie sich selbst anklagen.«[21]

Die Kapitel VI–VIII und X–XII des zweiten Buchs tun sich unter den übrigen an Unflätigkeit und Gottlosigkeit am meisten hervor. Die zweite Edition hat es verdient, verdammt zu werden, und andere, die nachfolgen, ebenso; über die erste wurde nämlich schon mit dem Dekret* vom 26. Januar 1863 ein Verbot verhängt.

Während der Teufel von J. Michelet ins Reich der Phantasie verbannt wird, verdingt sich ein anderer Schriftsteller, der nicht minder berüchtigt ist, FRÉDÉRIC SOULIÉ[22] mit Namen, bei ebendiesem Teufel als Gehilfe, und zwar in einem scheußlichen kleinen Werk, das den Titel trägt: *Die Memoiren des Teufels*[23]. Soulié ist im übrigen Autor von 35 Erzählungen, die es auf 45 Bände bringen und sich über insgesamt 15 000 Seiten ausbreiten – vertrieben vom jüdischen Verlag Michel Lévy.[24] Um nun jedoch jenes infernalische Machwerk zusammenzuflicken, erfindet Frédéric Soulié einen gewissen Baron, einen Edelmann, der von Ahnen und Ahnesahnen her durch die Fessel eines inneren Bandes mit dem Teufel verbunden ist und diesen Pakt auch nur zu gern wahrt. So ist ihm Satan Lehrer und Gebieter, stachelt ihn zu den übelsten Ausschweifungen an und fädelt als sein übler Wegbereiter alle möglichen unzüchtigen Affären für ihn ein. Der Baron seinerseits erweist sich als dieser grauenvollen Unterweisung keineswegs unwürdig und stürzt sich in jede noch so unerlaubte Liebschaft. Rastlos und ohne Rücksicht auf Recht oder Unrecht, durchglüht vom Feuer der Venus und sich verzehrend vor Leidenschaft, sinnt er auf Ehebruch, geht darauf aus und vollzieht ihn; immer und überall lauert er im Hinterhalt den treuen Ehefrauen auf.

Die gesamte ausschweifende Erzählung ist aus lauter abscheulichen Anekdoten zusammengesetzt, die uns verraten, mit welcher Wonne dieser Schriftsteller sowohl Männer des Klerus als auch Nonnen und andere fromme Frauen mit üblen Verleumdungen und Beschuldigungen verfolgt. Mit einem Wort: Dieses widerliche Machwerk eröffnet den Menschen eine Schule des Ehebruchs, in der sie schändlich dazu angeleitet werden, schamlos, dreist und ohne ein schlechtes Gewissen jenen zu begehen.

Es scheint mir hilfreich, eine kleine Auswahl von Passagen zu präsentieren, wie man sie in den ersten fünf Abschnitten des ersten Bandes findet und in denen es um verschiedene Dinge geht. Allerdings ist ihr Gehalt gering, verglichen mit zahllosen anderen Stellen, vor denen Augen und Verstand zurückweichen.

»[Auch muß ich« – sagt der Teufel – »Ihnen bemerken, daß Sie, ...] indem Sie mich Sohn der Hölle nennen, eine jener Albernheiten sagen, welche in allen bekannten Sprachen im Gange sind. Ich bin ebensowenig der Sohn der Hölle, als Sie der Sohn Ihres Zimmers sind, weil Sie dasselbe bewohnen.«[25] – »Voraussetzen, daß der Teufel lasterhaft sei, hieße annehmen, daß der Arzt, der von Euren Gebrechen lebt, krank sei.«[26] – »Gott möge uns« – sagt der Schriftsteller – »vor zwei Dingen behüten ... vor Lüge und Unsterblichkeit[27] ... Was wir euch sagen werden, ist wahr und sittlich, nicht unser Fehler wird es sein, wenn es nicht immer schmeichelhaft und ehrbar ist.«[28]

Der Autor selbst gesteht ein, daß die Keuschheit angesichts seiner Erzählung lieber ins Exil geht. Welche sittliche Lehre nun aber der Erzählung innewohnt – und in welchem Ausmaß –, zeigt der folgende Ausspruch deutlich: »Eine Frau zu überreden, daß sie ihren Mann betrüge, heißt: sie in das eheliche Geleise führen, oder darin zu bestärken; aber hier, wo es galt, einen Geliebten zu betrügen, sie dahin fortzureißen ... das ist in der Liebe viel unmoralischer.«[29] Dies ist das sittliche Gesetz dieses Autors; die Anstößigkeiten, die fast jede Seite verunstalten, müssen hier übergangen werden: es wäre ein Vergehen, sie hier wiederzugeben. Man möge mir aber gestatten, hier ein paar Dinge vorzubringen über nicht wenige weitere Erzeugnisse dieses so unflätigen Autors.

Wenn die Jungen wüßten, wenn die Alten könnten[30]*:* Hier behauptet der Autor, daß alles von der Laune des Schicksals abhängt und der Wille des Menschen notwendig den Geschehnissen unterworfen ist. So präsentiert er also einen altersschwachen, mehr als neunzigjährigen Greis, dem auf wundersame Weise die Jugend wieder geschenkt worden ist, und einen Jüngling, der noch kaum das Erwachsenenalter erreicht hat. Diese führt er nun dabei vor, wie sie sich im Schmutz schändlicher Begierden und Lüste suhlen … All dies wird in einem beklagenswert abscheulichen Stil geschildert.

Die Abenteuer eines Nesthäkchens[31]*:* So manch Obszönes oder Frevelhaftes, furchtbare Ungeheuerlichkeiten, Schändungen, geplante Morde: Jede Spielart der Verdorbenheit ist in dieser Erzählung zu finden, die den zweiten Teil der *Unbekannten Dramen*[32], ein Werk desselben Autors, darstellt.

Olivier Duhamel[33]*:* Das ist der vierte Bande dieser *Unbekannten Dramen*; an Schändlich- und Abscheulichkeit steht er den anderen in nichts nach.

Allgemeines Bekenntnis[34]*:* Ein Verderben bringender Auswurf an Schmach, Schande, Niedertracht und Unflat.

Die Gräfin von Monrion[35]*:* Sämtliche Begierden und Leidenschaften, die schlimmsten Erschütterungen des Geistes, begangene Vergehen werden hier nackt und offen ohne jede Verhüllung entblößt und zur Schau gestellt.

Man täte viel fürs Seelenheil, wenn dem ausdrücklichen Verbot »*Die Memoiren des Teufels*« im Dekret* noch folgende Wörter hinzugefügt würden: »*und alle übrigen Werke desselben Autors*«.

Rot und Schwarz,[36] von STENDHAL (Henry Beyle)[37].

Von den 75 Kapiteln, in die das Werk aufgeteilt ist, habe ich mich mit den ersten 21 beschäftigt (133 Seiten), da sie für mein Vorhaben mehr als genug sind. Da nun alles, zumindest nach Ansicht dieses Schriftstellers, dem unentrinnbaren Schicksal unterworfen ist, denkt er sich einen jungen Mann von zweiundzwanzig Jahren aus, Arbeiter in einem Sägewerk. Dieser hat nebenbei zwei Jahre lang Latein studiert und wird nun in ein vornehmes Haus gerufen, um als Hauslehrer der Söhne zu fungieren. Dort packt ihn eine plötzliche Leidenschaft für des Hausherrn Ehefrau, die diesem bisher als ehrbare Matrone zwölf Jahre lang eine treue Gattin war, eine Familienmutter von dreißig Jahren, die nun allerdings, dahingerafft von ebenjener schicksalhaften Unumgänglichkeit, sich in den jungen Mann verliebt und ihm verfällt. Und mag sie auch von Gewissensbissen gequält werden (um die Worte des Erzählers wiederzugeben: »Sie wußte nichts vom Leben«[38]), stürzt sie sich doch in den Ehebruch und gibt sich ihm auf die schamloseste Weise hin. Mit vollendeter List und übler Verschlagenheit betrügt sie ihren Gatten und schwelgt in schändlicher Leidenschaft.

Dieses schlimme Buch ist eine unverhohlene Anleitung zum Ehebruch, teils für Heranwachsende ohne Erfahrung, teils aber auch für keusche Ehefrauen, wie der Autor selbst zugibt: »In Paris ist die Liebe ein Kind der Romane. Der junge Lehrer und seine furchtsame Gebieterin hätten in drei oder vier Romanen ... die Erleuchtung über ihr Verhältnis gefunden. Die Romane hätten ihnen die Rolle vorgeführt, die sie spielen mußten, sie hätten ihnen die Vorbilder geliefert.«[39] »In der Provinz geht alles langsam und allmählich.«[40] Die Angst vor dem Ehebruch wird »Schüchternheit« genannt, und so schnell, so übereilt sie auch ihren kriminellen Leidenschaften nachjagen, werden sie dennoch von diesem schamlosen Schriftsteller für jeden bedächtigen oder zögerlichen Schritt kritisiert.

Im übrigen hat dieser Holzarbeiter keine Pariser Liebesgeschichten nötig, jedenfalls ist folgendes von ihm zu berichten: »Die Uhr auf dem Schloß schlug drei Viertel zehn, und noch immer hatte er nichts gewagt. Unwillig über seine Feigheit nahm er sich vor: ›Glockenschlag zehn führe ich aus, was ich mir während des ganzen Tags selbst gelobt habe, oder ich gehe hinauf und schieße mir eine Kugel in den Kopf.‹«[41] Was er sich aber vorgenommen hat, wird kurz zuvor mit folgenden Worten angedeutet: »Dann, als Frau de Rênal erschien« – das ist der Name der Ehebrecherin – »und ihn an seinen Vorsatz erinnerte, beschloß er, um seines Stolzes willen nicht eher zu ruhen, bis sie ihm an diesem Abend erlaubte, ihre Hand in seiner zu behalten«[42], ganz als ob ihm ein Schandfleck eingebrannt würde, wenn er das treue Herz dieser verheirateten Frau nicht eroberte.

Kein Wunder, denn er ist ein begeisterter Anhänger der Bekenntnisse jenes Genfer Bürgers:[43] »Sie waren das einzige Buch, mit dessen Hilfe er sich ein Bild von der Welt machte ... Für diese drei[44] Bücher hätte er sich töten lassen ... Um den alten Pfarrer zu gewinnen ..., hatte er das lateinische Neue Testament auswendig gelernt; er beherrschte ebenso Herrn de Maistres Buch vom Papst und glaubte an eines so wenig wie an das andere.«[45] Voller Anmaßung bemüht er sich, diesen häßlichen frühreifen Unglauben durch schlaue Verstellung wie hinter einer Maske zu verbergen: »Der fromme Dienst, dem ich mich geweiht habe, verbot mir die Lektüre eines so profanen Schriftstellers«[46], das heißt: Horaz. Im übrigen läßt ihn der Autor bald als Priester, bald als Subdiakon auftreten (»allein und in seinem Brevier lesend spazierengegangen«[47]), um so den gesamten Klerus der Schande preiszugeben, gegen den er großen Haß hegt, und tadelt selbigen mit frevelhaften Worten.

Man wird über dieses gräßliche, wirre Zeug das gerechte Verdammungsurteil verhängen; derselbe Autor hat im übrigen noch sechs weitere Geschichten verfaßt, in denen sich seine Feindschaft gegen Italien und Rom im Speziellen ausdrückt. Über diese kann ich hier allerdings nichts mehr vorbringen, außer daß man sie für abscheulich halten muß.

Ich komme nun zu einem weiteren skandalösen Werk: *Madame Bovary. Die Sitten der Provinz*,[48] Autor: GUSTAVE FLAUBERT.[49] Die übelste aller üblen Geschichten. Religion und Sitten, alles Gerechte und Gute werden verächtlich mit Füßen getreten. Dermaßen schamlos ist das Werk, daß es bei weltlichen Richtern wegen Herabwürdigung von Religion und gesunden Sitten denunziert wurde. Dabei mag es zwar noch um die Verdammung herumgekommen sein; Eurem Urteil jedoch wird es sicher nicht entgehen! Folgenden Abschnitt vorzuführen wird dazu ausreichen.

»Der Geistliche lehnte sehr höflich ab (die Erfrischung, die man ihm anbot).[50] Diese auszuschlagen sei, so der Apotheker, eine denkbar widerwärtige Heuchelei; die Priester süffelten alle, wenn man es nicht sah und versuchten, die Zeiten des Zehnten wieder rückkehren zu lassen.

Die Wirtin verteidigte ihren Pfarrer:

›Und außerdem könnte er vier wie Sie übers Knie legen. Voriges Jahr hat er unseren Leuten geholfen, das Stroh einzubringen; er hat bis zu sechs Bündel auf einmal getragen, so stark ist er!‹

›Bravo!‹ sagte der Apotheker. ›Schickt also ruhig weiter Eure Töchter Kerlen von solcher Konstitution zur Beichte. Wenn ich die Regierung wäre, würde ich verlangen, daß man die Priester einmal im Monat zur Ader läßt. Jawohl, Madame Lefrançois, jeden Monat eine ordentliche Phlebotomie im Interesse von Ordnung und Sitte!‹

›Schweigen Sie doch, Monsieur Homais! Sie sind ein Gottloser! Sie haben keine Religion!‹

›Ich habe eine Religion‹, antwortete der Apotheker, ›meine Religion, und ich habe sogar mehr Religion als die alle mit ihrem Affentheater und ihren faulen Tricks! Ich dagegen bete Gott an! Ich glaube an das höchste Wesen, an einen Schöpfer, welcher Art ist mir gleich, der uns hienieden auf unseren Platz gestellt hat, auf daß wir unsere Pflichten als Bürger und Familienväter erfüllen; aber ich habe es nicht nötig, in eine Kirche zu gehen, silbernes Gerät zu küssen und mit meinem Geld einen Haufen Witzbolde zu mästen, die sich besser ernähren als wir! Denn man kann Gott ebensowohl in einem Wald, auf einem Acker oder, wie die Alten, bei der Betrachtung des Himmelsgewölbes verehren! Mein Gott ist der Gott des Sokrates, der Gott Franklins, Voltaires und Bérangers! Ich bin für das *Glaubensbekenntnis des savoyardischen Vikars* und die unsterblichen Grundsätze von Neunundachtzig. Auch erkenne ich einen Biedermann von lieben Gott nicht an, der, den Stock in der Hand, in seinem Gartenstück spazierengeht, seine Freunde im Bauch von Walfischen einquartiert, mit einem Schrei stirbt und nach drei Tagen wieder aufersteht; das ist an und für sich bereits Unsinn und widerspricht außerdem allen Gesetzen der Physik;

was uns nebenbei beweist, daß die Priester allzeit in schändlicher Unwissenheit verharren, in die sie die Massen hineinzuziehen versuchen.‹«[51]

Unnötig, fortzufahren. Über ein anderes Werk darf man allerdings nicht schweigen: *Salammbô*.[52] Ebendiese Salammbô ist eine Priesterin der *Tanit* (beziehungsweise der Punischen Venus)[53] und wurde im Jahr 240 vor Christus geboren. Um einen gewissen Schleier – den sogenannten *Zaïmph* – wiederzuerlangen, wird sie als Gesandte zum Anführer rebellierender Söldnertruppen, Matho, geschickt, der jenen Schleier – für die Stadt eine Art *Palladium*[54] – gestohlen hat. Dabei solle sie sich demütig dessen Wunsch fügen, der ein Befehl des Himmels sei. Also sucht sie ihn auf; was nun aber in diesem Kapitel unter der Überschrift »*Im Zelt*« berichtet wird, ist das Allerekelhafteste überhaupt. Unflätig wie es ist, provoziert es höchste Entrüstung. Überhaupt muß gesagt werden, daß das Buch in seiner Gesamtheit widerwärtig ist.

Auch Ernest Feydeau[55] muß zu den sittenlosesten Schriftstellern gezählt werden.

Fanny, Etüde[56]: Ein ebenso schmutziges wie schamloses Loblied auf den Ehebruch. Zweiundzwanzigmal gedruckt, oh je! Muß ganz und gar mit Verbot belegt werden!

Daniel, Etüde[57]: In dieser anstößigen und widerwärtigen Geschichte werden Ehebruch, Religionsfrevel und Selbstmord erzählt und beschrieben.

Catherine d'Overmeire, Etüde[58]: Dieses Werk ist mit unmoralischen und obszönen Anekdoten angefüllt.

Sylvie, Etüde[59]: Diese kurze Geschichte neigt dazu, die Ehe als einen Gegenstand der Belustigung darzustellen, als etwas Hohles, als ein Spiel unter Affen. Wer käme jemals auf einen solchen Gedanken? Der Hochzeit wohnt in der Tat ein Affe bei und unterzeichnet die Heiratsurkunde. Ins Reich des Unwürdigen, Widrigen, Schmutzigen und bisweilen Obszönen führt der schamlose Schriftsteller den Leser hinab.

Alger, Etüde[60]: So einiges ist hier zu tadeln: Ein Selbstmord, begangen mittels eines langsam wirkenden Giftes, wird entschuldigt, Pantheismus wird uns eingeflüstert, und die Unsterblichkeit der Seele wird dem Zweifelhaften und Ungewissen zugerechnet.[61]

Zwei weitere Verfasser von Liebesgeschichten [Champfleury und Murger] sind Eurem heiligen Tribunal, Hochwürdige Väter, vorgeführt worden. Beide arm wie Kirchenmäuse und noch dazu von Schulden gedrückt, haben sie unter ein und demselben armseligen Dach (das sie zudem immer wieder wechseln mußten) eine überaus beengte Wohngemeinschaft gegründet. Obgleich ihre bekannteren Werke hier nicht dargestellt werden, wird sich vielleicht auch so über beide genug sagen lassen.

Zehn Geschichten hat Monsieur JULES CHAMPFLEURY[62] seinem kranken und lasterhaften Geist entlockt: allesamt sehr schlecht. Unter diesen nehmen *Die Bourgeois von Molinchart*[63] den ersten Platz ein, was die Unzüchtigkeit angeht.

Alte und Neue Erzählungen[64]: Abgeschmackt und obszön sind diese Erzählungen, in denen der Autor mit vollen Händen manch Schändliches ausstreut, und das mit einer solchen Schamlosigkeit, daß er, ohne rot zu werden, folgendes sagt: »Man wird laut aufschreien: ›Schamlosigkeit! Skandal!‹, und all das andere Zeug, das die sogenannten sittlichen und anständigen Menschen beständig im Munde führen. Doch der Romancier, überzeugt von seiner Unschuld, läßt sich durch diese Schreihälse nicht von seinem Weg abbringen.«[65]

Die Abenteuer von Fräulein Mariette[66]: Die widerwärtige Beschreibung einer berüchtigten Hure.

Realismus[67]: Ein Loblied auf die übelsten Erzählungen dieser Zeit, die das Allerschmutzigste zur Schau stellen und deshalb gerade nicht zu tadeln sind, da sie, wie der Autor behauptet, ja nur Wahres erzählen.

Die Leiden des Professor Delteil[68]: Verdorbene Sitten und niedrige Gelüste werden in diesem Werk empfohlen.

Pariser Maskerade[69]: Ein unsägliches Buch, in dem der Autor voller Vergnügen ein häßliches Bild von einer Frau zeichnet, indem er ausführlich davon erzählt, wie sie sich im Morast aller erdenklichen verbotenen Leidenschaften suhlt – Ehebruch ausgenommen.

Mir scheint, diese Werke müssen mit Sicherheit verboten werden, wenn nicht sogar auch alle übrigen desselben Autors.

Dessen Freund und Partner HENRY MURGER[70] hat zwölf Erzählungen angefertigt, die gesammelt beim Verlag Michel Lévy erschienen sind. Über einige davon möchte ich ein paar Worte sagen.

Szenen aus der Bohème[71]: Das Erstwerk des Erzählers. Zwar läßt sich nur wenig ausmachen, das vorsätzlich und direkt gegen Gott und die gesunden Sitten gerichtet ist. Doch leistet man sich hier unentwegt alle möglichen Freizügigkeiten, teils weil man nicht weiß, was sich gehört, teils aber auch aus schändlicher Begierde, so daß man sich schließlich mit gelockertem Zügel und ohne kontrollierendes Zaumzeug (das heißt ohne moralischen Grundsatz oder Vertrautheit mit dem Guten) gerade den übelsten Gelüsten hingibt. Es gibt nicht wenige fromme Männer, die mit Inbrunst die Verdammung dieser Erzählung fordern.

Szenen aus dem Leben der Jugend[72]: Je beschaulicher und anmutiger sämtliche Verfehlungen hier geschildert werden, desto gefährlicher ist dieses Buch.

Quartier Latin[73]: Eine lose Folge aneinandergereihter Ehrlosigkeiten. Allerdings hört man eine Prostituierte gerecht und zutreffend folgendes – sie verstellt sich natürlich – über Liebesgeschichten sagen: »Unser Dasein ist – für uns andere – ein belangloser Roman, dem immer derselbe Schluß vorherbestimmt ist: Ein elendes Leben in Schande, ein Tod im Vergessen, ein Kohleofen im Dachgeschoß.«[74] – *Das heißt: Selbstmord!* ...

Schlimmer noch als diese Hure äußert sich der Autor selbst: »Wie nun?« – Er, ein gewisser Claudius, auch »*Candidus*« (der

Treuherzige) genannt, war zwanzig Jahre alt. – »Zwanzig Jahre: Das Alter des Lachens, der Sehnsucht, des Enthusiasmus! Schnelles Alter, wenn das Herz leichtfertig sein *credo* gibt zu allen verführerischen Hirngespinsten und Illusionen. Dieses zwanzigste Jahr hatte er vor sich, das Gelobte Land der Heranwachsenden, und er weigerte sich, es zu betreten! Da wo die Natur rief: ›Liebe! Lust! Glück!‹ antwortete er nur: ›Pflicht!‹ Indem er sich diesem sonderbaren Verweigerungssystem unterwarf, entging ihm etwas: Daß nämlich der beste und wirksamste Schutz gegen die Leidenschaft die Leidenschaft selbst ist.« Ach, hervorragende Erneuerer der Sitten seid ihr, ihr Romanschreiber! Wann immer er über die Religion schreibt, kennt er sich nicht aus; er weiß nicht, daß Augustinus ein Kirchenlehrer ist, und greift ihn folgendermaßen an: »Den Heiligen Augustinus fand er wenig orthodox, und ebenso gewisse Kirchenväter.«[75]

Camilles Ferien[76]: Camilla ist eine von blinden und schändlichen Leidenschaften besessene Frau, deren schmutzige Affären in diesem Machwerk häßlich ausgebreitet werden.

Die letzte Begegnung. Die Auferstehung des Lazarus[77]: Das Werk umfaßt zwei Teile, deren erster der abscheulichere ist. Der zweite besteht aus dem Briefwechsel des Autors mit drei weiteren Schriftstellern (den Herren Antoine Fauchery[78], Vitu[79] und Bonville), die sich hier versammelt haben, um diese heillosen Ausschweifungen mit ihm auszuhecken. Sie versteigen sich zu furchtbaren Blasphemien: »Dieser Meister, angsterfüllt und strahlenbekränzt, der den Felsen von Eurem Grab gewälzt hat, ist derselbe, der den Bruder der Maria wieder zum Leben erweckt hat ... In der Zeit einer Martha und eines Kaiphas nannte er sich Jesus ... Für Euch heißt er ›Liebe‹. So liebt denn also, das heißt: Lebt! ... Ihr werdet den Wein lieben, weil darin die Sonne ist; die Liebe, weil darin die Kraft ist; und die Träumerei, weil sie die Tat erschafft ... Eure Lehre wird sein, daß das Böse, der Schmerz und die Niedergeschlagenheit nichts wert sind, und Ihr werdet als ein neuer Jesus mit der Peitsche in der Hand die falschen Götter vom Olymp jagen.«[80] So oder ähnlich bahnt man sich den Weg zur Gottlosigkeit eines Renan![81]

Szenen vom Land. Adeline Protat[82]: Hier geht es wieder um die Unumgänglichkeit des Schicksals, wie sie bei den Romanciers behandelt zu werden pflegt. Doch gibt es diesmal keine schändlichen Liebschaften, so daß dieses Werk, ließe man sehr viel Nachsicht walten, um ein Verbot herumkommen könnte.

Und das sind die übrigen Bücher dieses Henry Murger: *Wassertrinker*[83], *Roman aller Frauen*[84], *Stadt- und Theatergespräche*[85], *Der rote Holzschuh*[86], *Madame Olympe*[87], *Verliebte*[88]. Man muß diese Titel zu den ersten fünf hinzufügen. Übertriebene Strenge könnte man allerdings einem Dekret*[89], das sämtliche Erzählungen dieses Autors umfassen würde, kaum vorwerfen.

Den Schluß dieser Parade von verderblichen Autoren bildet einer, der leicht als der erste unter ihnen gelten kann. Dreizehn seiner Werke, viele davon als Produkte eines unreifen Talents schon in Vergessenheit geraten, sind bereits in vorhergehenden Dekreten* mit der Verdammung bestraft worden, die sie verdienen. Von HONORÉ DE BALZAC[90] ist die Rede. Dieser macht die Natur zu einer Göttin und predigt Pantheismus; in einer Art Sensualismus stellt er die Lust über alles und weist mit zynischem Unglauben das heilige Gesetz der Sittlichkeit von sich; um unter den Menschen einen stabilen Weltfrieden zu errichten, vermengt er Atheismus* mit Religion und Materialismus* mit Spiritualismus. Bald könnte man ihn einen ergebenen Christen nennen, bald einen ungläubigen Starrkopf. Hier taucht er den Geist in die Materie, dort setzt er die Materie dem Geist gleich. Und zu allem verhält er sich absolut gleichgültig und macht keinerlei Unterschiede. Das menschliche Geschlecht betrachtet er als eine riesige Viehherde (*ménagerie*). Wenn es darum geht, Ausschweifungen zu betrachten und zu schildern – welche auch immer, ja gerade die übelsten! –, nimmt er all seine Kraft zusammen, so daß dem einzigartigen Scharfblick seiner bösen Augen auch nicht die geringste Spur von Lust und Ausschweifung entgeht. Hat er erst einmal irgendwelche Lasterhaftigkeiten aufgespürt und bloßgelegt, so bleibt sein Blick starr auf sie gerichtet, selbst wenn es die schlimmsten sind. Unnachsichtig und kompromißlos eilt er sodann, sie lebendig und elegant auszumalen, als treuer, oder besser: liebevoller Abbilder alles Schlechten. In moralischen Dingen ist er allzu nachsichtig und stellt die Laster so reizvoll, die Schuld hingegen so geringfügig dar, daß die heldenhaften Frauen bei ihm weniger vortrefflich gewesen wären, wenn sie mehr Tugendhaftigkeit besessen hätten. Sechs Titel dieses Herrn Balzac sind nun also zur Anzeige gekommen. Es wird genügen, einige Sätze daraus auszuwählen und vorzuführen.

I. *Szenen aus dem Pariser Leben. Vater Goriot*[91]: Über das Abendmahl: »Sie sind losgegangen, um den lieben Gott zu verspeisen ...«[92] – »Vautrin hat recht; Reichtum ist Tugend.«[93] Geld ist Tugend! – »Ich habe mir seinen Schädel angesehen: Er hat nur einen Höcker, den der Vaterliebe; er ist ein ewiger Vater.«[94] – »Der Zweikampf ist ein kindisches Spiel, eine Dummheit.«[95] – »Ehrenhaftigkeit bringt nichts ein.«[96] – »Bei denen steht die Tugend im vollen Flor ihrer Dummheit; bei ihnen herrschen aber auch Not und Elend.«[97] – »Es gibt keine Grundsätze; es gibt nur Geschehnisse.«[98] – »Es gibt keine Gesetze; es gibt nur Umstände und Gelegenheiten.«[99] Ich lasse vieles aus und komme nun zu:

II. *Szenen aus dem Pariser Leben. Geschichte der Dreizehn*[100]: »Es war ein furchtbarer Augenblick, einer der Augenblicke, da im menschlichen Leben der Charakter sich wandelt und da das Verhalten auch des besten Menschen von Glück oder Unglück seiner ersten Handlung abhängt: Vorsehung oder Verhängnis, man hat die Wahl.«[101] »Ist da nicht das größte Glück, das einem Mann widerfahren kann, genügsam zu lieben, um mehr Freude am Berühren eines weißen Handschuhs zu finden, am flüchtigen Streifen von Haar, am Vernehmen eines Satzes, am Spenden eines Blicks, als stürmischstes Besitzen der glücklichen Liebe spendet?«[102]

»Obwohl er eine so sublime Liebe im Herzen trug«:[103] Das heißt: eine ehebrecherische. – »Was für eine feine Sache ist doch der Beruf eines Spitzels, wenn man ihn auf eigene Rechnung und um einer Leidenschaft willen betreibt.«[104] – »Das Volk von Paris ... Eine fatale Macht hält es immer auf dem Niveau des Schmutzes fest.«[105] – »Sein Geheimnis verschweigen ist nichts; aber im voraus schweigen, eine Tatsache ein Menschenleben lang, wenn es sein muß, zu verschweigen wissen, um eine dreißig Jahre lang vorbedachte Rache sicher durchzuführen, das ist eine schöne Übung ...«[106] – »Man darf seinen Feind nur berühren, um ihm den Kopf abzuschlagen.«[107]

»Es ist stets leicht, sich einen Mann vom Halse zu schaffen« – das heißt: Mord –, »der etwas für Frauen übrig hat.«[108] – »Da es sich hierbei um einen Kampf auf Leben und Tod handelt, darf ich meinen Gegner mit allen Mitteln ums Leben bringen, die mir irgend zur Verfügung stehen.«[109] – »Jede Frau lügt. Notlüge, verzeihliche Lüge, erhabene Lüge, abscheuliche Lüge; aber Zwang zur Lüge.«[110] – »Es ist gemein, ... einem armen Mädchen einen Mann abspenstig machen zu wollen, mit dem ich eine moralische Ehe geschlossen habe« – das heißt: durch Hurerei – »und der davon redet, daß er all sein Unrecht dadurch wiedergutmachen wolle, daß er mich im Rathaus heiratet.«[111] – »Ich scheue nichts, Monsieur; ich bin eine anständige Frau, und ich habe nie wieder gelogen noch wem auch immer sein Hab und Gut gestohlen.« – Das sagt ebendiese Hure.[112] – »Aber gewißlich darf Gott nicht streng sein, wenn sie [die Leidenschaften] die Sünde so zärtlicher Seelen sind, wie meine Mutter eine war.«[113] Schon dieses Machwerk erzählt überreichlich von ehebrecherischen und schändlichen Leidenschaften. Vom folgenden wird es darin jedoch noch übertroffen:

III. *Szenen aus dem Pariser Leben. Glanz und Elend der Kurtisanen. Glückliche Esther*; *Was alte Herren sich die Liebe kosten lassen*; *Wohin schlechte Wege führen*[114]: »Die reuige Dirne wird für die Kirche stets eine Mystifikation bleiben; wenn sich je eine fände, so würde sie im Paradies abermals zur Kurtisane werden ... Sie sind eine Dirne, Sie werden eine Dirne bleiben; denn trotz der verführerischen Theorien der Tierzüchter« – das heißt: des Priestertums – »kann man hienieden nur werden, was man ist. Der Mann mit den Schädelbuckeln hat recht. Sie haben den Liebesbuckel.«[115]

»Ohne Kurtisanen gibt es kein großes Jahrhundert.«[116] – »Sie war damit erst fertig, wenn Lucien kam, und bot sich seinen Blicken stets wie eine neuaufgeblühte Blume dar.« – »Sie ließ ihm völlig seine Freiheit.«[117] – »[Schließlich] war die Formel ›Sie waren glücklich‹ für sie noch vielsagender als in den Märchen; denn sie hatten keine Kinder.«[118] – »Die Frauen waren ihm völlig gleichgültig geworden, vor allem aber seine eigene.«[119] – »Delphine hoffte heimlich, sie werde Witwe.«[120] – »Das Böse, dessen poetische Personifizierung man den Teufel nennt.«[121]

IV. *Szenen aus dem Pariser Leben. Die armen Verwandten: Tante Bette*[122]*:* Schamlose Aufforderungen zum Ehebruch, schmutzige Geschichten von demselben, schändliche Hurereien mit Liebhabern und Liebhaberinnen beleidigen vom ersten Wort an das Auge und verlangen geradezu nach ihrem gerechten Verbot.

V. *Szenen aus dem Pariser Leben. Die armen Verwandten: Vetter Pons*[123]*:* »Im Grunde kann der Mensch nur durch irgendeine Art von Befriedigung bestehen. Ein Mensch ohne Leidenschaft, der vollkommen Gerechte, ist ein Ungeheuer, ein halber Engel, der noch keine Flügel hat. In der katholischen Mythologie haben die Engel lediglich Köpfe ... Auf Erden ist der Gerechte der langweilige Grandison[124], für den sogar die Venus der Straßenecken geschlechtslos ist.«[125] – »Die Feinschmeckerei, die Sünde der tugendhaften Mönche, öffnete ihm ihre Arme.«[126] – »Sein ehemals schönes, frisches Gesicht, wie das des Christus der Maler ...«[127] – »Gott verlangt nichts als Reue« – das heißt: ohne Beichte und Buße – »sollten Sie anspruchsvoller als der Ewige Vater mit der armen kleinen Cécile verfahren?«[128] – »Jedermann wird das Verhalten der Präsidentin abscheulich finden; aber in dieser Lage wird es jede Mutter Madame Camusot gleichtun. Sie wird eher die Ehre eines anderen als die ihrer Tochter preisgeben.«[129]

Die Seiten 122 bis 125 sind angefüllt mit einem äußerst widerwärtigen Dialog und einem besinnungslosen Versuch, die Ehe zu brechen. »Das Volk hat unauslöschliche Instinkte. Unter diesen Instinkten findet sich der, welchen man törichterweise Aberglauben nennt, ebenso sehr im Blut des Volkes wie im Geist der Höherstehenden ...«[130] Gleich darauf gibt sich der Autor voll des Lobes für die deutende Astrologie, das Handlesen und alle sonstigen okkulten Wissenschaften. »Rabelais« – ein überaus unflätiger Autor, den Balzac jedoch sehr schätzt –, »der größte Geist der modernen Menschheit.«[131] – »Swedenborg, der große schwedische Prophet, sagte, die Erde sei wie ein Mensch.«[132] – »Alles im menschlichen Leben wie im Leben unseres Planeten ist schicksalhaft.«[133]

[VI.] *Szenen aus dem Privatleben. Memoiren zweier Jungvermählter. Eine Tochter der Eva*[134]: Seite 2 bis 3: Eine bissige Kritik am Leben der Nonnen. Der Stand der Ehe wird wie folgt bezeichnet: »Die vulgären Realitäten eines Daseins ..., das schlicht ist wie das eines Gänseblümchens.« Das Leben in diesen Erzählungen, den »Romanen« (also das dieser Ehebrecherinnen), sei reicher und ergötzlicher.[135] – »Während die Reichtümer, die Pracht, die Tränen, die Entzückungen, die Feste, die Freuden, die Wonnen an der beiderseitigen, geteilten, erlaubten Liebe mir als etwas Unmögliches vorgekommen sind.«[136] – »Die Ehe setzt sich das ganze Leben zum Ziel, während die Liebe als Ziel lediglich die Lust hat ... Dieser wichtige Punkt, nämlich die Führung einer Ehe ohne Ehemann, wurde in einem Gespräch zwischen Louis und mir geregelt ... Diese Vereinbarung, die gegen das Gesetz und sogar gegen das Sakrament verstößt, konnte lediglich zwischen Louis und mir getroffen werden«[137] – das heißt: zwischen Braut und Bräutigam.

»Meine Fragen ... griffen so sicher die schwachen Stellen des schrecklichen Lebens zu zweit an ...;[138] zwei gleichgeartete Seelen, die durch ihre Stärke vereinigt und dennoch unabhängig voneinander sind ... Laß mir meine völlige Unabhängigkeit ... Ich will nur aus freiem Willen deine Frau werden ...«[139] – Nachdem die Ehe bereits geschlossen ist! – »Ich halte dich für einen hinreichend anständigen Mann, um dir vorzuschlagen, du solltest den Anschein der vollzogenen Ehe wahren ... Wenn du mir nicht gefielest, ich dir jedoch passiv gehorchte ... und ein Kind bekäme, glaubst du, daß ich jenes Kind dann ebenso liebhaben könnte, wie wenn es ein aus gleichem Wollen geborener Sproß wäre?«[140] und tausend andere Dinge gegen die Ehe. »Man vegetiert so dahin mit seinem Ehemann ... Man *lebt* nur mit seinem Geliebten ... Die Ehe ist unser Fegefeuer, die Liebe unser Paradies. Traue ihr nicht: Sie ist die Hölle! Eine Hölle allerdings, in der man liebt ... Man hat oft mehr Freude im Leid als im Glück, man schaue sich nur die Märtyrer an ...«[141]

Die ganze Geschichte ist also ein einziges Loblied auf den Ehebruch. Zweifelsohne werdet Ihr gegen diese sechs unheilvollen Erzählungen ein hartes Urteil fällen, und so werden dann insgesamt neunzehn Texte dieses Schriftstellers verboten sein. Doch weitere bleiben übrig, viele sogar, mehr als dreißig nämlich, die immer noch nicht verdammt worden sind. Und das, wo doch sämtliche Bücher dieses allerübelsten Schriftstellers, der übrigens vor vierzehn Jahren gestorben ist, geradezu verschlungen, immer wieder zur Hand genommen und ein ums andere Mal gelesen werden. Sie bringen zahllose unvorsichtige Frauen und Ehefrauen in Verwirrung und verderben die Sitten. Deswegen möchte ich, mit Eurer gütigen Erlaubnis, folgendes sagen: Auch alle anderen Bücher desselben Autors müssen, wie es scheint, verdammt werden. Zu diesen Dingen vom hochverehrten Pater Sekretär* nach meiner Meinung gefragt, schrieb ich dies als der niedrigste unter den Konsultoren* dieser heiligen Kongregation* und als der Hochwürdigen und Hochverehrten Herren ergebenster Diener in Christus ...

22. Dumas: Ein Heuschreckenschwarm von Romanen

Alexandre Dumas (1802–1870), Vater des gleichnamigen Autors von *Die Kameliendame,* wurde durch seine beim breiten Publikum beliebten Abenteuerromane zu einem der populärsten Romanciers des 19. Jahrhunderts. Der Sohn eines Mulatten machte zunächst in der Armee Karriere und stieg bis zum General auf. Als Schriftsteller avancierte Dumas bald zum erfolgreichen romantischen Dramatiker. Schon seine Theaterstücke zeichnen sich durch eine turbulente Handlung aus, ihre theatergeschichtliche Bedeutung liegt jedoch in der Darstellung von in sich widersprüchlichen Charakteren. Nichtsdestotrotz beteiligte sich Dumas nicht an der literaturtheoretischen Debatte seiner Zeit, in deren Zentrum Victor Hugo stand. Dumas' erste Versuche als Autor von Abenteuerromanen blieben erfolglos. Erst seine historischen Romane nach dem Vorbild Walter Scotts verhalfen ihm zum schriftstellerischen Durchbruch. Zu den bekanntesten Romanen des Vielschreibers Dumas gehören *Die drei Musketiere* und *Der Graf von Monte Christo,* mit denen sich die folgende Zensur in der Hauptsache beschäftigt. In den römischen Archiven finden sich zahlreiche Gutachten zu den Werken Alexandre Dumas'. Als Beispiele mögen die folgenden dienen.

A
Anonymes Gutachten

ACDF, Indice, Protocolli 1862–1864, 15-XII-62, Nr. IV.

Madame de Chamblay[1] – Der Graf von Monte Christo[2] – Die Totenhand[3]

Ehrwürdigster Pater Meister [des Heiligen Palastes*],

In prompter Erledigung ihres schriftlichen Auftrags habe ich die zwei Bücher des Alexandre Dumas untersucht; hier nun mein unbedeutendes Urteil.

Madame de Chamblay

Obschon die ersten Seiten irgendeine Art Glauben vortäuschen, sind doch sämtliche vier dünne Bändchen (zu zweien zusammengetan) nichts als eine Anhäufung von Unmoral und Unglauben. Eine ehebrecherische Liebschaft sucht man hier mit Billigung Gottes zu sanktionieren, indem man sich auf die falsche Begründung beruft, daß der Ehemann die Frau ja nicht liebe. Und so nennen die zwei Ehebrecher ihre Verbindung bei ihren Zusammenkünften ähnlich dem Leben der Engel, die auf Gott hoffen, in Gott leben und Gott lieben. Die Bände 2 und 3 sind zu einem großen Teil mit unanständigen Geschichten angefüllt, die dem Beichtvater Abbé Morin in den Mund gelegt werden, der die reuige Sünderin zu verführen und an der Hochzeit zu hindern versucht, während er selbst sie in der Sakristei zu mißbrauchen trachtet. Zusammengefaßt sei gesagt (um mich nicht zu sehr zu verbreiten): Dies ist ein sehr gefährliches kleines Machwerk und verdient nicht nur die Verdammung, sondern gar das Feuer. Somit müßte man es in den Index* aufnehmen.

Der Graf von Monte Christo und seine Fortsetzung: *Die Totenhand*

Bei diesen beiden Bänden handelt es sich um ein umfangreiches Gefüge von kleinen Geschichten, romanhaften Episoden und märchenhaften Andeutungen. Für eine Verdammung finde ich darin jedoch nicht genügend Gründe. Zwar ist es wahr, daß sich der eine oder andere atheistische* oder fatalistische* Ausspruch findet; doch kaum liest man diese, da werden sie auch schon wieder zurückgenommen; so sagt zum Beispiel der eine: »Es gibt keinen Gott – und es gibt keine Vorsehung«, und der andere antwortet sogleich: »O sei doch still! Du glaubst nicht an Gott, während du doch stirbst, bestraft von seiner Gerechtigkeit. – Es gibt einen Gott, und es gibt eine Vorsehung. Geh also in dich!« Wenn ein Gesprächspartner das Duell lobt, so mißbilligt es ein anderer mit guten Argumenten und rät davon ab.

Im zweiten Band gibt es zahlreiche ironische und irrige Aussagen, die das Verbrechen fördern könnten – z.B. daß Gott schließlich alles für ein *mea culpa* vergeben wird. Der Übersetzer hat dies jedoch in einer Anmerkung richtiggestellt: »Verabscheuenswürdiger Unsinn, der nicht der Mühe wert ist, widerlegt zu werden ...« Derart abgemildert und korrigiert ist das Buch am 16. August 1836 in Neapel gebilligt worden. Aufgrund obiger Überlegungen zeigt das Buch – in der Form, in der es verbreitet wird – keine Merkmale, die eine Verdammung rechtfertigen würden. Dennoch möchte ich meinen, daß man das Buch verachten muß ...

B
Eusebio di Monte Santo

1823–1884, eigentlich: Vincenzo Magner. Mit fünfzehn Jahren trat Eusebio di Monte Santo dem Kapuzinerorden* bei und wurde sieben Jahre später zum Priester geweiht. Als Präfekt* des Missionskollegs S. Fidelis der Kapuziner* kam er 1857 nach Rom, wo er im August 1859 zum Konsultor* der Indexkongregation* berufen wurde. Monte Santo bekleidete von 1867–1881 das Amt des Predigers am päpstlichen Hof und war Mitglied verschiedener weiterer Kongregationen*. In den Jahren 1881 und 1882 wurde er Bischof zunächst von Amelia (Umbrien), dann von Orvieto. In seinem spärlichen schriftstellerischen Nachlaß findet sich das umfangreiche Werk über den seligen Benedikt von Urbino[4].

ACDF, *Indice*, *Protocolli* 1862–1864, 22-VI-63, Nr. IV, 8.

Über einige Romane des Alexandre Dumas

Eine noch schlimmere Geißel als der Heuschreckenschwarm, mit dem Gott die Überheblichkeit des Pharao bestraft, ist diese Flut von Romanen, mit der der Teufel sich müht, die Gesellschaft zu verderben. Sie bringt in ihr mittels Wissensdurst und oberflächlicher und unterhaltsamer Lektüre eine Menge von Grundsätzen hervor, die mal der Wahrheit des Glaubens offen entgegengesetzt sind, mal im Widerspruch zum Evangelium stehen, immer aber verderblich sind für die Ehrbarkeit der Sitten und für die Fortentwicklung der christlichen Frömmigkeit. Aus diesem Grund wünsche ich mir, daß sämtliche Bücher dieser Art aus der Welt verbannt werden, und zwar so, daß auch nicht ein einziges mehr in die Hand von gläubigen Menschen gelangen kann.

Da nun aber die Heilige Mutterkirche in ihrer Weisheit, mit der sie regiert, einige dieser Bücher toleriert und nur die schädlichsten von ihnen verbietet, werde ich im Zuge der Untersuchung der Romane des Herrn Dumas dasjenige sagen, das mir der von der Heiligen Kongregation* verfolgten Praxis hinsichtlich dieser Bücher konform erscheint.

Die drei Musketiere[5]
Hier handelt es sich um einen dieser sogenannten historischen Romane, die in Wirklichkeit nichts anderes sind als ein Amalgam aus Geschichte und Phantasie, geeignet, ihre Leser darin zu verunsichern, ob denn nun das, was erzählt wird, Fiktion ist oder Wahrheit. Mit diesem hier zieht er den Vorhang auf für eine lange Reihe von Romanen, anhand deren er sich vornimmt, die verdorbensten und stürmischsten Jahrhunderte der Geschichte Frankreichs zu behandeln. Dabei flüstert er einem all jene Maximen ein, die das sogenannte *Ancien régime* in Verruf bringen und dem modernen System Ansehen verschaffen können. Der Autor behauptet in diesem Roman nichts, das in theoretischer Hinsicht der Reinheit der Dogmen oder der Moral unserer heiligen Religion entgegengesetzt ist, noch verteidigt er irgendein Laster oder kritisiert eine Tugend. Es ist wahr, daß der Eindruck, den das Buch letztlich beim Leser hervorruft, derjenige ist, daß er die Phantasie anfüllt mit weltlicher Eitelkeit, einen tiefen Abscheu gegenüber den Herrschenden erzeugt, den Hof verweichlicht und die Adligen korrupt erscheinen läßt und andere derartige Ideen. Und es ist ebenfalls wahr, daß man den Eindruck gewinnen könnte, daß man auch ohne Gott und Religion ehrenhaft sein kann, wie es Aramis und Protos wußten; daß das Herz sich dazu getrieben fühlt, jene Fechter zu bewundern, die die Ehre auf der Spitze ihres Degens tragen und gegen jede natürliche, göttliche oder kirchliche Gesetzmäßigkeit bereit sind, ihre Gegner zu schlagen und zu durchbohren. Ebenso wahr ist es, daß man während der Lektüre dieses Romans den Eindruck gewinnt, daß sich die Gesellschaft in nur zwei Kategorien unterteilt, in Unterdrücker und Unterdrückte, und daß der Geist sich anschickt, sich zu einer der beiden zu gesellen, bei der es sich sicher nicht um die handeln wird, die Jesus Christus

empfiehlt. Und genauso ist es wahr, daß hier auch die Vorstellung von der Tugend profanisiert wird.

In der Tat, der Gesamteindruck, den die Lektüre dieses Buches hinterläßt, ist wirklich schlimm. Und diese Überzeugung, für die man unmöglich spezielle Einzelbeweise vorbringen kann, da sie sich ja nicht anhand von Thesen oder Tatsachen gebildet, sondern sich im Geist durch die Betrachtung der Gesamtlektüre des Buches formiert hat, diese Überzeugung also läßt mich – ohne mich auch nur im geringsten zu scheuen – zu der Ansicht kommen, daß man das Buch verbieten muß. Doch wenn ich daran denke, daß ohne irgendein Verbot eine Menge weiterer ähnlicher und noch schlimmerer Bücher folgen werden, daß dieses hier unglücklicherweise noch eines der weniger schlimmen in seinem Genre genannt werden kann, daß es darin nichts gibt, das die Religion und die guten Sitten direkt angreift oder verdirbt, und daß es, um die von mir angeführten Überlegungen anzustellen, eines gewissen Eifers bedarf, der nicht von der Art ist, die sich an derartigen Eitelkeiten ergötzt, wenn ich das also bedenke, dann wäre ich der demütigen Ansicht, daß – da man dieses Buch tolerieren müßte, wenn es hier keine weiteren, vom Inhalt des Buches unabhängigen Gründe gäbe – für ein Verbot auch jene blutige Szene nicht ausreichen würde, die in den Kapiteln 63 bis 65 des zweiten Bandes geschildert wird. Denn wenn die vier Freunde Atos, Protos, Aramis und d'Artagnan als selbsternannte Ankläger, Zeugen und Richter eine gewisse Miledi[6], belastet durch die Wahrheit ihres Verbrechens, zum Tode verurteilen und den Urteilsspruch ... vollstrecken lassen, dann wird auch dieses völlig willkürliche Urteil überhaupt nicht gelobt oder gutgeheißen, sondern einfach nur als historisches Ereignis geschildert. Und auch die Gewissensbisse, die sich hinterher bei Atos und d'Artagnan regen, legen kein Verbot nahe.

Wie schon gesagt: Es wäre meine demütige Ansicht, daß man das Buch tolerieren müßte, wenn es keine Gründe für ein Verbot gäbe, die vom Inhalt des Buches unabhängig sind. Wenn man deshalb nun diesen Roman als eine Einführung zu vielen ansieht, von denen mancher es verdient hätte, verboten zu werden (wie ich glaube), dann möchte ich doch meinen, daß es verboten werden kann und muß, und zwar nicht isoliert für sich betrachtet, sondern als ein überaus wirksamer Anreiz, auch die folgenden zu lesen, und mit denen zusammen es nichts als ein einziges Ganzes bilden würde.

23. Gregorovius unter Donnerblitzen

Der ostpreußische Protestant Ferdinand Gregorovius (1821–1891) ist der breiten Öffentlichkeit heute vor allem durch seine lehrreichen Reiseberichte über Italien und Korsika ein Begriff. Doch auch sein Hauptwerk *Die Geschichte der Stadt Rom im Mittelalter* ist weit über die Grenzen der Geschichtswissenschaft hinaus bekannt. Gregorovius war von Hause aus kein Historiker, sondern hatte in Königsberg zunächst Theologie und später Philosophie studiert. Schon zwischen 1845 und 1851 hatte er einen Roman, ein episches Drama und eine historische Abhandlung veröffentlicht, doch seine eigentliche literarische Karriere begann erst nach dem Wendepunkt in seinem Leben: einer Romreise im Jahr 1852. Gregorovius blieb acht Jahre in Rom, und es vergingen über zwei Jahrzehnte, bis er endgültig nach Deutschland zurückkehrte. Unter dem Eindruck seines Italienaufenthalts entstanden seine berühmten Bücher, deren bestimmende Themen Rom und das Papsttum, das Christentum in den verschiedenen Epochen und die Entwicklung der italienischen wie auch der europäischen Kultur überhaupt sind.

Gregorovius, der stets auf Reisen war und immer aus eigener Anschauung wußte, worüber er schrieb, schöpfte auch aus den zahllosen Quellen der verschiedenen Archive und Bibliotheken Italiens und beförderte häufig bislang Unbekanntes zutage. Dies war es unter anderem, woran die Zensoren der Indexkongregation*, die sich ab 1874 mit Gregorovius beschäftigten, Anstoß nahmen: Wie sollte man mit den unliebsamen Wahrheiten zum Beispiel über Alexander VI. oder Urban VIII. umgehen, die Gregorovius mit seinen Dokumenten eindeutig belegen konnte? Im folgenden werden sämtliche sechs Gutachten präsentiert, die die Kongregation* zu den verschiedenen Büchern Gregorovius' erstellen ließ. *Die Geschichte der Stadt Rom im Mittelalter* (A), *Urban VIII.* (C), *Die Grabmäler der römischen Päpste* (D), *Athenais* (E) und *Apulische Landschaften* (F) wurden von den italienischen Konsultoren* Giuseppe Maria Granniello und Giuseppe Pennacchi begutachtet und zwischen 1874 und 1882 indiziert. *Lucrezia Borgia* (B), das einzige Werk, das einem deutschen Zensor, nämlich Michael Haringer, zur Zensur überantwortet wurde, blieb vom Verbot verschont.

A
Giuseppe Maria Granniello

1834–1896. Giuseppe Maria Granniello gehörte dem Barnabitenorden* an. 1870 wurde der Theologieprofessor, seit drei Jahren bereits Qualifikator* des Heiligen Offiziums*, Konsultor* der Indexkongregation*, 1873 auch Konsultor des Heiligen Offiziums. Als Kardinal war Granniello 1893 Mitglied beider Behörden und anderer Dikasterien. Granniello ist Autor einer Reihe theologischer Schriften.

ACDF, *Indice, Protocolli* 1872–75, Nr. 40.[1]

Die Geschichte der Stadt Rom im Mittelalter[2]

1. Gregorovius, preußischer Protestant, kam 1852 nach Rom, wo in ihm das Bedürfnis erwachte, die Geschichte dieser Stadt im Mittelalter zu lehren; nachdem er hier einige Jahre verbracht hatte, begann er im Jahr 1855[3] die Arbeit am Werk, das er 1872 abschloß. Es besteht aus acht Bänden; die italienische Ausgabe

ist allerdings erst beim vierten angekommen, der mit dem 12. Jahrhundert endet.

2. Vorausgeschickt sei, daß dieses Werk es verdient hat, verdammt zu werden. Obwohl zur Untermauerung dieser These sehr viel weniger vonnöten wäre, als ich zu sagen im Begriff bin, werde ich mich trotzdem ein wenig darüber ausbreiten, damit man die Natur dieser Schrift und den Geist, in dem sie verfaßt ist, deutlich erkennt; hiervon hängt schließlich zum größten Teil das Urteil darüber ab, ob eine Verdammung angeraten ist.

Bei dieser *Geschichte der Stadt Rom im Mittelalter* handelt es sich um nichts anderes als um eine Geschichte der Päpste, und es ist wohl leicht zu verstehen, daß eine solche – gelehrt von einem Protestanten – notwendigerweise Irrtümer und falsche Urteile enthalten muß. Dieser Fehler jedoch, der allen Schriften von Nichtkatholiken zum Papsttum gemein ist, kann unterschiedlich schwerwiegend ausfallen und vom Guten sogar mehr als wettgemacht werden, je nach Art der Gesinnung der Autoren, der Breite und der Form, in der sie den Inhalt behandeln, und der Ziele, die sie verfolgen. Bei Gregorovius steht es um diese drei Bedingungen nun unglücklicherweise so, daß sie sein Werk zu einem der übelsten machen, die man über die Stadt Rom verfassen kann. Gregorovius ist in der Tat ein heißblütiger Protestant und ein erbitterter Gegner der weltlichen Herrschaft des Papstes, voller Leidenschaft und Bewunderung für die neue politische Ordnung; mit allergrößter Ausführlichkeit behandelt er seinen Stoff, den er zudem von allen Seiten betrachtet, nämlich in politischer, ziviler, religiöser und künstlerischer Hinsicht ... Sein Ziel ist es, die Geschichte Roms zu erzählen und dabei die Kirche und das Papsttum zu bekämpfen; letztere Absicht begleitet ihn bei allem, was er schreibt, und bisweilen dominiert sie ihn sogar. So läßt sich denn leicht folgern, was das für eine Geschichte der Stadt Roms ist: Sie begnügt sich nicht mit einigen irrigen Maximen, sondern liefert und verficht gleich Theorien; sie gibt sich nicht damit zufrieden, hier und da den einen oder anderen Sarkasmus, die eine oder andere Beleidigung gegen die Lehre und die Gepflogenheiten der Kirche einfließen zu lassen, sondern bekämpft diese gleich in ganzen Abhandlungen. Nicht nur nutzt sie jede sich bietende Gelegenheit, die Kirche in Mißkredit zu bringen, sondern sucht geradezu beflissen nach diesen. Was sich seiner Absicht in die Quere stellt, wird nur flüchtig gestreift, in Zweifel gezogen oder gänzlich verschwiegen. Mit böser Absicht werden die heiligsten Taten der Päpste ausgelegt, doch damit nicht genug! Schließlich kommt es mit ihm so weit, daß die Geschichte gefälscht wird! Wäre doch nur wenigstens die Sprache des Buches gepflegt, aber nein! Auch diese ist sehr gewöhnlich.

3. Nun sollte ich wohl den einen oder anderen Beleg für das Gesagte anführen, doch weiß ich wirklich nicht, wo anzufangen ist. Ich werde einfach beginnen mit einer Stelle, die sich mit der wichtigsten aller Fragen, die zur Zeit auf der Welt diskutiert werden, befaßt: mit den Beziehungen zwischen Kirche und Staat. Im zweiten Brief des hl. Gregors II.[4] an den Bilderstürmer Leo den Isaurier[5] findet er nur erwähnenswert, daß der Papst die Grenzen der weltlichen Macht absteckt, indem er sie mit dem Schwert zieht ..., und diejenigen der kirchlichen Gewalt, indem er die sündige Seele mit dem Bannfluch bestraft. Er fügt hinzu:

»In der Geschichte der Kirche bezeichnen diese Erklärungen Gregors II. die Stelle, wo die weltliche und die geistliche Gewalt, die Kirche und der Staat sich vollkommen schieden und als zwei Mächte einander bewaffnet gegenübertraten. Dieser weltgeschichtliche Zwiespalt, welcher das Leben des ganzen Mittelalters ausgefüllt hat und noch am heutigen Tage fortdauert, war dem Altertum unbekannt gewesen ... Er blieb auch Constantin[6] und seinen Nachfolgern unbekannt; denn nachdem das Christentum zur Religion des Reichs geworden war, betrachteten sich die auch mit priesterlicher Gewalt bekleideten Kaiser als die Häupter der Imperialkirche. Dies war ein so einfacher Reichsgrundsatz, daß Leo der Isaurier, nicht aus despotischem Übermut, sondern in dem ruhigen Selbstbewußtsein seiner heiligen Majestät dem Papst geschrieben hatte: ›Ich bin Kaiser und Ich bin Priester.‹ Und es war dieser Spruch, der Gregor zu jenen harschen Erklärungen veranlaßte ...«[7]

In diesem Sinne fährt er fort und zitiert den Ausspruch Leos sogar noch einmal in einer Fußnote auf Griechisch ... Jeder, der nun über dieses Kriterium verfügt, kann von sich aus erkennen, was für ein Urteil der Autor wohl über die Kämpfe zwischen Kirche und Staat fällen wird, die etwa ein Drittel der Papstgeschichte des Mittelalters einnehmen. Soviel zum Anfang des Werks.

4. Wenn er nun über die verschiedenen Ereignisse und Personen redet, geht er noch sehr viel weiter, als es ein anderer mit derselben Theorie könnte. Als Kostprobe wähle ich den hl. Gregor VII.[8] aus; wenige kurze Stellen werden ausreichen.

»Gregor handelte in seinem Ungestüm in einer Weise, die den König zu äußersten Exzessen trieb.«[9] – Oder, wenn er von dem Schaden spricht, den Rom durch die Normannen erlitten hat: »War Gregor VII. im brennenden Rom (und es brannte um seinetwillen) nicht ein so schrecklicher Mann des Fatum wie Napoleon, wenn er ruhig über blutige Schlachtfelder dahin ritt?«[10] ... Über den Tod Gregors äußert sich der Autor beleidigend, um folgendermaßen zu schließen: »Und hier – wie beim Ende Napoleons, der auf St. Helena einen einsamen Tod starb – feierte die Ewige Gerechtigkeit einen ihrer größten Triumphe.«[11] Die Seiten 232 bis 233 und Seite 299 atmen voll und ganz dieses rasende Wüten, zu dem ein deutscher Protestant fähig ist, wenn er die Erniedrigung erwähnt, zu der einer seiner Kaiser von einem italienischen Papst gezwungen worden ist.[12] Doch als wolle er für diese Beleidigungen einen Ausgleich schaffen, sagt er über Gregor – als Staatsmann betrachtet – folgendes: »Neben ihm sinkt Napoleon in tiefe Ideenarmut ab.«[13] Und: »Ein Napoleon erscheint einem Gregor gegenüber nur als Barbar.«[14]

5. Doch noch mehr als bei der Behandlung der Beziehungen zwischen Kirche und Staat verrät der Autor, worauf diese Ge-

schichte abzielt, wenn er von der Verehrung der Seligen Jungfrau, der Heiligen und ihrer Bilder spricht. Selten kommt es vor, daß es dem Autor notwendig erscheint, vom Bau einer Kirche, von irgendwelchen Feierlichkeiten, der Restaurierung von Mosaiken usw. zu erzählen, ohne daß ihm dies sogleich einen Vorwand böte, sich mit Sarkasmen und Schmähreden – oder auch mit theologischen Erörterungen – auf die Heilige Jungfrau und die Heiligen zu stürzen. Ich werde einige Zeilen zitieren; nicht etwa, um von seinem satanischen Haß gegen unsere Mutter Maria eine Kostprobe zu liefern (dies wird noch eine der harmloseren Stellen sein), sondern weil diese Zeilen einen Satz enthalten, der – genau betrachtet – eine glänzende Lobrede auf die Italiener darstellt. Er sagt nämlich folgendes über die Zeit Gregors des Großen[15]:

»Nicht der Heiland, sondern seine Mutter wurde als Retter angerufen; so zeigte sich der Mariendienst, der noch heute in Italien und Griechenland der Hauptkultus ist, schon damals herrschend. Vor Konstantin würde eine ähnliche Prozession, wenn sie stattfinden konnte, ihren Ausgang zu Christus, dem Stifter der Religion, in den Vandalen- und Gotenzeiten zum Apostel Petrus genommen haben usw.«[16] Doch sogleich fährt er fort, die Entwicklung der Marienverehrung (er bezeichnet sie allzuoft als »Mythologie« oder »christlichen Polytheismus«) zu schildern und dabei zu bekämpfen ... Der Autor geht so weit, jene Behauptung zu referieren, die sich im zweiten Brief des hl. Gregor II. an Leo den Isaurier befindet: »Alle Königreiche des Westens betrachten den heiligen Petrus als Gott auf Erden.«[17] Nach einer weiteren kritischen Bemerkung ... schließt er: »*Also wurde Petrus zum Gott erklärt, und der Papst selbst verkündete ihn als einen solchen.*«[18] Beweist dies nicht deutlich, daß das Ziel des Gregorovius, die Geschichte Roms zu erzählen, eng mit demjenigen verknüpft ist, die Kirche und den Heiligen Stuhl* anzugreifen? Nur daß er dies nicht allein als Protestant tut, sondern auch als Liberaler!

6. Seine Ansichten zur weltlichen Macht der Päpste muß

nicht notwendig im Werk selbst gesucht werden, da der Übersetzer selbst darauf hinweist, daß dieses »entstanden ist unter dem Einfluß der nationalen Wiedergeburt Italiens, inspiriert von unserem Zeitalter«. Und in der Tat reduziert sich seine Theorie stets auf den Satz »Ein Papst ist nur Priester und muß nach dem Gebot des Evangelium weltlichen Händeln und politischen Dingen fern bleiben«[19]; wie er aber die weltliche Macht auf fast jeder Seite seines Buches erscheinen läßt, läßt sich mit folgender Behauptung zusammenfassen: »Das *Dominium Temporale**: schicksalhaftes Geschenk der Karolinger, das in der Hand der Päpste zu einer wahren Büchse der Pandora wurde, aus der sich tausendfaches Unheil über Rom ergoß.« Man muß jedoch schauen, ob Gregorovius denn wenigstens die Gesetze der Wahrhaftigkeit und des Ernstes wahrt, an die ein Historiker strengstens gebunden ist, ganz gleich, zu welchen politischen Überzeugungen er sich bekennt.

7. Wir entnehmen eine Probe aus dem Kampf um die Heiligenbilder, der – wie der Autor selbst sagt – das Fundament legt für jene [weltliche] Macht. Nur zu natürlich ist es, daß ein Protestant über das Verbot der Heiligenbilder sagt, der Name Leos sei unsterblich geworden.[20] Daß er jedoch in Leo nichts anderes sieht als Grund zum Lob, dabei dessen im Osten begangene unmenschliche Grausamkeiten – vor allem den Brand der Bibliothek von Konstantinopel, auf die nur flüchtig hingedeutet wird – völlig übergeht und den Schaden, der ganz Italien drohte, mit manch doppeldeutigem Wort zu beschönigen versucht, ist geradezu unfaßbar. Der hl. Gregor II. hingegen wird in den schwärzesten Farben geschildert; alle seine Handlungen seien auf nichts anderes als Ehrgeiz oder List zurückzuführen; selbst als dieser [den König] Liutprand[21] besänftigt, der dabei ist, Rom zu belagern, nennt Gregorovius ihn einen »priesterlichen Zauberer«[22]...

8. Glücklicherweise können all diese (und andere) Verleumdungen wenig Eindruck machen auf einen Leser, der über ein wenig Umsicht verfügt, denn durch den Vergleich, den Grego-

rovius zwischen vergangenen und heutigen Ereignissen und Personen anstellt, gibt er sein eigentliches Vorhaben preis, da er uns klar und deutlich zeigt, daß sein Werk der gegenwärtigen Usurpation der Kirchenstaaten dienen soll ... [Es folgen einige Beispiele.] Gregorovius könnte uns nicht deutlicher zeigen, mit welcher Intention er schrieb; und dies ist es, was uns den Weg dahin bahnt, uns darüber zu unterhalten, ob nicht ein ausdrückliches Verbot dieses Werks angebracht wäre.

9. Nun muß ich jedoch erklären, warum ich »ausdrückliches Verbot« sagen möchte. Die Regel Nr. II des Index versteht darunter das Verbot der Bücher von Ketzern*, *die explizit von der Religion handeln*. Um hier die möglichen Fragen, die den Sinn eines solchen Kanons betreffen, beiseite zu lassen, ist es doch eindeutig, daß das Buch, das wir in Händen halten, in diesen gehört. Denn in der Tat: Dies ist die Geschichte der Stadt Rom vom 5. bis zum 16. Jahrhundert, und sie behandelt ihren Stoff in größtmöglicher Ausführlichkeit. Somit ist es aber auch ein Werk von größtenteils religiösem Inhalt. Weiterhin habe ich von der Art und Weise, in der dieser Inhalt hier behandelt wird, teils bereits gesprochen, teils kann man es aber auch aus dem Gesagten schließen. Für den Fall, daß dies noch nicht genug ist, füge ich noch zwei weitere Beispiele hinzu ...

10. Da es unter dieser Voraussetzung nun etwas heikel ist, über Für und Wider eines solchen ausdrücklichen Verbots zu urteilen, werde ich mich damit begnügen, die Gründe zu umreißen, die zu der einen oder der anderen Entscheidung führen können. Begonnen sei mit denjenigen, die für ein solches Verbot sprechen.

I. Obwohl sich gelehrte Menschen vielleicht bisweilen vom Werk des Gregorovius erfreuen lassen und oft sogar Gewinn daraus ziehen, ist es doch für alle einigermaßen gebildeten Leute geschrieben, und seine Machart paßt völlig zu dieser Intention. Denn in der Tat verläuft die Erzählung – trotz der großen Vielfalt der Inhalte – ansprechend und ordentlich ... Zudem ist die [italienische] Übersetzung nicht nur korrekt, sondern gibt die ganze Natur des Originals wieder. Man wird das Buch also lesen, und dies mit Vergnügen!

II. Dieses Geschichtswerk ist von der Sorte, wie man es sich heutzutage wünscht, das heißt:

a) Mit großer Gelehrsamkeit und viel Kritik ausgeführt. Der Autor hat die Quellen nicht nur eingesehen, sondern genau studiert, hat in den Archiven Italiens und anderer europäischer Länder Originaldokumente durchforscht, hat mit eigenen Augen die Monumente untersucht und schließlich all die hilfreichen Möglichkeiten genutzt, die ihm sein langer Aufenthalt in Rom und die Gunst der Regierungen von Preußen und Piemont an die Hand gegeben haben. Sein Werk ist die Ernte von sechzehn reichen Studienjahren; allein die Anmerkungen und Zitate geben hiervon beredt Zeugnis.

b) Er behandelt den Inhalt mit der ganzen Ausführlichkeit, die ihm gebührt, und verbreitet sich über Topographie, Kunst und Literatur; sein Denken gipfelt dabei gewissermaßen in der Religion.

c) Er schreibt dieses Geschichtswerk als Philosoph, und wenn man auch den Mißbrauch, den er mit seinem Talent treibt, zutiefst bedauern mag, so kann man ihm doch scharfen Verstand und kraftvolle Synthesen nicht absprechen. All diese Vorzüge tragen dazu bei, dem Autor eine größere Wertschätzung zu verschaffen, was die Gefährlichkeit des Ziels steigert, das er sich selbst gesetzt hat.

III. Bisweilen legt der Autor jene scheinbare Mäßigung an den Tag, die zu den geeignetsten Mitteln gehört, den Weg zum Irrtum zu ebnen. Es finden sich schöne Maximen und wertvolle Bekenntnisse, zum Beispiel: »Auf diesem festen Grundstein der Kirche wurde das gesamte Leben Europas neu gegründet.«[23] Die christliche Religion nennt er »die Religion der Verfolgten und der Unglücklichen«[24], und vom hl. Gregor dem Großen heißt es: »Derselbe Bischof, welcher sie ermahnte, sich mit dem Gedanken an Untergang und Tod vertraut zu machen, sorgte zugleich für ihre Lebensrettung.«[25]...

IV. Das Werk wurde sehr günstig aufgenommen; es genügt zu sagen, daß, noch bevor es zum Abschluß kam, bereits eine Neuausgabe der ersten Bände erfolgte. Die römische Stadtverwaltung hat auf ihre Kosten die Übersetzung besorgen lassen und den Autor mit der Ehrenbürgerschaft der Stadt belohnt. Dies aber kann die jungen Leute dazu einladen, das so verabscheuenswerte Buch zu lesen. Ein ausdrückliches Verbot scheint somit also angeraten.

Jemand anderem könnte es scheinen, daß diese Gründe nicht ausreichen, um ein ausdrückliches Verbot tatsächlich zu rechtfertigen, und somit auf die eine oder andere Art einige Ausnahmen zulassen. Denn:

I. Dieses Buch bietet, wenn man die Irrtümer betrachtet, weder substantiell noch formal etwas Neues. Es ist ein Werk von acht Bänden, weshalb es schwerlich durch die Hände junger Menschen gehen wird.

II. Unter denjenigen, die nicht die Erlaubnis haben, verbotene Bücher zu lesen, wird sich niemand finden, der dieses liest, es sei denn, er hätte bereits seinen Glauben verloren oder beabsichtigt, dies um jeden Preis zu tun; denn trotz der vielen und großen Vorzüge, durch die sich das Buch auszeichnet, ist es doch auch wahr, daß Irrtümer reichlich vorhanden sind und ganz offen zutage treten; daß die böse Absicht eindeutig und das Ziel ganz offensichtlich der Kampf gegen die Kirche und den Heiligen Stuhl* ist. Schon von den ersten Seiten an sieht der Leser den Primat des römischen Papstes geleugnet, die Kirche der schon früh eingetretenen Korruption bezichtigt – dieser Vorwurf wird in großer Breite ausgesponnen – und die Reformation* emporgehoben.[26] Der Leser wird also von sich aus feststellen, daß es sich hier um ein verbotenes Buch handelt, und wird zu lesen aufhören, wenn ihm Glaube und Heil am Herzen liegen.

III. Auch kann sich niemand von der oben erwähnten Mäßigung täuschen lassen, da man von dieser gerade einmal soviel vorfindet, wie es heute notwendig ist, damit ein Buch Aufnahme in die literarische Welt finden kann. Die von mir gestreiften Urteile über den hl. Gregor VII. und den hl. Gregor II. belegen dies nur zu gut, da es völlig unglaubwürdig erscheint, daß sich ein gelehrter Protestant des 19. Jahrhunderts zu derartigen Überhöhungen hinreißen läßt. Im Gegenteil, es ist ganz klar, daß es sich bei dieser Mäßigung um nichts anderes handelt als einen Einstieg, mit dem der Autor einen dazu bringt, Zutrauen zu den Irrtümern und Beleidigungen zu finden, die er im folgenden anhäuft ...

IV. Die Aufnahme, die das Buch gefunden hat, kann den Gläubigen viel weniger schaden, da es jene nur unter traurigen Menschen erfahren hat. Im Gegenteil, jeder, der von den Ehren weiß, die die Römische Stadtverwaltung dem Buch erwiesen hat, wird sich davor hüten, es in die Hand zu nehmen, da er erkennt, daß eine derart ausgedehnte Geschichte Roms nichts anderes als eine Geschichte der Päpste sein kann und daß wiederum eine Papstgeschichte, die von der Römischen Stadtverwaltung dermaßen ausgezeichnet worden ist, notwendigerweise verderblich sein muß.

V. Man könnte folgendes hinzufügen: Die Gegner des Heiligen Stuhls* würden ... ob eines solchen Verbots frohlocken, wobei sie sich der Vorstellung hingeben würden, ins Schwarze getroffen zu haben; andere könnten, wenn sie sähen, daß der Heilige Stuhl es für geboten gehalten hat, das Buch dieses Protestanten, das von den allgemeinen Regeln des Index betroffen ist, namentlich zu verdammen, zu der Ansicht verleitet werden, daß der Autor, dem soviel Unterstützung zuteil wurde und der folglich in »so manches Archiv, das kurz zuvor noch scharf bewacht worden war, vorgedrungen« ist, wie der Übersetzer schreibt, Neues gefunden oder Altem eine neue Gestalt verliehen habe, so daß sich sogar der Heilige Stuhl darüber Sorgen machte. – Und dabei hat es nichts von alledem!

Mein Gutachten im voraus dem Urteil unterwerfend, das die Klugheit Eurer fürstlichen Eminenzen ausdrücken wird, denen ich respektvoll den heiligen Purpur küsse ...

B

Michael Haringer

Michael Haringer (1817–1887) trat 1841 dem Orden der Redemptoristen* bei und hatte von 1855–1887 das Amt des Generalkonsultors* inne. 1859 erhielt Haringer erstmals ein Amt in der römischen Kurie: Er wurde zum Konsultor* der Ablaßkongregation* ernannt. 1873 folgte seine Berufung zum Konsultor* der Indexkongregation*, für die er in den folgenden Jahren zahlreiche Gutachten verfaßte. Haringer nahm 1870 am ersten Vatikanischen Konzil* unter Pius IX. als Theologe teil. Er verfaßte mehrere Schriften zu moral- und pastoraltheologischen Themen und trat auch als Übersetzer in Erscheinung.

ACDF, Indice, Protocolli 1872–75, Nr. 126.

Lucrezia Borgia[27]

I. Autor und Buch

Das Buch, das ich im Auftrag des Hochehrwürdigen Sekretärs* untersucht habe, besteht aus zwei Bänden; der erste schildert auf 329 Seiten Leben und Taten der Lucrezia Borgia, während der zweite auf 141 Seiten 62 Dokumente enthält, die in lateinischer, italienischer und spanischer Sprache verfaßt sind. Als Frontispiz hat das Buch ein Bild von Lucrezia, das man von einer alten Münze abgeschaut hat; und am Ende der Dokumente finden sich drei Briefe, die die Handschrift Alexanders VI.[28], des Kaisers und Lucrezia Borgias selbst in getreuer Nachahmung wiedergeben. Der Autor Ferdinand Gregorovius erfreut sich eines weitverbreiteten Ruhms, und er ist gewiß nicht zu verachten: Kaum einer kennt nämlich die Geschichte Italiens so gut wie er. Er hat zahlreiche Archive und Biographien durchforscht, hat voller Eifer und mit viel Aufwand von überall her Dokumente zusammengetragen und vermag mit großer Kunstfertigkeit die alten Stoffe, die von anderen Schriftstellern in rohem und uns heute gänzlich fremdem Stil erzählt wurden, mit eleganter Feder darzustellen. Vor einem Jahr hat ebendiese Heilige Indexkongregation* Gregorovius' *opus magnum Die Geschichte der Stadt Rom* verdammt, weshalb Ihren Eminenzen und den Hochehrwürdigen Konsultoren* die Gesinnung dieses nicht katholischen Schriftstellers zur Genüge bekannt ist und es keiner weiteren Worte bedarf.

Dieses Buch nun, das das Leben Lucrezias behandelt, hat er Michele Gaetani[29], dem Herzog von Sermoneta, gewidmet, welcher von ihm mit höchstem Lob bedacht wird, weil er sich im Jahr 1870, als die französische Garnison Rom besetzt hatte,[30] an die Spitze des städtischen Regiments stellte und Vittorio Emmanuele[31] die Ergebenheitserklärung des römischen Volkes überreichte. Für Gregorovius – diesen Feind der weltlichen Herrschaft des Papsttums – eine Heldentat. In der Einleitung referiert der Autor, was an Lob oder Tadel zu verschiedenen Zeiten von vielen Schriftstellern über Lucrezia geschrieben worden ist; hierbei ist festzustellen, daß die jüngeren Autoren Lucrezia – dem Beispiel des Engländers Roscoe[32] folgend – im allgemeinen gelobt haben. So tritt denn auch Gregorovius, obschon er sich keineswegs eine Apologie zum Ziel gesetzt hatte, dennoch in herausragender Art und Weise für ihre Ehre ein. Die Biographie Lucrezias gliedert sich in zwei Teile: Im ersten und bei weitem größeren wird ihr Leben in Rom erzählt (1480–1502), im zweiten ihr weiteres Leben in Ferrara bis zum Tod im Jahr 1519.

II. Alexander VI.

Im ersten Teil geht es eigentlich eher um die Biographie Alexanders VI., die durch zahlreiche Dokumente erhellt – oder besser: verdüstert – wird. Man wird es mir nachsehen, wenn ich hier Abstand davon nehme, die Skandalgeschichten des einstigen Kardinals Rodrigo Borgia – später Alexander VI. – und seines Sohnes Cesare[33] zu referieren; denn ohne große Betrübnis lassen sich diese Dinge weder lesen noch darstellen. Zwar weiß ich, daß einige jüngere Autoren sich zum Anwalt Alexanders gemacht und diesen von jedem Makel zu befreien versucht haben: Doch Lügen ist niemals erlaubt und auch nie förderlich ...

Ich kann nicht sagen, was den Autor bei der Beschreibung der Taten Alexanders geleitet hat: Haß oder Leidenschaft? Denn tatsächlich erzählt er so gut wie nichts, was er nicht durch vertrauenswürdige Dokumente belegt, und bisweilen verteidigt er Alexander auch tatkräftig gegen die schärfsten Anklagen, wie wir später sehen werden. Ich räume durchaus ein, daß er und im allgemeinen alle Protestanten aus Unkenntnis der katholischen Doktrin und wegen der Vorurteile, in denen sie befangen sind, kein zutreffendes Urteil über viele Dinge fassen können, die die Bräuche und die Lehre der Kirche betreffen. Allein, die Intention des Autors war keine andere (wie er in der Einleitung selbst kundtut), als anstelle von Fabeln ein wahrhaftiges Geschichtswerk zu verfassen, das sich auf bislang unveröffentlichte Dokumente stützt.

Gregorovius, so kommt es mir vor, hat jedoch den Fehler begangen, die von ihm publizierten Quellen nicht mit anderen, bereits veröffentlichten, zu vergleichen und somit einzig und allein auf die eigenen zu vertrauen. In dem einen oder anderen Dokument wird jedoch eine unsichere Aussage oder ein Gerücht wiedergegeben, ohne daß es irgendwie abgesichert wäre; dies aber ist ein Fehler: eine solche unsichere Aussage so zu präsentieren, als sei sie abgesichert. Dies möchte ich anmerken zu Kapitel VI, S. 42, wo Gregorovius berichtet, Kardinal Rodrigo Borgia sei mit Simonie[34] zum Papst erwählt worden: Man habe das Papsttum an den Meistbietenden verkauft, und der Kardinal Ascanio[35] habe bei der Wahl den Ausschlag gegeben, wofür er als Lohn die Stadt Nepi[36], das Amtes des Vizekanzlers und den Palazzo Borgia (heute Sforza Cesarini) empfangen habe.[37]

Wie belegt er aber nun diese äußerst schwerwiegende Beschuldigung? Mit einem Brief Giacomo Trottis, Gesandter aus Ferrara beim Herzog von Mailand, der am 28. August 1492 an seinen Herrn, den Herzog Ercole[38], schrieb: »Mit Simonie und tausend Betrügereien und Ehrlosigkeiten ist das Papsttum verkauft worden: eine niederträchtige und verabscheuenswerte Angelegenheit.«[39] Wie aber kann ein Giacomo Trotti in Mailand so gut darüber informiert sein, was in Rom beim Konklave* vor sich ging?

... Viele Schriftsteller klagen Alexander VI. an, weil er die rechtskräftige und vollzogene Ehe seiner Tochter Lucrezia aufgelöst und gestattet hat, daß sie eine neue Ehe einging: Manche haben hieraus sogar ein Argument gegen die Unfehlbarkeit des Papstes abgeleitet. Auch Gregorovius beteiligt sich an dieser Anklage und sagt, er habe mit dem heiligen Sakrament der Ehe gespielt ... Es ist nicht im geringsten meine Absicht, Alexander dafür zu loben, daß er seinen Kindern Ehen mit den vornehmsten und reichsten Männern verschaffen wollte; hier war er sicher von Liebe verblendet und vom Ehrgeiz angetrieben. Wenn Gregorovius jedoch behauptet, er habe rechtskräftige und vollzogene Ehen aufgelöst und neue erlaubt, so möchte ich ihn anhand derselben von Gregorovius vorgebrachten Dokumenten verteidigen, was mir wohl nicht schwerfallen wird.

Am 26. Februar des Jahres 1491 verlobt sich Lucrezia mit dem Spanier Cherubino de Centelles. Der angehende Gemahl gelobt (in Dokument 4, Seite 19), die Hochzeit zu feiern, sobald Lucrezia die Volljährigkeit erreicht: Zum betreffenden Zeitpunkt ist sie erst elf Jahre alt. Nach kurzer Zeit jedoch wird diese Verlobung wieder gelöst, und durch einen Prokurator wird eine neue Ehe mit Gasparo geschlossen, einem jungen Grafen von Aversa: Doch auch diese Ehe ist nie vollzogen worden; am 8. November 1492 wird sie schließlich wieder aufgelöst (Dokumente 7 und 15). Daraufhin verlobt sich Lucrezia am 2. Februar 1493 mit Giovanni Sforza[40], Graf von Pesaro (Dokument 9); die Hochzeit wird am 12. Juni gefeiert in Anwesenheit des Papstes, von Kardinälen, fürstlichen Gesandten und vornehmen Römern. Auch diese Ehe wird aufgelöst, und zwar am 20. Dezember 1497.

Gregorovius berichtet auf Seite 100[41], Alexander VI. habe eine Kommission unter dem Vorsitz zweier Kardinäle eingerichtet, um über diese Ehesache zu entscheiden. Unter Eid habe der Graf von Pesaro erklärt, die Ehe sei niemals vollzogen worden; er selbst sei impotent. Ebenso erklärte Lucrezia, dazu bereit zu sein, einen Eid darauf zu leisten, daß die Ehe niemals vollzogen wurde. In einem Brief Pandolfo Collenuccios[42] an den Herzog von Ferrara (bei Gregorovius Band 1, Seite 101 in Fußnote) liest man folgendes: »Der Herr aus Pesaro hat hier in Rom eigenhändig schriftlich niedergelegt, er sei nie mit ihr intim gewesen und außerdem impotent; anders habe das Urteil nicht gefällt werden können ... Ebendieser Herr sagt jedoch, er habe dies aus Gehorsam gegenüber dem Herzog von Mailand und Ascanio geschrieben.«

Wenn er nun aber außergerichtlich bestreitet, was er vor Gericht behauptet hat, so bedeutet dies nichts: Das Urteil ist aufgrund einer juristischen Beweisführung gefällt worden. Wenn der Graf von Pesaro einen Meineid geleistet hat, so kann er nicht die Richter anklagen; und er kann nicht sagen, man habe ihn gezwungen: denn er unterlag nicht der Amtsgewalt Alexanders VI., sondern hielt sich in Mailand auf, bei seinem Freund dem Herzog.

Der Urteilsspruch mißfiel dem Grafen von Pesaro jedenfalls, und er entwickelte hieraus einen Haß gegen Alexander VI.; Haß wiederum macht ungerecht, und so sprach er folgende Verleumdung aus: »Der Papst hat es aus keinem anderen Grunde zurückgezogen, als um sich ihrer zu bedienen« (Seite 101 in Fußnote). Gregorovius berichtet also, man habe Alexander Inzest mit der eigenen Tochter vorgeworfen; mit vielen Argumenten zeigt er jedoch vortrefflich, daß diese überaus schwerwiegende Anklage einzig dem Haß des Grafen von Pesaro entsprungen war. Diese Verteidigung Alexanders aus dem Munde Gregorovius' scheint mir von großem Wert zu sein; sie vermag viele andere Sünden des Autors zu überdecken ... Auf Seite 123 lobt Gregorovius Alexander dafür, daß er die Künste – insbesondere die Malerei – förderte. Pinturicchio[43] und Perugino[44] wurden im

Vatikan beschäftigt, und in seinem Pontifikat kamen Michelangelo[45], Bramante[46] und Kopernikus[47] nach Rom[48]: Dichter und Humanisten fehlten nicht.

Gregorovius beachtet, daß die Menschen jener Zeit nicht nach den heute gültigen Moralmaßstäben bewertet werden dürfen; zu jener Zeit nämlich legte man seinen Leidenschaften keine Zügel an, man lachte über alles, was sonst als heilig galt. Die Literatur glorifizierte Schändlichkeiten: In Komödien und Romanen verachtete man die reine Ehe und hielt den Ehebruch hoch, und die öffentliche Moral entsprach der Literatur ... Machiavelli[49], der auch noch die übelsten Grundsätze verteidigte, hielt man in großen Ehren.

Aufgrund dieser verderbten Prinzipien und üblen Sitten schien der Skandal um Alexander VI. den Zeitgenossen nicht gar so schwerwiegend, und viele Schriftsteller, unter ihnen der so berühmte Latinist und Kardinal Bembo[50], konnten ihn loben wie einen großen Mann. Beenden wir diesen Abschnitt, der sich mit dem Leben Alexanders VI. befaßt, mit den Worten Gregorovius' (Seite 265):

»Die Tatsache, daß Rodrigo Borgia Papst gewesen ist, wird allen Anhängern der Kirche als das unseligste Ereignis in ihr erscheinen, welches sie bitterer zu verklagen haben, als jeden anderen feindlichen Widerspruch, oder jeden offenen Abfall von ihr. Diese Tatsache kann niemals die Ehrwürdigkeit der Kirche selbst zerstören, der in langer Zeit erhabensten Produktion des Menschengeistes ...«[51]

Zwar sind die Katholiken betrübt aufgrund der Skandale, die Alexander VI. über die christliche Welt gebracht hat; doch verehren sie den göttlichen Beschluß, einen solchen Mann auf den Stuhl* von Sankt Peter zu setzen. Wäre nun, wie es der Autor will, die Kirche eine Einrichtung der Menschen, so hätte der Kahn des heiligen Petrus unter solchen Steuermännern wohl schon längst Schiffbruch erlitten; doch die Kirche ist das Werk Gottes, und deshalb wird das Tor zur Hölle niemals mächtiger sein als sie. Somit bewundern wir in der Person Alexanders die göttliche Vorhersehung, die selbst einen schlechten Papst vor jeglicher Verfehlung in Glaubensangelegenheiten bewahrte.

III. Lucrezia Borgia

Bisher habe ich mich vor allem mit den Dingen befaßt, die das Leben Alexanders VI. betreffen; im folgenden gehe ich nun über zum zweiten Teil, der von Leben und Taten Lucrezias handelt. Schon in der Einleitung auf Seite 1 bemerkt Gregorovius, daß Lucrezia von vielen Schriftstellern als moralisches Monster und als Furie dargestellt wird, die mit Gift und Schwert grausame Morde begeht; dieses Bild sei jedoch völlig falsch. Er lobt Roscoe, einen nicht katholischen Engländer, der eine Apologie auf Lucrezia verfaßt hat, und er lobt mehrere italienische Autoren, die, auf den Spuren Roscoes wandelnd, das Leben Lucrezias geschildert haben, unter denen Campori[52] recht bemerkenswert ist, der 1866 in Modena einen Aufsatz verfaßt hat: *Ein Opfer der Geschichte, Lucrezia Borgia.*[53]

Geboren wurde Lucrezia in Rom im Jahr 1480; sie starb vierzigjährig im Jahr 1519. Sicher ist, daß sie während der siebzehn Jahre, die sie in Ferrara verbrachte, ein wahrhaft christliches Leben führte; fast alle zeitgenössischen Schriftsteller stimmen hierin überein. In Rom allerdings, wo sie während der vorherigen zweiundzwanzig Jahre lebte (man mag absehen von einem Jahr und einigen Monaten, während deren sie sich in Pisa aufhielt), verbreitete sich einiges üble Gerede gegen Lucrezia; und es wäre auch kein Grund zum Staunen, wenn eine so junge Frau – begabt mit Anmut, Auszeichnungen, Reichtum und allen Annehmlichkeiten des Lebens – als Zeugin derartiger Skandale und Ausschweifungen vom rechten Weg abgekommen wäre; allein, es ist nicht belegt. Wir sehen sie in strahlenden Gewändern Spiel, Theater und Tanz beiwohnen, sehen sie ... mit großem Gefolge durch die Stadt reiten. Doch nirgends erblicken wir sie als Komplizin ihres Bruders Cesare, nirgends verstrickt in unerlaubte Liebschaften; und gegen die Verleumdung verteidigt sie dieser unser unzüchtige Autor hervorragend.

Im Jahr 1497, sie war gerade siebzehn Jahre alt, verließ sie gegen den Willen ihres Vaters Alessandro (»grußlos« sagt Donatus von Arezzo) den Apostolischen Palast, trat ein ins Konvent von San Sisto an der Via Appia und führte ein Leben in Demut und Abgeschiedenheit (Seite 99). Ob sie nun tatsächlich im Sinn hatte, dem Orden beizutreten, wie viele sagten, weiß man nicht. Am 1. Januar 1500 begann sie das Heilige Jahr, indem sie sich mit zweihundert Reitern, edlen Herren und Frauen, auf eine Wallfahrt zu den Kirchen begab.[54] Am 23. Dezember 1501 schrieb Giovanni Luca Pozzi einen Brief an Ercole, den Herzog von Ferrara, in dem er Lucrezia wie folgt lobte: Sie sei sehr klug, verständig, liebenswürdig, von guter Natur, bescheiden, graziös, sittsam und gefällig, und ebenso eine gute, gottesfürchtige Katholikin. »Morgen will sie«, so schreibt er, »zur Beichte gehen und dann am Weihnachtsfest kommunizieren.« Und er schließt mit folgenden Worten:

»Kurz und gut, ihre Eigenschaften dünken mir solcher Art, daß man von ihr nichts Schlimmes zu argwöhnen hat, vielmehr stets nur die besten Handlungen zu erwarten berechtigt ist. Ich hielt es für passend, durch dieses mein Schreiben der Wahrheit gemäß Ew. Hoheit davon Zeugnis abzustatten, und dieselbe möge versichert sein, daß gleicherweise wie ich meiner Pflicht und meinem Amt gemäß leidenschaftslos die Wahrheit schreibe, dies mir als Ew. Exzellenz ergebenem Diener zu ganz besonderer Freude gereicht ...«[55]

Auf Seite 304 sagt Gregorovius, daß Lucrezia in Ferrara von allen wie eine Mutter verehrt worden sei. Alle Elenden flohen zu ihr und fanden Hilfe. In Zeiten von Hunger und Teuerung der Lebensmittel verpfändete sie wertvollen Schmuck; sie entsagte den Eitelkeiten der Welt, führte ein Leben in Demut und sammelte Spenden für klösterliche Anstalten und Hospitäler.[56] Einst weilte sie nämlich im Konvent unter frommen Jungfrauen. Unser Autor merkt an, daß ihre Hingabe nie maßlos wurde (»artete nicht in fanatische Bigotterie aus«, Seite 303)[57]: Sie wurde allen Verpflichtungen ihres Daseins gerecht. Hatte man in der Jugend ihre Anmut gelobt, so bewunderte man sie nun für ihre Tugenden. Während ihrer letzten zehn Lebensjahre trug sie das *Cilizio*[58] um die Nieren, und während der zwei letzten beichtete sie täglich ihre Sünden und nahm drei- oder viermal am Tag die heilige Kommunion.[59]

Zwei Tage vor ihrem Tod schrieb sie folgenden Brief an Papst Leo X.[60]:

»Heiligster Vater und mein zu verehrender Herr!

Mit aller nur möglichen Ehrfurcht der Seele küsse ich die heiligen Füße Ew. Seligkeit und empfehle mich demutsvoll in Ihre heilige Gnade. Nachdem ich durch eine schwierige Schwangerschaft mehr als zwei Monate lang gelitten hatte, gebar ich, wie es Gott gefiel, am 14. dieses Monats in der Morgenfrühe eine Tochter und hoffte, nach dieser Geburt auch von meinem Leiden befreit zu sein; doch das Gegenteil davon ist eingetreten, so daß ich der Natur den Tribut zahlen muß. Und so groß ist die Gunst, welche mir Unser gnädigster Schöpfer schenkt, daß ich das Ende meines Lebens erkenne und fühle, wie ich in wenigen Stunden ihm entnommen sein werde, nachdem ich zuvor alle die heiligen Sakramente der Kirche werde empfangen haben. Und an diesem Punkt angelangt, erinnere ich mich als Christin, obwohl eine Sünderin, daran, Ew. Heiligkeit zu bitten, daß Sie in Ihrer Gnade geruhen, mir aus dem geistlichen Schatz eine Unterstützung zuzuwenden, indem Sie meiner Seele die heilige Benediktion erteilen: und so bitte ich Sie darum in Demut und empfehle Ew. heiligen Gnade meinen Herrn Gemahl und meine Kinder, welche alle Ew. Heiligkeit Diener sind. In Ferrara am 22. Juni 1519, in der vierzehnten Stunde. Ew. Heiligkeit demütige Dienerin Lucrezia von Este.«[61]

Dieser Brief der im Sterben liegenden Lucrezia Borgia ist ein wahres Dokument von Heiligkeit …

IV. Verbot: Ja oder nein?

Schon komme ich zu der Frage, ob man das Buch verbieten soll. Dazu muß ich die Gründe *pro* und *contra* darstellen. Für ein

Verbot sprechen deren zwei, wie mir scheint. Erstens erzählt das Buch so viele Skandale um Alexander VI. und vor allem um seinen Sohn Cesare, daß die Gläubigen bei der Lektüre dieser Dinge mit Schrecken erfüllt werden und viele dazu gebracht werden, den Heiligen Stuhl* und das Papsttum zu verachten. Zweitens wurde im vergangenen Jahr ein Werk des Gregorovius, nämlich die *Geschichte der Stadt Rom*, in den Index* aufgenommen: Und da dieses Buch hier gewissermaßen einen Anhang jenes Werkes bildet, muß man es auch verbieten.

Für eine Aufhebung des Verfahrens oder einen Freispruch hingegen lassen sich viele und, wie es mir vorkommt, gewichtigere Gründe ins Feld führen. *Geschichte der Stadt Rom* ist verboten worden, weil darin selbst Päpste wie Gregor der Große oder Gregor VII. ungerecht behandelt wurden. Aber unser Buch stellt uns das Leben Alexanders VI. dar, der nun in der Tat kein Heiliger war, sondern ein großer Sünder. Die Biographien von Päpsten gehören zur Geschichte, und wer nun ein Geschichtswerk verfaßt – gleich ob allgemein- oder kirchengeschichtlich –, der kann nicht einfach schweigend das Leben irgendeines Papstes übergehen. Man kann nicht loben, was getadelt werden muß, und nicht das Laster Tugend nennen. Ein katholischer Schriftsteller würde darüber gewiß mit größerer Besonnenheit schreiben, Unsicheres weglassen und die göttliche Vorsehung in der Führung der Kirche bewundern; doch auch der beste Katholik müßte eingestehen, daß Alexander es zu überaus schwerwiegenden Skandalen hat kommen lassen. Um den Schaden zu verringern, würde ein katholischer Autor Beispiele von Heiligen aufzählen, die zu ebenjener Zeit der Kirche Glanz verliehen haben, wie zum Beispiel S. Francesco di Paula, S. Veronica di Binasco, die selige Colomba Reatina und andere. Dies kann man jedoch nicht von einem nicht katholischen Schriftsteller verlangen.

Man kann auch nicht sagen, daß der Autor ein Verleumder ist, denn fast alle Fakten belegt er mit authentischen Dokumenten. Die eine oder andere Übertreibung habe ich bereits kritisiert, wenn er blumige Ausdrücke statt fester Fakten benutzt; ich habe aber auch beobachtet, daß er Alexander VI. von vielen schwerwiegenden Anklagen bereinigt.

Die Dokumente, die er präsentiert, werden für die Freunde der Geschichte wertvoll sein, und zwar insbesondere diejenigen, die zur Verteidigung Lucrezias bestens geeignet sind. Hier und da finden sich irrige oder schlechtklingende Passagen; so zum Beispiel, wenn er die Kirche eine menschliche Einrichtung nennt, wenn er bedauert, daß Italien nach 1870 keinen Luther, keinen starken Mann hervorgebracht hat und wenn er die Gesellschaft Jesu[62] die mächtigste Sekte von politisch-kirchlicher Natur nennt (Seite 4), erfüllt von dämonischem Geist (Seite 327).[63] Solche Passagen finden sich durchaus, doch nur nebenbei, weshalb man wohl darüber hinwegsehen kann.

Ich möchte hinzufügen, daß das Buch eher für Menschen mit mehr Bildung als für solche mit weniger Bildung geschrieben ist und deswegen von der unteren Schicht des Volkes nicht gelesen wird; insbesondere deshalb, weil es einen ganzen Band von Dokumenten beinhaltet, die in fremder oder alter Sprache verfaßt sind. Ein größerer Schaden wäre zu befürchten, wenn in öffentlichen Zeitschriften oder kleinen Büchlein fürs Volk ein Überblick über das Leben Alexanders veröffentlicht würde; aber darüber haben wir hier ja nicht zu entscheiden. Schließlich läßt sich von einem Verbot keinerlei Nutzen erhoffen, sondern im Gegenteil Schaden, weil durch ein Verbot viele erst auf das ihnen bis dahin unbekannte Buch aufmerksam gemacht würden. So glaube ich also, daß man das Verfahren gegen das Buch einstellen sollte …

C

Giuseppe Pennacchi

1831–1923. Giuseppe Pennacchi lehrte Kirchengeschichte unter anderem an der römischen Universität Sapienza und im Kolleg der Propagandakongregation*. Zunächst als Relator* (1868), später als Konsultor* (1870) verfaßte er zahlreiche Gutachten für die Indexkongregation*. Pennacchi publizierte verschiedene Schriften zu Kirchengeschichte und Kirchenrecht, auch zum Thema Bücherzensur.

ACDF, Indice, Protocolli 1878–81, Nr. 199.[64]

Urban VIII.[65] im Widerspruch zu Spanien und dem Kaiser: Eine Episode des Dreißigjährigen Krieges[66]

Dieses 165 Seiten lange Buch enthält, so kann man sagen, drei Arten von Urteilen:

1. Das eigentliche Urteil beziehungsweise den Gegenstand des Buches, der sich im Titel ausdrückt.
2. Gelegenheitsurteile, die Gregorovius über diverse Päpste fällt, ohne daß es mit der Absicht des Buches etwas zu tun hätte.
3. Eigene Urteile des Autors zur Religion, das heißt solche, wie sie Geist und Feder eines deutschen Protestanten entspringen können.

Ich beginne mit letzteren. Auf Seite 10 findet sich folgender Satz: »Wir überschauen endlich die Ergebnisse dieses vernichtenden und doch zur selben Zeit das Moralprinzip erneuernden Kampfes des Dreißigjährigen Krieges, der – als einmal die Grenzen der zwei Systeme (des lateinischen und des germanischen) stabilisiert waren – die europäische Kultur weiter voranbrachte.«[67] Und auf Seite 12 dann dies: »Es sollte jetzt [durch die Waffen] endgültig entschieden werden entweder der Untergang der reformatorischen* Idee in der Welt, oder ihre endliche Sicherstellung als culturgeschichtliches Prinzip, verwirklicht und dargestellt in dem modernen Staat.«[68]

... Auf den Seiten 81 und 82 wird in diesem Geschichtswerk

überaus glaubwürdig als unanfechtbare Wahrheit folgendes präsentiert: Daß nämlich die Päpste sich noch nie um irgendein Unglück oder einen inneren Konflikt, von denen Deutschland zerrissen wurde, gekümmert hätten – es sei denn einzig und allein aus der Überlegung heraus, eigenen Vorteil daraus zu schlagen ...[69] Auf Seite 125 schreibt Gregorovius: Die Idee der Reformation* sei zu verstehen als geschichtliche Manifestation des nunmehr gereiften Geistes der europäischen Zivilisation und als regenerative Kraft, die also weiter wirken müßte auf den überalterten politischen, zivilen und religiösen Organismus der Menschheit.[70] Und auf Seite 126: Mittlerweile habe es dem Papstkönig als dem Politiker, der er war, gefallen, mit dem Feuer zu spielen; er habe – wie schon seine Vorgänger in der ersten Zeit der Reformation* – den verabscheuten Protestantismus dazu gebraucht, sich seiner als Verbündeten gegen die Arroganz von Spanien und Österreich geschickt zu bedienen, sobald sich eine Gelegenheit dazu bot ...[71]

Seite 130: Die bedeutende Niederlage, die ihnen – das heißt dem Papsttum – von der Reformation* beigebracht worden war, habe dieses vom Gipfel der Kultur gestürzt und in einen Abgrund voller Widersprüche zum europäischen Fortschritt getrieben; ebendiese Niederlage sei schließlich durch den Westfälischen Frieden[72] besiegelt worden.[73] Abschließend (um weitere Urteile dieser Art zu übergehen) sagt Gregorovius auf Seite 131: »Der alemannische Geist atmete die Keime der universalen Wissenschaft, die sich gerade in den Regionen eifrig entwickelte, die protestantisch geblieben waren. Dort, wo man katholisch geblieben oder wieder geworden war – wie in Bayern und in Österreich – erlosch das Lebenslicht des neuen Denkens, und man fiel zurück in das undurchdringliche Dunkel, in dem man so lange verharrt hatte.«[74]

Was die zweite Kategorie von Urteilen betrifft, so schreibt er auf Seite 11 über Leo X.: Die kalte Gleichgültigkeit dieses Papstes Urban VIII. habe die hochmütige Nachlässigkeit des Epikureers* Leo X. wieder in Erinnerung gerufen, der damals von der

Höhe seines glänzenden und verschwenderischen Vatikans den Stürmen der Reformation* staunend zugesehen habe ...[75] Seite 65: Eher wie ein Hohn denn als Ausdruck von Frömmigkeit sei es erschienen, als Urban einmal – um etwas zum Vorteil der Religion zu tun – per Dekret* ein Jubiläum und feierliche Gebete in den Kirchen ausgerufen habe ...[76]

Ich komme nun zum eigentlichen Gegenstand des Buches, das heißt zu Urban VIII. in seinem Widerspruch zu Spanien und zum Kaiser. Da mir hier nicht die Aufgabe des Kritikers zukommt, werde ich die Dinge einfach so darstellen, wie Gregorovius sie sagt. Dieser legt schon von der Einleitung an dar, wie er das Verhalten Urbans VIII. versteht und beurteilt, und bekräftigt dies noch einmal am Ende; innerhalb des Buches belegt er seine These mit Hilfe von Dokumenten aus den Archiven von Modena, Mantua, Florenz, Wien, München und der *Biblioteca Barberiniana*.

Schauen wir uns also an, wie er uns seine These präsentiert. Einleitung, erste Seite: »In derselben Zeit, als der Schwedenkönig Gustav Adolf[77] siegreich die Länder der katholischen Liga in Deutschland durchzog und selbst die Erbstaaten des Kaisers bedrohte, widerstrebte der Papst Urban VIII. heftig und hartnäckig den beiden großen Mächten des Hauses Habsburg, denen allein der Katholizismus seine Wiederherstellung verdankte, und an deren Sieg oder Niederlage das Schicksal der römischen Kirche geknüpft war.«[78] – »Der Papst, ihr Oberhaupt, wendete sich vom Kaiser ab in der Stunde der höchsten Gefahr, und seine Politik trug mächtig zur Wiederaufrichtung der niedergeworfenen Protestanten und zu ihren Siegen bei. Ein überaus seltsames Verhalten für ein Oberhaupt des Katholizismus, das gleichzeitig auch eine wichtige Partei in jener bedeutenden Krise repräsentierte, deren Protagonist der König von Schweden war.«[79]

Auf Seite 9 entwickelt er den Gegenstand seines Buches wie folgt weiter: »Die beiden Häuser Habsburg ..., Spanien und Österreich, hatten sich fest aneinander geschlossen, und sie standen jetzt als die furchtbarste Macht Europas da.«[80] »Sie zu brechen hat Urban VIII. versucht, und das konnte er nur, indem er Frankreich begünstigte und in Italien wieder Stellung nehmen ließ, endlich indem er die Schweden und Protestanten zu siegen nicht hinderte.«[81] Auf Seite 13 schreibt Gregorovius, vielleicht um deutlich zu machen, von welcher Art die Politik Urbans VIII. war, folgendes: »Die wachsende Größe Frankreichs ängstigte anfangs auch Urban VIII. Er wünschte auch dort den Widerstand der [Ketzer*, der] Hugenotten. Im Jahre 1625 schrieb der venetianische Botschafter Marco Antonio Morosini aus Frankreich: ›Der Nuntius* bat mich dahin zu wirken, daß die Unruhe in diesem Königreich fortdaure; er sagte mir, das einzige Mittel die Franzosen nicht Fortschritte in Italien machen zu lassen, sei dies, ihnen beständig diesen Splitter in den Zähnen und diesen Stachel zwischen den Füßen festzuhalten.‹«[82] ... Auf Seite 94 [und 95] wird vom Tod Gustav Adolfs von Schweden am 16. November 1632 erzählt; Gregorovius stützt sich dabei auf einen Bericht des Fulvio Testi[83], diplomatischer Vertreter des Herzogs von Modena, wenn er schreibt: »Statt Freude darüber zu äußern, daß der große Führer der ketzerischen* Mächte und mit ihm, wie man damals glauben durfte, auch deren Sache gefallen sei, zeigte Urban offen seinen Verdruß. Er war bestürzt, denn nun konnten ihn die Spanier in Italien in große Bedrängnis bringen.«[84]

Daraufhin beschädigt Gregorovius das Ansehen Urbans VIII. noch mehr, indem er einen Brief desselben Fulvio Testi wiedergibt, in dem es unter anderem heißt: »Der Papst ist von Natur französischer als jeder beliebige Bürger von Paris ... Sein Gewissen sagt ihm, daß er an dem Ruin des Hauses Österreich heimlich mitgearbeitet hat, und das macht ihn zu dessen erbittertstem Feind. Denn das Wort ist wahr: der Beleidiger verzeiht nicht mehr ...« [Es folgen zahlreiche weitere Vorwürfe gegen Urban VIII., wobei sich Testi auf verschiedene Zeugen beruft.][85] Ich muß nicht sagen, welche Konsequenzen sich aus diesem Dokument zum Schaden Urbans VIII. ergeben, wenn die enthaltenen Dinge wahr wären. Gregorovius schließt folgendermaßen: »Doch ist es genau jene Feindseligkeit Urbans VIII. gegen das Haus Habsburg gewesen, welche wesentlich dazu gewirkt hat, daß die Übermacht des Kaisers plötzlich zusammenbrach, daß sich die französisch-schwedisch-protestantische Verbindung erhob, die katholische Welt eine innerliche Trennung ihrer Macht erlitt, und der sinkende Protestantismus wieder zu Kräften kam.«[86]

Gregorovius behauptet jedoch nicht, daß Urban dies getan habe, um die Interessen der Protestanten zu fördern – vielmehr schreibt er auf derselben Seite: »Urban VIII. haßte die Protestanten, wie jeder andere katholische Priester«[87] –, sondern nur aus politischem Interesse: damit nämlich der deutsche Kaiser seine Finger nicht nach ganz Italien und vielleicht sogar nach Rom ausstreckte. Der Papst wollte nicht einfach den Triumph des Protestantismus, sondern wollte ihn dafür, daß der deutsche Kaiser in seiner Macht geschwächt wurde.

Übrigens ist es nicht nur Gregorovius, der die Politik Urbans VIII. in diesem Punkt kritisiert, und er ist nicht einmal der erste. Schon vor ihm haben Tullio Dandolo[88] in seinem Werk *Rom und die Päpste* und der Professor Audisio[89] in *Religions- und Zivilgeschichte der Päpste* die Politik dieses Papstes gerügt. Doch übertrifft Gregorovius beide durch die Kraft seiner Argumente, die er mit Dokumenten belegt, welche zum großen Teil unveröffentlicht sind und die er in den bereits genannten Archiven gefunden hat.

Es kann keinen Zweifel geben: Dieses Buch bringt nicht wenig Schande über Urban VIII., es erregt bei den Lesern wie auch bei den Staaten Mißtrauen gegenüber der Politik der Päpste, die hier wie diejenige des Kardinals Richelieu[90] und anderer recht gewissenloser Diplomaten erscheint; es zeigt, wie die Päpste die Interessen der Religion bisweilen – vielleicht unabsichtlich – für die weltlichen Interessen ihres Staates geopfert haben; es zeigt, daß sie – wie jeder andere weltliche Fürst auch – solchen menschlichen Leidenschaften unterworfen sind wie Interesse,

Familie, Staat, Haß und Rache; und schließlich kommt auch noch hinzu, daß in diesem Buch die Politik von Österreich und Spanien sehr viel katholischer erscheint als diejenige, die Urban VIII. sich zu eigen gemacht hat, und sehr viel weniger rechtschaffen und aufrichtig als die Diplomatie der Kirchenvertreter.

Zwar weiß ich sehr gut, daß Novaes[91] und Artaud de Montor[92] versucht haben, Urban VIII. zu entschuldigen, und ich habe ihre Verteidigungsschriften gelesen. Dennoch gibt es gute Gründe anzunehmen, daß Urban sich mit dem Kaiser und mit Spanien nicht verbünden durfte, um Frankreich nicht zu brüskieren, das sich in einem schändlichen Bündnis mit dem König von Schweden befand. Keiner von jenen beiden beweist, daß für Urban VIII. die Notwendigkeit bestand, Kunst und Mittel des Krieges anzuwenden, um den Kaiser von Österreich zu erniedrigen; Kunst und Mittel, gewiß nicht eines Papstes würdig. Gregorovius beweist seine These jedoch – und das ist das Schlimme – mit einer Reihe von Dokumenten, von denen ich von ganzem Herzen gehofft hätte, sie wären verlorengegangen oder nie ans Licht gekommen!

Nach alldem nun also mein Urteil: Dieses Buch ist von derselben Art wie *Geschichte der Stadt Rom* und könnte gut und gern als eine Episode daraus bezeichnet werden. Beim Leser ruft es Ärger und Geringschätzung gegenüber Urban VIII. hervor. Es ist ein Buch, das man lesen und für seine bisweilen neuen Informationen und für die darin enthaltenen Dokumente schätzen wird. Selbst wenn man einräumt, daß darin hinsichtlich des Hauptgegenstandes richtig geurteilt wird, so wird es dem Leser doch nicht guttun, sondern schaden, und zwar sehr. Hinzu kommen so einige protestantische Theorien und Urteile über Päpste, die man allesamt nicht tolerieren darf. Das Buch hat es somit verdient, *in welcher Sprache auch immer* verboten zu werden.

ACDF, *Indice, Protocolli* 1878–81, Nr. 198.[93]

Die Grabmäler der Römischen Päpste.[94]

Die erste Ausgabe dieses Buches, das mir zur Untersuchung von seiner Hochwürden, dem Pater Sekretär* Saccheri[95], überreicht wurde, war im Jahr 1857 entstanden; 1859 wurde das Buch ins Französische übersetzt, überarbeitet und gleichsam vom Autor neu präsentiert;[96] eine Übertragung in die italienische Sprache wurde 1879 veröffentlicht. Ich weiß nicht, ob es sich hier um das erste Werk des Gregorovius handelt, doch geht es dem Werk *Geschichte der Stadt Rom im Mittelalter* voraus, und es enthält bereits die Saat, die in jenem üppig aufgehen wird.

Auf Seite 4 fängt er an, indem er die Unzerstörbarkeit der Kirche und des Glaubens bestreitet: »Es wird dann wahrscheinlich[97] keine Päpste mehr geben. Die Religion wird sich in einer neuen, von uns noch unerkannten Form kundgetan haben; und dann wird einem anders geordneten Menschengeschlecht jenes uralte Papsttum ohne Zweifel als eine noch bei weitem großartigere Schöpfung erscheinen denn uns heute Lebenden.«[98]

Nach Gregorovius werden die Päpste nach Laune und zufällig erwählt.[99] – »Sie waren schrecklicher als Jehova.«[100] – »Sie konnten Krieg und Frieden verkünden, Reiche stiften und zerstören.«[101] - ... »Dem menschlichen Denken befahlen sie Stillstand oder gaben ihm nur so viel Bewegung, als es ihnen gut deuchte. Mäßig maßen sie ihm das Wissen zu, mäßiger die Freiheit, und sie wehrten ihm die zu schnelle Ausdehnung durch die künstlichen Schranken des Mysteriums[102], durch Liebe und Furcht.«[103]– »Ihre Macht, unkörperlich und waffenlos, bestand nur im Glauben und im Aberglauben.«[104] – »Sie herrschten im Reich der Geister mit dem Zauberstab der Phantasie.«[105] – »Sie schmetterten die Menschenseele in den Abgrund der Hölle und zogen sie wieder daraus hervor.«[106] – »Sie sprachen Menschen selig, erhoben sie durch ihren Spruch[107] unter die Heiligen des

Himmels und erlaubten ihnen Wunder zu tun. Sie waren Richter der Toten und der Lebendigen.«[108]

»Das Papsttum hatte sich erhoben als das ideale Haupt der universalen Kirche. Im 9. und 10. Jahrhundert verwunderte die Geschichte des Papsttums durch ihren Charakter roher Verwilderung«.[109] – »Nach Bonifaz VIII. unterlag die Kirche im Kampf mit dem Weltgeist, und die Staatsgewalt wurde mächtiger als sie selbst ...«[110]

Nachdem nun diese allgemeinen Thesen notiert sind, gehe ich dazu über, das zu schildern, was in diesem Buch über nicht wenige Päpste im einzelnen behauptet wird ... [Es folgen Beispiele zu insgesamt siebzehn Päpsten, von Gregor VII. bis Pius IX.[111] Zwei davon sollen hier wiedergegeben werden:] »Alexander VI. ... ist ... ein Symbol ... geworden, wie zur Kaiserzeit Roms jener des Tiberius. Er wirft ... den allerschwärzesten Schatten auf die Geschichte des Papsttums«[112]... »Als ein Moses trat er [Pius IX.] vor die Welt, die auf ihn wartete – und er brachte ihr vom Sinai herab als neue Gesetzestafeln mönchische Dogmen und den Syllabus[113].«[114]

Demzufolge ist *Die Grabdenkmäler der Päpste* von Gregorovius ein Buch, das manifeste Ketzereien* und Lästerungen gegen die Päpste enthält. Es ist ein seltsames Buch, das sich angenehm lesen läßt. Ein Buch, das viel Übel anrichtet. Mir scheint deshalb, daß man es *in welcher Sprache auch immer* verbieten muß ...

E

ACDF, *Indice*, *Protocolli* 1882–84, Nr. 33.

Athenais. Geschichte einer byzantinischen Kaiserin[115]

Dieses Buch enthält nichts anderes als die Geschichte von Athenais oder Eudokia, Frau des oströmischen Kaisers Theodosius II.[116], unter dem das Konzil von Ephesos im Jahr 430 stattfand. Nun eignet sich dieses Sujet an sich nicht für Abhandlungen zur Religion, doch Gregorovius hat auch hier wieder, wie in seinen anderen Werken, Theologe gespielt; und was noch schlimmer ist: Hier hält er sich nicht einmal mehr an die Dogmen, die für Protestanten gültig sind, obschon er doch selbst einer ist. Auf den Seiten 32–33 schreibt er:

»Die christliche Kirche hatte längst jene sympathische jugendliche Gestalt verloren, welche sie in der Zeit des Heroentums der ersten, um ihr Dasein kämpfenden Gemeinde gehabt hatte. An die einfache Lehre des Evangeliums hatten sich die dogmatischen Auslegungen, Erfindungen und Formeln der Theologen, wie der Ketzer* und Sektierer, angesetzt. In den Kultus der Kirche waren Vorstellungen des Heidentums selbst mit dem ganzen Zubehör des orientalischen Wunder- und Zauberdienstes und des magischen Aberglaubens eingedrungen. Die christlichen Symbole, nur vom Leiden und dem Tode hergenommen, waren abstoßend häßlich ...«[117]

Und Gregorovius ist Protestant?

»Wenn ein griechischer Heide die Mythologie des Christenhimmels, die Scharen von legendären Heiligen und Märtyrern, deren modernde Reste man unter die Altäre versenkte und als Talismane verehrte, mit den strahlenden Gestalten des Olymp verglich, so durfte man seiner ästhetischen Empfindung verzeihen, daß er vor jenen zurückbebte.«[118]

Und wie kommt es dann, daß die Heiden den christlichen Glauben annehmen?

Auf Seite 134 wird von den Anfängen der nestorianischen Ketzerei* auf folgende Art erzählt: »Dieser gelehrte Bischof hatte in einer Zeit, wo die Mutter Jesu bereits die Verehrung eines überirdischen Wesens genoß, den kühnen Mut, zu behaupten, daß dieselbe mit Unrecht Gottesmutter genannt werde, weil sie nur menschlicherweise die Mutter Jesu gewesen sei ... Der fanatische Bischof Cyrillus von Alexandria[119] klagte den Nestorius der Ketzerei* an.«[120]

[In Fußnote:] Falsch ist, daß die Mutter Jesu von den Katholiken jemals als von göttlicher Natur angesehen worden ist; falsch, daß man sie angebetet hat; falsch, daß behauptet wurde, sie sei auf vollkommen menschliche Art und Weise die Mutter Jesu geworden. Keine dieser drei Behauptungen begründete den Nestorianismus*, und keine von ihnen wurde von Nestorius vertreten.

»Sie [Eudokia] konnte sich verwundern, wahrzunehmen, daß die große Masse der Christen gegen einen tadellosen Bischof in Wut geriet, weil er der irdischen Mutter Jesu ein Prädikat versagte, welches durchaus an heidnische Begriffe erinnerte. Denn nur die Heiden pflegten von Müttern ihrer Götter zu fabeln.«[121]

Auf Seite 142 schämt sich der Autor nicht, die Verdammung des Nestorius auf dem Konzil von Ephesos als *ungesetzlich* zu bezeichnen: »Er [der Kaiser] verwarf zuerst die ungesetzliche Verdammung des Nestorius durch die alexandrinischen Fanatiker: Aber der Klerus der Kaiserstadt schlug sich auf die Seite des Cyrill. Tausende von Mönchen, vom fanatisierten Pöbel begleitet, strömten in Prozession nach dem Palast und forderten mit Wutgeschrei die Muttergottesschaft Marias und die Absetzung des ketzerischen* Nestorius.«[122]

Allen ist das Wunder bekannt, durch das unter Julian Apostata[123] die Juden daran gehindert wurden, den Tempel von Jerusalem wieder aufzubauen. Der verehrte Historiker dieser Zeit Ammianus Marcellinus[124] erzählt davon auf eine Art und Weise, die es als wahres Wunder ausweist, auch wenn alle katholischen Schriftsteller darüber schweigen. Gregorovius weist dies völlig zurück, indem er die Einstellung der Bautätigkeiten auf den Tod Julians zurückführt (Seite 167): »Die beglückten Hebräer begannen wirklich diesen Neubau, aber die Schwierigkeit des Unternehmens hinderte die Ausführung des Werkes, und der Tod ihres großen Gönners trieb sie selbst aus der Stadt hinweg.«[125]

Das Falsche an diesem Konzept ist folgendes: Daß nämlich – wie Ammian verbürgt – Julian noch lebte, als die Juden die

Bautätigkeiten aufgrund eines unterirdischen Feuers einstellen mußten, das die Fundamente zum Einsturz brachte und die Arbeiter verbrannte.

Auf Seite 177 behauptet der Autor, daß »schon jener abergläubische Despot Konstantin ... Teile davon [des Kreuzes] zu Talismanen verwendet [hatte]«.[126] Auf Seite 239 bemerkt er, daß die Lehre des Eutyches[127] bezüglich der zwei Naturen Christi einfacher und verständlicher als die christliche Lehre sei: »Die mystische Lehre der Monophysiten befriedigte ihr Gemüt, weil sie die einfachere und verständlichere war. Statt mit jenen ... Sophismen von den zwei Naturen und Hypostasen, ihrer Vermischung und Verwandlung, Einheit und doch Trennung ihren Verstand abzuquälen, bekannte sich Eudokia lieber zu der Ansicht von der einen göttlichen Natur Christi.«[128] ...

Man kommt nicht umhin zu sagen, daß es in diesem Buch noch einiges zu vermerken gäbe. Doch ist das, was ich notiert habe, meines Erachtens mehr als genug, um zu dem fundierten Urteil zu gelangen, daß dieses Buch verboten werden muß ...

F

ACDF, Indice, Protocolli 1882–84, Nr. 33.

In Apulien[129]

Das Buch des Gregorovius, dessen Untersuchung ich mir vorgenommen habe, enthält Beschreibungen von verschiedenen Orten und Plätzen in Apulien, die mit den deutschen Herrschern des Hauses Hohenstaufen in Verbindung standen, als diese noch in Süditalien regierten. Zwar könnte man sagen, daß unter den Büchern des Gregorovius dieses zu den besseren gehört, so enthält es hier und da doch einige Aussagen, die uns entweder den Haß, den er gegenüber der katholischen Kirche und ihrem sichtbaren Haupt hegt, oder seine Dreistigkeit zeigen, auch die ehrwürdigsten Dogmen ins Lächerliche zu ziehen. Im folgenden sei auf die wichtigsten Punkte hingewiesen, die uns zeigen können, wes Geistes dieses Buch ist.

Eine Lieblingsidee des Gregorovius, die er besonders verfolgt, ist diejenige vom unaufhaltsamen Verfall der weltlichen Macht der römischen Päpste. Seiner Meinung nach wird der Heilige Stuhl* die verlorenen Herrschaftsgebiete auch niemals wieder zurückerlangen, und es beliebt ihm, dies mit beißender Ironie und Sarkasmus darzustellen, wie es eines Protestanten würdig ist.

Auf Seite 108 – es geht um den Regierungspalast von Benevent, der heute von der Präfektur der Provinz besetzt wird – heißt es: »Schwerlich werden die vertriebenen Monsignori jemals wieder dort ihren Einzug halten.«[130] Auf Seite 140 nennt er den französisch-preußischen Krieg »die Schlachten, welche dem Guelfentum in der Welt den Todesstoß gegeben und das weltliche Reich der Päpste *für immer*[131] zerstört haben.«[132] – Dasselbe formuliert er auf S. 148, wo es klar und deutlich heißt: »Nun haben sie ihm [das heißt: dem Kirchenstaat] die Grundlage *für immer* entrissen. Sie fiel im Jahre 1870.«[133]

Auf Seite 239 spielt er auf die Pilgerfahrten an, die die Franzosen zum Heiligtum des hl. Michael in Avranches unternahmen, um dort eine Linderung jener Übel zu erlangen, die ihnen die Kirche und Frankreich zufügten; er sagt: »So wäre also seine Kraft dazu bestimmt, die deutschen Eroberungen zu vernichten und den neuen Heliodor aus dem geschändeten Quirinal zu vertreiben; eine schwere Aufgabe für den guten Erzengel von Avranches, da auch er in der Kriegswissenschaft hinter den Forderungen der Zeit ein wenig zurückgeblieben sein wird.«[134] Und er fügt hinzu: »Dies ist mit Gewißheit anzunehmen, daß der italienische Erzengel auf dem Garganus niemals sein kindliches Schwert gegen Victor Emanuel ziehen wird. Er ist nicht fanatisierbar für die Zwecke der Legitimität und der jesuitischen* Propaganda ... Zur Rettung des *Dominium temporale** hat er seinen Degen nicht aus der Scheide gezogen, als die Italiener in seine Engelsburg einrückten.«[135] So geht es bei ihm noch eine ganze Weile weiter.

Für Gregorovius' Haß auf den Klerus finden sich auf Seite 95 gute Beweise, wenn er vom »Priesterhaß gegen den großen Hohenstaufen«[136] spricht; und auf Seite 262 nennt er die Priester »*die wahren Blutsauger des Volkes*«.[137] Auf Seite 339 werden außerdem die von Anjou als »grausame Söldlinge des Pfaffentums« bezeichnet.[138] Zu alledem kommen auch noch die Sarkasmen und Parolen gegen das Papsttum hinzu; so zum Beispiel auf Seite 104 »die Alleingewalt des Papsttums«[139], Seite 147, wo er sagt, es sei das erklärte Ziel der heutigen Zeit, das Papsttum zu bekämpfen, Seite 337, wo er vom »autoritären Despotismus der Kirche«[140] spricht, und Seite 145: »Das römische Papsttum ist als Weltmacht und Führer der Kultur erloschen.«[141]

Am meisten jedoch erweist sich Gregorovius als Protestant und Rationalist, wenn er von der Verehrung der Engel im allgemeinen und des hl. Michael im besonderen spricht. Auf Seite 196 sagt er, »daß die sieben großen Planetengeister der Chaldäer[142] zu den sieben Erzengeln der kabbalistischen Lehre wurden«.[143] Gregorovius behauptet weiter auf Seite 198, daß dieser neue Kult, der aus der Kirche der chaldäischen Mythologie hervorgegangen war, »einige Jahrhunderte lang apokryph und unkanonisch« blieb.[144] Denn – so fügt er auf Seite 199 hinzu – »dieser *Götzendienst* wurde durch das zweite Konzil von Nicäa[145] für kanonisch erklärt«. Ebenso fährt er fort, wenn er dem hl. Michael auf Seite 226 den Ausdruck »guter Dämon«[146] anhängt und ihn auf Seite 235 »ein erdichtetes Wesen«[147] und eine »Puppe«[148] nennt, bis er seine Verehrung schließlich als »eine Kinderei zu Unterhaltungszwecken«[149] beziehungsweise als »ein Märchen, zur religiösen Idealität erhoben«[150] diffamiert.

Ich übergehe das Lob für Luther und die Reformation*, von der man auf Seite 271 seines Buches lesen kann,[151] und ebenso die Elogen auf den hegelianischen Philosophen Vera und sein

Werk auf Seite 122.[152] Nur darauf möchte ich hinweisen, daß er die Unfehlbarkeit des Papstes auf Seite 146 wie folgt beschreibt: »Die Ertötung der Vernunft in der Kirche und die Knechtung des Gedankens überhaupt.«[153] Auf Seite 238 spricht er von »jener abstoßenden Materialität des Reliquienwesens und der Fetischzauberei, welche vom Heiligenkultus unzertrennlich bleibt«[154]. Und ebendiese Heiligen nennt er dann auf Seite 360 »die Götter der christlichen Religion«. Und: »Sie gehören nicht auf die Straße, sondern in die Kapellen oder Kirchen, schon deshalb, weil sie häßlich sind.«[155]

An dieser Stelle würde ich meine Untersuchung dieses Buches abschließen, wenn sich mir nicht die Gelegenheit böte, ein Urteil über die Absichten Raffaele Marianos[156] abzugeben, diesem Bewunderer Veras und Gregorovius', die ihn bei der Übersetzung dieses Werkes aus dem Deutschen geleitet haben. Denn obwohl er auf Seite 42 seiner Einleitung[157] zu Gregorovius' Buch betont, daß die Religion zur Erziehung des Volkes notwendig sei, scheut er dennoch nicht davor zurück, hier und da schlecht über den Klerus zu reden.

Tatsächlich äußert er auf Seite 7, das Volk der Süditaliener sei »ungeschlacht, müde, träge, prüde und zum Götzendienste neigend, dem Worte des Priesters treu ergeben, eines ignoranten Priesters oft, eines bösen noch öfter, und immer eines solchen, der *ein Feind jeglicher christlicher Vorstellung* ist«. Seiner Ansicht nach ist das Priestertum Apuliens »bigott, papsthörig und oft fanatisch; es verfügt über keinerlei kirchliche Doktrin, keine wissenschaftliche Bildung, keine Würde, weder aufrichtige Frömmigkeit noch irgendeinen Sinn für Barmherzigkeit gegenüber den Armen«. Und kurz darauf sagt er, daß es in Apulien »eine Religion und einen Klerus« gebe, »die beinahe nichts mehr an sich haben, was ihnen Autorität geben könnte, auf Gewissen und Leben der Menschen in gesunder Weise einzuwirken; doch mögen sie auch so sein wie sie sind: sie stehen trotzdem auf festem Fuß und *bleiben auf dem Feld der Moral die einzigen Herren*«.

Aus alldem kann man ersehen, daß auch Mariano dieselben Grundsätze verfolgt wie Gregorovius, das heißt sie sind *eiusdem farinae homines*[158]. Letzterer selbst verwendet den Ausdruck »wir Ketzer«[159], wenn er von sich und seinen Reisekumpanen spricht, unter denen sich auch Mariano befand ... Ich wollte dies anmerken, damit niemand glaubt, das Buch des Gregorovius werde durch die Einleitung Marianos auch nur einen Deut besser. Um nun aber mein unbedeutendes Urteil abzugeben: Ich glaube, daß auch dieses Buch es verdient, auf den Index gesetzt zu werden, so es denn Euren Hochehrwürdigen Eminenzen beliebt, deren Purpur ich demütig küsse.

Anhang

Anmerkungen

Vorwort

1 Vergleiche *L'Apertura degli archivi del Sant'Uffizio Romano,* Atti dei Convegni Lincei 142 (Rom, 1998).

Teil I. Das Fegefeuer des Zensors

1 *ACDF, S.U., Censura librorum* I (1570–1606), Fasc. 5, Fol. 79^{r}–88^{r}.

2 Vergleiche A. Prosperi, *Tribunali della coscienza. Inquisitori, confessori, missionari* (Turin, 1996).

3 Vergleiche außerdem P. Godman, *The Saint as Censor* (Princeton, 2000), S. 21 ff.

4 *ACDF, S.U., Censura librorum* I (1570–1606), Fasc. 5, Fol. 96^{r}–99^{v}.

5 Vergleiche F. Waquet, *Le Latin ou l'empire d'un signe, XVIe–XXe siècle* (Paris, 1998) und H. Bots und F. Waquet, *La République des lettres* (Paris, 1997).

6 *ACDF, S.U., Censura librorum* I (1560–1606), Fasc. 5, Fol. 116^{r}–140^{r}, 145^{r}–149^{r}, 160^{v}, 162^{v}, 174^{r}–179^{v}, 191^{r-v}.

7 Vergleiche J. M. de Bujanda, *Index* VIII (Sherbrooke/Genf, 1990).

8 Vergleiche S. Seidel Menchi, »Sette modi di censurare Erasmo«, in U. Rozzo (Hrsg.), *La censura libraria nell'Europa del secolo XVI.* Convegno Internazionale di Studi. Cividale del Friuli 9/10 Novembre 1995. Libri e Bibliotheche 5 (Udine, 1997), S. 177–218.

9 Siehe H. Weinreich, *Lethe. Kultur und Kritik des Vergessens* 3 (München, 2000), S. 51 ff.

10 Vergleiche S. Seidel Menchi, »Whether to Remove Erasmus from the Index of Prohibited Books: Debates in the Roman Curia, 1570–1610«, *Erasmus of Rotterdam Yearbook* 20 (2000), S. 19–33.

11 Siehe J. M. de Bujanda, *Index* VII, S. 554 f. und S. 808–830.

12 Vergleiche V. Frajese, »La revoca dell'Indice Sistino e la Curia Romana«, *Nouvelles de la République des lettres* 1 (1986), S. 15–45, und »La politica dell'Indice dal Tridentino al Clementino (1571–1596)«, *Archivio italiano per la storia della pietà* 11 (1968), S. 269–356.

13 H. Arendt, »Was ist Autorität?«, in dieselbe: *Zwischen Vergangenheit und Zukunft* I (München, 2000), S. 162.

14 Vergleiche K. R. Stow, *Theater of Acculturation. The Roman Ghetto in the Sixteenth Century* (Washington, 2001) und *The Jews in Rome,* 2 Bände (Leiden, 1996).

15 Vergleiche K. R. Stow, »The Burning of the Talmud in 1553, in the Light of Sixteenth-Century Catholic Attitudes Toward the Talmud«, *Bibliothèque d'Humanisme et Renaissance* 34 (1972), S. 435–459.

16 Zu Hintergrund und Bibliographie vergleiche P. Godman, *Die Geheime Inquisition,* S. 137 ff.

17 *Bullarium Romanum* VII (Augustae Taurinorum, 1863), S. 378–381.

18 Siehe P. Godman, *The Saint as Censor,* S. 59 ff.

19 Vergleiche A. Prosperi, »L'Inquisizione Romana e gli ebrei«, in M. Luzzati (Hrsg.), *L'Inquisizione Romana e gli ebrei in Italia* (Bari, 1994), S. 67–120.

20 Vergleiche kürzlich K. R. Stow, »Jewish Family Organisation and its Effects: the Early Modern Roman Ghetto«, in E. Sonnino (Hrsg.), *Popolazione e società a Roma dal Medioevo all'età contemporanea* (Rom, 1998), S. 767–785.

21 Vergleiche M. Rosa, »La Santa Sede e gli ebrei nel Settecento« und M. Caffiero, »Tra Chiesa e Stato. Gli ebrei italiani dall'età dei Lumi agli anni della Rivoluzione«, in C. Vivanti (Hrsg.), *Storia d'Italia. Annali* 11,2. *Gli Ebrei in Italia* (Turin, 1997), S. 1069 ff., 1091 ff.

22 *ACDF, St. St.,* BB 3-i (ohne Seitenzählung).

23 Vergleiche D. Rocciolo, »Catecumeni e neofiti a Roma tra '500 e '800: provenienza, condizioni sociali e ›padrini‹ illustri«, in E. Sonnino (Hrsg.), *Popolazione e società,* S. 71 ff.

24 *ACDF, St. St.,* BB 3-a, Fol. 129^{r}-148^{v}.

25 Vergleiche D. Kertzer, *The Kidnapping of Edgardo Mortara* (New York, 1997).

26 Vergleiche A. Prosperi, »Incontri rituali: il papa e gli ebrei«, in C. Vivanti (Hrsg.), *Storia d'Italia* 11, 1. *Gli Ebrei in Italia,* S. 497–520.

27 Vergleiche M. Boiteux, »Carneval annexé: essai de lecture d'une

fête romaine«, *Annales E.S.C.* 32 (1977), S. 356–380, und A. Foa und K. R. Stow, »Gli ebrei di Roma. Potere, rituali e società in età«, in L. Fiorani und A. Prosperi (Hrsg.), *Storia d'Italia. Annali* 16, *Roma, la città dei papi. Vita civile e religiosa dal guibileo di Bonifacio VIII al giubileo di papa Wojtyla* (Turin, 2000), S. 557–583, insbesondere S. 568 ff. und 577 ff.

28 Zur römischen Zensur und Frankfurter Buchmesse vergleiche P. Godman, *The Saint as Censor,* Kapitel III.

29 Vergleiche M. Rupp, *»Narrenschiff«* und *»Stultifera Navis«: Deutsche und lateinische Moraldidaxe von Sebastian Brant und Jakob Locher in Basel 1494–1498* (Diss., Tübingen, 2000).

30 Siehe J. M. de Bujanda, *Index* IX, S. 707 (Nr. 1012).

31 P. Fabulotti, *De potestate papae supra concilium. Disputatio theologica* (Venedig, 1613).

32 Siehe L. Boyle, *San Clemente Miscellany I. The Community of SS. Sisto e Clemente in Rome, 1677–1977* (Rom, 1977), S. 12 f.

33 *ACDF, Indice, Diarii* II (1607–1620), Fol. 40^{v}, 41^{v}.

34 Siehe P. Godman, *The Saint as Censor,* S. 45 ff.

35 Siehe P. Godman, *Die Geheime Inquisition,* S. 143 ff.

36 Siehe P. Godman, *Die Geheime Inquisition,* S. 100 ff.

37 Vergleiche F. Beretta, *Galilée devant le tribunal de l'Inquisition* (Fribourg, 1998) und S. Pagano, *I Documenti del Processo di Galileo Galilei.* Collectanea Archivi Vaticani (Vatikanstaat, 1984).

38 Zu den folgenden Interpretationen der Geschehnisse von 1616 und 1633 siehe P. Godman, *The Saint as Censor,* S. 214 ff., und ders., *Die Geheime Inquisition,* S. 150 ff.

39 Siehe P. Godman, *The Saint as Censor,* S. 322 (Nr. 15).

40 H. Blumenberg, *Die Genesis des kopernikanischen Weltbildes. 2. Typologie der frühen Wirkungen. Der Stillstand des Himmels und der Fortgang der Zeit* (Frankfurt a. M., 1981), S. 457.

41 Siehe P. Godman, *Die Geheime Inquisition,* S. 250 ff.

42 Vergleiche P. Godman, *Die Geheime Inquisition,* Kapitel VI.

43 Y. Congar, *Journal d'un theologien,* 1946–1956, hrsg. E. Failloux (Paris, 2000), S. 242.

44 Vergleiche dazu die wertvolle Studie von G. Costa, »Vico e l'Inquisitione«, *Nouvelles de la République des Lettres II* (1999), S. 93–124 (dessen Transkription allerdings mehrere Fehler enthält).

45 Siehe 11, Anmerkungen 4, 5, 6.

46 Siehe K.-O. Apel, *Die Idee der Sprache in der Tradition des Humanismus von Dante bis Vico* (Bonn,^{3}1980), S. 321 ff.

47 Vergleiche am besten A. Momigliano, »Roman ›Bestioni‹ and Roman ›Eroi‹ in Vico's *Scienza nuova«* und »La nuova storia romana di G. B. Vico«, in: derselbe, *Terzo contributo alla storia degli studi classici e del mondo antico* I (Rom 1966), S. 153–177, und *Sesto contributo* I (Rom, 1980), S. 191–211.

48 Siehe P. Godman, *Die Geheime Inquisition,* S. 247 ff. und 309 ff.

49 Siehe P. Godman, *Die Geheime Inquisition*, S. 214 ff.

50 *Propositiones ex omni theologia selectas in Gregoriano Gymnasio palam sibi defendendas* (Rom, 1818).

51 F. Gregorovius, *Römische Tagebücher 1852–1889,* hrsg. von H. W. Kraft und M. Völkel (München, 1991), S. 336 (Hervorhebungen in den Zitaten stammen, wenn nicht anders gekennzeichnet, von P. Godman).

52 »Unter Donnerblitzen«.

53 Vergleiche die kurzen und scharfsinnigen Bemerkungen von A. Esch, »Aus den Akten der Indexkongregation: Verurteilte Schriften von Ferdinand Gregorovius«, in A. Esch und J. Petersen (Hrsg.), *Ferdinand Gregorovius und Italien. Eine kritische Würdigung* (Tübingen, 1993), S. 240–252.

54 Vergleiche A. Forni, »Der Erfolg von Gregorovius in Italien«, in A. Esch und J. Petersen (Hrsg.), *Ferdinand Gregorovius und Italien,* S. 11–14.

55 Vergleiche G. Arnaldi, »Gregorovius als Geschichtsschreiber der Stadt Rom: das Frühmittelalter«, und A. Esch, »Gregorovius als Geschichtsschreiber der Stadt Rom: das Spätmittelalter«, in A. Esch und J. Petersen (Hrsg.), *Ferdinand Gregorovius und Italien,* S. 127 und 169 ff.

56 [»Betreffend Ferdinand Gregorovius, *Lucrezia Borgia,*] sagten drei [Konsultoren], daß man das Buch in jeder beliebigen Sprache verbieten müsse. Einer jedoch sagte, das Buch sei zwar durchaus zensurwürdig, doch mache die Veröffentlichung des Dekrets eines solchen Verbots keinen Sinn. Elf [Konsultoren*] sagten, daß man das Buch nur mit Verachtung strafen solle *(Tres dixerunt proscribendam quocumque idiomate. Unus dixit opus esse quidem censura dignum, sed proscriptionis decreti publicationem non expedire. Undecim vero censuerunt esse spernendum)«.*

ACDF, Indice, Protocolli 1872–1875, Nr. 120 (Kongregation vom 25. 11. 1875).

57 Vergleiche P. Godman, *From Poliziano to Machiavelli. Florentine Humanism in the High Renaissance,* S. 303 ff.

58 Vergleiche P. Godman, *The Saint as Censor,* S. 105, 137, 160 f. und 173.

59 Siehe H. Weinreich, *Lethe. Kultur und Kritik des Vergessens,* S. 51 ff.

60 Eine neuere Diskussion dieses Phänomens findet sich in: C. W. Hedrick Jr., *History and Silence, Purge and Rehabilitation of Memory in Late Antiquity* (Texas, 2000), Kapitel IV, und in: T. Werner, »Vernichtet und vergessen? Bücherverbrennungen im Mittelalter«, in O. G. Dexle (Hrsg.), *Memoria als Kultur* (Göttingen, 1995), S. 149–184.

61 Siehe Tacitus, *Annalen* 4,35; *Agricola* 2.

62 *Acta et documenta Concilio Oecumenico Vaticano II apparando,* Series II *(Praeparatoria),* Vol. II, pars III (Vatikanstaat, 1968), S. 845: Bericht seiner Eminenz, des Kardinals Pietro Ciriaci (Vorsitzender der Kommission für die Disziplin des Klerus und des christlichen Volkes).

63 Vergleiche C. Weber, *Kirchengeschichte, Zensur und Selbstzensur.* Kölner Veröffentlichungen zur Religionsgeschichte 4 (Köln, 1984); R. Zipser (Hrsg.), *Fragebogen: Zensur. Zur Literatur vor und nach dem Ende der DDR* (Leipzig, 1995); R. Darnton, »Censorship, a Comparative View: France, 1789 – East Germany, 1989«, *Representations* 49 (1995), S. 40–60, und derselbe, *Der letzte Tanz auf der Mauer. Berliner Journal 1989–1990* (München/Wien), S. 138–150.

64 A. Pope, *An Essay on Man,* hrsg. von M. Mack (London/New Haven, 1950), S. 7.

65 Vergleiche P. Godman, *Die Geheime Inquisition,* Kapitel IX.

66 Zu Baillès und seinem Hintergrund vergleiche O. Chadwick, *A History of the Popes 1830–1914* (Oxford, 1998), S. 99 ff., und J. Maurain, *La politique ecclésiastique du Second Empire de 1852 à 1869* (Paris, 1930), S. 86 ff.

67 *Instruction pastorale de Monseigneur l'Évêque de Luçon sur l'index des livres prohibés 1852 à 1869* (Paris, 1930), S. 86 ff.

68 *Instruction pastorale,* S. 225–232.

69 J.-M.-J. Baillès, *La Congrégation de l'Index mieux connue et vengée* (Paris, 1866).

70 J.-M.-J. Baillès, *La Congrégation de l'Index,* S. 320.

71 J.-M.-J. Baillès, *La Congrégation de l'Index,* S. 448.

72 J.-M.-J. Baillès, *La Congrégation de l'Index,* S. 451 f.

73 J.-M.-J. Baillès, *La Congrégation de l'Index,* S. 464.

74 J.-M.-J. Baillès, *La Congrégation de l'Index,* S. 579.

75 H. Arendt, »Was ist Autorität?«, in: dieselbe, *Zwischen Vergangenheit und Zukunft,* S. 159.

76 Vergleiche P. Godman, *Die Geheime Inquisition,* Kapitel X.

77 Zu Goethes Konzept von Weltliteratur vergleiche H. Birus, »Goethes Idee der Weltliteratur: Eine historische Vergegenwärtigung«, in: *Weltliteratur heute. Konzepte und Perspektiven* (Würzburg, 1995), S. 5–24. Vergleiche V. Lange, »Nationalliteratur und Weltliteratur«, in A. Schaefer (Hrsg.), *Weltliteratur und Volksliteratur* (München, 1972), S. 15–35.

78 Vergleiche P. Godman, »Monteverdi zwischen Humanismus und Inquisition«, *Amor vincit omnia. Karajan, Monteverdi und die Entwicklung der neuen Medien* (Wien, 2000), S. 60–87.

79 P. Godman, *Die Geheime Inquisition,* Kapitel X.

80 Vergleiche *Kongregation für Glaubenslehre. Ordnung für die Lehrüberprüfung* (Vatikanstaat, 1997).

81 Vergleiche D. Aigner, »Die Indizierung schädlichen und unerwünschten Schrifttums im Dritten Reich«, *Archiv für Geschichte des Buchwesens* XI (1971), S. 933–1034, und D. Strohmann, *Nationalsozialistische Literaturpolitik* (Bonn, 1985).

82 *Liste der auszusondernden Literatur, herausgegeben von der Deutschen Verwaltung für Volksbildung in der sowjetischen Besatzungszone* (Berlin, 1946–1952).

83 F. Gregorovius, *Römische Tagebücher,* hrsg. W. Kraft und M. Völkel, S. 328.

Teil II. Die Hölle der Zensur

1. War Erasmus ein Ketzer?

1 Maßgebliche Ausgabe: *Desiderii Erasmi Roterodami opera omnia,* hrsg. von J. Leclerc, 10 Bände (Leiden, 1703–6; Nd. 1961–63) [*LB*], zum Teil ersetzt durch *Opera omnia Desiderii Erasmi Roterodami,*

hrsg. J. H. Waszink und andere (Amsterdam und Oxford, 1969~) [*ASD*]; *Opus epistolarum Desiderii Erasmi Roterodami*, hrsg. von P. S. Allen und H. W. Garrod, 12 Bände (Oxford, 1906–1952). Zweisprachig (lat.-dt.): *Erasmus von Rotterdam, Ausgewählte Schriften*, hrsg. von W. Welzig und andere, 8 Bände (Darmstadt, 1967–1990). Biographie: R. J. Schoeck, *Erasmus of Europe*, 2 Bände (Edinburgh, 1990 und 1993).

2 Vergleiche für Italien S. Seidel Menchi, *Erasmo in Italia 1520–1580* (Turin, 1987) (dt.: *Erasmus als Ketzer. Reformation und Inquisition im Italien des 16. Jahrhunderts* [Leiden, 1993]).

3 Sixtus V. (Felice Peretti, geb. 1521), 1585–1590.

4 P. Godman, *The Saint as Censor* III 59, S. 428.

5 Marcantonio Colonna (1523–1597), 1565 zum Kardinal ernannt, ab 1587 Präfekt* der Indexkongregation*.

6 Pius IV. (Giovanni Angelo Medici, geb. 1499), 1559–1565, veröffentlichte 1564 den Index des Konzils von Trient*.

7 Die hier genannte »erste Klasse*« enthielt die Namen von Autoren, deren Werke insgesamt verboten werden sollten. In der »zweiten Klasse*« hingegen befanden sich Titel von einzelnen verbotenen Schriften, manchmal mit dem Zusatz, »[verboten,] solange keine expurgierte Fassung vorliegt«. Für die Einträge zu Erasmus siehe J. M. de Bujanda, *Index* VIII, S. 429 ff., 445; ferner S. Seidel Menchi, »Sette modi di censurare Erasmo«, in *La censura libraria nell' Europa del secolo XVI,* Convegno Internazionale di Studi. Cividale del Friuli 9/10 Novembre 1995, in U. Rozzo (Hrsg.), Libri e Biblioteche 5 (Udine, 1997), S. 179.

8 Diese Möglichkeit wurde bereits im Tridentinischen Index von 1654 erwähnt, in dem alle Werke des Erasmus, »die von der Religion handeln«, verboten wurden, »solange von der theologischen Fakultät in Paris oder Löwen keine expurgierten Fassungen vorliegen« (J. M. de Bujanda, *Index* VIII, S. 432). Beide Fakultäten galten als Instanzen der Rechtgläubigkeit und (deswegen) der katholischen Zensur.

9 Vergleiche R. Crahay, »Les censeurs louvainistes d' Érasme«, in J. Coppens (Hrsg.), *Scrinium Erasmianum (Mélanges historiques publiés ... à l'occasion du ve centenaire de la naissance d'Érasme)* I, (Leiden, 1969), S. 221–249.

10 Vergleiche ferner P. Godman, *The Saint as Censor.*

11 Ed. P. Godman, *The Saint as Censor* II 1, S. 237 f.

12 Alberto Pio di Carpi, 1475–1531, bedeutender Renaissancefürst, Mäzen und Humanist. Zu seiner Auseinandersetzung mit Erasmus siehe M. P. Gilmore, »Erasmus and Alberto Pio, Prince of Carpi«, in T. K. Rabb and J. E. Siegel (Hrsg.), *Action and Conviction in Early Modern Europe: Essays in Memory of E.H. Harbison* (Princeton, 1969), S. 299–318, und S. Seidel Menchi, *Erasmo in Italia,* S. 43–56, 61, 198 (dt. S. 35–50, 58, 242).

13 *Tres et viginti libri in locos lucubrationum variarum D. Erasmi Rotterodami* (*Dreiundzwanzig Bücher gegen Stellen in den diversen Nachtarbeiten des D. Erasmus von Rotterdam* (Paris, 1531 [posthum]); eine weitere Ausgabe folgte im selben Jahr in Venedig).

14 *Annotationes in Novum Testamentum* (Basel, 1535); in *LB,* Bd. VI. In den Gutachten angeführte Buchtitel erscheinen immer in deutscher Übersetzung (Original in Anmerkung), da die Zensoren die Titel der behandelten Bücher eigenmächtig ins Lateinische übersetzten.

15 *Epistola contra quosdam, qui se falso iactant Evangelicos* (Freiburg, 1530); in *ASD* IX, 1, S. 263–309.

16 Vergleiche *ASD* IX, 1, S. 290, Z. 202–203.

17 Leo X. (Giovanni de' Medici, geb. 1475), 1513–1521.

18 In der Bulle* *Decet Romanum pontificem* vom 3. Januar 1521.

19 *Novum Testamentum omne* (Basel, 1516) (*LB* VI, zusammen mit den *Annotationes*). Die ausdrückliche Billigung des Papstes, erteilt im Jahre 1518, wurde den darauffolgenden Ausgaben vorangestellt.

20 Vergleiche *ASD* IX, 1, S. 292, Z. 255 f.

21 Das Konzil von Trient* wurde am 13. Dezember 1545 begonnen und am 4. Dezember 1563 beendet.

22 Siehe Anmerkung 9.

23 Siehe Anmerkung 7.

24 Ed. P. Godman, *The Saint as Censor* III 60 (a), S. 428.

25 Gemeint ist die zweite der *Regulae Indicis* (»Regeln für den Index«), die dem Tridentinischen Index* vorangestellt wurden und die die Praxis seiner Erstellung nachvollziehbar machen sollten. Siehe J. M. de Bujanda, *Index* VIII, S. 809–822 für den Text, und P. Godman, *The Saint as Censor,* S. 17, 36–38, 114 ff. für die Diskussion.

26 J. M. de Bujanda, *Index* VIII, S. 813.

27 Ed. P. Godman, *The Saint as Censor* III 60 (b), S. 428 f.

28 Stanislaus Hosius (1504–1579), polnischer Bischof von Ermland (Preußen), wurde 1561 Kardinal. Der Autor zahlreicher Schriften gegen die Protestanten, wurde päpstlicher Legat* beim Konzil von Trient* und diente Paul IV., Pius V. und Gregor XIII. als enger Berater.

29 Filippo Neri (1515–1595), römischer Priester und Gründer des Oratoriums* der göttlichen Liebe, einer Gemeinschaft von Weltpriestern, die sich der Seelsorge widmeten. Der Beichtvater von Kardinälen und Berater von Päpsten lehnte selbst die Kardinalswürde ab, wurde allerdings bereits 1622 heiliggesprochen.

30 Cäsar Baronius (1538–1607), römischer Kirchenhistoriker. Er wurde 1593 als Nachfolger von Filippo Neri Leiter des Oratoriums*, Beichtvater Klemens' VIII. und Protonotar* des Apostolischen Stuhles, 1596 Kardinal, Mitglied der Indexkongregation* (zeitweise auch deren Präfekt*) und 1597 Präfekt der Vatikanischen Bibliothek. Seine Wahl zum Papst scheiterte 1605 am Einspruch des aufgrund seiner Abhandlung *De monarchia Sicula* (*Über die Herrschaft über Sizilien*) erzürnten spanischen Hofes. Baronius ist auch der Verfasser der berühmten *Annales Ecclesiastici*, die oft als der eigentliche Beginn der neuzeitlichen katholischen Kirchengeschichtsschreibung bezeichnet wurden.

31 Ed. P. Godman, *The Saint as Censor* III 60 (c), S. 429–431.

32 Diego (Jakobus) Simancas (gest. 1583), Bischof von Zamora. Die Schriften dieses von Papst Pius V. (1566–1572) hochgeschätzten spanischen Juristen über Verlauf und Gegenstände des Inquisitionsprozesses übten in Rom einen großen Einfluß aus.

33 *Institutiones catholicae, quibus ordine ac brevitate disseritur quicquid ad praecavendas et extirpandas haereses necessarium sit* (*Katholische Unterweisungen, in denen der Reihe nach und in Kürze alles erörtert wird, was vonnöten ist, um sich vor den Irrlehren zu hüten und sie auszurotten*; Valladolid, 1552; Rom, 1575); in *Opera Jacobi Simancai*, hrsg. von F. Castracane (Ferrara, 1692), S. 199.

34 Stanislaus Hosius; siehe Anmerkung 28.

35 Der Spruch findet sich bereits in dem 1526 von Alberto Pio di Carpi (siehe Anmerkung 12) verfaßten *Responsio paraenetica* (*Ermahnende Antwort*) gegen Erasmus.

36 Gabriel Prateolus Marcosius (Gabriel Du Préau, 1511–1588), französischer Theologe.

37 *De vitis, sectis et dogmatibus omnium haereticorum ... elenchus alphabeticus* (*Ein alphabetisches Register ... über die Lebensweisen, die Sekten und die Lehren aller Ketzer*, Köln, 1583).

38 Lehre des reformatorischen* Theologen Ulrich Zwingli (1484–1531).

39 Thomas Morus (1478–1535), Londoner Schriftsteller und Philosoph, mit Erasmus seit 1499 eng befreundet. 1529 wurde er englischer Kanzler; als aber Heinrich VIII. 1532 mit Rom über die Frage seiner Scheidung von Königin Katharina brach und sich selbst zum Haupt der englischen Kirche erklären ließ, legte der treue Katholik sein Amt nieder. Er wurde 1535 des Hochverrats für schuldig befunden und hingerichtet.

40 Lorenz Sauer (Laurentius Surius, 1522–1578), Hauptwerk: *Commentarius brevis rerum in orbe gestarum ab anno 1500 ad annum 1567* (Köln, 1567) (dt.: *Kurtze Chronick oder Beschreibung der vornembsten händeln und geschichten so sich beide in Religions und weltlichen sachen fast in der gantzen Welt zugetragen* (Köln, 1568)).

41 Alfonso de Castro (1495–1558), Franziskaner* und Kontroverstheologe; seine Schriften übten einen starken Einfluß auf die römische Inquisition* aus.

42 *Adversus omnes haereses libri quatuordecim* (*Vierzehn Bücher gegen sämtliche Irrlehren*; Paris, 1534).

43 Paul IV. (Giampietro Carafa, geb. 1476), 1555–1559. Sein Index wurde 1559 veröffentlicht; viele der Einträge – unter anderem derjenige zu Erasmus – wurden in den Tridentinischen Index von 1564 eingearbeitet.

44 *Adagiorum collectanea* (*Sammlung der Sprichwörter*, Basel 1500, vollst. 1515); in *ASD* II, Bände 1–9.

45 *Apophtegmata ex optimis utriusque linguis scriptoribus* (*Sinnsprüche aus den besten Autoren beider Sprachen*; Basel, 1531); in *LB* IV, Sp. 85–390.

46 Der Index der Universität zu Paris (zu dieser Zeit bezeichnete man mit »Sorbonne« noch deren theologische Fakultät) verbat im Jahre 1544 zahlreiche Schriften des Erasmus, mit Ausnahme der *Anmerkungen zum Neuen Testament* (siehe Anmerkung 14), die erst im

Pariser Index des Jahres 1551 verboten wurde. Siehe J. M. de Bujanda, *Index* I, S. 176ff.

47 Veröffentlicht 1583. Zu Erasmus siehe J. M. de Bujanda, *Index* VI, S. 301ff., 814f.

48 Siehe Anmerkung 12.

49 Johannes Dietenberger (Phimostomus), etwa 1475–1537, Dominikaner* und Prior oder Lektor in diversen Klöstern in Südwestdeutschland. Aktiv beim Diät von Augsburg (1530), wurde er 1532 Professor für Theologie in Mainz. Er war Autor mehrerer polemischer Traktate gegen die Protestanten sowie Übersetzer der Vulgata* ins Deutsche (erschienen Mainz, 1534); die Schrift *De divortio* gegen Erasmus wurde als Anhang zu seinem Werk *Phimostomus scripturariorum* (*Ein Maulkorb für die Vielschreiber*; Köln, 1532), einer allgemeinen Schrift gegen verschiedene protestantische Lehren, veröffentlicht.

50 Ambrosius Catharinus (Lancelotto Politi, 1484–1553), Dominikaner,* offizieller Konzilstheologe beim Konzil von Trient*, wurde 1552 Erzbischof von Conza. Er verfaßte zahlreiche Werke gegen die Protestanten, unter anderem das *Opusculum de coelibatu adversus impium Erasmum* (*Ein kleines Werk über den Zölibat gegen den unfrommen Erasmus*; Siena, 1581).

51 Siehe Anmerkung 42.

52 Ed. P. Godman, *The Saint as Censor* III 60 8 (d), S. 431f.

53 Siehe Anmerkung 12.

54 Etwa 1490–1542. Astronom und Theologe.

55 *Hierarchiae ecclesiasticae assertio* (*Bekräftigung der kirchlichen Hierarchie*; Köln, 1538).

56 Johannes Oekolampad (1482–1531), Basler Reformator*.

57 Siehe Anmerkung 6.

58 Peña bezieht sich hier auf Erasmus' *De libero arbitrio diatribe sive collatio* (*Gespräch oder Unterredung über den freien Willen*; Basel, 1524), in *LB* IX, Sp. 1215–1248, und ders., *Hyperaspistes diatribe adversus servum arbitrium Martini Lutheri* (*Unterredung »Hyperaspistes« gegen den »Unfreien Willen« Martin Luthers*; Basel, 1526–1527), in *LB* X.

59 P. S. Allen, *Opus Epistularum*, Bd. VII, Nr. 1887 (Basel, 15. Oktober 1527), S. 198ff.

60 P. S. Allen, *Opus Epistularum*, Bd. VII, Nr. 1887, S. 198ff., Z. 6ff., 36ff.

61 Siehe Anmerkung 6.

62 Die Teilnehmer des Konzils von Trient*.

63 Der heilige Carlo Borromeo (1538–1584), Neffe Pius' IV., ab 1560 Kardinal und Staatssekretär* sowie Erzbischof von Mailand. Borromeo war die treibende Kraft bei der Wiedereröffnung des Konzils von Trient* im Jahre 1562; er leitete die Theologenkommission, die den vom Konzil* beschlossenen römischen Katechismus 1564–1565 ausarbeitete. Als Protektor der katholischen Kantone in der Schweiz widmete er sich der Bekämpfung des schweizerischen Protestantismus mit großem Eifer. Er wurde 1610 von Paul V. heiliggesprochen.

64 Hilarius von Poitiers (hl.; etwa 315–367), Kirchenlehrer* und Bischof von Poitiers. Hauptwerk: *De Trinitate* (*Über die Dreifaltigkeit*).

65 Ambrosius (hl.; etwa 333–397), Bischof von Mailand und Kirchenlehrer.* Zu seinen Schriften gehört neben exegetischen, dogmatisch und moral-asketischen Werken auch eine Sammlung von Hymnen (unter anderem das *Te Deum*).

66 Hieronymus (hl.; 347–419), Kirchenlehrer* und Verfasser zahlreicher Schriften und Kommentare zu nahezu allen Büchern der Bibel. Seine Bibelübersetzung, die Vulgata*, wurde die Bibel des lateinischen Mittelalters, als maßgeblich anerkannt in den Dekreten des Konzils von Trient*.

67 Johannes I. Chrysostomus (hl.; zwischen 344 und 354–407), griechischer Kirchenlehrer und Patriarch von Konstantinopel. Sein Werk repräsentiert den größten schriftlichen Nachlaß innerhalb der griechischen Patristik.

68 Aurelius Augustinus (hl.; 354–430), Bischof von Hippo und Kirchenlehrer*, wichtigster lateinischer Theologe der alten Kirche. Unter seinen Schriften befinden sich Predigten und Kommentare, Traktate zu Fragen der christlischen Moral und Theologie sowie die zwei am meisten rezipierten Hauptwerke, die autobiographischen *Confessiones* (*Bekenntnisse*) und das geschichtstheologische Buch *De civitate Dei* (*Über den Gottesstaat*). Der Einfluß seines Denkens auf die weitere Entwicklung der christlichen Theologie, katholisch wie auch protestantisch, ist bis in die Gegenwart hinein unschätzbar.

69 Siehe Anmerkung 12.

70 Zur Rezeption und Verbreitung des Erasmus in Deutschland und der Schweiz vergleiche H. Holeczek, *Erasmus deutsch. Die volkssprachliche Rezeption des Erasmus von Rotterdam in der reformatorischen Öffentlichkeit,* Band 1 (Stuttgart-Bad Cannstatt, 1983); für England vergleiche J. K. McConica, *English Humanists and Reformation Politics under Henry VIII and Edward VI* (Oxford, 1965) und E. J. Devereux, *Renaissance English Translations of Erasmus: A Bibliography to 1700.* Erasmus Studies 6 (Toronto, Buffalo und London, 1983).

71 Siehe Anmerkung 43.

72 Pius V. (Michele Ghislieri, geb. 1504), 1566–1572.

73 Siehe Anmerkung 8 und Anmerkung 78.

74 Siehe Anmerkung 17.

75 Siehe Anmerkung 28.

76 Cornelius Jansen der Ältere (1510–1576), bedeutender Bibelwissenschaftler, wurde 1561 Professor für Exegese in Löwen, nahm an der Schlußsitzung des Konzils von Trient* teil und wurde 1568 Bischof von Gent.

77 *Commentarii in concordiam et totam historiam evangelicam* (Löwen, 1572).

78 Unter »D« in der zweiten Klasse* des Tridentischen Index von 1564 wurden folgende Bücher verboten (J. M. de Bujanda, *Index* VIII, S. 429ff.): Die *Kolloquien,* das *Lob der Torheit,* die *Lingua,* die *Einrichtung der christlichen Ehe, Vom Fleischverbot* und die *Paraphrase zum Matthäusevangelium* (die 1547 in italienischer Übersetzung von Bernardino Tomitano in Venedig erschienen war).

79 Siehe Anmerkung 47.

80 Sixtus V. (siehe Anmerkung 3).

81 Vergleiche dazu J. M. de Bujanda, *Index* IX, S. 810; vergleiche ferner P. Godman, *The Saint as Censor,* S. 110f.

82 Ed. P. Godman, *The Saint as Censor* III 61, S. 433f.

83 Es folgen nur fünf Anmerkungen.

2. Der zensierte Papst

1 Von Francisco Peña findet sich eine weitere Zensur unter 1 E.

2 Ed. P. Godman, *The Saint as Censor,* S. 405ff.

3 Pii II. *Commentarii rerum memorabilium que temporibus suis contigerunt,* hrsg. von A. van Heck (Vatikanstaat, 1984). Eine deutsche

Übersetzung liegt nicht vor. Die Ausgabe, die der Zensor hier benutzt, läßt sich heute nicht mehr nachweisen. Zu Beginn dieses Gutachtens findet sich folgende Beschreibung der zensurierten *Commentarii*-Ausgabe als Randnotiz: »Das Werk ist insgesamt in drei Bände unterteilt. Der erste umfaßt 1138 Blatt, der zweite 54 und der dritte und letzte 181.«

4 Giovanni Antonio Campano (1429–1477), italienischer Humanist. Pius II. ernannte ihn wegen seiner literarischen Verdienste 1462 zum Bischof von Crotone, 1463 zum Bischof von Teramo (Abruzzen). Campano war als Verfasser von Reden, moralisch-philosophischen Abhandlungen, Biographien und Gedichten schon zu Lebzeiten berühmt. In seinem Œuvre befindet sich auch eine Pius-Vita. Seine Briefe galten als lateinische Stilmuster.

5 *Jo. Antonii Campani … Epistolae et poemata* (*Briefe und Gedichte*), hrsg. von J. B. Mencken (Leipzig, 1707), S. 1, wie auch das folgende Zitat.

6 E. S. Piccolomini, *De duobus amantibus*, in: *Opera quae extant omnia* (Basel, 1551). Zweisprachig (lat.-dt.): *Euryalus und Lucretia* (Stuttgart, 1993).

7 Phalaris, Tyrann von Akragas (dem heutigen Agrigento), soll seine Gegner in einem bronzenen Stier bei lebendigem Leibe verbrannt haben. Warum der Zensor hier – im Gegensatz zu Pius, der an dieser Stelle »Stier« schreibt – von einem »Pferd« spricht, wird sein Geheimnis bleiben.

8 E. A. Piccolomini, *Euryalus und Lucretia*, S. 73.

9 Der Zensor spielt hier mit dem Namen »Pius« (»der Gottesfürchtige«).

10 Platon, *Nomoi* 4, 709b 7–8, zitiert nach: Platon, *Werke in acht Bänden*, griechisch und deutsch, hrsg. von Gunther Eigler (Darmstadt, 1977), Band 8, 1, S. 234f.

11 Pius' Neffe, Francisco Bandino Piccolomini, Erzbischof von Siena, veröffentlichte eine von ihm selbst expurgierte Fassung der *Memoiren* im Jahre 1584. Peña bezieht sich hier auf diese bereits erfolgte Zensur.

12 Vergil, *Georgica* 2, 458f.

13 Aristoteles, *Nikomachische Ethik* 5, 1129b 28.

14 Francesco Sforza (1401–1466), berühmter Condottiere, wurde 1450 erster Sforza-Herzog von Mailand.

15 Dieser »Mönch und Dichter« läßt sich heute nicht mehr identifizieren.

16 Dietherr, Graf von Isenburg (1412–1482), Kurfürst von Mainz, wurde 1459 zum Erzbischof von Mainz gewählt, doch Pius II. weigerte sich, ihn in seinem Amt zu bestätigen. Er wurde zu einer der wichtigsten Figuren der Fürstenopposition zum Papst und wurde aufgrund dieser Aktivitäten 1461 von Pius gebannt und abgesetzt. Nach dem Tod seines Nachfolgers wurde er jedoch 1475 ein zweites Mal zum Erzbischof gewählt und von Sixtus IV. (Francesco della Rovere, geb. 1414), 1471–1484, bestätigt.

17 Jakob von Viterbo (Mitte 13. Jh.–1307/08), italienischer Theologe der Augustinerschule. 1302 für drei Monate Erzbischof von Benevent, anschließend Erzbischof von Neapel.

18 Das Konzil* von Mantua im Jahr 1459, einberufen von Pius II.

19 Jean (de) Jouffroi, (um 1412–1473), Bischof von Arras, wurde 1461 Kardinal.

20 Francesco Todeschini Piccolomini (1439–1503), der spätere Papst Pius III. (1503), wurde 1460 Kardinal.

21 Siehe Anmerkung 18.

22 Friedrich III. (1415–1493), seit 1440 deutscher König, wurde 1452 (als letzter in Rom) zum Kaiser gekrönt.

23 Borso d'Este (1450–1471), Herzog von Ferrara.

24 Alfons V. (1416–1458), »der Großmütige«, spanischer König; als Alfons I. ab 1442 auch König von Neapel und Sizilien. Hielt in Neapel glanzvoll Hof, förderte italienische Humanisten seiner Zeit (vor allem Pisanello und Valla) und gründete eine Bibliothek und die erste humanistische Akademie Italiens.

25 Das Basler Konzil* war das siebzehnte der ökumenischen Konzilien*. 1431 von Papst Martin V. (Oddo Colonna, geb. 1368), 1417–1431, einberufen und von seinem Nachfolger Eugen IV. bestätigt, wurde das Konzil* im Juli 1431 eröffnet. Es stand von Anfang an unter der Spannung zwischen dem konziliaristischen Anspruch der Oberhoheit des Konzils* über den Papst (Konziliarismus*) und dessen kurialistischer Gegenposition (Piccolomini, der als Sekretär am Konzil* teilnahm, vertrat zu dieser Zeit die Position des Konziliarismus). 1437 zerfiel das Konzil in Basel: Auf Antrag Eugens wurde es nach Italien verlegt. Die Basler Konzilsväter stimmten der Verlegung nach Ferrara nicht zu, setzten am 25. 7. 1439 Eugen IV. ab und wähl-

ten einen Nachfolger (Felix V.; siehe Anmerkungen 26 und 27). Das Basler Konzil bedeutete einen ersten Sieg des Papsttums über den Konziliarismus, den es durch die Konkordate* mit Kaiser Friedrich III. (1448) und mit deutschen Reichsfürsten erhärtete.

26 Eugen IV. (Gabriele Condulmaro, geb. 1383), 1431–1447. Unter dem sittenstrengen, aber diplomatisch ungeschickten Papst kam es zur letzten großen Auseinandersetzung mit dem Konziliarismus*. 1439 setzte das vom Papst suspendierte Konzil* von Basel Eugen IV. ab und wählte Felix V. zum Gegenpapst*.

27 Felix V. (Graf Amadeus VIII. von Savoyen, geb. 1383, gest. 1451), 1440–1449, letzter der Gegenpäpste*. Das Basler Konzil* wählte ihn nach Absetzung Eugens IV. zum Papst, aber Felix konnte nur einen Teil der Christenheit gewinnen, geriet in Konflikt mit der Basler Restsynode* und zog sich schließlich zurück. Er nahm 1449 das Angebot Nikolaus' V. (Tommaso Parentucelli, geb. 1397, 1447–1455) zu einem schonungsvollen Rücktritt an.

28 Domenico Capranica (1400–1458) hatte unter Papst Martin V. verschiedene Ämter an der Kurie* und im Kirchenstaat inne, bevor er 1425 Bischof von Fermo und 1426 Kardinal (*in pectore**) wurde. Capranica nahm am Basler Konzil* teil, bei dem Piccolomini als sein Sekretär arbeitete, war mehrfach Papstkandidat und galt als Literat und Wissenschaftler.

29 Siehe Anmerkung 25.

30 Kalixt III. (Alonso de Borja, geb. 1378), 1455–1458.

31 Siehe Anmerkung 24.

32 Platina (eigentlich Bartolomeo Sacchi, 1421–1481), humanistischer Historiker, der mehrfach mit Papst Paul II. (Pietro Barbo, geb. 1418), 1464–1471, in Konflikt geriet und sogar inhaftiert wurde. Nach dessen Ableben verfaßte Platina eine Sammlung von Papstviten, in der er kein schmeichelhaftes Bild von seinem ehemaligen Widersacher zeichnet: *De vitis Pontificum Romanorum ...* (*Die Viten der römischen Päpste*), hrsg. von Onofrio Panvinio (Köln, 1573). Der Zensor Peña verwendet hier Platina, dessen Neuveröffentlichung er selbst in einem anderen Zensurverfahren zu verhindern suchte, als Autorität gegen Piccolomini, den späteren Papst.

33 Ludwig XI. (1423–1483), König von Frankreich ab 1461, handelte gegen die päpstlich-kirchlichen Interessen und erwies sich somit als hartnäckiger Kontrahent Pius' II.

34 Psalm 91,13. Verse aus diesem Psalm werden im Neuen Testament als messianische Prophezeiungen gedeutet (so zum Beispiel Matthäus 4,6).
35 Friedrich III., siehe Anmerkung 22.
36 Ladislaus (1440–1457), König von Ungarn (1440 bzw. 1444) und Böhmen (1453). Wurde bereits im Alter von drei Monaten zum König gekrönt, aber erst 1444 anerkannt.
37 Vergleiche Hiob 34,13.

3. Todsünden der Liebeslyrik

1 Vergleiche P. Godman, *From Poliziano to Machiavelli,* S. 319 ff.
2 A. Rocca, *Osservazioni intorno alle bellezze della lingua latina* (Rom, 1589).
3 Unter Vulgärsprache (ital. *volgare,* nach lat. *vulgus* für«Volk«) versteht man die jeweilige Landessprache.
4 Ludovico Ariosto (1474–1533), italienischer Dichter. Siehe ferner Anmerkung 33.
5 Pietro Bembo (1470–1547), italienischer Humanist und Dichter. Bembo hatte sich bereits als großer Stilist des Lateinischen einen Namen gemacht, als er sich dem *Volgare* (siehe Anmerkung 3) zuwandte und zu einem der wichtigsten Vertreter der volkssprachlichen Dichtung wurde. Maßgebliche Ausgabe: *Prose della volgar lingua ...,* hrsg. von C. Dionisotti (Mailand, ^{2}1993).
6 Iacopo Sannazaro (1457–1530), volkssprachlicher und neulateinischer Dichter, der im Geist des Humanismus* zahlreiche Werke verfaßte. Berühmt ist die Hirtendichtung *Arcadia* (unvollständiger Erstdruck 1502, vollständig 1504; maßgebliche Ausgabe: hrsg. von F. Erspamer (Mailand, 1995)), die einen Neubeginn der europäischen Schäferdichtung markiert.
7 Siehe Seite 108. F. Petrarca, *Canzoniere,* hrsg. von G. Contini (Turin, ^{8}1980). Zweisprachig (ital.-dt.): F. Petrarca , *Canzoniere,* nach einer Interlinearübersetzung von G. Gabor in deutsche Verse gebracht von E.-J. Dreyer (Basel/Frankfurt a. M., 1989).
8 Siehe Anmerkung 2.
9 Ital. »Gott«.
10 Der Zensor präsentiert eine hier nicht wiedergegebene Abhandlung darüber, daß die italienischen Formen zu Verwechslungen mit den griechischen Flexionformen von Zeus führen können.

11 Thascius Caecilius Cyprianus (200/210–258, »Cyprianus von Karthago«), Kirchenvater.

12 Siehe 1, Anmerkung 68

13 Siehe Anmerkung 3.

14 F. Petrarca , *Canzoniere*, S. 520/21, Vers 1.

15 Epikur (341–271 v. Chr.), griechischer Philosoph. Seine Lehre ist bestimmt vom Ziel des Glücks durch ein Leben der Freude und der Lust sowie der Freiheit von Schmerz und Unruhe.

16 Petrarca begegnete Laura – diese Frauengestalt steht im Zentrum seiner Lyrik – angeblich am 6. 4. 1327 in der Kirche der hl. Klara in Avignon. Sie ist dennoch keine eindeutig biographisch oder historisch fixierbare Frauengestalt. Laura starb, wohl nach Petrarcas eigener Aussage, am 6. 4. 1348.

17 F. Petrarca , *Canzoniere*, S. 836–39, Vers 1 ff.

18 F. Petrarca , *Canzoniere*, S. 11, Vers 1 ff.

19 F. Petrarca, *Canzoniere*, S. 13, Vers 1 ff. Vergleiche besonders Vers 13 f.: »Und nun gab er im Weiler, auf dem Lande uns eine Sonne. Sei der Ort gepriesen, wo solche Frau das Licht der Welt gesehen.«

20 F. Petrarca , *Canzoniere*, S. 447, Vers 1 ff.

21 F. Petrarca , *Canzoniere*, S. 343, Vers 1.

22 F. Petrarca , *Canzoniere*, S. 49, Vers 1.

23 F. Petrarca , *Canzoniere*, S. 7, Vers 1.

24 Aktaion (Aktaeon) überraschte auf der Jagd die keusche Göttin Diana (bzw. Artemis) beim Bad, die ihn in einen Hirsch verwandelte, so daß ihn seine eigenen Hunde zerrissen. Vergleiche dazu unter anderem Ovid, *Metamorphosen* 3, 138 ff.

25 Siehe S. 108. *La Divina Commedia*, hrsg. von C. H. Grandgent, überarbeitet von C. S. Singleton (Cambridge, Mass., 1972). Dt.: Übersetzt von W. G. Hertz (Düsseldorf/Zürich, [3]1994).

26 Das Jubiläumsjahr ist das Heilige Jahr; in der katholischen Kirche ein Jahr, das der inneren Erneuerung der Gläubigen dienen soll. Es wird seit 1300 in bestimmten Zeitabständen begangen. Das Heilige Jahr wird am Weihnachtsfest mit dem Öffnen der Heiligen Pforte im Petersdom durch den Papst eingeleitet und nach Ablauf durch deren Vermauerung wieder beschlossen. Zuletzt fand ein solches Heiliges Jahr 2000 unter großem Aufsehen der Weltöffentlichkeit statt.

27 Marcus Porcius Cato von Utica (95–46 v. Chr.), römischer Staatsmann, bekannt als überzeugter Republikaner. Starb durch Selbstmord.

28 Marcus Ulpius Traianus (53–117), römischer Kaiser (seit 98). Unter seiner Regentschaft erreichte das Römische Reich seine größte Ausdehnung, und Kunst und Literatur lebten auf.

29 Orest, nach griechischem Mythos Sohn des Agamemnon und der Klytämnestra, Bruder der Elektra, Iphigenie und Chrysothemis. Vollzog auf Geheiß Apolls mit Hilfe Elektras Blutrache an seiner Mutter und ihrem Liebhaber Ägisth.

30 Publius Papinius Statius (40–etwa 96), römischer Dichter. Von seinen Werken sind das Epos *Thebais* (Zug der Sieben gegen Theben, in 12 Büchern), *Achilleis* (Jugendgeschichte des Achill) und *Silvae* (Gelegenheitsgedichte) erhalten. Seine Werke waren wichtige Vorbilder der Epik und Lyrik in Mittelalter (unter anderem für Dante) und Renaissance.

31 Dante, *Die Göttliche Komödie, Paradies,* 29. Gesang, Vers 124. Das Zitat lautet im Kontext (Vers. 124–26) folgendermaßen (es geht unter anderem um Ablässe): »Davon weiß Sankt Anton sein Schwein zu mästen / Und andre, die weit mehr noch Schweine sind, / Und hält mit falscher Münze Euch zum besten!«

32 Siehe Anmerkung 4.

33 Ariosts Hauptwerk *Orlando Furioso* (*Der rasende Roland*): ein volkssprachliches Epos in Stanzen, erschienen in 40 Gesängen 1516–1521 und um sechs Gesänge erweitert 1532. Maßgebliche Ausgabe: hrsg. von C. Segre (Mailand, ^{3}1982); dt.: *Ariost's Rasender Roland,* übersetzt von H. Kurz (Stuttgart, 1855).

34 Hilarion von Gasa (hl., etwa 291–371), christlicher Eremit. Begründer des Eremitentums in Palästina.

35 Die Rede ist hier von der Episode »Angelica und der Einsiedler«. Im 8. Gesang, Strophe 29–50 (*Ariost's Rasender Roland,* Bd. I, S. 163–169: »Angelica in der Gewalt des Einsiedlers«) heißt es: »Jetzt naht er sich, so fromm in Gang und Mienen, wie Paulus und Hilarion je erschienen ...«; – »Schon hat er sie zu trösten angefangen und manchen schönen Grund ihr zugewandt. Bald auf die Brust, bald auf die feuchten Wangen legt er, dieweil er spricht, die kühne Hand. Und jetzt, schon sichrer, will er sie umfangen; sie aber stößt, von raschem Zorn entbrannt, ihn heftig vor die Brust,

zurück ihn drängend und ihr Gesicht mit keuschem Rot besprengend ... Er aber zieht aus seinem Sack geschäftig ein Fläschchen vor, das einen Saft umschließt; und in das Augenpaar, aus dem so heftig die hellste Fackel Amors Blitze schießt, spritzt er ein Tröpflein dieses Safts, so kräftig, daß tiefer Schlaf sogleich ihr Auge schließt. Rücklings im Sande liegt sie, ohne Leben, dem räuberischen Alten preisgegeben ... Und er umarmt und drückt sie nach Behagen, küßt bald den Mund und bald den Busen ihr. Die Schöne schläft und kann's ihm nicht versagen, und niemand sieht's im öden Felsrevier ...«

4. Machiavelli expurgiert

1 Ed. P. Godman, *From Poliziano to Machiavelli* (Princeton, 1998), S. 311 ff.

2 N. Machiavelli, *Le istorie fiorentine* (Florenz, 1532: die vom Zensor benutzte Ausgabe); moderne italienische Ausgabe in: N. Machiavelli, *Tutte le opere*, hrsg. von M. Martelli (Florenz, 1992); dt.: *Geschichte von Florenz*. Aus dem Italienischen übertragen von A. von Reumont (Zürich, [2]1987). Die folgenden Stellennachweise beziehen sich auf diese Ausgabe.

3 Bernardo Giunta (1487–1551), Sohn und Nachfolger des Verlags- und Druckereigründers Filippo Giunta (1450–1517). Die Giunti waren eine berühmte florentinische Drucker- und Verlegerfamilie des 15. bis 17. Jahrhunderts, die zum Teil stark unter dem Einfluß der Regentenfamilie der Medici stand. Herausgegeben wurden vor allem klassische lateinische und griechische Autoren, aber auch italienische wie unter anderem Petrarca, Boccaccio, Ariost, Machiavelli. Besonders berühmt ist die Ausgabe von Boccaccios *Decamerone* von 1527. Mehrere Familienmitglieder der Giunti waren in anderen italienischen und europäischen Städten ebenfalls als Verleger tätig.

4 N. Machiavelli, *Geschichte von Florenz*, S. 14. Die Rede ist hier von Geschichtsschreibern früherer Zeiten.

5 Die kursiven Hervorhebungen stammen vom Zensor.

6 N. Machiavelli, *Geschichte von Florenz*, S. 31.

7 N. Machiavelli, *Geschichte von Florenz*, S. 31.

8 N. Machiavelli, *Geschichte von Florenz*, S. 34. Die Rede ist von den Kardinälen.

9 Gregor V. (Bruno, geb. 972), 996–999, wurde im Jahre 999 aus Rom vertrieben, von Kaiser Otto II. (geb. 955, deutscher König ab 961, römischer Kaiser ab 967) jedoch dort wieder installiert.

10 N. Machiavelli, *Geschichte von Florenz,* S. 37. Zum besseren Verständnis das vollständige Zitat: »Und während die Päpste durch ihre Zensuren das ganze Abendland zittern machten, war das römische Volk gegen sie in Empörung, und beider Sinnen und Trachten ging einzig dahin, dem andern Ansehen und Autorität zu nehmen.«

11 N. Machiavelli, *Geschichte von Florenz,* S. 44. Die Rede ist von König Heinrich II. von England (1133–1189, König ab 1154), den man verdächtigte, den Tod des hl. Thomas von Canterbury verschuldet zu haben. Thomas Becket (etwa 1120–1170) wurde als Kanzler Heinrichs II. 1162 Erzbischof von Canterbury, doch nach dem Bruch mit Heinrich aufgrund seines Kampfes gegen das englische Staatskirchentum folgten Jahre der erbitterten Auseinandersetzung und des Exils in Frankreich (1164–1170). Seine Ermordung geschah nach der Rückkehr nach England in der Kathedrale von Canterbury durch vier königliche Ritter; Thomas wurde 1173 kanonisiert und als Märtyrer verehrt. Obgleich die von der römischen Kirche eingeleitete Untersuchung zu keinem Nachweis einer Schuld Heinrichs führte, wurde der König dennoch mit einer Strafe belegt, in die er sich fügte.

12 N. Machiavelli, *Geschichte von Florenz,* S. 44. Zum besseren Verständnis der Kontext des Zitats: »Während aber der Papst über fremde Fürsten so große Macht ausübte, vermochte er die Römer nicht zum Gehorsam zu bringen ... So wirkt der Schein mehr in der Ferne als in der Nähe.«

13 N. Machiavelli, *Geschichte von Florenz,* S. 44. Der Zensor notiert hier keine Anweisung. Der Kontext: »[Der Kaiser] Friedrich [I. ›Barbarossa‹, 1122–1190] aber, der nicht ohne Krieg sein konnte, zog nach Palästina, seine Ehrfurcht, die er vergebens an Christi Statthalter versucht, gegen Mohammed auszulassen. Am Flusse Cydnus angelangt, badete er in demselben ... und kam darin um. So half das Wasser den Mohammedanern mehr, als der Bann den Christen ...«

14 Papst Bonifaz VIII. (Benedetto Caetani, geb. ca. 1235), 1294–1303.

15 N. Machiavelli, *Geschichte von Florenz,* S. 49.

16 N. Machiavelli, *Geschichte von Florenz,* S. 49f. Gemeint ist Nikolaus III. (Giovanni Gaetano, geb. 1210/20), 1277–1280.

17 N. Machiavelli, *Geschichte von Florenz,* S. 50f.

18 N. Machiavelli, *Geschichte von Florenz,* S. 52.

19 N. Machiavelli, *Geschichte von Florenz,* S. 64. Die Rede ist von Urban VI. (Bartolomeo Prignano, geb. 1318), 1378–1389.

20 N. Machiavelli, *Geschichte von Florenz,* S. 64.

21 N. Machiavelli, *Geschichte von Florenz,* S. 65. Es geht um Bonifaz IX. (Pietro Tomacelli, geb. 1350), 1389–1404, den Nachfolger Urbans VI.

22 N. Machiavelli, *Geschichte von Florenz,* S. 169f. Im Jahr 1375 versuchte Gregor XI. (Pierre Roger de Beaufort, geb. 1329), 1370–1378, eine in Florenz ausgebrochene Hungersnot dazu zu nutzen, die Macht über die Toskana zu erlangen. Den Florentinern jedoch gelang es durch Bestechung, das päpstliche Heer von einem Angriff abzuhalten und ihrerseits ein Heer zu mobilisieren, das von acht Bürgern geführt wurde. Um diese acht geht es an dieser Stelle der Zensur.

23 N. Machiavelli, *Geschichte von Florenz,* S. 183.

24 N. Machiavelli, *Geschichte von Florenz,* S. 183f.

25 N. Machiavelli, *Geschichte von Florenz,* S. 285.

26 N. Machiavelli, *Geschichte von Florenz,* S. 288.

27 N. Machiavelli, *Geschichte von Florenz,* S. 314. Es geht um die Frage nach dem Verhältnis zwischen römischer und griechischer Kirche, wichtiges Thema auf dem Konzil von Basel* (siehe 2, Anmerkung 25). Machiavelli gibt pragmatische Gründe für die Unterwerfung der griechischen Kirche an, während der Zensor theologisch argumentiert.

28 N. Machiavelli, *Geschichte von Florenz,* S. 354. Zitat aus dem Anfang des sechsten Buches, wo Machiavelli im allgemeinen über Kriege reflektiert.

29 N. Machiavelli, *Geschichte von Florenz,* S. 378f. Die Rede ist von Francesco Sforza (siehe 2, Anmerkung 14).

30 N. Machiavelli, *Geschichte von Florenz,* S. 386. Hier ist von Gott die Rede, der »nicht der Schlechten Freund« sei.

31 N. Machiavelli, *Geschichte von Florenz,* S. 402.

32 Siehe 3, Seite 108, und Anmerkung 7.

33 F. Petrarca, *Canzoniere,* S. 161.

34 Stefano Porcari war im Jahr 1427 Capitano del Popolo in Florenz.
35 N. Machiavelli, *Geschichte von Florenz,* S. 402.
36 N. Machiavelli, *Geschichte von Florenz,* S. 458.
37 Gemeint ist hier Sixtus IV. (Francesco della Rovere, geb. 1414), 1471–1484 (vergleiche 2, Anmerkung 16).
38 N. Machiavelli, *Geschichte von Florenz,* S. 505 f.
39 N. Machiavelli, *Geschichte von Florenz,* S. 527.

5.
Juden und Christen zensieren gemeinsam den Talmud

1 Siehe ferner *Encyclopaedia Judaica, s.v.* «Talmud« (Bd. 15, Sp. 750 ff.).
2 Verurteilungen des Talmuds gab es unter Innozenz IV. (Sinibaldo Fieschi), 1243–1254, im Jahre 1244 (vergleiche S. Simonsohn, *The Apostolic See and the Jews,* 8 Bände (1988–1991), 1. *Documents: 492–1404,* S. 180 ff. für Text und Bibliographie), unter Alexander IV. (Rinaldo), 1254–1261, Johannes XXII. (Jacques Duèse, geb. 1244), 1316–1334, im Jahre 1320, Alexander V. (Pietro Philarghi), 1409–1410, im Jahre 1409, und nach dem Streitgespräch von Tortosa 1413–1414 von Gregor XII. (Angelo Correr, geb. 1325), 1406–1417. Unter Eugen IV. (siehe 2, Anmerkung 26) wurde 1435 der französische Inquisitor Pons Feugeyron ausdrücklich angewiesen, gegen das Buch, »das sie Talmud nennen«, mit aller Härte vorzugehen (vergleiche auch die Konstitution desselben Papstes *Super gregem Dominicum* von 1442, in der alle frühere Erlasse zugunsten der Juden aufgehoben wurden).
3 Dieses Breve* ist im dritten Band (*Documents: 1464–1521*) von S. Simonsohn, *Apostolic See,* nicht nachgewiesen. Ebenda S. 1601 f. (Nr. 1277), findet sich jedoch eine Erlaubnis, den Talmud zu drucken, die dem holländischen Drucker Bomberg in Venedig im Jahre 1520 erteilt wurde.
4 Siehe Anmerkung 19.
5 Gemeint ist der Index Pauls VI. von 1555.
6 Im Pontifikat Julius' III. (Giovanni Maria Ciocchi del Monte, geb. 1487), 1550–1555.
7 Lebensdaten unbekannt. Der Dominikaner* und Freund von Carlo Borromeo (siehe 1, Anmerkung 63) war nicht nur aktiv für die Indexkongregation* beim Konzil von Trient* (1545–1563), sondern

auch Mitglied der Kommission, die 1564–1565 den vom Konzil* veranlaßten neuen römischen Katechismus unter Borromeos Leitung ausarbeitete.

8 Siehe 1, Anmerkung 63.

9 Der spätere Pius V. (Michele Ghislieri, geb. 1504), 1566–1572.

10 Pius IV. (Giovanni Angelo de' Medici, geb. 1499), 1559–1565.

11 J. M. de Bujanda, *Index* VIII, S. 691 (Nr. 953).

12 Gregor XIII. (Ugo Buoncompagni, geb. 1502), 1572–1585.

13 Scipione de Rebiba, gest. 1577, Kardinal 1555, Vertrauter Pius' V. und führendes Mitglied der Römischen Inquisition*.

14 Alfonso II., Herzog von Ferrara (1533–1597).

15 Dies bezieht sich auch auf die Bücher der Juden, wie ein anderes Dokument von ca. 1596 nahelegt: In einer »alphabetische[n] Liste aller von der Römischen Kongregation des Heiligen Offiziums* verdammte[n] Bücher von 1550 bis 1596« wird dieser Auszug aus den Dekreten* so zusammengefaßt: »Die Bücher der *Juden* von Ferrara sollen weder verbessert noch gedruckt werden, wie auch dem Inquisitor* und dem Herzog schriftlich mitgeteilt worden ist. 18. September 1574« (*ACDF, Indice, Protocolli* Z, Fol. 550^r–552^r).

16 Giacomo Savelli (gest. 5.12. 1587), Kardinal bereits seit 1539, Bischof von Nicastro, Gubbio, Porto, seit 1560 Vikar* von Rom, war Mitbegründer des Collegio Romano (seit dem 16. Jahrhundert das Kolleg der Jesuiten* in Rom).

17 Magazor (hebr.: *Machsor*), das jüdische Gebetsbuch. Das bekannteste Beispiel ist der *Machsor Vitry* (12. Jh.); er enthält die liturgischen Regeln, die Gebete mit einer Erläuterung ihres Wortlauts, Schriftlesungen für die Festtage, Sprüche der Väter wie auch zahlreiche religiöse Dichtungen (*Pijutim*).

18 Marranen (wohl vom span. *marrano*, »Schwein,« »Gauner«), Bezeichnung für die in der Judenverfolgung des 15. Jahrhunderts zwangsgetauften Juden, die insgeheim ihrem jüdischen Glauben treu blieben und von der katholischen Kirche als Häretiker betrachtet wurden (davon auch der Begiff *Marranismus*). Vergleiche dazu H. Kamen, *Inquisition and Society in Spain in the 16th and 17th centuries* (London, 1985).

19 Der bereits erwähnte Sekretär* Ridolfi (Dominikaner*, ab 1724 Sekretär der Indexkongregation*, gest. 1749), der im 18. Jahrhundert eine Zusammenstellung der Archivalien zur Zensur des Tal-

muds angefertigt hat, gibt als Verfasser dieses unsignierten Dokuments Sextus von Siena und Francisco Peña an (*ACDF, Indice, Protocolli* 1731–34, Fol. 43r). Sextus von Siena (1520–1569) war ein christlicher Bibelgelehrter und angeblich von jüdischer Abstammung. Der Ketzerei* überführt, wurde er vom Dominikaner* Michele Ghislieri (siehe 1, Anmerkung 72) zum Widerruf überredet und trat daraufhin dem Dominikanerorden* bei. Sextus widmete dem späteren Papst Pius V. sein Hauptwerk, die *Bibliotheca Sancta* (Venedig, 1566). Zu Francisco Peña siehe 1, S. 84.

20 Marcantonio Colonna (1523–1597) wurde bereits im Jahr 1565 Kardinal, 1587 – unter Sixtus V. – Mitglied der Indexkongregation* und bald darauf deren Präfekt*.

21 Girolamo della Rovere (gest. 1592) wurde 1586 unter Sixtus V. Kardinal, 1587 Erzbischof von Turin und Mitglied der Indexkongregation*.

22 William Allen (1532–1594), englischer Kardinal (1586), ab 1587 Mitglied der Indexkongregation*.

23 Eigentlich Adriano Ciprari (gest. 1607), Mitglied des Benediktinerordens* von Vallombrosa, 1588 Konsultor* der Indexkongregation*.

24 Alessandro Franceschi (1534–1601).

25 Getauft als Giovanbattista Bernori. Gest. etwa 1613.

26 Bartolomé de Valverde, Spanier. 1587 Konsultor* der Indexkongregation* .

27 1531–1608. Konsultor* der Indexkongregation* ab 1587.

28 Gemeint sind die sechs »Ordnungen« der Mischna, die im folgenden aufgelistet werden.

29 Antoninus Pius (138–161). Die Auswahl und Kodifizierung der sechs Ordnungen der *Mischna* geht tatsächlich auf Rabbi Jehuda ha-Nassi zurück (ca. 135–nach 200), Nachfahre Hillels und Sohn Gamaliels II.; die Zusammenstellung des *Talmuds* dagegen – »aus den Ansichten zahlreicher Männer« – wurde erst am Ende des 5. Jahrhunderts n. Chr. abgeschlossen.

30 Im »babylonischen« Talmud fehlt der Kommentar (das, was hier »Talmud« genannt wird) zu den ersten und letzten Ordnungen der Mischna fast gänzlich.

31 Hebr.: *Zeraim.*

32 Hebr.: *Moed.*

33 Hebr.: *Naschim.*
34 Hebr.: *Nezikin.*
35 Hebr.: *Kodaschim.*
36 Hebr.: *Tohorot.*
37 *Schabbath,* der erste Traktat der Ordnung *Moed.*
38 *Eruvin,* der zweite Traktat der Ordnung *Moed.*
39 Das heißt: Alessandro Franceschi; siehe Anmerkung 24.
40 *Schabbath* 11a.
41 *Schabbath* 11a.
42 *Schabbath* 12b.
43 *Sotah* (*Verdächtigte Ehebrecherin,* ein Traktat der Ordnung *Naschim*) 36b.
44 *Schabbath* 13b; vergleiche 152a.
45 *Schabbath* 30b.
46 Vergleiche *Schabbath* 33b.
47 Vergleiche *Schabbath* 104b.
48 *Berakoth* (*Segnungen,* ein Traktat der Ordnung *Zeraim*) 61b.
49 *Sotah* 47a; hebr. Text allerdings an dieser Stelle unsicher.
50 Vergleiche *Sanhedrin* (*Der hohe Rat,* ein Traktat der Ordnung *Nezikin*) 67a. Im Text des Talmuds wird nirgends gesagt – und es ist keineswegs klar –, daß die Bezeichnung »Ben Seteda« auf Jesus von Nazareth zu beziehen sei.
51 Vergleiche *Schabbath* 115a. Den Zusammenhang bildet eine Diskussion darüber, ob man Bücher, die in ein Feuer geraten, am Sabbat wieder herausholen darf. Ein Unterschied wird gemacht zwischen Büchern der Heiligen Schrift, die man herausholen *muß,* und Büchern von Heterodoxen (wie auch allen anderen Büchern), die man wegen des Arbeitsverbots am Sabbat nicht retten *darf.*
52 Vergleiche 4. Mose 5,23 f.
53 *Schabbath* 116a.
54 *Schabbath* 116a. Das hebr. *Be Abedan,* was die Indexkongregation* als »Verdammnis« (*perditio*) übersetzt, ist in seiner Bedeutung unklar und umstritten. Eine These bezieht es auf die Versammlungshäuser der Christen.
55 *Schabbath* 118b.
56 Diese Stelle ist nicht nachweisbar. Vergleiche allerdings *Eruvin* 100b, unten. Wer mit Rabbi Salamon gemeint ist, bleibt ebenfalls unklar.
57 König Nebukadnezar von Babylon (604–562 v. Chr.).

58 Zedekia, letzter König von Israel, der im Zuge der Zerstörung Jerusalems durch die Babylonier in 586 v. Chr. von Nebukadnezar gefangengenommen und nach Babylon geschleppt wurde (vergleiche II Könige 25, 1–7).
59 *Schabbath* 149b.
60 *Schabbath* 151b. Lilith ist eine Art weiblicher Dämon.
61 1. Mose 5,3.
62 *Eruvin* 18b.
63 Vergleiche *Eruvin* 21b.
64 *Gittin* (*Scheidungsschriften*, ein Traktat der Ordnung *Naschim*, nicht wie hier angegeben *Nazikin*) 57a. Der ausdrückliche Verweis auf Jesus findet sich in nur einer einzigen Handschrift.
65 *Eruvin* 63a.
66 *Eruvin* 63b.
67 *Eruvin* 69b.
68 Vergleiche *Eruvin* 100b: »Wer männliche Kinder zeugen will, übe den Beischlaf aus und wiederhole ihn ... Eine Frau, die ihren Mann zur [ehelichen] Pflicht auffordert, bekommt Kinder, wie es solche sogar im Zeitalter Moses nicht gegeben hat.« (Nach der Übersetzung von Goldschmidt.)
69 *Eruvin* 100b.
70 Nicht nachweisbar.
71 Gemeint ist: »von Jerusalem«, das heißt der »palestinensische« Talmud.
72 Siehe 1, Anmerkung 5.
73 Kleiner Kurort östlich von Rom, nahe Palestrina.
74 Vincenzo Bonardo, Dominikaner.* Seit 1583 Sekretär* der Indexkongregation*, ab 1589 (?) Meister des Heiligen Palastes*. Gest. 1601.
75 Siehe Anmerkung 23.
76 Das ist die erste Erwähnung als Mitarbeiter (Konsultor*?) der Indexkongregation*. Es sind keine Lebensdaten bekannt.
77 Gemeint ist: Antonio Agelli. Siehe 1, S. 79.
78 Klemens VIII. (Ippolito Aldobrandini, geb. 1536), 1592–1605. Unter seinem Pontifikat wurde 1592 eine neue Ausgabe der Vulgata* veröffentlicht, wie auch 1596 eine Neuausgabe des Index der verbotenen Bücher*. Vergleiche ferner P. Godman, *The Saint as Censor*, S. 147, 171 f.

79 Siehe *Magnum Bullarium Romanum* III, Klemens VIII., Nr. XX (S. 24) vom 28. Feb. 1593 *Contra Hebraeos tenentes legentesque libros Thalmud* ... (*Gegen Juden, die Bücher des Talmuds besitzen oder lesen* ...).

6. Geistige Nahrung

1 Gregor X. (Teobaldo Visconti, geb. 1210), 1271–1276.

2 Vergleiche ferner P. Godman, *Die Geheime Inquisition*, S. 144–149.

3 Klemens VI. (Pierre Roger, geb. 1291) 1342–1352.

4 Pius IV. (Giovanni Angelo Medici, geb. 1499), 1559–1565.

5 Siehe 1, Anmerkung 64.

6 Hilarius, *De Trinitate* (Mailand, 1489). Dt.: *Über die Dreieinigkeit*, 2 Bände (München, 1933–34). Das Werk umfaßt leider nur 12 Bücher.

7 Thomas von Aquin (hl.; 1224–1274), Dominikaner,* Kirchenlehrer* und einflußreichster Theologe des späteren lateinischen Mittelalters. Seine großen Gesamtdarstellungen der christlichen Theologie in der *Summa contra Gentiles* (*Summe gegen die Heiden*) und der *Summa theologiae* (*Summe der Theologie*; siehe Anmerkung 8) wurden zu maßgeblichen Instanzen der katholischen Dogmatik.

8 *S. Thomae Aquinatis Opera Omnia,* hrsg. von R. Busa, S.J. (Stuttgart-Bad Cannstatt, 1980), Band 2: *Summae Theologiae Prima Secundae, quaestio* 100, 9 (S. 490). Dt.: Thomas v. Aquin, *Summe der Theologie,* hrsg. von J. Bernhart (Leipzig, ^{3}1985).

9 *Moralia sancti Gregorii* (*Schriften des hl. Gregor zur Moral*; Basel, 1503).

10 Gemeint sind die Kardinäle und der Körper der Kirche.

11 Sabaoth (hebr. Zebaoth): Alttestamentlicher Namenszusatz Gottes, etwa »der Heerscharen«.

12 *S. Thomae Aquinatis Opera Omnia,* Band 2, *Summae Theologiae Secunda Secundae, quaestio* 62, 7 (S. 608).

13 *S. Thomae Aquinatis Opera Omnia,* Band 2, *Summae Theologiae Secunda Secundae, quaestio* 62, 7 (S. 608).

14 Vergleiche Römer 1, 32. Der Meister des Heiligen Palastes zitiert hier nicht wörtlich.

15 Apostelgeschichte 5, 29.

7. Montaigne und die Mönche

1 M. de Montaigne, *Essais* (Bordeaux, 1580). Maßgebliche Ausgabe: *Les essais,* éd. conforme au texte de l'exemplaire de Bordeaux par Pierre Villey (Paris, 1992). Dt.: *Essais.* Übersetzt von H. Stilett (Frankfurt a. M., 1998).

2 Ed. P. Godman, *The Saint as Censor,* S. 339 ff. Die Quellenangabe bezieht sich sowohl auf A als auch auf B.

3 M. de Montaigne, *Essais* (Bd. I, Kap. 26), S. 91.

4 M. de Montaigne, *Essais* (II, 3), S. 175 ff.

5 M. de Montaigne, *Essais* (II, 3), S. 178.

6 M. de Montaigne, *Essais* (II, 12), S. 292.

7 M. de Montaigne, *Essais* (II, 10), S. 207.

8 Anmerkung des Zensors.

9 M. de Montaigne, *Essais* (I, 56), S. 159.

10 François Rabelais (ca. 1494–1553), französischer Schriftsteller, Mönch und Arzt. Sein Gesamtwerk stand auf den *Indices* von 1559 und 1564 (vergleiche J. M. de Bujanda, *Index* VIII, S. 662).

11 M. de Montaigne, *Essais* (II, 10), S. 202.

12 Ramón Sabunde (Sebondo), spanischer Philosoph, gestorben um 1436. Von ihm ist nur bekannt, daß er Theologie, Künste und Medizin studiert hat, Professor in Toulouse war und in höherem Alter noch zum Priester geweiht wurde. Sein Werk *Theologia naturalis* oder *Liber creaturarum* (*Naturtheologie oder Das Buch der Schöpfungen,* 1434–36) enthält Behauptungen, die den Prinzipien des Christentums zuwiderlaufen, und wurde daher auf dem Konzil von Trient* verboten (vergleiche J. M. de Bujanda, *Index* VIII, 668 f.). Montaigne widmet Sabunde in seinen *Essais* ein eigenes Kapitel, in dem er für ihn Partei ergreift. Dem Zensor zufolge handelt es sich dabei um das elfte Kapitel, in der deutschen Ausgabe der dritten Fassung ist es jedoch das zwölfte Kapitel des zweiten Bandes, S. 217 ff.

13 Siehe 4, S. 116 f. Vergleiche M. de Montaigne, *Essais* (II, 17), S. 325.

14 Theodor Beza (de Bèze; 1519–1605), Mitarbeiter und Nachfolger von Jean Calvin in Genf. Beza wurde zum Wortführer der Hugenotten (das heißt der französischen Protestanten in Frankreich) und widerstand mehreren Versuchen, ihn zur Rückkehr zum katholischen Glauben zu bewegen.

15 George Buchanan (1506–1582), wichtiger Vertreter des Humanis-

mus* in Schottland. Lehrte in Bordeaux, Paris und Coimbra, wo er wegen Verbreitung reformatorischer* Ideen mit der Inquisition* in Konflikt kam und im Jahr 1551 abschwören mußte. 1560 kehrte Buchanan nach Schottland zurück und bekannte sich nunmehr offen zum Protestantismus.

16 M. de Montaigne, *Essais* (II, 17), S. 328.

17 Clément Marot (1496–1544), französischer Renaissancedichter. Marot stand von 1519 an im Dienst der Margarete von Navarra (1492–1549), Schwester von König Franz I. (1494–1547, König ab 1515), mußte aber wegen seiner Sympathie für die Reformation* und seiner antipäpstlichen Haltung fliehen und wurde mehrmals inhaftiert. Seit 1542 lebte er im Exil in Turin. In literarischer Hinsicht kommt ihm das Verdienst zu, typische Gedichtformen der Renaissance geprägt zu haben. Sein gesamtes Werk stand auf den *Indices* von 1559 und 1564 (vergleiche J. M. de Bujanda, *Index* VIII, S. 395).

18 M. de Montaigne, *Essais* (II, 3), S. 178.

19 M. de Montaigne, *Essais* (II, 2), S. 168.

20 Es handelt sich bei B um ein Zweitgutachten zu A.

21 M. de Montaigne, *Essais* (I, 26), S. 91 ff.

22 M. de Montaigne, *Essais* (II, 13; II, 35), S. 302 ff.; 368.

23 Siehe 3, S. 108.

24 M. de Montaigne, *Essais* (I, 14), S. 34.

25 M. de Montaigne, *Essais* (I, 21), S. 52 ff. Richtig heißt das Kapitel: *Über die Macht der Phantasie.*

26 M. de Montaigne, *Essais* (I, 46), S. 140.

27 Arius von Alexandria (ca. 260–336), altkirchlicher Theologe. Nach seiner Lehre hat Christus, obschon ein von Gott erschaffenes göttliches Wesen, keinen Anteil an dessen Substanz und gehört nicht zur Dreifaltigkeit. Auf dem Konzil* von Nizäa (325) wurde dieser sogenannte Arianismus* als Ketzerei* verurteilt. Arius galt fortan als Prototyp eines Erzketzers.

28 M. de Montaigne, *Essais* (I, 32), S. 116.

29 Siehe 4, Anmerkung 14.

30 M. de Montaigne, *Essais* (II, 1), S. 165.

31 Vergleiche z. B. M. de Montaigne, *Essais* (II, 11), S. 214.

32 Vergleiche M. de Montaigne, *Essais* (II, 17; II, 34), S. 325; 363.

33 Flavius Claudius Julianus (332–363, römischer Kaiser ab 361, ge-

nannt »Apostata«, »der Abtrünnige«), christlich erzogener und vermutlich auch getaufter Kaiser, der während seiner Herrschaftszeit durch ein Toleranzgesetz die Glaubensfreiheit wiederherstellte, die Position der Christen schwächte und heidnische Kulte erneuerte. Die hier angedeutete Episode geht auf eine Überlieferung des Bischofs von Kyrrhos und Verfassers zahlreicher theologischer Schriften, Theodoret (393–466), zurück, nach der Julian auf einem Feldzug gegen die Perser von einem Speer verwundet gerufen haben soll: »Nun hast Du doch noch gesiegt, Galiläer (das heißt: Christus)«.

34 M. de Montaigne, *Essais* (II, 19), S. 335.

35 M. de Montaigne, *Essais* (II, 37), S. 376 ff.

36 M. de Montaigne, *Essais* (II, 37), S. 388.

8. Das Narrenschiff

1 Paolo Emilio Sfrondati (1560/1–1618), ein Neffe Gregors XIV. (Niccolò Sfrondati, geb. 1535), 1590–1591. Erziehung durch den hl. Filippo Neri (siehe 1, Anmerkung 29) im römischen Oratorium*. Studium der Rechtswissenschaft. Sfrondati wurde bereits mit 30 Jahren Kardinal, als der er 1591 Mitglied des Heiligen Offiziums* wurde. Ab 1600 auch Mitglied der Indexkongregation*.

2 Giangrazia Millini (gest. 1629). Als Kardinal Mitglied von Heiligem Offizium* und Indexkongregation*, später auch deren Sekretär* bzw. Präfekt*.

3 Luigi Capponi (1583–1659). Als Kardinal Mitglied der Indexkongregation*.

4 Siehe 1, S. 77.

5 Pompeo Arrigoni (1552–1616), Mitglied des Heiligen Offiziums* (Sekretär* ab 1605), Mitglied der Indexkongregation*.

6 Fabrizio Veralli (gest. 1624), als Kardinal Mitglied des Heiligen Offiziums* und der Indexkongregation*.

7 Agostino Galamini (1552–1639). Dominikaner*. Zunächst Kommissar* des Heiligen Offiziums*, später Meister des Heiligen Palastes*. Als Kardinal Mitglied von Heiligem Offizium* und Indexkongregation*.

8 Felice Centini (1562–1641, auch Felice d'Ascoli). Gehörte dem Orden der konventualen Franziskaner* an. Als Kardinal Mitglied von Heiligem Offizium* und Indexkongregation*.

9 Luis Ystella de Valencia (gest. 1614). Dominikaner*.

10 Alessandro Boccolo. Regularkleriker* von der Kongregation von Somasca*. Lebensdaten sind nicht bekannt.

11 Stefano del Bufalo (1563–1634). Jesuit*.

12 Paulo Fabulotti, Verfasser der im folgenden wiedergegebenen Zensur. Weitere Informationen siehe dort.

13 Bartholomäus Keckermann, *Gymnasium logicum, id est De usu et exercitatione logicae artis ... libri tres* (*Schule der Logik, oder Von Gebrauch und Übung der Kunst der Logik*; Hannover, 1605).

14 Jakob Locher, mit Beinamen Philomusus (1471–1528). Studierte in Basel bei Sebastian Brant und in Ingolstadt bei Konrad Celtis (1459–1508, deutscher Humanist und Dichter), setzte dann seine Studien an verschiedenen italienischen Universitäten fort. Bekannt wurde er nach seiner Rückkehr als Verfasser lateinischer Dramen und Lyrik (1497 wurde er von Maximilan I. [1459–1519, römischer König ab 1486] zum *poeta laureatus* gekrönt) und vor allem als Übersetzer des *Narrenschiffs*. Als Dozent für Lateinische Poesie in Freiburg und Ingolstadt machte er später hauptsächlich durch seine polemischen Äußerungen gegen die scholastische Theologie von sich reden.

15 1572 erschien bei Heinrichpetri eine Neuauflage der lateinischen Version, 1574 eine der deutschen.

16 Erstausgabe Basel, 1494. Maßgebliche Edition: Sebastian Brant, *Das Narrenschiff*. Mit den Zusätzen der Ausgaben von 1495 und 1499 sowie den Holzschnitten der deutschen Originalausgaben herausgegeben von M. Lemmer (Tübingen, ^{3}1986). Lat.: *Stultifera navis* (Basel, 1497). Die lateinische Version stellt eine freie Übersetzung dar, die an die Erwartungen eines lateinischen Leserkreises angepaßt ist. Lateinisch-deutsche Teiledition mit Untersuchungen und Kommentar: N. Hartl, Die »*Stultifera Navis*«. Jakob Lochers Übertragung von Sebastian Brants »*Narrenschiff*«, 2 Bände (Berlin/New York etc., 2000). Zu den Unterschieden zwischen lateinischer und deutscher Version weiterhin: M. Rupp: »*Narrenschiff*« und »*Stultifera navis*«. Deutsche und lateinische Moralsatire von Sebastian Brant und Jakob Locher in Basel 1494–1498 (im Druck).

17 Locher wird im Kolophon der *Stultifera navis* als *Jakobus Locher Philomusus, der Schwabe*, bezeichnet.

18 Aus der lateinischen Version der Locherschen *Stultifera navis* des

30. Kapitels von *Das Narrenschiff.* In der Ausgabe von N. Hartl, Band 1, S. 108. Zitiert wird hier eine sehr freie Passage Lochers; keiner der drei Gedanken taucht so in der deutschen Version auf.

19 Die lateinische Version des Beginns des 72. Kapitels von *Das Narrenschiff*, in der Ausgabe von N. Hartl, Band 1, S. 186. Entspricht in etwa den ersten vier Versen der deutschen Version: *Eyn nuwer heylig heisßt Grobian | Den will yetz fyren yederman |Und eren inn / an allem ort | Mit schaentlich wuest werck / wys / und wort.*

20 In der lateinischen Version die ersten vier Verse des 91. Kapitels, bei N. Hartl, Band 1, S. 226. Locher bläht hier die ersten beiden Verse des entsprechenden Kapitels von *Das Narrenschiff* (*Vil standt in kirchen / und im chor | Die schwetzen / rotten durch das jor)* zu vier lateinischen Versen auf.

9. Galilei, Kopernikus und die Folgen

1 Ed. S. Pagano, *I Documenti del processo di Galileo Galilei,* Collectanea Archivi Vaticani 21 (Vatikanstaat, 1984), S. 80 ff.

2 Tommaso Caccini (1574–1648), Dominikaner*. Professor der Theologie in Florenz.

3 Bis heute Konvent des Dominikanerordens* in Rom.

4 Michelangelo Seghezzi da Lodi, Dominikaner*, bekleidete seit 1615 das Amt des Kommissars* des Heiligen Offiziums*; er starb 1625.

5 Agostino Galamini (1552–1639). Dominikaner*. Wurde 1592 Inquisitor von Brescia, danach von Piacenza, Genua und Mailand. In Rom bekleidete er zunächst das Amt des Kommissars* des Heiligen Offiziums*, 1604 wurde er zum Meister des Heiligen Palastes* ernannt. Als Kardinal (ab 1611) Mitglied von Heiligem Offizium und Indexkongregation*.

6 Josua 10,12.

7 Jesaja 38, 8.

8 Dominikaner* vom Kloster San Marco in Florenz.

9 Graf Benedetto Castelli (1577/78–1643) stammte aus Brescia und trat 1595 dem Orden der Benediktiner* als Benedikt von Brescia bei. Seit der gemeinsamen Studienzeit in Padua war er Galilei freundschaftlich verbunden.

10 Paolo Emilio Sfrondati. Vergleiche 8, Anmerkung 1.

11 Ed. S. Pagano, *I Documenti del processo di Galileo* , S. 19 f.

12 Peter Lombard (ca. 1555–1625). Von Klemens VIII., der ihn sehr schätzte, 1601 zum Erzbischof von Armagh ernannt.

13 Dominikaner*, gest. 1647, ab 1614 Meister des Heiligen Palastes*.

14 Ab 1613 Konsultor* des Heiligen Offiziums*.

15 Gest. 1643, Konventualer Franziskaner*, Konsultor* des Heiligen Offiziums* vermutlich seit 1615.

16 Tomás de Lemos (gest. 1629), Dominikaner*.

17 Gest. 1620, Augustiner*, Konsultor* der Indexkongregation* seit 1608.

18 1551–1622.

19 Bis auf die in der Quelle selbst genannten Informationen sind zu Rastelli keinerlei Lebensdaten bekannt.

20 Konsultor* der Indexkongregation* im Jahr 1612.

21 Auch zu Giacomo Tinti da Lodi konnten keine weiteren Informationen ermittelt werden.

22 Ed. S. Pagano, *I Documenti del processo di Galileo,* S. 100 f.

23 Siehe 8, Anmerkung 2.

24 Siehe 1, S. 77.

25 Ed. S. Pagano, *I Documenti del processo di Galileo,* S. 101 f.

26 Ed. S. Pagano, *I Documenti del processo di Galileo,* S. 102 f.

27 Paul V. (Camillo Borghese, geb. 1552), 1605–1621.

28 Nikolaus Kopernikus, *De revolutionibus orbium coelestium libri sex* (Nürnberg, 1543).

29 Didaci a Stunica (Diego Lopez de Zúñiga), *In Iob commentaria* (Rom, 1591).

30 Angaben über das Geburtsdatum schwanken zwischen 1565 und 1580. Foscarini starb 1616.

31 *Lettera del R. Padre Maestro Paolo Antonio Foscarini Carmelitano, sopra l'opinione de' Pittagorici e del Copernico della mobilità della terra e stabilità del sole, et il nuovo Pittagorico sistema del mondo* (Neapel, 1615).

32 Paolo Emilio Sfrondati; vergleiche 8, Anmerkung 1.

33 Sekretär* der Indexkongregation* ab 1615.

34 Ed. S. Pagano, *I Documenti del processo di Galileo,* S. 124 ff.

35 Die Fragen werden auf Latein gestellt, Galilei antwortet jedoch auf Italienisch.

36 G. Galilei, *Dialoghi sopra i due massimi sistemi del mondo* (Florenz, 1632). Maßgebliche Ausgabe: hrsg. von O. Besomi u. M.

Helbing (Palermo, 1998). Dt.: *Dialog über die beiden hauptsächstlichen Weltsysteme ...*, übersetzt von E. Strauss (Stuttgart, 1982).

37 Urban VIII. (Maffeo Barberini, geb. 1568), 1623–1644.

38 Ferdinando Taverna (gest. 1619), als Kardinal (ab 1604) Mitglied des Heiligen Offiziums*.

39 Jean de Bonzy (1554–1621). Bischof von Béziers. Kardinal 1611, ab 1615 Mitglied des Heiligen Offiziums*.

40 Siehe 8, Anmerkung 8.

41 Galilei gebraucht hier ausnahmsweise ein lateinisches Wort: *vertebat.*

42 Der lateinische Terminus lautet: *ex suppositione.*

43 Zu dieser Zeit Niccolò Riccardi (1585–1639), Dominikaner*.

44 Raffaele Visconti, Mitarbeiter des Meisters des Heiligen Palastes*, Niccolò Riccardi (siehe Anmerkung 43).

45 Der Dominikaner Giacinto war Mitarbeiter der Inquisition* in Florenz, später Inquisitor* von Florenz.

46 Niccolò dell'Antella (1560–1630), Jurist aus Florenz.

47 Ed. S. Pagano, *I Documenti del processo di Galileo,* S. 130 ff.

48 Ed. S. Pagano, *I Documenti del processo di Galileo,* S. 133 f.

49 Vincenzo Maculani da Fiorenzuola (1578–1667), Dominikaner*. 1632 Kommissar* des Heiligen Offiziums*; als Kardinal (ab 1642) später Mitglied von Heiligem Offizium und Indexkongregation*.

50 Ed. S. Pagano, *I Documenti del processo di Galileo,* S. 134 f.

51 Ed. S. Pagano, *I Documenti del processo di Galileo,* S. 154 ff.

52 Urban VIII., siehe Anmerkung 37.

53 Ed. U. Baldini, *Saggi sulla cultura della Compagnia di Gesù (secoli XVI-XVIII),* Padova, 2000, S. 307 ff.

54 Gemeint ist hier März und nicht Mai.

55 Siehe E.

56 Johannes Kepler (1571–1630), Astronom und Hofastrologe, Schüler von Tycho Brahe (siehe Anmerkung 82), vervollständigte das System des Kopernikus.

57 Johannes Kepler, *Epitome Astronomiae Copernicanae ...* (Linz, 1619).

58 Isaac Newton (1643–1727), englischer Mathematiker und Physiker. Entdecker der allgemeinen Schwerkraft.

59 Jean Le Rond d'Alembert (1717–1783), französischer Mathematiker, Philosoph und Physiker. Gemeinsam mit Denis Diderot (ver-

gleiche 16, S. 280f.) gehörte er zu den Herausgebern der *Encyclopédie*, jenes Bestsellers, dessen Erscheinen den endgültigen Durchbruch der Aufklärung markierte. In dem achtundzwanzigbändigen Werk wird an zahlreichen Persönlichkeiten und Einrichtungen der Kirche massive Kritik geübt.

60 J. d'Alembert, *Encyclopédie ou Dictionnaire raisonné des sciences, des arts et des métiers* (Paris, 1754).

61 J. d'Alembert, *Encyclopédie* IV, S. 173–174.

62 Ed. W. Brandmüller und E. J. Greipl, *Copernico, Galilei e la chiesa. Fine della controversia (1820). Gli atti del Sant'Uffizio*, Pontificia Academia Scientiarum (Firenze, 1992), S. 167ff.

63 Pius VII. (Luigi Barnabà Chiaramonte, geb. 1742), 1800–1823.

64 Giuseppe Settele (1770–1841), Professor der Optik und der Astronomie an der »Sapienza«, der römischen Universität. Sein hier in deutscher Übersetzung publiziertes »Bittgesuch« gilt als der entscheidende Impuls für die definitive Klärung des Falles Galilei.

65 Isaac Newton, *Philosophiae naturalis principia mathematica* (London, 1684–1686).

66 Ed. W. Brandmüller/E. J. Greipl, *Copernico, Galilei e la chiesa,* S. 290ff.

67 Maurizio Benedetto Olivieri (1769–1845), Dominikaner*. 1820 Kommissar* des Heiligen Offiziums*. Olivieri besaß eine umfassende Bildung in Theologie, Philosophie, hebräischer Philologie und Geschichte und lehrte an verschiedenen Instituten.

68 Fabrizio Turiozzi (1755–1826), ab 1816 Assessor* des Heiligen Offizium*. 1823 Kardinal.

69 G. Settele, *Elementi di Ottica e di Astronomia,* 2 Bände (Rom, 1818–1819).

70 Giuseppe Calandrelli (1749–1827), Mathematiker und Astronom. Direktor der Sternwarte des Collegio Romano (siehe 5, Anmerkung 16).

71 Honoratus Fabri (Honoré Lefevre, 1607–1688), Jesuit*. Theologe und Mathematiker von französischer Abstammung.

72 Alexander VII. (Fabio Chigi, geb. 1599), 1655–1667.

73 Charles Bonnet (1720–1793), *La Palingenesie philosophique,* I–II (Genf, 1769).

74 Ed. W. Brandmüller/E. J. Greipl, *Copernico, Galilei e la chiesa,* S. 299f.

75 Ed. W. Brandmüller/E. J. Greipl, *Copernico, Galilei e la chiesa,* S. 300.

76 Ed. W. Brandmüller/E. J. Greipl, *Copernico, Galilei e la chiesa,* S. 300 f.

77 Das heißt: Inquisition* bzw. Heiliges Offizium*.

78 Ed. W. Brandmüller/E. J. Greipl, *Copernico, Galilei e la chiesa,* S. 310 ff.

79 Filippo Anfossi (1748–1825), Dominikaner*. 1815 Meister des Heiligen Palastes*. Anfossi, der bereits früh in den Orden eintrat und dort in den Schulen unterrichtete und predigte, befaßte sich erst in fortgeschrittenem Alter mit der Wissenschaft. Als Gegner der zeitgenössischen Theorien von Evolution und Materialismus* verfaßte er zahlreiche Schriften.

80 Tommaso Vincenzo Pani da Rimini, Dominikaner. 1789 Kommissar des Heiligen Offiziums*, 1792 Meister des Heiligen Palastes*.

81 Vergleiche E.

82 Tycho Brahe (1546–1601). Astronom, Astrologe und Hofalchimist unter Rudolf II. in Prag. Lehrer Johannes Keplers.

83 Zitiert wird hier: Giovanni Andres S.J. (1740–1817, aus Spanien stammender Wissenschaftshistoriker), *Dell' origine, progressi e stato attuale d'ogni letteratura* (*Über Ursprung, Entwicklungen und den gegenwärtigen Zustand jeglicher Literatur,* Parma, 1782–1799).

84 1512–1517. Hauptgegenstand dieses Konzils* waren die Individualität und die Unsterblichkeit der Seele.

85 Vgl. E.

86 Ed. W. Brandmüller/E. J. Greipl, *Copernico, Galilei e la chiesa,* S. 317 ff.

87 Eine fortschreitende, gradlinige Bewegung; Gegensatz: Rotation.

88 Vgl. E.

89 Siehe Anmerkung 28.

90 Bulle* *Sollicita et provida,* vergleiche *Benedicti XIV Bullarium* III, 2 (Prato, 1847), S. 109–116.

91 Ed. W. Brandmüller/E. J. Greipl, *Copernico, Galilei e la chiesa,* S. 428.

92 Ed. W. Brandmüller/E. J. Greipl, *Copernico, Galilei e la chiesa,* S. 429.

93 Ed. W. Brandmüller/E. J. Greipl, *Copernico, Galilei e la chiesa,* S. 482 f.

94 Angelico Alessandro Bardani (1861–1832), Dominikaner*. 1819 Sekretär* der Indexkongregation*.

10. Pascal: Ketzer* im Keuschheitsgürtel

1 Von Jean Ponsart de Belval findet sich eine weitere Zensur unter 13.

2 Originalausgabe der *Gedanken*: Blaise Pascal, *Pensées, Sur la religion et sur quelques autres sujets* (Paris, 1670). Moderne Pascal-Ausgabe: hrsg. von Ph. Sellier (Paris, 1991). Dt.: Übersetzt von W. Rüttenauer (Wiesbaden, 1955). Der Zensor benutzt die Ausgabe von 1778: *Pensées, avec les notes de M. de Voltaire* (*Gedanken, mit den Anmerkungen des Herrn Voltaire*), 2 Bände (Genf, 1778). Zu Voltaire, vergleiche S. 251 f. Auch hiervon gibt es eine deutsche Übersetzung: *Blaise Pascal's Gedanken: Nebst den Anmerkungen Voltaire's.* Aus dem Französischen von H. Hesse (Leipzig, ca. 1881). Condorcets *Éloge de Pascal* erschien zuerst 1776 in einer von ihm besorgten Ausgabe der *Gedanken*. Zu Voltaires Auseinandersetzung mit Pascal vergleiche unter anderem Brief XXV seiner *Lettres Philosophiques* (*Philosophische Briefe*, 1734) und die *Nouvelles Remarques sur Pascal* (*Neue Anmerkungen zu Pascal*), erschienen 1739 und 1742.

3 Ludwig XIV. (1638–1715, König von Frankreich ab 1643, »der Sonnenkönig« genannt). Unter Ludwig XIV. erlebte der Absolutismus seine Glanzzeit.

4 André-Hercule de Fleury (1653–1743), französischer Staatsmann. Als Kardinal (ab 1726) war de Fleury Seelsorger Ludwig des XIV.

5 Die Seitenzahlen der Genfer Ausgabe von 1778 sind vom Zensor korrekt übernommen worden.

6 Es handelt sich hier in erster Linie um die Schwester Pascals, Gilberte Périer (1620–1687), die nach dem Tod ihres Bruders ein Werk namens *Vie de Blaise Pascal* (*Das Leben des Blaise Pascal*) veröffentlichte (1686 in Paris erschienen).

7 Ursprünglich ein derber Umhang aus Ziegenfell, wie ihn die Römer benutzten. Später Bezeichnung für einen rauhen, mit eingeknüpften Borsten versehenen Gurt, den man zur Buße auf der nackten Haut trug.

8 Vergleiche 1. Johannes 2,16.

9 Der Grundsatz – die sogenannte Pascalsche Wette – lautet: »Wer an Gott glaubt, auch wenn dieser nicht existiert, hat viel zu gewin-

nen und nichts zu verlieren. Wer hingegen nicht glaubt, verliert nur.«

10 Es handelt sich hier um Condorcets *Eloge* auf Pascal.

11 Auf Denkfehlern beruhender Fehlschluß.

11. Vico: Neue Wissenschaft und alte Zensur

1 Ed. G. Costa, »Vico e l'Inquisizione«, *Nouvelles de la Republique des lettres* II (1999), S. 112ff.

2 *Principii di una Scienza Nuovo alla Natura delle Nazioni, per la quale si ritruovano 9 principii di altro Sistema del Diritto naturale delle Genti* (*Prinzipien einer neuen Wissenschaft über die gemeinsame Natur der Völker, nach der es neun Prinzipien eines neuen Systems des Naturrechts der Völker gibt;* Neapel, 1725, [2]1730, [3]1744). Maßgebliche Edition der ersten, vom Zensor benutzten Ausgabe ist nun: *La scienza nuova prima,* hrsg. von F. Nicolini (Bari, 1968). Deutsche Übersetzung der dritten, stark überarbeiteten Ausgabe (*La scienza nuova seconda*): *Prinzipien einer neuen Wissenschaft. Über die gemeinsame Natur der Völker*, übersetzt und eingeleitet von V. Hösle und C. Jermann, 2 Bände (Hamburg, 1990). Stellen werden im folgenden nach der Ausgabe von Nicolini zitiert.

3 Siehe 9, Anmerkung 3.

4 Hugo Grotius (1583–1645), holländischer Historiker, Dichter, Theologe, Rechtsanwalt, Politiker und Rechtsgelehrter, gilt als Begründer des Naturrechts als Grundlage des Völkerrechts.

5 John Selden (1584–1654), englischer Rechtsgelehrte und Orientalist. Auf sein 1640 veröffentlichtes Werk *De iure naturae et gentium iuxta disciplinam Hebraeorum libri septem* (*Sieben Bücher über das Recht der Natur und der Völker nach der Lehre der Hebräer*) nimmt Vico in *Die neue Wissenschaft* mehrmals Bezug.

6 Samuel von Pufendorf (1631–1694), deutscher Jurist und Historiker, wurde 1668 Professor für Natur- und Völkerrecht an der Universität Lund, Schweden. Sein dort geschriebenes Hauptwerk, *De jure naturae et gentium libri octo* (*Acht Bücher vom Natur- und Völkerrecht*), entwickelt eine Universalethik im Anschluß an neostoisches Gedankengut.

7 Johann Heinrich Boeckler (1611–1672), deutscher Rechtsgelehrte und Historiker, veröffentlichte einen der ersten Kommentare zum Werk von Hugo Grotius.

8 Gerhard van der Meulen, holländischer Rechtsgelehrte des späten siebzehnten und frühen achtzehnten Jahrhunderts. Zu seinem Werk gehören die *Dissertationes philologicae de die mundi natali* (*Philologische Erörterungen über den ersten Tag der Welt;* Utrecht, 1714), die sich mit naturrechtlichen Fragen beschäftigen.

9 Zu den Verboten der genannten Autoren vergleiche J. Hilgers, S.J., *Der Index der verbotenen Bücher* (Freiburg im Br., 1904); zu Grotius unter anderem S. 422, 426, 429 u. 449; Selden: S. 441; Pufendorf: S. 436 u. 441 (spätere Verbote S. 446 u. 448).

10 G. Vico, *Scienza nuova prima,* S. 232 f.

11 Das *Protoevangelium des heiligen Jakobus,* wahrscheinlich Mitte des 2. Jahrhunderts auf Griechisch verfaßt, besteht zum größten Teil aus einer ausgeschmückten Fassung der Geburtserzählung des Lukasevangeliums. Das Buch wurde mehrfach von der katholischen Kirche indiziert (Portugal 1561, Anvers 1569, Spanien 1583).

12 *Evangelium de ortu Virginis,* ein lateinisches Werk des Mittelalters, in dem das Leben Marias und die Geburt Jesu (zum Teil nach den kanonischen Evangelien und dem *Protoevangelium des heiligen Jakobus)* erzählt wird.

13 Papst Gelasius I. (hl.), 492–496. Das *Decretum Gelasianum de libris recipiendis et non recipiendis* (*Dekret des Gelasius über die Bücher, die [in den Kanon] aufzunehmen sind, und die, die nicht aufzunehmen sind*), auf das sich der Zensor hier bezieht, stammt nicht von Gelasius, sondern ist die Arbeit eines privaten Redaktors vom Anfang des 6. Jahrhunderts. Es enthält unter anderem ein Verzeichnis der Bücher des biblischen Kanons und einige Notizen zu den »apokryphen oder häretischen Büchern, die auf keinen Fall von uns aufgenommen werden dürfen«.

14 G. Vico, *Scienza nuova prima* , S. 232 f.. Rossi gibt den italienischen Originaltext in seiner lateinischen Zensur verkürzt wieder.

15 G. Vico, *Scienza nuova prima,* S. 72 ff.

16 Nach Vico haben nach der Sintflut Blitze und Donner eine Zeitlang ausgesetzt, da die überflutete Erde nicht mehr die Stoffe in die Atmosphäre absondern konnte, die für diese meteorologischen Phänomene notwendig waren. Vergleiche G. Vico, *Scienza nuova prima,* S. 72 f.

17 Der ägyptische Gott Amun, frühzeitig verschmolzen mit dem semi-

tischen Ba'al Chamman; in Griechenland verehrt als Zeus Ammon, im römischen Sprachraum als Jupiter Hammonius bekannt.

18 G. Vico, *Scienza nuova prima*, S. 148 f. Vico erläutert an dieser Stelle die Grundlagen seiner »poetischen Theologie«.

19 Ovid, *Tristia* (*Lieder der Trauer*) 2, 64.

20 Genesis 10,6.

21 Vergleiche G. Vico, *Scienza nuova prima*, S. 149.

22 Vergleiche Genesis 3, 7–8.

23 Vergleiche G. Vico, *Scienza nuova prima*, S. 149.

24 G. Vico, *Scienza nuova prima*, S. 138 f.

25 Nämlich in der Geschichte des Turms zu Babel (Genesis 11,1–9)

26 Dem Zensor unterläuft hier folgendes Mißverständnis: Die Septuaginta* wie auch die Vulgata* des Alten Testaments gebrauchen die Bezeichnung »Giganten« undifferenziert sowohl für diejenigen aus der Zeit vor der Sintflut (hebr.: *nefîlîm*) als auch für die *gibbôrîm*, Menschen von außerordentlicher Kraft und Gestalt, und die *refâ'îm* aus dem Volk von Kanaan. Nur die erste Gruppe jedoch ging durch die Sintflut zugrunde; Vico spricht von den beiden anderen, so daß seine Interpretation nicht im Widerspruch zur Bibel steht. Vergleiche G. Costa, »Vico e l'Inquisizione«, S. 102.

27 G. Vico, *Scienza nuova prima*, S. 146

28 Diodorus Siculus (1. Jh. v Chr.), *Bibliothek der Geschichte* I, 10, 2.

29 Gemeint ist eine Vorstellung, nach der die Erde zu Adams Zeiten bereits von primitiven Menschen bevölkert war.

30 Genesis 11, 1–2.

31 Thomas Cajetan (ital. Gaetano, 1469–1534), bedeutender katholischer Theologe der Reformationszeit*. Kardinal ab 1517.

32 Siehe Anmerkung 24.

33 *Thomae de Vio Caietani ... opera omnia quotquot in Sacrae Scripturae expositionem reperiuntur* (*Alle Bücher des Tommaso Gaetano, die die Auslegung der Heiligen Schrift betreffen*; Lyon, 1639), Band I, S. 57.

34 Benito Pereyra (1535–ca. 1610), Jesuit*.

35 *Benedicti Pererii Valentini ...Commentariorum et disputationum in Genesim tomi quatuor* (*Kommentare und Erörterungen zur Genesis, in vier Bänden*; Köln, 1601), Band II, S. 584.

36 G. Vico, *Scienza nuova prima*, S. 138 f.; 72 ff.

37 G. Vico, *Scienza nuova prima*, S. 147.

38 Gregor von Nyssa (331–394), Heiliger und griechischer Kirchenvater: *Contra Eunomium* (Gegen Eunomios) I, 1–146, eingeleitet, übersetzt und kommentiert von J.-A. Röder (Frankfurt a. M., 1993).

39 G. Vico, *Scienza nuova prima*, S. 232. Vergleiche S. 224 ff.

40 Plautus, *Poenulus* 443–444.

41 Annibale Albani (1682–1751), Bruder Klemens' XI. (Giovanni Francesco Albani, geb. 1649), 1700–1721. Kardinal 1712, als der er ca. 1720 Mitglied des Heiligen Offiziums* und der Indexkongregation* wurde.

42 Tommaso Sergi(o) (1677–1752) vom Orden der Frommen Arbeiter*. 1728 war er Qualifikator* des Heiligen Offiziums*.

43 Ob dieses Drittgutachten jemals angefertigt wurde, läßt sich heute nicht mehr feststellen. Zu vermuten ist, daß man an diesem Punkt die Angelegenheit fallenließ.

12. Pope: Literatur und Lüge

1 Alle drei im folgenden wiedergegebenen Zensuren befinden sich in diesem Faszikel. Eine Paginierung gibt es nicht.

2 Maßgebliche Ausgabe: *An Essay on Man*, hrsg. von M. Mack (London/New Haven, 1950). Dt.: *Versuch über den Menschen*, hrsg. von J. J. Dusch (Straßburg, 1778). Die Zensoren, die – wie üblich – des Englischen nicht mächtig waren, benutzten eine französische Übersetzung: *Les Principes de la morale et du goût*; en deux poèmes, traduits de l'Anglais de Mr. Pope, par Mr. Du Resnel (*Die Prinzipien der Moral und des guten Geschmacks;* in zwei Gedichten, übersetzt aus dem Englischen des Herrn Pope von Herrn Du Resnel ...; Paris, 1745). Im folgenden werden Stellen nach der modernen englischen Ausgabe zitiert.

3 Anonym [= Jean Baptiste Gaultier], *Le poëme de Pope, intitulé: Essay sur l'homme, convaincu d'impiété: Lettres pour prémunir les fidéles contre l'irréligion* (*Popes Gedicht Versuch über den Menschen, der Gottlosigkeit überführt. Briefe zum Schutz der Gläubigen vor dem Irrglauben*; La Haye, 1746). Jean Baptiste Gaultier (1685–1755), französischer Theologe und Prälat*, Bischof von Boulogne; Jansenist*. Autor zahlreicher polemischer Schriften, in denen er gern die Jesuiten* attackierte. Verfaßte außerdem eine

Polemik gegen Montesquieus *Lettres Persanes* (Perserbriefe, 1721): *Les Lettres Persannes convaincues d'impiétié (Die Perserbriefe – der Gottlosigkeit überführt,* 1751).

4 Jean François Duresnel du Bellay (1692–1761). Stammte aus der Normandie (Rouen), war Abt von Sept-Fontaines bei Luxemburg. Mitglied der *Académie française.* Übersetzte Popes *Essay on Criticism* und *Essay on Man* in Versen.

5 Georg II. (1683–1760), ab 1727 König von Großbritannien und Irland.

6 Der griechische Buchstabe Θ, Zeichen für Verurteilung auf den griechischen Stimmtafeln.

7 Baruch de Spinoza (1632–1677), jüdischer Philosoph aus den Niederlanden. Vertrat den sogenannten Substanzmonismus, das heißt die Vorstellung, daß Gott die einzige, unteilbare, unendliche Substanz und Ursache aller Dinge ist und Gott und Natur daher dasselbe sind. Der Spinozismus war vor allem in Deutschland verbreitet und beeinflußte unter anderem Leibniz, Lessing, Goethe, Fichte, Herder und Schelling.

8 Pierre Bayle (1647–1706). Der französische Philosoph gilt als einer der einflußreichsten Wegbereiter der Aufklärung. Durch sein Hauptwerk *Dictionnaire historique et critique* (*Historisch-kritisches Wörterbuch,* 1696/97) begründete er eine streng quellenkritische Geschichtsschreibung. Bayle war ein heftiger Kritiker der Inquisition* und forderte sowohl eine unbedingte Toleranz als auch die Trennung von Kirche und Staat.

9 Siehe 7, S. 154.

10 André Michel Ramsay (1686–1743), religiöser Schriftsteller schottischen Ursprungs, seit 1715 Chevalier de St. Lazare. Ramsay stand seit 1708 unter dem Einfluß des Quietismus Jeanne Marie Guyons (1678–1717) und war in Frankreich Schüler von François Fénelon (1651–1715), dessen Werke er auch herausgab. Er konvertierte von der anglikanischen Kirche zum Katholizismus und wurde gegen Ende seines Lebens zum Freimaurer.

11 A. Pope, *An Essay on Criticism* (London, 1711).

12 Vergleiche A. Pope, *Essay on Man,* Epistle III, 13 ff.

13 Vergleiche A. Pope, *Essay on Man,* Epistle I, 69 ff.; 277 ff.

14 Vergleiche A. Pope, *Essay on Man,* Epistle I, 53 ff.; 87 ff.

15 Vergleiche Popes Brief an Racine vom 1. September 1742. In G.

Sherburn (Hrsg.), *The Correspondence of Alexander Pope,* Vol. IV, 1736–1744 (Oxford, 1956), S. 415 f.

16 Quelle: *Sammlung Schwedt.*

17 *Les oeuvres de M. Pope,* traduites en François (Paris, 1745). Diese Edition enthält zwei voneinander unabhängige Bücher mit eigenem Titelblatt und selbständiger Seitenzählung; bei dem ersten handelt es sich um die *Principes de la morale et du goût* (siehe Anmerkung 2; der Zensor gibt den Titel etwas freier wieder), übersetzt von Duresnel, beim zweiten um *La Boucle de cheveux enlevée,* Prosaübersetzung von P. F. Guyoz Desfontaines. Originaltitel: *The Rape of the Locke* (London, 1712). Deutsch: *Der Lockenraub,* übersetzt von R. A. Schröder (Frankfurt a. M., 1968).

18 Horaz, *De arte poetica* (*Über die Dichtkunst*), Verse 9–10.

19 Die Académie française, 1635 von Richelieu gegründet, ist die älteste Akademie des Institut de France. Die Aufgaben der aus vierzig gewählten Mitgliedern bestehenden Akademie sind die Überwachung der französischen Sprache und die Vergabe von Literaturpreisen. Die ursprüngliche Aufgabe der Académie des inscriptions et des belles-lettres (gegründet 1663) war es, die Inschriften auf den Denkmälern und Ehrenmedaillen für Ludwig XIV. zu erstellen. Außerdem gab (und gibt sie bis heute) Studien über Geschichte, Archäologie, Linguistik und anderes heraus.

20 Randnotiz: *Die Abbés Gédoyn und Sallier, deren Zensur man hinter dem Privileg des Königs findet.* Nicolas Gédoyn (1667–1744), Jesuit* und Abt eines Benediktinerklosters* bei Amiens, war Literaturkritiker und Übersetzer aus dem Griechischen (Pausanias) und dem Lateinischen (Quintilian) und Autor von Werken über die mittelalterliche Zivilisation und über die Erziehung. Zeit seines Lebens hegte Gédoyn Sympathie für die Jesuiten*. Claude Sallier (1685–1761), französischer Priester, Philologe und Professor am Collège de France, war Herausgeber verschiedener literarischer Werke. Wie Gédoyn wurde er zunächst Mitglied der Académie des inscriptions et belles-lettres und später der Académie française.

21 Siehe Anmerkung 15.

22 Vergleiche A. Pope, *Essay on Man,* Epistle I, 267 f.

23 Vergleiche Apostelgeschichte 17, 28.

24 *S. Thomae Aquinatis Opera Omnia,* hrsg. von R. Busa S.J. (Stuttgart-

Bad Cannstatt, 1980), Band 2: *Summae Theologiae Prima Pars* (*Erster Teil der Summe der Theologie*), quaestio 3,8 (S. 189).

25 *S. Thomae Opera Omnia, Summa Contra Gentiles* (*Summe gegen die Heiden*), Cap. XXVII f. (S. 8).

26 Lukrez (ca. 97–55 v. Chr.), römischer Dichter. In seinem berühmten Lehrgedicht *De rerum natura* (*Vom Wesen der Dinge*) stellt er in hexametrischer Form die epikureische* Physik (Atomlehre) dar.

27 Siehe Anmerkung 11.

28 Anonym überliefertes Drittgutachten.

29 Cicero, *De Oratore* (*Vom Redner*) II, 46, 194.

13. »Die beste alle möglichen Welten«: Voltaire auf dem Index

1 *Candide ou l'optimisme*, traduit de l'allemand de Mr. le Docteur Ralph par Mr. de V. (*Candid oder Der Optimismus*, aus dem Deutschen des Herrn Doktor Ralph übersetzt von Herrn von V.; Genf, 1759). Dt.: Voltaire, *Candid oder Die beste der Welten*, übersetzt von E. Sander (Stuttgart, 2000). Voltaire veröffentlichte das Buch unter dem Pseudonym »Doktor Ralph« und unter Vorspiegelung der Tatsache, daß es sich um eine Übersetzung aus dem Deutschen handle.

2 Quelle: *Sammlung Schwedt.*

3 *Candido, ovvero l'ottimismo*, tradotto dal tedesco dal dottor Ralph (Mailand, 1759). Auch die italienische Version übernimmt die Fiktion eines deutschen Originals.

4 Vergleiche Voltaire, *Candid*, S. 4.

5 Syphilis.

6 Voltaire, *Candid*, S. 11 f.

7 Portugiesisch, aus dem lateinischen ›*actus fidei*‹ (Akt des Glaubens). Öffentliche Verkündung und Vollstreckung eines Inquisitionsurteils.

8 Voltaire schreibt: Urban X. Einen solchen Papst hat es jedoch nie gegeben, so daß der Zensor ihn durch Urban VIII. (siehe 9, Anmerkung 37) ersetzt.

9 Lat.: »In der Stunde des Todes«.

10 Voltaire läßt diesen Mann auf Italienisch ausrufen: »*O che sciagura d'essere senza coglioni*!« (»O welch ein Pech, daß ich keine Hoden habe!«)

11 In der deutschen Übersetzung heißt es: »Bruder Giroflée« (»Bruder Nelke«; ebenso ital. *garofalo* für »Nelke«).

12 Achmed III., türkischer Sultan seit 1703. Wurde im Jahr 1730 abgesetzt.

13 Der Zensor gibt diese Zitate stark gekürzt und teilweise verändert wieder. Vergleiche Voltaire, *Candid*, S. 91.

14 Iwan IV. Antonowitsch. Wurde von Elisabeth, Tochter Peters des Großen, entthront.

15 Karl-Eduard (1720–1788), Sohn Jakob Stuarts und Enkel Jakobs II. Versuchte 1745, den englischen Thron zurückzugewinnen, doch wurde er geschlagen und verließ Großbritannien.

16 Jakob Stuart (gest. 1766), genannt »der Prätendent«, lebte in Rom. Sein Vater, Jakob II., war 1688 durch den Prinzen von Oranien entthront worden.

17 Vergleiche Voltaire, *Candid*, S. 91 f.

18 *S. Bernardi Opera* 2, hrsg. von J. Leclercq und andere (Rom, 1958), S. 3 ff.; 172. Bernhard von Clairvaux (1090–1153). 1174 wurde er heiliggesprochen, 1830 erhob man ihn zum Kirchenlehrer. Bernhard von Clairvaux prägte in bedeutender Weise den Orden der Zisterzienser; als Mystiker reicht sein Einfluß über das Mittelalter hinaus bis in die Neuzeit.

14. Montesquieu: »Nicht der Mann, sondern sein Buch, das niemand lesen wird«

1 Ch. de Montesquieu, *De l'Esprit des Lois* (Genf, 1748). Dt.: *Vom Geist der Gesetze.* Übersetzt, eingeleitet und hrsg. von E. Forsthoff, 2 Bände (Tübingen, ^{2}1992). Im folgenden wird diese Ausgabe zitiert.

2 Ch. de Montesquieu, *Défense de l'Esprit des Lois* (Genf, 1750). Die maßgebliche moderne Ausgabe befindet sich in den *Œuvres complètes de Montesquieu,* texte présenté et annoté par Roger Caillois (Paris, 1951), Band II, S. 1121–1160.

3 Prospero Lambertini (geb. 1676).

4 Anonym (Montesquieu), *Dello spirito delle leggi ovvero Del rapporto, che le leggi devono avere colla costituzione di ciascun governo* (*Vom Geist der Gesetze oder Von der Beziehung, in der die Gesetze zur Einrichtung eines jeden Staates stehen müssen*; Nea-

pel, 1751). Vergleiche ferner P. Godman, *Die Geheime Inquisition,* S. 239–245.

5 1. Korintherbrief 5, 12.

6 1. Korintherbrief 6, 2.

7 1. Korintherbrief 6, 3.

8 Aurelius Augustinus, *De opere monachorum,* erschienen 401. Dt.: *Die Handarbeit der Mönche.* Übertragen und erläutert von R. Arbesmann (Würzburg, 1972).

9 Theodosius I. (»der Große«), römischer Kaiser 379–395, erklärte das Christentum zur Staatsreligion und verbot heidnische Kulte.

10 Ch. de Montesquieu, *Vom Geist der Gesetze,* Band 2, S. 215. Bottari zitiert hier die Überschrift des 9. Kapitels; wörtlich heißt es dort: »Darüber, daß Dinge, die nach den Grundsätzen des bürgerlichen Rechts geregelt werden, selten nach den Grundsätzen der Religionsgesetze zu regeln sind.«

11 Ch. de Montesquieu, *Vom Geist der Gesetze,* Band 2, S. 216.

12 Ch. de Montesquieu, *Vom Geist der Gesetze,* Band 2, S. 218.

13 Bottari läßt hier einen Satz aus, der in der deutschen Übersetzung wie folgt lautet: »Es hat überall allgemeine Auflehnung dagegen hervorgerufen und würde auch an den Widerständen gescheitert sein, wenn nicht seine Begründer gerade aus diesen Widersprüchen Vorteil gezogen hätten.«

14 Ch. de Montesquieu, *Vom Geist der Gesetze,* Band 2, S. 218.

15 Ch. de Montesquieu, *Vom Geist der Gesetze,* Band 1, S. 318. Bottari zitiert hier nicht wörtlich; in der deutschen Übersetzung lautet diese Stelle: »Das Mönchtum ruft die gleichen Übel hervor. Es ist in den heißen Ländern des Orients entstanden, wo man weniger dem Tätigsein als der nachdenklichen Beschaulichkeit zuneigt. In Asien scheint die Zahl der Derwische oder Mönche mit der Hitze des Klimas zu wachsen. Indien, wo sie besonders groß ist, ist voll davon. In Europa findet sich der gleiche Unterschied.«

16 Ch. de Montesquieu, *Vom Geist der Gesetze,* Band 1, S. 318. Die Angabe des Zensors ist falsch. Über die Europäer wird hier ausgeführt: »Um die klimatisch bedingte Trägheit zu überwinden, müßten die Gesetze danach trachten, alle Mittel, ohne Arbeit zu leben, zu beseitigen. Aber im Süden Europas tun sie genau das Gegenteil. Sie geben denen, die müßig leben wollen, eigene Stätten für ein beschauliches Leben, die sie mit gewaltigen Reichtümern ausstatten.«

17 Heinrich VIII. (1491–1547), König von England (ab 1509).
18 Ch. de Montesquieu, *Vom Geist der Gesetze*, Band 2, S. 159.
19 Hebräerbrief 13, 2: »Vergeßt die Gastfreundschaft nicht; denn durch sie haben einige, ohne es zu ahnen, Engel beherbergt.«
20 Cicero, *De officiis* (*Vom pflichtgemäßen Handeln*) 2, 64.
21 Auch diese Angabe des Zensors ist nicht korrekt. Gemeint ist Kapitel 7 des 20. Buchs: »Es ist das Volk der Welt [die Engländer], das es am besten verstanden hat, sich gleichzeitig drei große Dinge nutzbar zu machen: die Religion, den Handel und die Freiheit« (Ch. de Montesquieu, *Vom Geist der Gesetze*, Band 2, S. 9).
22 Deuteronomium (5. Mos.) 24, 1–4.
23 Ch. de Montesquieu, *Vom Geist der Gesetze*, vergleiche Band 2, S. 182: »Und wenn Montezuma hartnäckig bei seiner Behauptung blieb, die Religion der Spanier sei gut für ihr Land und die Mexikos für das seine, so sagte er damit nichts Abwegiges, weil in der Tat die Gesetzgeber nicht umhin konnten, das zu berücksichtigen, was die Natur schon vor ihnen geschaffen hatte.«
24 Agobard (ca. 769–840). Erzbischof von Lyon 816. Vergleiche Ch. de Montesquieu, *Vom Geist der Gesetze*, Band 2, S. 481.
25 Ch. de Montesquieu, *Vom Geist der Gesetze*, Band 2, S. 481.
26 Vergleiche Ch. de Montesquieu, *Vom Geist der Gesetze*, Band 2, S. 207: »Die größte Stärke der Religion beruht auf dem Glauben.«
27 *Défense de l'Esprit des Lois*, Seconde Partie, »célibat«, S. 1148. Zur Ausgabe siehe Anmerkung 2.

15. Rousseau: Ein Ketzer als Schulautor?

1 Quelle: *Sammlung Schwedt*.
2 Zu den Werken Rousseaus: *Du contrat social ou principes du droit politique* (Amsterdam, 1762); dt.: Aus dem Französchen von E. W. Skwara (Frankfurt a. M. und Leipzig, 2000). *Julie ou la nouvelle Héloïse* (Paris, 1761); dt.: Übersetzt von J. G. Gellius, überarbeitet und ergänzt von D. Laube. Anmerkungen und Nachwort von R. Wolff (Düsseldorf/Zürich, ^{2}1988). *Emile ou de l'éducation* (Amsterdam, 1762); dt.: Übersetzt von L. Schmidts (Paderborn, ^{13}1998). *Lettre à Christophe de Beaumont* (Amsterdam, 1763) dt.: Übersetzt von E. Doctor mit einer Einführung von F. Jodl (Frankfurt a. M., 1912).
3 J.-J. Rousseau, *Vom Gesellschaftsvertrag*, S. 12.

4 J.-J. Rousseau, *Vom Gesellschaftsvertrag,* S. 13 ff.
5 J.-J. Rousseau, *Vom Gesellschaftsvertrag,* S. 17 ff.
6 J.-J. Rousseau, *Vom Gesellschaftsvertrag,* S. 44 ff., 53 ff.
7 J.-J. Rousseau, *Vom Gesellschaftsvertrag,* S. 60, 193.
8 Johannes Calvin (eigentlich Jean Cauvin), 1509–1564, Schweizer Theologe. Calvin verfocht ab etwa 1533 offen die Reformation* und ließ sich zunächst in Basel (1535), später in Genf nieder (ab 1536), wo er es unternahm, die gesamte Stadt nach reformatorischen* Vorstellungen durchzugestalten. Seine Schriften hatten maßgeblichen Einfluß auf die Entwicklung des Protestantismus; die Lehren, die auf ihn zurückgehen, nennt man zusammenfassend »Kalvinismus«. Sämtliche Werke Calvins wurden bereits vom ersten römischen Index 1559 verboten.
9 *Christianae Religionis Institutio* (*Unterricht in der christlichen Religion*), das Hauptwerk Calvins, 1536 erschienen.
10 J.-J. Rousseau, *Vom Gesellschaftsvertrag,* S. 60.
11 Siehe 4, S. 116 f.
12 J.-J. Rousseau, *Vom Gesellschaftsvertrag,* S. 62, 193. Rousseau bezieht sich hier auf eine Stelle in Machiavellis *Discorsi,* hrsg. von G. Inglese (Mailand, 1984); dt.: *Discorsi. Gedanken über Politik und Staatsführung,* (Stuttgart, ^{2}1977), Buch 1, Kapitel 11.
13 J.-J. Rousseau, *Vom Gesellschaftsvertrag,* S. 126 f.
14 J.-J. Rousseau, *Vom Gesellschaftsvertrag,* S. 163 f.
15 J.-J. Rousseau, *Vom Gesellschaftsvertrag,* S. 177 f.
16 J.-J. Rousseau, *Vom Gesellschaftsvertrag,* S. 180 f.
17 J.-J. Rousseau, *Vom Gesellschaftsvertrag,* S. 181.
18 J.-J. Rousseau, *Vom Gesellschaftsvertrag,* S. 182 f.
19 J.-J. Rousseau, *Vom Gesellschaftsvertrag,* S. 185 ff.
20 J.-J. Rousseau, *Vom Gesellschaftsvertrag,* S. 187 f.
21 J.-J. Rousseau, *Vom Gesellschaftsvertrag,* S. 188. Tatsächlich schreibt Rousseau hier: »Aber wer zu sagen wagt, daß es *außerhalb der Kirche kein Heil gebe,* gehört aus dem Staat ausgestoßen ...«
22 J.-J. Rousseau, *Brief an Christophe de Beaumont,* S. 16.
23 J.-J. Rousseau, *Brief an Christophe de Beaumont,* S. 17.
24 J.-J. Rousseau, *Brief an Christophe de Beaumont,* S. 19, Anmerkung 3.
25 J.-J. Rousseau, *Brief an Christophe de Beaumont,* S. 25. Rousseau schreibt tatsächlich: »Ich gestehe, nicht hinzugefügt zu haben, man

müsse die Kinder durch den Priester erziehen. Ich habe gar nicht geglaubt, daß das nötig wäre, um Bürger und Menschen aus ihnen zu machen ... Ich kann eine Beobachtung hinzufügen, die alle guten Franzosen und sie selbst stutzig machen sollte. Von allen Königen, die Ihre Nation gehabt hat, ist der beste auch der einzige, der nicht von den Priestern erzogen wurde. Aber das alles kommt gar nicht in Frage, da ich die Priester nicht ausgeschlossen wissen will. Mögen sie die Jugend erziehen, wenn sie dazu geeignet sind ...«

26 J.-J. Rousseau, *Brief an Christophe de Beaumont,* S. 41.

27 J.-J. Rousseau, *Brief an Christophe de Beaumont,* S. 47.

28 In der Zensur angegeben: S. 70.

29 Siehe 6, Anmerkung 7.

30 Vergleiche *S. Thomae Aquinatis Opera Omnia,* hrsg. von R. Busa S.J. (Stuttgart-Bad Cannstatt, 1980), Band 2: *Summae Theologiae Secunda Secundae,* quaestio 1, 7 (S. 525); dt.: Thomas von Aquin: *Summe der Theologie* hrsg. von J. Bernhart, 3 Bände (Leipzig, ³1985).

31 J.-J. Rousseau, *Brief an Christophe de Beaumont,* S. 66.

32 J.-J. Rousseau, *Brief an Christophe de Beaumont,* S. 97.

33 Die Verwandlung (der Substanz) von Brot und Wein in Leib und Blut Christi während des Meßopfers.

34 Rousseau, *Brief an Christophe de Beaumont,* S. 101. Rousseau schreibt: »Aber nach der Lehre von der Transsubstantiation ist es klar, daß Jesus, als er beim letzten Abendmahl das Brot mit seinen Jüngern gebrochen hatte und damit jedem von ihnen seinen Leib gab, seinen ganzen Leib in der Hand hielt, und wenn er selbst von dem heiligen Brote aß, was er hätte tun können, seinen Kopf in den Mund gesteckt hat.«

35 Diese Quellenangabe gilt für sämtliche im folgenden wiedergegebenen Zensurakten, soweit nicht anders vermerkt.

36 Joseph Hippolyte Guibert (1802–1886). Erzbischof von Tours, ab 1871 von Paris. Begründer des Institut Catholique in Paris. Von Papst Pius IX. 1873 zum Kardinal erhoben.

37 Tommaso Maria Martinelli (1827–1888). Augustiner*. 1873 Kardinal, ab 1878 Präfekt* der Indexkongregation* .

38 Für eine weitere von ihm verfaßte Zensur siehe 23 B.

39 Bei der zensierten Ausgabe handelt es sich (laut Zensurtext) um folgende: J.-J. Rousseau, *Émile ou de l'éducation,* Livre II. Nouvelle

édition précédée d'une notice sur la vie et les écrits de J.-J. Rousseau et accompagnée de notes pédagogiques et littéraires, par un inspecteur d'Académie honoraire (Paris, 1882).

40 Saint-Marc Girardin, 1801–1873, französischer Schriftsteller und Politiker, Professor an der Sorbonne.

41 Siehe 1, Anmerkung 46.

42 Christophe de Beaumont: *Mandement de Monseigneur L'Archevêque de Paris, portant condamnation d'un livre qui a pour titre: Emile ou de l'éducation, par J.-J. Rousseau, Citoyen de Genève* (*Hirtenbrief des Erzbischofs von Paris betreffs der Verdammung eines Buchs mit dem Titel: Emile oder Über die Erziehung, von Jean-Jacques Rousseau, Bürger von Genf*; Amsterdam, 1762; Paris, 1762).

43 Wörtliche Übersetzung des ersten Satzes aus *Emile* (S. 9).

44 J.-J. Rousseau, *Emile*, S. 71.

45 Wörtliche Übersetzung aus *Emile* (S. 72).

46 J.-J. Rousseau, *Emile*, S. 73.

47 Vergleiche J.-J. Rousseau, *Emile*, S. 88 f., 111 ff.

48 Kontext: J.-J. Rousseau, *Emile*, S. 62 ff.

49 J.-J. Rousseau, *Emile*, S. 63 f.

50 Vergleiche J.-J. Rousseau, *Emile*, S. 91 ff.

16. Diderot: Fatalistischer Ketzer

1 Quelle: *Sammlung Schwedt*.

2 D. Diderot, *Jacques le Fataliste et son Maître* (Paris, 1796); dt. von E. Sander (Stuttgart, 1999). Weitere Werke: *Pensées philosophiques* (*Philosophische Gedanken*, 1746), *Les bijoux indiscrets* (*Die indiskreten Kleinode*, 1748), *Lettre sur les aveugles* (*Brief über die Blinden*, 1749), die *Encyclopédie* (zusammen mit J. Le Rond d'Alembert, 36 Bände, 1751–1779); *Principes de politique des souverains* (*Grundsätze der Politik der souveränen Herrscher*, 1776), *Essai sur les règnes de Claude et de Néron* (*Essai über die Herrschaft des Claudius und des Nero*, 1782). Ein Versuch, den Fatalismusbegriff mit christlichem Denken nach augustinischem Vorbild zu verbinden, wird in der *Encyclopédie* unternommen: siehe dort, Band 6 (1756), s.v. *fatalité* (Baranzau).

3 Der Zensor gibt dazu Seitenzahlen aus der achtbändigen französischen Originalausgabe von 1796 an, die hier nicht im einzelnen nachgewiesen werden.

4 D. Diderot, *Jacques der Fatalist,* S. 9.
5 D. Diderot, *Jacques der Fatalist,* S. 206.
6 D. Diderot, *Jacques der Fatalist,* S. 304.
7 D. Diderot, *Jacques der Fatalist,* S. 331.
8 D. Diderot, *Jacques der Fatalist,* S. 254. Voltaires Buch *La Pucelle* (veröffentlicht 1762) ist eine skurrile Nacherzählung der Geschichte von Jean d'Arc im Versmaß.
9 D. Diderot, *Jacques der Fatalist,* S. 257.
10 D. Diderot, *Jacques der Fatalist,* S. 225 f.

17. Gibbon: Die Ironie der Geschichte

1 *The History of the Decline and Fall of the Roman Empire,* hrsg. von J. B. Bury, 7 Bände (London, 1896–1906); Dt.: *Gibbon's Geschichte des Verfalles und Unterganges des römischen Reiches …,* übersetzt von J. Sporschil (Leipzig, 1837). In der italienischen Ausgabe des Zensors befanden sich die Kapitel 15 und 16, um die es im folgenden geht, offenbar nicht – wie in der englischen Ausgabe – am Anfang des zweiten Bandes, sondern im dritten. Zur Zensur vergleiche P. Godman, *Die Geheime Inquisition,* S. 204 ff.
2 E. Gibbon, *Decline and Fall,* Band 2, S. 6 (dt. Spalte 356).
3 E. Gibbon, *Decline and Fall,* Band 2, S. 13 (dt. Spalte 361).
4 Justin Martyr (hl.; 100–165), christlicher Apologet und Kirchenvater.
5 Irenäus (hl.; 115/125–?), Bischof von Lyon und Kirchenvater.
6 Laktanz (Lucius Caecilius Firmianus Lactantius, etwa 250–320), christlicher Schriftsteller und Rhetor.
7 E. Gibbon, *Decline and Fall,* Band 2, S. 24 (dt. Spalte 371). Gibbon beschreibt an dieser Stelle eine den Gläubigen zur Ermutigung dienende Lehre der frühen, noch nicht etablierten Kirche, der zufolge nach dem Ende der Weltgeschichte Christus und die Christen tausend Jahre lang – bis zur allgemeinen Auferstehung der Toten – über die Erde regieren würden. »Als aber das Gebäude der Kirche beinahe vollendet war, wurde die temporäre Stütze bei Seite gelegt. Die Lehre von Christi Herrschaft auf Erden wurde zuerst als eine tiefe Allegorie behandelt, nach und nach als eine zweifelhafte und nutzlose Meinung angesehen und zuletzt als die alberne Erfindung der Ketzerei* und des Fanatismus verworfen.«
8 Melchior Cano (1509–1560), spanischer Dominikaner und Theo-

loge. Die zwölf Bände seines Werks *De locis theologicis* (1543–1560) gelten als eine der ersten systematischen Darstellungen der theologischen Erkenntnis- und Methodenlehre in der frühen Neuzeit.

9 Vergleiche E. Gibbon, *Decline and Fall,* Band 2, S. 24, Anmerkung 64 und 66 (dt. Spalte 370, Anmerkung r und Spalte 371, Anmerkung t).

10 E. Gibbon, *Decline and Fall,* Band 2, S. 25 (dt. Spalte 371).

11 E. Gibbon, *Decline and Fall,* Band 2, S. 23, Anmerkung 61 (dt. Spalte 369, Anmerkung o).

12 Papst Innozenz I. (hl.), 401–417.

13 Siehe 11, Anmerkung 13.

14 Synode* von Karthago im Jahr 397.

15 17. ökumenisches Konzil*, zunächst Basel, dann Ferrara und Florenz (1431–1448; in Florenz ab 1438).

16 4. Konzil* von Toledo im Jahre 633.

17 E. Gibbon, *Decline and Fall,* Band 2, S. 25, Anmerkung 68 (dt. Spalte 371, Anmerkung x).

18 Vergleiche E. Gibbon, *Decline and Fall,* Band 2, S. 26 f. (dt. Spalte 372 f.).

19 E. Gibbon, *Decline and Fall,* Band 2, S. 28 ff. (dt. Spalte 373 ff.).

20 Vergleiche E. Gibbon, *Decline and Fall,* Band 2, S. 28 f. (dt. Spalte 374).

21 E. Gibbon, *Decline and Fall,* Band 2, S. 30 (dt. Spalte 375).

22 E. Gibbon, *Decline and Fall,* Band 2, S. 70 (dt. Spalte 407 f.).

23 Nicolas-Sylvestre Bergier (1718–1790), katholischer Theologe und Apologet. Im Jahr 1769 von Erzbischof Christophe de Beaumont (siehe 15 C, S. 276 f.) als Kanonikus* nach Paris berufen. Mitarbeiter an der *Encyclopédie* des D. Diderot (siehe 16, S. 280 f.). Einer der bedeutendsten Apologeten des 18. Jahrhunderts, der für das Christentum gegen den französischen Deismus* und Materialismus* stritt.

24 N.-S. Bergier, *Le déisme réfuté par lui-même* (*Der Deismus* durch sich selbst widerlegt,* 1765). Zu Rousseau vergleiche 15, S. 265 ff.

25 N.-S. Bergier, *Apologie de la religion chrétienne,* 2 Bände (1769).

26 E. Gibbon, *Decline and Fall,* Band 2, S. 32 (dt. Spalte 377).

27 Vergleiche E. Gibbon, *Decline and Fall,* Band 2, S. 34 (dt. Spalte 378), wo Gibbon zwar vom »Ehrgeiz der Bischöfe« spricht, jedoch

in bezug auf ihr Streben, »die Vollkommenheit des Evangeliums über die Weisheit der Philosophie zu erheben«.

28 Vergleiche E. Gibbon, *Decline and Fall,* Band 2, S. 34 (dt. Spalte 378 f.).

29 E. Gibbon, *Decline and Fall,* Band 2, S. 36 (dt. Spalte 380).

30 Vergleiche E. Gibbon, *Decline and Fall,* Band 2, S. 36 (dt. Spalte 381), wo Gibbon die Ansichten der Kirchenväter über die Ehe und die Keuschheit bespricht.

31 Vergleiche E. Gibbon, *Decline and Fall,* Band 2, S. 37 f. (dt. Spalte 381).

32 E. Gibbon, *Decline and Fall,* Band 2, S. 71 f. (dt. Spalte 408 f.).

33 Siehe 3, Anmerkung 11.

34 E. Gibbon, *Decline and Fall,* Band 2, S. 99 ff. (dt. Spalte 431 ff.).

35 Tertullian (etwa 155–220?), bedeutender lateinischer Theologe. Die Pflicht eines jeden Christen, sich auch unter Verfolgung unerschrocken zum Glauben zu bekennen, bildet ein wichtiges Motiv seines Schrifttums.

36 E. Gibbon, *Decline and Fall,* Band 2, S. 18 f., Anmerkung 51 (dt. Spalte 366, Anmerkung d).

37 Marcellus I. (hl.), 306–308.

38 E. Gibbon, *Decline and Fall,* Band 2, S. 130 (dt. Spalte 457).

39 E. Gibbon, *Decline and Fall,* Band 2, S. 83 (dt. Spalte 418 f.).

40 E. Gibbon, *Decline and Fall,* Band 2, S. 37 (dt. Spalte 381) in Gibbons Behandlung der Keuschheit: »Eine feige Flucht [vor den Lokkungen des Fleisches] verschmähend kämpften die Jungfrauen des heißen Himmelsstriches von Afrika im engen Gefechte mit dem Feinde; sie gestatteten Priestern und Diakonen ihr Bett zu theilen und inmitten der Flammen rühmten sie sich ihrer unbefleckten Reinheit. Aber die beleidigte Natur rächt zuweilen ihre Rechte, und diese neue Art des Märtyrerthums diente nur zur Einführung eines neuen Aergernisses in die Kirche.«

41 E. Gibbon, *Decline and Fall,* Band 2, S. 69 (dt. Spalte 407).

42 E. Gibbon, *Decline and Fall,* Band 2, S. 40 (dt. Spalte 384) in Gibbons Besprechung der Ordnung der frühen Kirche: »Der Mangel an Disziplin und menschlichem Wissen wurde gelegentlich durch den Beistand der Propheten ersetzt, welche zu dieser Funktion ohne Unterschied des Alters, Geschlechts oder der natürlichen Fähigkeiten berufen waren, und so oft sie dazu den göttlichen Impuls

fühlten, den Ergießungen des Geistes in der Versammlung der Gläubigen freien Lauf ließen.«

43 E. Gibbon, *Decline and Fall*, Band 2, S. 43 (dt. Spalte 385).

44 E. Gibbon, *Decline and Fall*, Band 2, S. 44 (dt. Spalte 387).

45 E. Gibbon, *Decline and Fall*, Band 2, S. 41 (dt. Spalte 384). Gibbon vertritt an dieser Stelle – wohl zu Recht – die These, daß in der Zeit des frühen Christentums sich die Bezeichnungen *Presbyter* (das vom Zensor als »Priester« [miß]verstanden wird) und *Bischof* auf dasselbe Amt bezogen.

46 E. Gibbon, *Decline and Fall*, Band 2, S. 46 (dt. Spalte 388) in Gibbons Beschreibung der Entstehung des Primats des römischen Pontifex. Das Entsetzen ist das der anderen Bischöfe; der Satz fährt fort: »... und der unternehmende Genius Roms erfuhr von den Nationen von Asien und Afrika einen kräftigeren Widerstand gegen seine geistliche Gewalt, als sie früher seiner weltlichen Herrschaft geleistet hatten.«

47 E. Gibbon, *Decline and Fall*, Band 2, S. 46, Anmerkung 123 (dt. Spalte 388, Anmerkung g). Der Zensor wird nervös: Gibbons Fußnote führt eine Reihe von Autoritäten auf, die – außer Spanheim – sich alle für die Reise des Petrus nach Rom aussprechen. Der Schweizer Friedrich Spanheim (1632–1701), dessen *Brevis Introductio ad Historiam Sacram* (*Kurze Einleitung zur Kirchengeschichte*) Gibbon zitiert, war reformierter Kirchenhistoriker und wirkte 1670–1701 als Professor für Theologie und Kirchengeschichte in Leiden.

48 Alexander Natalis, auch Noël (1639–1724), Dominikaner* und Kirchenhistoriker, einer der hervorragendsten Vertreter der französisch-katholischen Schule des 17. Jahrhunderts. In seinen *Dissertationes* (*Erörterungen*) bearbeitete er in dreiundzwanzig Bänden das gesamte Gebiet der Kirchengeschichte bis hin zum Konzil von Trient*, und zwar mit polemischer und apologetischer Tendenz.

49 Römischer Kaiser 54–68; siehe E. Gibbon, *Decline and Fall*, Band 2, S. 83 ff. (dt. Spalte 419 ff.).

50 Galerius Valerius Maximianus (oströmischer Kaiser 293–311); siehe E. Gibbon, *Decline and Fall*, Band 2, S. 112 f. (dt. Spalte 442).

51 Römischer Kaiser 285–305; siehe E. Gibbon, *Decline and Fall*, Band 2, S. 116 f. (dt. Spalte 445 f.).

52 E. Gibbon, *Decline and Fall*, Band 2, S. 81 (dt. Spalte 417): »Man

muß jedoch bekennen, daß das Benehmen der Kaiser, welche sich der ersten Kirche am wenigsten günstig zeigten, bei weitem nicht so verbrecherisch ist als jenes neuerer Souveraine, welche den Arm der Gewalt und des Schreckens gegen die religiösen Meinungen eines Theiles ihrer Unterthanen angewendet haben.«

53 E. Gibbon, *Decline and Fall*, Band 2, S. 139 (dt. Spalte 464), wo allerdings die Rede von Karl V. (1500–1558, römischer König 1519–1556, Kaiser 1530–1556) selbst ist und nicht von seinem Sohn (König Philipp II. von Spanien, 1527–1598, König ab 1556).

54 Siehe 11, Anmerkung 4. Gibbon, der Grotius offensichtlich bewundert, zitiert seine *Annales de Rebus Belgicis* (*Annalen Belgiens*, 1657) als Autorität für den gerade vom Zensor zitierten Satz über die Gewalt gegen die Protestanten in den Niederlanden unter Karl V.

55 Paolo Sarpi (1552–1623), einst Generalprior* des Servitenordens* in Rom, bevor ihm seine kirchenkritische Haltung und schließlich seine Rolle als venezianischer Staatstheologe im Streit zwischen Paul V. und der Republik von Venedig 1607 die Exkommunikation einbrachte. Sein 1616 abgeschlossenes Hauptwerk, die *Istoria del Concilio Tridentino* (*Geschichte des Konzils von Trient*), dessen Erscheinen unter einem Pseudonym im Jahre 1619 das Bild des Konzils* in der europäischen Öffentlichkeit maßgeblich prägte und das von Gibbon zitiert wird, enthält einen Generalangriff auf das Papsttum und die nachtridentinische Kirche.

56 Heinrich VIII. (1491–1547), König von England (ab 1509).

57 Elisabeth I. (1533–1603), Königin von England (ab 1558).

58 E. Gibbon, *Decline and Fall*, Band 2, S. 37 (dt. Spalte 381).

59 In der Frühzeit des antiken Roms wurden bei Abstimmungen in Gerichtsverfahren farbige Votiersteine benutzt; vergleiche Ovid, *Metamorphosen* 15, 41 ff.: »War ein alter Brauch, mit schwarzen Steinen und weißen / schuldig oder frei die Angeklagten zu sprechen. / So ward damals auch das traurige Urteil gefällt und / schwarz ein jeder Stein in die grausame Urne geworfen« (zitiert nach: Ovid, *Metamorphosen*, übersetzt von E. Rösch [Zürich/München, 1988]).

18. Hume: »Ein Geschichtswerk, das geeignet ist, den Verstand zu verderben«

1 D. Hume, *The History of Great Britain*, London 1754–62. Dt.: *Geschichte von Großbritannien*, übersetzt von J.-J. Dusch (Breslau/Leipzig, 1762–64).

2 D. Hume, *Storia d'Inghilterra*, traduzione dall' originale inglese di A. Clerichetti (Mailand, 1825–1837).

3 Die Hervorhebungen (*kursiv*) sind aus dem gedruckten Votum* des Konsultors* übernommen.

4 William Robertson (1721–1793), Geistlicher und Geschichtsschreiber, Mitbegründer der modernen Historiographie in England. 1762–92 Rektor der Universität von Edinburgh, 1763–83 Vorsitzender der General Assembly of the Church of Scotland. Hauptwerke: *History of Scotland during the reigns of Queen Mary and King James VI.* (*Geschichte Schottlands während der Herrschaftszeit von Königin Mary und König James VI.*), 2 Bände, 1759; *History of the Reign of the Emperor Charles V.* (*Geschichte der Herrschaftszeit des Kaisers Charles V.*), 3 Bände, 1768.

5 Siehe 4, Anmerkung 11.

6 Als Metropolit von Canterbury galt Thomas als Oberhaupt der englischen Kirche. Heinrich II. versuchte bei Alexander III. die Absetzung des Erzbischofs zu erreichen. Bei einem Treffen zwischen Papst und Thomas Becket in Sens wollte Thomas seine Würde mit der Begründung, er habe diese unkanonisch (das heißt durch Heinrich II.) erhalten, resignieren. Alexander III. betraute Thomas jedoch von neuem mit dem Amt des Bischofs und ernannte ihn 1166 zusätzlich zum Legaten* für England.

7 Alexander III. (Orlando Bandinelli), 1159–1181.

8 Siehe 17, Anmerkung 48.

9 Siehe 1, Anmerkung 30.

10 Gregor I. der Große (hl.; geb. ca. 540), Papst 590–604. Kirchenvater. Beauftragte Augustinus von Canterbury und vierzig weitere Mönche mit der Missionierung des von den Angelsachsen beherrschten Britanniens.

11 Augustinus von Canterbury (gest. 605), Missionar und Heiliger. Als Prior des St. Andreasklosters in Rom wurde Augustinus 595/96 von Papst Gregor dem Großen mit der Rückgewinnung Britanniens für das Christentum beauftragt. Augustin gilt in der Überlieferung als

erster Erzbischof von Canterbury, obwohl nach den Plänen Gregors in Anlehnung an die römische Verwaltungsorganisation zwei Erzbistümer in London und York errichtet werden sollten, diese sich jedoch zunächst dem Christentum verschlossen.

12 Felix, Bischof von Urgel, gest. 818 in Lyon. Felix gilt als führender Theologe und geistiger Verfechter des Adoptianismus, einer Lehre, nach der die Gottessohnschaft des Menschen Jesu als Annahme an Sohnes Statt, das heißt als Adoption galt. Felix, dem die Bischofswürde aberkannt wurde, mußte seine Lehre mehrfach widerrufen.

13 Da Urgel Ende der achtziger Jahre des 8. Jahrhunderts Teil des Frankenreiches wurde, stellte die Lehre des Felix fortan auch für die fränkische Kirche ein Problem dar. Das Konzil* Karls des Großen in Frankfurt (794) verdammte die Lehre des Adoptianismus.

14 Caedvalla, König von Wessex zwischen 685/686 und 688. Er konnte zeitweilig seine Macht über ganz Südengland ausdehnen. Nach seiner Abdankung ließ er sich von Papst Sergius I. (hl.; 687–701) in Rom taufen.

15 Im Laufe des 7. Jahrhunderts konnten von den um 600 bezeugten zwölf Teilreichen lediglich 7 ihre Herrschaft behaupten (Kent, Sussex, Essex, Wessex, Ostanglien, Mercien, Nordhumbrien). Man bezeichnet diese Epoche daher auch als Zeitalter der »Heptarchie«.

16 Dunstan (hl.; um 909–988), Erzbischof von Canterbury (959/960–988). Als führender Vorkämpfer der monastischen Reform im angelsächsischen England verbrachte Dunstan längere Zeit im Exil (956–957), wurde jedoch von König Edgar zurückgerufen, für Worcester und 959 für London ordiniert und schließlich zum Erzbischof von Canterbury erhoben.

17 D. Hume, *Geschichte*, Band I, S. 220.

18 Edgar, König von Mercien und Nordhumbrien 957–975, König von England 959–975, gest. 975. Edgar gilt trotz seiner Jugend und relativ kurzen Regierungszeit als der mächtigste der angelsächsischen Könige. Als Förderer der monastischen Reform berief er den heiligen Dunstan aus der Verbannung zurück.

19 D. Hume, *Geschichte*, Band I, S. 229. Hume wirft dem Heiligen also vor, seinen Einfluß nicht im Interesse der Kirche und der Religion geltend gemacht zu haben, sondern vielmehr, um auf weltliche Dinge einzuwirken. Auf diese Weise soll der Eingriff der Kirche in weltliche Angelegenheiten gezeigt werden. Die Kontrolle über

König und Königtum erscheint wichtiger als die persönliche Frömmigkeit und Buße des Gläubigen.

20 Papst Alexander II. (Anselm), 1061–1073.

21 Lanfranc von Pavia (etwa 1010–1089), Theologe. Erzbischof von Canterbury ab 1070. Mit seinem Traktat *De corpore et sanguine domini* (*Über Körper und Blut des Herrn*; um 1063) wendet sich Lanfranc gegen seinen Gegner im Eucharistiestreit, Berengar von Tours.

22 Berengar von Tours (1000–1088), französischer Theologe, bekannt durch den sogenannten Abendmahlsstreit. Berengar versuchte, mit einer dialektischen Methode die Lehre der Kirche logisch zu beweisen, was zu einem Konflikt mit der katholischen Kirche führte; auf einer Synode im Jahr 1050 wurde Berengars Lehre verdammt.

23 Wilhelm der Eroberer (1028–1087), erster normannischer König Englands, seit 1035 Wilhelm II. Er besiegte 1066 mit seinem normannischen Heer in der berühmten Schlacht bei Hastings den englischen König Harald II. (1020–1066, 1066 für zehn Monate König von England) und bestieg daraufhin den englischen Thron.

24 Gregor VII. (Hildebrand, hl. seit 1606; geb. etwa 1020/25), 1073–1085.

25 Anselm von Canterbury (hl.; 1033/1034–1109), sogenannter »Vater der Scholastik« und seit 1720 zu den Kirchenlehrern gezählt. Erzbischof von Canterbury 1093–1109. Anselm war für seine asketische Frömmigkeit bekannt. Als einer der bedeutendsten Vertreter der Kirchenreform in England geriet Anselm mehrfach in heftige Auseinandersetzungen mit den normannischen Königen Wilhelm II. und Heinrich I. (siehe Anmerkung 32), in deren Mittelpunkt die von den normannischen Herrschern geübte Laieninvestitur stand, und fand zunächst wenig Rückhalt bei der katholischen Kirche in Rom. Erst nach zwei Exilien konnte er nach dem Ende des englischen Investiturstreits im Jahr 1106 nach England zurückkehren.

26 Unionskonzil im Jahr 1098 unter Urban II. (sel.; 1088–1099).

27 Paschalis II. (Rainerius), 1099–1118.

28 D. Hume, *Geschichte*, Band II, S. 188.

29 D. Hume, *Geschichte*, Band II, S. 200.

30 Calixtus II. (Guido), 1119–1124.

31 Hier handelt es sich um Robert (1054–1134), Herzog von der Nor-

mandie 1087–1106. Er unterlag bei der Schlacht von Tinchebrai seinem Bruder Heinrich I., König von England, und blieb bis zu seinem Tod in verschiedenen englischen Burgen eingekerkert. Sein Sohn Wilhelm Clito (gest. 1128) versuchte erfolglos, die Normandie und auch England zu gewinnen.

32 Heinrich I. (geb. 1068), König von England 1100–1135, jüngster Sohn Wilhelms I. des Eroberers. Nach dem Tod seines Bruders Wilhelm II. riß er das Königtum an sich, obwohl Herzog Robert von der Normandie als der Ältere als Erbe vorgesehen war.

33 D. Hume, *Geschichte*, Band I, S. 219f. In der deutschen Übersetzung heißt es wörtlich: »Der Legat* (Kardinal von Crema) berief zu London eine Synode*, worin (...) auch eine Verordnung gegeben wurde, welche die Ehe der Geistlichen unter scharfen Strafen verbot; und der Kardinal erklärte es in einer öffentlichen Rede für eine unverzeihliche Abscheulichkeit, wenn ein Priester in dem Augenblicke darauf, wo er von der Seite einer Hure aufstünde, sich erkühnte, den Leib Christi einzusegnen und zu berühren: denn diesen sittsamen Namen, Huren, gab er den Frauen der Geistlichen. Aber es trug sich zu, daß noch in derselbigen Nacht die Justitzbedienten in ein lüderliches Haus einbrachen, und den Kardinal bei einer Maitresse im Bette fanden; ein Zufall, der ihn so lächerlich machte, daß er sich gleich darauf aus dem Reiche schlich: die Synode* ging auseinander; und die Gesetze wider die Ehe der Geistlichen wurden schlechter beobachtet, als zuvor.«

34 Berufung gegen das Urteil eines unteren Gerichtes an ein höheres zur Prüfung der Richtigkeit der angefochtenen Entscheidung.

35 Alexander III. (Orlando Bandinelli), 1159–1181.

36 Gemeint ist der Kampf zwischen Papsttum und Heinrich II. (siehe Anmerkung 38) um den Einfluß des englischen Königs auf die Kirche.

37 D. Hume, *Geschichte*, Band II, S. 361.

38 Heinrich II. (1133–1189), König ab 1154, Enkel von Heinrich I. 1164 erließ er die sogenannten Konstitutionen von Clarendon, in denen er königliche Vorrechte gegenüber der Kirche geltend machte. Dadurch geriet er in Konflikt mit seinem ehemaligen Kanzler Thomas Becket (siehe 4, Anmerkung 11), den er zum Erzbischof von Canterbury gemacht hatte.

39 D. Hume, *Geschichte*, Band II, S. 366.

40 D. Hume, *Geschichte*, Band II, S. 369.
41 D. Hume, *Geschichte*, Band II, S. 370.
42 D. Hume, *Geschichte*, Band III, S. 94.
43 Innozenz III. (Lothar von Segni, geb. 1160/1161), 1198–1216.
44 Vergleiche D. Hume, *Geschichte*, Band III, S. 208.
45 Johann Ohneland, König von England 1199–1216, geb. 1167 als jüngster Sohn Heinrichs II. und der Eleonore von Aquitanien (etwa 1122–1204). Als Johann Stephen Langton (1150/55–1228) die Anerkennung als Erzbischof von Canterbury verweigerte, verhängte Innozenz III. 1207 über England das Interdikt*. Erst 1213 kam es zum Frieden, nachdem Johann das Königreich dem Papst übertragen und es von diesem als Lehen zurückerhalten hatte.
46 Vergleiche D. Hume, *Geschichte*, Band III, S. 278.
47 Partikularkiche*: Teilkirche, meist Kirchenprovinz oder Nationalkirche. Den Konzilien* dieser Partikularkirchen (Provinzial- oder Nationalkonzil, zum Beispiel: fränkische Konzilien des frühen Mittelalters) kommen Leitungsvollmacht und insbesondere Gesetzgebungskompetenz zu.
48 Ludwig IX. der Heilige (1214–1270), König von Frankreich ab 1226.
49 Vergleiche D. Hume, *Geschichte*, Band IV, S. 88.
50 Gregor IX. (Hugo Graf von Segni, geb. etwa 1170), 1227–1241.
51 1119 von Hugo von Payens (gest. 1136) in Jerusalem gegründeter geistlicher Ritterorden zum Schutz der christlichen Pilger und heiligen Stätten. Bis 1291 zunehmende wirtschaftliche und geistliche Bedeutung. Die Inquisition* leitete ein Verfahren wegen Häresie*, Blasphemie und Unzucht gegen die Templer ein. 1311/12 wurde der Orden offiziell durch den Papst aufgehoben (vergleiche Anmerkung 53), jedoch nicht verurteilt. Die Wiederanerkennung durch die katholische Kirche ist bis heute nicht erreicht worden.
52 Philipp IV. der Schöne (1268–1314), König von Frankreich (ab 1285).
53 Klemens V. (Bertrand de Got, geb. 1260), 1305–1314. Klemens beugte sich dem Druck des französischen Königs Philipp IV. und stimmte auf dem Konzil* von Vienne (1311/12) der Aufhebung des Templerordens zu (vergleiche Anmerkung 51).
54 Eduard III (geb. 1312), König von England 1327–1377.
55 John Wyclif (ca. 1330–1384), englischer Gelehrter, Philosoph,

Theologe und Kirchenreformer. Seine Lehren wurden mehrfach verurteilt; auf dem Konzil* von Konstanz wurde Wyclif 1415 postum als Ketzer* verdammt.

56 Johannes Hus (1370–1415), tschechischer Reformator*, Anhänger der Lehren Wycliffs. Starb am 6. Juli 1415 auf dem Scheiterhaufen.

57 Hieronimus von Prag (1360–1416), tschechischer Laientheologe, zusammen mit Johannes Hus Anführer des Wycliffismus und wie dieser auf dem Konzil* von Konstanz (1414–1418) zum Tod durch Feuer verurteilt. Das Urteil wurde am 30. Mai 1416 vollstreckt.

19. Darwin: Materialistischer Ketzer

1 Zu Charles Darwin liegen in den römischen Archiven keine Zensuren vor.

2 Naturwissenschaftliche Lehrgedichte in Reimpaaren: *Die Liebschaften der Pflanzen,* 1789; Teil des Gesamtwerkes *Der botanische Garten* (1789–1791).

3 Von Bellenghi findet sich eine weitere Zensur unter 20.

4 E. Darwin, *Zoonomia, or the laws of organic life* (London, 1794–1796). Dt.: Übersetzt und mit einigen Anmerkungen begleitet von J. D. Brandis (Hannover, 1795–1799). Originalausgabe der *Liebe der Pflanzen*: *The Botanic Garden,* Part II: *The Loves of the Plants* (Lichfield, 1789). Originalausgabe von *Entstehung der Arten* Charles Darwins: *On the Origin of Species by Means of Natural Selection* (London, 1859).

5 Die Royal Society, älteste britische Akademie der Wissenschaften, gegründet 1660.

6 E. Darwin, *The Botanic Garden, a Poem, in two Parts* (London, 1791).

7 E. Darwin, *Zoonomia ovvero leggi della vita organica* (Mailand, 1803–1805).

8 Paolo Ruffini (1765–1822), italienischer Mathematiker und Mediziner, Professor in Modena.

9 *Della immaterialità dell'anima.* Opuscolo del dottor Paolo Ruffini ... Aggiugnesi la confutazione dei Principii del sistema metafisico di Erasmo Darwin (... Eine Arbeit des Doktor Paolo Ruffini, mit einer Widerlegung der Prinzipien des metaphysischen Systems Erasmus Darwins; Modena, 1806).

10 Siehe 9, Anmerkung 63.

11 Die Bandzählung der italienischen Ausgabe entspricht nicht derjenigen der hier zitierten deutschen Version.
12 Vergleiche E. Darwin, *Zoonomie*, Band I, S. 11.
13 Vergleiche E. Darwin, *Zoonomie*, Band I, S. 48.
14 Das heißt: Wahrnehmung.
15 Vergleiche E. Darwin, *Zoonomie*, Band I, S. 93 f.
16 E. Darwin, *Zoonomie*, Band I, S. 15.
17 Vergleiche E. Darwin, *Zoonomie*, Band I, S. 93 f.
18 Vergleiche E. Darwin, *Zoonomie*, Band I, S. 195 f.
19 Man vergleiche den tatsächlichen Wortlaut (E. Darwin, *Zoonomie*, Band I, S. 196): »Ich wünsche hier verstanden zu werden, ich wünsche nicht über Worte zu streiten und will gern zugeben, daß die Schwehrkraft, die specifische Anziehung, die Electricität, Magnetismus und selbst der Lebensgeist aus einer Materie von feinerer Art bestehen können und ich glaube mit dem heiligen Paulus ..., daß die letzte Ursach aller Bewegung nur allein, immateriell das ist Gott ist. Der heilige Paulus sagt: »In ihm leben und weben wir und haben unser Seyn in ihm«, und im 15ten Capitel des Briefes an die Korinther macht er einen Unterschied zwischen πουχη oder Lebensgeist und πνευμα oder dem wieder belebenden Geiste. Unter dem Worte Lebensgeist oder sensorielle Kraft verstehe ich bloß das thierische Leben, welches der Mensch mit den Thieren gemein hat und einigermaßen selbst mit den Pflanzen; die Betrachtungen über den unsterblichen Theil von uns, welches der Gegenstand der Religion ist, überlasse ich denen, welche uns die Offenbarung auslegen.«
20 E. Darwin, *Zoonomie*, Band I, S. 186.
21 E. Darwin, *Zoonomie*, Band I, S. 180 ff.; vergleiche S. 180: »Die vegetabilische Structur ist der der thierischen gleich.«.
22 E. Darwin, *Zoonomie*, Band I, S. 180.
23 E. Darwin, *Zoonomie*, Band I, S. 189.
24 Jean Baptiste Robinet (1735–1820), französischer Philosoph und Naturforscher, Jesuit* und königlicher Zensor in Paris. Lehrte eine universale Evolution der Natur, nach der der Mensch das höchste Glied ist, und behauptete, daß die allem zugrundeliegende göttliche Ursache unerkennbar sei.
25 E. Darwin, *Zoonomie*, Band I, S. 415–428. Der deutsche Übersetzer Brandis gibt Darwins Begriff »*ecstasy*« mit »Träumerey« wieder.

Der Herausgeber hat sich jedoch entschlossen, den Begriff mit »Ekstase« zu übersetzen.

26 E. Darwin, *Zoonomie*, Band I, S. 428.

27 E. Darwin, *Zoonomie*, Band I, S. 427: »Hieraus scheint es, daß Träumerey eine Krankheit epileptischer oder cataleptischer Art sey, da die Anfälle bey diesem jungen Frauenzimmer immer mit Convulsionen anfingen und sich sehr oft darin endigten ...«

28 E. Darwin, *Zoonomie*, Band I, S. 423.

29 E. Darwin, *Zoonomie*, Band III, S. 668. Vergleiche: »Die Märtyrer für religiöse Meinungen; diese scheinen doch aber mehr zum partiellen Wahnsinn als zur Träumerey zu gehören.«

30 E. Darwin, *Zoonomie*, Band III, S. 681.

31 E. Darwin, *Zoonomie*, Band III, S. 680f. Darwin leitet in diesem Abschnitt die einzelnen Begriffe mit lateinischen Schlagworten ein (»*Spes religiosa*«), die danach auf Englisch wiedergegeben werden. Das zuvor präsentierte Zitat ist ebenfalls diesem Kapitel entnommen; der Kontext ist folgender: »*Spes religiosa*. Abergläubische Hoffnung. Diese wahnsinnige Täuschung bringt, wie die empfindsame Liebe, in ihrem gelindern Zustande, eine angenehme Träumerey hervor; ist sie aber mit Leistung von Werken, die über Pflicht und Schuldigkeit gehen, verknüpft, so hat sie mannigfaltige Tollheiten hervorgebracht. In Indien widmen sich die Andächtigen zu den schmerzhaftesten und unaufhörlichen Peinigungen, zum Beispiel ihre Hände solange empor zu halten, bis sie solche nicht wieder zurückziehen können, sich an Hacken aufzuhängen, die in die dicke Haut über den Schultern gehackt sind, auf scharfen Spitzen zu sitzen und andere Selbstpeinigungen. In unserem Welttheile hat man geglaubt, durch Fasten und Mortifikationen, zum Beispiel Geißelungen, der wohltätigen Gottheit zu gefallen. Die Heiterkeit ...«

32 E. Darwin, *Zoonomie*, Band II, S. 179f. Vergleiche: »Die sensorielle Kraft oder der Lebensgeist, welcher dazu gebraucht wird, dem Herzen die beständige und starke Bewegung zu geben, um die Elasticität und Kraft der Trägheit des ganzen arteriellen Systems zu überwinden, dann der Verbrauch der sensoriellen Kraft zur Bewegung des arteriellen Systems in allen seinen Zweigen ...«

33 E. Darwin, *Zoonomie*, Band II, S. 316.

34 E. Darwin, *Zoonomie*, Band III, S. 680f. Zum Kontext vergleiche Anmerkung 31.

35 E. Darwin, *Zoonomie*, Band II, S. 316.
36 Siehe 18, S. 292 f.
37 E. Darwin, *Zoonomie*, Band II, S. 466.
38 E. Darwin, *Zoonomie*, Band II, S. 467. Bei diesem Zitat handelt es sich um die unmittelbare Fortsetzung des zuvor vom Zensor präsentierten Zitats. In der deutschen Übersetzung von Brandis lautet die Stelle wie folgt: »Welch eine erhabene Idee von der unendlichen Kraft des großen Architecten! Der Ursache aller Ursachen! Des Vaters aller Väter! Des *ens entium.*«
39 Siehe 12, Anmerkung 7.
40 E. Darwin, *Zoonomie*, Band III, S. 700 f. Vergleiche: »*Orci timor.* Die Angst vor der Hölle. Manche theatralische Prediger unter den Methodisten inspirieren diese Furcht mit gutem Erfolge, um von dem Wahnsinn ihrer Zuhörer bequem zu leben. In dieser Art von Wahnsinn begeht der Kranke oft den Selbstmord, ob sie gleich glauben, daß sie spornstreichs zur Hölle fahren, welche sie so sehr fürchten! So groß ist die Kraft der Redekunst, und so schwach der menschliche Verstand! Diejenigen, welche an diesem Wahnsinn leiden, sind gewöhnlich die unschuldigsten harmlosesten Kreaturen, die sich dann leicht der schröcklichsten Verbrechen anklagen, und so viel intellectuelle Feigheit besitzen, daß sie es nicht wagen, über diejenigen Dinge zu raisonnieren, die ihnen ihre Priester zu glauben anempfehlen, ob sie gleich allen menschlichen Begriffen widersprechen, und dem großen Schöpfer aller Dinge entehrend sind. Die wahnsinnige Täuschung wird am Ende so schmerzhaft, daß der Unglückliche nur das Leben fliehet, um von ihr befreyet zu werden.«
41 Vergleiche E. Darwin, *Zoonomie*, Band III, S. 708 f.
42 E. Darwin, *Zoonomie*, Band III, S. 709.
43 Vergleiche E. Darwin, *Zoonomie*, Band III, S. 756 ff.
44 Vergleiche E. Darwin, *Zoonomie*, Band III, S. 761. Die ganze Stelle lautet in der Übersetzung von Brandis wie folgt: »In Rücksicht religiöser Gegenstände wird noch von Jugend auf eine intellectuelle Kleinmüthigkeit dem Geiste der Völker eingeflößt, welche sich den fernern Nachforschungen entgegen setzt: Leichtgläubigkeit ist zur schönsten Tugend umgekrempelt, über Gegenstände der Religion nachzusinnen und Vernunft anzuwenden, ist für ein Verbrechen erklärt. Und in der catholischen Kirche selbst mit härtern Strafen als moralische Verbrechen bestraft.«

45 Zum Kontext vergleiche Anmerkung zum zuvor vom Zensor präsentierten Zitat.

20. Kant: Idealistischer Ketzer

1 I. Kant, *Kritik der reinen Vernunft* (Riga, 1781).

2 1794 setzt sich Friedrich Wilhelm II., der als Nachfolger des liberalen und toleranten aufgeklärt-absolutistischen Königs Friedrich II. von Preußen 1788 ein restriktives Religionsedikt erlassen hatte, in einem aufgrund von Kants Schrift *Die Religion innerhalb der Grenzen der bloßen Vernunft* (1793) angestrengten Zensurverfahren persönlich gegen Kant ein. Man wirft Kant vor, er habe seine »Philosophie zur Entstellung und Herabwürdigung mancher Haupt- und Grundlehren der heiligen Schrift und des Christentums mißbraucht« und gegen seine »Pflicht als Lehrer der Jugend« verstoßen. Kant wird unter Strafandrohung aufgefordert, sich »künftighin nichts [...] dergleichen zuschulden kommen [zu] lassen«, worauf er mit einem ausführlichen Antwortschreiben reagiert, in dem er die gegen ihn erhobene Klage zwar zurückweist, dann aber trotzdem verspricht, auf weitere religionsphilosophische Äußerungen zu verzichten (vergleiche I. Kant, *Der Streit der Facultäten* [Königsberg, 1798], VII. 6; 10).

3 Bischof George Berkeley (1685–1753), englischer Philosoph und Theologe, der den Sensualismus Lockes zu einem subjektiven – in Kants Terminologie: – empirischen Idealismus* fortentwickelt, demzufolge es keine Wirklichkeit materieller Dinge außerhalb unserer Vorstellungen gebe, sondern einzig diese Vorstellungen selbst (Sein gleich Wahrgenommenwerden, *esse est percipi*) und den Geist, der sie hervorbringt (von ihm gilt: Sein gleich Wahrnehmen, *esse est percipere*). Die Ordnung der Vorstellungen, die für uns den gesetzmäßigen Zusammenhang der Natur ausmacht, ist hingegen Gottes, des höchsten Geistes, Werk.

4 Tatsächlich warnt Kant vor der falschen Gleichsetzung von Erscheinung und Schein, vergleiche I. Kant, *Kritik der reinen Vernunft*, B 69.

5 Vergleiche Kants Kritik des ontologischen, kosmologischen und physikotheologischen Gottesbeweises im dritten Hauptstück der »Transzendentalen Dialektik« in der *Kritik der reinen Vernunft*.

6 Charles Villers (1765–1815), französischer Philosoph, Anhänger Kants und dessen Vermittler in Frankreich.

7 M. J. Degérando (1772–1842), französischer Philosoph.

8 I. Kant, *Kritik der reinen Vernunft,* A XI Anmerkung. Bellenghi zitiert hier weder wörtlich noch vollständig.

9 I. Kant, *Kritik der reinen Vernunft,* A XII. Was Bellenghi hier als wörtliches Zitat kennzeichnet, lautet im Original folgendermaßen: »... schmeichle mir, ... die Abstellung aller Irrungen angetroffen zu haben, die bisher die Vernunft im erfahrungsfreien Gebrauche mit sich selbst entzweiet hatten.« Bellenghi unterstellt Kant hier zu Unrecht, dieser mache die Erfahrung zur Entscheidungsinstanz in philosophischen Fragen. Zwar ist nach Kant auch die apriorische Erkenntnis der Transzendentalphilosophie auf Erfahrung bezogen, nämlich auf die Bedingungen ihrer Möglichkeit. Dies bedeutet aber gerade nicht, daß sie sich auf bestimmte Erfahrungen berufen dürfte. Da es von Gott keine sinnliche Anschauung geben kann, weist Kant lediglich die Behauptung zurück, es könne von ihm eine Erkenntnis im eigentlichen Sinn geben.

10 In der *Kritik der reinen Vernunft* (A XIII) heißt es: »... erkühne mich zu sagen, daß nicht eine einzige metaphysische Aufgabe sein müsse, die hier nicht aufgelöst, oder zu deren Auflösung nicht wenigstens der Schlüssel dargereicht worden.« Kant bezieht dies auf seine Kritik des Vernunftvermögens überhaupt.

11 Das heißt: die These, daß die Seele wesentlich nicht zusammengesetzt, sondern unteilbar und einfach ist.

12 I. Kant, *Kritik der reinen Vernunft,* A XIV. Annähernd wörtliches Zitat.

13 I. Kant, *Kritik der reinen Vernunft,* B 2.

14 In seiner »transzendentalen Ästhetik« präsentiert Kant seine Lehre von der Idealität des Raumes und der Zeit. Raum und Zeit haben keine Realität unabhängig von unserer Sinnlichkeit, denn sie sind bloße Formen derselben bzw. reine Anschauungen, die allen bestimmten Wahrnehmungen zugrunde liegen und selbst nicht wahrgenommen werden können. Damit sind Raum und Zeit als apriorische Bedingungen unseres theoretischen Gegenstandsbezugs ausgezeichnet, auf denen die in Geometrie und Mathematik möglichen synthetischen Urteile *a priori* beruhen.

15 Die Leugnung der Existenz äußerer Objekte würde der Auffassung Kants völlig widersprechen (vergleiche zum Beispiel den gegen Berkeley gerichteten Lehrsatz: »Das bloße, aber empirisch bestimmte Bewußtsein meines eigenen Daseins beweist das Dasein

der Gegenstände im Raum außer mir.« I. Kant, *Kritik der reinen Vernunft,* B 275). Zudem bedeutete eine solche Leugnung nicht Skepsis*. Eher schon hat Kants Annahme der Existenz von Dingen an sich Ähnlichkeit mit dem metaphysischen Realismus, der dem Skeptizismus* zugrunde liegt. Kant selbst hält aber den Skeptizismus* hinsichtlich der wahrnehmbaren Welt für keine ernstzunehmende philosophische Position. Dagegen schätzt er die Skepsis* in bezug auf angemaßte Erkenntnisse durch bloße Spekulation als Methode und philosophisches Vorstadium der kritischen Wende zur Selbsterkenntnis der Vernunft, als Weckerin aus dem »dogmatischen Schlummer«.

16 Kant hat sich bis ins hohe Alter der »Widerlegung des Idealismus*« gewidmet (vergleiche das gleichnamige Kapitel in der *Kritik der reinen Vernunft,* A 226 | B 274 – A 235 | B 287). Damit ist ein Idealismus* à la Berkeley gemeint, der nicht zu verwechseln ist mit Kants eigener Position, die er als einen »transzendentalen Idealismus*« und zugleich »empirischen Realismus« charakterisiert.

17 Übersetzung vom Herausgeber. Ein solches Zitat findet sich nicht bei Kant.

18 Bellenghi benutzt statt des Kantschen Terminus »Realität« den Ausdruck »*affermazione*« (»Bejahung«) und bezieht sich damit auf diejenige Urteilsform, aus der in Kants System die Kategorie der Realität abgeleitet ist.

19 Hier schreibt der Zensor »*creazione*« (»Schöpfung«) statt »Leiden«, wie es bei Kant heißt.

20 Die Kategorien sind diejenigen Prädikate, die Gegenständen zukommen müssen, wenn sie überhaupt Objekte der uns möglichen Erkenntnis sein sollen. Mittels dieser aus dem Verstand selbst entspringenden Grundbegriffe wird nach Kant das Mannigfaltige der Anschauung zur notwendigen Einheit des Selbstbewußtseins synthetisiert. Reflexionsbegriffe sind nach Kant zunächst Verhältnisbegriffe, nach denen Begriffsinhalte zum Zweck der Urteilsbildung logisch miteinander verglichen werden, die aber, etwa in der Philosophie von Leibniz, auch zur Bestimmung von Realverhältnissen verwendet werden.

21 Der Zensor mißdeutet Kants Rede von der Spontaneität des Verstandes beim Urteilen offenbar, indem er unterstellt, damit sei eine subjektive Willkür gemeint. Zudem lassen seine Beispiele aus dem Be-

reich der Empirie erkennen, daß er sich über den transzendentalphilosophischen Status von Kants Argumenten nicht im klaren ist.

22 Auch hier handelt es sich nicht um ein originales Kant-Zitat.

23 I. Kant, *Kritik der reinen Vernunft,* A 210 | B 255.

24 Bellenghi vermischt hier einmal mehr verschiedene Begriffe, indem er die Idee Gottes, die bei Kant zum abstrakten »transzendentalen Ideal« verblaßt ist, mit der dritten und vierten Antinomie der reinen Vernunft in Zusammenhang bringt.

25 Kant begründet seine These, daß Raum und Zeit reine Anschauungen und keine Begriffe sind, damit, daß sie eine unendliche Menge von Vorstellungen enthalten, was bei den Begriffen endlicher Verstandeswesen nicht der Fall sein kann. Vergleiche I. Kant, *Kritik der reinen Vernunft,* A 25 | B 39f. und A 31f. | B 47f.

26 Bellenghi gebraucht »Spinozismus« hier nur als unverstandenes Schlagwort, denn es ist nicht ersichtlich, was die These, die er Kant hier andichtet, mit Spinozismus zu tun hat.

27 Dies ist wiederum eine Verkürzung, die von Kants Argument fast nichts mehr erkennen läßt. Vergleiche Kants Darstellung des zweiten Paralogismus der rationalen Psychologie: I. Kant, *Kritik der reinen Vernunft,* B 407f.

28 Jean Baptiste Robinet (1735–1820), französischer Philosoph, Begründer eines universalen materialistischen Vitalismus.

29 Hierbei handelt es sich nicht um ein wörtliches Zitat, sondern um eine freie Paraphrase der Kantischen These von der Unerkennbarkeit des transzendentalen Subjekts.

30 Moses Mendelssohn (1729–1786), deutscher Philosoph der Aufklärung und Wegbereiter der Emanzipation des Judentums in Deutschland, versuchte, die Unsterblichkeit der Seele (*Phädon* 1767) und das Dasein eines persönlichen Gottes (*Morgenstunden* 1785) zu beweisen.

31 Der Zensor irrt: Kant widerlegt Mendelssohns Beweis der Unsterblichkeit der Seele aus ihrer Einfachheit durch den Gedanken, daß ihr Vergehen durch »allmähliche Nachlassung (remissio) ihrer Kräfte« (I. Kant, *Kritik der reinen Vernunft,* B 414) auch dann noch möglich ist, wenn sie einfach ist.

32 Moses Mendelssohn (1729–1786), deutscher jüdischer Philosoph, stark von Kant beeinflußt. Vertreter des Deismus*.

33 I. Kant, *Kritik der reinen Vernunft,* B 413.

34 I. Kant, *Kritik der reinen Vernunft,* B 415.

35 Außer in Punkt 3 führt Bellenghi nur die Thesen, nicht aber auch die entsprechenden Antithesen auf.

36 Sie kann nach Kant nur insofern zu einer Entscheidung gelangen, als sie einsieht, daß entweder sowohl die These als auch die Antithese falsch sind oder daß sie einander nicht wirklich widersprechen und also beide zusammen wahr sein können. Die transzendentalphilosophische Auflösung der somit nur scheinbar notwendigen Antinomien sucht Kant zu leisten.

37 Von den nihilistischen Konsequenzen, die Bellenghi in der Folge aus den Antinomien – ganz nach dem Grundsatz *ex falso quod libet* – zieht, ist bei Kant nicht die Rede.

38 Kant betrachtet seine Auflösung der Antinomien vielmehr gerade als die Rettung vor dem Skeptizismus*, der eine »Verzweiflung der Vernunft an sich selbst« sei.

39 I. Kant, *Kritik der reinen Vernunft,* A 579 | B 607. Bellenghi zitiert auch hier unvollständig und in abgewandelter Reihenfolge.

40 Kein wörtliches Zitat, vergleiche aber I. Kant, *Kritik der reinen Vernunft,* A 580 | B 608, A 619 | B 647 *et passim.*

41 Wiederum handelt es sich hierbei nicht um ein nachweisbares Zitat Kants, sondern um eine summarische Paraphrase, die jedoch die Kantische Lehre nicht korrekt wiedergibt.

42 Kants These ist, daß sich das Dasein Gottes, die Freiheit und die Unsterblichkeit der Seele weder beweisen noch widerlegen lassen. Daher werde durch seine Philosophie den Positionen, die an die Widerlegbarkeit glauben, »dem *Materialism, Fatalism, Atheism,* dem freigeisterischen *Unglauben,* der *Schwärmerei* und *Aberglauben,* die allgemein schädlich werden können, zuletzt auch dem *Idealism* und *Scepticism* ... selbst die Wurzel abgeschnitten« (I. Kant, *Kritik der reinen Vernunft,* B XXXIV).

43 I. Kant, *Kritik der reinen Vernunft,* A 685 f. | B 713 f. Bellenghi zitiert im Sinne seiner Polemik unvollständig.

44 I. Kant, *Kritik der reinen Vernunft,* A 741 f. | B 769 f.

45 Zumindest kann die Postulatenlehre der *Kritik der praktischen Vernunft* als die Ausführung der in *der Kritik der reinen Vernunft* (A 812 ff. | B 840 ff.) entworfenen These verstanden werden, daß die Annahme der Existenz Gottes eine notwendige Voraussetzung der praktischen Vernunft ist.

46 Nach Kant besteht der Endzweck allen menschlichen Strebens im Ideal des höchsten Guts, das heißt einer Welt, in der die vollendete Sittlichkeit die Glückswürdigkeit ist und mit dem natürlichen Glücksverlangen in Einklang steht. Das Vertrauen auf die Möglichkeit einer solchen Welt, die wir im sittlichen Handeln voraussetzen müssen, können wir Kant zufolge nur aus dem Glauben an Gott beziehen.

47 I. Kant, *Kritik der reinen Vernunft,* A 805 | B 833. Der letzte Satz findet sich, obschon hier als Zitat gekennzeichnet, nicht bei Kant.

48 I. Kant, *Kritik der reinen Vernunft,* A 806 | B 834.

49 Genesis 8, 21.

50 I. Kant, *Kritik der reinen Vernunft,* A 852 | B 880.

51 I. Kant, *Kritik der reinen Vernunft,* A 827 | B 855.

52 Johann Gottlieb Fichte (1762–1814), der sich als Vollender des kantischen Systems verstand, wurde 1799 des Atheismus* bezichtigt, woraufhin er aus Trotz seine Demission anbot und schließlich tatsächlich aus dem Dienst der Jenaer Universität entlassen wurde. Es entspricht aber Bellenghis Stil agitierender Übertreibung, wenn er hier behauptet, es habe viele solcher Fälle gegeben.

21. »Ein Monument zum Glück der Menschheit«: Die Zensur französischer Romane

1 V. Hugo, *Les Misérables.* Erstausgabe: Paris 1862. Dt.: *Die Elenden,* aus dem Französischen von P. Wiegler und W. Günther (Zürich/Düsseldorf, 1998).

2 Victor Hugo (1802–1885) gilt als Hauptvertreter und Wortführer der französischen Hochromantik. Sein Werk zeichnet sich durch große dichterische Vielseitigkeit, eine Neigung zum Pathos und durch eine weitschweifige Erzählweise aus. Hugo war Zeit seines Lebens Literat, engagierte sich aber auch politisch. In *Die Elenden* macht er sich zum Anwalt der Benachteiligten und heroisiert das einfache Volk.

3 V. Hugo, *Die Elenden,* S. 55.

4 Im französischen Original heißt es: »*Le sénateur, encouragé, reprit: – Soyons bons enfants. – Bons diables même, dit l'évêque*«. Wörtlich übersetzt: – Seien wir gute Kinder (das heißt gutmütig): – Gute Teufel sogar, sagte der Bischof. (das heißt brave Kerle). Dem Zensor mißfällt hier offenbar das Wortspiel mit den Begriffen *bon enfant* und *bon diable.*

5 Vergleiche 16, S. 280f.
6 Vergleiche 13, S. 251f.
7 Lat.: »Es werde Licht!«
8 Lat.: »Recht und Unrecht«
9 Lat.: »Beim Bechern.«
10 Lat.: »Ende«
11 V. Hugo, *Die Elenden*, S. 39–41.
12 Der Zensor gibt in diesem Abschnitt zahlreiche Seitenzahlen an, die der Herausgeber aus Gründen der Übersichtlichkeit weggelassen hat.
13 J. Michelet, *La Sorcière* (Paris, 1862). Dt.: *Die Hexe*. Aus dem Französischen von G. Klose, hrsg. von T. König (Wien, 1988).
14 1798–1874. Dem Historiker und Schriftsteller gelang es, sich nach einer ärmlichen Kindheit bis zu einer Professur am Collège de France hochzuarbeiten. Seine wissenschaftlichen Hauptwerke *Geschichte Frankreichs* und *Geschichte der Französischen Revolution* sind von demokratischen und antiklerikalen wie auch von utopisch-idealistischen Tendenzen geprägt. *La Sorcière*, eine historisch-psychologische Untersuchung der Hexen, die Michelet mit der Rehabilitation dieser Frauen beendet, löste unmittelbar nach seinem Erscheinen einen Skandal aus, verkaufte sich aber so gut, daß es innerhalb eines Jahres viermal aufgelegt wurde.
15 Der Zensor hält sich bei der nun folgenden Beschreibung der »Theorie« eng an den Text der Vorrede; vergleiche J. Michelet, *Die Hexe*, S. 19ff.
16 Auch dies ist ein Zitat aus *La Sorcière*, vergleiche J. Michelet, *Die Hexe*, S. 26.
17 Eine Art Züchtigungsrute, die zu Exekutionen eingesetzt wurde.
18 Bartolomeo Spina, *Quaestio de strigibus ...* (*Über die Hexen*; Rom, 1576).
19 J. Michelet, *Die Hexe*, S. 21f.
20 Die zweite Auflage erfolgt in Brüssel, 1863. Das Werk wird im selben Jahr noch zwei weitere Male neu aufgelegt.
21 Übersetzung vom Herausgeber.
22 Frédéric Soulié (1800–1847) erlangte schlagartig Berühmtheit mit seinem Roman *Die Memoiren des Teufels*, in dem er die gesellschaftlichen Mißstände seiner Zeit anprangert. Trotz des Mangels an gewissenhafter Arbeit und der rudimentären psychologischen

Einfühlung in seine Romanfiguren war Soulié neben Balzac einer der meistgelesenen Autoren seiner Epoche. Seine Romane und Dramen sind allerdings eher im Bereich der konventionellen Unterhaltung als in dem der Klassiker anzusiedeln.

23 F. Soulié, *Les Memoires du diable* (Paris, 1838). Der Zensor gibt an: »Neue Ausgabe, Paris 1863, 3 Bände, 916 Seiten«. Dt.: *Die Memoiren des Teufels.* Aus dem Französischen von L. Hauff (Stuttgart, 1845).

24 Michel Lévy (1821–1875), Calmann Lévy (1819–1891) und Nathan Lévy (1813–1889), jüdische Inhaber einer Buchhandlung und eines der bedeutendsten europäischen Verlage des 19. Jahrhunderts. Michel Lévy war der Herausgeber so berühmter Autoren wie Hugo, Balzac, Flaubert, Stendhal und vieler anderer bekannter Romanciers, während seine Brüder sich um die Buchhandlung kümmerten. Seit 1856 gilt M. Lévy als Initiator des modernen Buchhandels: Er senkte die Buchpreise auf drastische Weise, zwang damit seine Konkurrenten dazu, es ihm gleichzutun, und förderte so im ganzen Land die Verbreitung des Lesens. Nach dem Tod M. Lévys im Jahre 1875 übernahm sein Bruder Calmann Geschäft und Verlag und sicherte für weitere 20 Jahre die Bedeutung des Verlags Michel Lévy Frères als Herausgeber literarischer Werke.

25 F. Soulié, *Memoiren des Teufels,* Band 1, S. 12.

26 F. Soulié, *Memoiren des Teufels,* Band 1, S. 13.

27 Der Zensor gibt den Text hier falsch wieder: Statt »Unsterblichkeit« (französisch *immortalité*) müßte es – nach der Übersetzung von Ludwig Hauff – richtig heißen: »Immoralität« (französisch *immoralité*).

28 F. Soulié, *Memoiren des Teufels,* Band 1, S. 26f.

29 F. Soulié, *Memoiren des Teufels,* Band 1, S. 66.

30 F. Soulié, *Si jeunesse savait, si vieillesse pouvait* (Paris, 1844). Der Zensor gibt Ausgaben von 1845, 2 Bände, und 1863, 1 Band an. Eine deutsche Übersetzung dieses Romans sowie der drei folgenden liegt nicht vor.

31 F. Soulié, *Les aventures d'un jeune cadet de famille* (Paris, 1842). Der Zensor gibt an: 2 Bände, 1863, 1 Band.

32 F. Soulié, *Drames Inconnus* (Paris, 1845).

33 F. Soulié, *Histoire d'Olivier Duhamel.* Der Zensor gibt folgende Ausgaben an: Paris 1847, 2 Bände, 1863, 1 Band.

34 F. Soulié, *Confession Générale* (Paris, 1840). Der Zensor zitiert aus den Ausgaben 1845, 7 Bände, und 1863, 2 Bände.

35 F. Soulié, *La Comtesse de Monrion* (Paris, 1845). Der Zensor gibt folgende Ausgaben an: 1847, 4 Bände, 1863, 1 Band. Dt.: *Die Gräfin von Monrion.* Aus dem Französischen von: 1. Osador, (Grimma, 1846); 2. L. von Alvensleben (Leipzig, 1846).

36 Stendhal, *Le Rouge et le Noir. Chronique du 19ᵉ siècle* (Paris, 1830). Der Zensor zitiert aus: »Neue Ausgabe, komplett durchgesehen und überarbeitet, Paris: Gebrüder Michel Lévy, 1860, 506 Seiten.« Dt.: *Rot und Schwarz. Chronik des 19. Jahrhunderts.* Aus dem Französischen von O. Flake. Mit einem Nachwort von F. Blei (München, ^{9}1999).

37 Stendhal (Marie-Henri Beyle, 1783–1842), einer der Vorläufer des Realismus, zeichnete sich durch einen ausgeprägten Individualismus aus. Seine Abneigung gegen Konvention und Durchschnitt spiegelt sich auch in seinen oft zeitkritischen Romanen wider. Charakteristisch für sein Werk sind ein einfacher, eleganter Stil, eine exakte, objektive Schilderung sowie scharfe psychologische Analysen. Diese Eigenschaften machen ihn zu einem der berühmtesten französischen Schriftsteller des 19. Jahrhunderts. In *Le Rouge et le Noir*, das vom Scheitern des Helden an der Gesellschaft erzählt, wird der Kontrast zwischen privilegierten Klassen und dem Volk verdeutlicht.

38 Stendhal, *Rot und Schwarz*, S. 84.

39 Stendhal, *Rot und Schwarz*, S. 50. Der Zensor zitiert hier nicht korrekt, sondern montiert Teile verschiedener Sätze.

40 Stendhal, *Rot und Schwarz*, S. 51.

41 Stendhal, *Rot und Schwarz*, S. 68.

42 Stendhal, *Rot und Schwarz*, S. 67.

43 Gemeint sind die *Bekenntnisse* (1764–70) von Jean-Jacques Rousseau (1712–1778). Zu Rousseau vergleiche 15, S. 265 f.

44 Bei Stendhal werden noch zwei weitere Titel genannt.

45 Stendhal, *Rot und Schwarz*, S. 29.

46 Stendhal, *Rot und Schwarz*, S. 44.

47 Stendhal, *Rot und Schwarz*, S. 46

48 Gustave Flaubert, *Madame Bovary. Moeurs de Province* (Paris, 1857). Der Zensor gibt keine Ausgabe an. Dt.: *Madame Bovary. Die Sitten der Provinz.* Aus dem Französischen von M. Dessauer (Frankfurt a. M., 1998).

49 1821–1880. Der Meister des Realismus kämpfte zeit seines Lebens mit seinem romantischen Wesen, das auch die Romangestalt Madame Bovary kennzeichnet. Einsichtig in die Sinnlosigkeit romantischer Sentimentalität und in die Banalität des menschlichen Daseins überhaupt, litt er dauerhaft unter Pessimismus und Lebensekel. Als Schriftsteller machte er sich eine strenge Ästhetik zum Ziel, deren Maßstäbe genaue Beobachtung, strenge Objektivität und möglichst genaue Dokumentation der Fakten waren. *Madame Bovary*, ein Roman, der den Ehebruch einer jungen Frau aus romantischen Motiven zum Inhalt hat, löste sofort nach seinem Erscheinen einen Skandal aus: Es kam sogar zu einem Prozeß gegen Flaubert, an dessen Ende der Autor aber freigesprochen wurde.

50 Der Zensor stellt den Originaltext hier leicht um, ohne den Sinn dadurch maßgeblich zu verändern.

51 G. Flaubert, *Madame Bovary*, S. 95 f.

52 G. Flaubert, *Salammbô* (Paris, 1863). Der Zensor gibt an: 1863, in 8, 476 Seiten. Dt.: *Salammbô*, hrsg. und mit einem Nachwort versehen von M. Bosse und A. Stoll. Aus dem Französischen von G. Brustgi (Frankfurt a. M., 1979).

53 Alte Lesung für Tinit oder Tennit, die Hauptgöttin Karthagos neben Baal Hammon. Sie wurde mit Hera und Demeter identifiziert, wohl aber nicht mit Venus.

54 Eine Art Amulett, dessen Besitz zumeist Städten Schutz versprach.

55 1821–1873. Ernest Feydeau war nicht nur Romancier, sondern auch Journalist, Archäologe und Geschäftsmann. Sein Roman *Fanny* weist inhaltliche Parallelen zu *Madame Bovary* auf und führte zu einem ähnlichen Skandal. Er verkaufte sich so gut, daß er innerhalb von fünf Jahren zweiundzwanzigmal aufgelegt wurde. Während Fanny als Meisterwerk des Realismus gilt, zeichnen sich die anderen Romane Feydeaus eher durch einen nachlässigen Stil, durch Realitätsferne und Inkohärenz der Geschichte aus und sind heute in Vergessenheit geraten.

56 E. Feydeau, *Fanny*. Etude (Paris, 1858). Der Zensor macht folgende Angaben: 1857 [*sic!*], 22. Auflage, 1863, 1 Band, 245 Seiten. Dt.: *Fanny*, aus dem Französischen von N. O. Scarpi (München, 1994).

57 E. Feydeau, *Daniel*. Etude (Paris, 1859). Der Zensor gibt an: 2 Bände, Paris 1859, 324 und 446 Seiten. Dt.: *Daniel*, Roman in 6 Büchern (Berlin, 1859).

58 E. Feydeau, *Catherine d'Overmeire.* Etude (Paris, 1860). Der Zensor gibt keine Ausgabe an. Für diesen Roman sowie für die beiden folgenden liegt keine deutsche Übersetzung vor.

59 E. Feydeau, *Sylvie.* Etude (Paris, 1861). Zusätzliche Angabe des Zensors: 1 Band, 244 Seiten.

60 E. Feydeau, *Alger.* Etude (Paris, 1862). Zusätzliche Angabe des Zensors: 1 Band, 188 Seiten.

61 Der Zensor gibt in diesem Abschnitt für die einzelnen Themen die Seitenzahlen bei Feydeau an (aus Gründen der Übersichtlichkeit vom Herausgeber weggelassen).

62 Jules François Félix Husson (1821–1889), Romancier und Kritiker, kann als ein weiterer Vorkämpfer des Realismus bezeichnet werden. Seinen Werken, einer genauen Darstellung des kleinbürgerlichen Provinzlebens und dessen Lächerlichkeit, kommt allerdings mehr dokumentarischer als künstlerischer Wert zu. Champfleury arbeitete an mehreren Zeitschriften mit und pflegte Kontakte zu zahlreichen Künstlern wie Murger, Courbet, Nerval und Baudelaire.

63 J. Husson de Champfleury, *Les Bourgeois de Molinchart* (Paris, 1855). Der Zensor macht keine Angaben zur Ausgabe. Keiner der Romane Champfleurys wurde ins Deutsche übersetzt.

64 J. Husson de Champfleury, *Contes vieux et nouveaux* (Paris, 1852). Diese Ausgabe stimmt mit der des Zensors überein.

65 Übersetzung vom Herausgeber.

66 J. Husson de Champfleury, *Les aventures de mademoiselle Mariette* (Paris, 1857). Übereinstimmung mit der Angabe des Zensors.

67 J. Husson de Champfleury, *Le Réalisme* (Paris, 1853 oder 1857). Der Zensor gibt an: 1857, 320 Seiten.

68 J. Husson de Champfleury, *Les Souffrances du Professeur Delteil.* Erstausgabe Paris, 1853. Angabe des Zensors: 1857, 248 Seiten.

69 *La Mascarade de la vie parisienne* (Paris, 1859 [!]; ^{2}1860). Angabe des Zensors: 1860, 466 Seiten.

70 1822–1861. Henry Murger lebte das entbehrungsreiche Bohèmeleben, das er in seinem berühmtesten Roman, *Szenen aus der Bohème,* beschreibt. Er lebte von der Hand in den Mund, hatte nur unregelmäßige finanzielle Einkünfte. *Szenen aus der Bohème* aber war, nachdem Murger es in die dramatische Form übertragen hatte, von Erfolg gekrönt: Es galt als Auslöser der europäischen Bohèmeliteratur und wurden von Puccini als Oper vertont.

71 H. Murger, *Scènes de la Bohème* (Paris, 1851). Stimmt mit der Angabe des Zensors überein. Dt. von I. Linden: *Die Bohème. Szenen aus dem Pariser Leben* (Frankfurt a. M./Berlin, 1968).
72 H. Murger, *Scènes de la vie de Jeunesse* (Paris, 1851). Stimmt mit der Angabe des Zensors überein. Dieser Roman sowie die folgenden wurden nicht ins Deutsche übersetzt.
73 H. Murger, *Le Pays Latin* (Paris, 1851). Der Zensor beschränkt sich hier auf die Angabe der Seitenzahl seiner Ausgabe: 356 Seiten.
74 Ergänzung des Zensors.
75 Übersetzung vom Herausgeber. Zu Augustinus, siehe 1, Anmerkung 68.
76 H. Murger, *Les vacances de Camille* (Paris, 1857). Zusätzliche Angabe des Zensors: 1 Band, 226 Seiten.
77 H. Murger, *Le Dernier Rendez-vous. La résurrection de Lazare* (Paris, 1856). Angabe des Zensors: 1857, 312 Seiten.
78 Antoine Fauchery, erwähnt 1848, Schriftsteller. Vergleiche C. Monselet, *La lorgnette littéraire. Dictionnaire des grands et des petits auteurs de mon temps* (Paris, 1857).
79 Auguste Charles Joseph Vitu (auch: Vidocq oder Voisembert), 1823–1891, Journalist und Schriftsteller.
80 Übersetzung vom Herausgeber.
81 Ernest Renan, 1823–1892, Religionswissenschaftler, Orientalist und Schriftsteller. Von der Kirche scharf kritisiert wegen seines indizierten Werkes *Das Leben Jesu* (1862), in dem er die Person Jesus in einer subjektiven, historischen Perspektive darstellt.
82 H. Murger, *Adeline Protat* (Paris, 1853). Angabe des Zensors: 1857, 318 Seiten. Dt.: *Adeline Protat,* aus dem Französischen von C. Büchele (Stuttgart, 1854).
83 H. Murger, *Les Buveurs d'eau* (Paris, 1853/54 oder 1855). Für diesen und die folgenden Romane Murgers macht der Zensor keine Angaben. Deutsche Übersetzungen liegen nicht vor.
84 H. Murger, *Le Roman de toutes les Femmes* (Paris, 1854).
85 H. Murger, *Propos de ville et propos de théâtre.* Erstausgabe wahrscheinlich 1853.
86 H. Murger, *Le sabot rouge* (Paris, 1860).
87 H. Murger, *Madame Olympe* (Paris, 1854).
88 H. Murger, *Amoureux.* Teil seiner Gedichtsammlung *Les nuits d'hiver. Poésies complètes* (Paris, 1864).

89 Gemeint ist hier: »Verbot«.

90 1799–1850. Bevor ihm 1829 sein Roman *Le dernier Chouan* zum Durchbruch verhalf, hatte auch Honoré de Balzac mit zahlreichen Schwierigkeiten zu kämpfen: Nach einer lieblosen Kindheit und einem gescheiterten Jurastudium verfaßte er, um sich ernähren zu können, wertlose Kolportageromane und machte mit einem eigenen kleinen Verlag samt Druckerei Bankrott. Danach erfreute er sich jedoch aufgrund seines soziologisch-realistischen Erzählstils und seiner visionären Schöpfungskraft größter Beliebt- und Berühmtheit. Balzacs Anliegen war es, in seiner unvollendet gebliebenen *Menschlichen Komödie* die gesamte französische Gesellschaft seiner Zeit zu beschreiben. So stellt dieses Mammutwerk (über neunzig Romane und Novellen mit immer wiederkehrenden Personen) eine minutiöse Analyse aller Arten von menschlichen Typen, ihrer Triebe und Leidenschaften sowie ihrer sozialen Milieus dar.

91 H. de Balzac, *Scènes de la vie parisienne. Le Père* Goriot (Paris, 1835). Der Zensor beschränkt sich hier wie auch im folgenden auf die Angabe der Seitenzahl seiner Ausgabe. Dt.: *Die menschliche Komödie.* Gesamtausgabe in 12 Bänden mit Anmerkungen und biographischen Notizen über die Romangestalten. Herausgegeben und eingeleitet von E. Sander (München, 1971), Band 3, S. 285 ff.

92 H. de Balzac, *Die menschliche Komödie,* Band 3, S. 322. Im französischen Original heißt es: »*Elles sont allées manger le bon Dieu.*«

93 H. de Balzac, *Die menschliche Komödie,* Band 3, S. 363.

94 H. de Balzac, *Die menschliche Komödie,* Band 3, S. 365.

95 H. de Balzac, *Die menschliche Komödie,* Band 3, S. 383.

96 Dieser Satz fehlt in der Ausgabe von E. Sander (vergleiche H. de Balzac, *Die menschliche Komödie,* Band 3, S. 388).

97 H. de Balzac, *Die menschliche Komödie,* Band 3, S. 389.

98 H. de Balzac, *Die menschliche Komödie,* Band 3, S. 393.

99 H. de Balzac, *Die menschliche Komödie,* Band 3, S. 393.

100 H. de Balzac, *Scènes de la vie parisienne. Histoire des Treize* (Band 1: Paris 1834). Dt. in: H. de Balzac, *Die menschliche Komödie,* Band 6, S. 15 ff.

101 H. de Balzac, *Die menschliche Komödie,* Band 6, S. 25.

102 H. de Balzac, *Die menschliche Komödie,* Band 6, S. 30.

103 H. de Balzac, *Die menschliche Komödie,* Band 6, S. 36.

104 H. de Balzac, *Die menschliche Komödie,* Band 6, S. 40.
105 H. de Balzac, *Die menschliche Komödie,* Band 6, S. 44f. Der Zensor zitiert nicht ganz korrekt: Im französischen Original heißt es nicht »*peuple*«, sondern »*bohémiens*« von Paris.
106 H. de Balzac, *Die menschliche Komödie,* Band 6, S. 55.
107 H. de Balzac, *Die menschliche Komödie,* Band 6, S. 56.
108 H. de Balzac, *Die menschliche Komödie,* Band 6, S. 58.
109 H. de Balzac, *Die menschliche Komödie,* Band 6, S. 61.
110 H. de Balzac, *Die menschliche Komödie,* Band 6, S. 65.
111 H. de Balzac, *Die menschliche Komödie,* Band 6, S. 86.
112 H. de Balzac, *Die menschliche Komödie,* Band 6, S. 87.
113 H. de Balzac, *Die menschliche Komödie,* Band 6, S. 124.
114 H. de Balzac, *Scènes de la vie parisienne. Splendeurs et misères des courtisanes* (Paris, 1843–47). Dt. in: H. de Balzac, *Die menschliche Komödie,* Band 6, S. 865ff.; Band 7, S. 7ff.
115 Anspielung auf Franz-Joseph Gall (1758–1828), dessen ›Schädellehre‹ (Phrenologie) die ›Physiognomik‹ Lavaters ablöste: Beide Lehren wurden zu ihrer Zeit als eine Art Gesellschaftsspiel betrieben; wissenschaftlich sind sie längst überholt (*Die menschliche Komödie,* Band 6, S. 929, Anmerkung 49).
116 H. de Balzac, *Die menschliche Komödie,* Band 6, S. 878. Kein wörtliches Zitat, sondern Paraphrase.
117 H. de Balzac, *Die menschliche Komödie,* Band 6, S. 934.
118 H. de Balzac, *Die menschliche Komödie,* Band 6, S. 934.
119 H. de Balzac, *Die menschliche Komödie,* Band 6, S. 937.
120 H. de Balzac, *Die menschliche Komödie,* Band 6, S. 938.
121 H. de Balzac, *Die menschliche Komödie,* Band 6, S. 949.
122 *Scènes de la vie parisienne. Les parents pauvres. La Cousine Bette* (Paris, 1847/48). Dt. in: H. de Balzac, *Die menschliche Komödie,* Band 7, S. 603ff.
123 *Scènes de la vie parisienne. Les parents pauvres. Le Cousin Pons* (Paris, 1847/48). Dt. in: H. de Balzac, *Die menschliche Komödie,* Band 8, S. 9ff.
124 Die Hauptgestalt in Samuel Richardsons (1689–1761) Roman ›*The History of Sir Charles Grandison*‹ *(1753) ist das Musterbild aller männlichen Tugenden (H. de Balzac, Die menschliche Komödie,* Band 8, S. 341, Anmerkung 43).
125 H. de Balzac, *Die menschliche Komödie,* Band 8, S. 23.

126 H. de Balzac, *Die menschliche Komödie,* Band 8, S. 23.
127 H. de Balzac, *Die menschliche Komödie,* Band 8, S. 67.
128 H. de Balzac, *Die menschliche Komödie,* Band 8, S. 79.
129 H. de Balzac, *Die menschliche Komödie,* Band 8, S. 102.
130 H. de Balzac, *Die menschliche Komödie,* Band 8, S. 127.
131 H. de Balzac, *Die menschliche Komödie,* Band 8, S. 130.
132 H. de Balzac, *Die menschliche Komödie,* Band 8, S. 130.
133 H. de Balzac, *Die menschliche Komödie,* Band 8, S. 130 f.
134 *Scènes de la vie privée. Mémoire de deux jeunes mariées. Une fille d'Eve* (Paris, 1842). Dt. in: H. de Balzac, *Die menschliche Komödie,* Band 1, S. 305 ff.
135 H. de Balzac, *Die menschliche Komödie,* Band 1, S. 335.
136 H. de Balzac, *Die menschliche Komödie,* Band 1, S. 347.
137 H. de Balzac, *Die menschliche Komödie,* Band 1, S. 369.
138 H. de Balzac, *Die menschliche Komödie,* Band 1, S. 370.
139 Dieser Satz findet sich nicht in der deutschen Ausgabe. Übersetzung vom Herausgeber.
140 H. de Balzac, *Die menschliche Komödie,* Band 1, S. 371.
141 Übersetzung vom Herausgeber.

22. Dumas: Ein Heuschreckenschwarm von Romanen

1 A. Dumas, *Madame de Chamblay* (Paris, 1862). Eine deutsche Übersetzung existiert nicht. Der Zensor benutzte folgende italienische Übersetzung: A. Dumas, *La Signora di Chamblay,* 2 Bände (Mailand, 1862).
2 A. Dumas, *Le Comte de Montechristo* (Paris, im Feuilleton des *Journal des Débats,* 1844; erste Buchausgabe: Paris, 1844–1846). Dt.: Übersetzt von C. Jung (Würzburg, 1999).
3 Der Zensor benutzte eine 1856 in Neapel erschienene italienische Ausgabe, die neben dem *Grafen von Montechristo* noch ein zweites Werk mit dem Titel *La mano del defunto* (*Die Totenhand*) enthielt, das auf dem Titelblatt als Fortsetzung des *Grafen* bezeichnet wurde. Man darf heute jedoch annehmen, daß es sich beim Verfasser dieses Buches, das zunächst in Frankreich mit den Angaben »F. Le Prince, *La Main du Défunt*« erschienen war, nicht um Dumas handelt. Eine deutsche Übersetzung von L. von Alvensleben wurde im übrigen 1861 in Brünn veröffentlicht.
4 Quelle: *Sammlung Schwedt.*

5 A. Dumas, *Les trois mousquetaires* (Paris, im Feuilleton von *Le Siècle*, 1844; erste Buchausgabe: Paris, 1844). Dt.: Übersetzt von H. Bräuning (Würzburg, 2000).

6 Milady de Winter (Figur des Romans): Ehemalige Ehefrau von Atos und Spionin des Kardinals Richelieu, des traditionellen Rivalen der Musketiere.

23. Gregorovius unter Donnerblitzen

1 Eine durch die Glaubenskongregation* erstellte und dem Historiker Arnold Esch im Jahr 1991 übermittelte Zusammenfassung des folgenden Gutachtens ist veröffentlicht in: A. Esch u. J. Petersen (Hrsg.), *Ferdinand Gregorovius in Italien*. Eine kritische Würdigung (Tübingen, 1993), S. 246ff.

2 F. Gregorovius, *Die Geschichte der Stadt Rom im Mittelalter vom V. bis zum XVI. Jahrhundert*, 8 Bände (Stuttgart, 1859–1872). Zitierte Ausgabe: 4 Bände (München, 1978). Der Zensor benutzte folgende italienische Übersetzung: *Storia della Città di Roma nel Medio Evo – dal secolo V al XVI*, übersetzt von R. Manzato, 4 Bände (Venedig, 1872–1873).

3 In seinen *Römischen Tagebüchern* gibt Gregorovius selbst den 12. November 1856 als Arbeitsbeginn an.

4 Papst Gregor II. (hl.; geb. 669), 715–731.

5 Leo III. (717–741), genannt der Isaurier, Kaiser von Byzanz.

6 Konstantin I. der Große (ca. 280–337), römischer Kaiser ab 306.

7 F. Gregorovius, *Geschichte der Stadt Rom*, Band 1, S. 346. Der abschließende Satz findet sich nicht bei Gregorovius.

8 Siehe 18, Anmerkung 188.

9 Zum Kontext vergleiche: F. Gregorovius, *Geschichte der Stadt Rom*, Band 2, S. 89ff. Bei Gregorovius heißt es tatsächlich: »Dieser charakterlose König warf sich von einem Extrem in das andere« (S. 90).

10 F. Gregorovius, *Geschichte der Stadt Rom*, Band 2, S. 108.

11 Vergleiche F. Gregorovius, *Geschichte der Stadt Rom*, Band 2, S. 112.

12 Der »Gang nach Canossa« Heinrich des IV. (25.–28. Januar 1077).

13 F. Gregorovius, *Geschichte der Stadt Rom*, Band 2, S. 112.

14 F. Gregorovius, *Geschichte der Stadt Rom*, Band 2, S. 91.

15 Siehe 18, Anmerkung 174.

16 F. Gregorovius, *Geschichte der Stadt Rom*, Band 1, S. 272.

17 F. Gregorovius, *Geschichte der Stadt Rom,* Band I, S. 345.
18 Zitat nicht nachweisbar.
19 F. Gregorovius, *Geschichte der Stadt Rom,* Band 1, S. 268. Bei Gregorovius heißt es jedoch tatsächlich (über Gregor den Großen): »Ein Papst jener Tage erkannte sich selbst nur als einen Priester, der nach dem Gebot des Evangeliums weltlichen Händeln und politischen Dingen fern bleiben müsse.«
20 F. Gregorovius, *Geschichte der Stadt Rom,* Band 1, S. 338: »Der Ruhm seiner kriegerischen Taten verlor sich mit seiner Zeit, aber der wütende Streit um den Gebrauch oder Mißbrauch von Bildern in den Kirchen, welchen er durch ein Edikt hervorrief, hat den Namen Leos unsterblich gemacht.«
21 Liutprand, langobardischer König 712–744. Liutprand war intensiv um die innere Festigung des Reiches bemüht und trat als Katholizität und Gottesgnadentum betonender Förderer der Kirche hervor. Unter seiner Regentschaft erreichte das Langobardenreich seine größte Blüte.
22 F. Gregorovius, *Geschichte der Stadt Rom,* Band 1, S. 348.
23 F. Gregorovius, *Geschichte der Stadt Rom,* Band 1, S. 7.
24 Vergleiche F. Gregorovius, *Geschichte der Stadt Rom,* Band 1, S. 30.
25 F. Gregorovius, *Geschichte der Stadt Rom,* Band 1, S. 256.
26 Gregorovius schreibt: »Und es waren endlich wiederum die Germanen, welche tausend Jahre nach dem Falle des alten Römerreichs die Universalherrschaft auch des zweiten Rom zerstörten und die Freiheit des Glaubens und Wissens durch eine große, die Menschheit umgestaltende Revolution eroberten« (F. Gregorovius, *Geschichte der Stadt Rom,* Band 1, S. 9).
27 F. Gregorovius, *Lucrezia Borgia.* Nach Urkunden und Correspondenzen ihrer eigenen Zeit (Stuttgart, 1874). Zitierte Ausgabe: *Lucrezia Borgia* (München, 1982).
28 Alexander VI. (Rodrigo de Borja, geb. 1431), 1492–1503.
29 Michelangelo Caetani (1804–1882), Herzog von Sermoneta. Politiker. Vertreter liberaler Ideen, 1848 päpstlicher Polizeiminister. Vielseitig gebildet, Forschungen unter anderem zu Dante. Gregorovius verkehrte mit ihm gesellschaftlich.
30 Am 20. September 1870 wurde Rom eingenommen und dem neu entstandenen liberalen Einheitsstaat Italiens zugeschlagen;

der Restkirchenstaat wurde annektiert, Rom zur Hauptstadt erklärt.

31 Viktor Emanuel II., geb. 1820, König von Italien (1861–1878).

32 William Roscoe (1753–1831), englischer Historiker. Werke unter anderem: *The Life and Pontificate of Leo the Tenth* (*Leben und Pontifikat Leo des X.*); *The Life of Lorenzo de Medici, called Magnificent* (*Das Leben des Lorenzo de Medici, genannt der Prächtige*).

33 Cesare Borgia (1475–1507), Sohn Alexanders VI. Kardinal 1593.

34 Kauf oder Verkauf von geistigen Ämtern.

35 Ascanio Maria Sforza (1455–1505); 1484 Kardinal.

36 Zur Zeit Alexanders VI. reiche Kleinstadt im nördlichen Latium.

37 F. Gregororius, *Lucrezia Borgia,* S. 51.

38 Ercole I. (1431–1505); Herzog von Ferrara, Modena und Reggio nell' Emilia (seit 1471). Sein Hof war einer der Mittelpunkte der Renaissancekultur.

39 F. Gregorovius, *Lucrezia Borgia,* S. 52. Bei Gregorovius heißt es tatsächlich: »... daß der Heilige Stuhl mit Simonie und tausend Betrügereien verkauft worden sei«. Außerdem gibt Gregorovius an derselben Stelle den Gesandten der Republik Venedig als Verfasser an.

40 Giovanni Sforza (1466–1510); Enkel von Alessandro (1409–73), Stammvater der Sforza von Pesaro. Mußte sich Besitzanprüchen der Päpste widersetzen. Stand in guten Beziehungen zu Papst Alexander VI.

41 F. Gregorovius, *Lucrezia Borgia,* S. 99.

42 1444–1504. Bedeutender Staatsmann, Schriftsteller, Humanist. Collenuccio geriet seit 1489 in Konflikt mit dem neuen *Signore* von Pesaro, Giovanni Sforza, verlor seine Besitzungen und wurde gezwungen, ins Exil zu gehen. Erhielt später von G. Sforza die Erlaubnis, zurückzukehren, wurde aber in verräterischer Weise gefangengenommen und hingerichtet. Bedeutendstes historisches Werk: *Compendio delle Istorie del Regno di Napoli* (*Abriß der Geschichte des Reiches von Neapel,* 1468).

43 Pinturicchio, eigentlich Bernardino di Bettodi Biagio; italienischer Maler (1454–1513). Schüler von Perugino, mit dem er 1481–1483 in der Sixtinischen Kapelle in Rom zusammenarbeitete.

44 Perugino, eigentlich Pietro Vannucci; italienischer Maler (1448–1523). Bedeutendster Maler Umbriens und Lehrer von Raffael.

45 Michelangelo, eigentlich M. Buonarroti; italienischer Bildhauer, Maler und Architekt (1475–1564). Wichtigster Vertreter der Hochrenaissance und bedeutendster Wegbereiter des Manierismus.

46 Bramante, eigentlich Donato d'Angelo; italienischer Architekt und Maler (1444–1514). Begründete die klassische Architektur der italienischen Hochrenaissance.

47 Vergleiche 9, S. 163 ff. und Anmerkung 28.

48 Bei Gregorovius hat die Erwähnung dieser Namen einen anderen Unterton: »Es ist aufregend, sich vorzustellen, daß in diesem Rom zu einer und derselben Stunde einhergingen Menschen wie Kopernikus, Michelangelo und Bramante, Alexander VI. und Cesare Borgia« (S. 119); und kurz zuvor: »Denn diese Gesellschaft, diese Kirche, diese Städte und Staaten, diese gesamte humanistische Kultur taumeln dem Abgrunde zu, der sie unrettbar verschlingen wird.«

49 Vergleiche 4, S. 116 f.

50 Vergleiche 3, Anmerkung 5.

51 F. Gregorovius, *Lucrezia Borgia,* S. 242. Haringer zitiert den zweiten Satz auch noch wörtlich in deutscher Sprache.

52 Giuseppe Campori (1821–1887), Bibliophil aus Modena.

53 Gregorovius gibt als Fundort an: *Nuova Antologia,* 31. August 1866.

54 Vergleiche F. Gregorovius, *Lucrezia Borgia,* S. 121.

55 F. Gregorovius, *Lucrezia Borgia,* S. 181.

56 Vergleiche F. Gregorovius, *Lucrezia Borgia,* S. 277.

57 F. Gregorovius, *Lucrezia Borgia,* S. 278. Haringer zitiert diesen Satz wörtlich in deutscher Sprache.

58 Siehe 10, Anmerkung 7.

59 Vergleiche F. Gregorovius, *Lucrezia Borgia,* S. 292.

60 Leo X. (Giovanni de' Medici, geb. 1475), 1513–1521.

61 F. Gregorovius, *Lucrezia Borgia,* S. 291.

62 Der Jesuitenorden*.

63 Vergleiche *Lucrezia Borgia,* S. 19 u. 297.

64 Kurze Auszüge aus diesem Gutachten bei A. Esch, *Gregorovius,* S. 244.

65 Urban VIII. (Maffeo Barberini, geb. 1568), 1623–1644.

66 F. Gregorovius, *Urban der VIII. im Widerspruch zu Spanien und dem Kaiser: eine Episode des dreißigjährigen Krieges* (Stuttgart, 1879). Der Zensor benutzte folgende italienische Übersetzung: F.

Gregorovius, *Urbano 8. e la sua opposizione alla Spagna e all'imperatore: episodio della guerra dei trent'anni* (Rom, 1879).

67 F. Gregorovius, *Urban VIII.*, S. 8. Das Zitat gibt das deutsche Original nur in etwa wieder; dort heißt es: »Wir halten ... Heerschau über alle Helden und Mitstreiter in beiden großen Lagern des europäischen Soldatentums ... Wir überschauen endlich die Ergebnisse dieses städtevernichtenden, menschenmordenden und doch den Culturgedanken Europa's errettenden Kampfs, dessen Theater mit logischer Notwendigkeit das Vaterland Luthers und Melanchthons war.«

68 F. Gregorovius, *Urban VIII.*, S. 9.

69 Vergleiche *Urban VIII.*, S. 69.

70 Vergleiche *Urban VIII.*, S. 106. Im Original wird an dieser Stelle Urban VIII. charakterisiert: »Den reformatorischen* Gedanken ... zu begreifen, hat er so wenig vermocht als irgend ein Papst vor ihm.«

71 Vergleiche F. Gregorovius, *Urban VIII.*, S. 107.

72 Frieden von Münster und Osnabrück; Bezeichnung für die am 24. 10. 1648 nach vierjährigen Verhandlungen zur Beendigung des Dreißigjährigen Krieges geschlossenen Verträge. Die konfessionelle Regelung des Friedensabkommens erkannte den Augsburger Religionsfrieden (1555) erneut an.

73 Vergleiche F. Gregorovius, *Urban VIII.*, S. 110.

74 Vergleiche F. Gregorovius, *Urban VIII.*, S. 111. Das Zitat entspricht nicht ganz dem deutschen Original: »... Tatsache ist, daß noch während des dreißigjährigen Krieges ... in Sachsen, dem Vaterlande Luthers, Leibniz geboren wurde: ein Genie, so groß und umfassend, daß in diesem einen Namen, als wie in einer Hülle, die Universalität der Wissenschaft des deutschen Geistes umschlossen zu ruhen scheint. Und dieser entfaltete sich bald genug gerade in denselben Provinzen des Reichs, welche protestantisch geblieben waren, während er in anderen katholisch gebliebenen oder durch die Gegenreformation* dazu wieder gemachten deutschen Landen nicht zur Entwicklung kam.«

75 Vergleiche F. Gregorovius, *Urban VIII.*, S. 9.

76 Vergleiche F. Gregorovius, *Urban VIII.*, S. 54.

77 Gustav II. Adolf (1594–1632), König von Schweden (ab 1611).

78 F. Gregorovius, *Urban VIII.*, S. 1.

79 Vergleiche F. Gregorovius, *Urban VIII.*, S. 1. Im deutschen Original ist nicht von Urban VIII. speziell, sondern von den Vorgängen an sich die Rede: »Diese seltsamen Vorgänge bilden einen wesentlichen Teil der großen Crisis ...«

80 F. Gregorovius, *Urban VIII.*, S. 7.

81 F. Gregorovius, *Urban VIII.*, S. 7.

82 F. Gregorovius, *Urban VIII.*, S. 10.

83 Fulvio Testi (1593–1646), italienischer Dichter. Vom Herzog Cesare d'Este zum Exil gezwungen, nach neun Monaten begnadigt. Staatssekretär unter Herzog Alfonso III. 1642 begann er in Modena geheime Verhandlungen mit der französischen Regierung und ließ sich auf Tätigkeiten für die Franzosen ein. Als dies entdeckt wurde, folgte Testis Gefangennahme. Er starb im Gefängnis.

84 F. Gregorovius, *Urban VIII.*, S. 80.

85 F. Gregorovius, *Urban VIII.*, S. 86 f.

86 F. Gregorovius, *Urban VIII.*, S. 106.

87 Vergleiche F. Gregorovius, *Urban VIII.*, S. 106.

88 Tullio Dandolo (1801–1870). Originaltitel des Werks: *Roma e i papi. Studi storici, filosofici, letterari ed artistici (Rom und die Päpste. Studien zu Geschichte, Philosophie, Literatur und Kunst)*, 5 Bände (Milano, 1857).

89 Guglielmo Andrea Audisio (1802–1882) war selbst seit 1854 Konsultor* der Indexkongregation*. Originaltitel des Werks: *Storia religiosa e civile dei papi*, 5 Bände (Rom 1864–68).

90 Armand Jean Richelieu du Plessis (1585–1642), französischer Staatsmann und Kardinal (ab 1622).

91 Giuseppe de Novaes, italienischer Papstgeschichtler des späten 18. und frühen 19. Jahrhunderts.

92 Alexis François Artaud de Montor (1772–1849), Verfasser mehrerer Papstgeschichten.

93 Der italienische Originaltext des Gutachtens wurde veröffentlicht in A. Esch, *Gregorovius*, S. 248 ff.

94 F. Gregorovius, *Die Grabmäler der römischen Päpste* (Leipzig, 1857). Zitierte Ausgabe: *Die Grabdenkmäler der Päpste* (Dresden, 1941). Der Zensor benutzte folgende Ausgabe: *Le tombe dei papi* (Rom, 1879). Gutachten von Giuseppe Pennacchi.

95 Girolamo Pio Saccheri (1821–1894), Dominikaner*. Sekretär* der Indexkongregation* ab 1872.

96 *Les tombeaux des papes romains* (Paris, 1859).
97 Das Wort »wahrscheinlich« findet sich nicht bei Gregorovius.
98 F. Gregorovius, *Grabmäler,* S. 13,
99 Vergleiche F. Gregorovius, *Grabmäler,* S. 15.
100 F. Gregorovius, *Grabmäler,* S. 15.
101 F. Gregorovius, *Grabmäler,* S. 15.
102 Bei Gregorovius heißt es: »durch künstliche Schranken eines poetischen Geheimnisses«.
103 F. Gregorovius, *Grabmäler,* S. 16.
104 F. Gregorovius, *Grabmäler,* S. 16.
105 F. Gregorovius, *Grabmäler,* S. 16.
106 F. Gregorovius, *Grabmäler,* S. 16.
107 Die Wörter »durch ihren Spruch« finden sich nicht bei Gregorovius.
108 F. Gregorovius, *Grabmäler,* S. 16.
109 Vergleiche F. Gregorovius, *Grabmäler,* S. 35. Bei Gregorovius heißt es etwas drastischer vom 9. und 10. Jahrhundert: »[die] Periode des größten Verfalls Roms und Italiens, wo die Geschichte der Päpste uns durch den Charakter rohester Verwilderung erschreckt.«
110 Vergleiche F. Gregorovius, *Grabmäler,* S. 66–69.
111 Pius IX. (Giovanni Maria Mastai-Ferretti, geb. 1792), 1846–78. Seliggesprochen im Jahr 2000.
112 F. Gregorovius, *Grabmäler,* S. 94.
113 Die von Pius IX. 1864 veröffentlichte Sammlung moderner religiöser Irrtümer (vergleiche S. 65).
114 F. Gregorovius, *Grabmäler,* S. 153. Auch hier nimmt Pennacchi in Eigenregie eine Zensur des Textes vor; bei Gregorovius heißt es richtig: »Als ein Moses trat er vor die Welt, die von ihm ein neues Glück erwartete – und er brachte ihr vom Sinai herab als Gesetzestafeln sinnlose mönchische Dogmen und den Syllabus.«
115 F. Gregorovius, *Athenais. Geschichte einer byzantinischen Kaiserin* (Leipzig, 1882). Zitierte Ausgabe: *Athen und Athenais. Schicksale einer Stadt und einer Kaiserin im Byzantinischen Mittelalter,* hrsg. und bearbeitet von J. Pruss (Essen, 1997 [neue Edition der Ausgabe von 1927 im Verlag von Wolfgang Jess, Dresden]. Der Zensor benutzte folgende Ausgabe: *Atenaide. Storia di una imperatrice bizantina,* übersetzt von Raffaele Mariano (Rom/Turin/Florenz, 1882). Gutachten von Giuseppe Pennacchi.

116 Theodosius II. (401–450), ab 408 byzantinischer Kaiser. Theodosius stand angeblich unter dem Einfluß seiner gelehrten Ehefrau Athenais.

117 F. Gregorovius, *Athen und Athenais,* S. 727.

118 F. Gregorovius, *Athen und Athenais,* S. 728.

119 Cyrill von Alexandria (hl.; gest. 444), Kirchenlehrer;* seit 412 Bischof von Alexandria.

120 F. Gregorovius, *Athen und Athenais,* S. 775.

121 F. Gregorovius, *Athen und Athenais,* S. 776.

122 F. Gregorovius, *Athen und Athenais,* S. 779

123 Siehe 7, Anmerkung 33.

124 Ammianus Marcellinus (330–395), römischer Geschichtsschreiber.

125 F. Gregorovius, *Athen und Athenais,* S. 791.

126 F. Gregorovius, *Athen und Athenais,* S. 794.

127 Eutyches (gest. nach 454), der »Häresiarch«, monophysitischer Mönch von Ephesos. Seit dem Konzil* von Ephesos 431 n. Chr. Parteigänger des Cyrillus von Alexandria, verfügte der Vorsteher des Hiobsklosters in Konstantinopel durch sein Patenkind Chrysaphios über beträchtlichen Einfluß bei Hofe. Seine auf einzelne kyrillische Formulierungen fixierte Christologie war Ausgangspunkt des Monophysitismus. Wird 448 von Eusebios von Dorylaion angezeigt und als Häretiker abgesetzt. Durch eine von Theodosius II. in Ephesos einberufene Synode* (449, »Räubersynode«) rehabilitiert, wird Eutyches in Chalkedon 451 erneut abgesetzt und exiliert.

128 F. Gregorovius, *Athen und Athenais,* S. 821.

129 Gregorovius' Apulienbeschreibung gehört zu einigen zunächst voneinander unabhängigen Aufsätzen, die später zu dem Buch *Wanderjahre in Italien* zusammengefaßt wurden (Leipzig, 1877). Zitierte Ausgabe: München, ^{5}1997. Der Zensor benutzte folgende italienische Übersetzung: *Nelle Puglie.* Volume unico. Versione dal tedesco di Raffaele Mariano, con noterelle di viaggio del traduttore (Florenz, 1882). Dieselbe Übersetzung erschien 1975 in Bologna bei La Terrazza editrice. Gutachten von Giuseppe Pennacchi.

130 F. Gregorovius, *Wanderjahre,* S. 602.

131 Hervorhebungen übernommen aus der gedruckten Zensur.

132 F. Gregorovius, *Wanderjahre*, S. 615.
133 F. Gregorovius, *Wanderjahre*, S. 618. Der Zensor zitiert nicht ganz wörtlich.
134 F. Gregorovius, *Wanderjahre*, S. 655. Der erste Teil des Zitats verkürzt die Originalstelle erheblich.
135 F. Gregorovius, *Wanderjahre*, S. 655.
136 F. Gregorovius, *Wanderjahre*, S. 597.
137 F. Gregorovius, *Wanderjahre*, S. 665.
138 F. Gregorovius, *Wanderjahre*, S. 697.
139 F. Gregorovius, *Wanderjahre*, S. 601.
140 Zitat nicht nachweisbar.
141 F. Gregorovius, *Wanderjahre*, S. 617.
142 Die Wörter »der Chaldäer« finden sich nicht bei Gregorovius.
143 F. Gregorovius, *Wanderjahre*, S. 636.
144 F. Gregorovius, *Wanderjahre*, S. 637.
145 F. Gregorovius, *Wanderjahre*, S. 637.
146 F. Gregorovius, *Wanderjahre*, S. 649.
147 F. Gregorovius, *Wanderjahre*, S. 653.
148 F. Gregorovius, *Wanderjahre*, S. 653.
149 F. Gregorovius, *Wanderjahre*, S. 654. Die Stelle heißt im deutschen Original: »Der ganze Kultus trägt denselben Charakter puppenhafter Kindlichkeit.«
150 F. Gregorovius, *Wanderjahre*.
151 F. Gregorovius, *Wanderjahre*, S. 668f.
152 F. Gregorovius, *Wanderjahre*, S. 607. Gemeint ist Augusto Vera (1813–1885), Professor für Philosophiegeschichte in Mailand und Neapel.
153 F. Gregorovius, *Wanderjahre*, S. 617.
154 F. Gregorovius, *Wanderjahre*, S. 654.
155 F. Gregorovius, *Wanderjahre*, S. 705.
156 Raffaele Mariano, einziger Schüler des Hegelianers Vera, begleitete Gregorovius auf seiner Reise nach Apulien und übersetzte den daraus hervorgehenden fünften Band der *Wanderjahre* ins Italienische.
157 Seitenangaben der Ausgabe von 1882, siehe Anmerkung 129.
158 Lat.: »Menschen vom selben Schlag«.
159 F. Gregorovius, *Wanderjahre*, S. 649.

Glossar

ABLASSKONGREGATION: Diese Behörde der Römischen Kurie*, die mit vollem Namen »Kongregation für die Ablässe und die Heiligen Reliquien« hieß, wurde 1669 von Klemens IX. (1667–1669) mit dem Ziel errichtet, das damals ausufernde Ablaßwesen zu kontrollieren, das heißt, unmäßige Ablässe zu beschränken und solche ohne Legitimation zu verbieten. 1904 wurde die Behörde mit der Riten-Kongregation (1969 unter Paul VI. [1963–1978] in die Kongregation für Gottesdienst und Sakramentenordnung integriert) vereinigt und 1908 endgültig abgeschafft; seit 1917 befaßt sich die Apostolische Pönitentiarie (eine kuriale Verwaltungsbehörde, die außerdem für Gnadenerweise zuständig ist) mit dem Ablaßwesen.

AMBROSIANER: Angehörige der Kongregation der Brüder des hl. Ambrosius (etwa 333–397), einer im späten 14. Jahrhundert entstandenen Eremitenbruderschaft, die 1375 von Gregor XI. (1370–1378) anerkannt und 1646 von Innozenz X. (1644–1655) aufgelöst wurde.

APOSTOLISCHER PROTONOTAR: Ein Prälat* der Römischen Kurie*, der mit der Ausfertigung und Beurkundung wichtiger Dokumente wie zum Beispiel Bullen* betraut ist.

ARIANISMUS: Die Lehre des altkirchlichen Theologen Arius von Alexandria (etwa 260–336), nach der Christus, obschon ein von Gott erschaffenes göttliches Wesen, keinen Anteil an dessen Substanz hat und nicht zur Dreifaltigkeit gehört. Auf dem

Konzil* von Nizäa (325) wurde der Arianismus als Häresie* verurteilt; seit dem Mittelalter galt er als Synonym für gravierende Ketzerei.

ASSESSOR: Zumeist ein Prälat* oder Säkularkleriker*, der bei Sitzungen der Römischen Inquisition* die anstehenden Themen vorlegt, die Beschlüsse der Kardinäle notiert und sie dann dem Notar übergibt. Der Assessor ist außerdem der Referent der Kardinäle für Prozeßangelegenheiten in Rom und auch außerhalb.

ATHEISMUS: Verleugnung der Existenz Gottes oder der Möglichkeit, ihn zu erkennen. In der römischen Zensur gleichgesetzt mit jeder Form von Skepsis und Gottlosigkeit.

AUGUSTINER: Angehörige des Ordens der Eremitenbrüder des hl. Augustinus (354–430), der 1256 von Papst Alexander IV. (1254–1261) gegründet wurde, indem er mehrere italienische Gruppen von Eremiten* vereinigte, die sich dem Leben nach der Augustinus-Regel* verschrieben hatten. Der Orden der Augustiner-Eremiten gehört zu den vier großen Bettelorden (neben den Franziskanern*, Dominikanern* und Karmeliten*); seine Mitglieder haben das Gelübde von Gehorsam, Keuschheit und Armut abzulegen.

AUGUSTINUS-REGEL: Der hl. Augustinus verfaßte 388–395 diese älteste Mönchsregel des Abendlandes, deren zwölf Kapitel das Leben im Kloster – das heißt in einer in der Liebe zu Gott und Christus verbundenen Vereinigung von Glaubensbrüdern – definieren. Im Mittelpunkt steht dabei das Gehorsams-, Keuschheits- und Armutsgelübde, hinzu kommen Kontemplation und Studium der Schriften, Gebet und apostolische Tätigkeit.

BARNABITEN: Angehörige des Ordens der Regularkleriker* des hl. Paulus, deshalb auch »Paulaner« genannt. Der Name des 1530 vom hl. Antonius Maria Zaccaria (gestorben 1539) gegründeten und insbesondere für die katholische Reform in der Lombardei streitenden Ordens geht auf das Mutterhaus St. Barnabas in Mailand zurück.

BENEDIKTINER: Angehörige des Ordens des hl. Benedikt, der – benannt nach seinem Gründer Benedikt von Nursia (etwa 480–547) – zunächst aus Einzelklöstern bestand, die sich später wiederum zu sogenannten Kongregationen formierten. Die Ordensmitglieder lebten nach der Benediktus-Regel, die – verfaßt um 529 vom Ordensgründer – in 73 Kapiteln das Klosterleben definiert; sie geloben Beständigkeit, ein mönchisches Leben und Gehorsam.

BENEFIZ: Im weltlichen Recht des Mittelalters verstand man hierunter eine Form der Landleihe, aus der ab dem 10. Jahrhundert das Lehnswesen hervorging. Nach katholischem Kirchenrecht bezeichnete man mit »Benefizium« eine Pfründe, das heißt eine Einrichtung, zu der sowohl die Ausübung eines Kirchenamtes als auch das Nutzungsrecht für die dem Institut inbegriffene Vermögensmasse gehörte.

BREVE: Ein päpstliches Schreiben, gebräuchlich seit Bonifaz IX. (1389–1404). Ein Breve ist weniger feierlich als eine Bulle*.

BULLE: Ein vom Papst erlassenes feierliches Edikt. Sein Name leitet sich von dem auf das Dokument gesetzten Siegel (lateinisch: *bulla*) her.

DEISMUS: So nennt man eine Lehre, die davon ausgeht, daß zwar ein Gott die Welt geschaffen, danach aber nicht mehr in ihren Lauf eingegriffen hat. Vertreter einer solchen Lehre werden als Deisten bezeichnet. In der Aufklärung stellte der deistische Ansatz den Versuch dar, Religion und autonome menschliche Vernunft zu vereinbaren (»Vernunftreligion«). In der römischen Zensur wurde der Begriff – ähnlich wie der des Atheismus* – gleichbedeutend für jegliche Art von Skepsis und Gottlosigkeit verwendet.

DEKRET, DEKRETE: Unter einem Dekret versteht man in der kirchlichen Rechtssprache einen Erlaß des Papstes oder einer Kongregation*. Diese Dekrete wurden traditionell an den Torflügeln des Petersdoms angeschlagen. Des weiteren findet sich im Archiv der Glaubenskongregation* eine Serie von Dokumenten, die *Dekrete* heißt. Dabei handelt es sich um eine umfangreiche Sammlung von Schriftstücken, in denen Notare die Sitzungen des Heiligen Offiziums* protokolliert und dessen Akten gesammelt haben.

DIARII: Die *Diarii* sind in gewissem Sinne das Gegenstück der Indexkongregation* zu den *Dekreten** des Heiligen Offiziums*: Notare und Sekretäre* haben in dieser Dokumentenreihe ein Protokoll der Sitzungen der Behörde angelegt; dieser Aktenbestand erstreckt sich über den gesamten Zeitraum ihrer Existenz, ist jedoch oft unvollständig.

DISPENS: So bezeichnet man die in Einzelfällen vorgenommene Aufhebung der Verpflichtungskraft eines rein kirchlichen Gesetzes. Zu einer solchen Aufhebung bedarf es eines Verwaltungsaktes, um die Ausnahme vom geltenden Recht zu bestätigen. Einen Dispens kann nur erteilen, wer über die sogenannte Dispens-Vollmacht verfügt.

DOMINIKANER: Angehörige des vom hl. Dominikus (etwa 1170–1221) gegründeten sogenannten Predigerordens, der von Honorius III. (1216–1227) im Jahr 1216 bestätigt wurde. Der Dominikanerorden (diese Bezeichnung wurde ab dem 15. Jahrhundert üblich) gehört zu den Bettelorden; seine Mitglieder sind keine Mönche, sondern Priester. Als Ordensregel gilt die Augustinus-Regel* mit Ergänzungen. In der Römischen Inquisition* übernahmen die Dominikaner eine führende Rolle.

DOMINIUM TEMPORALE: Dieser Begriff bezeichnet sowohl die päpstliche Gewalt in weltlichen Angelegenheiten (lateinisch: *in temporalibus*) als auch das Gebiet des Kirchenstaats, das 1870 dem italienischen Nationalstaat einverleibt wurde.

EMPIRISMUS: Eine erkenntnistheoretische Richtung, die besagt, daß alles, was man über die Wirklichkeit wissen kann, aus der Sinneserfahrung stammt.

EPIKUREISMUS: Im engeren Sinn die Lehre des Epikur von Samos (341–270 v. Chr.), nach der das Ziel des menschlichen Lebens im Glück liegt. Zu erreichen ist dies durch ein Leben, das von Freude beziehungsweise Lust bestimmt ist. Die Welt besteht laut Epikur aus Atomen, die sich zu Gebilden zusammensetzen, zu denen auch die Götter gehören. Diese wiederum leben in sogenannten Intermundien (Zwischenwelten) und greifen in den Lauf der Welt nicht ein, so daß sich Gottesglaube und Gottesfurcht erübrigen. Der Begriff des Epikureismus im weiteren Sinn wurde später sprichwörtlich für einen hedonistischen Lebenswandel.

EREMITANER: Schon immer waren im christlichen Mönchtum Eremiten bekannt, das heißt Menschen, die aus religiösen Gründen die Einsamkeit suchten. Im Mittelalter formierten sich im Zuge des allgemeinen monasterischen Aufbruchs auch zahlreiche Eremitenorden, darunter die Augustiner*-Eremiten, die Kamaldulenser* oder die Vallombrosaner (eine sich unweit von Florenz ansiedelnde Mönchsgemeinschaft, die nach der Benediktus-Regel (siehe unter Benediktiner) lebte).

ERSTES VATIKANISCHES KONZIL: Dieses zwanzigste allgemeine Kirchenkonzil (1869–1870) – einberufen von Papst Pius IX. (1846–1878) – beschäftigte sich hauptsächlich mit Fragen des Primats und der Unfehlbarkeit des Papstes, die von der auf dem Konzil erlassenen Glaubenskonstitution *Pastor Aeternus* (»Ewiger Hirte«) bekräftigt wird. Eine weitere Konstitution mit dem Titel *Dei Filius* (»Gottes Sohn«) geht auf das Verhältnis von Glauben und Vernunft ein.

EXPURGATION: Die »Bereinigung« – so die wörtliche Übersetzung – eines Buches von seinen Fehlern, das heißt den Verstößen gegen die katholische Lehre und Moral. Das hauptsächlich angewandte Mittel der Expurgation war neben Umschreiben und Tilgung des Autorennamens die Entfernung aller anstößigen Stellen.

FRANZISKANER: Angehörige des Ordens der Minderen Brüder, den der hl. Franziskus von Assisi (1181/82–1226) 1209 gründete. Auch die Franziskaner zählen zu den Bettelorden; von den Mitgliedern wird strenge Armut verlangt. Im Lauf der Zeit spaltete sich der Orden mehrfach; so entstand die Gruppe der sogenannten Observanten, die eine strengere Beachtung der Grundregeln ihres Ordens verlangte, während die sogenannten Konventualen den Status quo für ausreichend hielten. Auch die Kapuziner* gehörten von 1525 bis 1619 zu den Franziskaner-Observanten, unter denen sie einen selbständigen Zweig repräsentierten.

FROMME ARBEITER: Angehörige der gleichnamigen, von Carlo Carafa (1561–1633) 1601 in Neapel gegründeten und 1621 durch Gregor XV. (1621–1623) bestätigten Weltpriestervereinigung, die missionarisch und seelsorgerisch tätig war.

GALLIKANISMUS: Kirchenrechtlich betrachtet eine von nationalkirchlichen wie konziliaristischen* Elementen geprägte Lehre, die sich in Frankreich ab dem Spätmittelalter etablierte (»gallikanische Kirche«). Auf staatsrechtlicher Ebene kommen dem Staat nach gallikanischer Lehre umfassende Rechte in kirchlichen Dingen zu, während die Kirche in weltlichen Angelegenheiten über keine Gewalt verfügt.

GEGENPAPST: Ein Pontifex, der als Usurpator oder Rivale gegen den rechtmäßig gewählten Papst antritt; in der Kirchengeschichte bezeichnet man so jene Päpste, die während des Großen Schismas* im 14. und 15. Jahrhundert in Avignon residierten.

GEGENREFORMATION: Im 18. Jahrhundert aufgekommene Bezeichnung für die Reformbewegung innerhalb der römisch-katholischen Kirche seit dem Konzil von Trient* (1545–1563) bis etwa zum Ende des Dreißigjährigen Krieges (1618–1648), deren Ziel es neben dem der innerkirchlichen Erneuerungen war, sowohl ein weiteres Vordringen des Protestantismus zu verhindern als auch solche Gebiete, die protestantisch geworden waren, zu rekatholisieren.

GENERALINQUISITOR: Die Kardinal-Inquisitoren im Heiligen Offizium* wurden auch als »Generalinquisitoren« bezeichnet (siehe auch Großinquisitor*, Inquisitor*).

GENERALKOMMISSAR: siehe *Kommissar*

GENERALKONGREGATION: Sitzung einer Kongregation* in Anwesenheit aller Mitglieder (das heißt Kardinäle). Der Gegensatz zur Generalkongregation ist die Partikularsitzung*.

GENERALKONZIL: Die auch als Ökumenisches Konzil bezeichnete, vom Papst einzuberufende Versammlung sämtlicher Bischöfe der katholischen Kirche als Repräsentation der Universalkirche.

GENERALPRIOR: Bezeichnung für den Generaloberen unter anderem des Servitenordens*.

GENERALPROKURATOR: siehe *Prokurator*

GENERALSITZUNG: siehe Generalkongregation

GENERALVIKAR: Der Vertreter des Diözesanbischofs im allgemeinen Verwaltungsbereich. Innerhalb einzelner Orden Bezeichnung für den Vertreter des Ordensoberen.

GLAUBENSKONGREGATION (Kongregation für die Glaubenslehre): So wurde das Heilige Offizium* 1965/66 von Paul VI. bei seiner Umgestaltung der Behörde benannt.

GNOSIS: In der Frühgeschichte der Römischen Inquisition* verwendete man den Begriff der Gnosis undifferenziert für jede Form des Abweichlertums. Tatsächlich handelt es sich dabei um eine philosophisch-theologische Denkrichtung frühchristlicher Zeit, nach der nur einer kleinen Elite unter den Menschen bestimmte göttliche Geheimnisse erkennbar werden, die wiederum dem Menschen selbst innewohnen und somit kein Teil einer Offenbarung sind. Nur wer über die sogenannte *pneuma* (»Geist«) verfügt, kann hierbei die vollkommene *gnosis* (»Erkenntnis«) erreichen. Für den Gnostiker teilt sich die Welt in eine positiv bewertete jenseitige Welt des Lichts und eine der Materie, die dem Göttlichen feindlich gegenübersteht und von der erstere erlöst werden muß.

GROSSINQUISITOR: Der ranghöchste Inquisitor im Heiligen Offizium*.

HÄRESIE: In systematischer Hinsicht die Abweichung von einer verbindlichen Glaubenswahrheit. Kirchenrechtlich gesehen, versteht man unter Häresie sowohl das hartnäckige Leugnen oder beharrliche Anzweifeln einer verbindlich zu glaubenden Wahrheit als auch das Vertreten einer bereits verurteilten Lehre.

HEILIGER STUHL (auch: Apostolischer Stuhl): Im allgemeinen umfaßt dieser Begriff die Gesamtheit des Amtes, der Person und der zuarbeitenden Organe des Papstes, während er im engeren Sinn den Sitz des Bischofs von Rom bezeichnet.

HEILIGES OFFIZIUM: Synonym für die Römische Inquisition*.

HUMANISMUS: Dieser Begriff bezeichnet als Epoche der europäischen Geistesgeschichte jene von Italien ausgehende kulturelle Bewegung des 14. bis 16. Jahrhunderts, für die das Ziel eines diesseitigen Lebens, dessen Menschlichkeit auf Bildung beruhte, charakteristisch war. Die Humanisten entdeckten für sich die klassische griechische und lateinische Sprache, Literatur und Wissenschaft wieder und pflegten diese; wesentlich für ihre Kultur ist ein ausgesprochener Klassizismus, der auf der Nacheiferung antiker Gelehrsamkeit beruht. Die Epoche des Humanismus brachte in Kunst und Wissenschaft einen reichen Schatz an klassizistischen Werken hervor. Einige wichtige Vertreter dieser Epoche innerhalb (2–4) und außerhalb Italiens (1, 8) sind Gegenstand einiger Gutachten in *Weltliteratur auf dem Index*.

IDEALISMUS: Eine philosophische Grundhaltung, die das Denken über die Welt der Materie und die sinnliche Erfahrung stellt. Maßgeblich beeinflußt wurde die Entwicklung des auf Platon (428–348 v. Chr.) zurückgehenden Idealismus durch Descartes (1596–1650, »*cogito ergo sum*« – »Ich denke, also bin ich«).

IMPRIMATUR (lateinisch für: »Es möge gedruckt werden«): Feststehender Begriff für eine von der kirchlichen Instanz erteilte Druckerlaubnis.

INDEX DER VERBOTENEN BÜCHER (*Index Librorum Prohibitorum*): Zwischen 1559 und 1966 erschien diese Liste von Büchern, deren Lektüre von der römisch-katholischen Kirche mit der Begründung verboten wurde, sie könnten dem Glauben schaden oder die Moral der Gläubigen untergraben.

INDEXKONGREGATION: Nachdem in den Jahrzehnten zuvor verschiedene Instanzen der römisch-katholischen Kirche mit der Bücherzensur befaßt waren (diverse Kommissionen, unter anderem das Heilige Offizium*), wurde 1571 unter Pius V. (1566–1572) diese Kongregation* errichtet und mit der Erstellung eines neuen Index der verbotenen Bücher* beauftragt. Abgeschafft wurde sie von Benedikt XV. (1914–1922) im Jahr 1917.

INQUISITION: Seit dem Hochmittelalter die Bezeichnung für ein Verfahren, Abweichungen von der katholischen Lehre festzustellen (lateinisch: *inquirere* für »nachforschen«). Als Einrichtung zur Verteidigung der Kirche gegen die Bedrohung von Ketzern* trat die Inquisition erstmals im 12. Jahrhundert als bischöfliches Institut hervor; 1231/32 erhob Gregor IX. (1227–1241) sie zur päpstlichen Behörde. In der frühen Neuzeit waren lokale Inquisitionen in fast ganz Europa verbreitet; eine zentrale Lenkung gab es jedoch zunächst nicht. Erst 1542 wurde im Zuge der Gegenreformation* die sogenannte Heilige Römische und Universelle Inquisition von Paul III. (1534–1549) als oberste Instanz beziehungsweise »Oberstes Tribunal« für alle kirchlichen Gerichte gegründet.

INQUISITOR: Ein Mitglied der Inquisition*, dem es obliegt, der Ketzerei verdächtige Menschen aufzuspüren und gerichtlich zu verfolgen.

INTERDIKT: Als eine der drei kirchlichen Beugestrafen (neben Exkommunikation und Suspension) wird das Interdikt heute nur noch in der Form des persönlichen Interdiktes angewendet und verbietet in diesem Fall sowohl jeglichen Dienst bei der Eucharistiefeier und anderen Gottesdiensten als auch den Empfang der Sakramente. Lange Zeit war es aber auch üblich, ein Interdikt über Personengemeinschaften, ein bestimmtes Gebiet oder einen bestimmten Ort zu verhängen, was die Einstellung aller gottesdienstlichen Handlungen in diesem Bereich zur Folge hatte. Als Machtmittel vor allem im Spätmittelalter exzessiv angewendet, verlor das Interdikt später an Wirksamkeit.

JANSENISMUS: Eine Lehre und Reformbewegung, die im 17. und 18. Jahrhundert vor allem in Frankreich Theologie und Spiritualität stark beeinflußte; von der römisch-katholischen Kirche wurde sie als Ketzerei* verdammt. Der Begründer des Jansenismus und Bischof von Ypern Cornelius Jansen (1585–1638) vertrat – ausgehend von den Schriften des Heiligen Augustinus – die Lehrmeinung, es gebe keine Willensfreiheit, und an der Erlösung durch Christi Tod habe nur ein Teil der Menschheit Anteil, während der andere durch den Willen Gottes unentrinnbar der Hölle anheimfallen müßte.

JESUITEN: Angehörige der »Gesellschaft Jesu« (lateinisch: *societas Iesu*), die der Spanier Ignatius von Loyola (1491–1556, heiliggesprochen 1622) 1534 in Paris gründete. Ihr Ordensstatus wurde 1583 und 1584 von Papst Gregor XIII. (1572–1585) anerkannt. Die Jesuiten sind kein Mönchs-, sondern ein Regularkleriker-Orden; ihr Gelübde umfaßt vier Aspekte: Gehorsam sowohl gegenüber dem Papst als auch gegenüber dem Orden, Armut und Keuschheit. Zur Zielsetzung des Ordens gehören unter anderem Predigt, Seelsorge und Lehre.

KALVINISMUS: Ein zusammenfassender Begriff für die Vielzahl reformierter Kirchen, die auf die Auslegung der christlichen Lehre durch den französischen protestantischen Reformator Jean Calvin (1509–1564) zurückgehen, so zum Beispiel die reformierte und die presbyterianische Kirche.

KAMALDULENSER: Angehörige des von Romualdo Honesti (gestorben 1027) um 1000/12 als Reformzweig der Benediktiner* gegründeten Ordens der Eremiten* von Camaldoli, der 1072 von Papst Alexander II. (1061–1073) bestätigt wurde.

KANONIKER: Geistliche, die ihr Leben nach den sogenannten Kanones (das heißt den kirchlichen Gesetzen) ausrichten und als Angehörige eines Doms, einer Kathedrale oder Basilika gemeinsam die Liturgie feiern.

KAPUZINER: Angehörige des Ordens der kapuzentragenden Minderen Brüder, der 1517 entstand und seit 1525 einen selbständigen Zweig innerhalb der Franziskaner-Observanten* repräsentierte. 1619 wurden die Kapuziner von Papst Paul V. (1605–1621) zu einem eigenständigen Orden erhoben. Seine Mitglieder leben in strengster Armut und zeichnen sich durch regelmäßiges Eremitenleben aus; Wissenschaft und Lehre werden nicht praktiziert.

KARDINAL IN PECTORE (oder italienisch: *in petto*): Bei der Ernennung der Kardinäle gibt es die Möglichkeit einer geheimen Ernennung (*in pectore*, deutsch: »im Herzen«), bei der die Pflichten und Rechte des Amtes erst nach der Veröffentlichung der Berufung in Kraft treten.

KARDINALSEKRETÄR: Der geschäftsführende Kardinal des Heiligen Offiziums*; diese Behörde hatte – anders als zum Beispiel die Indexkongregation* – keinen Kardinalpräfekten; »Präfekt« des Heiligen Offiziums* war der Papst selbst.

KARDINALVIKAR: Der Generalvikar* des Papstes für die Diözese Rom (auch »städtischer Vikar« genannt).

KARMELITEN: Angehörige des Ordens der Brüder der Seligen Jungfrau Maria vom Berge Karmel, auf dem im 9. Jahrhundert vor Christus der Prophet Elija mit seinen Schülern lebte und wo um 1185 aus einer Gruppe von Eremiten um den Ordensgründer Bertold von Kalabrien (gestorben um 1195) die Karmeliten entstanden. Der Orden breitete sich schnell in Europa aus; 1562 entstanden die sogenannten Unbeschuhten Karmeliten, die sich vom alten Orden 1593 lösten.

KASSINENSER: Angehörige der Kassinensischen Kongregation, die 1412 von Ludovico Barbo (gestorben 1443) in der Absicht gegründet wurde, den Benediktinerorden* zu reformieren.

KETZER: Jemand, der sich der Häresie* schuldig gemacht hat.

KETZEREI: siehe *Häresie*

KIRCHENLEHRER: Unter Papst Benedikt XIV. (1740–1758) wurde der Kreis dieser von der Kirche offiziell ernannten Personen, die sich durch ein heiliges Leben, einen orthodoxen Glauben und eine hervorragende Lehre auszeichneten, bestimmt.

KLASSE: Der Begriff »Klasse« erscheint im vorliegenden Buch in zweierlei Verwendung: zum einen als Bezeichnung für die verschiedenen Abteilungen des Index der verbotenen Bücher*; je nach Einteilung in erste oder zweite Klasse waren die Bücher eines Autors entweder generell verboten oder konnten – nach erfolgter Expurgation* – wieder gelesen werden. Zum anderen bezeichnet der Terminus technicus »Klasse« aber auch Gruppen von Konsultoren* innerhalb der Indexkongregation*, die – normalerweise unter dem Vorsitz eines Kardinals – für die Zensur beziehungsweise Expurgation* bestimmter Bücher oder Autoren eingeteilt wurden.

KOMMISSAR: Beamter, der zur Durchführung von Ketzerprozessen befugt ist, dabei jedoch nicht als Richter agieren darf. Zu seinem Aufgabenbereich gehören Zeugenverhör, Auswahl der zur Zensur vorgelegten Sätze, Gefängnisaufsicht, Ausbildung der Inquisitionsvertreter in den Kirchenprovinzen sowie Verwaltung des Eigentums und des Stiftungsvermögens der Römischen Inquisition*.

KONGREGATION: Dauerhaft eingerichtete Behörde innerhalb der Römischen Kurie* mit eigenen Beamten. Die erste derartige Kongregation war das 1542 gegründete Heilige Offizium*.

KONGREGATION (DER REGULARKLERIKER*) DER MUTTERGOTTES: Vom seligen Giovanni Leonardi (gestorben 1609) 1574 in Lucca gegründete Gemeinschaft von Priestern; nach Überarbeitung ihrer Konstitution durch Cäsar Baronius (1538–1607) 1604 von Klemens VIII. (1592–1605) endgültig anerkannt und 1621 von Gregor XV. (1621–1623) zum Orden erhoben.

KONGREGATIONSSITZUNG: Die Mitglieder der verschiedenen Kongregationen* trafen sich in mehr oder weniger regelmäßigen Abständen, um über die anstehenden Geschäfte zu beraten und zu entscheiden. Je nach Behörde nahm oft der Meister des Heiligen Palastes* an den Sitzungen teil, oder auch der Papst selbst war anwesend (siehe auch Generalkongregation* und Partikularsitzung*).

KONKLAVE: Bezeichnung sowohl für die Kardinalsversammlung zur Wahl eines neuen Papstes als auch für den streng abgeschlossenen Versammlungsort.

KONKORDAT: Eigentlich ein bilateraler völkerrechtlicher Vertrag zwischen dem Heiligen Stuhl* und einer weltlichen Regierung über beiderseitige Angelegenheiten. In der Praxis wird die Bezeichnung jedoch nur für Verträge verwendet, in denen umfassende Regelungen getroffen werden.

KONSISTORIUM: Kardinalsversammlung unter Vorsitz des Papstes.

KONSULTOR: Offiziell ernannter Berater, der innerhalb von Kongregationen* und Kommissionen Gutachtertätigkeiten übernimmt.

KONVENTUALEN: siehe *Franziskaner*

KONZIL: Konzilien sind bereits seit dem 2. Jahrhundert bekannt, doch sie unterschieden sich je nach Ort, Zeit und Kulturraum erheblich. Allen gemeinsam ist die Absicht, auf einer Versammlung hoher kirchlicher Amtsträger wichtige theologische Fragen zu diskutieren und zu entscheiden.

KONZIL VON BASEL: Das siebzehnte allgemeine Kirchenkonzil, einberufen 1431 von Papst Martin V. (1417–1431), also zu einer Zeit, als das Papsttum durch das Große Schisma (siehe Schisma*) erheblich geschwächt war. Das Konzil hatte zwei große Fragenkomplexe zu behandeln: das Problem der päpstlichen Obergewalt und die Ketzerlehre der Anhänger des Reformators Johannes Hus (1370–1415). Zu Ende ging das Konzil 1449.

KONZIL VON KONSTANZ: Das sechzehnte allgemeine Kirchenkonzil, einberufen von Johannes XXIII. (1410–1415), das von 1414 bis 1417 zusammentrat und in erster Linie die Aufgabe hatte, das Christentum nach dem Großen Schisma (siehe Schisma*) wieder zur Einigung zu führen. Des weiteren behandelte man die Lehren von John Wyclif (etwa 1330–1384) und Johannes Hus (1370–1415) sowie die Kirchenreform.

KONZIL VON TRIENT (auch Tridentiner Konzil oder Tridentinum): Das neunzehnte allgemeine Konzil (1545–1563), das den Beginn der sogenannten Gegenreformation* markiert. Zu den zahlreichen Programmpunkten, die auf eine umfassende Reform der römisch-katholischen Kirche und die Förderung ihrer Autorität abzielten, gehörte neben der Rechtfertigungslehre, der Lehre von Schrift und Tradition, der Heiligenverehrung, den Sakramenten und anderem auch die Zensur von Büchern und Thesen. Kurz nach Beendigung des Konzils erschien unter Pius IV. (1559–1565) der sogenannte Tridentinische Index der verbotenen Bücher*.

KONZILIARISMUS: Die Lehre vom allgemeinen Konzil* als höchster Gewalt innerhalb der Kirche, der auch der Papst unterliegt und die diesen gegebenenfalls auch absetzen kann.

KURIE siehe *Römische Kurie*

LEGAT: Im Gesandtschaftswesen der römisch-katholischen Kirche gibt es verschiedene Legatenämter; bei den Legaten in *Weltliteratur auf dem Index* handelt es sich um die höchste Stufe, die sogenannten *Legati a latere* (»Gesandte von der Seite [des Bischofs von Rom]«), das heißt zumeist Kardinäle, die als persönliche Vertreter des römischen Pontifex über umfassende Vollmachten verfügen.

LESEERLAUBNIS (lateinisch: *licentia legendi*): Die in Ausnahmefällen erteilte Erlaubnis, Bücher zu lesen, deren Lektüre aufgrund eines kirchlichen Verbots nicht gestattet ist.

LUTHERANER: Anhänger des »Luthertums«. Dieser Begriff wurde im 16. Jahrhundert von der römisch-katholischen Kirche als Synonym für den Protestantismus verwendet. Heute bezeichnet er hauptsächlich die spezifischen Lehrmeinungen des deutschen Reformators Martin Luther (1483–1546) und der Kirchen, die sich auf das sogenannte Augsburger Bekenntnis (lateinisch: *Confessio Augustana*, von Philipp Melanchthon 1530 verfaßte Bekenntnisschrift der reformatorischen Kirche) berufen.

MACEDONIANISMUS: Eine dem Macedonius (gestorben vor 364, bis 360 Bischof von Konstantinopel) zugeschriebene Lehre, die die volle Göttlichkeit des Geistes leugnet. Der Macedonianismus wurde 381 auf dem Konzil* von Konstantinopel als Ketzerei* verurteilt.

MATERIALISMUS: Eine philosophische Richtung, die davon ausgeht, daß nichts existiert, das nicht Ding oder Prozeß mit rein physischen Eigenschaften ist. Ausgangspunkt für die Erklärung der Wirklichkeit ist danach allein die Physik.

MEISTER DES HEILIGEN (APOSTOLISCHEN) PALASTES: Seit dem Mittelalter war der Inhaber dieses Amtes ein enger Berater des Papstes in theologischen Fragen; er versah darüber hinaus Lehrtätigkeiten, übernahm diplomatische Aufgaben und beaufsichtigte die Predigten in der päpstlichen Kapelle. Von der Gegenreformation* an war er auch in verantwortlicher Weise mit der Zensur von Büchern und Thesen in der Heiligen Stadt befaßt. Den Titel des Meisters des Heiligen Palastes gibt es heute zwar nicht mehr, doch existiert das Amt noch; bekleidet wird es seit dem 13. Jahrhundert meistens von Angehörigen des Dominikanerordens*.

MONSIGNORE: Ein Titel, den man am päpstlichen Hof Prälaten und anderen Würdenträgern verlieh.

NEOPHYT: Ein Neugetaufter, der sich noch im Glauben bewähren muß, bevor er etwa die Priesterweihe erhalten kann. In den hier veröffentlichten Dokumenten steht er oft synonym für zum Katholizismus konvertierte Juden.

NESTORIANISMUS: Nestor (etwa 381–451), 428 bis 431 Patriarch von Konstantinopel, geriet im Zuge einer Diskussion über die Muttergottesschaft Marias in Verdacht, eine sogenannte adoptianistische Lehre zu vertreten, nach der sich in Christus zwei Söhne vereinigen, der göttliche Logos und der Mensch Jesus. Obwohl er selbst diesen Vorwurf bestritt und darauf verwies, daß nach seiner Auffassung Christus sowohl vollkommener Gott als auch vollkommener Mensch sei, als der er die Berufung Adams zur Vollendung bringe und somit das Gute im Menschen rehabilitiere, wurde er zunächst 430 auf einer römischen Synode und dann noch einmal 431 auf dem Konzil von Ephesos verurteilt.

NUNTIUS: Ein Geistlicher, der als ständiger persönlicher Abgesandter des Papstes Länder besucht, die in diplomatischen Beziehungen zum Heiligen Stuhl* stehen. Seine Aufgabe ist es, den Papst laufend über den Zustand der dortigen Kirchen zu unterrichten und das Verhältnis des Heiligen Stuhls* zur weltlichen Macht zu pflegen.

OBERSTES TRIBUNAL (»La Suprema«): Synonym für die Römische Inquisition.*

OBSERVANTEN: siehe *Franziskaner*

ORATORIUM: Im Hause des hl. Filippo Neri (1515–1595), dem sogenannten Oratorium, kam Mitte des 16. Jahrhunderts regelmäßig eine Gruppe von Priestern zusammen, die sich 1552 entschloß, gemeinsam zu leben und sich intensiver Seelsorge zu widmen. 1575 wurde die Vereinigung von Gregor XIII. (1572–1585) bestätigt.

ORDENSMEISTER: Generaloberer des Dominikanerordens* (lateinisch: *magister generalis*).

PARTIKULARKIRCHE: Teilkirche, meist Kirchenprovinz oder Nationalkirche. Den Konzilien* dieser Partikularkirchen* kommen Leitungsvollmacht und insbesondere Gesetzgebungskompetenz zu.

PARTIKULARSITZUNG: Eine Kongregationssitzung*, an der nicht alle Mitglieder der Kongregation* teilnahmen. Oft dienten diese Sitzungen, bei der zumeist der Meister des Heiligen Palastes*, ein Kardinal und diverse Konsultoren* anwesend waren, der Vorbereitung einer Generalkongregation*.

PATRONATSRECHT: Das Patronatsrecht bezeichnet die Summe aller Rechte und Pflichten, die dem Stifter einer Kirche, Kapelle oder eines Benefiziums* und seinen Rechtsnachfolgern zukommen. Es entstand im westlichen Europa in dem Versuch der Kirche, das fränkische Eigenkirchenrecht zu beschränken und in Privilegien umzudeuten.

PRÄFEKT: Der geschäftsführende Kardinal der Indexkongregation* wird als Präfekt bezeichnet. Ihm obliegt die Leitung der Kongregationssitzungen und die Kommunikation mit dem

Papst. Der geschäftsführende Kardinal des Heiligen Offiziums* hingegen wird als Kardinalsekretär bezeichnet; »Präfekt« dieser Behörde ist der Papst selbst; erst nach der Umwandlung des Heiligen Offiziums* in die Glaubenskongregation* 1965/66 gibt es auch in dieser Behörde einen Kardinalpräfekten; dieses Amt bekleidet zur Zeit der deutsche Kardinal Joseph Ratzinger.

PRÄLAT (lateinisch: *praelatus* für »hervorgehoben«): Ein Inhaber eines hohen kirchlichen Amtes.

PROFESS: Die sogenannte klösterliche Profeß (lateinisch: *professio religiosa*) ist das nach katholischem Ordensrecht öffentlich abgelegte feierliche Versprechen, in einem Orden oder einer ähnlichen Einrichtung nach den jeweiligen Grundsätzen der Institution (zum Beispiel Armut, Keuschheit und Gehorsam) zu leben.

PROKURATOR: Nach dem Kirchenrecht der Stellvertreter einer rechtsfähigen Person oder Institution. Unter den Mitarbeitern (Konsultoren* und anderen) der Kongregationen befanden sich oft Prokuratoren, das heißt Bevollmächtigte, verschiedener Orden. Eine spezielle Amtsbezeichnung hingegen ist die des *Procurator fiscalis* (»öffentlicher Ankläger«) im Heiligen Offizium*: ein Beamter, der im Namen der Behörde in Ketzereiprozessen die Anklage gegen den Beschuldigten vertrat, nachdem der Inquisitor* seine Untersuchung abgeschlossen hatte. Er hatte die Zeugen vorzuladen und die Anklagepunkte zu formulieren.

PROPAGANDAKONGREGATION (Kongregation für die Verbreitung des Glaubens): Dieses Organ des Papsttums, gegründet 1622 von Gregor XV. (1621–1623), ist zuständig für Organisation und Leitung der Kirchenmissionen sowie für Verwaltungsaufgaben in Regionen ohne kirchliche Hierarchie. Dank ihrer Arbeit konnte die römisch-katholische Kirche viele Gebiete, die sie an die Reformation* verloren hatte, zurückgewinnen. Die Behörde existiert noch heute unter dem Namen »Kongregation für die Evangelisierung der Völker«.

PROTONOTAR siehe *Apostolischer Protonotar*

PYRRHONISMUS: Eine Richtung der antiken Skepsis* wird nach Pyrrhon von Elis (etwa 360–270 v. Chr.) auch als Pyrrhonische Skepsis oder Pyrrhonismus bezeichnet. Ihr zufolge kann die sinnliche Wahrnehmung der Außenwelt zu keinen verläßlichen Urteilen führen und hat somit keinen Einfluß auf das Verhalten des Weisen; ethisches Ziel des Pyrrhonismus ist allein die innere Ruhe und Harmonie.

QUALIFIKATOR: Ein Mitarbeiter des Heiligen Offiziums*, der als eine Art Vorprüfer Bücher sorgfältig untersucht und anschließend den anderen Gutachtern seine Liste der vorgefundenen Irrtümer in schriftlicher Form übermittelt.

REDEMPTORISTEN: Angehörige der Kongregation des hl. Erlösers, die 1732 von Alphons Maria von Liguori (1696–1787) mit dem Ziel der Missionierung Armer und Benachteiligter gegründet und 1749 von Papst Benedikt XIV. (1740–1758) bestätigt wurde. Nach dem Ende der Napoleonischen Zeit fanden die Redemptoristen weit über die Grenzen Italiens hinaus Verbreitung.

REFORMATION: Seit dem 17. Jahrhundert ist dies der gebräuchliche Begriff für die von Martin Luther (1483–1546) eingeleitete kirchliche Bewegung, die darauf abzielte, Mißstände in der römisch-katholischen Kirche durch Reformen aufzuheben. Die Reformation hob die Kircheneinheit des Abendlandes auf, da aus ihr neue kirchliche Gemeinschaften wie der Protestantismus und andere »reformierte« Kirchen hervorgingen.

REGULARKLERIKER: Angehörige männlicher katholischer Ordensgemeinschaften, die im 16. und 17. Jahrhundert während der katholischen Reform entstanden. Neben Seelsorge, Predigt und Mission gehören zumeist auch Studium und Lehre zu ihren Zielen. Die Mitglieder leben in Gemeinschaft, sind jedoch nicht gezwungen, sich an ein bestimmtes Kloster zu binden, da dies ihre Aktivitäten einschränken könnte. Zu den bedeutendsten Regularkleriker-Orden gehören die Jesuiten*, Theatiner* oder Barbaniten*.

RELATOR: Bezeichnung für einen Mitarbeiter der Indexkongregation*, der noch nicht zum Konsultor* berufen worden ist, sich aber durch die Begutachtung verschiedener verdächtiger Bücher für diese Aufgabe empfehlen kann.

RÖMISCHE INQUISITION siehe *Inquisition*

RÖMISCHE KURIE: (lateinisch/italienisch: *Curia Romana*): Die Behörden (Kongregationen*, Tribunale* und andere Ämter), die dem Papst zur Verwaltung und Regierung der römisch-katholischen Kirche dienen.

SAKRISTAN: Auch als »Mesner« oder »Küster« bezeichnet; ein Bediensteter, der mit dem Öffnen und Verschließen einer Kirche, aber auch mit Pflege- und Wartungsaufgaben betraut ist. Im päpstlichen Dienst an der Römischen Kurie* dagegen ein hohes Amt.

SÄKULARKLERIKER: Angehörige eines sogenannten Säkularinstituts, einer Gemeinschaft von Gläubigen innerhalb der katholischen Kirche, die zumeist in ihren Berufen bleiben und keine besonderen äußeren Zeichen tragen. Nach einer Probe- und Vorbereitungszeit leisten die Mitglieder der Säkularinstitute einen Eid, ein Leben nach den Regeln des Evangeliums zu führen, in der Welt zu wirken, missionarisch tätig zu werden und sich dauerhaft in wechselseitiger Verpflichtung an die Gemeinschaft zu binden.

SCHISMA: Mit diesem Begriff bezeichnet man die Spaltung der kirchlichen Einheit. Zum sogenannten Großen Schisma innerhalb der römisch-katholischen Kirche kam es im 14. Jahrhundert nach der Verlegung des Papstsitzes von Rom nach Avignon (ab 1309), durch die die Politik des Papstes unter den Einfluß französischer Interessen geriet. Als man versuchte, das Papsttum nach Rom zurückzuholen, kam es zur Kirchenspaltung. 1378 wurden zwei rivalisierende Päpste gewählt: Urban VI. (1378–1389) als Vertreter der römischen, Klemens VII. (1523–1534) als derjenige der französischen Fraktion. Erst auf dem Konzil von Konstanz* endete diese Zeit der Päpste und Gegenpäpste*, als man 1417 den von der Rom-

Fraktion aufgestellten Papst, Martin V. (1417–1431), wählte und den französischen Gegenpapst* absetzte.

SEKRETÄR: Von ihrer Gründung 1571 bis zu ihrer Abschaffung 1917 beschäftigte die Indexkongregation* einen Sekretär – immer ein Angehöriger des Dominikanerordens* –, dem verschiedene Tätigkeiten oblagen; unter anderem fiel die Erstellung der *Diarii**, das heißt der Protokollierung der laufenden Geschäfte der Kongregation*, in seinen Aufgabenbereich. Darüber hinaus verfaßte er Berichte über Zensurverfahren und eigene Gutachten, organisierte die Sitzungen der Konsultoren* und Kardinäle und war teilweise auch für die Korrespondenz der Behörde verantwortlich.

SEPTUAGINTA: Der Name dieser Bibelübersetzung leitet sich von der Legende her, daß 70 (lateinisch: *septuaginta*) beziehungsweise 72 Übersetzer einst den Pentateuch (die fünf Bücher Mose) in 72 Tagen ins Griechische übertragen haben sollen. Später wurde er auf die gesamte Übersetzung des Alten Testaments in griechischer Sprache ausgedehnt. Tatsächlich handelt es sich bei der Septuaginta um eine Sammlung verschiedener Übersetzungen von Schriften des Alten Testaments, deren älteste Teile aus dem 3. Jahrhundert v. Chr. stammen.

SERVITEN: Angehörige des Ordens der Diener Mariens, der im 13. Jahrhundert aus der Vereinigung der sogenannten Sieben hl. Stifter – Florentiner Bürgern – hervorging. Er orientierte sich in Struktur und Aktivität an den Bettelorden und nahm für sich die Augustinus-Regel* an. Bis zur Reformation gehörten die Serviten zu den größten Orden Europas.

SKEPTIZISMUS: Philosophische Richtung, die davon ausgeht, daß die Wahrheit eines Urteils nicht erkennbar ist, wobei unter Urteil der Anspruch verstanden wird, ein Ding oder einen Sachverhalt an sich und unabhängig von unseren Vorstellungen in seiner Beschaffenheit zu beschreiben.

SOMASKER: Angehörige des Ordens der Regularkleriker von Somasca, der 1534 vom hl. Hieronymus Aemiliani (gestorben

1537) in Somasca (Lombardei) gegründet, 1540 von Papst Paul III. (1534–1549) bestätigt und später vom hl. Carlo Borromeo gefördert wurde. Zu den Zielen des Ordens gehörten im Sinne der katholischen Reform im 16. Jahrhundert sowohl pastorales als auch sozial-karitatives Engagement.

SPANISCHE INQUISITION: Die Spanische Inquisition, die von einem Großinquisitor* geleitet wurde, arbeitete ab 1478 unter Einfluß der Krone. Sie war für ihre strengen Urteile bekannt.

STAATSSEKRETÄR: Der Vorsteher des Vatikanischen Staatssekretariats. Bei dieser Behörde handelt es sich um das zentrale Verwaltungsorgan der Römischen Kurie*; sie ist direkt dem Papst unterstellt und dient seit dem 17. Jahrhundert als eine Art »Außen- und Innenministerium«. Seit dieser Zeit bekleiden grundsätzlich Kardinäle das Amt des Staatssekretärs (daher auch die Bezeichnung »Kardinalstaatssekretär«).

SYNODE: Kirchliche Ratsversammlung.

THEATINER: Angehörige des ältesten Regularkleriker-Ordens, der 1524 von Cajetan von Thiene (1480–1547) und Gianpietro Carafa (geb. 1476, ab 1559 Papst Paul IV.), gegründet wurde und der sich für die Erneuerung der katholischen Kirche und insbesondere für die des Klerus einsetzte.

URKETZER: Bezeichnung für den Begründer einer ketzerischen Irrlehre, der sich andere angeschlossen haben (zum Beispiel Luther, Calvin, Melanchthon).

URKIRCHE: Die Kirche der apostolischen und frühen nachapostolischen Zeit. Die Tatsache, daß die Urkirche noch Teil des Offenbarungsvorgangs war, verleiht ihr besonderen dogmatischen Rang.

VERSTOCKTHEIT (lateinisch: *pertinacia*): Das hartnäckige Beharren auf einer von der Lehre der katholischen Kirche abweichenden Position. Erst dieses Beharren macht den Beschuldigten zum Ketzer*.

VIVAE-VOCIS-ORACULUM: Mündliche Äußerung des Papstes mit Rechtskraft.

VOTUM: Ein anderes Wort für Gutachten.

VULGATA (lateinisch für: »die Allgemeine«): Die lateinische Übersetzung der Bibel, ursprünglich von Papst Damasus I. (366–384) in Auftrag gegeben, von Hieronymus (hl.; 347–419) durchgeführt und später mehrfach überarbeitet, wurde die Vulgata 1546 auf dem Konzil von Trient* zum authentischen Bibeltext der katholischen Kirche erklärt. Auf ihrer Basis wurden 1592 die sogenannte sixto-klementinische Bibel und 1979 nach dem Zweiten Vatikanischen Konzil* die Nova Vulgata (»die neue Allgemeine«) erstellt.

WELTGEISTLICHER siehe *Säkularkleriker*

ZWEITES VATIKANISCHES KONZIL (Vatikanum II): Das einundzwanzigste ökumenische Konzil (1962–1965) wurde von Papst Johannes XXIII. (1958–1963) unter anderem mit dem Ziel einberufen, mittels einer liturgischen Erneuerung der römisch-katholischen Kirche diese besser für ihre Mission in der Welt zu rüsten. Hierzu wurden Themen wie Religionsfreiheit, die Rolle der Kirche in der »Welt von heute« und auch moderne Kommunikationsmittel behandelt.

Bibliographie ausgewählter Werke

Zur Kommentierung der hier veröffentlichten Zensurtexte wurde eine Vielzahl von Lexika und Nachschlagewerken herangezogen. An dieser Stelle seien die folgenden besonders erwähnt.

Biographisch-bibliographisches Kirchenlexikon, begründet und herausgegeben von Bautz F. W., fortgeführt von T. Bautz, 18 Bände (Hamm, Westfalen/Herzberg, 1975–2001).

Del Re, N., *La Curia Romana. Lineamenti storico-giuridici* 4 (Vatikanstaat, 1998).

Dictionnaire de Spiritualité, hrsg. von P. Grelot und anderen, 16 Bände (Paris, 1975–1993).

Dizionario biografico degli Italiani, hrsg. von A. Ferrabino und anderen, bisher 55 Bände (Rom, 1960–2000).

Enciclopedia Cattolica, hrsg. von P. Paschini und anderen, 13 Bände (Vatikanstaat, 1948–1954).

Heimbucher, M., *Die Orden und Kongregationen der katholischen Kirche,* 2 Bände (Paderborn/München/Wien, ^{5}1987).

Hierarchia Catholica medii aevi: vite summorum Pontificum, S.R.E. cardinalium Ecclesiarum Antistitum series, hrsg. von K. Eubel und anderen, 11 Bände (Regensberg/Padua, 1898–1979).

Kelly, J. N. D., *Reclams Lexikon der Päpste.* Aus dem Englischen von H.-Chr. Oeser (Stuttgart, 1988).

Lanczkowski, J., *Lexikon des Mönchtums und der Orden* (Wiesbaden, 1997).

Lexikon des Mittelalters, hrsg. von N. Angermann und anderen, 9 Bände (München/Zürich, 1980–1998).
Lexikon für Theologie und Kirche, hrsg. von W. Kasper und anderen, 10 Bände (Freiburg/Basel/Rom/Wien, 1993–2001).
Mönchtum, Orden, Klöster. Von den Anfängen bis zur Gegenwart. Ein Lexikon, hrsg. von G. Schwaiger (München, 1993).
Moroni, G., *Dizionario di erudizione storico-ecclesiastica: Da S. Pietro sino ai nostri giorni,* 103 Bände (Rom/Venedig, 1840–1861, 6 Bände Index 1878–1879).
New Catholic Encyclopedia, hrsg. von W. J. McDonald und anderen, 19 Bände (Washington, D.C., 1967–1996)
Theologische Realenzyklopädie, hrsg. von G. Krause und G. Müller, 31 Bände (nicht abgeschlossen) (Berlin/New York, 1977–2000).
The Oxford Encyclopedia of the Reformation, hrsg. von H. J. Hillerbrand, 4 Bände (New York, 1996).

Zur Zensur allgemein

Assmann, A. und J., »Kanon und Zensur«, in dies. (Hrsg.), *Kanon und Zensur. Beiträge zur Archäologie der literarischen Kommunikation* II (München, 1987), S. 7–27.
Bujanda, J. M. de, *Index des livres interdits,* 10 Bände (Sherbrooke/Genf, 1985–1996).
Clegg, S., *Press Censorship in Elizabethan England* (Cambridge, 1997).
Darnton, R., »Censorship, a Comparative View: France, 1789 – East Germany, 1989«, in *Representations* 49 (1995), S. 40–60.
Darnton, R., *The Business of Enlightenment. A Publishing History of the Encyclopédie 1775–1830* (Cambridge/Mass., 1979).
Gacto, Fernández E., »Sobre la censura literaria en el s. XVII: Cervantes, Quevedo y la Inquisición«, *Revista de la Inquisición* I (1991), S. 11–61.

Gilmont, J.-F. (Hrsg.), *La reforme et le livre: L'Europe de l'imprimé (1518–v. 1570)* (Paris, 1990).

Godman, P., *The Silent Masters. Latin Literature and its Censors in the High Middle Ages* (Princeton, 2000).

Hanley, W., »The Policing of Thought: Censorship in Eighteenth Century France«, *Studies in Voltaire and the Eighteenth Century* 183 (1980), S. 265–295.

Higman, F., *Censorship and the Sorbonne. A Bibliographical Study of Books in French Censored by the Faculty of Theology of the University of Paris, 1520–1551* (Genf, 1979).

Houben, H. H., *Der ewige Zensor* (Kronberg, 1978. ND der Ausgabe von 1926).

Houben, H. H., *Verbotene Literatur von der klassischen Zeit bis zur Gegenwart. Ein kritisch-historisches Lexikon über verbotene Bücher, Zeitschriften und Theaterstücke, Schriftsteller und Verleger*, 2 Bände (Berlin, 1924).

Laros, M., *Index und Bücherzensur heute. Mit einem Anhange: Rogatio quoad reformandas Ecclesiae leges circa libros von Joh. Kleinhappl und Aug. Zechmeister* (Wien, 1959).

Le pouvoir et la plume: Imitation, contrôle, et répression dans l'Italie du XVIe siècle. Actes du colloque international organisé par le Centre interuniversitaire de recherche sur la Renaissance italienne et l'institut culturel italien de Marseille. Aix en Provence–Marseille, 14–16 Mai, 1981 (Paris, 1982).

Lynch, A., »Montesquieu and the Ecclesiastical Critics of *L'Esprit des lois*«, *Journal of the History of Ideas* XXXVIII (1977), S. 487–500.

Minois, G., *Censure et culture sous l'Ancien Régime* (Paris, 1995).

Myers, R. (Hrsg.), *Censorship and the Control of Print in England and France 1600–1910* (Winchester, 1992).

Neveu, B., *L'erreur et son juge. Remarques sur les censures doctrinales à l'époque moderne.* Istituto italiano per gli studi filosofici. Serie di studi XII (Neapel, 1993), S. 35 f.

Sierra Corella, A., *La censura de libros y papeles en España y*

los Indices y catálogos españoles de los prohibidos y expurgados (Madrid, 1947).
Speyer, W., *Büchervernichtung und Zensur des Geistes bei Heiden, Juden und Christen.* Bibliothek des Buchwesens 7 (Stuttgart, 1981).
Zechmeister, A. (Hrsg.), *Zensur und Index in der Kirche. Dokumente zu ihrer Reform* (Wien, 1959).
Zeller, B., *Zensur und Liberalität im Zeitalter der Restauration* (Stuttgart, 1979).

Römische Zensur

Baldini, U., *Saggi sulla cultura della Compagnia di Gesù (secoli XVI–XVIII)* (Padua, 2000).
Balmas, E., »Montaigne et l'Inquisition«, in Tetel M. und G. Mallary Masters (Hrsg.), *Le Parcours des ›Essais‹ de Montaigne 1588–1988* (Paris, 1989), S. 239–249.
Berliner, A., *Censur und Confiscation hebräischer Bücher im Kirchenstaate. Aufgrund der Inquisition-Akten in der Vaticana und Vallicellana* (Berlin, 1891).
Biagioli, M., *Galileo, Courtier. The Practice of Science in the Culture of Absolutism* (Chicago, 1993).
Brandmüller, W. und E. Greipl, *Copernico, Galileo, e la Chiesa. Fine della controversia (1820). Gli atti del Sant'Uffizio* (Florenz, 1992).
Chadwick, O., *Catholicism and History. The Opening of the Vatican Archives* (Cambridge, 1978).
Cifres, A., »L'Archivio storico della Congregazione per la Dottrina della Fede«, in *L'Apertura,* S. 73–84. Deutsch von P. Schmitt, »Das historische Archiv der Kongregation der Glaubenslehre in Rom«, *Historische Zeitschrift* 268 (1999), S. 97–106.
Costa, G., »Vico e l'Inquisizione«, *Nouvelles de la Republique des Lettres* II (1999), S. 112–125.

Dejob, C., *De l'influence du Concile de Trente sur la littérature et les beaux-arts chez les peuples catholiques* (Paris, 1884).

Esch, A., »Aus den Akten der Indexkongregation: Verurteilte Schriften von Ferdinand Gregorovius«, in A. Esch und J. Petersen (Hrsg.), *Ferdinand Gregorovius und Italien. Eine kritische Würdigung.* Bibliothek des Deutschen Historischen Instituts in Rom 78 (Tübingen, 1993), S. 240–252.

Fahy, C., »The *Index librorum prohibitorum* and the Venetian Printing Industry in the Sixteenth Century«, *Italian Studies* 35 (1980), S. 52–61.

Fragnito, G., *La Bibbia al rogo. La censura ecclesiastica e i volgarizzamenti della Scrittura (1471–1605)* (Bologna, 1997).

Frajese, V., »La politica dell'Indice dal Tridentino al Clementino (1571–1596)«, *Archivio italiano per la storia della pietà* 11 (1968), S. 269–356.

Frajese, V., »La revoca dell'Index Sistino e la Curia Romana«, *Nouvelles de la République des Lettres* 1 (1986), S. 15–45.

Godman, P., »Monteverdi zwischen Humanismus und Inquisition«, in *Amor vincit omnia. Karajan, Monteverdi und die Entwicklung der neuen Medien,* Herbert von Karajan Centrum, Symposium 1999 (Wien, 2000), S. 60–87.

Godman, P., *Die Geheime Inquisition. Aus den verbotenen Archiven des Vatikans* (München, 2001).

Godman, P., *From Poliziano to Machiavelli. Florentine Humanism in the High Renaissance* (Princeton, 1998).

Grendler, P. F., *Roman Inquisition and Venetian Press 1540–1605* (Princeton, 1977).

Hilgers, J., *Der Index der verbotenen Bücher* (Freiburg im Breisgau, 1904).

Honegger, Chiari S., »L'edizione del 1587 dei *Commentarii* di Pio II. e la duplice revisione di Francesco Bandini (Analisi del libro primo)«, *Archivio storico italiano* 144 (1991), S. 585–612.

Jobe, P., »Inquisitorial manuscripts in the Biblioteca Apostolica Vaticana: a preliminary handlist«, in H. Henningsen and J.

Tedeschi (Hrsg.), *The Inquisition in Early Modern Europe* (Dekalb, Ill., 1986), S. 33–53.

L'Apertura degli archivi del Sant' Uffizio Romano, Atti dei Convegni Lincei 142 (Rom, 1998).

Lektor, Felix (Pseud.), »Der Index der verbotenen Bücher«, *Orientierung* 23 (1959), S. 124–129.

May, G., »Die Aufhebung der kirchlichen Bücherverbote«, in Siepen K. und andere (Hrsg.), *Ecclesia et ius. Festgabe ... A. Scheuermann* (München, 1968), S. 547–571.

Mayaud, P. N., S. J. *La condamnation des livres coperniciens et sa révocation à la lumière des documents inédits des Congrégations de l'Index et de l'Inquisition,* Miscellanea Historiae Pontificiae 64 (Rom, 1997).

Paarhammer, H., »*Sollicita ac provida.* Neuordnung von Lehrbeanstandung und Bücherzensur in der katholischen Kirche im 18. Jahrhundert«, in A. Gabriels und H. Reinhardt (Hrsg.), *Ministerium iustitiae. Festschrift für H. Heinemann zur Vollendung des 60. Lebensjahres* (Essen, 1985), S. 343–361.

Pagano, S. (Hrsg.), *I documenti del processo di Galileo Galilei.* Collectanea Archivi Vaticani 21 (Vatikanstaat, 1984).

Paulus, R., »Zur Revision des Index. Censurierte katholische Schriftsteller Deutschlands des sechzehnten Jahrhunderts«, *Der Katholik* 11 (1895), S. 197–198.

Prosperi, A., *Tribunali della coscienza. Inquisitori, confessori, missionari* (Turin, 1996).

Redondi, P., *Galileo Heretic* (Princeton, 1987). Deutsch: *Galilei der Ketzer* (München, 1989).

Reusch, F. H., *Der Index der verbotenen Bücher. Ein Beitrag zur Kirchen- und Literaturgeschichte,* 2 Bände (Bonn, 1883–1885).

Rotondò, A., »Nuovi documenti per la storia dell'*Indice dei libri proibiti*«, *Rinascimento* 3 (1963), S. 145–211.

Rotta, S., »Voltaire in Italia. Note sulle traduzione settecentesche delle opere voltairiane«, *Annali della Scuola Normale Superiore di Pisa. Lettere, storia, e filosofia* XXXI (1970), S. 387–444.

Rozzo, U. (Hrsg.), *La censura libraria nell' Europa del secolo XVI*, Convegno Internazionale di Studi. Cividale del Friuli 9/10 Novembre 1995. Libri e Bibliotheche 5 (Udine, 1997).

Schreer, W., »Die Bücherzensur der katholischen Kirche in Geschichte und Gegenwart«, in P. Raabe (Hrsg.), *Der Zensur zum Trotz: Das gefesselte Wort und die Freiheit in Europa.* Ausstellung im Zeughaus der Herzog August Bibliothek in Wolfenbüttel vom 13. Mai bis 6. Oktober 1991, Ausstellungskatalog (Weinheim, 1991), S. 15–21.

Schwedt, H. H., »Augustin Theiner und Pius IX«, in E. Gatz (Hrsg.), *Römische Kurie. Kirchliche Finanzen. Vatikanisches Archiv. Studien zu Ehren von H. Hoberg.* II. Miscellanea Historiae Pontificiae 46 (Rom, 1979), S. 825–868.

Schwedt, H. H., »Das Archiv der römischen Inquisition und des Index«, *Römische Quartalschrift* 93 (1998), S. 267–280.

Schwedt, H. H., »Das römische Urteil über Georg Hermes (1775–1831). Ein Beitrag zur Geschichte der Inquisition im 19. Jahrhundert«, *Römische Quartalschrift,* Supplementheft 37 (Rom, Freiburg, Wien, 1980).

Schwedt, H. H., »Der römische Index der verbotenen Bücher«, *Historisches Jahrbuch* 107 (1987), S. 296–314.

Schwedt, H. H., »Die Verurteilung der Werke Anton Günthers (1857) und seiner Schüler«, *Zeitschrift für Kirchengeschichte* 101 (1990), S. 301–343.

Schwedt, H. H., »Eine ›schlechte‹ Rezeption. Die italienischen ›idéologues‹ und der römische Index der verbotenen Bücher im 19. Jahrhundert«, in B. Schlieben-Lange und andere (Hrsg.), *Europäische Sprachwissenschaft um 1800. Methodische und historiographische Beiträge zum Umkreis der ›idéologie‹. Eine Vortragsreihe im Rahmen des DFG-Projekts ›Ideologenrezeption‹.* Band 4 (Münster, 1994), S. 55–96.

Schwedt, H. H., »Kommunikationskontrolle durch den römischen ›Index der verbotenen Bücher‹. Facetten eines vieldiskutierten Phänomens«, *Communicatio Socialis. Zeitschrift für Publizistik in Kirche und Welt* 20 (1987), S. 327–338.

Schwedt, H. H., »Michael Haringer C.SS.R. (1817–1887), Theologe auf dem Ersten Vatikanischen Konzil und Konsultor der Index-Kongregation«, in H. Hammans, J. Reudenbach und H. Sonnemanns, *Geist und Kirche. Studien zur Theologie im Umfeld der beiden Vatikanischen Konzilien. Gedenkschrift für H. Schauf* (Paderborn/München/Wien/Zürich, 1991), S. 439–489.

Schwedt, H. H., »Papst Paul VI. und die Aufhebung des römischen Index der verbotenen Bücher in den Jahren 1965–1966«, in *Papst Paul VI. Zur 100. Wiederkehr seines Geburtstages 1897–1997.* Geschichte im Bistum Aachen 1 (Neustadt an der Aisch, 1999), S. 45–111.

Schwedt, H. H., »Die römischen Kongregationen der Inquisition und des Index und die Kirche im Reich«, *Römische Quartalschrift* 90 (1995), S. 43–73.

Seidel Menchi, S., »Sette modi di censurare Erasmo«, in Rozzo U. (Hrsg.), *La censura libraria nell'Europa del secolo XVI.* Convegno Internazionale di Studi. Cividale del Friuli 9/10 Novembre 1995. Libri e Bibliotheche 5 (Udine, 1997).

Seidel Menchi, S., »Whether to Remove Erasmus from the Index of Prohibited Books: Debates in the Roman Curia, 1570–1610«, *Erasmus of Rotterdam Yearbook* 20 (2000), S. 19–33.

Simoncelli, P., »Documenti interni alla Congregazione dell'Indice 1571–1590. Logica e ideologia dell'intervento censorio«, *Annuario dell'istituto storico italiano per l'età moderna e contemporanea* 35–36 (1983–1984), S. 191–215.

Sleumer, A., *Index Romanus. Verzeichnis sämtlicher auf dem römischen Index stehenden deutschsprachigen Bücher desgleichen aller wichtigen fremdsprachlichen Bücher seit dem Jahre 1750* (Osnabrück, ^{11}1956).

Smith, M., *Montaigne and the Roman Censors* (Genf, 1981).

Stow, K. R., »The Burning of the Talmud in 1553, in the Light of Sixteenth-Century Catholic Attitudes Toward the Talmud«, *Bibliothèque d'Humanisme et Renaissance* 34 (1972), S. 435–459.

Tapella, C. und M. Pozzi, »L'edizione del *Decamerone* del 1573: Lettere e documenti sulla rassettatura«, *Giornale storico della letteratura italiana* 165 (1988), S. 54–84, 196–227, 366–398, 511–544.

Tedeschi, J., *The Prosecution of Heresy. Collected Studies on the Inquisition in Early Modern Italy*. Medieval and Renaissance Texts and Studies 78 (Binghampton, N.Y., 1991).

Van der Vekene, E., *Biblioteca bibliographica Historiae Inquisitionis. Bibliographisches Verzeichnis des gedruckten Schrifttums zur Geschichte und Literatur der Inquisition*. Band 1–3 (Vaduz, 1982–1992).

Vivanti, C. (Hrsg.), *Storia d'Italia. Annali II: Gli Ebrei in Italia*, I: Dall'alto medievo all'età dei ghetti (Turin, 1996).

Weber, C., *Kirchengeschichte, Zensur und Selbstzensur*, Kölner Veröffentlichungen zur Religionsgeschichte 4 (Köln, 1984), S. 16–25.

Westfall, R., *Essays on the Trial of Galileo* (Vatikanstaat, 1989).

Abkürzungsverzeichnis

ACDF	Archive der Kongregation für Glaubenslehre (ehemaliges Heiliges Offizium)
– Indice	Index: Archiv der Kongregation für den Index der verbotenen Bücher
– Indice, Diarii	Akten des Sekretärs der Indexkongregation
– Indice, Protocolli	Akten der Indexkongregation
– S.U., Censura librorum	Sant' Uffizio: Archiv der Römischen Inquisition, Bücherzensur
– St. St.	Stanza Storica: Sammlung historischer Quellen
ASV	Geheimarchiv, Vatikanstaat
BAV	Vatikanische Bibliothek

Handschriftenverzeichnis

Archive der Kongregation für die Glaubenslehre (ACDF)

Indice, Diarii I, Fol. 19^{r} . . . 76
Indice, Diarii I, Fol. 20^{r-v} . . . 90
Indice, Diarii I, Fol. 33^{v}–34^{v} . . . 129
Indice, Diarii I, Fol. 34^{v} . . . 129
Indice, Diarii I, Fol. 39^{r-v} . . . 138
Indice, Diarii I, Fol. 40^{r} . . . 139
Indice, Diarii I, Fol. 40^{r-v} . . . 143
Indice, Diarii I, Fol. 40^{v}–41^{r} . . . 140
Indice, Diarii I, Fol. 41^{r-v} . . . 141
Indice, Diarii I, Fol. 41^{v}–42^{r} . . . 141
Indice, Diarii I, Fol. 42^{v}–43^{r} . . . 144
Indice, Diarii I, Fol. 44^{v} . . . 143
Indice, Diarii II (1607–1620), Fol. 40^{v}, 41^{v} . . . 401
Indice, Diarii XIX (ohne Seitenzählung), nach 1823 . . . 215
Indice, Protocolli B, Fol. 405^{r} . . . 77
Indice, Protocolli B, Fol. 407^{r}–408^{v} . . . 87
Indice, Protocolli B, Fol. 410^{r-v} . . . 81
Indice, Protocolli B, Fol. 412^{r}–413^{r} . . . 84
Indice, Protocolli B, Fol. 414^{r} . . . 79, 80
Indice, Protocolli B, Fol. 415^{r-v} . . . 89
Indice, Protocolli C, Fol. 207^{r}–219^{r} . . . 95
Indice, Protocolli C, Fol. 346^{r}–347^{r} . . . 155
Indice, Protocolli I, Fol. 100^{r} . . . 129

Indice, Protocolli I, Fol. 101^{r} ... 137
Indice, Protocolli I, Fol. 106^{r} ... 139
Indice, Protocolli I, Fol. 131^{r} ... 125
Indice, Protocolli I, Fol. 134^{r} ... 142
Indice, Protocolli I, Fol. 135^{r} ... 142
Indice, Protocolli I, Fol. 149^{r} ... 131
Indice, Protocolli I, Fol. 150^{r}–153^{v} ... 132
Indice, Protocolli I, Fol. 97^{r} ... 130
Indice, Protocolli K, Fol. 90^{v}–91^{v} ... 91
Indice, Protocolli P, Fol. 144^{r}–146^{v} ... 148
Indice, Protocolli S, Fol. 287^{r-v}; 290^{v} ... 161
Indice, Protocolli V, Fol. 470^{r}–473^{v} ... 117
Indice, Protocolli Z, Fol. 427^{r} ... 145
Indice, Protocolli Z, Fol. 554^{r}–561^{v} ... 127
Indice, Protocolli 1731–34, Fol. 43^{r}ff. ... 124
Indice, Protocolli 1749–52, Fol. 324^{r}–329^{r} ... 259
Indice, Protocolli 1755–57, Fol. 486^{r}–497^{v} ... 186
Indice, Protocolli 1759–62, Fol. 331^{r}–334^{r} ... 252
Indice, Protocolli 1763–67, Fol. 358^{r}ff. = Nr. 77 ... 266
Indice, Protocolli 1781–84, Fol. 475^{v}–477^{v} ... 160, 285
Indice, Protocolli 1788–90, Fol. 114^{r-v}; 121^{r} ... 218
Indice, Protocolli 1800–08, Nr. 133 ... 281
Indice, Protocolli 1808–19, Fol. 401^{r}–405^{r} ... 305
Indice, Protocolli 1827, Nr. 128 ... 313
Indice, Protocolli 1827, Nr. 237 ... 293
Indice, Protocolli 1862–1864, 15-XII-62, Nr. IV ... 355
Indice, Protocolli 1862–1864, 20-VI-64, Nr. II ... 331
Indice, Protocolli 1862–1864, 22-VI-63, Nr. IV, 8 ... 357
Indice, Protocolli 1872–75, Nr. 40 ... 362
Indice, Protocolli 1872–75, Nr. 120 ... 402 f.
Indice, Protocolli 1872–75, Nr. 126 ... 372
Indice, Protocolli 1878–81, Nr. 198 ... 389
Indice, Protocolli 1878–81, Nr. 199 ... 383
Indice, Protocolli 1882–84, Nr. 33 ... 390, 393
Indice, Protocolli 1882–84, Nr. 61 ... 272, 274

S.U., Censura librorum I (1570–1606),
fasc. 5, Fol. 79r–88r . . . 399
S.U., Censura librorum I (1570–1606),
fasc. 5, Fol. 96r–99v . . . 399
S.U., Censura librorum I (1570–1606),
fasc. 5, Fol. 116r–140r, 145r–149r, 160v,
162v, 174r–179v, 191r–v . . . 399
S.U., Censura librorum 1729–32, Fasc. 11 . . . 222
S.U., Censura librorum 1748–1750, Fasc. 8 . . . 239
St. St. BB 3a, Fol. 129r–148v . . . 400
St. St. BB 3-i (ohne Seitenzahlung) . . . 400
St. St. E 5-a, Fol. 168r–172r . . . 194
St. St. E 5-a, Fol. 174v . . . 199
St. St. E 5-a, Fol. 187v . . . 198
St. St. E 5-a, Fol. 217r–224v . . . 200
St. St. E 5-a, Fol. 344r–351r . . . 193
St. St. E 5-a, Fol. 380r . . . 215
St. St. E 5-a, Fol. 382r–383r . . . 213
St. St. E 5-a, Fol. 45 . . . 197
St. St. E 5-b, Pag. 281–292 . . . 205

Vatikanisches Geheimarchiv (ASV)

Misc. Arm. X, 204, Florentinus Vol. 1181, Fol. 18r–23v . . . 165
Misc. Arm. X, 204, Florentinus Vol. 1181, Fol. 42r . . . 167
Misc. Arm. X, 204, Florentinus Vol. 1181, Fol. 43v . . . 169
Misc. Arm. X, 204, Florentinus Vol. 1181, Fol. 43v–44r . . . 169
Misc. Arm. X, 204, Florentinus Vol. 1181, Fol. 45r . . . 170
Misc. Arm. X, 204, Florentinus Vol. 1181, Fol. 78r–84r . . . 171
Misc. Arm. X, 204, Florentinus Vol. 1181, Fol. 84r–86r . . . 180
Misc. Arm. X, 204, Florentinus Vol. 1181, Fol. 86v–87r . . . 183
Misc. Arm. X, 204, Florentinus Vol. 1181, Fol. 88r . . . 184
Misc. Arm. X, 204, Florentinus Vol. 1181, Fol. 114v . . . 184

Vatikanische Bibliothek (BAV)

Vat. Lat. 6145, Fol. 142ʳ–149ᵛ 111
Vat. Lat. 6207, Fol. 59ʳ. 109

Register

Aberglaube 38, 263, 296ff., 300ff., 335, 352, 389, 391
Ablaßkongregation 274, 372
Adriano, Abbas 139
Agelli, Antonio 26, 79, 129, 139
Agobard, Erzbischof von Lyon 263
Albani, Annibale 236
Albano, Bischof von *siehe* Sfrondati
Alembert, Jean Le Rond d' 188
Alexander II. (1061–1073) 297
Alexander III. (1159–1181) 298, 302
Alexander VI. (1492–1503) 58, 362, 372–378, 381f., 390
Alexander VII. (1655–1667) 196, 202, 208
Allen, William 129, 139ff., 143
Alphons, König von Sizilien 101, 103
Ambrogio de Milano 87, 266
Ambrosianer 161
Ambrosius 160
Ammianus Marcellinus 392
Amoretti, Antonmaria 281
Andres, Giovanni 203 Anm.
Anfossi, Filippo 48f., 200, 205f.
Anglikanische Kirche 284
Anselm von Canterbury 297f.
Antoninus, Kaiser 131
Antonio aus Neapel 142f.
Apostolischer Stuhl *siehe* Heiliger Stuhl
Aracoeli, Kardinal von *siehe* Galamini
Arendt, Hannah 31, 67
Arianismus 92
Ariosto, Ludovico 108f., 113
Aristoteles 97
Arius von Alexandria 157
Arrigoni, Pompeo 160
Artaud de Montor, Alexis François 387
Ascoli, Kardinal von *siehe* Centini
Assessor 39, 48f., 169, 194, 196–199, 201, 210, 215, 236

Astronomie 16, 48, 163f., 174, 187f., 193ff., 199, 202f., 206f., 211, 213f.
Atheismus 218, 220, 245, 249, 329, 348
Audisio, Guglielmo Andrea 387
Aufklärung 37, 154, 217, 238, 251, 265, 280, 284, 292, 312
Augustiner 71f., 75, 89, 101, 109, 129
Augustinus, Aurelius 87, 111, 260, 296
Autodafé 254

Baillès, Jacques-Marie-Joseph 63–67, 71, 330f.
Balzac, Honoré 66f., 330, 348f., 352
Bardani, Angelico Alessandro 215
Barnabiten 362
Baronius, Cäsar 81, 295
Bayern 384
Bayle, Pierre 66, 239
Beaumont, Christophe de 276
Becket, Thomas
siehe Thomas von Canterbury
Bellarmin, Robert 26, 29, 34, 44, 47, 68f., 77, 160, 169, 174–177, 183f., 201
Bellenghi, Albertino 305, 312f.
Bembo, Pietro 108f., 377
Benedikt von Urbino 357
Benedikt XIII. (1724–1730) 230
Benedikt XIV. (1740–1758) 39, 47, 50, 54, 164, 186, 196, 203f., 210, 212, 215, 230, 258f.
Benediktiner 20, 54, 167
Benefizien 99, 120, 161f.
Béranger, Pierre Jean de 343
Berengar von Tours 297
Bergier, Nicolas-Sylvestre 287
Berkeley, George 313f.
Bernhard von Clairvaux 257
Bettoni, Niccolò 293
Beza, Theodor 156
Bibel 33, 37, 45, 52, 61, 127, 147, 164
Altes Testament 53, 219, 285f., 288
Neues Testament 26, 75, 76f., 218, 286, 288, 341
Bibelstellen 61, 103, 105, 132f., 150–152, 165f., 218, 225 Anm., 232, 245, 259, 261, 270, 286, 306 Anm., 327
Septuaginta 79
Vulgata 79
Blasphemie 32, 35, 127, 130f., 141f., 145, 347
Boccaccio, Giovanni 108f., 157, 259
Boccolo, Alessandro 132
Boeckler, Johann Heinrich 223
Bolingbroke, Henry St. John 238
Bonardo, Vincenco 142
Bonelli, Michele 117

Bonifaz VIII. (1294–1303)
119, 157, 302, 390
Bonnet, Charles 197
Bonzi, Jean de 174
Borgia, Cesare 373, 378, 381
Borgia, Lucrezia 372f., 375f., 378ff., 382
Borgia, Rodrigo
siehe Alexander VI.
Borromeo, Carlo 87, 125, 129, 138–141, 143
Bossuet, Jacques-Benigne 336
Bottari, Giovanni 258, 259
Brahe, Tycho 203, 209f.
Bramante (Donato d'Angelo) 377
Brant, Sebastian 41f., 159ff.
Brémond, Antonin 244, 248f.
Breve, päpstliches 124, 130, 144
Bruno, Giordano 43, 148
Buchanan, George 156
Bücherverbrennung 26, 34, 38, 123, 126f., 134, 265
Bullen, päpstliche 149, 152f.
Die Ruchlosigkeit der Juden (Antiqua Iudaeorum improbitas) 33
Sollicita et provida 210

Caccini, Giovanni 165
Caccini, Tommaso 45, 165
Caedvalla, König von Wessex 296
Cajetan (Gaetano, Thomas) 233
Calandrelli, Giuseppe 195
Calvin, Jean 25, 268
Campano, Giovanni Antonio 95
Campori, Giuseppe 378
Cano, Melchior 286
Capponi, Luigi 160
Capranico, Domenico 102
Carafa, Gianpietro
siehe Paul VI.
Carcossius, Helias 142f.
Cäsar, Julius 292
Castelli, Benedetto 167
Castro, Alfonso de 82f.
Catharinus, Ambrosius 83
Cato 334
Censura *siehe* Zensur
Centelles, Cherubino de 375
Centini, Felice 160, 174
Champfleury, Jules (Jules François Félix Husson) 345
Contes vieux et nouveaux (Alte und neue Erzählungen) 345
La mascarade de la vie parisienne (Pariser Maskerade) 346
Du réalisme (Realismus) 345
Les aventures de mademoiselle Mariette (Die Abenteuer von Fräulein Mariette) 345
Les bourgeois de Molinchart (Die Bourgeois von Molinchart) 345

Les souffrances du Professeur Delteil (Die Leiden des Professor Delteil) 345
Chrysostomus 87
Cicero 181, 262
Cipriani, Adriano 129, 132, 142
Ciriaci, Pietro 10, 62
Clerichetti, A. 293
Collegio Romano 195
Collenuccio, Pandolfo 376
Colonna, Ascanio 139, 141, 143
Colonna, Marcantonio 23, 76, 90, 129, 138f., 142
Condorcet, Jean-Antoine-Nicolas Caritat, Marquis de 217f.
Confession Générale 339
Congar, Yves 51
Constabili, Paolo 117
Cooper, Anthony Ashley, Earl of Shaftesbury 238
Corsini, Lorenzo *siehe* Klemens XII.
Cyprian 111, 288
Cyrill von Alexandria 391f.

Damnatio memoriae 23, 61
Dandolo, Tullio 387
Dante Alighieri 108, 113
Darwin, Charles Robert 68, 304
Darwin, Erasmus 304–311
Der botanische Garten 304
Die Liebschaften der Pflanzen 304
Zoonomie oder Gesetze des organischen Lebens 304
De Ramsai, André Michel 240
Degérando, M. J. 314
Deismus 218ff., 238f., 249, 251, 284
Deitenberg, Johannes 83
Del Bufalo, Stefan 160
Dell' Antella, Niccolò 179
Denunziation, Denunzianten 13, 19f., 45, 68, 239, 241
Descartes, René 188, 221
Diarii siehe Indexkongregation
Dichtung *siehe* Poesie
Diderot, Denis 66, 280f., 283, 331
Diether von Mainz 100, 102
Diodorus Siculus 228
Diokletian, römischer Kaiser 290
Dogma 35, 81, 243, 246, 266, 269, 271, 276, 286, 296, 315, 336, 358, 390f., 394f.,
Dominikaner 24, 39, 45, 72, 91, 117, 129, 142, 148, 165, 168f., 171, 176, 179, 183, 186, 244, 248, 301, 336
Dominium temporale 394
Donatus von Arezzo 379
Dreißigjähriger Krieg 383
Druckerlaubnis 127, 178f., 198, 216
Dumas, Alexandre (d. Ä.) 63, 354f., 357

Der Graf von Monte Christo 354, 355
Die drei Musketiere 354, 358
Madame de Chamblay 355
Die Totenhand 355
Dunstan, Erzbischof von Canterbury 296
Duresnel du Bellay, Jean François 239f., 244

Edgar, König von Mercien, Northumbrien und England 196
Eduard III., König von England 302
Elisabeth I., Königin von England 290
Empirismus 251
Epikur 12
Epikureer 328, 384
Erasmus, Desiderius 22–26, 28–32, 60f., 75–92
Erbsünde 266, 270, 277, 279, 335, 337
Ercole I., Herzog von Ferrara 374, 378
Eremitaner 143
Eucharistie 297
Eugen IV. (1431–1447) 102f.
Eusebio di Monte Santo (Vincenzo Magner) 174, 357
Eustachio, Giovanni Paulo 129, 132, 139, 142
Eutyches 393
Evolutionstheorie 304
Exkommunikation 135, 301f.
Expurgation 26, 28, 33ff., 41f., 60f., 76, 78ff., 82f., 86, 90f., 93, 117, 123–132, 137–145

Fabri, Angelico 196, 252
Fabri, Honoratus 196
Fabulotti, Paulo 42, 160f.
Fatalismus 280, 281
Fatum *siehe* Schicksal
Fauchery, Antoine 347
Felix V. von Urgel 102, 296
Feydeau, Ernest 330, 344
Alger 345
Catherine d'Overmeire 344
Daniel 344
Fanny 344
Sylvie 344
Fivizzano, Agostino 29, 89
Flaubert, Gustave 67, 330, 342
Madam Bovary. Die Sitten der Provinz 342
Fleury, André-Hercule de 218
Folter 47, 116, 185, 307
Foreiro, Francesco 125f.
Foscarini, Paolo Antonio 170f., 175, 204, 214
Francesco, Alessandro 129, 142
Frankfurter Buchmesse 41, 91
Frankreich 75, 92, 99, 178, 188, 217, 245, 261f., 278, 334, 386, 388, 394
Franziskaner 253, 266, 301

Französische Revolution 251, 258, 265, 280
Friedrich II., der Große 313
Friedrich III., deutscher König und Kaiser 100, 105
Froben, Ambrosius 33
Fromme Arbeiter 236, 248
Fürsten 122
Fürsten, weltliche 297, 387

Gaetani, Michele 372
Galamini, Agostino 160, 166, 174
Galesini, Pietro 87
Galilei, Galileo 26, 31, 43–49, 163–167, 169ff., 175, 180, 183ff., 193, 195, 197, 200f., 204, 207, 209, 215, 259
Gall, Franz Joseph 330
Gallikanische Kirche 211
Gambs, Simon von 33f.
Gasparo von Aversa 375
Gaultier, Jean Baptiste 239 Anm.
Gédoyn, Nicolas 244 Anm.
Gegenreformation 38, 43, 77, 94, 116, 123, 285
Gelasius I. (492–496) 224, 287
Geschichtsschreibung 89
Gesellschaft Jesu 255, 382
Gibbon, Edward 284ff.
Giovanbattista di Piombino 129, 139, 142f.
Girardin, Saint-Marc 276
Girolamo da Casal Maggiore 168
Giovanni Paolo Eustachio 129, 132
Giunta, Bernardo 117
Giustiniani, Benedetto 168
Glaubenskongregation 13, 68, 126
Gnostiker 224, 286
Goethe, Johann Wolfgang 68
Gottesbeweis 218, 324–326
Gottessohnschaft 295
Götzendienst *siehe* Idolatrie
Götzenverehrung *siehe* Idolatrie
Granniello, Giuseppe Maria 56–59, 362
Greene, Graham 13
Gregor I., der Große (590–604) 147, 150, 296
Gregor II. (715–731) 364–367, 369, 371, 381
Gregor VII. (1073–1085) 297, 365, 371, 381, 390
Gregor IX. (1227–1241) 301
Gregor X. (1271–1276) 148
Gregor XIII. (1590–1591) 21, 33, 123
Gregor von Nyssa 235
Gregorovius, Ferdinand 56–59, 60. 64, 71f., 361ff., 366ff., 372f., 374–377, 379, 383f., 386–397

Athenais 59, 362, 390
Die Geschichte der Stadt Rom im Mittelalter 56f., 71, 361f., 373, 381, 388f.
Die Grabmäler der römischen Päpste 59, 362, 389f.
In Apulien 59, 362, 393
Lucrezia Borgia 58f.
Römische Tagebücher 56, 71
Urban VIII. 362
Grotius, Hugo 52f., 223, 290
Guglielmo, Neophyt 129, 143
Guibert, Joseph Hippolythe 266, 272, 274f.
Gustav II. Adolf, König von Schweden 385f.

Handbücher der Inquisitoren 29, 337
Häresie 11, 91, 160, 168, 200, 205, 212
Haringer, Michael 58ff., 64, 266, 274, 362, 372
Heilige 57, 114, 120, 145, 295f., 299, 307, 310, 366, 389, 391, 396
Heilige Schrift 45, 53, 106, 141, 147f., 155, 166ff., 170f., 174ff.,, 179, 184, 187, 191, 194f., 202, 204ff., 209, 213, 223f., 226–229, 233f., 242f., 248, 271, 287, 298
Heiliger Stuhl 58, 81, 89, 92, 94, 101, 126, 170, 193ff., 204, 212f., 215, 218, 273, 296ff., 301f., 366, 370, 380f., 394
Heiliges Offizium 11ff., 19ff., 23, 29, 31ff., 34, 37, 39, 43–52, 48f., 54, 61ff., 68ff., 77, 84, 87, 95, 123f., 127, 165, 167, 169–172, 174, 179f., 183, 185, 195f., 198f., 200f., 208, 215f., 222, 229f., 244, 362
Dekrete 49, 123, 196f., 212–214
Heinrich IV., deutscher König und Kaiser 336
Heinrich VIII., König von England 262, 290, 298f., 301f.
Heliozentrismus 44ff., 48, 164
Henricpetri, Sebastian 41, 161
Heptarchie 296
Herder, Johann Gottfried 292
Hexen 135f., 336
Hieronimus von Prag 302
Hieronymus 87
Hilarius 87, 114, 147, 150
Hobbes, Thomas 66, 331
Hölle, Existenz der 310
Horaz 244, 342
Hosius, Stanislaus 80, 88
Hugo, Victor 67, 330f., 354
Humanismus 24, 28ff., 75f., 94, 154, 159, 377
Hume, David 54f., 292–295, 298, 300ff., 309, 312

Geschichte von Großbritannien (England) 54f., 292f.
Ein Traktat über die menschliche Natur 292
Eine Untersuchung über den menschlichen Verstand 292f.
Eine Untersuchung über die Prinzipien der Moral 292
Hus, Johannes 302
Huxley, Aldous 154

Idealismus 312ff., 318, 320
Idolatrie 133f., 246, 296, 395f.
Imprimatur 48
Index der verbotenen Bücher 3, 48, 63f., 66f., 69, 71f., 76, 81, 125, 128f., 160, 164, 170, 186ff., 191f., 195, 197, 202ff., 210, 214f., 281, 284, 293, 331, 293, 355, 368, 371, 381
Index der verbotenen Bücher von 1559 21f., 24, 82, 109, 117
Index von 1564 84f., 88, 90
Index von 1596 41
Index von 1664 196
Index von 1758 196, 211
Klassen 21f., 76, 78–81, 84, 86f., 89f., 117, 128, 141ff., 156
Regeln 22, 33, 78, 81, 137f., 140–142, 210, 368, 371
Indexkongregation 11f., 22f., 26f., 29, 32, 34, 36ff., 42, 44, 47–50, 52, 54–59, 61, 63, 66, 68, 70, 72, 76f., 79ff., 84, 87, 89, 91, 94f., 109, 117, 130, 136f., 148, 159f., 162, 170, 174f., 179, 184–187, 192, 194ff., 201f., 210, 214f., 218, 230, 236, 244, 252, 258f., 266, 272–275, 281, 285, 293, 305, 311, 313, 331, 353, 357f., 361f., 372f., 383
Diarii 23, 27, 144, 160, 196
Dekrete 48, 56, 59 Anm., 136f., 139, 163, 169f., 185–187, 189, 191, 193–196, 199–203, 205–211, 337, 339, 347
Fremdsprachen 35, 41–43, 54f., 57, 62f., 68f., 127, 135–138, 153, 283
Innozenz I. (401–417) 27
Innozenz III. (1198–1216) 300f.
Innozenz XI. (1676–1684) 37
Inquisition 124, 145, 164, 254, 259, 290, 336
Inquisition, spanische 29, 31, 86, 89, 92
Irenäus 286
Ironie 56, 156f., 252, 284
Isaac di Viterbo 142f.

Jakob von Viterbo, Bischof von Benevent 99
Jansenismus 217, 220

Janson, Jacques 91
Jesuiten 47, 56f., 77, 129, 164, 168, 186, 196, 217f., 251, 253, 255, 259, 280, 393
Johann Ohneland, König von England 301
Juden 32–35, 37–40, 53, 123–133, 136–145, 254, 259, 391
Julian Apostata, römischer Kaiser 158, 391
Julius III. (1550–1555) 32, 123
Jurisdiktion, geistliche 285
Justinus 286, 289

Kalixt II. 298
Kalixt III. 103ff.
Kalvinismus 160, 220, 275, 284, 292
Kamaldulenser 305, 313
kanonische Bestimmungen 222, 298
Kant, Immanuel 312–323, 325–328
Kritik der praktischen Vernunft 312, 327
Kritik der reinen Vernunft 312, 314
Kritik der Urteilskraft 312
Kapuziner 357
Kardinalvikar 198, 199
Karl V., römischer König und Kaiser 290
Karmeliter 170, 175
Kassinenser 168, 229f., 236
Keckermann, Bartholomäus 160
Kepler, Johannes 165, 188, 209
Kerkerhaft 120, 185, 201, 335
Ketzer, Ketzerei 19f., 26, 29, 31, 33, 45, 49ff., 53, 60. 66. 68, 75–82, 84–88, 90ff., 127, 134, 156, 158, 160, 185, 217, 219, 220, 240, 242f., 246, 248, 265, 275, 280, 287, 289ff., 304, 312, 368, 386, 391f., 397
Kirchenlehrer 26, 347
Kirchenväter 75, 87, 91, 148, 168, 191, 286f., 289, 347
Klassen *siehe* Index der verbotenen Bücher
Klemens V. (1305–1314) 302
Klemens VI. (1342–1352) 148ff.
Klemens VII. (1730–1740) 117
Klemens VIII. (1592–1605) 36, 89, 123, 144f.
Klemens XII. (1730–1740) 52, 54, 221, 230
Kolumbus, Christoph 253
Kommissar 168–171, 183, 200f.
Kongregation für Ablässe *siehe* Ablaßkongregation
Kongregation für die Verbreitung des Glaubens *siehe* Propagandakongregation
Konklave 43, 104, 147ff., 152, 375

Konstantin I., der Große, römischer Kaiser 364, 366, 393
Konsultor 23, 26, 28, 39, 66, 76f., 79ff., 84, 87, 89ff., 94f., 109, 136, 148, 160f., 168, 179, 186, 198, 218, 230, 244, 248f., 252, 259, 266, 274, 281, 285, 293, 305, 313, 331, 353, 357, 362, 372f., 383
Konzil von Bari 297
Konzil von Basel 94, 102
Konzil von Ephesos 391f.
Konzil von Frankfurt 296
Konzil von Karthago 287
Konzil von Nicäa 395
Konzil von Toledo 287
Konzil von Trient 26, 76, 78, 88, 123ff., 130f, 137, 140, 287
Konziliarismus 94
Kopernikanische Wende 163
Kopernikanisches Weltbild 48, 163f., 188f., 193f., 211f.
Kopernikus, Nikolaus 44, 48, 163–166, 170f., 173–176, 179, 184, 187f., 199, 202, 204, 207, 209, 214f. 215, 377
Kreuzfahrer *siehe* Kreuzzüge
Kreuzzüge 297, 300f.
Kurie, römische 37, 51, 55, 165, 274

Lactanz 286
Ladislaus, König von Ungarn 105
Lamarck, Jean-Baptiste 304
Lambertini, Prospero *siehe* Benedikt XIV.
Landini (Drucker) 179
Lanfranc von Pavia 297
Latini, Latino 29, 80
Lavater, Johann 330
Lazarus von Viterbo 132, 142
Lazzari, Pietro 47f., 164, 186
Leben nach dem Tod 281, 315, 331f.
Lefevre *siehe* Fabri
Leibniz, Gottfried Wilhelm 251f.
Lemos, Thomas de 168
Leo III., der Isaurier, Kaiser von Byzanz 364–367
Leo X. (1513–1521) 26, 77, 88, 124, 380, 384
Leo XIII. (1878–1903) 14
Leseerlaubnis 273, 275, 370
Lévy, Michel 338, 346
Liberalismus 251, 330
Licentia legendi *siehe* Leseerlaubnis
Linné, Carl von 304
Liutprand, langobardischer König 367
Locher, Jakob 41, 159f.
Locke, John 251
Lombard, Peter 168
Lorenzo der Prächtige *siehe* Medici, Lorenzo de'
Lorini, Nicolò 167
Louvain 26, 29, 31, 76

Ludwig IX., König von Frankreich 301
Ludwig XI., König von Frankreich 104
Ludwig XIV., König von Frankreich 218
Lukrez 247
Luther, Martin 25, 41, 57, 75ff., 80, 82, 84f., 163, 294, 382, 395
Lutheraner 77f., 82

Macedonianismus 92
Machiavelli, Niccolò 61, 116f., 156f., 268, 377
Der Fürst 116
Discorsi – Gedanken über Politik und Staatsführung 116, 156
Geschichte von Florenz 116f.
Kriegskunst 116
Maculani, Vincenco 183
Maddaleni Capiferro, Francesco 71
Maffa, Marcantonio 29, 81
Marcellus I. 288
Mariano, Raffaele 396f.
Marino, Marco 33
Marot, Clément 156
Martin V. 102
Martinelli, Tommaso Maria 272 Anm.
Martino, Teofilo 19ff.
Märtyrer 47, 71, 286, 288f., 295, 298ff., 307, 353, 391
Marx, Karl 68
Materialismus 220, 283, 305, 308, 334, 348
Maximian, oströmischer Kaiser 290
Maximilian I., römischer König und Kaiser 159
Medici, Lorenzo de' 116
Medizin 159, 163, 311
Meister des Heiligen Palastes 43, 46, 48f., 70, 117, 141f., 147f., 154, 160, 168, 178f., 195, 198ff., 202f., 205, 208–216, 336, 355
Melanchthon, Philipp 163
Mendelssohn, Moses 322
Michelangelo 376
Michele da Napoli 168
Michelet, Jules 67, 330, 334, 338
Millini, Giangrazia 160, 169, 201
Miranda, Bartolomeo de 147f.
Mocenigo, Filippo 20f.
Mönche, Mönchtum 51, 71f., 75, 85, 98, 114, 154, 256f., 260ff., 301, 335f., 351, 392
Montaigne, Michel Eyquem de 43, 154, 239
Montesquieu, Charles Louis de Secondat 37, 60, 258
Montezuma 263
Morin, Pierre 129, 143
Morosini, Marco Antonio 386
Mortara, Edgardo 39

Morus, Thomas 75, 82
Mosca, Felice 222
Moulin, Charles du 91
Murger, Henry 345f., 348
Adéline Protat 348
Amoureux (Verliebte) 348
Scènes de la bohème (Die Bohème) 346
Le dernier rendez-vous (Die letzte Begegnung) 347
Le pays latin(Quartier Latin) 346
Le roman de toutes les femmes (Roman aller Frauen) 348
Le sabot rouge (Der rote Holzschuh) 348
Les buveurs d'eau (Die Wassertrinker) 348
Les vacances de Camille (Camilles Ferien) 347
Madame Olympe 348
Propos de ville et propos de théatre (Theater- und Stadtgespräche) 348
Scènes de la vie de jeunesse (Szenen aus dem Leben der Jugend) 346

Naigeon 331, 334
Napoleon I. Bonaparte 365
Napoleon, Louis 63, 66
Napoli, Michele da 168
Natalis, Alexander 290, 295
Needham 332
Neophyt 34, 39, 129, 143
Neri, Filippo 81
Nero, römischer Kaiser 290
Nestorianismus *siehe* Nestorius
Nestorius 391
Newton, Isaac 48, 68, 188, 194, 212
Nikolaus V. 105
Noël *siehe* Natàlis
Novaes, Giuseppe de 388
Nuñez Coronel, Gregorio 168

Oekolampad, Johannes 84
Offenbarung 53, 270, 278f., 287, 311
Olivieri, Maurizio Benedetto 48f., 194, 205
Optimismus 251ff.
Österreich 384, 386, 388
Ovid 226

Pani, Tommaso Vincenzo da Rimini 201
Panvinio, Onofrio 91
Pascal, Blaise 217ff.
Paschalis II. 298
Paul III. (1534–1549) 163
Paul IV. (1555–1559) 22, 29, 31, 34, 82, 88, 94, 109, 123
Paul V. (1605–1621) 170
Paul VI. (1963–1978) 45, 54
Peña, Francisco 29f., 84, 94f., 107

Pennacchi, Giuseppe 59, 362, 383
Pereyra, Benito 233
Périer, Gilberte 219 Anm.
Pertinacia *siehe* Verstocktheit
Perugino (Pietro Vannucci) 375
Petrarca, Francesco 108, 111, 114, 121f.
Petronio, Giacinto 168
Petrus 54, 121
Philipp IV., der Schöne, König von Frankreich 302
Piatti, Prospero 55, 293
Piccolomini, Francesco Bandini 94
Pigghe von Kampen, Albert 84
Pinturicchio (Bernardino di Bettodi Biagio) 375
Pio di Carpi, Alberto 77, 83f., 87
Pius II. (1458–1464) 29, 94–107
Pius IV. (1559–1565) 33, 76, 84f., 90, 92, 148, 150
Pius V. (1566–1572) 33, 88, 91, 123
Pius VI. (1775–1799) 215
Pius VII. (1800–1823) 198f., 305
Pius IX. (1846–1878) 39, 57, 65f., 68f., 274, 331, 372, 390
  Syllabus der Irrtümer 65, 390
Platon 96
Poesie 159, 239, 242, 244–249
Polen 37, 92
Polygamie 261
Ponce de Leon, Gonzalez 31, 91
Ponsart de Belval, Jean 218, 285
Pope, Alexander 62, 238–244, 247ff., 251
  Der Lockenraub 238
  Versuch über den Menschen 238, 244, 247, 248
  Versuch über die Kritik 238, 240, 247
Poussielgue, Gebrüder (Buchhändler) 272f., 275
Pozzi, Giovanni Luca 379
Präfekt der Indexkongregation 77, 196, 214, 272
Prateolus 82, 88
Priesterehe 298
Primat der römischen Kirche 85
Primat des Papstes 75, 290, 370
Propagandakongregation 69, 383
Prophezeiungen 38, 286, 289
Protestanten, Protestantismus 23, 25, 45, 53, 57, 60, 72, 75f., 209, 329, 361ff., 365ff., 374, 382–387, 391, 394f.
Protoevangelium des heiligen Jakobus 224
Protonotar, apostolischer 87
Ptolemäisches Weltbild 164
Ptolemäus 209
Pufendorf, Samuel 52, 223
Pyrrho 320, 331
Pyrrhonismus *siehe* Pyrrho

Pythagoräisches Weltbild 170f., 187

Qualifikator 200, 222, 229, 230, 362

Rabelais, François 156, 352
Ramsay, André Michel 240
Rastelli, Raffaele 168
Ratzinger, Joseph 13f.
Realpräsenz 297
Rebiba, Scipione 20
Rechtsprechung 336
Redemptoristen 274, 372
Reformation 294, 370, 383ff., 395
Relator 383
Reliquien 299, 396
Renan, Ernest 348
Riccardi, Niccolò 178 Anm.
Richelieu du Plessis, Armand Jean 387
Ridolfi, Luigi Nicola 38, 124
Riphoz, Raphael 168
Robertson, William 294
Robinet, Jean Baptiste 307, 322
Rocca, Angelo 109
Römische Inquisition *siehe* Heiliges Offizium
Roscoe, William 373, 378
Rossi, Giovanni 52ff., 222, 229f.
Rousseau, Jean-Jacques 60, 66, 251, 265–278, 287
Brief an Christophe de Beaumont 265
Emile oder Über die Erziehung 60, 265ff., 272ff., 276f.
Julie oder die neue Heloise 265
Vom Gesellschaftsvertrag oder Die Grundlagen des neuen Rechts 265, 266, 267, 270
Rovere, Girolamo della 129, 132, 139, 143
Royal Society of London 305
Ruffini, Paolo 305

Sabunde, Ramón 154, 156f.
Saccheri, Girolamo Pio 389
Sallier, Claude 244 Anm.
Sanctum Officium *siehe* Heiliges Offizium
Sand, George 66
Sannazaro, Iacopo 108f.
Sarkasmus 394
Sarpi, Paolo 290
Satire 75, 159, 161, 238, 251f.
Sauer, Lorenz 82
Savelli, Giacomo 127
S. Cecilia, Kardinal *siehe* Sfrondati
S. Eusebio, Kardinal *siehe* Taverna
Schicksal 96f., 110, 113, 280f., 365

Schisma 102, 294, 267, 269, 272
Schöpfung 235, 271, 309
Schweden 69, 384f., 387
Scott, Walter 354
Seghezzi, Michelangelo da Lodi 165, 168f.
Sekretär 38, 76, 102, 116, 125, 144, 171, 196, 199, 203, 275, 281, 353, 389
Sekten 133, 270, 382
Selbstmord 156, 344, 346
Selden, Johannes 52f., 223
Sensualismus 348
Sergio, Tommaso 236
Serviten 127
Settele, Giuseppe 48f., 165, 193f., 196–203, 205–209, 211
Sforza, Ascanio Maria 374
Sforza, Franceso 98
Sforza, Giovanni 375
Sfrondati, Paolo Emilio 160, 167, 171
Shaftesbury *siehe* Cooper
Siculo, Matteo (Runta) 98
Simancas, Diego 81f.
Simon, Petrus 129, 142f.
Simplices 45f.
Sixtus V. (1585–1590) 22, 29f., 34, 87, 91, 123f., 126, 128, 139, 144
Skeptizismus 154, 217, 251, 312, 38, 320, 325
Sokrates 343
Somasker 160
Sorbonne 276
Soulié, Frédéric 330, 338
Die Gräfin von Monrion 340
Die Memoiren des Teufels 338
Drames inconnus (Unbekannte Dramen) 340
Histoire d'Oliver Duhamel (Oliver Duhamel) 340
Les aventures d'un jeune cadet de famille (Die Abenteuer eines Nesthäkchens) 340
Si jeunesse savait, si vieillesse pouvait (Wenn die Jungen wüßten, wenn die Alten könnten) 339
Spanheim, Friedrich 290
Spanien 69, 92, 99, 255, 385, 388
Spina, Bartolomeo 336
Spinoza, Baruch de 66, 239f., 247
Spinozismus 245, 247, 321
Stefani, Giacinto 179
Stendhal (Marie-Henry Beyle) 67, 330, 340
Stephanus 334
Sulzer 327
Swedenborg 352
Syllabus der Irrtümer *siehe* Pius IX.

Tacitus 61
Taglialatela, Paulo 239, 248

Talmud 32–35, 37ff., 41, 63, 123–126, 128–133, 136–144
Tamburini, Fortunato 54, 229f., 236
Taufe 270
Taverna, Ferdinando 174
Templerorden 302
Tertullian 288
Testi, Fulvio 384
Theatiner 52, 79, 142f., 222, 230, 256
Theodosius I., römischer Kaiser 260
Theodosius II., oströmischer Kaiser 391
Thomas von Aquin 19, 147, 150, 152f.
Thomas von Canterbury 55, 295, 298ff., 302f.
Tiberius 390
Tinti, Giacomo da Lodi 168
Toleranz 67, 270, 302
Tommaso di Terracina 142
Transsubstantiation 271
Tridentinischer Index 22, 24f., 124, 126, 137
Trotti, Giacomo 374f.
Tullius 249
Turiozzi, Fabrizio 194 Anm.

Unfehlbarkeit 48, 66, 70, 190, 375, 396
Unglaube 320, 328, 348, 355
Universaler Anspruch 31, 68, 390
Urban VIII. (1623–1644) 42, 44, 47, 59, 173, 255, 362, 383–388
Urkirche 287, 289f., 294

Valverde, Bartolomeo 129, 139, 142f.
Van der Meulen, Gerhard 223
Vatikanisches Konzil, erstes 274, 372
Vatikanisches Konzil, zweites 13
Vera, Augusto 395f.
Veralli, Fabrizio 160
Vergil 97, 238
Verstocktheit 26, 38, 77, 85, 92, 212f.
Vico, Giambattista 52ff., 221f., 230ff., 234f., 237
Vielweiberei *siehe* Polygamie
Villers, Charles 314
Visconti, Raffaele 178
Vittorio, Angelo 132, 142
Vitu, Auguste Charles Joseph 347
Voltaire (François Marie Arouet) 66, 218, 251f., 265, 284, 292, 332, 343
Candid 251f.
Vulgärsprachen (und Latein) 21, 60, 108f., 111, 115

weltliche Macht des Papstes 57, 75, 363f., 366f., 373, 394
Westfälischer Frieden 384
Wilhelm II., der Eroberer, König von England 297
Wissenschaft 21, 164, 188, 190f., 221ff., 227, 229
Wolff, Christian 251
Wunder 97, 157f., 166, 286, 287, 296, 298ff., 310, 390f.
Wyclif, John 302

Ystella, Luis de Valencia 160 Anm.

Zagarolo, Girolamo della Rovere 139ff.
Zedekia, König von Israel 135 Anm.
Zensur 11f., 20–23, 27, 29, 31, 34f., 38, 41ff., 47, 49–52, 54ff., 59f., 65, 67, 70f., 83, 86, 91f., 95, 109, 116, 124, 126, 128, 156, 162, 167ff., 200f., 218, 221f., 229, 234ff., 238, 245–249, 252, 258, 285, 287, 304, 330f., 383
  Beschlagnahmung von Büchern 21, 37, 43, 143
  Kriterien 61, 70
  theologische Zensur 233, 243, 246, 248, 284
  Tilgung 23, 26, 33, 61, 81, 95, 98, 100–102, 117–121, 130, 132–135, 1401f., 161, 234
Zisterzienser 252
Zölibat 75, 82, 271, 300
Zuñiga, Diego Lopez de 170f., 204, 214

Abbildungverzeichnis

Seite 7: Frontispiz des Index der verbotenen Bücher Alexanders VII. aus dem Jahr 1664.

Seite 24: Erasmus, *De recta latini graecique sermonis pronuntiatione* und *Ciceronianus* (1531); Frontispiz *(BAV,* R. G. Classici V. 923).

Seite 25: Erasmus, *De copia rerum* (1529), 88 *(BAV,* R. G. Filosofia V. 801).

Seite 27: Erster Eintrag in den *Diarii** I der 1571 gegründeten Indexkongregation mit den Namen der deputierten Kardinäle *(ACDF, Indice, Diarii* I, Fol. 1^r).

Seite 28: Aktennotiz über die Verteilung der Konsultoren* auf verschiedene sogenannte *Classes* aus dem Jahr 1592 *(ACDF, Indice, Diarii* I, Fol. 53^r, 53^v, 54^r).

Seite 30: Letzte Seite der Erasmus-Zensur Francisco Peñas (Autograph) mit Unterschrift *(ACDF, Indice, Prot.* B, Fol. 423^r).

Seite 36: Liste einer Reihe jüdischer Bücher in zweisprachiger (lateinisch-hebräischer) Ausfertigung aus den achtziger Jahren des 16. Jahrhunderts *(ACDF, Indice, Prot.* I, Fol. 148^r).

Seite 64: Erste und letzte Seite der gedruckten Zensur des deutschen Konsultors Michael Haringer zu Ferdinand Gregorovius' *Lucrezia Borgia (ACDF, Indice, Prot.* 1872–1875, Nr. 126).